破産管財人の財産換価

第2版

編著
岡　伸浩
小畑英一
島岡大雄
進士　肇
三森　仁

商事法務

第2版はしがき

　本書初版の刊行から3年半近くが経過した。本書初版は、幸いにも多くの読者の支持を得ることができたが、この間、債権法が改正され、破産事件におけるいくつもの重要な最高裁判例が現れるなど、破産管財実務を取り巻く環境の変化は早い。そのため、破産管財実務のうち財産換価に光を当てた本書についても、最新の法令や判例、実務動向等を盛り込んだものに改訂すべく、今般、第2版を送り出すこととした。

　第2版の刊行に当たっては、最新の法令や判例・裁判例、実務動向等についてアップデートしたほか、本書初版の編集方針を踏襲しつつ、破産管財人の財産換価という観点から実践的かつ重要と思われるテーマとして、新たに「財産調査」および「否認」を取り上げ、さらに、換価回収する債権の対象として「損害賠償請求権」を取り上げることとした。これにより、本書第2版は、破産管財人の財産換価に関する書籍として、ほぼ網羅的かつ最新の実務動向等を盛り込むことができたと考えている。

　本書第2版の刊行に当たっては、本書初版時の執筆者に改訂作業をお願いしたほか、新たに取り上げたテーマについて、破産管財人の経験が豊富な弁護士および裁判官に執筆をお願いした。また、本書初版の第3部に収載した研究者の論稿についても、加筆修正等をお願いした。そして、㈱商事法務書籍出版部の吉野祥子氏には、本書初版時と同様、献身的にわれわれ編集委員を支えていただいた。この場を借りて厚く御礼申し上げる。

　平成31年2月

『破産管財人の財産換価〔第2版〕』編集委員
岡　　伸浩
小畑　英一
島岡　大雄
進士　　肇
三森　　仁

推薦の辞

　一足先に読ませてもらった。ずいぶん丁寧な本だな、というのが第一印象。破産管財人の財産換価について、実務面と理論面とからアプローチした本である。

＊　　　＊　　　＊

　破産管財人の仕事は面白い。やりがいがある。
　担当する弁護士によって、処理の結果の差が大きく表れるからなおさらである。
　破産財団にはいろいろな財産がある。財産の換価方法は一律ではない。そのやり方は、破産管財人によって異なる。
　破産手続開始決定当時、あるいはその直前まで事業を行っていた販売会社の在庫商品の換価についても、①事業を継続して、事業譲渡を図る管財人もいる、②従業員を使って、閉店セールを実施する管財人もいる、③バッタ屋に一括売却する管財人もいる。いろいろである。決まったやり方はない。管財人の創意工夫によって、弁済率をアップできるし、終結までのスピードを早めることもできる。他の弁護士との差別化を図れる仕事である。
　破産管財人は換価価値の最大化を目指しつつ迅速に換価し、債権者に対し迅速に配当すること。しかもその手続を公正・適正に行うこと。それが破産管財人の役割だと思う。
　換価価値の最大化を図るには、生きている状態に近い状態で迅速に換価するのがよいと思っている。
　筆者は、破産管財人に選任された場合、まず、事業譲渡できないかを考える。事業譲渡であれば、資産をまとめて、高価に、迅速に換価でき、従業員の雇用の確保にも資するからである。事業譲渡できそうな案件は、通常、民事再生の申立てをするが、破産事件においても、事業譲渡できるケースはまだまだ存在する。
　「事業」譲渡をもっと活用できないか。ここでいう「事業」譲渡は、「一定

の営業目的のため組織化され、有機的一体として機能する財産……の全部または重要な一部を譲渡し、これによつて、譲渡会社がその財産によつて営んでいた営業的活動の全部または重要な一部を譲受人に受け継がせ、譲渡会社がその譲渡の限度に応じ法律上当然に……競業避止義務を負う結果を伴うもの」（最大判昭和40・9・22民集19巻6号1600頁）という意味の事業の譲渡より、もっと広く、財産の全部または一部の包括的譲渡を迅速に行うことを含んでいる。それが困難であれば、個別に資産の換価をも平行しながら検討する。

　対極にある財産換価の手法が財団からの放棄である。筆者も財団からの放棄を行ったことがあるから、あまり大きなことは言えないが、「財団からの放棄」に頼りすぎていないか。財団からの放棄の安易な活用は、財産換価の迅速処理にはなるが、弁済の極大化にならないし、弁護士の腕を鈍らせる。

＊　　　＊　　　＊

　財産の換価については、筆者も失敗したと後悔したことが数々ある。

　成功例より、失敗例のほうが教訓化できる。ある要因で成功しても、同じ要因があればまた成功するとは限らない。ところが失敗は違う。こういう要因で失敗したら、同じ要因があれば必ずまた失敗する。

　破産管財人は、自分の知恵を絞って自分流の財産換価を行ったらよい。ただし財産換価について破産管財人なら知っておくべき知識がある。遵守すべきルールがある。失敗しないために、その知識を得た上で、知恵を絞り出すことである。

＊　　　＊　　　＊

　本書の執筆者は、第1部および第2部の実務部門では司法研修所45期（法曹経験23年目）の編集委員岡伸浩弁護士、島岡大雄判事、進士肇弁護士、三森仁弁護士をはじめとする中堅・若手で、しかも、第一線で現に活躍中の弁護士・裁判官ばかりである。

　第3部の研究部門は、伊藤眞先生、山本和彦先生をはじめ倒産法の理論分野を担っている実力のある研究者である。

　内容は、第1部および第2部では実務上の処理の仕方を財産の種類ごと

推薦の辞

に、また破産会社の業種に応じきめ細かく解説されており、第3部では理論的に分析されている。
　知識を得るために、本書が参考になる。お薦めする。
2015年9月

弁護士　多比羅　誠

破産管財人と「ヘラクレスの十二の仕事」[注1]

はじめに

　破産管財人の名称は、母法であるドイツ旧破産法における「Konkursverwalter」に由来する。加藤正治博士が、「破産手続ニ於ケル中枢機関ニシテ……万般ノ事項ハ殆ント管財人ノ関与セサル所ナキ程ニシテ……其職務ハ極メテ複雑ナリ」と記し[注2]、梅謙次郎博士が、破産手続の「言ハバ心棒ニナッテ居リマス」と述べるのは[注3]、「Konkurs」（破産）における「Verwalter」（管財人）の職務と役割の本質を表現している。

　その破産管財人の職務の中でも、最も重要な位置を占めるのが破産財団所属財産の換価に他ならない。破産手続の目的は、「債務者の財産等の適正かつ公平な清算を図る」（破1条）ことにあり、それを実現するためには、財産の換価すなわち金銭化を行い、配当を実施しなければならないからである。

1　容易に両立しがたい諸要請の調和を求めて

　とはいえ、財産換価に係る破産管財人の職務遂行については、以下に述べるように、容易に両立しがたい、あえていえば、相矛盾するともいうべき諸要請を満たすことを求められる。

　第1は、中立性と協働性である。破産管財人は、破産債権者をはじめとする利害関係人の権利や法的利益の実現を図る責務を課されており、そこには特定の者に偏しない中立性と公平性が求められるが、他方、破産者や申立代理人との協働なくしては、円滑な換価業務の遂行はあり得ない〔→**第1部**〕。

　第2は、迅速性と慎重さである。破産財団を構成する財産の種類が多様化

(注1)　難事を成し遂げる力量をいう古辞である。ブルフィンチ作・野上弥生子訳『ギリシャ・ローマ神話』（岩波書店、1978）196頁参照。
(注2)　加藤正治『破産法研究第2巻〔第3版〕』（有斐閣、1924）145頁。なお、旧漢字は、常用漢字に直している。
(注3)　梅謙次郎『破産法案概説』（法学協会、1903）60頁。

し、しかも、その価値が事業活動と密接に結びついているために、迅速な換価の実施が求められる［→第2部第2章ないし第8章］。その一方で、不動産のように権利関係が複雑に絡み合い、各種の規制が存在する財産の換価に際しては、慎重な調査、判断、そして交渉が必要とされる［→第2部第1章］。また、事業譲渡や会社分割を行う際に、競争法上の規制に留意しなければならないのも、その一例である［→第2部第6章］。

　第3は、適法性と柔軟性である。破産手続が法の規律の下に行われ、破産管財人が裁判所の監督に服することは、その職務遂行の規準が法に基づき、その解釈の範囲内で行われなければならないことを意味する。破産手続が、その意思にかかわらず利害関係人の権利行使を制約する契機を含む以上、これは当然のことともいえる（各章に付された裁判所の視点参照）。もっとも、その枠内であれば、換価の業務は、範囲、時期、方法などについて、破産者の経済生活の再生に配慮しながら、債権者の利益の最大化を実現するために、柔軟な判断と措置が望まれる。

2　実務と理論の相互啓発

　本書は、財産換価の各局面に対応して、破産管財人が留意しなければならない事項について、網羅的といって差し支えない程度まで立ち入った記述を展開しており、また、見解の対立や紛争が生じたときに、その解決の指針となるべき理論的視点についても、読者に対して十分な判断資料を提供しようという意図のもとに編まれている。

　魔法の絨毯は、緑の生地と金の横糸によって織りなすものと伝えられるが、本書第1部および第2部の実務編が前者に、第3部の理論編が後者に当たるのではと、編集委員各位の自負を承っている。読者諸賢より御叱正を賜りたい。

　2015年9月

　　　　　　　　　　　　日本大学大学院法務研究科客員教授　**伊藤　　眞**

初版はしがき

　現在の破産法（平成16年法律第75号）が2005年1月1日に施行されてから10年が経過した。この間の破産法の分野における学説の展開、新たな判例の登場、そして、倒産実務の深化には目覚ましいものがある。
　本書は、破産法施行後の倒産実務や学説、判例の動向等を踏まえ、破産手続の原則型である破産管財人が選任される場合の破産管財人の重要な職務である財産の換価に光を当てて、破産管財人として豊富な経験を有する弁護士、東京地裁または大阪地裁の各倒産部で破産事件を専門的に扱った経験のある裁判官、そして、倒産法の分野で活躍される研究者が、それぞれの立場から実務上および理論上の諸問題を論じるものである。
　本書の特色として、次の3つを挙げることができる。
　1番目として、破産管財人が換価する財産に関し、「不動産」、「債権」、「動産」、「知的財産」、「海外資産」、「事業譲渡・会社分割」、「税務」の7つのテーマを取り上げ、弁護士が破産管財人の立場から、裁判官が破産裁判所の立場から論じることにより、実務上、理論上の問題点等を浮き彫りにしていることが挙げられる。破産事件は「法律問題のるつぼ」といわれており、破産管財人が財産を換価するに当たっては、多種多様な法律問題に遭遇する。本書は、破産管財人が換価業務を行う上で扱うことの多い「不動産」、「債権」、「動産」に加え、知的財産取引の多様化や経済活動のグローバル化を踏まえて、「知的財産」、「海外資産」を取り上げることとし、また、近時の倒産実務の議論を踏まえて、財産換価の手法としての「事業譲渡・会社分割」を取り上げ、さらに、財産の換価に当たり避けて通ることのできない「税務」についても取り上げた。
　2番目として、業態別に、「建設会社」、「メーカー」、「流通業」、「IT系」、「出版社」、「生き物を扱う業種」、「病院・歯科医院・薬局・介護施設」を取り上げ、破産管財人の立場から財産換価上の諸問題を横断的に論じていることが挙げられる。とくに、「生き物を扱う業種」については、実際に経験したからこそ語ることのできる悲壮感、切実感、切迫感、そして達成感等が随所に

はしがき

織り込まれており、同種事案の処理に必ず役立つものと確信している。

　3番目として、破産管財人の財産換価についての理論的考察を加えるため、倒産法の研究者の立場から、破産管財人の置かれたさまざまな利益状況を考慮しつつ、最先端の議論を踏まえた鋭い分析、検討および提言がされていることが挙げられる。

　このように、本書は、破産管財人のノウハウ本というよりは、むしろ、経験豊富な破産管財人諸氏のもつノウハウ等を前提に、弁護士、裁判官および研究者がそれぞれの立場から実務的、理論的な考察を加えることにより、破産管財人の財産換価が実務的にも理論的にもより適切妥当なものとなるよう目指したものである。

　本書のうち実務家の執筆部分（第1部および第2部）は、東京、大阪、京都および高松において破産管財人として数多くの破産事件に携わった弁護士と、東京地裁または大阪地裁の各倒産部で破産事件を専門的に扱った後、地方の中小規模庁で破産事件を担当した経験を有する裁判官が分担して執筆したものであるが、本書の特色を活かすため、東京地裁または大阪地裁における運用紹介等は極力控え、破産管財人が財産を換価するに当たり一般的に通用する内容となるよう心がけた。

　本書の刊行に当たり、編集委員の1人である岡と同じ第一東京弁護士会総合法律研究所倒産法研究部会に所属される伊藤眞日本大学大学院法務研究科客員教授には、倒産法の分野をリードされる研究者をご紹介いただいたばかりでなく、自ら玉稿および巻頭言をお寄せいただいた。本書の趣旨にご賛同いただき、玉稿をお寄せいただいた伊藤眞教授をはじめとする研究者の方々に対し、この場を借りて厚く御礼を申し上げる。

　また、本書の校正段階で、菊地正志弁護士（弁護士法人東京新宿法律事務所）、小林優嗣弁護士（シティユーワ法律事務所）、谷貝彰紀弁護士（岡綜合法律事務所）、中田吉昭弁護士（同）、廣瀬正剛弁護士（東京富士法律事務所）、田辺晶夫弁護士（あさひ法律事務所）には、条文および表記方法等を丁寧にチェックしていただき、有益なご意見を頂戴した。この場を借りて厚く御礼を申し上げる。

　最後に、本書の企画段階から刊行に至るまで、献身的かつ根気強くわれわ

れ編集委員を励ましていただいた㈱商事法務の吉野祥子氏に心から感謝申し上げる。同氏の適時・的確なアドバイスがなければ、本書の刊行にはたどり着けなかった。

　本書が、破産事件に携わる弁護士、裁判官、裁判所職員、研究者、その他破産事件の関係者に利用され、破産管財人の財産換価が実務的、理論的により適切かつ妥当なものとなれば、望外の喜びである。

2015年9月

『破産管財人の財産換価』編集委員

岡　　伸浩
島岡　大雄
進士　　肇
三森　　仁

●凡　　例●

1　法令名の略記

会社	→	会社法
会社則	→	会社法施行規則
会更	→	会社更生法
会更規	→	会社更生規則
金商	→	金融商品取引法
商	→	商法
信託	→	信託法
特定調停	→	特定債務等の調整の促進のための特定調停に関する法律
独禁	→	私的独占の禁止及び公正取引の確保に関する法律
破	→	破産法
破規	→	破産規則
非訟	→	非訟事件手続法
民	→	民法
民再	→	民事再生法
民再規	→	民事再生規則
民執	→	民事執行法
民訴	→	民事訴訟法
民保	→	民事保全法

※上記以外は基本的に有斐閣版六法全書の法令名略語に倣った。

2　判例の表示

最判平成11・11・9民集53巻8号1403頁
　　→　最高裁判所平成11年11月9日判決、最高裁判所民事判例集53巻8号1403頁

3　判例集略語表

民録	→	大審院民事判決録
刑録	→	大審院刑事判決録
民集	→	最高裁判所（大審院）民事判例集
集民	→	最高裁判所裁判集民事
下民集	→	下級裁判所民事判例集
高民集	→	高等裁判所民事判例集
行集	→	行政事件裁判例集
新聞	→	法律新聞

4 定期刊行物略語表

金判	→	金融・商事判例
金法	→	金融法務事情
銀法	→	銀行法務21
自正	→	自由と正義
ジュリ	→	ジュリスト
商事	→	旬刊商事法務
曹時	→	法曹時報
判時	→	判例時報
判タ	→	判例タイムズ
法教	→	法学教室
法時	→	法律時報
法セミ	→	法学セミナー
民商	→	民商法雑誌

5 文献略語表

青山古稀　伊藤眞=高橋宏志=高田裕成=山本弘=松下淳一編『青山善充先生古稀祝賀・民事手続法学の新たな地平』(有斐閣、2006)

一問一答新破産法　小川秀樹編著『一問一答新しい破産法』(商事法務、2004)

一問一答民法　筒井健夫=村松秀樹編著『一問一答民法(債権関係)改正』(商事法務、2018)

石川古稀(上)(下)　青山善充ほか編『石川明先生古稀祝賀・現代社会における民事手続法の展開(上)(下)』(商事法務、2002)

伊藤古稀　高橋宏志ほか編『伊藤眞先生古稀祝賀・民事手続の現代的使命』(有斐閣、2015)

伊藤・破産法民事再生法　伊藤眞『破産法・民事再生法〔第4版〕』(有斐閣、2018)

最判解民事篇　『最高裁判所判例解説〔民事篇〕』(法曹会)

条解破産法　伊藤眞=岡正晶=田原睦夫=林道晴=松下淳一=森宏司『条解破産法〔第2版〕』(弘文堂、2014)

書記官事務の研究　裁判所職員総合研修所監修『破産事件における書記官事務の研究』(司法協会、2013)

新基本法コンメンタール破産法　山本克己ほか『新基本法コンメンタール破産法』(日本評論社、2014)

新裁判実務大系⑩　園尾隆司=中島肇編『新・裁判実務大系⑩ 破産法』(青林書院、2000)

新裁判実務大系㉘　園尾隆司ほか編『新・裁判実務大系㉘ 新版破産法』(青林

書院、2007)

新破産法の基本構造と実務　　伊藤眞＝松下淳一＝山本和彦編『新破産法の理論と実務〔ジュリ増刊〕』(有斐閣、2007)

新破産法の理論と実務　　山本克己＝山本和彦＝瀬戸英雄編『新破産法の理論と実務』(判例タイムズ社、2008)

争点倒産実務の諸問題　　倒産実務交流会編『争点倒産実務の諸問題』(青林書院、2012)

大コンメ　　竹下守夫編集代表・上原敏夫ほか編『大コンメンタール破産法』(青林書院、2007)

田原古稀 (上) (下)　　一般社団法人金融財政事情研究会編『田原睦夫先生古稀・最高裁判事退官記念論文集　現在民事法の実務と理論 (上) (下)』(金融財政事情研究会、2013)

注釈破産法 (上) (下)　　田原睦夫＝山本和彦監修・全国倒産処理弁護士ネットワーク編『注釈破産法 (上) (下)』(金融財政事情研究会、2015)

倒産の法システム(2)　　伊藤眞＝高木新二郎編代『講座 倒産の法システム 2 清算型倒産処理手続・個人再生手続』(日本評論社、2010)

倒産百選 4 版　　青山善充＝伊藤眞＝松下淳一編『倒産判例百選〔第 4 版〕』(有斐閣、2006)

倒産百選 5 版　　伊藤眞＝松下淳一編『倒産判例百選〔第 5 版〕』(有斐閣、2013)

倒産法概説　　山本和彦＝中西正＝笠井正俊＝沖野眞已＝水元宏典『倒産法概説〔第 2 版補訂版〕』(弘文堂、2015)

入門新破産法 (上)　　東京弁護士会編『入門新破産法 (上)』(ぎょうせい、2004)

はい 6 民です　　川畑正文ほか編『はい 6 民ですお答えします～倒産実務Ｑ＆Ａ～〔第 2 版〕』(大阪弁護士協同組合、2018)

破産管財実践マニュアル　　野村剛司＝石川貴康＝新宅正人『破産管財実践マニュアル〔第 2 版〕』(青林書院、2013)

破産管財手続の運用と書式　　大阪地方裁判所・大阪弁護士会破産管財運用検討プロジェクトチーム編『破産管財手続の運用と書式〔新版〕』(新日本法規出版、2009)

破産管財の手引　　中山孝雄＝金澤秀樹編・東京地裁破産実務研究会著『破産管財の手引〔第 2 版〕』(金融財政事情研究会、2015)

破産管財 Basic　　中森亘＝野村剛司＝落合茂監修『破産管財 Basic ――チェックポイントと Q＆A』(民事法研究会、2014)

破産事件の処理に関する実務上の諸問題　　司法研修所編『破産事件の処理に関する実務上の諸問題』(法曹会、1985)

破産実務 Q＆A 200 問　　全国倒産処理弁護士ネットワーク編『破産実務 Q＆A

200問』(金融財政事情研究会、2012)

破産法大系(1)(2)(3)　　竹下守夫＝藤田耕三編集代表『破産法大系ⅠⅡⅢ』(青林書院、2014〜2015)

倒産法の最新論点ソリューション　　岡正晶＝林道晴＝松下淳一監修・植村京子＝籠池信宏＝木村真也＝清水祐介＝松下満俊＝水元宏典＝三森仁＝山崎栄一郎著『倒産法の最新論点ソリューション』(弘文堂、2013)

破産・民事再生の実務〔破産編〕　　東京地裁破産再生実務研究会編著『破産・民事再生の実務〔第3版〕破産編』(金融財政事情研究会、2014)

破産・民事再生の実務〔新版〕(上)(中)　　西謙二＝中山孝雄編・東京地裁破産再生実務研究会著『破産・民事再生の実務 新版(上)(中)』(金融財政事情研究会、2008)

破産申立マニュアル　　東京弁護士会倒産法部編『破産申立マニュアル〔第2版〕』(商事法務、2015)

松嶋古稀　　伊藤眞ほか編『松嶋英機弁護士古稀記念論文集・時代をリードする再生論』(商事法務、2013)

論点解説新破産法(上)(下)　　全国倒産処理弁護士ネットワーク編『論点解説新破産法(上)(下)』(金融財政事情研究会、2005)

6　その他

旧破産法　→　平成16年6月2日法律第75号の施行に伴い廃止された大正11年4月25日法律第71号。

改正民法　→　民法の一部を改正する法律(平成29年法律第44号)

目　次

第2版はしがき...*i*／推薦の辞...*ii*／破産管財人と「ヘラクレスの十二の仕事」...*v*／初版はしがき...*vii*／凡例...*x*

第1部　実務家からみた破産管財人の財産換価を巡る諸問題（総論）

第1章　破産管財人からみた破産財団の換価

第1節　破産管財人の財産換価の重要性

Ⅰ　倒産処理の指導理念 ………………………………………………… *3*
　1　公平・平等・衡平の理念 ……………………………………………… *3*
　2　手続保障の理念 ………………………………………………………… *4*
Ⅱ　破産管財人の職務 …………………………………………………… *4*
　1　破産手続の目的 ………………………………………………………… *4*
　2　破産財団の管理・換価業務およびそのための権限・職務 ………… *4*
　3　債権調査手続 …………………………………………………………… *5*
　4　その他の職務 …………………………………………………………… *5*
　5　破産管財人としての弁護士の責務 …………………………………… *6*
Ⅲ　破産管財人の財産換価・回収の重要性 …………………………… *6*
　1　破産財団の極大化 ……………………………………………………… *6*
　2　破産管財人による財産換価以外の観点の重要性 …………………… *7*
Ⅳ　破産管財人の破産財団の管理・換価・回収 ……………………… *8*
　1　総論 ……………………………………………………………………… *8*
　2　破産財団の換価・回収時期 …………………………………………… *8*

3　換価・回収の際の注意 8
　　　　(1) 高額での換価...8　(2) 迅速性...9　(3) 裁判所との綿密な協議、報告...10　(4) 情報の取得...10　(5) 定期的な点検...10
　Ⅴ　破産管財業務に必要な弁護士のスキルと心構え ──── 11
　　　1　幅広い法分野に対する知識と素養 11
　　　2　多くの利害関係人に対する細やかな目配り 11
　　　3　税務・会計上の知識と経営感覚 12
　　　4　決断力と実行力 12

第2節　利害関係人との利害調整

　Ⅰ　総論 ──────────────────────────── 13
　Ⅱ　破産債権者との利害調整 ─────────────── 14
　Ⅲ　破産者との利害調整 ────────────────── 15
　Ⅳ　別除権者との利害調整 ───────────────── 15
　Ⅴ　相殺権者との利害調整 ───────────────── 16
　Ⅵ　取戻権者との利害調整 ───────────────── 17
　Ⅶ　財団債権者との利害調整 ─────────────── 17
　Ⅷ　その他の利害関係人との利害調整 ─────────── 18
　Ⅸ　相続財産の破産等 ─────────────────── 18
　　　1　相続財産の破産 18
　　　2　相続人の破産 19
　Ⅹ　信託財産の破産等 ─────────────────── 19
　　　1　信託財産の破産 19
　　　2　受託者の破産 20
　　　　(1) 信託(契約)の成立要件...20　(2) 識別不能な場合の取扱い...21
　　　　(3) 受託者破産における破産債権者...22　(4) 譲渡禁止特約付売掛債権の担保化（自己信託スキーム）...22
　　　3　委託者の破産 23
　Ⅺ　国際破産の特則 ───────────────────── 23

第3節 破産者が個人の場合の生存権（憲25条）との調整
―― 自由財産と自由財産の範囲拡張制度

Ⅰ 自由財産 ─────────────────────────── 25
　1　新得財産 25
　2　差押禁止財産等 26

Ⅱ 自由財産の範囲の拡張 ─────────────────── 27
　1　自由財産の範囲拡張の手続 27
　2　自由財産の範囲の拡張基準 28

第4節 破産管財人の調査権限

Ⅰ 破産管財人の職務上の権限 ―― 破産財団の処理に関するもの _ 29

Ⅱ 破産法上の規定 ─────────────────────── 30
　1　破産者等の説明義務（破40条）、破産管財人の調査権（破83条）... 30
　　(1) 趣旨...30　(2) 代理人（破40条1項2号）...31　(3) 調査方法としての任意の照会、弁護士会照会（弁護23条の2）、調査嘱託申立て（破13条、民訴186条）、文書送付嘱託申立て（破13条、民訴226条）...32
　2　重要財産開示義務（破41条）... 33
　3　郵便物等の転送（回送）・開披（破81条1項・82条）................. 34
　4　破産財団に属する財産に係る引渡命令（の申立て）（破156条）、警察上の援助の要請（破84条）... 35
　5　破産財団の封印（破155条1項、破規53条1項～3項）................ 35
　6　帳簿の閉鎖（破155条1項、破規53条4項・5項）...................... 36

第5節 申立代理人、破産者およびその従業員、専門家との連携・協働

Ⅰ 申立代理人との連携・協働 ───────────────── 37
　1　申立代理人および破産管財人の役割 37
　2　申立代理人からの引継ぎ 38
　3　申立代理人と破産管財人の緊張関係 39

(1) 申立代理人の報酬に対する否認権行使...*39*　(2) 申立代理人の
　　　財産散逸防止義務...*41*
　Ⅱ　破産者ないし従業員との連携・協働 ———————————— *43*
　　1　破産者・申立代理人に対する協力要請..*43*
　　2　その他..*44*
　Ⅲ　専門家との連携 ———————————————————— *45*
　　1　公認会計士・税理士...*45*
　　2　破産管財人代理...*46*

第6節　破産管財人の善管注意義務

　Ⅰ　善管注意義務の意義 ———————————————————— *47*
　Ⅱ　善管注意義務違反の態様 ———————————————————— *47*
　Ⅲ　善管注意義務違反の効果 ———————————————————— *50*
　　1　裁判所の破産管財人に対する監督..*50*
　　2　利害関係人に対する損害賠償義務..*50*
　　　(1) 利害関係人...*50*　(2) 賠償義務者...*52*

第7節　弁護士倫理との関係

　Ⅰ　守秘義務 ———————————————————————————— *54*
　Ⅱ　利益相反（受託の制限）———————————————————— *55*
　Ⅲ　迅速な事件処理 ———————————————————————— *56*
　Ⅳ　信義誠実義務 —————————————————————————— *57*
　Ⅴ　法令等の調査義務 ———————————————————————— *57*
　Ⅵ　汚職行為の禁止等 ———————————————————————— *58*

目　次

第2章　裁判所からみた破産管財人の財産換価

第1節　破産管財人に期待される役割

Ⅰ　公平な清算を図るための財産の迅速かつ適正な換価 ―――― 60
Ⅱ　利害ないし権利関係の調整 ――――――――――――――― 62
Ⅲ　債務者の経済生活の再生 ―――――――――――――――― 62

第2節　破産管財人の選任と育成

Ⅰ　選任の重要性 ――――――――――――――――――――― 64
Ⅱ　選任に当たり考慮される事情等 ―――――――――――― 64
　1　一般的な考慮事情 65
　　(1) 法曹経験年数...65　(2) 人物・能力...66　(3) 年齢・経験・事務所の規模等...67　(4) 特殊技能...67
　2　具体的な考慮事情 68
Ⅲ　申立代理人からの情報収集の重要性 ―――――――――― 68
Ⅳ　破産管財人の育成 ――――――――――――――――――― 69

第3節　破産管財人の善管注意義務と裁判所の監督との関係

Ⅰ　裁判所の監督 ――――――――――――――――――――― 71
Ⅱ　監督の範囲 ―――――――――――――――――――――― 71
Ⅲ　監督の方法 ―――――――――――――――――――――― 73
Ⅳ　破産管財人の善管注意義務と裁判所の監督との関係 ――― 73

第4節　換価の許可申請の審理のあり方、許否の判断基準

Ⅰ　破産管財人が行う財産換価のうち破産裁判所の許可が必要な事項 ―――――――――――――――――――――――― 77
　1　破産裁判所の許可の意義 77
　2　法律上の規定 77

3　その他 79
Ⅱ　考慮すべき事項 ———————————————————— 79
　1　総論 79
　　(1)　債権者との関係...79　(2)　破産者等との関係...80　(3)　社会的相当性...81
　2　債権者の納得が得られるか 81
　　(1)　財団増殖に資するか...81　(2)　迅速性...81　(3)　公平性、公正性...81　(4)　その他...82
　3　社会的相当性 82
　　(1)　適法性等...82
　　(2)　公平性、公正性...83
Ⅲ　裁判所のとるべき手段 ———————————————————— 83
　1　総論（留意点） 83
　2　各論（進行協議、記録外となる事務連絡、事前の包括許可、一般的取決め、事件の種類による管理） 84
　　(1)　破産管財人との関係...84　(2)　債権者との関係...86

第2部　実務家からみた破産管財人の財産換価を巡る諸問題（各論）

第1章　財産調査

第1節　法人の破産管財事件の財産調査

Ⅰ　法人の破産事件の特殊性 ———————————————————— 89
Ⅱ　財産調査に関する基本姿勢 ———————————————————— 89
　1　破産管財人の権限と義務 89
　2　主体的・積極的調査の必要性 90

3　調査の必要性が高い事例への対応.. *90*
　　4　調査過程・調査結果の報告・債権者への情報開示........................ *91*
　Ⅲ　調査時の留意点 ─────────────────── *91*
　　1　開始直後──手続序盤... *91*
　　2　手続中盤... *92*
　　3　手続終盤... *92*
　Ⅳ　調査方法 ────────────────────── *94*
　　1　現地確認... *94*
　　2　客観的資料の精査... *94*
　　3　関係者からの事情聴取等... *95*
　　　(1)　早期実施の重要性...*96*　(2)　相手方から破産管財業務への理解
　　　と協力を得ること...*96*　(3)　十分な事前準備...*96*　(4)　聴取結果の
　　　記録・証拠化...*96*
　　4　郵便物... *97*
　　5　各種照会等... *97*
　　6　その他... *97*
　　　(1)　債権者等からの情報提供...*97*　(2)　捜査機関・マスコミ等...*98*

第2節　個人破産管財事件の財産調査

　Ⅰ　基礎資料の検討 ──────────────────── *99*
　　1　陳述書または報告書... *99*
　　2　資産目録および明細... *99*
　　3　「家計全体の状況」... *100*
　　4　その他... *100*
　Ⅱ　預金通帳 ────────────────────── *100*
　　1　過去2年分の取引履歴の調査... *100*
　　2　未申告の口座がないかの確認... *101*
　　3　保険料の引落し... *101*
　　4　個人名への送金、入金... *101*
　　5　法人への送金、入金... *101*

6　多額の現金の引出し 102
　　　7　金融機関への照会 102
　　　　(1)　金融取引内容の調査...102　(2)　送金先、送金元の調査...102
　Ⅲ　その他の調査方法 ——————————————————— 102
　　　1　本人へのヒアリング 102
　　　2　登記情報等 103
　　　　(1)　登録情報の調査...103　(2)　知的財産権の調査...103
　　　3　転送郵便物 103
　　　4　関係者からの情報提供 104
　　　5　その他 105
　Ⅳ　個人破産事件ならではの留意点 ————————————— 105
　Ⅴ　課題 ——————————————————————————— 106
　　　1　仮想通貨 106
　　　2　電子メールの取扱い 107
　　　3　破産管財人の財産調査への取組み 108

第3節　裁判所からみた財産調査の留意点

　Ⅰ　裁判所の視点 ———————————————————————— 109
　　　1　一般的な視点 109
　　　2　善管注意義務からの視点 110
　　　3　小括 111
　Ⅱ　法人の場合の財産調査の留意点 ————————————— 112
　　　1　法人の事業活動の把握 112
　　　2　会計帳簿、預貯金通帳（取引履歴等）からの情報 113
　　　3　法人の役員、従業員、取引先、債権者からの情報 113
　　　4　郵便物の転送、開披 114
　Ⅲ　個人の場合の財産調査の留意点 ————————————— 114
　　　1　個人の生活実態等の把握 114
　　　2　預貯金通帳（取引履歴）と家計収支表からの情報 114
　　　3　郵便物の転送、開披 115

Ⅳ 財産調査の限界 115

第2章 不動産

第1節 換価上の留意点

Ⅰ 破産管財業務における不動産換価 117
Ⅱ 不動産換価の理論上の留意点 118
  1 換価の対象 118
  2 換価の方法 118
    (1) 民事執行法等による換価...118 (2) 任意売却...118
  3 任意売却に伴う登記処理 119
    (1) 不動産の任意売却による登記の申請...119 (2) 登記の申請書の添付書面...119
  4 担保付不動産の換価 120
    (1) 別除権の行使による競売換価...120 (2) 別除権付不動産であっても民事執行法等による換価ができること...120 (3) 担保付不動産の任意売却...121 (4) 任意売却の補完的な制度（担保権消滅許可の申立て）...121 (5) 財団組入れの法的根拠...122
Ⅲ 破産管財業務における不動産換価の具体的な留意事項 123
  1 基本的な考え──「できる限り売る」「できる限り高く売る」 123
  2 担保権者への情報開示 123
  3 初動 124
    (1) 早期着手の要請、スケジュールの意識...124 (2) 資料確保...125 (3) 現地確認...125 (4) 占有・管理の確保...126 (5) 売却対象の検討...127
  4 不動産仲介業者の選定 127
    (1) 一般媒介...127 (2) 仲介報酬...127 (3) 業者の見極め...128 (4) 売主側仲介業者の数...128

5 買受希望者の探索 129
(1) 売出価格…129 (2) 販促活動の開始…130
6 売却先の絞り込み 131
7 別除権の受戻しの合意 131
(1) 配分表の作成…131 (2) 財団組入れ…132 (3) いわゆるハンコ代…133 (4) 滞納処分による差押え…133 (5) 仮差押え、駆け込み的な登記や仮登記…133 (6) 弁済充当…134
8 不動産売買契約 134
(1) 契約のタイミング…134 (2) 買主本人との顔合わせ…135 (3) 契約条項の基本的注意事項…135 (4) 消費者契約法との関係…136 (5) 反社会的勢力に関する条項…137
9 不動産売買契約の決済 138
(1) 準備…138 (2) 出席者など…138 (3) 決済方法…138 (4) 固定資産税・都市計画税の扱い…139 (5) 決済に伴うその他の措置…139
10 類型別の注意点 139
(1) 破産者の自宅の場合…139 (2) 競売と並行している場合…141 (3) 危険物、有害物など…141 (4) その他…142
11 破産財団からの放棄 142

Ⅳ 不動産換価の税務上の留意事項 ─ 143
1 消費税 143
(1) 消費税…143 (2) 破産管財人による不動産の譲渡…143 (3) 消費税の申告…144 (4) 免税事業者…145 (5) 簡易課税…145 (6) 個人破産の場合…146
2 法人税 147
(1) 清算所得課税制度の廃止…147 (2) 土地譲渡益重課税…147
3 その他 147
(1) 印紙税…147 (2) 登録免許税…148 (3) 固定資産税・都市計画税…148

第2節　担保権の負担がある不動産の売却

はじめに *149*
Ⅰ　担保権の対抗要件具備の要否 ————————— *149*
　1　対抗要件具備の必要性 *149*
　2　仮登記の場合 *150*
　　(1)　1号仮登記が設定された場合...*150*　(2)　2号仮登記が設定された場合...*150*　(3)　実務上の対応...*150*
Ⅱ　担保権の特定 ————————————————— *151*
　1　担保権の内容や目的物の特定・確認 *151*
　2　工場抵当の登記等がなされている場合........................ *151*
Ⅲ　担保権者との交渉 ———————————————— *152*
　1　担保権者との交渉の必要性およびその概要................... *152*
　　(1)　担保権者との交渉の必要性...*152*　(2)　担保権者との交渉の概要...*152*
　2　担保権者から不動産仲介業者を紹介される場合 *153*
　　(1)　担保権者側の事情等...*153*　(2)　破産管財人の対応...*154*
　3　財団組入等、不動産の任意売却の際に売却代金から控除する項目に関する交渉等 *154*
　　(1)　購入希望額欄の記載...*154*　(2)　控除項目として検討すべき事項...*155*　(3)　控除検討項目①：財団組入額...*155*　(4)　控除検討項目②：建物消費税...*155*　(5)　控除検討項目③：仲介手数料...*155*　(6)　控除検討項目④：抹消登記手続費用...*156*　(7)　控除検討項目⑤：固定資産税・都市計画税の売主負担分...*156*　(8)　控除検討項目⑥：動産撤去費用...*157*　(9)　控除検討項目⑦：引越費用等...*157*　(10)　控除検討項目⑧：印紙代...*157*　(11)　控除検討項目⑨：管理費・修繕積立金...*158*　(12)　担保権者への弁済額...*158*
Ⅳ　担保権実行手続が先行している場合の対応 ————— *158*
Ⅴ　担保権消滅許可の申立て（破186条以下）————— *159*
Ⅵ　担保権付きでの譲渡処理 —————————————— *160*

VII 税金等の滞納処分がある場合 —— 161
1 租税債権優先原則とその修正 …… 161
2 劣後租税による滞納処分に対する対応 …… 161
 (1) 無益な差押えの禁止（税徴48条2項）…161　(2) 差押えの解除申請および不服申立て …162　(3) 実務的な対応 …162

第3節　破産財団に帰属するか否か、有効な担保権を有するか否か争いがある場合

I 争いとなる場面 —— 164
II 破産者の所有名義であるが第三者所有の場合 —— 164
1 形式的判断 …… 164
2 破産管財人の第三者性 …… 165
 (1) 第三者対抗要件の具備が必要 …165　(2) 破産者が仮装譲受人であった場合 …166
3 実質的判断の可能性 …… 166

III 第三者の所有名義であるが破産者所有の場合 —— 167
1 発見の端緒 …… 167
2 破産手続開始前に処分済みの不動産があった場合 …… 167
3 破産者が仮装譲渡人であった場合 …… 168
4 破産者が出捐者であった場合 …… 169
5 破産者が不動産を購入していた場合 …… 169
6 破産手続開始前に相続が開始していた場合 …… 169
 (1) 問題となる場面 …169　(2) 遺産分割未了の場合 …169　(3) 関連事項——相続放棄・遺留分減殺請求 …170
7 破産者の所有名義の場合と第三者の所有名義の場合の比較 …… 171

IV 破産者の自由財産との関係 —— 171
1 不動産が自由財産となる可能性 …… 171
2 不動産の自由財産の範囲拡張の可能性 …… 172
3 破産財団からの放棄 …… 173

V 有効な担保権を有するか否か争いがある場合 —— 173

目　次

　　1　根抵当権設定仮登記 173
　　2　物上保証 174
　　3　譲渡担保 174
　　4　被担保債権不存在 174

第4節　類型別にみた不動産換価の実際──区分所有建物（マンション）

Ⅰ　区分所有建物（マンション）の売却 ─────────── 175
　　1　区分所有建物の売却 175
　　2　区分所有建物を売却する際の留意点 175
Ⅱ　管理費 ─────────────────────── 176
　　1　破産手続における管理費等の取扱い 176
　　2　区分所有建物の売却における管理費等の取扱い 176
　　3　管理費等の範囲 177
Ⅲ　個人の住宅を売却する場合の留意点 ──────────── 177
　　1　居住者の立退き 177
　　2　瑕疵担保免責条項と消費者契約法 178
　　3　破産者の親族が買受けを申し出た場合 178
　　4　スケジュール 179
Ⅳ　放棄する場合の留意点 ───────────────── 179

第5節　類型別にみた不動産換価の実際──借地権付建物

Ⅰ　借地権付建物を換価する場合 ──────────────── 180
　　1　借地人破産の場合の権利関係 180
　　2　賃貸人からの解除 181
　　3　借地権付建物の売却についての留意点 182
　　　(1)　買主探し...182　(2)　受戻し...182　(3)　賃貸人の承諾...182
Ⅱ　土地賃貸借契約を解除して土地を明け渡す場合 ─────── 183
　　1　土地賃貸借契約の解除を選択する場合 183
　　2　建物収去土地明渡義務・原状回復義務 184

3　違約金条項 185

第6節　類型別にみた不動産換価の実際──テナントビル

　Ⅰ　テナントビルの換価 ─────────────────── 186
　　1　破産手続が開始した場合の権利関係 186
　　2　敷金返還請求権 186
　Ⅱ　テナントビルの譲渡による換価 ───────────── 187
　　1　譲渡による換価 187
　　2　既存の賃貸借契約を存続させたまま売却する場合 187
　　3　既存の賃貸借契約を終了させて売却する場合 188
　　4　別除権者との調整 189
　Ⅲ　テナントビルを破産財団から放棄する場合 ──────── 190

第7節　類型別にみた不動産換価の実際──工場・事業用不動産

　Ⅰ　不動産内に動産類、リース物件等がある場合 ─────── 191
　Ⅱ　不動産内に危険物、産業廃棄物がある場合 ──────── 193
　Ⅲ　土壌汚染がある場合 ─────────────────── 193
　Ⅳ　工場抵当法の適用がある場合 ─────────────── 195
　Ⅴ　不動産の譲渡担保の場合 ───────────────── 196

第8節　類型別にみた不動産換価の実際──破産法人代表者等が底地を所有している場合の借地権付建物

　Ⅰ　破産法人代表者等も破産等している場合 ───────── 199
　Ⅱ　破産法人代表者が破産していない場合 ────────── 199

第9節　類型別にみた不動産換価の実際──農地・山林原野

　Ⅰ　農地の換価 ────────────────────── 201
　　1　農地売却の手続 201
　　　(1)　農地として売却する場合...201　(2)　転用目的で売却する場合...202

2　その他の注意点 204
　　　3　買主探しの工夫 205
　　　　(1) 市街化区域内にある農地の場合...205　(2) 市街化調整区域内にある農地の場合...205
　　Ⅱ　山林原野の換価 ─────────────────────── 206
　　　1　権利関係および適用法令の確認等 206
　　　2　買主探しの工夫 207

第10節　類型別にみた不動産換価の実際──共有不動産（遺産分割未了の場合を含む）

　　Ⅰ　不動産全体を売却する方法 ─────────────────── 208
　　Ⅱ　破産者の共有持分を譲渡する方法 ─────────────── 208
　　Ⅲ　共有物分割請求訴訟 ──────────────────────── 209
　　Ⅳ　遺産分割未了の場合 ──────────────────────── 210
　　　1　遺産分割協議 210
　　　2　遺産分割の調停ないし審判 211

第11節　換価が困難な場合の破産財団からの放棄

　　Ⅰ　破産財団からの放棄の意義 ─────────────────── 212
　　Ⅱ　放棄のための要件 ─────────────────────── 212
　　　1　実体的要件 212
　　　2　手続的要件 213
　　　　(1) 裁判所の許可...213　(2) 担保権者に対する通知...213
　　Ⅲ　許可を得ないでした権利の放棄の効果 ─────────── 214
　　Ⅳ　破産財団からの放棄の効果 ─────────────────── 214
　　Ⅴ　破産財団から放棄した権利の帰属主体と別除権放棄の意思表示の相手方 ───────────────────────── 214
　　Ⅵ　放棄をする前提、または放棄に際し、破産管財人が一定の行為をするべき場合 ─────────────────── 216
　　　1　総論 216

2　賃貸不動産を放棄する場合 *217*
　　　3　借地権付建物を放棄する場合 *219*
　　　4　建築途上の建物を放棄する場合 *220*
　　　5　危険を防止すべき措置をあらかじめとることが必要な場合 *221*
　Ⅶ　登記・登録された権利についての処理 ———————— *222*
　Ⅷ　放棄の時期 ————————————————————— *222*

第12節　裁判所からみた不動産の換価上の留意点等

　Ⅰ　裁判所の視点 ————————————————————— *224*
　　　1　早期着手の重要性 *224*
　　　2　財団組入額・別除権の受戻し *226*
　　　3　競売手続進行中の不動産 *227*
　　　4　不動産売却の許可に当たって *228*
　　　5　破産財団からの放棄 *228*
　Ⅱ　法的に未解決の問題が含まれている場合の対応 ————— *230*

第3章　債　　権

第1節　換価上の留意点

　Ⅰ　破産管財業務における債権の換価・回収業務の重要性 —— *231*
　Ⅱ　破産管財人就任直後の留意点 ————————————— *232*
　　　1　早期の着手 *232*
　　　2　資料の確保と破産者等からの事情聴取 *233*
　　　3　破産者の従業員等の協力 *234*
　　　4　破産財団に帰属する債権の存否に関する調査 *235*
　　　5　換価・回収に手続や時間を要する債権 *236*
　　　6　破産財団への帰属の有無に関する調査 *237*
　　　7　債権が強制執行による差押えや保全処分による仮差押えの対

目次

　　　　象となっている場合の処理 *239*
　Ⅲ　債権回収一般の留意点 ─────────────── *240*
　　1　時効管理 *240*
　　2　滞納処分による差押えや別除権に対する対応 *242*
　　3　抗弁への対応 *243*
　　4　確実な債権回収のための工夫 *245*
　Ⅳ　法的手続による回収 ───────────────── *247*
　Ⅴ　回収に長期間を要する場合等の留意点 ─────── *249*
　Ⅵ　サービサー等への売却 ─────────────── *250*
　Ⅶ　破産財団からの放棄 ───────────────── *252*

第2節　担保権の設定がある場合

　はじめに ───────────────────────── *254*
　Ⅰ　債権譲渡に関する規律 ───────────────── *255*
　Ⅱ　集合債権譲渡担保 ─────────────────── *256*
　　1　有効性 *256*
　　2　対抗要件 *256*
　　3　否認権の行使 *257*
　　　(1) 譲渡担保設定契約の否認...*257*　(2) 個別の対象債権に対する否認の可能性...*258*
　　4　譲渡担保権の効力を争えない場合 *258*
　　　(1) 担保権者による回収...*258*　(2) 設定者（破産者）が回収可能な範囲の確認...*259*　(3) 取立権喪失後破産手続開始決定までに破産者になされた弁済金の処理...*259*　(4) 破産手続開始後の処理...*260*
　Ⅲ　譲渡担保権者に対する破産管財人の義務 ─────── *261*
　　1　担保価値維持義務 *261*
　　2　担保権者に対する情報提供義務ないし協力義務 *261*
　Ⅳ　債権質 ───────────────────────── *263*
　Ⅴ　弁済充当 ──────────────────────── *263*

第3節　預貯金

- はじめに 265
- Ⅰ　預貯金の調査 265
  - 1　預貯金の存否についての調査 265
    - (1)　自己破産申立ての場合...265　(2)　債権者破産申立ての場合...266　(3)　破産者以外の名義の口座...266
  - 2　取引履歴の調査 267
- Ⅱ　換価手続 267
  - 1　解約の対象 267
  - 2　解約の時期 267
  - 3　解約の具体的手続 268
- Ⅲ　金融機関による相殺の問題点 268
  - 1　危機時期以降の入金分による相殺 268
    - (1)　支払不能後の入金（破71条1項2号）...269　(2)　支払停止後の入金（破71条1項3号）...271　(3)　破産手続開始の申立後の入金（破71条1項4号）...273　(4)　破産手続開始後の債務負担（破71条1項1号）...274
  - 2　三者間相殺 274
  - 3　相殺についての債権法改正と破産手続 275
    - (1)　差押えと相殺...275　(2)　相殺と債権譲渡...276　(3)　今後の問題...276
  - 4　預金拘束 277

第4節　売掛金

- Ⅰ　売掛金一般 279
- Ⅱ　破産者の売掛先からの支払拒絶に対する対処方法 ... 279
  - 1　債務者による売掛金の全部または一部の支払拒否 ... 279
    - (1)　早期着手の重要性...279　(2)　売掛先からの支払拒否...279
  - 2　長期分割払の合意があるとの主張を受けた場合 280

3　返品合意があるとの主張を受けた場合.................................... 280
　　　　(1) 返品に応じるべきか否か...280　(2) 返品合意の存否の確認...280　(3) 返品合意が確認された場合...281
　　　4　返品の商慣習があるとの主張を受けた場合............................ 281
　　　5　委託販売であるとの主張がされる場合..................................... 282
　　　6　倒産解除特約があるとの主張がされる場合............................. 282
　　　7　相殺の主張がされる場合... 283
　　　　(1) 売掛先による相殺の主張...283　(2) 請負契約の場合...283　(3) 将来における瑕疵の発生の可能性と相殺...283
　Ⅲ　動産売買先取特権に基づく物上代位の主張への対処方法 ── 284
　Ⅳ　契約目的物が仕掛かり中の場合の対処方法(1)──請負人破産の場合 ──────────────────────────── 284
　　　1　注文者からの減額の主張... 284
　　　2　破産管財人が解除を選択した場合... 285
　　　　(1) 出来高査定...285　(2) 工事続行費用に係る超過費用と相殺の主張...286　(3) 実務上の対処...286　(4) 違約金条項に基づく相殺主張...287
　　　3　破産管財人が履行を選択した場合... 288
　Ⅴ　契約目的物が仕掛かり中の場合の対処方法(2)──注文者破産の場合 ──────────────────────────── 288
　　　1　注文主破産と債権法改正... 288
　　　2　破産管財人が解除を選択した場合... 289
　　　3　破産管財人が履行を選択した場合... 289
　Ⅵ　事業継続 ──────────────────────────── 290
　　　1　例外としての事業継続... 290
　　　2　事業継続の許可を取得するに当たって留意すべき点............... 290
　　　3　個人事業主が事業継続するに当たって留意すべき点............... 291

第5節　敷金・保証金、権利金、建設協力金の返還請求権

　はじめに ──────────────────────────── 292

Ⅰ 敷金・保証金返還請求権 ———————— 292
1 破産法53条1項による賃貸借契約の解除 292
2 敷金・保証金の意義・性質等 292
3 未払賃料・賃料相当損害金 293
　(1) 未払賃料 …293　(2) 賃料相当損害金 …293
4 違約金条項等 294
5 原状回復義務 295
　(1) 破産手続開始前に賃貸借契約が終了している場合 …295　(2) 破産手続開始後に賃貸借契約が終了した場合 …295　(3) 明渡しと原状回復 …296　(4) 破産管財人の対応 …297
6 敷金・保証金に質権が設定されている場合 297

Ⅱ 権利金返還請求権 ———————— 298
1 権利金の性質 298
2 権利金の返還請求 298

Ⅲ 建設協力金返還請求権 ———————— 298
1 建設協力金の法的性質 298
2 賃貸借契約が契約期間の途中で終了した場合の取扱い 299

第6節　保険契約上の権利

はじめに ———————————————————— 300

Ⅰ 破産財団への組入れなどを検討すべき保険契約上の権利の範囲 ———————— 301
1 検討対象となる解約返戻金の範囲 301
2 検討対象となる保険給付請求権の範囲 302

Ⅱ 破産管財人の具体的な対応 ———————— 303
1 解約返戻金 303
2 保険給付 306
3 小活 308

Ⅲ 解約返戻金の調査方法 ———————— 308
1 申立書などの記載内容と添付書類や引継書類 308

  2　添付書類などからの調査方法... *309*
 Ⅳ　保険金受取人の地位の調査方法 ─────────── *310*
 Ⅴ　保険契約者の判断に疑義が生じる場合の対応 ─────── *311*
  1　保険契約者の判断に疑義が生じる場面............................ *311*
  2　保険契約者を確定する際の考え方など............................ *312*
 Ⅵ　解約返戻金の請求手続 ─────────────── *313*

第7節　有価証券上の権利

 Ⅰ　手形・小切手 ───────────────────── *315*
 Ⅱ　信用金庫等への出資金 ─────────────── *317*

第8節　株式・投資信託

 Ⅰ　株式 ───────────────────────── *318*
 Ⅱ　投資信託 ──────────────────────── *319*

第9節　貸付金・前払金

 Ⅰ　貸付金 ──────────────────────── *321*
 Ⅱ　前払金 ──────────────────────── *321*

第10節　損害賠償請求権（交通事故被害・投資被害）

 Ⅰ　はじめに ──────────────────────── *323*
 Ⅱ　交通事故被害 ───────────────────── *323*
  1　交通事故被害であるがゆえに留意すべき点........................ *323*
   (1)　交通事故被害回復の長期化...*323*　(2)　交通事故被害回復訴訟の専門性...*323*　(3)　破産者との協力...*324*
  2　破産者の交通事故被害であるがゆえに留意すべき実体法上の問題点.. *324*
   (1)　問題点...*324*　(2)　問題となる損害の費目...*325*
 Ⅲ　投資被害であるがゆえに留意すべき点 ─────────── *327*
  1　投資被害回復訴訟の専門性... *327*

2　投資被害回復訴訟の方針 *328*
　　　3　投資被害回復訴訟の経過 *328*

第11節　その他

　Ⅰ　供託金等の還付ないし取戻請求権 ───────── *329*
　　1　供託金等の還付請求権 *329*
　　　(1)　還付請求権の成立要件...*329*　(2)　還付請求の具体的手続...*329*
　　　(3)　必要書類...*330*
　　2　供託金等の取戻請求権 *331*
　　　(1)　取戻請求を検討する事例...*331*　(2)　必要書類...*331*
　　3　各種業法に基づく供託金等 *331*
　Ⅱ　税金還付が見込まれる場合の要件ならびに対応の整理および
　　　留意点 ─────────────────────── *332*
　　1　破産者が法人の場合 *332*
　　　(1)　税金還付が見込まれる事例...*332*　(2)　対応の整理および留意
　　　点...*332*　(3)　粉飾決算の場合の手続...*333*　(4)　粉飾決算の場合
　　　の留意点...*334*
　　2　破産者が個人の場合 *335*
　　　(1)　個人の場合の税金還付...*335*　(2)　税金還付を調査・検討する
　　　事例...*335*
　Ⅲ　労働保険料の確定申告による還付 ─────────── *335*
　　1　労働保険料概論 *335*
　　2　概算保険料の還付請求 *337*
　Ⅳ　ゴルフ会員権その他の各種会員権 ─────────── *338*
　　1　ゴルフ会員権 *338*
　　　(1)　売却による換価...*338*　(2)　預託金・保証金の換価...*338*
　　2　その他の各種会員権 *339*

第12節　裁判所からみた債権の換価・回収上の留意点等

　Ⅰ　裁判所の視点 ─────────────────── *341*

目　次

  1　換価の適正さと迅速さのバランス *341*
  2　費用対効果を意識した柔軟な対応 *341*
  3　換価基準等を踏まえた対応 *342*
 Ⅱ　訴訟の提起 ─────────────────────── *343*
  1　訴訟の提起の検討 *343*
  2　裁判所における許否の審査 *343*
  3　訴訟提起後の報告 *344*
 Ⅲ　破産財団からの放棄等 ─────────────────── *344*
  1　破産財団からの放棄の検討 *344*
  2　裁判所における許否の審査 *345*
 Ⅳ　個別の問題点 ─────────────────────── *346*
  1　担保権の設定のある場合 *346*
  2　預貯金 *346*
  3　売掛金 *347*
  4　敷金等の返還請求権 *348*
  5　保険解約返戻金 *348*
  6　有価証券上の権利 *349*
  7　その他 *349*

第4章　動　　産

第1節　換価上の留意点

 Ⅰ　早期着手、迅速処理 ──────────────────── *350*
  1　必要性 *350*
  2　動産の占有管理の必要性ないし重要性 *351*
 Ⅱ　会計帳簿類等との照合、破産財団に帰属することの認定 ── *351*
  1　総論 *351*
  2　調査方法 *352*

目　次

- Ⅲ　動産譲渡担保権者への対応 ─── 353
  - 1　法的性質 ─── 353
  - 2　実務上の取扱いと問題点 ─── 354
- Ⅳ　取戻権者・留保所有権者等への対応 ─── 356
  - 1　法的性質 ─── 356
  - 2　実務の取扱いと問題点 ─── 356
  - 3　委託販売商品の場合 ─── 357
- Ⅴ　動産売買先取特権者への対応 ─── 357
  - 1　法的性質 ─── 357
  - 2　実務上の取扱い ─── 357
- Ⅵ　商事留置権者への対応 ─── 359
  - 1　法的性質 ─── 359
  - 2　実務上の問題点 ─── 360
- Ⅶ　売却方法の検討──賃借物件の明渡しと関連する場合、商事留置権、譲渡担保権等が成立する場合 ─── 361
  - 1　賃借物件の明渡しと関連する場合 ─── 361
  - 2　商事留置権、譲渡担保権等が成立する場合 ─── 361
- Ⅷ　売却方法の検討 ─── 362
  - 1　売却方法に関する留意点 ─── 362
    - (1) 選択の視点…362　(2) 売却方法ごとの留意点…363　(3) 動産の種類ごとの留意点…363　(4) 購入希望者の募集方法に関する留意点（募集方法）…365　(5) 入札の実施方法…365　(6) バーゲンセールなど消費者向けに販売する場合…365　(7) 裁判所の許可…366
  - 2　事業継続 ─── 367
- Ⅸ　許認可の関係──たばこ・酒類・医薬品など ─── 367
- Ⅹ　破産財団からの放棄ないし廃棄処理 ─── 368
  - 1　破産法上の定め ─── 368
  - 2　放棄の判断基準 ─── 368
  - 3　放棄ではなく廃棄すべき場合 ─── 369

4　賃借目的物に保管されている動産 369

第2節　在庫商品

Ⅰ　総論 370
Ⅱ　在庫商品の換価に関する留意点 370
　1　基本的な考え方 370
　　(1)　在庫商品の占有管理 ...371　(2)　在庫商品の種類や性質に留意すること ...371　(3)　在庫商品の量に留意すること ...372　(4)　処分に伴う費用に留意すること ...372
　2　売却に先立つ確認 372
　3　売却方法 373
　　(1)　破産者の元役員および従業員の協力 ...373　(2)　一括売却と個別売却 ...374　(3)　売却手続の透明性の確保 ...374　(4)　その他の留意点 ...375
Ⅲ　担保権との関係 375
　1　譲渡担保 376
　　(1)　動産譲渡担保と対抗要件 ...376　(2)　集合動産譲渡担保 ...376　(3)　担保権の実行と破産管財人の協力に伴う財団組入れ ...377
　2　所有権留保 378
　　(1)　所有権留保の調査 ...378　(2)　対抗要件 ...378　(3)　所有権留保の目的物の特定 ...379
　3　動産売買先取特権 379
　　(1)　基本的な視点 ...380　(2)　具体的検討 ...381

第3節　什器備品

第4節　リース物件

Ⅰ　リース契約 384
Ⅱ　破産管財事件とリース契約の処理 384
　1　フルペイアウト方式のファイナンス・リース契約の法的性質 ...384

2　リース物件と契約内容の把握 *385*
　　　3　処理方針の決定 *386*
　　　4　リース会社との交渉 *387*
　　　　⑴　物件の使用を継続する場合...*387*　⑵　物件の処分を行う場合...*387*　⑶　物件を返却する場合...*388*

第5節　登録自動車・軽自動車

　Ⅰ　自動車一般 *389*
　Ⅱ　登録自動車 *390*
　　　1　破産者に所有権がある場合 *390*
　　　2　所有権留保の場合 *391*
　　　　⑴　所有者と所有権留保権者が同一である場合...*391*
　　　　⑵　所有者と所有権留保権者が異なる場合...*392*
　Ⅲ　軽自動車 *393*

第6節　危険物・有害物

　はじめに *395*
　Ⅰ　危険物・有害物としての産業廃棄物の処理 *395*
　　　1　産業廃棄物に対する規制 *395*
　　　2　破産管財人の事業者性 *395*
　　　3　破産管財人の対応 *396*
　Ⅱ　PCB廃棄物がある場合の対応 *397*
　　　1　PCBに対する規制 *397*
　　　2　破産管財人の事業者性 *397*
　　　3　破産管財人の対応 *398*
　Ⅲ　土壌汚染がある場合の対応 *399*
　　　1　土壌汚染に対する規制 *399*
　　　2　破産管財人の対応 *400*
　Ⅳ　放射性物質がある場合の対応 *401*
　Ⅴ　破産財団からの放棄 *402*

目　次

第7節　特殊な動産

Ⅰ　船舶 ... 403
1　登記・登録 ... 403
2　船舶の換価の特殊性 ... 403
3　船舶先取特権 ... 404
4　解撤権 ... 405

Ⅱ　建設機械等 ... 406
1　登記・登録 ... 406
2　建設機械の換価の特殊性 ... 406
3　破産財団としての確保・管理 ... 407
4　工場内の機械 ... 407

Ⅲ　銃砲・刀剣類 ... 408
1　許可・登録 ... 408
2　銃砲・刀剣類の換価の特殊性 ... 409

Ⅳ　美術品・骨董品 ... 410
1　美術品・骨董品の換価の特殊性 ... 410
2　購入者を見つける工夫 ... 410

Ⅴ　宝飾品 ... 411
1　宝飾品の換価の特殊性 ... 411
2　地金の換価 ... 411

Ⅵ　仏具・仏像等 ... 412
1　仏具・仏像等の換価の特殊性 ... 412
2　仏具・仏像等の買主を見つけるための工夫 ... 412
3　自宅不動産の任意売却の際の仏壇の処理 ... 413

第8節　裁判所からみた動産の換価上の留意点等

Ⅰ　裁判所の視点 ... 415
1　迅速な換価（早期の着手） ... 415
2　適正な換価（権利関係の確認） ... 416

Ⅱ 売却 ———————————————— 416
1 売却対象となる動産の検討 416
2 売却先・売却方法の検討 417
3 裁判所による許否の審査 418
4 売却に当たっての工夫例および留意点 419

Ⅲ 破産財団からの放棄 ———————————————— 420
1 破産財団からの放棄の検討 420
2 破産裁判所による許否の審査 420
3 放棄に当たっての留意点 421

Ⅳ 個別の問題点 ———————————————— 422
1 自動車 422
2 リース物件 423
3 さまざまな担保権が存在し得る動産(商品・材料等) 424
4 顧客データ等の情報が保存されているパソコン等 425

おわりに ———————————————— 425

第5章 知的財産権

第1節 知的財産権全般に関する換価上の留意点

はじめに ———————————————— 426

Ⅰ 破産財団に属する知的財産権自体を譲渡する
場合の留意点 ———————————————— 427
1 知的財産権の価値評価 427
(1) 事業の価値と知的財産権の価値 ...427 (2) 知的財産権の評価手法 ...428
2 知的財産権を譲渡する際の手続面および契約書上の留意点 ... 429
3 ライセンシーが存在する場合の留意点 430
(1) 破産法53条1項・56条1項とライセンス契約 ...430 (2) 当然

目　次

　　　　対抗制度の導入...*431*　(3)　ライセンサーとしての契約上の地位の
　　　　承継の有無...*431*　(4)　破産管財業務における留意点...*432*
　　4　知的財産権が共有に係る場合の留意点 *434*
　　5　通常実施権を移転する際の留意点 *435*
　　6　知的財産権が信託されている場合の留意点 *436*
　Ⅱ　ライセンス契約に基づく在庫商品等を譲渡する場合の留意
　　　点 ———————————————————————— *437*

第2節　商標権に関する特有の留意点

　Ⅰ　真正商品の換価 ———————————————————— *439*
　Ⅱ　OEM 生産品の換価 —————————————————— *439*
　Ⅲ　並行輸入品の換価 ——————————————————— *440*

第3節　特許権・実用新案権・意匠権に関する特有の留意点

第4節　著作権に関する特有の留意点

　Ⅰ　翻案権（著作27条）または二次的著作物の利用に関する権
　　　利（著作28条） ———————————————————— *442*
　Ⅱ　著作者人格権 ————————————————————— *442*
　Ⅲ　映画の著作物と映画製作委員会 ————————————— *443*
　　1　映画の著作者と著作権者 *443*
　　2　映画製作委員会 *444*

第5節　金融取引等に知的財産権が取り込まれている場合

第6節　裁判所からみた知的財産権の換価上の留意点等

　Ⅰ　売却（別除権の受戻しを含む）、財団放棄の許可申請の審査
　　　のあり方 ———————————————————————— *446*
　　はじめに *446*
　　1　総論 *448*

	2　任意売却	449
	3　破産財団からの放棄	450
Ⅱ	法的に未解決の問題が含まれている場合の対応	451
Ⅲ	債権者の意向確認ないし債権者集会の前の許否の判断の是非	452
Ⅳ	破産裁判所が知的財産権に関する専門的知見ないし法律知識を得る方策	453

第6章　海外資産

はじめに

第1節　換価上の留意点

Ⅰ	資産調査の方法・破産財団帰属性の認定	457
Ⅱ	担保権がある場合	459
Ⅲ	承認手続	460

第2節　対象資産ごとの検討

Ⅰ	不動産の場合	462
Ⅱ	動産の場合	464
Ⅲ	債権の場合	464
Ⅳ	その他の財産の場合（海外子会社の株式・清算等）	465

第3節　裁判所からみた海外資産の換価上の留意点等

Ⅰ	破産法上の海外資産の扱い	472
Ⅱ	海外資産の調査・換価	473
	1　破産者およびその関係者による説明（申立代理人による協力）	473

目　次

　　　2　現地の専門家等の補助者の活用... *474*
　　　3　海外における法的手続の利用... *474*
　　　4　債権者に対する情報提供・意向聴取等..................................... *475*
　　　5　換価・財団放棄の許可申請... *476*
　　Ⅲ　外国で弁済を受けた債権者についての配当調整_____ *477*

第7章　事業譲渡・会社分割

第1節　破産手続における事業譲渡・会社分割

　　Ⅰ　破産手続における事業譲渡の有用性_____ *478*
　　Ⅱ　保全管理手続中における事業譲渡の有用性_____ *479*
　　Ⅲ　破産手続・保全管理手続における会社分割の可否_____ *480*

第2節　事業譲渡・会社分割の手続

　　Ⅰ　破産手続における事業譲渡手続_____ *482*
　　Ⅱ　個人事業者の破産手続における事業譲渡手続_____ *482*
　　　1　個人事業者破産の場合の問題点... *482*
　　　2　事業継続の手続... *483*
　　　3　事業譲渡における問題点.. *483*
　　Ⅲ　保全管理手続における事業譲渡・会社分割手続_____ *484*
　　　1　事業譲渡... *484*
　　　2　会社分割... *485*
　　Ⅳ　手続上の問題点_____ *486*
　　　1　事業の維持継続... *486*
　　　2　迅速な譲渡先選定... *487*
　　　3　許認可手続の承継... *487*
　　　4　公正取引委員会への届出.. *488*

第3節　事業譲渡・会社分割を実施する際の留意点

- I　事業譲渡価値の評価 —— *489*
- II　取引債務の承継の可否 —— *489*
- III　従業員への対応 —— *490*
- IV　取引先への対応 —— *492*
- V　担保権者への対応 —— *492*
- VI　事業譲渡等における「迅速な決断」の重要性 —— *492*

第4節　裁判所からみた事業譲渡・会社分割の留意点等

- はじめに —— *494*
- I　破産手続・保全管理手続中の事業譲渡等 —— *494*
  - 1　関係者の役割等 …… *494*
  - 2　保全管理命令等の発令 …… *495*
    - (1) 保全管理命令の要否 … *495*　(2) 第三者に対する保全処分 (包括的禁止命令等) … *496*
  - 3　譲渡手続 …… *496*
    - (1) 譲渡先の選定方式 … *496*　(2) 譲渡価格の適正 … *497*　(3) 取引債務の承継 … *498*　(4) 裁判所の許可 … *498*
- II　破産手続開始の申立前の事業譲渡等 —— *499*
- III　個人事業者の場合 —— *499*
  - 1　破産管財人等による事業譲渡 …… *499*
  - 2　破産者による事業継続を前提とした換価 …… *500*

第8章　否　認

第1節　法人の破産管財事件の否認

- I　破産管財業務における否認権行使の意義・目的 —— *501*

目次

Ⅱ 法人破産における否認行為の類型・典型例 _____ 502
　1　否認該当行為の内容 _____ 502
　　(1) 資産の廉価売却（贈与）...502　(2) 相当な対価での資産売却...503　(3) 弁済...503　(4) 代物弁済...504　(5) 担保供与...504　(6) 対抗要件具備...504　(7) 事業譲渡・会社分割...504
　2　否認の相手方 _____ 505
　　(1) 取引先に対する否認行為...505　(2) 借入先金融機関に対する否認行為...505　(3) 経営者・親族に対する否認行為...506　(4) 従業員に対する否認行為...506
Ⅲ 発見の端緒（否認対象行為の把握） _____ 507
　1　申立代理人からの報告・指摘（申立書の記載） _____ 507
　2　各種資料（財産目録・決算書・試算表等）からの発見 _____ 507
　3　その他 _____ 508
　4　ヒアリング _____ 509
Ⅳ 否認要件とその立証 _____ 509
　1　支払停止・支払不能 _____ 510
　　(1) 支払停止...510　(2) 支払不能...511
　2　受益者の悪意 _____ 512
Ⅴ 行使方法 _____ 512
　1　保全処置 _____ 512
　2　否認権の行使方法 _____ 513
　　(1) 任意の請求...513　(2) 否認の請求・否認の訴え...513

第2節　個人の破産管財事件の否認

Ⅰ　総論 _____ 515
Ⅱ　調査 _____ 515
Ⅲ　否認要件 _____ 517
Ⅳ　対象資産 _____ 518
　1　第三者名義 _____ 518
　2　自由財産 _____ 519

Ⅴ 対象行為 ―― 520
1 近親者への行為 ―― 520
2 身分行為 ―― 521
  (1) 離婚…521 (2) 相続…522
3 給与・退職金等 ―― 522
  (1) 天引き…522 (2) 強制執行…523
4 不動産等固定資産の処分 ―― 523
  (1) 不動産の処分…523 (2) オーバーローンの場合…524 (3) 自動車…525
5 和解による一部免除 ―― 525
6 代表者等による連帯保証や物上保証 ―― 525

Ⅵ 否認権の行使方法 ―― 526
1 任意の返還請求 ―― 526
2 否認の請求・否認の訴え ―― 526

第3節 裁判所からみた否認の留意点

Ⅰ 裁判所の視点 ―― 527
  1 法的倒産手続における否認の規律の理解 ―― 527
  2 支払不能、支払停止概念の把握と認定判断の重要性 ―― 528
  3 時間を意識した対応（迅速処理の要請） ―― 529
Ⅱ 法人の場合の留意点 ―― 529
Ⅲ 個人の場合の留意点 ―― 530
Ⅳ 否認請求ないし否認の訴えの提起 ―― 531

第9章　税　　務

第1節　財産換価上の税務問題

Ⅰ 破産手続における財産換価上の税務問題 ―― 533

目次

　　はじめに *533*
　1　還付金および過誤納金の還付上の留意点 *534*
　2　財産換価による納税上の留意点 *535*
Ⅱ　破産手続開始時の納税の基本 ─────────── *536*
　1　事業年度 *536*
　2　納税義務者 *536*
　3　破産法人の課税所得の計算方法 *537*
　4　税額確定方式 *537*
　5　租税および過誤納金の還付方法 *537*
Ⅲ　還付金の還付手続 ──────────────── *538*
　1　控除不足額等の還付金の還付 *538*
　　(1) 法人税における所得税額控除等不足額...*538*　(2) 中間納付額等の控除不足額...*538*　(3) 消費税における仕入税額の控除不足額...*538*　(4) 所得税の源泉徴収税額または予定納税額が確定申告税額を超過している場合の超過額...*539*
　2　欠損金および純損失の繰戻還付制度 *539*
Ⅳ　過誤納金の還付 ───────────────── *540*
　1　更正の請求 *540*
　　(1) 更正の請求...*540*　(2) 仮装経理に基づく過誤納金の還付の特例...*540*　(3) 仮装経理に基づく更正の請求の実務...*540*
　2　源泉所得税の過誤納金の還付 *541*
　　(1) 過払給与等に係る過誤納源泉所得税の還付...*541*　(2) 仮装経理に基づく所得に係る過誤納源泉税の還付...*541*　(3) 源泉徴収義務のある所得に関する不当利得返還請求...*542*
Ⅴ　財産換価を巡る税務上の諸問題 ─────────── *543*
　1　破産財団の管理、換価に関する諸税 *543*
　2　専門家、補助者の源泉所得税 *543*
　3　法人住民税 *543*
　4　延滞税の減免 *544*

第2節　裁判所からみた財産換価における税務上の留意点等

はじめに ……………………………………………………………………… 545
Ⅰ　裁判所からみた破産管財人の財産換価における税務問題に
　　対する認識の実情 ……………………………………………………… 548
Ⅱ　税理士等の専門家の適切な関与 …………………………………… 549

第10章　業種別にみた財産換価上の問題

第1節　建設会社

はじめに ……………………………………………………………………… 551
Ⅰ　注文者との間の請負契約関係の処理 ……………………………… 552
　1　基本的フレームワーク ……………………………………………… 552
　　(1)　破産法53条の適用…552　(2)　履行時の取扱い…552　(3)　解除
　　時の取扱い…553
　2　出来高査定 …………………………………………………………… 554
　3　工事出来高報酬と損害賠償請求権との相殺の可否 …………… 555
　4　工事前払金の信託の成否 ………………………………………… 556
　5　民法改正の影響 ……………………………………………………… 556
Ⅱ　下請業者との間の請負契約関係の処理 …………………………… 557
　1　基本的フレームワーク ……………………………………………… 557
　　(1)　民法642条の適用…557　(2)　履行時の取扱い…557　(3)　解除
　　時の取扱い…557
　2　商事留置権の成否と対応 ………………………………………… 558
　3　下請業者と注文者との間での工事出来高の帰属 ……………… 559
　4　民法改正の影響 ……………………………………………………… 560
　　(1)　仕事完成後の請負人の解除権の制限…560　(2)　注文者破産に
　　おける改正民法634条の適用の有無…560

目　次

第2節　メーカー

はじめに ………………………………………………………………… *562*
Ⅰ　破産したメーカーの現場保全および初動 ………………………… *562*
Ⅱ　メーカーの換価の実務 ……………………………………………… *563*
　1　製品の換価 ………………………………………………………… *563*
　　(1)　換価の準備…*563*　(2)　製品の販売…*564*
　2　原材料等の換価 …………………………………………………… *565*
　3　仕掛品の換価 ……………………………………………………… *566*
　4　製造設備の換価 …………………………………………………… *567*
　5　売掛金の回収 ……………………………………………………… *568*
　6　工場の売却 ………………………………………………………… *569*
　　(1)　工場の売却先の探索…*569*　(2)　工場売却時に生じる問題点…*570*
　7　海外子会社・海外工場の処理 …………………………………… *572*
Ⅲ　従業員との関係 ……………………………………………………… *572*
　1　従業員の協力の必要性 …………………………………………… *572*
　2　従業員の労働環境の整備 ………………………………………… *573*
　3　従業員の十分な協力を確保するための留意点 ………………… *573*
Ⅳ　事業譲渡による換価 ………………………………………………… *573*
おわりに ………………………………………………………………… *574*

第3節　流通業

Ⅰ　総論 …………………………………………………………………… *575*
Ⅱ　主として法的観点から破産管財人が留意すべき事項 …………… *575*
　1　売却の適法性に関する事項（破産管財人の処分権限） ……… *575*
　　(1)　所有権が破産者にあること…*575*　(2)　担保権者との関係…*576*
　　(3)　動産売買の先取特権者との関係…*579*
　2　売却に当たり法令上の制約がある場合 ………………………… *581*
　3　商標権等に係る契約による制約 ………………………………… *582*

4　裁判所の許可取得の工夫 *583*
　Ⅲ　売却業務に伴い留意すべき諸事項 ———————————— *583*
　　1　買戻依頼・返品要求 *583*
　　2　買取業者への売却 *583*
　　3　処分セール *584*
　　4　金券・割引券・クーポン券 *584*
　Ⅳ　その他の留意事項 ———————————————————— *585*
　　1　（元）従業員の協力確保 *585*
　　2　財団債権の発生 *586*
　　3　破産者が有する顧客情報の利用 *586*

第4節　IT系

　Ⅰ　IT企業の特色等 ———————————————————— *587*
　　1　IT企業とは *587*
　　2　財産換価上の特色等 *588*
　　　(1)　全体的な視点 ...*588*　(2)　個別的視点 ...*589*
　Ⅱ　換価上の問題点 ———————————————————— *590*
　　1　事業としての一体的換価 *590*
　　　(1)　破産手続における事業の換価 ...*590*　(2)　IT企業の場合 ...*591*
　　2　情報の取扱い *591*
　　　(1)　IT企業が保有する情報 ...*591*　(2)　個別資産として換価する場合 ...*592*　(3)　事業として換価する場合 ...*593*

第5節　出版社

　はじめに ———————————————————————————— *594*
　Ⅰ　取次に対する売掛金の回収 ———————————————— *594*
　　1　取次との取引の特殊性 *594*
　　2　取次とは *594*
　　3　委託販売制度 *595*
　　4　債権譲渡担保が設定されている場合 *598*

目　次

```
　　Ⅱ　事業譲渡 ································································ 598
　　Ⅲ　在庫の出版物の処分 ···················································· 599
　　Ⅳ　電子出版 ···································································· 600
　　Ⅴ　オンライン書店 ·························································· 601
```

第6節　生き物を扱う業種

```
はじめに ············································································ 603
　Ⅰ　「生き物」を扱う業態・特徴 ············································ 604
　　1　「生き物」が商品となっている業態 ································ 604
　　　(1)　破産管財業務の方針…604　(2)　担保権者との共働…605
　　2　「生き物」が生産手段となっており、生き物が生み出す天然
　　　果実が商品となる業態 ·················································· 605
　　　(1)　破産管財業務の方針…607　(2)　事業継続と「生き物」…608　(3)
　　　事業譲渡…609
おわりに ············································································ 610
```

第7節　病院・歯科医院・薬局・介護施設

```
　Ⅰ　病院等の破産管財事件の特殊性 ······································· 611
　Ⅱ　換価に優先し得る破産管財業務 ······································· 611
　　1　入院患者の転院手続 ···················································· 612
　　2　通院患者への対応 ······················································· 613
　　3　介護施設からの転所 ···················································· 613
　　4　カルテ等の整理・保管 ················································ 613
　　5　結果的に破産財団の維持にもつながること ····················· 614
　Ⅲ　病院等に特有の特殊な換価業務 ······································· 615
　　1　事業そのもののM&A（病床数の承継） ························· 615
　　2　医療機器・医薬品 ······················································· 616
　　3　毒劇物等 ···································································· 617
```

第3部　研究者からみた破産管財人の財産換価を巡る理論上の諸問題

1　破産管財人の法的地位と第三者性
——管理機構人格説の揺らぎ？

(東京大学名誉教授　伊藤　眞)

はじめに _____ 621
Ⅰ　破産管財人の法的地位が問題となる局面の多様化 _____ 621
Ⅱ　管理機構人格説の提唱と承継 _____ 623
Ⅲ　管理機構人格説の揺らぎ _____ 624
Ⅳ　破産管財人の法的地位を巡る議論の意義 _____ 625
  1　最判平成26・10・28（民集68巻8号1325頁）の意義 626
  2　成年後見人の取消権および遺言執行者の法的地位との比較 629
  3　法律上の根拠の欠如 630
  4　破産管財人の職務の多様性 630
Ⅴ　財団債権の債務者 _____ 631
  1　財団債権の債務者を破産管財人とすべき理由がないことの
     論拠 632
  2　それぞれの論拠についての検討 633
Ⅵ　財団債権と破産財団所属債権との相殺 _____ 636
Ⅶ　善管注意義務違反の効果 _____ 636
Ⅷ　破産管財人の源泉徴収義務と管理機構人格説 _____ 638
Ⅸ　外部法律関係における破産管財人の法的地位 _____ 641
  1　破産者の一般承継人と同視される破産管財人および差押債権
     者と同視される破産管財人 641
  2　近時の批判——破産者の承継人たる破産管財人 643
  3　近時の批判——差押債権者たる破産管財人 645
おわりに _____ 646

2 破産管財人の善管注意義務と担保価値維持義務

(早稲田大学大学院法務研究科教授　山本　研)

はじめに *647*
  1　本稿における検討対象 *647*
  2　平成18年判決の概要 *649*
Ⅰ　破産管財人の担保価値維持義務 *650*
  1　担保権設定者の担保価値維持義務——質権設定者の担保価値維持義務を素材として *650*
    (1)　判例法理からみた担保価値維持義務の実体法的位置付け...*650*
    (2)　平時における質権設定者の担保価値維持義務...*651*　(3)　担保価値維持義務違反の判断基準と効果...*651*
  2　担保権設定者に破産手続が開始された場合の担保価値維持義務の帰趨 *653*
    (1)　平成18年判決——破産管財人による担保価値維持義務の承継...*653*
    (2)　担保価値維持義務の帰趨を巡る学説——承継説と独自義務説...*653*　(3)　破産管財人の担保価値維持義務——義務違反の判断基準...*657*　(4)　破産管財人による担保価値維持義務違反の効果...*658*
Ⅱ　破産管財人の善管注意義務 *660*
  1　善管注意義務の内容と義務違反についての判断 *660*
    (1)　善管注意義務の内容...*660*　(2)　善管注意義務違反についての判断...*662*
  2　善管注意義務違反による損害賠償責任 *663*
    (1)　破産管財人と破産財団の損害賠償責任...*663*　(2)　破産法85条2項に基づく損害賠償請求権の法的性質と位置付け...*664*　(3)　破産管財人の個人責任補充性論...*667*
  3　善管注意義務の対象概念のパラダイム・シフト論..................... *668*
Ⅲ　破産管財人の善管注意義務と担保価値維持義務の関係
    ——善管注意義務違反についての判断枠組み *671*
  1　平成18年判決——法廷意見と才口補足意見............................ *671*

(1) 法廷意見...671　(2) 才口補足意見...674
　2　善管注意義務と担保価値維持義務の関係..................................675
　　　(1) 善管注意義務と担保価値維持義務の関係に関する学説...675
　　　(2) 検討——善管注意義務と担保価値維持義務の理論的関係...678
おわりに ————————————————————— 682

3　破産管財人の負う義務の内容と調整
　　——「第3の義務」はあるのか
(一橋大学大学院法学研究科教授　山本和彦)

Ⅰ　問題設定 ————————————————————— 684
Ⅱ　破産管財人の善管注意義務の内容 ——————————— 688
　1　義務の相手方 688
　2　義務の範囲 690
　3　設例との関係 691
Ⅲ　破産者から破産管財人が承継する義務 ———————— 692
　1　契約上の義務の承継の原則 692
　2　設例との関係 694
Ⅳ　破産管財人が負うその他の義務——「第3の義務」の可能性 _ 696
　1　法令上の義務の賦課 696
　2　不法行為法上の注意義務 698
　3　第3の義務のあり方 701
Ⅴ　破産管財人が負う義務の相互関係と調整 ——————— 701
おわりに ————————————————————— 704

4　倒産解除特約の破産手続上の効力
(東京大学大学院法学政治学研究科教授　垣内秀介)

はじめに ————————————————————— 705
Ⅰ　合意による実体法律関係の規整とその倒産手続上の取扱い _ 705

lv

目　次

　　1　倒産法による一般実体法の可及的尊重 706
　　2　倒産法による一般実体法の変容――倒産法的再構成および倒産法的公序 708
　　　(1)　「倒産法的再構成」の議論...708　(2)　「倒産法的公序」としての再構成...709　(3)　若干の評価...710
　　3　倒産管財人または債務者の地位との関係 712
　　4　小括 714
　Ⅱ　倒産解除特約の効力 _____ 714
　　1　問題の所在 714
　　2　裁判例の状況 715
　　　(1)　最高裁判例...715　(2)　下級審裁判例の動向...717　(3)　小括...720
　　3　学説の状況 720
　　　(1)　非典型担保（事案類型①）を巡る議論...721　(2)　継続的契約における将来の債権債務関係の解消（事案類型②）を巡る議論...725　(3)　売買契約等における既履行の債権債務関係の覆滅（事案類型③）を巡る議論...727　(4)　一般的な判断枠組みを巡る議論...728
　　4　検討 730
　　　(1)　基本的視角...730　(2)　規律の方向...733　(3)　規律の内容...735
おわりに _____ 737

5　原状回復請求権の法的性質

（一橋大学大学院法学研究科教授　杉山悦子）

はじめに _____ 739
　　1　問題の所在 739
　　2　原状回復請求権の法的性質論が論じられる背景 740
　　3　本稿の検討対象 741
　Ⅰ　平時における原状回復請求権の性質 _____ 742

1　原状回復請求権と原状回復義務の関係.. 742
　　2　原状回復請求権の具体的内容.. 742
　　　(1)　目的物の収去義務...742　(2)　修繕・修補義務...743
　　3　原状回復請求権と原状回復「費用」請求権... 743
　　4　目的物明渡請求権との関係... 744
　　　(1)　1個説...744　(2)　2個説...745　(3)　訴訟物論と倒産法上の取扱いとの関係...746
　II　裁判所での扱い ────────────────────── 746
　　1　東京地裁... 746
　　　(1)　東京地判平成20・8・18（判時2024号37頁）...747　(2)　東京高判平成21・6・25（判タ1391号358頁）...747　(3)　最近の実務...748
　　2　大阪地裁... 748
　　3　実務の評価... 749
　III　学説 ─────────────────────────── 750
　　1　財団債権説... 750
　　2　破産債権説... 751
　IV　どのように考えるか ───────────────────── 753
　　1　原状回復請求権等の実体法上の位置付けと債権の性質論の関係... 753
　　2　目的物明渡請求権の位置付け.. 754
　　3　破産債権説の根拠論.. 755
　　4　財団債権説の根拠.. 755
　　5　取戻権に包含される義務と解する場合... 757
　おわりに ──────────────────────────── 758

6　破産管財人による動産売買先取特権の目的物処分の可否
──動産売買先取特権の優先弁済権保障の必要性

（日本大学准教授　杉本純子）

　I　問題の所在 ──────────────────────── 759

目次

 Ⅱ 動産売買先取特権の性質と保護の必要性 ───── 761
  1 動産売買先取特権の担保権としての性質 761
  2 動産売買先取特権保護の必要性 763
 Ⅲ 破産手続における優先弁済権保障の根拠 ───── 765
  1 債権者平等原則との関係 766
  2 一般債権者の利益との関係 767
  3 担保価値維持義務との関係 769
 Ⅳ 破産管財人による動産売買先取特権の目的物処分の可否 ── 771
  1 破産管財人による目的物処分の可否に関する見解 771
  2 動産売買先取特権行使の手続上の困難 771
   (1) 担保権証明文書提出の困難 ...772 (2) 目的物存在確認の困難 ...772 (3) 目的物特定の困難 ...773 (4) 物上代位権行使時の困難 ...773
  3 優先弁済権保障の具体的方法 773
   (1) 動産売買先取特権者の保全処分 ...774 (2) 破産手続における弁済請求 ...775 (3) 和解的処理 ...776

おわりに ───── 777

7　破産管財人による所有権留保付動産の換価
── 前提となる法的問題の検討

（法政大学法学部教授　杉本和士）

はじめに──問題状況 ───── 779
 1 破産手続における非典型担保の処遇 779
  (1) 破産管財人による破産財団に属する財産の換価と担保権 ...779
  (2) 法的倒産手続における非典型担保の処遇に関する視座のあり方 ...781
 2 破産手続における所有権留保の処遇 782
  (1) 所有権留保の意義 ...782 (2) 破産手続における所有権留保の処遇に関する問題点 ...784

Ⅰ 所有権留保の法性決定と双方未履行双務契約に関する規律
   適用の可否 ———————————————————— 787
  1 破産手続における所有権留保の法性決定 787
   (1) 破産手続における留保売主の法的地位 —— 取戻権か別除権
   か？ ...787 (2) 実体法上の法的構成に関する議論との関係 ...788
  2 双方未履行双務契約に関する規律適用の可否 789
   (1) 所有権留保特約付売買契約の双方未履行双務契約該当性 ...789
   (2) 双方未履行双務契約該当性と別除権説との関係 ...791
Ⅱ 動産買主の破産手続における所有権留保の処遇 ————— 792
  1 留保所有権者による私的実行のための破産手続上の要件 792
   (1) 第三者所有権留保に関する最判平成22・6・4の意義 ...792 (2)
   留保所有権者が登録等を欠く場合の事後処理 ...795 (3) 法定代位
   構成の是非 ...797
  2 いわゆる「流通過程における所有権留保」の処遇 798
   (1) 「流通過程における所有権留保」 ...798 (2) 下級審裁判例にお
   ける「引渡し」（民178条）の評価を巡る争い ...799
結びに代えて ———————————————————— 801
【追記】 802

●執筆者一覧 ...804
●事項索引 ...808

第1部
実務家からみた破産管財人の財産換価を巡る諸問題(総論)

第1章 破産管財人からみた破産財団の換価

第1節　破産管財人の財産換価の重要性

I　倒産処理の指導理念

　倒産手続は、限られた債務者財産をもって債権の満足を図る手続であり、債権者をはじめとする利害関係人を最大限納得させるものでなければならない。そのためには、倒産手続における実体的な取扱いが公平・平等・衡平に適ったものであるとともに、不利益を受ける利害関係人に対する手続保障が備わっていなければならない[注1]。具体的に説明すると、次のとおりである。

1　公平・平等・衡平の理念

　実体法は、権利の種類に応じて債務者財産からの優先回収の順位を定めている。債務者の個別財産に担保権の設定を受けている債権者は、当該財産から優先的に債権の満足を図ることができる。また、一般の先取特権など債務者の一般財産に対して優先権を有する債権者は、一般債権者に優先して債務者財産から満足を受けることができる。かかる実体的な優先関係は、債務者に倒産処理手続が開始された場合であっても、基本的には維持されなければならず、かかる取扱いを維持することが、異なる種類の権利を有する債権者間の公平にも合致する。

（注1）　倒産処理の必要性とその理念につき、伊藤・破産法民事再生法17頁以下、破産申立マニュアル2頁［小林信明］。

他方で、優劣の関係にない同一の種類の権利を有する債権者間にあっては、その取扱いに差異を設ける理由はなく、平等な取扱いをすることになる。

2 手続保障の理念

ひとたび債務者に倒産手続が開始されると、一般債権者は債務者財産に対する個別執行が禁止され、倒産手続の枠内で債権の満足を図る。また、担保権を有する債権者であっても、倒産手続の中に取り込まれるかはさておき、債務者に開始された倒産手続の影響を受けることになる。他方、債務者も、倒産手続の開始に伴い破産管財人が選任された場合には、自己の財産に対する管理処分権限を失う。

このように、手続開始時点だけを取り上げたとしても、倒産処理は、利害関係人の権利に大きな影響を与えるものである。したがって、かかる影響を正当化するためには、不利益を受ける者に対する手続保障が備わっていなければならず、各種の不服申立権や、とりわけ再建型倒産手続における権利変更に対する債権者の手続参加等はその表れといえる。

II 破産管財人の職務

1 破産手続の目的

破産手続の目的は、「債権者その他の利害関係人の利害及び債務者と債権者との間の権利関係を適切に調整し、もって債務者の財産等の適正かつ公平な清算を図るとともに、債務者について経済生活の再生の機会の確保を図ること」（破1条）にある。

2 破産財団の管理・換価業務およびそのための権限・職務

破産管財人は[注2]、破産手続が開始されると同時に裁判所から選任され

（注2） 破産管財人の職務全般につき、高木新二郎「破産管財人に望むこと」判時1331号〔1990〕14頁、多比羅誠「破産管財人の心得(1)-(4・完)」NBL 581号（1995）6頁、585号（1996）47頁、587号43頁、589号31頁、伊藤・破産法民事再生法203頁以下、破産管財の手引88頁以下、破産管財実践マニュアル43頁以下。

（破31条1項・74条）、破産者が破産手続開始の時に有する一切の財産（破産財団。破34条1項）の管理処分権限を有する（破78条1項）。善良な管理者の注意をもってその職務を行い（破85条1項）、破産者の清算業務を行うについて裁判所の監督を受けながら（破75条1項）、破産手続の目的を実現するために、破産財団の管理処分権限を駆使して、破産財団に属する財産の換価・回収業務を行う。不動産の売却や訴えの提起等の行為をするには裁判所の許可を得なければならない（破78条2項）。

破産管財人は、破産者が破産債権者を害することを知りながら行った行為や、破産者が支払不能になった後、特定の破産者に対して行った弁済・担保の提供の効力等を否認することができる（破160条以下）。かかる否認権は、破産者の財産を原状に復するために破産管財人に認められた強力な権限である。

他方で、破産財団の構成財産には実体的に見て第三者の財産が混入している可能性があるので、かかる第三者に、破産財団に返還を求める実体的地位を破産手続においても保障する取戻権を認めている（破62条）。関係人間の適切な利害調整を図るために、実体法的観点を離れて、特別な取戻権をも創設している（破63条・64条）。破産管財人は、これら取戻権への対応も要する。

破産管財人はさらに、破産財団を巡る主に双方未履行双務契約の関係について、実体的法律関係を整理する（破53条以下）。以上を通じて、その管理下の財産を「あるべき破産財団」の範囲に一致させることになる。

3 債権調査手続

配当の相手方となる破産債権者の権利内容を調査、確定する手続に関与することも、破産管財人にとって欠くことのできない職務である。

4 その他の職務

破産管財人は、個人の破産手続における免責に関する意見書を提出して（破250条1項）、破産者の経済的更生の機会も確保しなければならない。社会的影響の大きい事件では、利害関係人の利益だけでなく、破産者である法人の活動結果として生じた権利義務や法律関係について終局的な整理をして、法人格の消滅に導くなど、社会正義の実現にも寄与することが要請される。

こうした点に鑑みると、破産管財人は、破産債権者の利益を実現するだけでなく、利害関係人全体の利益、ひいては社会正義を実現するよう職務を遂行しなければならない。

5 破産管財人としての弁護士の責務

破産管財人の選任（破74条1項）においては、弁護士が選任されるのが通例である。それは、倒産処理における公平・公正の理念および手続保障の理念、ならびに破産管財人に付託されている社会正義を実現するための職務遂行が、法律実務の専門家であり、基本的人権の擁護と社会正義の実現を使命とし、かかる使命に基づいて誠実にその職務を行うことを常に求められる（弁護1条）、他の資格者でも法人でもない弁護士に、期待されているからである。

弁護士は法によって、民事訴訟における訴訟代理権および刑事弁護における弁護人資格の独占が認められている（民訴54条、刑訴31条。弁護72条）。破産管財人に選任された弁護士は、弁護士に付託された職責を常に強く自覚し、その達成に努め（弁護士職務基本規程1条）、高い倫理観をもって職務を遂行すべきであることを片時も忘れてはならない(注3)。

Ⅲ 破産管財人の財産換価・回収の重要性

1 破産財団の極大化

破産管財人の最も重要な職務は、配当原資となる破産財団の極大化を図ること、すなわち破産財団を構成する財産を可能な限り高価で換価し、債権を可能な限り高価で回収し、他方で財産の目減りを防止することである。

破産財団の極大化を図り、配当原資を充実させることができれば、財団債

（注3） 倒産処理事件に携わる際に、いかなる視点で弁護士倫理などを考えるべきかにつき、日本弁護士連合会倒産法制等検討委員会編『倒産処理と弁護士倫理』（金融財政事情研究会、2014）2頁［須藤英章］。弁護士職務基本規程81条は、法令により官公署から委嘱された事項につき、「職務の公正を保ち得ない事由があるときは、その委嘱を受けてはならない」とする。したがって、裁判所から破産管財人への選任を打診された場合に、破産管財人としての職務の公正を保てないような破産債権者との利益相反があるときは、裁判所にその理由を述べた上で、委嘱を断らなければならない場面もある。

権者への弁済および破産債権者への配当を極大化することができ、債権者の満足を最大化することができる。もちろん、債権者の満足は弁済・配当の額だけで決まるものではなく、弁済・配当の迅速性や、破産手続に関する情報開示が適時かつ十分になされることとの相関関係もあるが、最も重要なファクターが弁済および配当の額（率）であることに変わりはない。

破産管財人は、財産換価・回収を極大化することにより、その結果として、より多い破産管財人報酬（破87条1項、破規27条）を得ることができる。換価・回収の極大化が報酬の確保につながることが破産管財人の職務上のインセンティブになっていることは事実である。しかし、もちろんのことであるが、破産手続の公平・公正および手続保障を担う公的機関である破産管財人が、その報酬を増やすことを目的化することは厳に慎まなければならない。

2　破産管財人による財産換価以外の観点の重要性

他方で破産管財人は、その公的機関性および破産管財人に付託されている社会正義を実現するための職務を遂行するという観点から、社会的責任や公益性に配慮すべき局面、財産換価以外の配慮を要する局面も多々あることを自覚しなければならない。

医療法人の破産であれば、患者の命を守ることが最優先になる［→第2部第10章第7節］。学校法人の破産であれば、学生の教育を受ける機会を守ることの優先順位は極めて高い。犬・猫などの生体を多数扱う会社の破産であれば、生体を野生化させることなく、速やかにしかるべき同種会社に譲渡して保護を図ることが必要になる［→第2部第10章第6節］。これらの場面では、破産財団の極大化を無視し得ないとしても、その要請に優る社会的使命を果たす必要がある。

また、土壌汚染や、産業廃棄物の残る不動産の売却の際には、汚染の除去、拡散の防止等の措置を採るよう努めなければならず、破産財団からの放棄による処分は限定的にしか認められない［→第2部第2章第11節］。

Ⅳ　破産管財人の破産財団の管理・換価・回収

1　総論

　破産財団の管理処分権は破産管財人に専属し（破78条1項）、破産管財人は動産、不動産、有価証券、売掛金等の債権、知的財産権等の破産財団に属する一切の財産の換価、回収および処分をその裁量において行う。換価・回収処分をするに当たり破産管財人は善管注意義務を負う（破85条）[注4]。

2　破産財団の換価・回収時期

　旧破産法では一般の債権調査終了前には破産管財人は財産財団の換価をなし得ず（旧破196条1項）、例外的に、遅滞なく換価しなければ破産財団に損害が生じる場合には、裁判所の許可を得て換価できるとされていた（同条2項）。しかし、時間の経過とともに破産財団の資産劣化が進み、処分価値が下落することは免れがたいことから、現実の運用では、破産宣告後一般債権調査終了前に裁判所の許可を得て換価手続を行っていた。

　現行法では換価時期に関する上記制限を撤廃した。ゆえに破産管財人は、選任された後速やかに換価業務を実行しなければならない。

3　換価・回収の際の注意

　破産手続は破産者の財産をすべて金銭に換価し、総債権者に公平に弁済することを目的とするものであるから、破産財団に属する財産の換価・回収は破産管財業務の中核である。破産管財人は、以下の諸点に留意して換価・回収に当たるべきである。

(1)　**高額での換価**

　できる限り高い金額で財産を換価し、より少ない費用で処分することが要

（注4）　最判平成18・12・21民集60巻10号3964頁の才口千晴裁判官補足意見。「破産管財人は、第1次的には破産債権者のために破産財団を適切に維持・増殖すべき義務を負うのであるが、他方で、破産者の実体法上の権利義務を承継する者として、利害関係人との間の法律関係を適切に整理・調整すべき義務を負っているのである」と指摘している。

求される。商品を包括的に単一の引取業者に売却するよりは、入札方式を採る、複数の引取業者に見積りをさせるなどによって競争原理を働かせれば価格は上がる可能性があるとともに、価格の公正性を担保することができる。

インターネットのオークションが有用な場合もある。ただし、商品の不具合・キズ等につき十分な説明があり、それを落札者が納得した上で取引をした場合には返品は受け付けられないという「ノークレーム・ノーリターン」特約の記載をし（民572条）、出品時において十分な商品説明がなされなければ、返品受付けの要求、さらには損害賠償請求をされるおそれもあるので注意を要する[注5]。この点は、不動産等の売買において瑕疵担保責任免除特約を付するのと同様である。

金銭的な価値が生じるか判断に迷うケースもある。例えば、共有持分だけの不動産、接道していない土地［→第2部第2章第10節］、知的財産［→第2部第5章第1節］、ドメインネームなどである。その場合には、従業員、債権者等の関係者および同業者等から事情を聴取するなどして換価の可能性を探ることになる。固定資産税の賦課を免れるための不動産の財団放棄、倉庫代の負担を回避するための不良在庫の廃棄処分等をしなければならない場合もあるが、安易な財団放棄にならぬように気をつけなければならない。

(2) **迅速性**

迅速な処理は、破産手続において最も重要であるとさえいえる。破産財団が負担する事務処理経費を大幅に圧縮する。また、財団に生ものなど劣化の早いものが含まれている場合には、早急に関連業者に売却するか、売却できなければ廃棄処分の手はずを整えなければならない。

債権の回収は時間がかかることがあり、回収が遅くなるほど不払または減額要請を誘発する傾向にあるので、破産管財人に就任した後直ちに、売掛金等の債務者および債権額の把握ならびに債務者への請求通知に着手しなければならない。さらに、速やかな支払も、通知に対するはかばかしい回答もないようであれば、直ちに支払督促手続等次のステップに進む必要がある。

(注5) 東京弁護士会法友全期会破産実務研究会編『新破産実務マニュアル』（ぎょうせい、2007）213頁。

破産手続開始決定後も先取特権に基づく物上代位は可能なので^(注6)、破産財団を構成する債権に対して先取特権を有する債権者がいる場合には、差押えがなされる前に債権を回収するよう努めなければならない。また、時効消滅の近い債権があるときは、配達証明付内容証明郵便による請求書を送付して支払を催告し（民150条1項）、消滅時効の完成猶予を得る必要がある^(注7)。

破産管財人として、個別の債権回収を可能な限り図ることが必要であるが、回収不可能と判断される債権または長期分割弁済を余儀なくされる債権の最後の早期処分の方法としてサービサーを有効活用することも、費用および時間を節約する方策として有用である。

(3) 裁判所との綿密な協議、報告

裁判所の監督の下にあることから当然であるが（破75条1項）、裁判所との協議は継続的に、かつ折々に綿密に行わねばならない（破規26条1項参照）。とくに、判断に迷う場面では、必ず裁判所と協議をした上で換価処分の方向性を定めるべきである。

(4) 情報の取得

債権者等の関係者から、破産者の資産に関する情報が提供されることも少なくない。債権者申立てによる破産の場合には、とりわけ債権者からの情報が重要である。

破産者宛ての郵便物（破81条・82条）などから、破産者の隠し財産が判明することも多々あるので、注視すべきである。また、大口債権者（主に別除権者）には、適宜情報を提供するなどして、適時に財産処分に関する意見等を得られるようにしておくべきであろう。

(5) 定期的な点検

チェックリストを作成して定期的に換価・回収状況を点検し、破産手続の終了に向けてのスケジュール感を把握するとともに、処分漏れがないようにする必要がある。

(注6) 最判昭和59・2・2民集38巻3号431頁。担保価値維持義務と善管注意義務の関係について、伊藤・破産法民事再生法208頁、中井康之「破産管財人の善管注意義務」金法1811号（2007）40頁など。

(注7) 破産管財人の担保価値維持義務に関し、前掲・最判平成18・12・21の才口千晴裁判官補足意見。

V　破産管財業務に必要な弁護士のスキルと心構え

　弁護士はさまざまな形で倒産処理に関わる。取引先破綻の知らせを受けた債権者から債権回収の相談を受けることもあれば、債務者を支援するためのスポンサーの代理人として、債務者の事業の再生に関与することもある。再生手続における監督委員のように、裁判所から選任されて、再生債務者の再生手続全般について調査・監督を行うこともある。これらはいずれも、債務者とは異なる立場から倒産処理に関わるものであるが、弁護士として必要なスキルと心構えに変わりはない。そこで、ここでは、債務者側の立場、とりわけ破産管財人として必要な弁護士のスキルと心構えを述べる[注8]。

1　幅広い法分野に対する知識と素養

　古くから、倒産事件は、「法律問題のるつぼ」といわれている。各種倒産手続を定める法律や倒産判例の理解はもちろん、倒産会社の事業に関わるさまざまな法的知識が必要となる。さらに当該事業に係る特有な制度や権利関係が、破産という有事の局面においていかなる影響を受けるか検討する必要もある。倒産処理を行う上では、倒産関係法令に精通するのみならず、さまざまな法領域・事業領域に関する知識や素養を身につけることが肝要である。

2　多くの利害関係人に対する細やかな目配り

　企業が経済的窮境に陥るとその企業に関わりをもつさまざまな人々が影響を受けることになる。仕入先や納品先といった取引先はもとより、融資を受けていた金融機関、株主や社債権者、従業員、租税債権者等、その企業を取り巻くさまざまな利害関係人に影響が及ぶ。企業の規模や活動領域が広いほど、利害関係人の顔ぶれは多様になり、その数も飛躍的に多くなる。幅広く投資を募っていた投資会社が破綻にいたった場合のように、倒産手続に慣れていない一般投資家が債権者の大部分を占めるケースもある。

（注8）　破産管財人としての心構え、職務としての魅力につき、破産管財実践マニュアル46頁以下、破産管財 Basic 5 頁以下。また、破産管財業務に当たって注意すべき点につき、破産管財の手引88頁。

倒産処理は、通常の民事訴訟における個別的な紛争解決よりも、複雑に絡み合う多数の利害関係人の利害をいかに適切に、かつ迅速に処理するかに特色がある。法的規範を念頭に、公正公平に配慮しながら、もつれた糸を解きほぐして、互譲的な解決としての和解的解決によって手続の迅速な進行を図るのも、破産管財業務の妙味である。弁護士が破産管財人として破産手続に携わるときは、これらさまざまな利害関係人の権利や利害に細やかな目配りをする必要がある。そして、破産手続が適正に行われているとの信頼性を担保するためには、利害関係人に対し、必要な情報を適時に開示することも心がけるべきである。

3　税務・会計上の知識と経営感覚

倒産処理は、現に経済活動を行っていた企業を清算する手続であるから、税務会計上の問題に留意しつつ、その処理を進める必要がある。したがって、倒産事件に精通した公認会計士等の助力を仰ぎながら、協働して事件処理に当たることが望ましい。破産管財人は、税務会計の基礎的な知識を習得し、時に応じて他の専門家と協働するとともに、破産会社の業種や業界に対する幅広い知識、経営的な感覚を身につけることを意識すべきである。

4　決断力と実行力

破産管財事件は、何の前ぶれもなく裁判所から委嘱を受け、そのほとんどが破産手続開始決定前の準備段階からトップスピードでの判断と行動を要する。スタートからの1～2週間がその後の手続の帰趨を決する。

破産管財人は、破産手続開始決定直後に次々と生起する幾多の問題について、その解決の優先順位を見極めながら、スピード感をもって決断と実行をし、処理していかなければならない。さらには、別除権者、事業譲渡候補者など本来的な利害対立を抱える利害関係人との間で、手続の公正さに配慮しながら、粘り強く交渉を進める胆力も持ち合わせなければならない。

かように、破産管財人に選任された弁護士は、決断力と実行力とにおいて、弁護士としての総合力を問われると言っても過言ではない。

（進士　肇）

第2節　利害関係人との利害調整

I　総論

　破産法は、「支払不能又は債務超過にある債務者の財産等(注1)の清算に関する手続を定めること等(注2)により」(達成手段)、「債権者その他の利害関係人の利害及び債務者と債権者との間の権利関係を適切に調整し」(直接の目的)、もって「債務者の財産等の適正かつ公平な清算を図るとともに、債務者について経済生活の再生の機会の確保を図ること」(大目的)を目的とする(破1条)(注3)。

　そのため、破産管財人が破産手続における職務を遂行するに当たっては、破産財団の増殖のみを至上命題として職務を行えばよいということではない。破産手続によって法律上の利益を受けることが保障され、また逆に法律上の権利を制限されることとなる利害関係人の利益に配慮(注4)する必要がある(注5)。

　ここに「利害関係人」とは、破産債権者(破2条6項)が中心であるが、それにとどまらない。破産手続開始の申立てから終了まで、それぞれの手続段階に応じて、手続関与を認めるべき利害関係人の範囲を考えることとなる(注6)。具体的には、破産者(同条4項)や財団債権者(同条8項)、別除権者(同条9項)、取戻権者(破62条以下)、相殺権者(破67条以下)も含まれる(注7)。なお、さらに破産者との間の双務契約の相手方(破53条)、破産財団に属する財産の所持者(破32条1項4号)、否認権行使の相手方(破160条以下)、破産法人の役員(破177条以下)も利害関係人に含まれると解する見解も存す

(注1)　相続財産破産が含まれる(新破産法の基本構造と実務17頁[小川秀樹発言])。
(注2)　免責と復権が含まれる(新破産法の基本構造と実務17頁[小川秀樹発言])。
(注3)　新破産法の基本構造と実務17頁以下参照。
(注4)　破産管財人の社会的責任(第3の義務)を含む、利害関係人との利害調整の詳細について→第3部③。
(注5)　伊藤・破産法民事再生法240頁。
(注6)　伊藤・破産法民事再生法240頁。
(注7)　伊藤・破産法民事再生法240頁以下、条解破産法26頁以下。

るが、破産法1条の利害関係人がこのように広い概念であるとすると、同じ利害関係人であっても破産手続への関与度合には違いが生じざるを得ないように思われる(注8)。

以上に対し、株式会社の株主など法人の持分権者は、利害関係人としての地位が認められない。なぜなら、破産の場合、破産債権者への配当実施後、残余財産が存在すれば、破産手続終結後に通常の清算手続によって株主に対する分配を行うことを予定しているからである(注9)。

利害関係人に与えられる権利として重要なものに、破産事件記録の閲覧謄写請求権がある（破11条）(注10)。もっとも、閲覧謄写請求権の行使については、破産手続の時期および利害関係人の種類に応じた制限がある(同条4項)。また、文書の種類に応じた支障部分の閲覧制限がある（破12条）。例えば、事業譲渡に係る文書や、破産財団に属する債権の回収に当たっての和解の内容を示す文書等は、その内容に破産手続の進行に重大な影響を及ぼし得る機密情報が含まれている可能性があることから、閲覧等を制限できるようにしたものである。

II　破産債権者との利害調整

破産債権者について生じる実体上の法律効果(注11)の主なものは、①破産手続外の権利行使の禁止（破100条等）、②免責（破253条1項柱書本文）、③債

（注8）　条解破産法26頁参照。例えば、旧破産法下の事件であるが、破産事件記録の閲覧および謄写をすることができる利害関係人について、東京地決平成24・11・28金法1976号125頁は、「破産手続によって直接的に自己の私法上又は公法上の権利ないし法律的利益に影響を受ける者を意味すると解するのが相当である」と述べ、破産財団に対して債務を負担する第三債務者は利害関係人に該当しないとしている。
　なお、破産管財人が善管注意義務（破85条）を負う相手方とそれ以外の利害関係人との区別について、伊藤・破産法民事再生法193頁。[→第6節III2・第3部③II]
（注9）　労働組合が利害関係人に該当するか否かについては争いがある（伊藤・破産法民事再生法241頁注11）。
（注10）　利害関係人を広く捉えた場合には弊害もあることから、閲覧謄写請求権を有する利害関係人を解釈上制限することがある（前掲（注8））。
（注11）　破産債権者について生じる手続上の法律効果としては、債権の届出（破111条）、債権者集会への参加（破138条等）、債権調査における異議申述（破118条・121条）、配当（破193条）等がある（伊藤・破産法民事再生法242頁）。

権の目的や弁済期の変更等（破産債権の金銭化と現在化。破103条等）である(注12)。

　破産債権者との利害調整に関し留意すべきものとして、給料の請求権等の弁済許可（破101条）がある。優先的破産債権たる給料の請求権等に対する配当の前倒しの制度であり、配当の実施に責任をもつ破産管財人にのみ弁済許可の申立権が認められている(注13)。また、破産管財人が破産財団に属する債権をもって破産債権と相殺することに関する弁済許可（破102条）(注14)も利害調整の一環といえる。

Ⅲ　破産者との利害調整

　破産者は、破産手続の開始によって、自由財産を除き、その時の一切の財産について管理処分権を失う（破34条・78条1項）。もっとも、免責の可能性があるとしても、破産配当の程度が破産手続終結後の破産債権者の債権額に影響するので、破産者は破産財団の換価に利害関係をもつ。また、破産手続における債権調査の結果は破産者に対する確定判決と同一の効力を与えられることから（破221条）、破産者は債権調査についても利害関係を有する。

　破産者との利害調整において重要なのは、破産者が個人の場合の自由財産の取扱いである［この点については→第3節］。また、破産者が契約者として締結していた生命保険契約等を破産管財人が解約せずに処理（解約返戻金相当額の支払を受けることを条件に解約返戻金を財団から放棄する）したり、破産財団に属する破産者の自宅の売却に当たり引越費用を売却代金から拠出したりすることも、破産者との利害調整の一環といえよう。

Ⅳ　別除権者との利害調整

　別除権者は、破産手続によらないで別除権（破2条9項）を行使できるが（破65条1項）、別除権の目的物も破産財団所属財産であることから、利害調

(注12)　伊藤・破産法民事再生法242頁以下。
(注13)　伊藤・破産法民事再生法294頁。
(注14)　弁済許可の要件である「一般の利益に適合」する場合について、伊藤・破産法民事再生法503頁、破産実務Q&A 200問227頁［和智洋子］。

整が必要となる。具体的には、①破産管財人による別除権目的物の提示請求権および評価権（破154条１項・２項）、②別除権目的物の受戻し（破78条２項14号）、③破産管財人による強制執行の方法に基づく別除権目的物の換価（破184条２項）および担保権消滅請求（破186条以下）等の規定が設けられている。

破産財団の換価処分に当たっては、別除権との利益調整が必要となる場面が少なくない。例えば、後記第２部第４章第１節・第２節および第３部６で述べる、動産売買先取特権とその目的物の破産管財人による処分の問題である。また、物権変動等の対抗要件・権利保護要件と破産管財人の地位の議論について、後記第２部第４章第１節・第２節および第３部７を参照されたい。

破産財団の換価処分に当たり別除権の目的物の処理を円滑に行う必要のある場面も少なくない。例えば、事業譲渡や事業用資産をまとめて売却するような場面で売却対象資産に所有権留保物件やリース物件が含まれているような場合には、別除権目的物ごとに別除権者との意見調整を行い、別除権の受戻等の処理を円滑に行う必要がある。このような処理は円滑な権利関係の整理が必要であり、申立代理人との連携を含め適切な管理対応が求められる。

なお、別除権者の利益と他の利害関係人の利害の衝突という悩ましい問題に関し、担保価値維持義務を巡る議論があるが、この点については後記第６節および第３部②を参照されたい。

V　相殺権者との利害調整

破産債権者は、破産手続開始の時において破産者に対し債務を負担するときは、破産手続によらないで相殺権を行使できるが（破67条１項）、合理的相殺期待の範囲を画するものとして、自働債権（破72条）および受働債権（破71条）について制限が課されている。また、自働債権および受働債権の態様に応じて相殺権の行使について特別の規定が設けられるなど（破67条２項〜70条）、相殺権の行使に関し利害の衝突[注15]が予想される。

前述した破産管財人による相殺に関する弁済許可（破102条）の規定も相殺

[注15]　否認権によって相殺権の範囲を制限しようという議論もある（伊藤・破産法民事再生法244頁）。

権者との利益調整の規定といえるが、これに関し、相殺をするかどうかを確答すべき旨の破産管財人による催告権（破73条）も、債権調査の手続を待って催告権の行使により相手方の相殺権を失権させるものとして、利害調整の機能を有する。

Ⅵ　取戻権者との利害調整

　破産手続の開始は取戻権に影響を及ぼさない（破62条）。もっとも、取戻権の行使を巡って破産管財人と取戻権者との間に争いが生じることが予想され(注16)、また、破産管財人が取戻権を承認するについても手続的規律が設けられている（破78条2項13号）ことから、取戻権者も破産手続上の利害関係人に当たると解されている(注17)(注18)。

　破産財団の換価処分に当たって、取戻権の目的物の破産財団に属する財産の区分けは重要である。破産財団に多くの動産が属するようなケースでは、申立代理人は取戻権の目的物に明認方法を施したり、場所的に分別管理をするなど、破産管財人が円滑に破産財団の換価処分を行うことができるように、適切に破産管財人に引き継ぐ必要がある。

Ⅶ　財団債権者との利害調整

　財団債権者（破2条7項・8項）は破産手続によらないで破産財団から破産債権者に先立って弁済を受ける（破151条）。もっとも、財団債権者に対する弁済も破産管財人が破産財団から行うものであり、財団債権への弁済の前提として、財団債権の承認という手続的規律が定められている（破78条2項13号）。また、破産手続開始の効果として、財団債権者も強制執行などを禁止される（破42条1項・2項）ことから、財団債権者も破産手続上の利害関係人に

(注16)　なお、運送中の物品の売主等の取戻権や代償的取戻権に関し特別の規定が設けられている（破63条・64条）。
(注17)　伊藤・破産法民事再生法245頁。
(注18)　取戻権者が破産事件記録の閲覧謄写請求権を有するかという議論があるが、破産管財人との間で取戻権の行使を巡って争いがなく、手続的にも取戻権の承認もがなされているような場面では、記録の閲覧謄写請求権を認めるべき必要はないように思われる。

当たると解される。

　財団債権者の存在を失念して破産債権への配当を実施してしまうと、破産管財人の善管注意義務違反の責任問題となりかねない。他方、本来財団債権でないものを財団債権として扱って破産財団から弁済を行うと、破産債権者の利益を損なうこととなる。破産管財人としては、財団債権の承認には十分注意をしなければならない。なお、破産財団の換価処分に当たって問題となる賃借不動産の原状回復義務の財団債権性については、後記**第3部5**を参照されたい。

Ⅷ　その他の利害関係人との利害調整

　前述のように、破産者との間の双務契約の相手方（破53条）、破産財団に属する財産の所持者(注19)（破32条1項4号）、否認権行使の相手方（破160条以下）、破産法人の役員（破177条以下）も利害関係人に含まれるとする見解もある(注20)。このような者との利害調整は、基本的には、破産管財人から相手方に働きかけ、争いがある場合には、裁判所の判断を経て相手方の権利を変更するという形で行われることになろう。

　とくに、否認権行使は、破産財団を原状に復し（破167条1項）、破産財団の換価処分を実効的に行う上で重要な制度である。受益者や転得者の権利との調整のために詳細な要件効果が破産法に定められており、否認制度の理解は破産管財人にとって大変重要である(注21)。

Ⅸ　相続財産の破産等

1　相続財産の破産

　破産法は、相続財産自体に破産能力を認める（第10章第1節）。相続財産に

(注19)　破産者に対して債務を負担するものも含まれると思われる（破32条1項4号）。
(注20)　条解破産法26頁。
(注21)　否認権に関しては、破産管財の手引226頁以下、破産・民事再生の実務〔破産編〕268頁以下、進士肇＝影浦直人「否認訴訟」島岡大雄ほか編『倒産と訴訟』（商事法務、2013）2頁以下等を参照されたい。

対する破産手続の開始は、相続財産が相続債権者（民927条）および受遺者に対する債務を完済することができないときに行われるもので（破223条）、被相続人の資産と負債を相続財産の限度で清算する機能を有する[注22]。

破産債権者は、相続債権者・受遺者のみであり[注23][注24]、相続人の債権者は破産債権者としての地位を有しない（破233条）。他方、相続債権者・受遺者は、限定承認がなされていない限り、破産手続によらない（破産手続終了後も含む）相続人の固有財産に対する権利行使を妨げられない[注25]。

2　相続人の破産[注26]

破産法は、破産手続開始の決定前に破産者のために相続が開始した場合について、相続人破産における破産財団および破産債権について固有の規律を設けている（第10章第2節）[注27]。

X　信託財産の破産等[注28]

1　信託財産の破産

破産法は、新しい信託法（平成18年法律108号）の制定に伴い、信託財産の

(注22)　同様の機能を有するものとして、民法上の限定承認（民922条以下）や財産分離（民941条以下）があるが、限定承認は、相続人の意思に基づき相続債権者・受遺者に対する責任財産を相続財産に限定する機能を有する（民922条）。財産分離は、相続債権者・受遺者または相続人の債権者の意思に基づき相続財産と相続人の固有財産を分離する機能を有する（民941条1項・950条1項）。これに対し、相続財産の破産手続開始の申立権者は、相続債権者・受遺者のほか、相続人、相続財産管理人または相続財産の管理権を有する遺言執行者である（破224条1項）。
(注23)　相続人が被相続人に対して有していた権利は、相続に伴う混同により消滅することはない（破232条1項前段）。そのため、相続人は、被相続人に対して有していた債権について相続債権者と同一の権利を有する（同項後段）。
(注24)　相続債権者の債権は受遺者の債権に優先する（破231条2項）。
(注25)　伊藤・破産法民事再生法94頁。なお、相続財産の破産の詳細については、破産・民事再生の実務〔破産編〕588頁以下、伊藤・破産法民事再生法89頁以下を参照されたい。
(注26)　受遺者の破産については、破産法第10章第3節（破243条・244条）参照。
(注27)　なお、相続人の破産の詳細については、破産・民事再生の実務〔破産編〕591頁以下、伊藤・破産法民事再生法96頁以下を参照されたい。

破産に関する特則を設けている（第10章の2）。信託財産は、信託の目的を実現するために受託者が運用するものであるが、支払不能または債務超過[注29]という破産原因が生じたときは（破244条の3）、受託者の固有財産と区別して、信託財産限りでの清算を実施することが公平に合致することから、信託財産破産の制度が設けられた[注30]。

2　受託者の破産

　信託財産は、信託の目的を実現するため、受託者の責任財産からの独立性が保障されていることから、受託者の破産の場合に、信託財産に属する財産は、破産財団に属しない（信託25条1項）。したがって、受託者について破産手続が開始されても、信託は当然に終了しない（信託163条・164条）[注31]。受託者破産における信託財産の独立性は、破産管財人による財産換価の限界を意味する。ここで大きな問題は、①信託（契約）の成立要件と、②信託財産と受託者の固有財産が識別不能な場合の取扱いである。

(1)　信託（契約）の成立要件

　信託（契約）の成立要件であるが、①財産権の移転その他の処分、②当該財産につき他人をして一定の目的に従い管理または処分させることである（信託2条1項・3条1号）。さらに、信託財産であることを第三者に主張するための要件として、対抗要件[注32]とは別に、③信託財産の特定性が必要であり、そのため受託者の固有財産から分別管理されていることが必要である

(注28)　なお、信託財産の破産、受託者の破産および委託者の破産の詳細については、伊藤・破産法民事再生法96頁以下、小野傑＝有吉尚哉「ファイナンスの視点から見た信託と倒産に関する主要論点」「信託と倒産」実務研究会編『信託と倒産』（商事法務、2008）4頁以下を参照されたい。
(注29)　受託者が、信託財産責任負担債務（信託2条9項・21条。信託債権と受益債権により構成される）につき、信託財産に属する財産をもって完済することができない状態をいう（破244条の3）。
(注30)　伊藤・破産法民事再生法102頁。
(注31)　信託行為に別段の定めがない限り、受託者の破産は任務終了事由とされるので（信託56条1項3号・4号）、新受託者が選任されることとなる（信託62条1項）。
(注32)　対抗力については、登記・登録を要する財産権については信託の登記・登録を要し（信託14条）、それ以外の財産権については、公示なくして信託財産であることを対抗できる。

との見解が有力である(注33)。

ところで、信託合意の認定に関し、最判平成14・1・17（民集56巻1号20頁）は、公共工事の請負業者が保証事業会社の保証の下に地方公共団体から前払金の支払を受けた場合において、注文者を委託者、請負業者を受託者、前払金を信託財産とし、これを当該工事の必要経費の支払に充てることを目的とした信託契約の成立を認めた(注34)。この判例の射程いかんによっては(注35)、例えば、弁護士が依頼者から一定の目的のために金銭を預かり、弁護士の固有財産と区別して分別管理(注36)しているような預り金については、信託財産として処遇すべき場合も生じ得る可能性があるので、注意が必要である(注37)。

(2) 識別不能な場合の取扱い

信託財産と受託者の固有財産が識別不能な場合には、基本的に信託財産の特定性が認められない以上、信託（契約）の成立を第三者に主張できないと考えるべきであろう(注38)。したがって、破産管財人は当該財産を破産財団に属するものとして取り扱う必要がある。もっとも、信託財産の特定性の判断

(注33) 能見善久『現代信託法』（有斐閣、2004）46頁、道垣内弘人「最近信託法判例批評（9完）」金法1600号（2001）84頁。なお、金銭債権の分別管理方法は、「その計算を明らかにする方法」によるとされている（信託34条1項2号ロ）。
(注34) 最判平成14・1・17は、請負契約に前払金を当該工事の必要経費以外に支出してはならないことが定められ、また、前払金保証約款に、前払金が別口普通預金として保管されなければならないこと、預金の払戻しについても預託金融機関に適正な使途に関する資料を提出してその確認を受けなければならないこと等が規定されていたなどの事実関係を摘示し、これらの事実関係の下において、信託契約の成立を認めたものである。
(注35) 沖野眞已「判解」倒産百選5版105頁参照。
(注36) もっとも、当該預り金について、その後の不適切な管理により、破産手続の開始時までに信託財産としての特定性（分別管理の要件）を欠くにいたったような場合には、もはや信託合意の認定自体困難であり、当該依頼者は破産管財人に対して当該預り金が信託財産であると主張することは認められないであろう。
(注37) 最判平成15・6・12民集57巻6号563頁は、債務整理事務の委任を受けた弁護士が、委任事務処理のため依頼者から受領した金銭を預け入れるために開設した弁護士本人名義の普通預金口座について、当該口座に係る預金債権は、弁護士に帰属すると判示したが、裁判官深澤武久・同島田仁郎の補足意見は、弁護士預り金口座について信託契約成立の可能性を示唆している。
(注38) なお、途中から識別不能となった場合の共有処理（信託18条・19条）との関係について、増田薫則「信託財産と受託者の固有財産の区別」「信託と倒産」実務研究会編・前掲（注28）146頁以下参照、また、金銭の分別管理上の問題について能見・前掲（注33）46頁以下参照。

は困難を伴う場合もあるので、破産管財人は、受益者等の利害関係者と適切に協議を行って、利害の調整を図る必要がある。

(3) 受託者破産における破産債権者

受託者破産における破産債権者であるが、信託の受益債権は破産債権とならない（信託25条2項前段）。信託財産以外の受託者の財産を引当てとするものではないからである（信託21条2項1号）。信託債権については、受託者の固有財産をもって責任を負うものは破産債権となるが、信託財産のみが責任財産となるもの（同項2号～4号）は破産債権とならない（信託25条2項後段）。

(4) 譲渡禁止特約付売掛債権の担保化（自己信託スキーム）

譲渡禁止特約が付された売掛債権の担保化の手法として、売掛債権および売掛債権の入金口座である預金債権を信託財産とする自己信託により設定した信託受益権に譲渡担保を設定する手法が昨今見受けられる。第1に、譲渡制限特約に反しないか問題となるが、譲渡制限特約の趣旨に反しないスキームを構築することは可能であろう[注39]。第2に、信託法23条2項～4項は、原則として、自己信託の場合、信託設定時から2年間は、委託者に対する信託設定前からの債権者が詐害信託の取消訴訟の提起を要することなく、直ちに信託財産への強制執行ができる旨を定めているが、ただし書で、「受益者の全部又は一部」が受益権を譲り受けた時点において債権者を害すべき事実を知らなかったときが除外されている[注40]。以上によれば、信託法に定める要件[注41]に従ったスキーム（なお、信託法3条3号・4条3項1号・2号で公正証書等の作成といった形式が求められている）であれば、自己信託の受託者が破

(注39) 佐藤正謙「譲渡制限特約付債権ファイナンスの動向——自己信託スキームの活用状況」金法2085号（2018）4頁。

(注40) なお、信託法23条および同条3項が準用する11条について平成29年法律第45号（平成32年4月1日施行）により改正がされているので留意されたい。

(注41) 中でも信託財産の特定・分別管理の要件には留意が必要である。例えば、信託財産とされた預金債権について、受託者が固有財産や他の信託財産のために使用してよいと定められているような場合には、分別管理面の問題が残るであろう（この点、中村也寸志「判解」最判解民事篇平成14年度（上）27頁は、平成14年1月17日の事案において、本件預金が本件工事の必要経費以外には支出されないことを確保する仕組みが採られており、一般債権者が前払金の残金を責任財産として期待する余地がないとの実質論にも言及している。

産した場合(注42)であっても、信託財産は破産財産に属さず（信託25条1項）、新受託者（前掲注31参照）は、受託者の破産管財人に対して信託財産について取戻権を行使できると考えられる(注43)(注44)。

3　委託者の破産

委託者について破産手続が開始されても、当然には信託関係に影響はないが、信託契約が双方未履行双務契約に当たる場合には、破産管財人は信託契約を解除することができ（破53条1項）、かかる解除により信託は終了する（信託163条8号）。

また、委託者がその債権者を害する目的のために信託を利用する詐害信託についていくつか特則が設けられている。まず、①詐害行為取消権（民424条）の行使に当たり、受託者の善意・悪意を問わない（信託11条1項本文）。また、②詐害行為否認の行使に当たり、詐害行為により「利益を受けた者」の悪意（破160条1項1号・2号）は、受益者の全部または一部の者の悪意とされる（信託12条1項）。さらに、詐害信託の場合、破産管財人は、受益者を被告として、受益権を破産財団に返還することを訴えをもって請求できる（同条2項）。

XI　国際破産の特則

国際破産には、日本国内における破産手続の外国財産に対する対外的効力の問題と、外国破産の国内財産に対する対内的効力の問題がある。

国内破産の外国財産に対する対外的効力については、破産法は普及主義を採用しているので（破34条1項括弧書）、破産管財人は、在外資産の管理・換価にも十分留意しなければならない(注45)［詳細については、→**第2部第6章**］。

(注42)　自己信託の場合、委託者破産の側面も生じることから、委託者に未履行債務（例えば、①費用・報酬の支払債務、②追加信託義務、③信託財産の引渡債務等）が残っているような場合には、双方未履行双務契約の解除の問題が生じる。
(注43)　伊藤・破産法民事再生法109頁注61。
(注44)　もっとも、売掛金の円滑な回収の観点からは、破産財団に一定割合を組み入れることを前提に破産管財人と回収合意を行って対応することが相当な場合が多いであろう。
(注45)　破産・民事再生の実務〔破産編〕550頁以下・557頁以下参照。

第1部　実務家からみた破産管財人による財産換価を巡る諸問題(総論)

なお、日本において破産手続が開始されている場合に、重ねて外国でも破産手続が開始された場合の特則として、破産法第11章が設けられ、破産管財人と外国管財人との相互協力等が定められている。

また、外国破産の国内財産に対する対内的効力については、外国倒産処理手続の承認援助に関する法律及び外国倒産処理手続の承認援助に関する規則が定められている[注46]。

(三森　仁)

(注46)　詳細については、破産・民事再生の実務〔破産編〕553頁以下、山本和彦『国際倒産法制』(商事法務、2002)を参照されたい。

第3節　破産者が個人の場合の生存権（憲25条）との調整——自由財産と自由財産の範囲拡張制度

　自由財産（本来的自由財産と自由財産の範囲の拡張が認められた財産）は、破産財団には属せず破産債権者に対する配当原資とはならない。したがって、破産管財人は、破産者の財産のうち本来的な自由財産・自由財産の範囲の拡張の対象となる財産と破産財団との切分けを適切に行う必要がある(注1)。

　また、破産管財人は、自由財産の範囲の拡張の当否に関し、裁判所に対して意見を述べる職責を負っているところ（破34条5項）、自由財産の範囲の拡張の立法趣旨である破産者の経済的再生の観点とともに、破産債権者の全体の利益にも配慮して、意見を述べる必要がある(注2)。

I　自由財産

　自由財産とは、破産者の財産のうち破産財団に属さず、破産者が自由に管理処分できる財産をいう。自由財産には、①破産者が破産手続開始後に新たに取得した財産（新得財産）のほか、破産手続開始時の破産者の財産のうち、②99万円以下の現金（破34条3項1号、民執131条3号、民執令1条）、③民事執行法その他の特別法に基づく差押禁止財産および権利の性質上差押えの対象とならない財産（破34条3項2号）、④破産管財人が破産財団から放棄した財産、⑤自由財産の範囲の拡張の裁判がなされた財産（同条4項）がある(注3)。

1　新得財産

　破産財団は、破産手続開始の時に破産者に帰属する財産によって構成される（破34条1項）。したがって、破産手続開始の決定後に破産者に帰属するに至った財産、いわゆる新得財産は破産財団から除かれる。個人である破産者

(注1)　詳細については、破産管財実践マニュアル274頁以下、破産実務Q&A 200問50頁以下［野村剛司］を参照されたい。
(注2)　破産管財実践マニュアル277頁。
(注3)　破産・民事再生の実務〔破産編〕373頁。

が破産手続開始後の労働の対価として得た給料はその例である。新得財産は、破産者およびその家族の生活を保障し、また、その経済的再生を図る基礎となる(注4)。なお、破産者が法人の場合でも破産手続開始後の事業継続等により破産手続開始後に取得する財産は観念し得るが、これは破産財団に属する財産によってもたらされたものであるから、自由財産とはならず、破産財団を構成する。

2　差押禁止財産等

民事執行法上の差押禁止動産（民執131条）(注5)や差押禁止債権（民執152条）は自由財産となる。また、特別法に基づく差押禁止財産として、労働者の補償請求権（労基83条2項）、生活保護受給権（生活保護58条）、失業等給付受給権（雇保11条）、1991年3月31日以前に契約された個人を保険金受取人とする簡易生命保険の還付請求権（旧簡易生命保険法50条、簡易生命保険法81条、同法平成2年改正附則2条5項）等(注6)がある。

なお、災害弔慰金、災害障害見舞金、被災者生活再建支援金、東日本大震災関連義援金に係る請求権および交付された現金も差押禁止財産である（災害弔慰金の支給等に関する法律5条の2、被災者生活再建支援法20条の2および東日本大震災関連義援金に係る差押禁止等に関する法律）(注7)。

帰属上の一身専属権や行使上の一身専属権といった性質上差押えの対象となり得ない権利も差押禁止財産の一種として自由財産となる。慰謝料請求権については議論があるが、具体的な金額の慰謝料請求権が当事者間で客観的に確定し、現実の履行を残すのみとなった場合は行使上の一身専属性を失

(注4)　破産・民事再生の実務〔破産編〕373頁。
(注5)　深沢利一著・園部厚補訂『民事執行の実務（中）〔補訂版〕』（新日本法規出版、2007）295頁以下参照。
(注6)　さまざまな差押禁止債権について、東京地方裁判所民事執行センター実務研究会編著『民事執行の実務――債権執行編（上）〔第3版〕』（金融財政事情研究会、2012）187頁以下参照。
(注7)　災害に関連する差押禁止財産に関し、破産実務Q&A 200問410頁以下［舘脇幸子］参照。また、破産財団に属する財産が被災して発生した地震保険金の取扱いについて、破産実務Q&A 200問412頁［玉山直美］、破産・民事再生の実務〔破産編〕374頁、安福達也「倒産事件における震災の影響と運用(8)――地震保険契約に基づく保険金等の取扱い」金法1932号（2011）37頁参照。

い(注8)、破産財団を構成する(注9)。遺留分減殺請求権や離婚に伴う財産分与請求権も同様であり、減殺の意思表示や離婚協議等において具体的な内容が形成された後は、破産財団を構成する(注10)。これに対し、遺産分割請求権は、行使上の一身専属権とはいえず、破産財団に属する(注11)。

II 自由財産の範囲の拡張

自由財産の範囲の拡張とは、破産者の個別の事情に応じ、生活の保障を図ることを可能とするため、裁判所の決定により、一定の財産を自由財産と取り扱うものである(注12)。

1 自由財産の範囲拡張の手続

自由財産の範囲の拡張は、破産者の申立てまたは裁判所の職権により決定で行われる。決定することができる期間は、破産手続開始の決定が確定した日以後1か月を経過する日までの間に制限されているが(破34条4項)、この期間は不変期間ではなく、裁判所の裁量により伸長することができる。実務上、伸長のための申立てや決定を経ずに、黙示の伸長を行うという取扱いがなされている(注13)。

自由財産の範囲の拡張の申立てを却下する決定に対しては、破産者は即時抗告をすることができる(破34条6項)。他方、自由財産の範囲の拡張を認める決定に対し、破産債権者は不服申立てをすることができない(破9条)。

(注8) 最判昭和58・10・6民集37巻8号1041頁。
(注9) 破産・民事再生の実務〔破産編〕376頁。この点、伊藤・破産法民事再生法261頁注20は、慰謝料の本質が、客観的金銭価値を認定し得ない人の身体や名誉などに加えられた苦痛を慰藉するために金銭を給付するところにあるとすれば、その同一性が維持されている限り、それを破産債権者への満足に充てるのは、背理と言わざるを得ないとして、個人の生命、身体または名誉侵害などに起因する慰謝料請求権については、その金額が確定しても行使上の一身専属性を失わず、破産財団に属しないものとする。
(注10) 破産・民事再生の実務〔破産編〕376頁。
(注11) なお、性質上差押えの対象となり得ない権利の取扱いに関する詳細については、島岡大雄「非訟事件の当事者につき倒産手続が開始された場合の非訟事件の帰趨」島岡大雄ほか編『倒産と訴訟』(商事法務、2013)198頁以下、条解破産法643頁以下参照。
(注12) 破産管財の手引145頁。
(注13) 破産管財実践マニュアル279頁、破産実務Q&A 200問59頁〔髙橋敏信〕。

2 自由財産の範囲の拡張基準

　自由財産の範囲の拡張の可否は、破産管財人の意見を聴いて裁判所が判断することとされているが（破34条4項・5項）、予見可能性の確保と公平かつ安定的運用のため、多くの裁判所で基準を設けている(注14)。

　財産の種別の基準としては、①預貯金・積立金、②保険解約返戻金、③自動車、④敷金・保証金返還請求権、⑤退職金（ただし、8分の1で評価を行う）、⑥電話加入権については、多くの裁判所で拡張適格財産として原則的に拡張を認めている(注15)。また、財産の金額の基準としては、本来的な自由財産の範囲内の現金を含めて、預貯金等の拡張適格財産の合計額が99万円以下である場合には、原則として拡張相当とする「総額99万円基準」が全国的に多くの裁判所に普及しているようである(注16)。

　なお、経営者保証に関するガイドライン(注17) 7項(3)③においては、一定期間(注18)の生計費(注19)に相当する金銭や華美でない自宅等を経営者保証人の残存資産に含めることを検討することとされている。当該ガイドラインは、経営者保証人の早期の事業再生等の着手の決断に伴い対象債権者に一定の経済合理性が認められることが前提とされる準則ではあるものの、裁判所による自由財産の範囲拡張の範囲の運用に当たり参考となり得る側面も認められるであろう。

（三森　仁）

(注14)　破産実務 Q&A 200問52頁［薄木英二郎］。
(注15)　破産実務 Q&A 200問52頁［薄木］。
(注16)　破産管財実践マニュアル281頁。自由財産の範囲の拡張基準の全国の運用状況については、野村剛司「自由財産拡張をめぐる各地の実情と問題点」自正59巻12号（2008）52頁以下参照。
　　　　なお、東京地裁においては、「個人破産の換価基準」（破産管財の手引138頁）による運用を原則としているが、当該換価基準を超えて自由財産の範囲の拡張を行う必要がある場合、自由財産の総額が99万円以下となるような自由財産の範囲の拡張については比較的緩やかに判断がなされているようである（破産管財の手引147頁）。
(注17)　㈳全国銀行協会（https://www.zenginkyo.or.jp/adr/sme/guideline/）参照。
(注18)　雇用保険の給付期間を参考に年齢に応じ90日～330日（雇保22条・23条）。
(注19)　民事執行法131条3号が差押禁止動産と定める、標準的な世帯の2月間の必要生計費を勘案して政令で定める額の金銭は66万円（民執令1条）。

第4節　破産管財人の調査権限

I　破産管財人の職務上の権限──破産財団の処理に関するもの

　破産法に定められた破産管財人の職務に関しては、大きく、①破産財団の処理に関するもの、②破産債権の処理に関するもの、③配当に関するもの等に分類できるが、ここでは本書の目的に沿って、破産財団の処理に関するものを以下に列挙する。また、下線を引いたものについては、IIで別途説明する。

① 　破産者の事業の継続（破36条）
② 　<u>破産者等の説明義務（破40条）、調査権（破83条）</u>
③ 　<u>破産者の重要財産開示義務（破41条）</u>
④ 　中断訴訟の受継（破44条）
⑤ 　従前の法律関係の処理（破52条～60条）
⑥ 　取戻権の処理（破62条～64条）
⑦ 　別除権の処理（破65条・66条・108条・111条3項・114条・117条1項・140条1項・2項・141条1項・198条5項・199条2項・210条2項・213条・214条3項）
⑧ 　相殺権の処理（破67条～73条）
⑨ 　破産管財人の権限（破78条1項）
⑩ 　破産裁判所の許可事項（破78条2項）、とくに権利の放棄（破78条2項12号）
⑪ 　破産財団の管理（破79条）
⑫ 　破産財団に関する訴訟の追行（破80条）
⑬ 　<u>郵便物等の転送および開披（破81条1項・82条）</u>
⑭ 　<u>警察上の援助の要請（破84条）</u>
⑮ 　財団債権の弁済（破148条～152条）
⑯ 　財産の価額の評定（破153条1項）
⑰ 　財産目録、貸借対照表の作成（破153条2項）

⑱　別除権者に対する当該別除権の目的である財産の提示の要求（破154条）
⑲　破産財団の封印（破155条1項）
⑳　帳簿の閉鎖（破155条2項）
㉑　破産財団に属する財産に係る引渡命令（の申立て）（破156条）
㉒　裁判所への報告（破157条）
㉓　否認権の行使（破160条〜176条・234条〜236条）
㉔　役員責任の追及（破177条〜181条）
㉕　担保権消滅請求（破186条）

Ⅱ　破産法上の規定

　破産管財人は、破産手続の適正かつ公正な実施を確保すべく、破産者の財産等を調査すべき義務を果たすために、破産者等の説明義務（破産管財人の法定対象者に対する説明請求権）その他、いくつもの重要な権限を有している。以下、順に説明する。

1　破産者等の説明義務（破40条）、破産管財人の調査権（破83条）

(1)　趣旨

　破産事件に係る破産者を含む一定の関係者に、破産管財人に対する破産に関する説明義務を課すものである。旧破産法153条と同趣旨であるが、説明義務を負う者の範囲が拡張されるとともに、罰則が強化された（破268条1項）。破産者が個人の場合には免責不許可事由になり得る（破252条1項11号）。

　破産者等の説明義務は、破産管財人から見れば、破産者その他の関係者に対する説明請求権として構成され（破83条1項前段）、物件検査権（同項後段）、子会社調査権（同条2項・3項）として具体化されている。

　破産手続の適正かつ公正な実施を確保するためには、破産管財人の職務遂行、破産債権者の手続関与等に必要となる情報・資料が提供されることが不可欠であるところ、破産法40条所定の対象者らはこれらの必要情報・資料を有している可能性が高い一方で、破産手続の開始から時間が経つにつれて非

協力的になることが予想される。また、債権者破産申立事件では、債権者と破産者が対立関係にあるのが通常なので、破産者が任意に破産手続に協力することは期待しがたい（注1）。そこで本条は、所定の対象者らに対し、説明義務に違反した場合の制裁措置（罰則、免責不許可）を定めることによって、破産手続の適正かつ公正な実施を確保しようとするものである。

破産法40条1項によって、破産者本人（1号）、その代理人（2号）、破産者が法人である場合の各機関およびそれに準ずる者（3号・4号）、従業者（5号。ただし、1項ただし書により裁判所の許可が必要）がこの義務を負う。

(2) 代理人（破40条1項2号）

破産法40条1項2号の「代理人」の範囲、ならびに構成要件該当性および違法性阻却の可能性について検討を要する。

本条の趣旨に鑑みれば、破産者等の財産に関する情報を実質的に有する点に重点があるので、文言どおり、「私法上の代理人と同様、一定の事務を本人のために行う権限を与えられ、本人に代わってその事務を処理する者」と解するのが相当であるとする見解があり（注2）、この見解からは、破産手続開始前の訴訟に関する訴訟代理人弁護士、契約交渉等の代理人弁護士、破産申立代理人弁護士、税務申告の代理を担当した税理士などが広く対象になると思われる（注3）。しかし、これらの者は、職業上の守秘義務を負っているので（弁護23条、弁護士職務基本規程23条参照）、これら守秘義務に基づく正当な説明の拒絶は違法性が阻却されることになる。

破産申立代理人については、破産者の業務および財産に関する代理権を付

（注1）　大コンメ153頁［菅家忠行］。
（注2）　条解破産法330頁。
（注3）　近年、個人の破産申立てに当たって、司法書士が申立書面の作成の代行をする場面が多くみられる。確かに司法書士は、破産の申立て自体の代理人として代理権を行使することはできず、書面作成しかできない。しかし、近時の司法書士関与による申立ての実情に照らすと、通常は、破産申立てに先立って債務整理手続を受任して、債務者代理人として、受任通知の発送、取引履歴の開示要請、それを踏まえて引き直し計算をした後の過払金返還請求、債務の減免交渉等を行うものであり、そこでの債務者と司法書士の関係はまさしく代理関係そのものである。したがって、破産申立ての時点では代理関係ではなくなっていたとしても、過去に代理関係があった者として、破産法40条1項2号に基づく説明義務を負う主体になると解すべきである。

与されているわけではなく、破産者の業務等に関する情報を実質的に有しているとはいえないこと等を理由に、破産法40条1項2号の「代理人」に含まれないと解する余地があるとする見解もある[注4]。しかし、このような区別を認める解釈には文言上無理があるように思われる。

また債権者破産申立事件の場合、破産者またはその代理人の協力がなければ破産手続の追行に支障が生じる場面が想定される。もちろん代理人弁護士の職業上の秘密保持義務・秘密保持権は、依頼者の信頼を獲得・維持するための弁護士業務の根幹に関わる義務・権利であり侵すべからざるものであるが、他方で、弁護士法23条ただし書の「法律に別段の定めがある場合」や、弁護士職務基本規程23条の「正当な理由」がある場合に該当することを理由として、破産管財人が破産者の代理人に説明を求めなければならなくなる場面もあるのではないか[注5]。また、これを権利・義務と構成しないまでも、債権者破産申立事件において、依頼者たる破産者の立場を尊重しつつ、適正な管財業務の遂行のために、破産者の代理人弁護士の協力が要請される場面は多く想定されるといえよう。

(3) 調査方法としての任意の照会、弁護士会照会（弁護23条の2）、調査嘱託申立て（破13条、民訴186条）、文書送付嘱託申立て（破13条、民訴226条）

破産者が有していた資産のうち、とりわけ債権については、破産者が非協力的な場合であっても、預金債権における金融機関、売掛債権における売掛先など、第三債務者について多少当たりがつく場合もある。そのような場合には、第三債務者に宛てて債権の性質、残額、取引履歴等について任意の照会をするのが早道である。任意の照会に対し、照会先である第三債務者が、破産者の個人情報でありプライバシーに関わるとして回答を拒むことがあるが、破産者の財産の管理処分権限は破産管財人に帰属するので（破78条1項）正当な回答拒否理由にはならないことを説明して、協力を求めることにな

(注4) 新基本法コンメンタール破産法98頁［大川治］。
(注5) 債権者破産申立事件の場合には、破産者が刑事被疑者または被告人で、刑事弁護人である弁護士が破産者の代理人を兼ねているという場合も想定される。このような場合、これらを兼任する弁護士の守秘義務についてはさらに配慮を要するといえる。

る。

　以上の説明にもかかわらず、第三債務者の無理解で回答に応じてくれないときは、費用はかかるが、弁護士会照会（弁護23条の2）をするのも有用な方法である。照会先である第三債務者が弁護士会に対して法的な回答義務を負うのはいうまでもない[注6]。

　さらに、当該第三債務者を嘱託先とする調査嘱託（破13条、民訴186条）、文書送付嘱託（破13条、民訴226条）を破産裁判所に申し立てることも考えられよう。

2　重要財産開示義務（破41条）

　破産法41条は、破産者の所有する重要財産の内容を記載した書面を裁判所に提出すべき義務を、破産者に課したものであり、破産者自身の説明義務（破40条1項1号）を強化・定型化したものである[注7]。これに違反したときは刑事罰が科せられ（破269条）、破産者が個人の場合には免責不許可事由になり得る（破252条1項11号）。

　破産管財人は、破産者が裁判所に提出するこの書面を通じて、破産者の所有する重要財産の内容を知ることができ、債権者破産申立てなど、債務者以外の者が破産を申し立てた場合に有益であるとされる。

　破産手続の開始は法人の解散事由で（会社471条5号等）、かつ委任契約の終了原因ではあるが（民653条2号）、例えば株式会社において、破産手続の開始当時の取締役らは同社の破産手続の開始によってもその地位を当然に失うわけではなく[注8]、また委任契約終了後も急迫の事情があるときは受任者（取締役ら）は一定期間必要な処分をしなければならないから（民654条）、依然として本条の義務を負うと解される[注9]。

　債務者申立事件では、申立書に財産目録が添付され（破規14条3項6号）、同

（注6）　日本弁護士連合会調査室編著『条解弁護士法〔第4版〕』（弘文堂、2007）165頁、福岡高判平成25・9・10金判1440号39頁。
（注7）　条解破産法334頁。
（注8）　最判平成21・4・17判時2044号74頁。
（注9）　大コンメ161頁［菅家］。

目録に重要財産の内容が開示され、開始決定までに特段の変更がなければ、その引用を認めている(注10)。

3 郵便物等の転送（回送）・開披（破81条1項・82条）

　破産管財人は、その職責を果たすために破産者に宛てた郵便物等を受け取ったときは開披する権限を有するが（破82条）、その前提として、破産者に宛てた郵便物等を破産管財人に転送されるよう手配しておく必要があり、そのために裁判所が職権で郵便物等の転送の嘱託ができる旨を定めている（破81条1項）。旧破産法190条と異なり、裁判所が転送嘱託できる旨の任意規定になっているが、実務上は、特段の事情ない限り「必要がある」（破84条1項）と認めて転送嘱託を行う扱いとしている(注11)。

　また、比較的短期間で終結にいたる見込みの、個人の破産管財事件では、転送嘱託の取消し（破81条2項・3項）の通知事務の効率化のために、第1回債権者集会の期日までの期限を付した転送嘱託が行われることもある。したがって、第1回債権者集会期日以後も転送嘱託を要する場合には、破産管財人は転送期間延長の上申をする必要がある(注12)。

　転送郵便物等の開披点検により、例えば、固定資産税の課税通知から新たな不動産の存在が判明したり、金融機関からの通知によって預金・生命保険・株式・貸金庫等の存在が明らかになったりすることがあるので、破産管財人はこれを励行しなければならない。

　また近時、平成27年10月5日施行の「行政事件における特定の個人を識別するための番号の利用等に関する法律」（いわゆる「マイナンバー法」）に基づいて、市区町村長が指定した個人番号（マイナンバー）が通知カードにより通知されることになった。この通知は、封筒に個人番号（マイナンバー）の通知カード在中の旨が明記された上で、世帯ごとに転送不要の簡易書留により行われるところ、破産法81条1項による嘱託が行われている場合には、この通知が破産管財人に転送（回送）されることになるので、破産管財人としては、

（注10）　破産・民事再生の実務〔破産編〕112頁。
（注11）　破産管財の手引129頁。
（注12）　破産管財の手引130頁。

これを開封することなく速やかに破産者本人に引き継ぐなど、注意を要する。

4 破産財団に属する財産に係る引渡命令（の申立て）（破156条）、警察上の援助の要請（破84条）

　破産者が破産財団に属する財産を任意に破産管財人に引き渡さない場合には、破産管財人が決定手続により引渡命令（類似の制度として、民事執行法83条参照）を取得し、迅速に強制執行することが可能である。要件は、対象財産が破産財団に属することおよび破産者が占有していることであり、例えば、債権者破産申立事件で、破産者が自宅の任意明渡しに応じないような場合には、極めて有用な手段となる。ただし、破産者以外の第三者を名宛人とすることはできないので、第三者が破産者の家族や破産法人の代表者といった占有補助者である場合は格別、それ以外の第三者を名宛人とするためには通常の訴訟手続をとる必要がある。

　命令の主文は「引渡し」であるが、いわゆる「明渡し」、すなわち執行官が建物内に居住する破産者を退去させた上で建物の直接支配の移転を求めることも可能である（民執168条）。

　なお、強制執行の際に抵抗が予想される場合には、その排除のために、裁判所の許可を得て警察上の援助を求めることができる（破84条）。

5 破産財団の封印（破155条1項、破規53条1項〜3項）

　封印は、破産財団に属する財産の占有が破産者から破産管財人に移転したことを破産者および第三者に公示するために行われるものである。「封印」（刑法96条の封印等破棄罪参照）とは、主として動産につき、その開披、使用、その他現状の変更を禁止する処分として、権限ある公務員により、その外部に施された封緘等の物的設備をいう[注13]。破産法155条1項の「封印」の執行は、裁判所書記官が対象財産に封印票を貼付し、また見やすい場所に公示書を貼付して、当該財産の占有が破産者から破産管財人に移転したことを公

(注13)　西田典之・橋爪隆（補訂）『刑法各論〔第7版〕』（弘文堂、2018）455頁。

示して行う（なお、封印等の方式につき破産規則53条1項以下参照）。この封印を損壊または無効にする行為がなされないよう、封印破棄罪（刑96条）の適用をもって担保される。

実務的には、破産管財人が作成した「告示書」（上記の「封印」とは異なるものである）を、現地保管とせざるを得ない財産に貼付し、窃盗罪（刑235条）、建造物侵入罪（刑130条）、破産法上の罰則規定（破265条2項）の対象になることを告示することによって、当該財産の盗難・破損を防止している。しかし、第三者による持ち去りのおそれが差し迫っている場合、占有屋による不動産の不法占拠が始まっている場合等には、より明確な刑事罰で担保される本条の封印を施す方が効果的に危険を回避できるとして、「必要がある」とき（破155条1項）と認められ、封印執行が行われる。

6　帳簿の閉鎖（破155条1項、破規53条4項・5項）

帳簿は、破産財団に属する財産の調査や換価、破産債権・財団債権等の調査にとって重要な基礎資料であり、帳簿の閉鎖は、帳簿の破産手続開始当時または破産管財人が確保した当時の現状を保存するために行われるものである。

帳簿の「閉鎖」は、破産管財人が帳簿を確保して、裁判所書記官に提出し、裁判所書記官が各帳簿の最後の記載部分の次に「この帳簿を閉鎖した」旨を記載して記名押印する方法で行われる（破規53条4項）。ただ、帳簿が破産管財人の管理下にある限り、事後的な帳簿改ざんを防止するための帳簿閉鎖の必要性は乏しいので、実例は少ないと思われる[注14]。

（進士　肇）

(注14)　新破産法の基本構造と実務215頁［花村良一発言］。

第5節　申立代理人、破産者およびその従業員、専門家との連携・協働

I　申立代理人との連携・協働

1　申立代理人および破産管財人の役割

　破産手続を含む倒産処理手続は、多数の関係人の利害対立構造からなる紛争解決手続である。申立代理人と破産管財人は、債権者その他の利害関係人の利害や債務者と債権者との間の権利関係を適切に調整することによって、債務者の財産等の適正かつ公平な清算を図るという破産手続の目的（破1条）を実現するために互いに連携・協力する必要がある。

　破産手続開始の申立てにおける申立代理人は、依頼者の利益を擁護実現するという代理人的役割のみならず、弁護士が担う公共的役割を担うことが期待され、信義に従い誠実かつ公正に職務を行う義務（公正誠実義務）を負う（弁護1条・30条の2第2項、弁護士職務基本規程5条参照）。申立代理人は、債務者が偏頗弁済や財産の不当処分等の債権者の利益・平等を損なう行為を行わないように指導するとともに、破産財団を構成すべき財産が債務者により不当に減少したり散逸することにより責任財産が減少して、債権者に損害が発生しないように財産保全に努め、可及的速やかに破産申立てを行って財産を損なうことなく破産管財人に引き継ぐことが求められる[注1]。

　そこで、申立代理人は依頼者である破産者の利益を擁護・実現するのみではなく破産管財人と協働し、破産者や債権者その他の関係人の利害や権利関係を適切に調整して、破産手続の上記目的を実現できるように準備して申立てに臨むこととなる[注2]。

(注1)　破産管財の手引14頁参照。同書は、これらは法令上明文の規定に基づく要請ではないが、破産制度の趣旨から当然に求められる法的義務であって、道義的な期待にとどまるものではないと指摘する。破産管財実践マニュアル47頁、望月千広「東京地方裁判所における破産事件の運用状況」金法1965号（2013）25頁。
(注2)　破産申立マニュアル28頁［綾克己］。

破産管財人は破産管財業務を円滑・迅速に進めるために、優先順位や重要性の高い業務を把握する必要がある。したがって、破産管財人候補者は破産手続開始の決定前の段階から申立代理人と適時に連絡をとり、破産管財業務の遂行に必要な情報を得ることとなる。

2　申立代理人からの引継ぎ

裁判所は、破産手続開始の申立てがなされた後、破産手続開始の原因が存在すると認められる場合には、破産管財人候補者を選定することとなる。

破産手続開始決定がなされた場合には、破産管財人候補者は破産管財人に就任し、破産財団に属する財産の管理処分権を専有する（破78条1項）。破産管財人は、就職の後直ちに破産財団の管理に着手しなければならない（破79条）。

そこで、裁判所から破産管財人就任の連絡を受けた破産管財人候補者は、破産手続開始決定後、破産管財人として直ちに業務を遂行することができるよう申立代理人から適正かつ円滑に引継ぎを受ける必要がある。破産管財人候補者は申立代理人から申立書の副本の直送を受けた後、速やかに申立書を精読し、事件の概要を把握することが不可欠である。

なお、東京地方裁判所破産再生部では、申立代理人から破産管財人への円滑な引継ぎに役立てるために申立代理人から破産管財人に対して打合せ補充メモを交付する運用を採用しており、また大阪地裁倒産部も破産管財人予定者への情報・資料提供の重要性を指摘している[注3]。なお、東京地裁の打合せ補充メモは、多くの破産事件で問題となる点を申立代理人から破産管財人候補者に要領よく伝えるために工夫された書式となっている。申立代理人は破産管財人候補者との面談に際して、打合せ補充メモや事件の処理事項をまとめた引継書を作成し、破産管財人候補者に当該事件で問題となる点を伝えることが求められる。

破産管財人候補者は、事案によっては破産手続開始の決定前の段階で申立代理人と連絡をとって早期に打合せを実施し、破産者および申立代理人との

（注3）　破産管財の手引95頁、破産管財手続の運用と書式28頁以下。

間で管財業務の遂行に向けた意思疎通や情報交換を図る必要がある。破産管財人候補者は、申立代理人との間で申立代理人からの破産申立書類の副本の受領時期や受領方法を確認し、打合せの期日等を調整することになる。また、仮に何らかの事情で破産手続開始の決定前に打合せを実施できない場合でも、破産手続開始の決定前に申立代理人から破産管財人候補者に対して、破産財団の状況や破産管財業務上の問題点を説明する等の引継ぎを行った上で、破産手続開始決定後直ちに打合せを行うことが求められる[注4]。

3　申立代理人と破産管財人の緊張関係

すでに述べたとおり、破産事件を受任した申立代理人は、破産手続の上記目的を実現するために、公正誠実義務の遂行として債務者が偏頗弁済や財産の不当処分等の債権者の利益・平等を損なう行為を行わないように指導するとともに、破産財団を構成すべき財産が債務者により不当に減少・散逸し、債権者に損害が発生しないように財産保全に努め、可及的速やかに破産手続開始の申立てを行って財産を損なうことなく破産管財人に引き継ぐことが求められる。

申立代理人がかかる職務を遂行せず、破産手続の目的を阻害する場合には、債権者や破産管財人に対する関係で損害賠償責任を負う場合がある。このような場面では、破産管財人と申立代理人に緊張関係が生じることとなる。近時、破産管財人の業務遂行との関係で、申立代理人の行為が問題となったものとして、以下の裁判例が存在する。

(1)　申立代理人の報酬に対する否認権行使

(i)　事案の概要

東京地判平成22・10・14（判タ1340号83頁）は、破産者から自己破産の申立ての委任を受けて、破産手続開始の申立前に資産の換価や売掛金の回収等を行った申立代理人に対して、破産者から支払を受けた報酬のうち破産申立てに係る弁護士報酬として適正な額を上回る部分につき、破産管財人が詐害行為否認（破160条1項1号）ないし無償行為否認（同条3項）に該当するとして、

(注4)　破産・民事再生の実務〔破産編〕103頁。

否認権を行使した事案である。

　(ii)　**判旨**

　上記裁判例は、「弁護士による自己破産申立てに対する着手金ないし報酬金の支払行為も、その金額が、支払の対価である役務の提供と合理的均衡を失する場合、その部分の支払行為は、破産債権者の利益を害する行為として否認の対象となり得る」ことを前提に、「申立代理人弁護士に一義的に求められるのは、債務者の財産の保全を図りつつ、可及的速やかに破産申立てを行うこと」であり、「申立代理人弁護士による換価回収行為は、債権者にとって、それを行われなければ資産価値が急速に劣化したり、債権回収が困難になるといった特段の事情がない限り、意味がないばかりか、かえって、財産価値の減少や隠匿の危険ないし疑いを生じさせる可能性があるのであるから、そのような事情がないにもかかわらず、申立代理人弁護士が換価回収行為をすることは相当でなく、換価回収行為は、原則として管財人が行うべきである」として、申立代理人の報酬のうち適正報酬額を超える部分につき否認権行使（破160条1項1号）を認めた。

　(iii)　**検討**

　日本弁護士連合会が定める「弁護士の報酬に関する規程」（平成16年2月26日会規第68号）2条および弁護士職務基本規程24条は、「弁護士の報酬は、経済的利益、事案の難易、時間及び労力その他の事情に照らして、適正かつ妥当なものでなければならない」と定める。

　申立代理人は、債務総額や債権者数、債務者数、営業の終了・事業所の閉鎖の有無等の諸要素を考慮し、破産管財人に対して資産および事務を引き継ぐための業務の多寡を検討した上で、報酬を定めることが考えられる[注5]。

　破産管財人としては、破産者から申立代理人に支払われた報酬金額が役務の提供と合理的均衡を失する場合には、破産債権者の利益を害する行為として否認権行使を検討すべきこととなるといえよう。

（注5）　破産申立マニュアル78頁［松尾幸太郎］。

(2) 申立代理人の財産散逸防止義務

(i) 事案の概要

東京地判平成25・2・6（判時2177号72頁）は、破産会社と申立代理人の間の破産申立てに係る委任契約締結に前後して、破産会社の代表取締役が破産会社から役員報酬4か月分を受領し、これを費消した事案である。破産管財人は申立代理人を被告として、申立代理人は破産会社の財産が破産管財人に引き継がれるまでの間に散逸することのないよう措置する法的義務（財産散逸防止義務）を負うところ、被告が必要な措置を講じなかった結果、破産財団を構成すべき財産が散逸したとして、不法行為に基づく損害賠償を請求した。

(ii) 判旨

上記裁判例は、「債務者との間で同人の破産申立てに関する委任契約を締結した弁護士は、破産制度の趣旨に照らし、債務者の財産が破産管財人に引き継がれるまでの間、その財産が散逸することのないよう、必要な措置を採るべき法的義務（財産散逸防止義務）を負う。また、正式な委任契約締結前であっても、依頼者と弁護士の関係は特殊な信頼関係に立つものであるから、委任契約締結後に弁護士としての職責を全うし、正当な職務遂行をなすため、依頼者の相談内容等に応じた善管注意義務を負う」とした上で、申立代理人は破産会社の代表取締役に対する適切な説明を行っておらず、破産会社の財産を適切に管理するための方策をとっていないことから申立代理人には財産散逸防止義務が認められるとして、破産会社の代表者が破産会社から役員報酬として受領し、費消した金員（515万5920円）について損害賠償義務を負うと判示した。

(iii) 検討

すでに述べたとおり、破産申立てにおける申立代理人は、債務者が偏頗弁済や財産の不当処分等の債権者の利益・平等を損なう行為を行わないように指導するとともに、破産財団を構成すべき財産が債務者により不当に減少・散逸して債権者に損害が発生しないように財産保全に努める等の公正誠実義務を負うと解されている。申立代理人の財産散逸防止義務違反を認めた上記裁判例は以上の理解に沿うものであるといえよう。上記裁判例を前提とした

場合、破産管財人としては、申立代理人が適切に職務を遂行しないために、破産財団を構成すべき財産が散逸したと認められる事情が存在する場合には、申立代理人に対して損害賠償責任を追及することが考えられる。

もっとも、上記裁判例のいう申立代理人の財産散逸防止義務については、その法的根拠・違反の場合の効果、財産散逸防止義務と委任契約に基づく破産者に対する善管注意義務や先に述べた公正誠実義務との関係をどのように理解すべきであるかは必ずしも明らかではない。

また、そもそも申立代理人は誰に対して財産散逸防止義務を負うかという点についても問題となるといえよう。上記裁判例は、「債務者との間で同人の破産申立てに関する委任契約を締結した弁護士は、破産制度の趣旨に照らし、債務者の財産が破産管財人に引き継がれるまでの間、その財産が散逸することのないよう、必要な措置を採るべき法的義務（財産散逸防止義務）を負う」と判示するのみで、これらの点について特段言及していない[注6]。申立代理人が契約関係にない破産者の債権者に対していかなる根拠に基づいて公正誠実義務を負うかは必ずしも明らかではなく、上記財産散逸防止義務との関係も踏まえてより立ち入って検討する必要があると考える。

この点について、債務者が申立代理人である弁護士に対して破産申立てを依頼する場合の法律関係は、民法上の委任契約（民643条）であり、委任の内容が総債権者に対する公平かつ平等な弁済を実現することを基調とする破産手続の申立てにある以上（破1条参照）、かかる委任事項の内容が当事者間の委任契約における委任の本旨に反映し、受任者の善管注意義務の内容を形成すると解する。かかる観点から考察すれば、財産散逸防止義務は、受任者たる申立代理人の善管注意義務の一環であると捉えることが合理的であり[注7]、破産管財人は、破産手続開始決定とともに、破産財団に属する債務

（注6）　なお、学説上は申立代理人は債権者に対する関係で公平誠実義務を負うとする見解がある。伊藤・破産法民事再生法199頁注1は、「破産手続開始申立代理人は、本来は、債務者の委任を受けて破産手続開始申立てを代理する者であるが……、近時の実務運用の中では、債務者の資産や負債についての調査を行い、その情報、把握する債務者の財産および引継予納金……を破産管財人に引き渡すという職務の遂行を求められ……、代理人弁護士は、破産手続による利益を受ける立場にある債権者に対する関係でも公平誠実義務（弁護1Ⅱ・30の2Ⅱ、弁護士職務基本規程5）を負うとされる」と指摘する。

者の申立代理人に対する財産散逸防止義務ないし善管注意義務違反を理由とする損害賠償請求権を取得すると構成することが可能であると考える。なお、このように財産散逸防止義務を善管注意義務によって構成する立場（善管注意義務説）には格別の難点はないとしつつも、弁護士法上の誠実義務（弁護1条2項）の解釈によって財産散逸防止義務を位置付ける見解が主張されている。この見解は、弁護士の依頼者に対する誠実義務（同項）は弁護士・依頼者関係（信認関係）に基づく忠実義務であり、第三者に対して負う誠実義務を弁護士の公共的役割に由来する公益配慮義務・一般的損害発生回避義務とする誠実義務二元説を基調に、申立代理人の財産散逸防止義務は、後者の公益配慮義務・一般的損害発生回避義務として位置付けることができるとする[注8]。もっとも、弁護士の公共的役割から直ちに弁護士による第三者に対する誠実義務を肯定できるか、その場合、依頼者以外の第三者の範囲をどのように確定するのかといった問題についてさらに考察する必要があるものと解される。

II　破産者ないし従業員との連携・協働

1　破産者・申立代理人に対する協力要請

　一般に選任後まもない破産管財人が破産者の事業等を把握することは困難であるといえる。そこで、破産手続開始直後の破産管財業務の初動の段階で破産管財人は申立代理人や破産者本人のほか、法人破産の場合の代表者や経理担当者等に対して協力を要請することとなる。例えば、法人破産の場合には以下のような対応を求めることが考えられる[注9]。

　①　破産管財人と申立代理人との初回打合せに代表者のほか、経理担当者

（注7）　伊藤眞教授は、「受任者たる破産者代理人の義務のなかに財産散逸防止義務が含まれると理解すべき」と説く（「破産者代理人（破産手続開始申立代理人）の地位と責任——『破産管財人に対する不法行為』とは何か。補論としてのDIP型破産手続」事業再生と債権管理155号〔2017〕8頁）。岡伸浩「『財産散逸防止義務』再考」伊藤眞ほか編集代表『才口千晴先生喜寿祝賀・倒産法の実践』（有斐閣、2016）43頁。
（注8）　加藤新太郎「破産者代理人の財産散逸防止義務」高田裕成ほか編『高橋宏志先生古稀祝賀・民事訴訟法の理論』（有斐閣、2018）1177頁。
（注9）　破産管財の手引88頁、破産申立マニュアル364頁以下［縣俊介］。

等のキーパーソンの同席を求めるとともに、経理ソフトを使用可能な状態に保つ等、破産管財人が経理状況を早期に把握できるようにするための協力を要請する。
② 破産管財人が最初に事業所等に赴く際に同行し、現場の状況について説明するとともに、従業員に対する説明の場で破産管財人を補助する等の協力を要請する。
③ 破産管財人が着任後早々に対応する必要がある事項（例えば、本社・営業所・工場・倉庫等の占有管理状況、保有資産の保管状況〔管理者の存否、施錠の有無、在庫品その他の資産の持去り等の有無とそれに対する破産申立て前の対応状況等〕、否認該当行為の存否、回収すべき債権に関する時効その他の抗弁に関する情報、帳簿・伝票類の保管場所と保管状況等）について、破産申立前から調査しておき、破産申立後直ちに破産管財人にその情報を引き継ぐように要請する。
④ 破産管財人が管理すべき破産者の財産のうち貴重品、紛失しやすい物（例えば、事業所の鍵・会社代表印・預貯金通帳等の貴重品、契約書類、不動産の登記済権利証〔登記識別情報〕、所有する土地建物の図面、手形小切手・株券その他の有価証券、自由財産を超える現金や保険証券、自動車のキー等）を破産者（代表者等）から預かる等の適宜の措置をとって確保し、破産申立後直ちに破産管財人に引き継ぐように要請する。
⑤ 破産手続開始決定前の事実関係で申立書に記載されていないものまたは記載が不十分であったものについて、調査の必要が生じた場合（例えば、否認権を行使する必要のある場合等）に調査や資料収集を要請する。

2　その他

法人破産の場合には、従業員らは破産会社から解雇され、退職することとなる。そこで、破産管財人は、破産会社から解雇された従業員から離職票を早期に交付することを求められたり、病気通院中の従業員から早期に健康保険関係を処理（資格喪失届の提出）するように求められることがある[注10]。

（注10）　破産管財の手引90頁。

もっとも、従業員関係の事務処理（離職票の交付、健康保険関係の処理、源泉徴収票の作成、労働債権の調査、未払賃金の立替払制度等）については、選任後まもない破産管財人が従業員に関する事情を詳細に把握して、直ちに処理することが困難であることも多い。
　そこで、申立代理人が破産会社の代表者および総務・経理の担当者に対して、破産手続開始前の段階であらかじめ必要となる書類を準備することを要請したり、破産手続開始決定後に当該業務を行うことを指示する等の対応を図ることにより、破産管財人に対して円滑に業務を引き継ぐことが考えられる。

III　専門家との連携

　破産管財人の行う破産管財業務は法律問題の処理が多いことから、実務上は弁護士が破産管財人に選任される。破産法は複数の破産管財人の選任を認めているが（破31条1項柱書）、東京地方裁判所破産再生部では1人の破産管財人を選任している[注11]。また、破産管財業務が多岐にわたったり、専門的知識を要する事案等では、破産管財人が公認会計士や税理士、他の弁護士等に業務を依頼する場合がある。

1　公認会計士・税理士

　破産財団が大規模である等税務処理が複雑な場合や、破産手続開始前に会計帳簿の整理が混乱しており、財産隠匿や否認対象行為の存否等を判断するのにとくに精査が必要である場合など、会計調査、税務申告業務につき公認会計士、税理士への委任が必要な場合は、破産財団の規模や調査費用を考慮して、依頼する事務の範囲を明確にした上で委任する必要がある[注12]。
　とくに、破産者が粉飾決算をしていた場合や消費税の中間納付をしていた

(注11)　事案によっては、複数の破産管財人が選任されることもある。近時、大阪地方裁判所に破産手続開始の申立てがなされ、東京と大阪の各弁護士が破産管財人に選任されたものとして、クロスシード株式会社（2013年12月26日破産手続開始決定）の事案がある。
(注12)　破産管財の手引121頁。

場合等は税務申告により税金の還付を受け、これによって破産財団を増殖することが可能な場合がある。このような場面では、破産管財人が従前破産者の顧問税理士等であった者に協力を要請することが考えられる。これらの者は破産者の内情を知っているという利点が存在する。他方で、粉飾決算を行っていた場合等は、第三者である公認会計士や税理士に依頼することが望ましいと考えられる。

2 破産管財人代理

事件の規模や内容等によっては、裁判所の許可を得て、破産管財人の職務につき包括的代理権限を有する破産管財人代理（破77条）を選任することが考えられる。破産管財人代理とは、破産管財人から、破産管財人の職務に関して包括的な代理権限を授与された者をいう[注13]。破産管財人代理の選任資格について法律上の規定は存在しないが、破産管財人の職務権限に属する事項全般について包括的な代理権を有する者であるため、破産管財人と同様に専ら弁護士が選任されている[注14]。破産管財人代理には、破産管財人と同一の法律事務所に所属する弁護士に限らず、他の法律事務所の弁護士を選任する場合もある。

（岡　伸浩）

(注13)　条解破産法616頁。
(注14)　破産管財の手引370頁。

第6節　破産管財人の善管注意義務

Ⅰ　善管注意義務の意義

　破産管財人は、その職務に関して善良な管理者の注意義務（以下、「善管注意義務」という）を負い、これに反したときは、破産手続内の利害関係人に対して、連帯して損害を賠償する義務を負う（破85条）。ここにいう善管注意義務とは、破産管財人としての地位、知識において一般的に要求される平均的な注意義務をいう。破産管財人は、職務を執行するに当たり、総債権者の共同の利益のため、善良な管理者の注意をもって、破産財団を巡る利害関係を調整しながら適切に配当の基礎となる破産財団を形成する義務と責任を負う（後掲・最判平成18・12・21）。

Ⅱ　善管注意義務違反の態様

　破産管財人の職務執行は広範な自由裁量に委ねられているため、破産管財人の行為が善管注意義務違反となるか否かは、破産管財人の具体的な行為の態様に加えて、事案の規模や特殊性、早期処理の要請の程度等に照らして個別的に判断されることとなる。本書の考察の対象である破産管財人の財産換価との関係では、以下の場面で破産管財人の善管注意義務違反が問題となると考えられる[注1]。

　すなわち、①破産管財人に就職した後直ちに破産財団に属する財産の管理

（注1）　なお、財産換価以外の場面でも破産管財人の善管注意義務違反が問題となり得る。まず、破産債権の調査、確定および配当に関して破産管財人の善管注意義務違反が認められる場合として、①届出があった破産債権について十分に調査せずに認否書を作成し、または債権調査期日において認否をした場合、②瑕疵がある配当表を作成した場合、③配当手続に参加する資格がある破産債権者を除外して配当手続を行った場合、④配当額を誤った場合等が考えられる。また、財団債権の弁済に関して破産管財人の善管注意義務違反が認められる場合としては、①財団債権の弁済を理由なく拒絶した場合、②租税債権の交付要求を受けていたにもかかわらず、これを弁済せずに破産債権者に対する配当を実施し、破産手続を終結させた場合、③存否または額について疑いのある財団債権につき十分な調査をせず漫然と弁済した場合が考えられる（大コンメ359頁以下［菅家忠行］）。

に着手（破79条参照）しなかったために、破産財団に属する財産を確保することができなかった場合、②破産財団に属する債権の取立てを怠ったことにより消滅時効を成立させてしまった場合、③賃借人について破産手続が開始された場合に賃貸借契約を解除したこと（破53条参照）により財産的価値がある賃借権を消滅させてしまった場合、④否認対象行為の有無を十分に調査せず、または否認権を適切に行使しなかったことにより破産財団の増殖の機会を逸した場合、⑤勝訴する見込みがないにもかかわらず否認の訴えを提起し、または役員の責任の査定の申立て等を提起した場合、⑥破産財団に属する財産を著しく廉価で処分した場合、⑦破産財団に所得が生じたことにより税務申告・納付をする必要がある（最判平成4・10・20判時1439号120頁参照）にもかかわらずこれを怠った場合、⑧別除権の目的である財産その他破産財団に属する財産または取戻権の目的である財産を損傷した場合、⑨破産者の自由財産を処分してしまった場合等が考えられる[注2]。

上記②に該当する事案として、東京高判昭和39・1・23（金法369号3頁）が存在する。同裁判例は、破産宣告当時、破産財団に相当額の取立可能な売掛債権が存在していたところ、破産管財人は債権回収のために適切な調査や必要な手段を講じず、債権取立訴訟を提起しないことはもちろん、債権回収のために簡便な手段として通常考えられる内容証明郵便による催告等をまったく行わなかった結果、債権を一切回収できず、すべて消滅時効の完成を許したため回収はまったく不可能となり、配当皆無のまま破産手続廃止の決定がなされるに至ったという事案で、「本件破産会社の経理、とくにその帳簿の整理等が不完全であつたことが分るけれども、それだからといつてこれらのことが財団に属する債権の調査やこの回収のための適切な手段をなすべき破産管財人の善管義務に消長を及ぼすいわれはなく、むしろ、そういう場合にこそ通常考えられるべき破産管財人の適切な活動が期待されるのである」と判示し、破産管財人の善管注意義務を肯定した。

また、善管注意義務は、破産財団所属財産についての別除権者の利益が正当な理由なしに損なわれないように配慮すべき義務をも含むと解されてい

（注2）　大コンメ359頁［菅家］。

る。最判平成18・12・21（民集60巻10号3964頁）では、破産会社が建物を賃借した際に差し入れた敷金の返還請求権に対して質権を設定していた事案で、十分な銀行預金が存在し財団債権である破産手続開始後の賃料および共益費を現実に支払うことにつき支障がなかったにもかかわらず、破産管財人がこれを支払わず、賃貸借契約を合意解除するとともに上記賃料等を敷金に充当する旨の合意を締結し、質権の目的債権である敷金返還請求権を消滅させた行為が破産管財人の善管注意義務違反に該当するかが争われた。

同判例は、破産管財人は、質権設定者が質権者に対して負う担保価値を維持すべき義務（担保価値維持義務）を承継すると判示した上で、破産管財人が、破産者の締結していた建物賃貸借契約を合意解除するに際して、賃貸人との間で破産宣告後の未払賃料等に破産者が差し入れていた敷金を充当する旨の合意をして、質権の設定された敷金返還請求権の発生を阻害したことは、破産債権者に対する配当額を増大させるために行われたものであるとしても正当な理由があるとはいえず、破産管財人の質権者に対する担保価値維持義務に違反すると判断した。

もっとも、上記判例は、当該義務違反の有無は、破産債権者のために破産財団の減少を防ぐという破産管財人の職務上の義務と質権設定者が質権者に対して負う義務との関係をどのように解するかによって結論の異なり得る問題であって、この点について論ずる学説や判例も乏しかったこと、破産管財人が上記合意をするにつき裁判所の許可を得ていることを考慮して、破産管財人が質権者に対して善管注意義務違反の責任を負うということはできないとして、破産管財人の善管注意義務違反を否定した。

ここで破産者から承継した破産管財人の担保価値維持義務と破産管財人の善管注意義務の関係をいかに解するべきかという問題が生ずるといえよう。この点について、上記判例はⅰ正当な理由の有無を担保価値維持義務違反の判断基準として、破産手続開始決定後になされた賃料等の敷金充当は正当な理由がないとして担保価値維持義務違反を肯定した上で、ⅱ敷金充当合意が正当であるか否かは結論の異なり得る問題で学説や判例に乏しかったこと、敷金充当合意について裁判所の許可を得ていたことを理由に善管注意義務違反の責任を否定しており、このように担保価値維持義務と善管注意義務につ

いて2段階構成を採用した点に着目して、さまざまな考察が加えられている(注3)。

Ⅲ　善管注意義務違反の効果

1　裁判所の破産管財人に対する監督

破産管財人が善管注意義務に違反した場合、裁判所は、監督権行使の一環として是正を命ずることができ、また、重要な事由があるときは破産管財人を解任することができる（破75条2項）(注4)。

2　利害関係人に対する損害賠償義務

(1)　利害関係人

破産管財人の義務違反により利害関係人に損害を与えた場合、破産管財人は、当該利害関係人に対して損害賠償責任を負う（破85条2項）。

破産法85条2項にいう「利害関係人」とは、破産管財人による破産財団の管理と処分に関して利害関係をもち、その権利の行使を破産管財人のなす財

（注3）　中井康之「破産管財人の善管注意義務」金法1811号（2007）40頁以下は、前掲・最判平成18・12・21の2段階構成を指摘した上で、「1つの理解は、前者の担保価値維持義務違反において客観的義務違反（違法性）を、後者では破産管財人の過失ないし帰責性を検討し、破産管財人の不法行為責任における注意義務違反と過失、もしくは、債務不履行責任における義務違反と帰責性と同様の構成をしたものという考え方である。本判決が否定したのは『善管注意義務違反の責任』と表現されていること、その理由とする事情が過失ないし帰責性に関する主観的事情であることが主たる理由と思われる。しかし、担保価値維持義務違反が直ちに善管注意義務違反にはならないから、後者が破産管財人の主観的事情のみの問題と考えるのは適切ではなかろう」、「もう1つの理解は、前者を実体法上の優先権を持つ質権者との関係で破産者から承継した義務違反の存否を検討し、後者を破産債権者や財団債権者その他の利害関係人も含めた倒産法全体の秩序に照らして義務違反の存否を検討するものと構成する考え方である。前述したように、破産者が破産財団について形成した法律関係に基づく実体法上の権利義務内容を確認し、それを前提に破産財団を適切に管理処分すべき破産管財人の義務を定立すべきであることからすれば、その思考過程に沿った構成である。このとき、後者の義務違反の成否については、破産管財人の主観的事情だけでなく、利害関係人との利害の調整や破産財団の状況等が総合的に考慮されることになろう」と述べる。
（注4）　破産・民事再生の実務〔破産編〕169頁。

団の管理、処分業務に委ねざるを得ない者、すなわち破産手続内の利害関係人を指すものと解するという見解が主張されている[注5]。

かかる見解は、以下のとおり主張する。まず、破産財団を原資として配当を受けるべき地位にある破産債権者や、配当により自己の債務の消滅の利益を受ける破産者は「利害関係人」に含まれる。財団債権者も独自の強制的債権回収の途を閉ざされ、破産財団から随時弁済を受けざるを得ない立場にある（破2条7項参照）から、「利害関係人」に該当する。

次に、別除権者は、別除権の行使によっても回収できない不足額が生じたときは、その部分について破産財団から配当を受ける立場にあるから、その限度で「利害関係人」に該当することになるが、別除権者が別除権目的物から回収し得る範囲については別除権者は破産法85条2項の「利害関係人」に該当せず、その部分に関しては善管注意義務違反の問題は生じない[注6]。

また、取戻権者は、破産管財人に対して取戻権対象物を破産財団に属しないものとして取り戻す権利を有するのであるから、破産法85条2項にいう「利害関係人」には当たらない。取戻権者の権利の根拠は、取戻権者の財産が破産者の下に置かれ、あるいは破産管財人の管理下に入ったそれぞれの事由

（注5）　伊藤眞ほか「破産管財人の善管注意義務──『利害関係人』概念のパラダイム・シフト」金法1930号（2011）64頁以下。同67頁以下は、破産法上の利害関係人概念の相対性について詳細に考察する。すなわち、「破産債権者、財団債権者および破産者を破産手続内の利害関係人……と呼び、これと対比して、別除権者、取戻権者および破産手続外の第三者は、破産手続の外に位置する利害関係人……ともいうべき性質を与えられる。破産法は、様々な局面において『利害関係人』の文言を用いているが、それらがすべて同一の意義を有するものと解すべき理由はなく、むしろ利害関係人に与えられる法的地位との関係でその範囲について合理的区別を設けるべきである。」、「それぞれの規定における利害関係の範囲をどのように解すべきかは、各規定の趣旨や目的に照らして決すべきであり、それとかかわりなく一律に解することは不合理と言わざるを得ない。例えば破産管財人の解任申立権（破産法75条2項）を有する『利害関係人』の範囲については、破産債権者等のみならず取戻権者や相殺権者も含まれるとする解釈が有力であるが、これらの者は、それぞれの権利を破産管財人に対して主張する機会が認められれば足り、それを超えて破産管財人の解任申立てという方法により破産手続に干渉する権限を肯定する理由はない」と指摘する。また、破産法85条2項の「利害関係人」について、「破産管財人の善管注意義務（破産法85条1項）の相手方は破産債権者、財団債権者および破産者に限定され、その違反を理由として破産管財人が個人責任を負う相手方たる『利害関係人』（破産法85条2項）も、これらの者に限られるべきである」と主張する。

に照らして、当該取戻権の発生根拠規定から導かれるものである。例えば、取戻権者が自己の所有物を破産者に寄託していたのであれば、その取戻権は寄託契約に基づく寄託物返還請求権として構成され、破産管財人は、その義務を承継していると解することができる。また、対象物が何らの根拠もなしに破産者の財産に混入したのであれば、取戻権者の有する権利の根拠規定は民法703条であるとか、あるいは物権的請求としての所有物に基づく返還請求権ということになる。

(2) 賠償義務者

破産管財人は、個人として善管注意義務違反による損害賠償責任を負う（破85条2項）[注7]。したがって、破産管財人は利害関係人から善管注意義務違反を追及された場合には、個人の資格で被告となり、個人財産をもって損害を賠償すべき義務を負うこととなる[注8]。

また、破産管財人が破産法85条2項に基づいて利害関係人に損害賠償義務を負う場合、その損害賠償請求権は、原則として「破産財団に関し破産管財人がした行為によって生じた請求権」として財団債権となり（破148条1項4号）、破産財団も弁済責任を負うこととなる。破産管財人個人と破産財団の損害賠償責任は、不真正連帯債務の関係となる[注9]。破産管財人が自ら個人財

(注6) 伊藤ほか・前掲（注5）72頁は、「なお、破産管財人は、別除権者の破産手続外の権利行使を害してはならない義務を負う。この点に着目する見解は、不足額のみならず別除権の目的物はすべて『破産財団』に属する財産とみなされるところから、破産法85条2項の『利害関係人』に別除権者も含まれると解することが予想される。しかし、その義務は、破産者が負っていた担保権設定契約等に基づく担保価値維持義務を破産管財人が承継したことから導かれるものであり、そうだとすれば、これに加えて破産法が新たに85条の規定を置く必要はない」と指摘する。

(注7) 前掲・最判平成18・12・21の才口千晴裁判官の補足意見は、「破産管財人が、法律の無知や知識の不足により利害関係人の権利を侵害した場合には、善管注意義務違反の責任を問われることはいうまでもなく、その場合の破産管財人の責任は、利害関係人に対し、破産管財人個人が損害を賠償する義務を負う（旧破産法164条、新破産法85条）という極めて重いものであることを改めて認識すべきである」と指摘する。

(注8) 山本和彦「破産管財人が破産者を賃借人とする賃貸借の未払賃料等に敷金を充当する旨の措置と当該敷金返還請求権にかかる質権者に対する責任」金法1812号（2007）55頁は、「解釈論としても、管財人軽過失の場合には管財人の第三者に対する義務は補充的なものにとどまり、財団債権が弁済できない場合に初めて管財人の個人責任を追及できると解すべきであろう」と指摘する。

産から資金を支弁して破産財団にその減少額を補てんして、破産財団を回復したときは破産債権者の損害は消滅する。これに対して、破産管財人が損害賠償義務を果たさない場合には、個々の破産債権者は、自身の配当見込額の減少分につき、破産管財人たる個人に対して破産法85条2項により、損害賠償請求することができる[注10]。

(岡　伸浩)

(注9)　不真正連帯債務の場面では、債務者間の求償関係が問題となり得るところ、伊藤ほか・前掲（注5）69頁は、破産管財人の善管注意義務違反行為により破産財団に利得が生じた事案（前掲・最判平成18・12・21等）においては、「賠償義務を履行した破産管財人が破産財団にその利得の返還を請求でき、また破産財団が相手方に賠償義務を履行した場合は破産管財人に求償できないと解される」と指摘する。
　　また、伊藤ほか・前掲（注5）71頁注18は、「本稿の立場によれば、破産管財人の善管注意義務違反を理由とする損害賠償義務（破産法85条2項）は、破産手続内の利害関係人を名宛人とするが、これらの者は本来的に破産手続内で権利行使をすることが予定され、破産財団を通じて権利の実現が図られるべき破産財団の受益者としての地位に立つ者であるといえる。そこで、この考え方を徹底すると、例えば破産手続内の利害関係人が破産管財人の職務としての行為に起因した請求権として財団債権（破産法148条1項4号）を主張し得る場合には、破産管財人の個人責任を追求するに先立って破産財団から弁済を受けるべきであるということにならないかとの議論がなされた。共同研究者4名の中では、このような考え方を積極的に評価する見解もある一方で、実定法上の根拠について、なお検討を要するとの見解もあり、意見の一致をみなかった。しかしながら、このように解する場合には、結果として上記場面では、破産管財人の善管注意義務違反に基づく個人責任としての損害賠償義務（破産法85条2項）は、補充的に機能することとなろう」と指摘する。
(注10)　伊藤ほか・前掲（注5）73頁。

第7節　弁護士倫理との関係

　破産管財業務を遂行する上で留意しなければならない弁護士倫理にはさまざまある。主たる倫理としては、守秘義務、利益相反（受託の制限）、迅速な事件処理義務、信義誠実義務、法令等の調査義務、汚職行為の禁止等である(注1)。

I　守秘義務

　守秘義務(注2)は弁護士倫理の中で重要なものの1つである。弁護士が職務上知り得た秘密(注3)をむやみに漏らすことは弁護士倫理に反する。依頼者は法律事件について秘密に関する事項を打ち明けて弁護士に法律事務を委任するものであるから、職務上知り得た秘密を他に漏らさないことは、弁護士の義務として最も重要視されるものであり、また、この義務が遵守されることによって、弁護士の職業の存立が保障されるといえるからである(注4)。

　ところで、破産管財業務は特定の依頼者が存在する職務ではないことから、破産管財人の守秘義務をどのように考えるべきか問題となる。この点、弁護士法23条は、文言上依頼者の秘密に限定していない。しかし、守秘義務の本質は、依頼者の弁護士に対する信頼を保護することにあって、証言拒絶権や秘密漏示罪がプライバシーを保護することを目的としているのとは異質であること、米国等のアングロサクソン系の守秘義務は、弁護士依頼者秘匿特権を根拠とすること、第三者の秘密はプライバシーや名誉などの別の法理

（注1）　破産管財業務と弁護士倫理の詳細については、日本弁護士連合会倒産法制等検討委員会編『倒産処理と弁護士倫理』（金融財政事情研究会、2013）を参照されたい。
（注2）　弁護士法23条「弁護士又は弁護士であった者は、その職務上知り得た秘密を保持する権利を有し、義務を負う。但し、法律に別段の定めがある場合は、この限りでない」。弁護士職務基本規程23条「弁護士は、正当な理由なく、依頼者について職務上知り得た秘密を他に漏らし、又は利用してはならない」。なお、共同事務所における規律として弁護士職務基本規程56条、弁護士法人における規律として同規程62条参照。
（注3）　ここに「秘密」とは、一般に知られていない事実であって、本人が特に秘匿しておきたいと考える性質をもつ事項（主観的意味の秘密）に限らず、一般人の立場からみて秘匿しておきたいと考える性質をもつ事項（客観的意味の秘密）をも指すと解されている（日本弁護士連合会調査室編著『条解弁護士法〔第4版〕』〔弘文堂、2007〕157頁）。
（注4）　日本弁護士連合会調査室編著・前掲（注3）155頁。

で保護し得ること等から、弁護士法23条は基本的に依頼者の秘密に限定されるものと考えるべきであろう。

仮に弁護士が破産管財業務遂行上知り得た破産者や利害関係者の秘密をむやみに（正当な理由なく）漏らすことが弁護士法23条、弁護士職務基本規程23条に反する可能性があるとしても、正当な理由がある場合には、弁護士倫理に反するものではない[注5]。そして、多くの利害関係者間の利害を調整する必要があるという破産管財業務の特殊性や破産管財業務の公共性に鑑みれば、破産管財業務の遂行上必要性および相当性が認められる場合には、守秘義務違反の問題は生じないものと考えて差し支えないであろう[注6]。

II　利益相反（受託の制限）

利益相反の規律も重要な弁護士倫理の1つである。

利益相反に関しては、弁護士法25条ならびに弁護士職務基本規程27条および28条（なお、共同事務所における規律として弁護士職務基本規程57条・58条、弁護士法人における規律として同規程63条ないし67条参照）が規定されているが、破産管財人は破産者や破産債権者のいずれの代理人でもないことから、破産管財人には必ずしもこれらの規定は当てはまらないと指摘されている。すなわち、破産管財人における利益相反の規律は、弁護士職務基本規程81条（受託人制限）問題として捉えるべきである[注7]。

（注5）　刑法134条の秘密漏示罪は、弁護士または弁護士の職にあった者が、正当な理由なく、その業務上取り扱ったことについて知り得た人の秘密を漏らす行為について、6か月以下の懲役または10万円以下の罰金に処すると規定する。なお、ここにいう「秘密」とは、秘密の漏示が法的保護（可罰性）の根拠となり得る程度に、秘密にしておくについて妥当、かつ、相当な理由がなければならない（大塚仁ほか編『大コンメンタール刑法(7)〔第3版〕』〔青林書院、2014〕366頁［米澤敏雄］）。
（注6）　なお、特定の破産管財業務を題材に論文執筆や事例研究を行うことがあるが、これについても、破産管財業務の公共性に照らし必要性・相当性を判断することになろう。
（注7）　日本弁護士連合会倒産法制等検討委員会編・前掲（注1）第2章Q1［矢吹徹雄］。破産管財人は、破産財団の管理機構として、破産財団の管理および処分権限を有し（破78条1項）、その職務を行うについてすべての利害関係人に対し善管注意義務を負っている（破85条）。すなわち、破産管財人は、破産者や破産債権者といった特定の当事者の利益を守る立場にあるのではなく、これら利害関係人の利害や権利関係を適切に調整する立場にあるといえる。

したがって、裁判所から破産管財人への選任を打診された場合、「職務の公正を保ち得ない事由」（弁護士職務基本規程81条）があるか否かを慎重に判断して、受任の可否を検討しなければならない。
　典型的な場面について若干検討すると(注8)、例えば、顧問会社が破産者の場合に破産管財人を受任することは不適切であろう。破産管財人は、破産者に財産の引渡しを求め、破産者による詐害的行為や偏頗的行為を否認し、さらには破産者の役員の責任を追及するなどの権限を行使しなければならないのであって、破産者との間に顧問契約という密接な関係があった場合には、職務の公正確保に疑義が生じるからである(注9)。
　また、破産債権者の中に破産者からの債権の回収の相談を受けていたものがある場合には、受任は辞退すべきであろう。これに対し、破産債権者の中に顧問会社がいるという場合は、個別の事情に鑑み検討する必要がある。顧問会社であっても、債権の回収について個別の相談を受けていなかった場合であれば、①当該顧問会社の債権の存在や額について争いがあるか、②債権の内容、③債権者数が多いか、④顧問会社の債権額の総破産債権額に占める割合、⑤双方未履行双務契約か、⑥否認権の行使の対象となるか、⑦別除権の行使による破産財団への影響はどの程度か等を考慮し、破産管財人の職務の公正らしさを害さないときは破産管財人への就任依頼を引き受けてもよいように思われる(注10)。

Ⅲ　迅速な事件処理

　弁護士は、事件を受任したときは、速やかに着手し、遅滞なく処理しなければならない（弁護士職務基本規程35条）。破産管財人は、債務者の財産等の適正かつ公平な清算を図る目的のもと、破産財団の管理および処分権限を有している以上（破78条1項）、迅速な事件処理義務を負っていることは明らかである。したがって、破産管財人は選任後直ちに、破産財団に属する財産の管

(注8)　詳細については、日本弁護士連合会倒産法制等検討委員会編・前掲（注1）第2章Q1［矢吹］を参照されたい。
(注9)　日本弁護士連合会倒産法制等検討委員会編・前掲（注1）序章［須藤英章］。
(注10)　多比羅誠「破産管財人の心得(1)」NBL 581号（1995）9頁。

理に着手しなければならない（破79条）。

IV　信義誠実義務

　弁護士は、弁護士法1条1項の使命に基づき、「誠実にその職務を行」（弁護1条2項）わなければならない。また、弁護士は、「信義に従い、誠実かつ公正に職務を行う」（弁護士職務基本規程5条）ものとされる。

　この信義誠実義務に関しては、破産管財人の善管注意義務（破85条1項）がとくに重要であるが、この点の詳細については、前記**第6節**を参照されたい。なお、弁護士倫理の関係で簡潔に述べれば、破産管財人は、善管注意義務に反しないように、破産手続開始後、直ちに破産財団に属する資産を管理するとともに、その後も適切に管理処分を行っていく必要がある。そこで、破産管財人は、まず、破産手続開始後直ちに破産者やその代理人と面談[注11]し、破産財団の状況等を確認して、現金、預金通帳、有価証券、不動産等の破産財団に属する重要な資産およびその関連資料の引渡しを受けるとともに、法人や事業者の場合には、実印（印鑑カードも）・銀行取引印等の印鑑類、事務所・金庫等の鍵その他の財産の管理処分に重要な物や、売掛金元帳、請求書等の帳票類の引継ぎを受けておくことが肝要である。また、破産手続開始後においては、破産財団に属する資産の種別に応じて破産財団の適切な管理を行う必要がある[注12]。

V　法令等の調査義務

　破産管財人の善管注意義務に関連する義務として、法令等の調査義務[注13]がある。

　破産管財人は、多数の利害関係人の利害や権利関係を適切に調整する立場

（注11）　最近の運用では、破産手続の開始前に、破産管財人候補者と破産者・破産者代理人との面談を実施する機会を設けることも少なくない。
（注12）　詳細については、日本弁護士連合会倒産法制等検討委員会編・前掲（注1）第2章Q3～Q12を参照されたい。
（注13）　弁護士職務基本規程37条1項「弁護士は、事件の処理に当たり、必要な法令の調査を怠ってはならない。」・2項「弁護士は、事件の処理に当たり、必要かつ可能な事実関係の調査を行うように努める」。

にあることから、さまざまな利害や権利関係に目配せする必要がある。破産管財人の善管注意義務を考える際には、このようなさまざまな利害・権利関係を考慮した「複眼的な見方」[注14]が必要である。例えば、破産債権者のために財産の管理・処分・配当を行う管理機構としての立場と、破産者が担保権者に対して質権設定者として負っていた担保価値維持義務を承継する（最判平成18・12・21民集60巻10号3964頁）など、破産者の権利義務の承継者としての立場の衝突の場面において、複眼的見方の重要性が理解できる。

したがって、破産管財人は、さまざまな利害や権利関係を調整するための複眼的見方を適切に発揮できるように、関係する法令や裁判例等に精通している必要があるし、事件処理に当たっては複雑な事実関係を適切に調査・解明する必要がある。破産管財人が関係することになる法分野は、破産者の扱う事業や取引によって千差万別であって、破産管財人としての経験と研鑽を通じ、知見を深めていくことが肝要である。

Ⅵ 汚職行為の禁止等

弁護士は、受任している事件に関し相手方から利益を受け、またはこれを要求し、もしくは約束してはならない（弁護26条）[注15]。また、弁護士は、係争の目的物を譲り受けてはならない（弁護28条、弁護士職務基本規程17条）。

これに関連し、破産法は、破産管財人（破74条1項）、保全管理人（破91条1項）、破産管財人代理（破77条1項）または保全管理人代理（破95条1項）が、自己もしくは第三者の利益を図りまたは債権者に損害を加える目的で、その任務に背く行為をし、債権者に財産上の損害を加えたときは、10年以下の懲役もしくは1000万円以下の罰金に処し、またはこれを併科すると規定している（破267条1項）。刑法の背任罪（刑247条）の特別規定であるが、破産管財人等は、実質的な意味で本人に当たる債権者の利益のためにその職務を行う者であり、裁判所によって任命され、破産制度の目的を実現するために中心的な役割を果たすことが期待されていることが、法定刑加重の根拠と考えられ

(注14) 日本弁護士連合会倒産法制等検討委員会編・前掲（注1）序章［須藤］。
(注15) 弁護士職務基本規程53条にも同様の規律が定められている。

ている(注16)。もっとも、破産管財人の特別背任罪は、抽象的危険犯ではなく、債権者に財産上の損害が発生することを要し、行為の結果として破産財団に属する財産が減少したり、または属すべき財産が増加しなかったりすることが必要である(注17)。したがって、破産管財人が、破産財団に属する処分困難な資産を、破産管財人の関係者に適正価額で譲り受けさせ、あるいは自ら適正価額で譲り受けることは、何ら破産管財人の特別背任罪に該当する行為ではない。

これに対し、係争物の譲受けを禁止する弁護士法28条および弁護士職務基本規程17条の趣旨は、弁護士が事件に介入して利益を上げることにより、その職務の公正、品位が害されることを未然に防止することを目的とする規定であるから(注18)、適正価額による譲受けであれば当然に許されると考えることは相当ではないであろう。破産管財人が破産財団に属する資産を自ら譲り受けることは、破産財団に属する資産が他の方法では処分困難であること、適正価額での譲り受けであること、譲受けに裁判所の許可があることといった事情が認められるような特殊な場合でない限り、弁護士法28条および弁護士職務基本規程17条に違反すると考えておくことが無難であろう。

破産管財人、保全管理人、破産管財人代理または保全管理人代理が、その職務に関し、賄賂を収受し、またはその要求もしくは約束をしたときは、3年以下の懲役もしくは300万円以下の罰金に処し、またはこれを併科する(破273条1項)。この場合に、破産管財人等が不正の請託を受けたときは、5年以下の懲役もしくは500万円以下の罰金に処し、またはこれを併科する(同条2項)。収賄罪は、公正にその職務を行うべき破産手続の機関としての立場にある破産管財人等が犯す手続的侵害罪である(注19)。

(三森 仁)

(注16) 伊藤・破産法民事再生法747頁。
(注17) 伊藤・破産法民事再生法747頁。
(注18) 最判昭和35・3・22民集14巻4号525頁、日本弁護士連合会調査室編著・前掲(注3)226頁。
(注19) 破産管財人の上記収賄罪とは異なるが、破産管財人がゴルフセット等の物品を破産部の裁判官に贈ったことについて両者が贈収賄罪に問われた有名な事件がある(内田実「私の事業再生——後進へのメッセージ」渡邊顯ほか『企業再生の現場から』〔商事法務、2015〕59頁以下)。

第1部　実務家からみた破産管財人による財産換価を巡る諸問題(総論)

第2章
裁判所からみた破産管財人の財産換価

第1節　破産管財人に期待される役割

I　公平な清算を図るための財産の迅速かつ適正な換価

　破産法は、「債権者その他の利害関係人の利害及び債務者と債権者との間の権利関係を適切に調整し、もって債務者の財産等の適正かつ公平な清算を図るとともに、債務者について経済生活の再生の機会の確保を図ること」を目的としており（破1条）、裁判所の選任する破産管財人により破産手続が追行され（破31条1項柱書・74条1項）、同時廃止は例外とされている（破216条1項）。そして、破産財団に属する財産の管理処分権は、破産手続開始の決定と同時に破産管財人に専属し（破78条1項）、破産債権者は、個別的権利行使を禁止され（破100条1項）、強制執行も禁止され、すでにされている強制執行等は失効する（破42条1項・2項）。財団債権者は、破産手続によらないで破産財団から随時弁済を受けることができる（破2条7項）が、強制執行等は禁止され、すでにされている強制執行等は失効する（破42条1項・2項）。

　破産債権者や財団債権者が早期に自己の有する債権の満足を受けるためには、破産管財人が速やかに財産の管理に着手し（破79条）、否認権（破160条以下）を行使して破産財団から逸失した財産を取り戻したり、逆に取戻権（破62条）の承認により破産者に属しない財産を返還するなどして現有する破産財団とあるべき破産財団とを一致させつつ、財産の減少、価値の劣化を防止しながら迅速かつ高価に財産を換価し、弁済ないし配当原資を形成する必要

があり、財産の迅速な換価（注1）は、破産管財人の重要な職務の1つである。

　もっとも、破産手続も裁判手続である以上、破産手続が適正に行われることが必要であるのはいうまでもなく、破産管財人による財産の換価についても同様である。破産管財人による財産の換価は、早期に債権者の満足を図るという迅速性の要請と、財産の換価が適正に行われるという適正性の要請とを満たす必要があるが、この両者の要請はしばしば相反する。例えば、破産財団に属する唯一の財産である無担保不動産A（時価1000万円）を売却するに当たり、半年ないし1年程度をかければ時価の1000万円程度で売却できる可能性があり、10パーセント程度の配当が見込まれるが、破産管財人が破産手続開始の決定から3か月後の第1回債権者集会期日までに換価業務を終えて配当手続に入るために無担保不動産Aを700万円で売却する場合を考えてみる。この場合の予想配当率を7パーセントとすると、破産債権者からみれば、半年ないし1年先に10パーセントの配当を与えるのがよいのか、それとも3か月先に7パーセントの配当を与えるのがよいのかは、個々の破産債権者によって判断が分かれ得るところである。破産管財人が財産をあるべき適正な価格で売却することは、適正性の要請に応える1つの要素となるが、財産の種類および内容、数量等によっては相当な時間をかける必要がある場合があるし、時間をかけても買主がまったく現れないこともあり、そうなると迅速性の要請に応えられないことになる。他方、破産管財人が早期に価格を下げたことで売却できた場合の当該売却手続は、迅速性の要請に応えるものであるが、適正性の要請を満たしているかどうかは、他の諸事情（債権者に対する適切な情報開示とそれを踏まえた債権者の意向、売却の確実性等）も考慮の上での総合判断となる。このように、破産管財人による財産の換価は、適正性と迅速性という時として相反することになる要請に応えながら行うことが求められるのであり（もちろん、この2つの要請さえ満たせば足りるというものでもない）、破産管財人には、高度な専門性とバランス性を兼ね備えていることが望まれているといえよう。

（注1）　裁判所によっては、換価業務の標準処理期間を定めていることがある（大阪地裁の運用につき、破産管財手続の運用と書式122頁、はい6民です114頁）。

Ⅱ　利害ないし権利関係の調整

　破産管財人は、財産の適正かつ迅速な換価という重要な職務を遂行するに当たっては、「債権者その他の利害関係人の利害及び債務者と債権者との間の権利関係を適切に調整」する職務（破1条）も遂行する必要がある。債務者が有していた財産等の管理処分権は、破産手続開始の決定と同時に破産管財人に専属するため、破産管財人が適正かつ迅速に財産を換価していく過程で遭遇するさまざまな法律上、事実上の問題については、破産管財人が管理処分権を行使するなどして適切に解決し、利害ないし権利関係の調整を図っていくことが求められる。しかし、破産管財人による財産の適正かつ迅速な換価の職務と、利害ないし権利関係の調整を図るという職務とは、時として相反することがあり、破産管財人がいかに適正にこれらの職務を遂行するかについて困難な問題に直面することも少なくない。破産管財人の善管注意義務違反の有無が問われた最判平成18・12・21（民集60巻10号3964頁）の事案は、破産債権者のために破産財団の減少を防ぐという職務上の義務と破産者である質権設定者の（担保価値維持）義務を承継する者として質権者（別除権者）に対して負う義務とが衝突する場面において、破産管財人がいかに適正に破産管財業務を処理するかの問題に関するものである[注2]。

Ⅲ　債務者の経済生活の再生

　破産法は、「債務者について経済生活の再生の機会の確保を図る」ことをも目的の1つとしており、免責制度（破248条以下）のほか、破産財団に属しない財産（自由財産）の範囲を定めた上、自由財産の範囲を拡張する制度を設けている（破34条3項・4項）。破産財団は、破産者が破産手続開始の時において有する一切の財産（日本国内にあるかどうかを問わない）および破産者が破産手続開始前に生じた原因に基づいて行うことがある将来の請求権でもって

（注2）　最判平成18・12・21の才口千晴裁判官の補足意見参照。なお、才口裁判官は、「法律の専門家である弁護士は、高度な専門的知識及び経験を有する者として、各種の権利関係等に細やかな目配りをしながら、公平かつ適正に管財業務を遂行することが求められている」との補足意見を述べておられる。

構成され（同条1項・2項）、現金99万円（同条3項1号、民執131条3号、民執令1条）および差押禁止財産（破34条3項2号本文）を自由財産として法定している（本来的自由財産ともいわれる）。他方、裁判所は、破産者の生活の状況、破産手続開始の時において破産者が有していた法定の自由財産の種類および額、破産者が収入を得る見込みその他の事情を考慮して、申立てによりまたは職権で自由財産の範囲を拡張することができる（同条4項）。実務の運用として、個人の破産管財事件において、法定の自由財産には当たらないが、各裁判所と弁護士会との協議等に基づいて定められた換価基準に照らして換価を要しないものとされる財産については、自由財産の範囲の拡張の裁判があったものと扱っている[注3]。破産者が自由財産の範囲の拡張の申立てをした場合において、裁判所がその決定を行うに当たっては、破産管財人の意見を聴かなければならない（同条5項）が、債権者の意見聴取を義務付けた規定はなく、自由財産の範囲を拡張する決定に対し、不服の申立てはできない（破9条）。自由財産の範囲の拡張を認めることは、破産債権者や財団債権者の配当ないし弁済原資の減少をもたらすことになるから、破産管財人は、破産債権者の利益が不当に害されることのないように配慮する必要がある[注4]。このように、自由財産の範囲の拡張の申立てがあった場合の破産管財人の述べる意見は、総債権者のために財産を迅速かつ適正に換価して公平な清算を図るという破産管財人の職務と債務者の経済生活の再生の機会の確保を図るという破産管財人の職務とが衝突する場面といえ、破産管財人がいかに適正にバランスよく破産管財業務を行うのかが問われることになる。

（島岡大雄）

（注3） 破産管財の手引139頁、破産管財手続の運用と書式67頁、破産管財実践マニュアル278頁、破産管財 Basic 57頁、破産実務 Q&A 200問58頁［髙橋敏信］、注釈破産法（上）265頁［蓑毛良和］。
（注4） 破産・民事再生の実務〔破産編〕378頁、破産管財実践マニュアル277頁。

第1部　実務家からみた破産管財人による財産換価を巡る諸問題（総論）

第2節　破産管財人の選任と育成

Ⅰ　選任の重要性

　破産管財事件の処理は、当該事件に相応しい破産管財人として誰を選任するかによって左右されるところが大きい。破産管財人は、裁判所が選任する（破74条1項）が、破産管財人の選任決定に対して不服の申立てはできない(注1)から、破産管財人の選任は、利害関係人にとっても裁判所にとっても大変重要である。

Ⅱ　選任に当たり考慮される事情等

　破産規則23条1項は、「裁判所は、破産管財人を選任するに当たっては、その職務を行うに適した者を選任するものとする。」と規定するのみで、破産管財人の資格要件や具体的な選任基準等の定めはない。法人を破産管財人に選任することもでき（破74条2項）、複数の破産管財人を選任することも可能である（破31条1項柱書）(注2)。なお、破産管財人代理の選任は、破産管財人が裁判所の許可を得て行うものであり（破77条2項）、裁判所が破産管財人代理を選任するものではないが、裁判所が破産管財人代理として不適任と考えた場合には、破産管財人代理の選任許可の申立てを認めないことができるし、許可を取り消すこともできる(注3)。

　実務の運用としては、ほぼ例外なく弁護士を破産管財人に選任している。破産管財事件は、「法律問題のるつぼ」といわれているが、弁護士は、法律問題を検討できるだけの総合的な法律の能力を有し、法律事務を取り扱うため

（注1）　条解破産法604頁、注釈破産法（上）536頁〔佐藤昌己〕。利害関係人は、破産管財人の解任の申立てをすることができるにとどまる（破75条2項）。
（注2）　複数の破産管財人が選任された近時の事例としては、大阪地裁が消費者金融会社の破産管財事件で2名の弁護士を選任したことがある。
（注3）　破産管財人が破産管財人代理を選任するに当たっては、当該破産管財事件の職務遂行に必要な識見、能力、人格を有しているか否か、破産管財人との緊密な連絡がとれるか否かを慎重に検討した上で選任すべきであり、裁判所もこれらの点を考慮して許可するかを判断するのが一般的である（破産・民事再生の実務〔破産編〕176頁）。

の包括的な代理権を有する唯一の職種であるところ、訴訟提起等の頻度の高い破産管財業務においては、弁護士を破産管財人に選任するのが便宜であるとともに迅速処理の要請にも適うこと、弁護士には高度な倫理性が要求されており（弁護士職務基本規程1条以下）、弁護士会内部の倫理規範が整い（弁護33条2項7号・46条2項、弁護士職務基本規程1条以下）、不正行為についての自律的懲戒処分の態勢も整っている（弁護56条以下）など、公正さに信頼が置ける態勢を有する職種であることが理由とされている[注4]。

以上の運用を前提に、多くの裁判所では、事件ごとに個別具体的な事情を総合考慮して、当該裁判所管内に事務所を有する弁護士を破産管財人に選任している（事件によりまたは事情により、当該裁判所の管轄区域外の弁護士を選任することもある[注5]。とくに、中小規模庁の支部の破産管財事件では、当該支部管内に事務所を有する弁護士に適任者がいないことも少なくなく、本庁または他の支部管内に事務所を有する弁護士を選任することもある）。破産管財人の選任は裁判所の専権事項であり、弁護士会から提供される破産管財人候補者名簿や申立代理人の推薦に拘束される性質のものではない（仮に、裁判所内部で何らかの破産管財人候補者名簿を用意しているとしても、名簿順に機械的に割り当てていくべきものではないし、かような取扱いは、破産規則23条1項の規定に照らし、望ましくない）が、文献等[注6]で紹介されている破産管財人の選任に当たって考慮される事情を整理すると、おおむね次のとおりである。

1 一般的な考慮事情

(1) 法曹経験年数

破産管財事件は、法律問題と経営問題が複雑かつ多岐に混在している場合

（注4） 大コンメ319頁［園尾隆司］、条解破産法600頁、注釈破産法（上）533頁［佐藤］。
（注5） 大コンメ319頁［園尾］。なお、大阪地裁に係属した消費者金融会社の破産管財事件では、大阪弁護士会所属の弁護士1名と第一東京弁護士会所属の弁護士1名が破産管財人に選任されている。また、京都地裁に係属したガソリンスタンド経営会社の破産管財事件では、大阪弁護士会所属の弁護士が破産管財人に選任されている。
（注6） 破産事件の処理に関する実務上の諸問題107頁以下、新破産法の理論と実務137頁［松嶋英機］、条解破産法603頁、書記官事務の研究32頁、破産・民事再生の実務〔破産編〕164頁、注釈破産法（上）533頁［佐藤］。

が多く、最低でも数年の法曹経験を有することが望まれる（もっとも、破産管財人の育成の観点から、比較的簡易な少額管財事件〔「簡易管財事件」と呼称されることもある〕等については、弁護士登録から2年ないし4年を経過した弁護士を選任することがある）。

⑵　人物・能力

破産管財人は、多くの利害関係人の利害の渦中に置かれることがあるほか、不動産や知的財産権、M&Aを目的としてビジネスの相手方になることもあり、多額の金銭を管理する場合もある(注7)。そこで、誠実、几帳面、注意深く、公平、清廉な人物であることが望まれる。

破産管財人の能力については、破産管財業務につき十分な知識・経験と折衝力、判断力を有し、積極的、活動的、意欲的で根気のある人物が望まれる［なお、破産管財人に求められる能力・スキルについては→**第1章第1節Ⅴ**］(注8)。

もとより、上記の人物・能力については、そのうちの1つでも欠ければ選任されないというものではなく、どちらかといえば理想像というべきものであるが、人物・能力的にみて問題のある弁護士を破産管財人に選任すると、破産管財業務の適正な遂行が期待できないばかりでなく、破産管財事件の終局までの長期化を招き、関係者に多大な迷惑をかけ、破産手続全般の信頼を損ねることになる。したがって、破産管財人の選任に当たり、弁護士の人物・能力は決して軽視できない考慮事情というべきであろう(注9)。

（注7）　過去には、破産管財人が破産財団に属する現預金を横領した事例もみられた。

（注8）　裁判所がどのようにして破産管財人候補者である弁護士の人物・能力に関する情報を収集するのかは1つの問題である。あえて一般論を述べるとすれば、個々の破産管財事件の処理を通じて得るもののほか、破産申立代理人や個人再生等の再生債務者代理人としての活動ぶり、他の破産管財人等経験者の評価、弁護士会ないし倒産部会との各種協議会や研修、勉強会等の機会を通じて当該弁護士の人物像等に接したり、あるいは民事訴訟事件等の事件処理（代理人としての訴訟活動）を通じて感じたもの等を集積、集約して、裁判所内で総合的に分析、検討するということになろう。このほか、個々の弁護士の人物・能力に関する情報については、日常的に破産管財人から気軽に相談ないし報告を受ける立場にある裁判所書記官の有する情報によるところも大きいといえよう。

（注9）　所属弁護士会から懲戒処分を受けたことのある弁護士については、懲戒事由と懲戒の種類にもよるが、基本的には誠実さ、注意深さ、公平さ、清廉さに欠けるとの評価は免れないのではないかと思われる。

(3) 年齢・経験・事務所の規模等

年齢、経験、事務所の規模[注10]等は、個別の事件ごとにこれらの基準は異なり得る。

(4) 特殊技能

破産管財事件の中には、渉外、知的財産、労働、民事介入暴力（民暴）、海事等の分野において特殊な技能を必要とする事件がある。事件の規模によっては、これらの知識、経験を有する破産管財人代理（破77条2項）を裁判所の許可を得て選任することで対応できる場合もあるし、補助者として各種専門家（外国法事務弁護士や弁理士、公認会計士、税理士、海事代理士等）の関与を求めることもあるが、事案によっては、これらの知識、経験を有する破産管財人を選任したほうが、コストの負担軽減を図る意味でも望ましい[注11]。

(注10) 弁護士が複数在籍する法律事務所では、破産管財人代理の活用等が期待できることから、一般論として、比較的規模の大きな破産管財事件の破産管財人に選任しやすいということができる。また、弁護士が1人であっても、優秀な複数の事務職員が在籍しているような場合には、弁護士の適切な監督の下で事務職員による迅速な破産管財業務の補助が期待できることから、一般論として、破産管財業務の多い破産管財事件の破産管財人に選任しやすいということができる（もっとも、破産管財人が破産管財人代理や事務職員に丸投げとまではいかないにしても、適切に監督をしない場合もあり、そのような場合には破産管財人としてふさわしくないということになろう）。

なお、多比羅誠「倒産手続における裁判所事務の課題と展望（下）」NBL 989号（2012）64頁は、売掛金の回収、資産の換価、賃借物件の明渡し、帳簿の整理、配当手続等の管財業務のすべてを破産管財人自らの手で実施する必要はなく、破産管財人の責任において、自分の法律事務所の事務職員に分担してもらうと破産管財人の負担が軽くなるとし、弁護士が事務職員に職務を丸投げせず、自ら直接に指導・監督しながら補助者として業務を実施させることが前提であるが、事務職員の活用いかんで管財人の負担は軽くなり、破産管財業務はスピードアップすると述べておられる。

(注11) 裁判所がどのようにして破産管財人候補者である弁護士の知識、経験、特殊技能に関する情報を収集するのかも1つの問題である。あえて一般論を述べるとすれば、最近では、弁護士が開設する法律事務所のホームページやブログに取扱業務（例えば、知的財産全般、労働事件〔経営者側〕、民事介入暴力等）や当該弁護士の経歴（留学経験、弁護士会の民暴委員会所属等）を掲載していることが少なくないので、これを参考にすることが考えられる（ただし、宣伝のために誇張している場合もないではないので、注意が必要である）。その他には、個々の破産管財事件の処理を通じて情報を得たり、民事訴訟事件等の処理を通じて得た情報（例えば、労働事件の使用者側、労働組合側の代理人を数多く務めているとか、知的財産権絡みの事件の代理人を務めているなど）や、所属弁護士会の会報誌を通じた各種委員会活動（民暴関係、知的財産権関係、労働関係）等を参考にすることも考えられる。裁判所書記官の有する情報も有益であろう。

2 具体的な考慮事情

実際の破産管財事件において誰を破産管財人に選任するかは、当該事件の内容によって個別具体的に検討されることになる。

一般的には、①破産管財事件の規模（債権者数、負債総額、収集財団の見込額等）の大小、②事件の内容、性質（法律上ないし事実上困難な問題の有無、程度、債権者間の対立の有無、その可能性、大口債権者その他の利害関係人との折衝の必要性の有無、程度、渉外、知的財産、労働問題の有無、内容など）、③その他破産管財業務の処理の難易度等を検討した上、④法曹経験年数、⑤誠実さ、几帳面さ、注意深さ、公平さ、職務知識、折衝力、判断力、積極性、行動力、根気強さ、⑥年齢、経験、事務所の規模、破産管財事件の手持ち件数と進行程度、⑦渉外、知的財産、労働、民暴等の専門的な知識、経験などのいかなる点がどの程度当該事件にとって必要であるのかを検討し、一方において、破産管財人候補者側については、当該人物が上記の各必要性を満たすものか否か、その程度、過去に破産管財人の経験を有する場合の前件破産管財事件の規模、内容、性質、事務処理の難易度、破産管財人報酬額とその事件処理についての評価などを検討し、前件とのバランス等を加味しながら当該事件に最もふさわしい人物を破産管財人に選任することが望まれる(注12)。

Ⅲ 申立代理人からの情報収集の重要性

裁判所が具体的な考慮事情をもとに破産管財人を選任するに当たっては、破産手続開始の申立書およびその添付書類からうかがわれる個別事情を把握することになる(注13)が、申立書等の記録の検討には時間がかかることもあるので、必要に応じて、申立代理人から直接事情を聴取して情報を収集することが時間的にも効果的であることも多い。裁判所が債務者本人ないし申立代理人と審問ないし面接をする場合、破産手続開始の原因の有無の審理をするということもあるが、破産管財事件として処理するとした場合の当該事件

(注12) 破産事件の処理に関する実務上の諸問題109頁。
(注13) 新基本法コンメンタール破産法179頁［植田智彦］。

にふさわしい破産管財人として誰を選任するかを検討するための情報収集である場合も多い(注14)(注15)。

現行破産法は、破産管財人と申立代理人との協働と連携を前提に制度設計がされており(注16)、申立代理人が適切に破産管財人を選任するための情報を裁判所に提供し、かかる情報等をもとに裁判所が最も適任と考えて選任した破産管財人が申立代理人と協働および連携していくことが、破産管財事件の適正かつ迅速な処理につながり、破産法の目的（破1条）を実現することができると考えられる。

その意味で、申立代理人による裁判所に対する適切な情報提供は非常に重要であり、申立代理人はこのことを肝に銘じておくべきであろう。

Ⅳ 破産管財人の育成

裁判所は、前記Ⅱの考慮事情を踏まえて、事件ごとに最も適任と考える破産管財人を選任すべきであるが、他方で、破産管財人としての適任者をどれだけ確保できるか、すなわち、破産管財人の育成は大きな課題の1つである。

一般的には、新任の破産管財人候補者には、難易の低い破産管財事件から順次選任していき、事件処理の実績を裁判官および裁判所書記官が共有し、より難度の高い破産管財事件の破産管財人に選任するかどうかの判断をすることが多い(注17)が、このような事件処理（OJT）を通じた破産管財人の育成には限界があることは否定できない。そこで、近時、大規模庁や破産事件を集中的に取り扱う部が設けられている裁判所において、弁護士会の協力を得

(注14)　中山孝雄＝大橋学「破産手続の申立代理人として準備すべき事項──破産裁判所の立場から」倒産法の実務80頁、破産管財の手引25頁、破産申立マニュアル317頁［谷津朋美］。
(注15)　大型事件（債権者多数事件、上場会社の事件、全国各地に営業所のある会社の事件等）や特殊事件（病院、老人介護施設、生き物を取り扱う業種等）では、裁判所との間で事前相談が行われることがあるが、裁判所からすれば、事前相談において、まず最初に当該申立予定事件の概要の把握に努めながら当該事件に最もふさわしい破産管財人を選任するための情報収集をすることに主眼があるので、申立代理人としても、裁判所に対して適切に情報提供ができるようすることが求められる（破産実務Q&A 200問33頁［西脇明典］、破産申立マニュアル328頁［小野塚格］）。
(注16)　新破産法の理論と実務133頁［小林宏司］。
(注17)　破産事件の処理に関する実務上の諸問題113頁、大コンメ322頁［園尾］。

ながら破産管財人の育成に向けた制度的な取組みが始まっている[注18]が、中小規模庁では、在籍している裁判官のやる気や熱意、弁護士会内部の問題意識の違い等により、かなり温度差があると思われる。

　破産管財人の育成は、裁判所が弁護士会の理解と協力を得ながら組織として取り組むべき課題であり、継続的かつ地道な努力が必要である（とくに、中小規模庁の中には、裁判所、弁護士会ともに破産管財人の育成の必要性について理解や認識が高くない庁もなくはないようある）が、かかる努力を惜しむことは、将来、破産管財事件が増加したときに破産管財人の適任者を選任することができなくなる事態を招くばかりでなく、破産手続に対する信頼や手続を主宰する裁判所に対する信頼を損ねることになりかねない。弁護士の間では、とくに全国倒産処理弁護士ネットワークが、メーリングリストによる各種相談をはじめ、近時は各地区ごとにさまざまな巡回研修等を行っており、自発的かつ主体的に破産管財人としてのスキルの向上を含む倒産事件の適正かつ迅速な処理のための研鑽が行われている[注19]。破産管財事件に携わる裁判官、裁判所書記官においても、弁護士会ないし個々の弁護士との信頼関係の構築、維持を図りながら、弁護士会等の協力を得て適切に破産管財人の育成に向けた不断の努力を継続していくことが求められているといえよう。

　　　　　　　　　　　　　　　　　　　　　　　　　　　（島岡大雄）

（注18）　大阪地方裁判所における破産管財人チューター制度につき、森純子「大阪地方裁判所における破産事件の運用状況」金法2013号（2015）53頁、名古屋地方裁判所における破産管財人アドバイザー制度につき、池原桃子「名古屋地方裁判所における破産事件の運用状況」金法2038号（2016）29頁、広島地方裁判所における管財人トレーニング制度につき、絹川泰毅「広島地方裁判所における破産事件の運用状況」金法2013号（2015）65頁。
（注19）　巡回研修の内容等については、「事業再生と債権管理」誌上で紹介されている。

第3節 破産管財人の善管注意義務と裁判所の監督との関係

I 裁判所の監督

　破産管財人は、裁判所の監督に服する（破75条1項）。裁判所は、破産管財人が破産財団に属する財産の管理および処分を適切に行っていないとき、その他重要な事由があるときは、利害関係人の申立てによりまたは職権で破産管財人を解任することができる（同条2項）。

　破産管財人は、公正、中立に職務執行を行わなければならず、善良な管理者としての注意義務を負う（破85条1項）[注1]が、裁判所は、破産管財人による非違行為や注意義務違反行為等を防止しなければならず、そのために監督権を行使することができ、かつ、義務を負うものとされている[注2]。破産管財事件の処理の善し悪しは、破産管財人の力量と熱意にかかっているところが大きいが、破産管財人が適切に職務を遂行することと裁判所が適時に適切な方法で監督権を行使することとが相まって、破産手続に関与する関係者の破産手続、ひいては法的倒産手続全体に対する信頼が維持される[注3]。

II 監督の範囲

　破産管財人は、破産財団に属する財産の管理処分権を有する独立の機関であって、裁判所の下部機関ではないから、裁判所が破産管財人の職務について個別に指導したり命令できる権限を有するものではない。このように、裁

(注1) 破産管財人代理が破産管財業務に関し善管注意義務違反の行為をしたときは、破産管財人は、当該破産管財人代理の選任監督につき過失がなかったとしても責任を免れない。また、破産管財人の補助者の行為に過失がある場合にも、破産管財人は、当該補助者の選任監督につき過失がなかったとしても責任を免れない（条解破産法620頁、注釈破産法（上）606頁［石井三一］、破産・民事再生の実務［破産編］177頁）。
(注2) 条解破産法607頁、注釈破産法（上）541頁［佐藤昌巳］。なお、裁判所は、破産管財人代理や補助者に対して直接の監督権限と監督義務を負うものではなく、これらの者に対する監督は、破産管財人を通じて行われる。
(注3) 破産事件の処理に関する実務上の諸問題124頁。

第1部　実務家からみた破産管財人による財産換価を巡る諸問題(総論)

判所とは独立の機関として破産管財人を設け、破産管財人に財産の管理処分権を委ねた以上、管理処分権の範囲内で行われる破産管財人の行為については、破産管財人の裁量を認めるのが合理的であり、破産管財人は、適法な裁量の範囲内において、自己の判断で職務執行をすることができる(注4)。

　もっとも、裁判所の監督は、破産管財人の職務執行の適法性（善管注意義務違反の有無）について及ぶと解されているから、破産管財人の職務執行に善管注意義務違反がある（当該職務執行が裁量の範囲を著しく逸脱または濫用していると認められる）場合には、監督権を行使して是正措置を講じることができる。破産管財事件は、多数の利害関係人が登場し、かかる利害関係人に対して重大な影響を与えることから、裁判所は、常に破産管財人と緊密な連携をとることが求められ、破産管財人の破産管財業務がより適切に行われるよう、適時に適切な方法で指導、勧告ができる態勢を整えておく必要がある(注5)。もとより、過度の監督は、破産管財人の裁量の範囲を狭め、破産管財人を萎縮させてしまうことにもなりかねず、破産管財事件の適正かつ迅速な処理に支障を来すことになるので、注意が必要である(注6)。

（注4）　条解破産法607頁、注釈破産法（上）541頁［佐藤］、新基本法コンメンタール破産法185頁［長谷部由起子］。
（注5）　条解破産法607頁、注釈破産法（上）541頁［佐藤］。
（注6）　従来は、ややもすれば、裁判所は破産管財人任せの対応をとることも少なくなかった（裁判官自身もまた、裁判所書記官任せの対応をとることも少なくなかった）が、公平な破産手続の追行に寄せられる債権者をはじめ国民の信頼という幅広い観点を踏まえ、事案に応じて、破産管財人との進行協議を適切に設けるなど、破産管財人に対する監督権を柔軟に行使することが求められる（三村義幸「破産手続における裁判所と裁判所職員の役割」破産法大系(1)84頁）との指摘は、一般論としてはそのとおりである。しかし、過度に監督権限を行使することによる弊害も念頭に置く必要があり、裁判官、裁判所書記官には、破産管財人の裁量を踏まえた職務遂行の尊重と裁判所による監督権限の行使とのバランスを上手にとるという総合力、調整力が求められるといえよう。なお、破産管財人に対する監督権の行使の程度は、当該破産管財人の力量や経験等によっても左右され、この点は、民事再生における再生債務者代理人に対する監督委員の監督のあり方の議論（民事再生実務合同研究会編『民事再生手続と監督委員』〔商事法務、2008〕274頁、佐村浩之＝内田博久編『民事再生』〔青林書院、2014〕49頁［島岡大雄］）が参考になる。

III　監督の方法

　破産管財人の監督方法としては、破産管財人の報告書の提出（破157条1項・2項）、裁判所の許可（破78条2項）、破産管財人との進行協議（破規26条1項）または面接、裁判所書記官による事情聴取（破規24条）、是正命令等が挙げられ、このほか債権者集会の開催と続行も監督の一方法と位置付けることができる[注7]。破産管財事件を専門的に取り扱う大規模庁では、裁判官と破産管財人との進行協議ないし面接、打合せ等がしばしば行われるが、中小規模庁では、裁判官が破産管財事件のみならず民事・刑事の訴訟事件や家事事件等を兼務で担当しているため、破産管財事件を担当する裁判所書記官が、窓口で破産管財人（ないし破産管財人の所属する法律事務所の事務職員）と日常的に接し、あるいは電話やファクシミリで応接するなどして問題点等の把握と破産管財業務の処理に当たっての助言などを行うことが多い［裁判所の許否の審査のあり方等については、→第4節］[注8]。

IV　破産管財人の善管注意義務と裁判所の監督との関係

　前記IIのとおり、裁判所の監督は、破産管財人の職務執行の適法性（善管注意義務違反の有無）について及ぶものであるから、破産管財人の職務執行に善管注意義務違反等がある場合には、それを是正させることができる。破産管財人が明らかに法令違反の職務執行をするような場合には、裁判所は、破産管財人の善管注意義務違反であることを容易に把握することができるので、監督権を行使して必要な是正等の措置を講じることができる。

（注7）　条解破産法608頁、大コンメ324頁［中澤智］。
（注8）　破産管財人からの問合せは、原則として裁判官に相談し、その後は裁判官の指示によることになるが、実務上、問合せの内容が破産事件の手続に関する事項や、事件処理の運用に関する事項である場合には、事案に応じた判断が必要とされるものではない限り、裁判所書記官が回答している（書記官事務の研究128頁）。もっとも、本来裁判官の判断が必要な事項について、裁判所書記官が回答している場合もないではなく、その意味では、常日頃から裁判官と裁判所書記官との意思疎通、コミュニケーションと役割分担、「ほう・れん・そう」の徹底という当たり前のことの実践が求められる。

しかし、破産管財人の職務執行は多種多様であり、破産管財人の各職務が時として相反ないし対立し、破産管財人がいかに適正に破産管財業務を処理するのか困難な問題に直面することがある。また、破産管財人は、裁量の範囲内で自己の判断に従って職務執行をすることができるところ、破産管財人の職務執行が裁量の範囲を明らかに逸脱または濫用しているといえるかを裁判所が適時に適切に把握して判断することは難しい。

破産管財人の負う善管注意義務は、破産管財人としての地位において一般的に要求される平均的な注意義務を指すものと解されている（前掲・最判平成18・12・21）が、判例のいう破産管財人としての地位において「一般的に要求される平均的な注意義務」がいかなる程度のものを指すのかは必ずしも明らかとはいいがたく、一般的な破産管財人としてどのような弁護士を想定するかの判断は難しいところがある[注9]。また、破産管財人のした特定の職務執行が善管注意義務に違反するか否かを判断するには、その前提として当該具体的な事情の下で破産管財人が遵守すべき規範を確定する必要があると考えられるが、破産管財人には、①総債権者の利益を実現するための独立の手続機関としての地位のほか、②破産者の実体法上の地位の承継人としての地位、③破産法その他の法律によって与えられた特別の地位があるとされ、破産管財人のそれぞれの地位から破産管財人が遵守すべき規範が導かれるもの

（注9）　藤本利一「破産管財人の善管注意義務」事業再生と債権管理139号（2013）122頁。なお、一般的な破産管財人として想定する弁護士像として、破産管財人を選任した当該裁判所管内の弁護士一般を指すのか、それとも全国的にみた弁護士一般を指すのかの問題もあると思われる。

　また、伊藤眞教授は、破産管財人に選任されるのが法律事務取扱の専門職である弁護士であることを前提とすれば、破産財団の管理や換価、財団債権の弁済、破産債権の配当などについて十分な注意を払い、受任した破産事件について弁護士としての使命と職責（弁護1条・2条）にかなった行動をとったかどうかを基準とされる（伊藤・破産法民事再生法207頁）が、「弁護士としての使命と職責にかなった行動をとったかどうか」という基準の具体的な内容は明らかではなく、かかる基準をもって裁判所が適切に破産管財人の善管注意義務違反の有無を判断することは難しいのではないかと思われる。

　ともあれ、破産管財人である弁護士の善管注意義務違反の有無が問われた場合には、破産管財人としての地位において「一般的に要求される平均的な注意義務」を証拠等によって認定判断していくことになろう（破産管財人としての経験が豊富な弁護士の意見書とか専門委員制度の活用等が考えられよう）。

の、破産管財人の職務執行が上記の複数の地位を背景に行われるときには、各地位から定立される規範が相反ないし対立することがあり、破産管財人が遵守すべき規範を確定することには困難を伴う。また、最終的に確定された規範を踏まえ、破産管財人としての地位において一般的に要求される平均的な注意義務に違反しているか否かを検討しなければならず、当該職務執行に関する具体的事情のほか、当該事案の規模や特殊性、早期処理の要請の程度等の諸般の事情を総合的に斟酌して判断されることになるが、破産管財人が対応を迫られる事象には、判例・学説が確立されていない問題や検討されたこともない問題が往々にして含まれており、しかも、破産管財人の職務執行は限られた時間的制約の中で行われるものであるという事情が存する。したがって、このような問題点については、破産管財人が職務執行当時の状況に照らして合理的な範囲で情報の収集、調査、検討等を行い、その裁量の範囲を逸脱または濫用するような不合理な職務執行が行われたのでない限り、善管注意義務は尽くされたとみるのが相当である[注10]。そして、善管注意義務違反の有無について裁判所の監督権が及ぶとしても、裁判所は多数の破産管財事件を抱えている上、裁判官、裁判所書記官の人員配置上の制約もある。また、裁判所は破産管財事件の処理について破産管財人との連携を密にすべきであるが、破産管財人が特定の職務執行について裁判所の許可を求めてきた場合、裁判所は、限られた時間的制約と破産管財人から提供される情報をもとに速やかに許否の判断を行うべき職責を負っている[注11]。したがって、裁判所としては、破産管財人の特定の職務執行が当時の具体的状況下で破産管財人の裁量の範囲を明らかに逸脱または濫用しているものと認められる場合を除き、破産管財人の当該職務執行を尊重するのが相当であり、破産管財人から特定の職務執行について裁判所の許可を求める申立てがあった場合に

(注10) 新基本法コンメンタール破産法197頁［石井教文］。
(注11) 破産事件の処理に関する実務上の諸問題183頁は、同書が刊行された昭和60年当時ですら、裁判所は、破産管財人から許可の申立てがあった場合には、釈明を求める必要がない限り一両日中に許否の決定をなすべきであるとしており、現在の実務運用も、基本的には同様かそれよりも早いと思われる（中小規模庁では、裁判官が他の事件処理のために不在にしていることが多く、許否の判断が遅くなることはある）。

は、明らかに許可を不相当と認めるべき事情が存する場合を除き、これを許可するのが相当というべきであろう［破産管財人の許可申立てに対する許否の審査に当たって考慮すべき事情については、→**第4節**］^(注12)。

（島岡大雄）

（注12）　後日、利害関係人が破産管財人個人を相手に破産法85条2項の善管注意義務違反を理由に損害賠償請求をした場合における破産管財人の善管注意義務違反の有無の判断に当たっては、特定の職務執行についての裁判所の許可があることは、善管注意義務違反を否定する方向での重要な要素になるものと位置付けるべきであろう（新基本法コンメンタール破産法197頁［石井］）。

第4節　換価の許可申請の審理のあり方、許否の判断基準

I　破産管財人が行う財産換価のうち破産裁判所の許可が必要な事項

1　破産裁判所の許可の意義

　破産管財人は、破産財団の管理処分権を有しており（破78条1項）、その換価行為は、破産管財人の広範な裁量に委ねられている。その一方で、破産管財人は、善良な管理者の注意をもって、その職務を行わなければならず（破85条1項）、また、破産裁判所の監督に服する（破75条1項）から、換価行為の適否も破産裁判所としては監督すべき事項である[注1]。その上で、破産法は、破産債権者の利益に重大な影響を及ぼすような事項について、裁判所の許可を要するものと規定する（破78条2項）が、これは、破産裁判所による破産管財人の監督を実効あらしめるためのものである。破産管財人といえども、重要な財産については、破産裁判所の許可なしには換価できないわけであるから、破産裁判所の意向に反して破産管財業務を遂行することはできないことになる。

2　法律上の規定

　許可事項は、破産法78条2項以下に列挙されており、具体的には、不動産、登記を要する船舶（総トン数20 t 以上）、鉱業権、漁業権その他知的財産権の売却、営業または事業の譲渡、商品の一括売却（以上については、額のいかんを問わない）、また、個別動産、債権、有価証券の売却（これらについては、最高裁判所規則で定めた金額を超える場合に限る。その金額は、現在100万円と定め

(注1)　破産裁判所の監督権について検討を加えた論考として、北澤純一「破産管財事件における進行協議のあり方と破産裁判所の監督について（上）（下）」判タ1314号（2010）21頁、判タ1315号31頁がある。
(注2)　条解破産法630頁以下。

られている。破78条3項、破規25条）については、破産裁判所の許可を要する[注2]。なお、事業譲渡を行う場合には、あらかじめ事業継続の許可を得て（破36条）、しかるべき事業価値を維持しておくことが必要である。

さらに、破産裁判所において許可を要する事項を、さらに追加指定することもできるとされている（破78条2項15号）。その反面、破産裁判所が許可を要しないものと定めたものについては、上記に該当するものであっても、許可不要となる（同条3項）。要許可事項の追加指定や許可不要との定めができることとされた理由は、破産管財業務の適正さの確保と円滑な遂行の要請との調和を図ったものである。破産裁判所としては、事案に応じて要許可事項を弾力的に定めることができる[注3]。破産裁判所においてあらかじめ許可不要と定めることがある例として、自動車の換価、有価証券の市場における時価での売却が挙げられる。自動車の価値は劣化が早いので、迅速な換価を図るべきことが多いし、有価証券についても、売却のタイミングが大事である上、市場での時価での売却であればさほど弊害もない[注4]。なお、100万円を超えるかどうかは、動産や債権等の客観的価値を基準に判断されるべきであり[注5]、売却価格ではなく（売却価格だとすれば、破産管財人が不当廉売した場合こそ、許可不要となってしまう）、そうだとすると、簿価や額面にこだわる必要はないのであるが、破産管財人としても判断に迷うことが多いため、破産裁判所との間で協議がされることが多い（迷うくらいなら許可を得ておこうと考える破産管財人も多い。基準の明確化の観点から、通説的見解とは離れるが、簿価や額面が100万円を超える場合は許可を要すると定める裁判所もある）。

破産管財人が換価のため、双方未履行双務契約の履行請求（破78条2項9号）、訴えの提起（同項10号）、和解等（同項11号）、別除権目的物の受戻し（同項14号）などを行う場合には、その点についても破産裁判所の許可を要する（これらについても、最高裁判所規則で定めた金額を超える場合に限ってではあるが、許可が不要な金額の場合でも、破産裁判所とあらかじめ協議しておくべきである）。

（注3）　伊藤・破産法民事再生法701頁。
（注4）　換価のポイントについては、破産管財実践マニュアル126頁以下にコンパクトにまとめられており、破産裁判所としても参考になる。
（注5）　条解破産法631頁も、「原則として破産法153条による評定価額である」とする。

3 その他

　実務上、本来的に破産裁判所の許可を要しない事項であっても、破産管財人の判断で、念のために許可を求めるということがある。このような運用に対しては、要許可事項は限定されているのだから、それ以外の事項での安易な許可申請は慎むべきであるとの見解がある一方で、破産管財人に何か懸念事項があるために許可申請というあらたまった形で破産裁判所の意見を求めているのであるから、許可事項でないとして素気ない対応をすべきではないとの見解もある。いずれの見解にも傾聴すべき点があって、一義的な正解というものは見出しがたいところであり、最終的には、破産管財人の懸念事項がどのようなものであるか、許可手続により破産裁判所の要する負担などを勘案して決すべき事項ではなかろうか。

II　考慮すべき事項

1　総論

(1)　債権者との関係

　債権者は、いうまでもなく、破産手続によって大幅な権利の制限を余儀なくされている。そこで、破産手続を進めるに当たっては、その納得が得られるよう、最大限の配慮を要する。破産管財人は、もちろんこれを十分わきまえて手続を進めているところであるが、破産裁判所としても、十分配慮しなければならない。

　そこで、まず、債権者委員会（破144条以下）が組織されているような事案においては、破産管財人が要許可事項を行うに当たり、債権者委員会の意見も重視せざるを得ない。破産法は、債権者委員会を、破産管財人の監視機関として位置付けているから[注6]、破産管財人は、破産裁判所の許可を得るための情報についても、債権者委員会に対し、適宜提供するであろう（破産裁判所において報告義務を課すことも可能である。破157条2項）。その上で、破産

(注6)　伊藤・破産法民事再生法238頁。

第1部　実務家からみた破産管財人による財産換価を巡る諸問題(総論)

裁判所は、破産管財人の許可を要する換価行為に関して、債権者委員会の意見を考慮しながら、許可すべきかどうか判断することになろう。

もっとも、債権者委員会が組織されることはまずない。通常は、債権者集会（破135条以下）が、債権者に情報を提供し、また、債権者から意見を聴取する機会となっている。破産手続は、手続が非公開とされ、また、手続の段階によっては密行性の要請も働くから、債権者が破産手続に関する情報を得る機会としても、債権者集会が重要なものとなる。ただし、破産法上、債権者集会の開催は必須のものとはされていない（破139条2項・140条・141条参照）。諸般の事情により債権者集会を開催しないこととした場合、債権者集会が果たしていた機能をどうするか、いかなる代替手段を講じるべきかが問題となる。

(2) 破産者等との関係

破産管財人が裁判所の許可を要する行為をするに際しては、遅滞が生じるおそれがある場合を除いて、破産者の意見を聴かなければならない（破78条6項）とされている。これは、破産手続開始後も破産者は破産財団に属する財産の所有者ではあること、財団が増殖すれば、債権者に配当等がされて破産者にとっても利益であること、破産財団の実情を知る立場にあることを勘案したものであり、旧破産法のときから同旨の規定があった。そこで、破産裁判所としては、この点も確認すべきである。意見聴取の方法について、とくに定めはないし、聴取の結果、破産者が反対したとしても、破産管財人が適切と考えるならば反対を押し切っていってかまわない。「遅滞を生ずるおそれがある場合」を除き、とされているから、破産者が行方不明とか非協力的といった場合には、その意見を聴く必要はない。

これとは別に、裁判所は、営業または事業の譲渡について許可をするに当たっては、労働組合、労働組合がない場合は労働者の代表者の意見を聴かなければならないとされている（破78条4項）。これらの者は、事業譲渡について利害関係を有するからであり、裁判所としては、この点も考慮することになる。

(3) 社会的相当性

　破産手続が債務者の清算手続であって、そこでは関係者の利害を適切に調整しなければならないとされていること（破1条）から、破産管財人が行う換価行為は、社会的相当性を有するものでなければならないと解されている。

　もっとも、社会的相当性といっても、結局のところ、破産手続に関係することとなった諸々の利害関係者の間の利害調整を図るということに帰着する。

2　債権者の納得が得られるか

　債権者すべてが真に納得するわけではないとしても、通常であればやむを得ないと考えるような合理性を有するものでなければならない。

(1) 財団増殖に資するか

　当然ながら、破産債権者は、破産手続によって配当があるかどうかに関心があるはずである。もっとも、実際には、配当ができないまま破産手続が廃止されることが多く、配当をさほど期待していない破産債権者がいるのも事実である。一方、消費者被害の事案では、被害者である破産債権者としては、わずかでも被害が回復されることを期待するであろう。このような事案では、ぜひとも配当を実現したいところであり、財団増殖が強く求められる。

(2) 迅速性

　破産債権者としては、破産手続の速やかな進行に期待するはずである。時として、財団増殖の要請と迅速性の要請とは、相矛盾することがある。そのバランスが大事であり、また、問題である。

(3) 公平性、公正性

　換価行為を通して一部債権者への偏頗弁済になるようなことがあってはならない。また、財団債権者、別除権者等、破産債権者以外の利害関係者との公平を害するようなことがあってはならない。破産管財人やその家族、知人等が不当に利益を得るようなこともあってはならない。市場性のないものについては、破産者やその家族等が買い受ける場合（自由財産から財団に組み入れさせて放棄する場合を含む）も珍しくないが、代金額が適正か、また、支払

われる代金が破産者の隠匿していた財産に由来するものでないか、とくに注意を要する。

換価方法についても、高価なもの、あるいは債権者から疑念を抱かれる可能性のある者が買い受ける場合には、面倒であっても入札を経るとか、周知させた上で即売会を開いてもらうとか、債権者集会で意見を聴く等の配慮をすべきであろう。

(4) その他

例えば、浪費により破産した場合、その原因となったものを破産者の手元に残しておくことは、債権者が納得しないであろう。貴金属、ブランド物等を大量に購入し、保有しているという場合が典型である。こういう場合、購入した物の客観的価値いかんにかかわらず、これを破産者が手放さなければ、過去の浪費生活と決別できないということで、処分する場合が多い。

3 社会的相当性

(1) 適法性等

高価で売却できればそれでよいというものではない。病院の破産管財事件で、破産管財人が医薬品や注射器などの医療器具を一般人に売り捌けば、財団増殖に資するかもしれないが、薬事法違反となる。不動産をコンデンサごと売却しようものなら、廃棄物処理法違反となる。在庫商品として大量の冷凍食品があったとしても、一般消費者に売却して万が一何かあっては大事である。

また、現状有姿でしか引き渡すことができないこと、いざというときには瑕疵担保責任を果たすことができないこと等が、相手方（買受人）に十分理解されているかどうかにも留意すべきである。契約書にそのような条項が入っていれば、まず問題ないであろう。ただし、エンドユーザーである消費者に売却する場合、いくら瑕疵担保免責条項を入れる等の配慮をしても、消費者契約法違反で無効などと主張される可能性がないわけではない。建物を売却する場合には、アスベストやコンデンサ等がないか破産者から聞き取るなど、財団の規模等に応じた調査が尽くされているか確認すべきである。

(2) 公平性、公正性

　ゴルフ会員権を有する会員が破産した場合に破産管財人が会員契約を双方未履行双務契約として解除した上でゴルフクラブに対して預託金返還請求をすることができるかどうかが争われた事案で、最判平成12・2・29（民集54巻2号553頁）は、破産管財人に双方未履行双務契約の解除権を認めた趣旨が、契約当事者間の公平を図りつつ、破産手続の迅速な終結を図るためであることからすれば、契約解除により相手方に著しく不公平な状況が生じるような場合には、破産管財人は解除権を行使できないというべきである旨判示した。

　さらに進んで、破産管財人が著しく不公平な手段で換価行為を行うことの問題性については、伊藤眞「破産管財人の職務再考――破産清算による社会正義の実現を求めて」（判タ1183号〔2005〕35頁）を契機として広く議論されるようになった。伊藤教授は、不動産売買で代金を半額だけ受領していた場合を例に、従前の契約を解除してより高額の買受人に転売することは、従前の契約の相手方との関係で適切さを欠くと指摘する。売主が破産して履行期が過ぎてしまったなど有形無形の迷惑を受けたであろう買受人に対し、履行にさしたる支障もないのに解除という対応をすることは、確かに酷であろう。

III　裁判所のとるべき手段

1　総論（留意点）

　一般論としていえば、破産裁判所としては、破産管財人の換価行為が適正になされているかを検討することになるが、迅速処理を優先するあまり、換価に向けての努力が尽くされていない場合もないわけではないであろうし、逆に、換価に熱心なあまり迅速さに欠ける場合もないとはいえない。換価行為における代金や買受人の決定過程に透明性を欠く場合も想定される。

　なお、一口に破産裁判所といっても、倒産事件専門部や非訟事件集中部の裁判官、あるいは過去にこれらの部に在籍していたことがある裁判官の場合とそうでない裁判官とでは、有している破産手続のノウハウの量に差があろうし、破産管財人としても、これまでの破産事件の経験によってはかなりの

差があるものと考えられ、両者の兼ね合いによって、いずれが換価方法やその方向性について具体的提案をするかが違ってくることもあると思われる。しかし、いずれにせよ、破産管財人と破産裁判所とで意見交換をし、許可事項についての判断の仕方、提出すべき判断資料、提出方法等について、考え方をすり合わせておくべきであろう。

　担当裁判官の立場からすると、あまり慣れていないということで、破産管財人のいうことを鵜呑みにするとか、よくわからないが任せてしまおうとか、いらぬ指摘をして破産管財人の士気を削いではいけないといった気持ちを抱くことがあるかもしれない。しかし、破産裁判所としては、臆することなく、疑問点を指摘し、追加説明や、必要に応じて資料の追加提出を求めたり、さらなる換価に向けての努力を求めたりすることが必要な場合もあるのであり、そのような姿勢を失ってはならない。それが破産事件についてのノウハウ蓄積に役立つともいえる（ベテランの破産管財人としても、破産裁判所に対して丁寧に説明を行ったりすることが、将来の破産実務の向上に資する面もあるので、破産裁判所からいささか無用と思われなくもない指摘がされたとしても、多少は大目に見て対応していただきたいところである）。

2　各論（進行協議、記録外となる事務連絡、事前の包括許可、一般的取決め、事件の種類による管理）

(1)　破産管財人との関係

　裁判所としては、正規の許可申請があってから悩むようでは、本当は手遅れであり、それ以前に、破産管財人との間で情報収集、意見交換を行っておくべきである。しかし、手遅れというべきタイミングにいたっても、破産裁判所が問題点に気づいたからには、適宜進行協議を行い、情報収集や意見交換に努める必要がある。

　以前は、包括許可がされることもあったが、現行法の下では、その必要性はあまりないとされる。もっとも、破産裁判所が破産管財人と協議の上、あらかじめ換価のための指針、方向性を決めておくことはしばしばある。例えば、不動産は1年間任意売却の努力をしても売れなければ放棄やむなし、売掛債権は額面の8割以上支払われるなら和解に応じて差し支えないといった

たぐいである。事前に方向性を示したにもかかわらず、それに反した換価を行おうとする破産管財人に対しては、面談を通じて真意を確認し、場合によってはしかるべき措置を講じなければならないであろう。面談において方向性を示す場合、その場に裁判所書記官が立ち会っていれば公証性を担保しやすい(注7)。事件数との兼ね合いにより、全件立会は無理としても、事件を選別して立ち会ってもらうことが望ましいであろう。また、同じことが後に繰り返されることのないよう、部内での情報共有も含め、留意しなければならない。

　さらに、個別事件を超えた一般的な取決めがされることがある。その例として、オーバーローンの不動産を任意売却した場合に代金からの財団組入額を代金の5パーセント以上とすべきことがある(少なくとも大阪では常識である)(注8)。不動産業者ならば仲介手数料を支払ってもらえるであろうが、破産管財人ならば、破産者の立退交渉も行う場合があり、しかも競売手続によるよりも高額で売却できるのが通例であるところ、破産管財人報酬がすべて財団負担なのに、その活動により別除権者が利益を受けるから、別除権者に応分の額を財団に組み入れてもらわなければ、公平を欠き、破産債権者の利益を害する。これに応じない別除権者に対しては、担保権消滅手続も視野に交渉すべきであって、安易な妥協は許されない。そのあたりのバランスがとれているかも、許可申請のポイントである。また、東京地裁の破産再生部では、東京3弁護士会との間で各種協議会等を通じて破産管財業務について一般的な取決めをし、これを会員に周知してもらうことで統一的な運用を図っている。

　なお、同部では、破産管財事件の多くについて個別管理を行わないものとし、担当裁判官を決めず、破産管財人から許可申請があった場合には、とにかくこれを受けた裁判官が処理することとしていて、迅速な対応を図っているとのことである。そうなると、事案をよく知らない裁判官でも判断できるよう、内容の充実した許可申請を行う必要があろう。一方、庁の規模によっ

(注7)　裁判所側は異動の可能性もあるので、引継ぎの便宜からも、裁判所書記官が立ち会ってくれているとありがたい。
(注8)　条解破産法1224頁。

ては、裁判官が他の事務を兼務している関係で、裁判所書記官に上記のような、許可の当否を判断する事項の聴取等の事務を委ねているところもあろう（破規24条）。そのような場合、裁判所書記官は、破産裁判所に対し、適宜の時機に情報提供を行い、また、破産裁判所の意向を破産管財人に伝達する役割を担うことになるから、その果たすべき役割は大きい。

(2) 債権者との関係

　すでに述べたとおり、どこまで換価の努力をすべきか判断に迷うときなど、決断のために債権者の意見を聴くべき場合は多い。債権者の意見を聴取するために、債権者集会は貴重な機会である。破産管財人が換価方法について意見を述べ、債権者の理解を求めるということは、よくあることである。逆に、債権者から意見が出ることもあり、破産管財人も債権者集会で出された意見には真摯に対応している。筆者は、破産者が芸術家の場合に、債権者集会において、破産財団に属するその芸術作品を展示し、当該作品の換価の可能性等について意見を求めたことがある。

　債権者集会を招集しない事件もあるが、これには、大規模事件で集会の会場が確保できないなど、裁判所や破産管財人が手続上の負担に耐えられないといった場合もあり、逆に、手続上の負担をしてまで応えるべき債権者のニーズがないという理由で招集しない場合もある。こうした場合でも、債権者に対して破産手続の情報を提供しなければならない。このような場合、破産管財人の事務所に報告書等を備え置く、さらに、大規模事件では、破産管財人のホームページを作成する、コールセンターを開設する、説明会を開催するといった情報提供のための工夫がされることが多い[注9]。

（福田修久）

(注9)　大阪地裁で債権者集会を招集（開催）しない場合の手続については、はい6民です191頁以下・451頁以下。

第2部
実務家からみた破産管財人の財産換価を巡る諸問題(各論)

第1章
財産調査

第1節　法人の破産管財事件の財産調査

I　法人の破産事件の特殊性

　法人の破産管財事件は、個人の破産管財事件と異なり自由財産の制度がなく、保有するすべての財産が換価対象となり得る。

　法人の事業内容や事業規模はさまざまであるが、典型的な事業会社の破産においては、事業活動に伴って不動産、動産（在庫商品、機械類、車両等）、債権（売掛金、貸付金等）、有価証券（株式、出資金、ゴルフ・リゾート会員権等）など、多岐にわたる資産を破産者が保有している。破産管財人は、現に破産者が占有する資産を管理下に納め、適切に換価するのみならず、破産者が占有していない資産についても、破産財団への帰属の有無を調査・検証し、適切な対応に努めなければならない。また、法人破産においては、取引先債権者、従業員、金融債権者、租税債権者など、多数の利害関係人が存在する事例が多く、破産管財人に対する期待度は、個人の破産よりも高い場合が多い。

　破産管財人としては、これらの特殊性を念頭に置いて財産調査、その他の破産管財業務を行う必要がある。

II　財産調査に関する基本姿勢

1　破産管財人の権限と義務

　破産管財人は、破産財団の管理処分権を専属的に有する破産手続の重要な機関であり（破78条1項）、破産手続の適正かつ公正な実施を可能とするため

に、破産者等の説明義務（破40条）、破産管財人の調査権（破83条）、破産者の重要財産開示義務（破41条）、郵便物等の転送・開披（破81条1項・82条）などのさまざまな権限が与えられている［詳しくは→第1部第1章第4節Ⅱ］。

他方、破産管財人には善管注意義務（破85条1項）があり、前記の各種権限を適切に行使して破産財団の把握に努め、これを管理下に納めた上で、換価に努めなければならない。

2　主体的・積極的調査の必要性

破産管財人選任時点における破産財団に関する情報の内容については、事案により差がある。申立代理人が十分に準備をし、適切かつ相当な引継資料を整えて破産管財人に橋渡しするケースもあれば、それらの準備がほとんどないまま申し立てられるケースもある。十分な情報が引き継がれていない場合、破産管財人として主体的に調査権限を駆使して換価すべき財産の発見に努める必要があることはいうまでもない。また、一見、十分な引継ぎがされていると思われるケースでも、破産者の代理人である申立代理人と、破産財団の管理処分権を有する破産管財人とでは、その立場、権限、責任等が異なることからすれば、破産者および申立代理人から得られた情報を鵜呑みにし、あるいは情報が十分に網羅されていると安易に判断するべきではない。そのようなケースでも、破産管財人としては積極的な姿勢で追加調査の必要性について検証することが求められる。

3　調査の必要性が高い事例への対応

破産管財人による財産調査は、すべての破産管財事件で求められる共通の破産管財業務であるが、中でも、破綻直前における資産処分や資金流出などが疑われる事例、債権者申立ての事例、消費者被害的な側面が強い事例などにおいては、破産債権者が破産管財人に寄せる期待値は高い。破産財団の状況によって調査に割くことができる費用は異なるが、このような事例では、破産管財人には調査により重点を置いた対応が求められる。また、そのような事例では、財産発見時の対応や4で述べる調査結果の債権者への開示についても、破産債権者の理解が得られるように一層の注意を払う必要がある。

4　調査過程・調査結果の報告・債権者への情報開示

　調査の過程および結果については、裁判所に詳細に報告し、調査の続行の要否について、適正な判断を受ける必要がある。

　また、債権者との関係では、債権者集会において、できる限りこれを開示して「情報の配当」を行うことにより、債権者の納得が得られるよう努めるとともに、調査業務を含む破産管財業務について債権者の批判的な検証を受けることが望ましい。

　破産管財人として調査を尽くしても、十分な財産の発見に至らないことは稀ではない。このように債権者が満足する結果が得られない場合には、なおさら、破産管財人が行った調査のプロセスを丁寧に説明して、理解と納得に努めることが重要である。最終的にすべての債権者が納得しなかったとしても、このようなプロセスを踏むことが破産管財人としての職責上求められるし、これによって善管注意義務違反の問題が生じるリスクも事実上減少するといってもよいであろう。

Ⅲ　調査時の留意点

　破産管財人が財産調査を行うに当たり留意すべき事項は、破産手続の段階に応じて異なる。

1　開始直後──手続序盤

　破産手続開始直後の初動の段階では、迅速な対応が最優先事項である。破産手続の開始による混乱を収める一方で、破産者の手元にある資産を把握し、それらが散逸する前に保全し、確実に破産管財人の管理下に納める必要がある。この段階では、破産財団に帰属する財産の全体像を把握するための入口的な調査が中心となる。細かな経理資料の1つひとつを丹念に精査するよりは、破産者が行っていた事業の内容に照らして、どのような財産が存在しているのかを大掴みに把握することによって、今後の換価業務のイメージづくりを行う。

　具体的には、まずは本社・営業所などの現地に早期に臨場し、資産も含む

現況を実際に確認する必要がある。そして、現場において破産者の代表者、役員、従業員などから適宜ヒアリングを行って破産財団に属する資産の把握に努めることになる。破産手続の開始から時間が経過すると従業員等の協力が得られにくくなることが多く、初期の段階でできる限りの対応に努める必要がある。

　もっとも、事業を停止してから相当期間が経過しており、従業員も退職済みで、事務所などの明渡しも済んでいるというようなケースにおいては、前記のような緊急的な対応によらず、2の手続中盤における調査方法と同様の対応が基本となろう。

2　手続中盤

　初動が落ち着いた段階における財産調査は、管理下に納めた各種資料・データの読込みなどの地道な作業が中心となる。序盤で判明していなかった財産、見落としていた財産の発見に努め、業務の中心を発見された財産の換価にシフトしていかなければならないタイミングである。通常の調査を尽くしていれば発見することができる財産をこの段階で見落としてしまうと、換価に要する期間等との兼ね合いによっては手続全体の進行に影響を及ぼす可能性が生ずるので、留意が必要である。

　また、この段階においては、破産手続の全体像や破産者の特色が相当程度明らかになっており、以後の調査方針もある程度定まっているのが通常である。例えば、代表者の誠実性の程度が低い事例、財産の管理や資料の保管状況がずさんな事例では、破産管財人としてさまざまな調査手段を駆使し、調査に相当程度の時間と費用を費やす必要がある。

　これに対し、すでに十分な資料・データが確保され、代表者等が調査に協力的で、新たな財産の発見の可能性も低いと考えられる事例においては、財産の発掘調査は以後の破産管財業務の中心としては位置づけられないであろう。

3　手続終盤

　換価業務の終了を間近に控えた手続終盤においては、新たに調査の必要が

第1章　財産調査　第1節　法人破産管財事件の財産調査

生じるなどの事情がない限り、あらためて財産調査に着手する例は少ない。しかし、換価を終えて配当手続へ移る（配当原資が不足する場合は異時廃止とする）以上は、再度、破産管財人として発見すべき財産の見落しがないかについて、最終的な検証を行っておくことが望ましい。

　仮に調査不足によりあるべき財産を発見することができないまま破産手続を終了させてしまった場合、その後に財産が発見された場合には追加配当の原資となり得るが（最判平成5・6・25民集47巻6号4557頁参照）、手続終了後に財産が発見されるケースは例外的であり、財産を発見できなかったことによる不利益は債権者に転嫁される結果となる。したがって、この段階では財産調査に関して破産管財人として善管注意義務を尽くしたと認められるかどうかが重要であり、この義務を尽くしたことについて疑義が生じる状態で手続を終了させるのは相当でない。

　いかなる場合に善管注意義務を果たしたといえるかは、一概に判断できるものではなく、破産管財人が行った調査の内容[注1]、調査に要した時間・費用等が、当該事案において破産管財人に求められる調査の必要性の程度[注2]等の事情を踏まえて十分といえるかどうかを個別に判断することになると考えられる。また、一定の調査結果をもって調査を打ち切る判断をした場合には、それまでの調査結果の内容、調査の継続により新たな財産が発見される蓋然性の程度、破産財団の状況（調査費用捻出の可能性・相当性の程度）、破産手続の進捗状況等の事情に照らして個別に判断することになると考えられる。いずれにせよ、破産管財人には破産管財業務の遂行について一定の裁量権を有していることから、実施した調査の当否および巧拙は別としても、善管注意義務違反となるのは、特段の支障がないにもかかわらず通常行うべき調査を怠るなど、明白な任務懈怠が認められるような場合に限定されると考えられる［詳しくは→**第1部第1章第6節**］。

（注1）　Ⅳ以下で説明するとおり、破産管財人はさまざまな調査手段を有していることから、少なくともこれらの調査手段を尽くしたといえるかどうかを検証し、仮に有用と考えられる調査手段が残されている場合には調査を実施しておくべきである。
（注2）　例えば、破産者の事業内容や客観的資料等から存在すると推定される財産が存在しない場合や、危機時期以降に従前と異なる高額の資金移動が認められるような場合には、調査の必要性が高いといえよう。

Ⅳ 調査方法

具体的な財産調査の方法は、次のとおりである。

1 現地確認

Ⅲ1で述べたとおり、破産管財人は、破産手続開始直後の初動の段階において、速やかに破産者の事務所・拠点に臨場し、現地確認を行い、財産関係の調査を行う。

現金や高価品については、申立代理人経由で引継ぎを受けることが多いが、法人の場合、往々にして事業所に一定の小口現金や高価品が存在する。これらの財産は散逸しやすいため、金庫、机、キャビネットなどに残されていないか確認し、判明したものは持ち帰る。また、現地に残されているさまざまな客観的資料を確認し、精査を要するものと要しないものを選別する。

破産者の事務所には、破産者以外の関連会社の資料、決算書に計上されていない過去の資料が存在することがある。これらの資料の中から財産が発見され、あるいは、その後の財産調査の糸口となる資料[注3]が発見されることもある。

2 客観的資料の精査

客観的資料としては、破産手続開始申立書およびその添付書類、預貯金通帳、決算書、税務申告書、転送郵便物、債権届出書およびその添付資料などが典型例である。

預貯金については、判明している口座の通帳を確認し、残高があるものは解約するが、財産調査という観点からは過去の出入金の確認が重要である。事案にもよるが、通常は過去1～3年分の出入金履歴を確認し、資金の流れを解明することが必要である。一定期間の出入金が合算記帳されている場合には、その明細を取り寄せて確認する。

(注3) 例えば、同族会社、その他特殊な取引関係が認められる会社の存在が判明したり、過去に破産者が保有していた財産に関する資料が判明し、そこから次の調査に移っていくようなケースが想定される。

決算書、勘定明細、総勘定元帳、固定資産台帳、経理データ等は、情報の宝庫であり、事案に応じて過去数年分に遡って確認することが必要である。特に直近の決算書等は重要である。直近で計上されている財産が引き継がれていない場合、破綻直前に無償譲渡あるいは廉価処分などの不当な方法で処分され、あるいは隠匿されている可能性がある。粉飾決算等の解明など、経理データ等の詳細な分析が必要な場合や、税金の還付可能性の調査が必要な場合には、公認会計士や税理士等の補助者の協力を得て行うことが通常である。

　また、これらの決算書等に計上されていない財産が存在しないかについても留意が必要である。特に破綻直前は十分な経理処理がなされておらず、破産者が正確な引継ぎをすることができない事例もある。その場合、必要となる伝票類、請求書類などを確保し、補助者[注4]の協力を得ながら経理処理をすることになる。この処理は、売掛金等の回収を行う必要がある事例では必須の作業でもあり、処理の過程で破綻直前の財産の散逸や、否認対象行為が発見される可能性もある。

　各種契約書は、契約の状況を確認し、適切な処理を行う上で重要な資料である。契約の解約により回収できる資産（敷金・保証金、取引保証金、未経過の使用料等）が発見されることもある。

　破産管財人は、破産者だけでなく、破産者の子会社等の帳簿、書類等についても調査権を有しており（破83条2項）、適宜、これらの資料も入手して調査を行う必要がある。

3　関係者からの事情聴取等

　破産者の代表者、役員、従業員等の関係者からの事情聴取は、客観的資料だけでは把握困難な情報を効率的に把握する手段として、極めて重要である。

　事情聴取を行う場合の留意点は、次のとおりである。

（注4）　従前の顧問税理士に依頼することが効率的なことが多いが、協力が得られない場合には、破産管財人が日頃から破産手続において依頼している税理士に依頼する。

第2部　実務家からみた破産管財人の財産換価を巡る諸問題(各論)

(1) **早期実施の重要性**

関係者からの事情聴取は、破産手続開始後、できる限り速やかに行うことが重要である。時間が経過すればそれだけ関心や記憶が曖昧になるだけでなく、再就職や転居等の事情により協力を得にくくなるためである。実務上は、開始直後に破産管財人の事務所において代表者や経理担当者など、キーマンとなる人物に対して実施するほか、破産者の事務所・拠点を訪れた際に、その場に居合わせた者(注5)に対して実施することが多い。

(2) **相手方から破産管財業務への理解と協力を得ること**

事情聴取をスムーズに行うためには、相手方から破産管財業務への理解を得ることが重要である。対象者に対する誠実な対応と破産管財人のコミュニケーション能力が求められる場面である。退職者などを対象とする場合には、必要に応じて日当や交通費を支給するなどの対応も求められる。

また、事情聴取に当たっては、破産者等(注6)に説明義務があること（破40条）、破産者には重要財産開示義務があること（破41条）、その違反に対しては罰則があること（破268条・269条）などを説明しておくことも重要である。特に、債権者申立ての破産手続の場合には、代表者や役員等の協力が敵対的で、十分な協力を得られにくいことが多いことから、これらの協力義務があることを伝えることが有用である。

(3) **十分な事前準備**

同一の対象者から複数回にわたる協力を得ることが困難な場合もあることから、できる限り1回の事情聴取で済むように、事前に客観的資料に目を通し、聴取すべきポイントを洗い出ししておくことが必要である。

(4) **聴取結果の記録・証拠化**

事情聴取はできる限り複数名で対応し、必要に応じて録音するなどして、聴取の結果を正確に記録しておくことが望ましい。相手方の協力が得られる場合には、陳述書等の形式で証拠化しておく場合もある。

（注5）　必要に応じてあらかじめ同席を求めておくこともある。
（注6）　破産者（破40条1項1号）、破産者の代理人（同項2号）、理事・取締役・執行役・監事・監査役・清算人（同項3号）、3号に準ずる者（同項4号）、破産者の従業者（同項5号。ただし、裁判所の許可がある場合に限る）。

また、複数の聴取対象者が存在し、相互に口裏合わせがされることを防ぐ必要があるような事例では、同一のタイミングにおいて事情聴取を同時並行で進めることもある。

4　郵便物

破産者宛ての郵便物は、財産や負債などの調査に有益な情報が含まれていることがある。破産者の事務所から引き揚げた郵便物のほか、破産管財人に転送される郵便物については、破産管財人において開被し、内容物を確認する必要がある。郵便物の転送は、裁判所の転送嘱託によりなされることから（破81条1項）、破産管財人就任時に転送対象となる住所地を必ず確認し、転送が必要となる住所が漏れていることが判明した場合には、速やかに転送元を追加するべく、上申書を裁判所に提出しておく必要がある。

5　各種照会等

不動産については、不動産登記情報の照会により権利関係の確認が可能である。法人の商業登記簿謄本の取り寄せ、戸籍謄本・住民票の職務上請求制度などを併用することによって、破産者名義または破産者から名義変更された不動産の発見に至ることもある。

知的財産権のうち、特許権、実用新案権、意匠権および商標権については、産業財産権として特許庁のウェブサイト上の特許情報プラットホームにおいて登録・出願等の有無を確認することが可能である。

また、預貯金口座が存在する可能性のある金融機関や、売掛金の相手方等に対しては、任意の照会のほか、必要に応じて弁護士会照会（弁護23条の2）、調査嘱託（民訴186条）、文書送付嘱託等（民訴226条）等の制度を利用して財産の調査を行う。

6　その他

(1)　債権者等からの情報提供

債権者等の利害関係人に対しては、必要に応じて情報提供を呼びかける。特に財産の隠匿が疑われる事件や消費者被害的要素がある事件など、債権者

の関心が高いケースでは、債権者集会における呼びかけや、別途書面を送付して情報提供を呼びかけることで、有益な情報が得られることがある。

　もっとも、これらの利害関係人からの情報提供には、具体性のある有用な情報もあれば、噂レベルの情報も含まれていることがあるため、適切な情報の取捨選択が必要である。

(2) 捜査機関・マスコミ等

　関係者の刑事処分等が予定されるような事案では、捜査機関と連携することで財産の保全が図られたり、情報が入手できるケースもある。

　同様に、マスコミの注目度が高い事案においては、マスコミが一定の情報を有していることもある。必要に応じて、適度な距離感を保持しながら対応することで適切な破産管財業務を実施するための情報が得られることもある。

（島田敏雄）

第2節　個人破産管財事件の財産調査

I　基礎資料の検討

　個人破産者の財産調査において、まず検討すべきは破産手続開始申立書に添付された陳述書、財産目録、「家計全体の状況」[注1]である。これらの資料は破産債権者の閲覧謄写（破11条、破規10条）の対象ともなっているので、申告されている資産について必要な調査、検討を実施し、債権者集会での報告に特に留意する。これを怠ると破産債権者からの強い不満を招きかねない[注2]。

1　陳述書または報告書

　資産目録に記載がなくとも、陳述書等に記載された破産に至る経緯説明の中で貸金の存在や否認権行使の対象の端緒が得られることがあるので留意して検討する[注3]。

2　資産目録および明細

　申告されている資産について内容を確認できる客観的資料が添付されているか確認する。資産目録に資産性がない保険と記されていても、保険会社作成の資料を直接検討することにより解約返戻金を発見できたり、未申告の預金口座発見の端緒が得られることもあるので必ず最新の資料の提出を受け内容を検討したほうがよい[注4]。

（注1）　裁判所ごとに書式の名称は異なることがあるが、個人の破産者は「債務者の収入及び支出を記載した書面」を申立書に添付する（破規14条3項5号イ）。
（注2）　破産管財人の財産調査には、財団増殖目的のほか債権者に対する情報の配当を目的としている側面もある。
（注3）　①勤務先が上場企業のときは退職金、持株会、②ベンチャー企業の役員、幹部であれば新株予約権、③交際相手や事業を営む友人、親族の記載があれば各人に対する貸付等の各端緒がないか検討する。
（注4）　その他、退職金の計算根拠資料、不動産、自動車についての登記、登録事項や、これらの評価に関する適切な資料が揃っているかの確認も重要である。

3 「家計全体の状況」

預金取引明細からは把握できない現金による収支が把握できる貴重な資料である。収入欄の友人からの弁済金の記載、支出欄の駐車場代、ガソリン代、保険料の支出の記載から資産目録に計上のない貸金、自動車等の資産が発見されたり、保険料支出額と預金取引明細上の額との不一致から新たな預金口座が発見されることもある。

4 その他

給与明細[注5]、源泉徴収票、確定申告書[注6]の検討も重要である。また財産債務調書[注7]、国外財産調書[注8]が入手できれば資産調査において大変有力な資料となり得る[注9]。

II 預金通帳[注10]

1 過去2年分の取引履歴の調査

個人の預金通帳［詳細について→第3章第3節］については破産管財人がこれを預からず記帳や解約をしないことが多い。一方、破産者から提出された預金通帳の写しに繰越前の通帳や、申立直近の期間が抜けていることも多い

(注5) 保険料、積立て、持株会等の控除や、給与が複数の口座に分割して払われていることを発見できることもある。
(注6) 保険料控除、事業、不動産、利子、配当、雑所得等の記載から未申告資産が発見されることがある。
(注7) 一定の基準を満たす対象者は税務署長に対し、財産や国外転出特例対象財産等の明細を記載した調書の提出義務がある。
(注8) 居住者が5000万円を超える国外財産を有するとき等において税務署長に対し明細を記載した調書の提出義務がある。
(注9) 現状、税務当局は、個人の破産管財人に対し破産者が提出した申告書の閲覧を認めていない。破産手続開始決定後は国税滞納処分をすることができず（破43条）、破産管財人が国税徴収法上の執行機関であること（税徴2条13号）に鑑みれば、閲覧を認めるべきと考える。
(注10) 預金取引や海外資産調査の手法を解説する書籍として上田二郎『国税局査察部24時』（講談社、2017）。

ので、不足していれば追完を求める^(注11)。また、未記帳の期間が長期で多数の取引があるときは、おまとめ記帳をされてしまうので同期間については金融機関発行の取引明細の提出を求める。

2　未申告の口座がないかの確認

個人破産者は、通常、①給与、年金の受領^(注12)、②家賃または住宅ローンの支払、③水道光熱費、携帯電話料金の支払、④火災保険、生命保険、共済料の支払、⑤クレジットカード会社への弁済について預金取引を行っているので、該当する口座が申告されているか確認する^(注13)。

3　保険料の引落し

申告されている保険会社名義か、引落保険料額が提出された保険証券記載の額と一致するか確認する^(注14)。また、破産前に保険契約の名義が変更されているケースがないか^(注15)、過去の保険料の引落しの内容にも注意する［詳細について→第3章第6節］。

4　個人名への送金、入金

特に親族への資産移転、貸付、贈与に該当するものがないか注意する。

5　法人への送金、入金

破産者に趣旨を確認するほか、ネットで検索したり、登記を取得するなどして会社の属性を把握する。副業を行っていて賃金が入金されている可能性もある^(注16)。

(注11)　申立前1週間以内に記帳した通帳の提出が求められている（破産管財の手引41頁）。
(注12)　年金入金口座を隠匿していた事例があった。
(注13)　その他、マイナスの残高や積立等の記載があれば定期預金、定期積金が存在しないか確認する。固定資産税の引落しがあれば不動産の所有がうかがわれる。
(注14)　他人名義の保険契約の保険料を負担している場合、申告漏れとなりやすいが、破産者の資産と認定できる場合もあり得る。また、申立前に売却された不動産の火災保険の解約が未了で返戻金が残っていたケースがあったとのことなので留意する。
(注15)　無償で契約名義が変更されているときは、変更時の解約返戻金相当額が無償行為否認の対象となり得る。

6　多額の現金の引出し

申立直前に多額の現金を払い戻している一方、手元現金がないと申告しているケースは、合理的な説明がなされない限り、隠匿が疑われるといわざるを得ない。

7　金融機関への照会 [注17] [注18]

(1)　金融取引内容の調査

金融機関に対する書面照会により本人名義の口座、預かり資産、契約、債権債務の有無等について回答を得ることができる。本店に照会すると全支店分を含め回答してもらえることも多い [注19]。

(2)　送金先、送金元の調査

預金取引明細からは、送金先、送金元の口座名義や金融機関が把握できないことがある [注20]。書面照会をすれば開示されるので必要に応じ照会する。

III　その他の調査方法

詳細について、第1部第1章第4節を参照されたい。以下においては個人の破産事件に特有の調査上の留意点を中心に取り上げる。

1　本人へのヒアリング

破産者が他意なく資産目録に破産財団に属する資産を計上していないこともあるので、基礎資料から得られた情報を参考に破産者と面談して多角的な

(注16)　後述のとおり、仮想通貨交換業者への送金の可能性にも留意する必要がある。
(注17)　野村剛司編著『実践フォーラム破産実務』（青林書院、2017）325頁［中川嶺発言］は、財産隠匿が疑われる事案の財産調査においては「網羅的な銀行口座の照会や全銀協、JICC、CICの信用情報照会が有効」と指摘する。
(注18)　破産管財Basic 106頁は、金融機関への照会時に貸金庫、出資金の有無を照会する必要性を指摘している。
(注19)　破産管財Basic 106頁は、一般社団法人生命保険協会等の業界団体への照会が効果的と紹介している。
(注20)　振込名義人は任意に変更できるので送金元口座の名義と異なることもある。

第1章　財産調査　第2節　個人破産管財事件の財産調査

問いかけにより資産の有無や内容を聴取するのが有益である^{(注21)(注22)}。

2　登記情報等

(1)　登録情報の調査

不動産・商業登記情報は、ネットを使えば比較的安価で即時に取得でき便宜である。商業登記情報により破産者が役員に就任していることがわかれば、法人との間で未払報酬、役員貸付等の債権債務や、株式の所有、事業所不動産の所有等の可能性が出てくるので、破産に至る経緯の中で登場する法人の登記情報を念のため確認することも有益である。

(2)　知的財産権の調査

特許、実用新案、意匠、商標については特許庁のウェブサイト上の特許情報プラットフォームにおいて、破産者の氏名で、検索するなどして、破産者が出願者、権利者となっている権利の有無を調査することが可能である。可能性がある案件においては検索を検討する[注23]。

3　転送郵便物[注24]

証券会社、信託銀行、保険会社からの郵便から無申告の資産が発見されることもあり、破産管財人の調査手段としては重要な情報源である[注25]。転送嘱託は住民票上の住所宛ての転送が原則であるが、転居前の旧住所、単身赴任先、単身赴任元、実家、経営していた破産会社の事業所等について必要に応じて追加を求めることも検討する[注26]。

(注21)　法廷において破産者および関係者の審尋（破8条2項）を行うことにより財産調査に有用な情報を得られた事案を紹介するものとして野村編著・前掲（注17）326頁［髙松康祐発言］。

(注22)　なお、破産法40条1項の説明義務に関し「外見上は他人名義の財産であっても、破産財団に属する可能性が存在する限り、説明義務の対象となる」（注釈破産法（上）285頁［鶴巻暁］）と指摘されている。

(注23)　そのほか、Google等のインターネット検索サイトで破産者の氏名を検索することにより、財産調査の端緒となる情報を把握できることもある。

(注24)　破産管財の手引129頁以下。

(注25)　公共料金、クレジットカード等の引落通知書に申立書に記載のない銀行口座が記載されている例（破産実務Q&A200問84頁［永嶋久美子］）、猟友会からの手紙から散弾銃の保有が判明した例がある。破産管財の手引105頁も参照。

4 関係者からの情報提供

　破産債権者その他の関係者から破産者に対する不満、苦情が破産管財人に寄せられることも少なくないが、資産や破産手続開始前の経済活動について具体的な情報が得られれば、それを端緒に資産[注27]が発見されることもあるので、関係者との意見交換の中で破産管財人から情報提供を促すことも有益である［詳細は→第1部第1章第1節Ⅳ3(4)。また、債権者等からの情報提供、捜査機関・マスコミ等との対応については→第1節Ⅳ6］。

　もっとも、資産調査に関して、関係者の破産管財人への強い期待と、財団から支出できる調査費用の程度や、破産管財人の方針が一致せず、破産管財人が苦慮する事態に陥ることもある。このような事態すべてに通用する正解というものはないが、筆者が考えるに、①破産者の資産換価のため調査を尽くすという方針、姿勢は関係者と共有しつつ、②破産管財人は特定の関係者の代理人ではないので調査結果は全債権者に対し公平に開示する前提で債権者集会での報告を原則とするなどして個別対応は避け、③破産管財人の監督機関である破産裁判所に対し関係者からの要請内容を書面で報告するなどして共有し、必要に応じ方針を相談するといった対処が有効ではないかと考える。破産裁判所に依存するのは宜しくないが、破産裁判所は複数の破産管財事件を監督していることから、破産管財人が一般に職務として遂行すべき調査の程度、手法や、債権者の要望が一般的か否かについて破産管財人とは異なる知見を有している。また、破産裁判所と情報を共有し、方針のすり合わせができていれば、関係者と衝突したとしても破産管財人としては精神的な負担を軽減することができる。

　なお、筆者においては、さしあたり換価が終了している案件でも関係者の関心が高い案件については、債権者集会当日の債権者、破産者の発言や、債権者集会後に寄せられる債権者の意見も参考にする必要があるため第1回債権者集会での終結を避け、続行を選択することも少なくない。といっても、

(注26)　転送嘱託は住民票上の氏名を対象とするので、旧姓や通称名宛ての郵便転送の必要があれば、裁判所に上申書を提出し追加を求めることもある。
(注27)　債権者からの情報により自動車の保有が発見された例もある。

調査を尽くしても換価等につながる情報が得られず、調査が進展しないのであればたとえ債権者の不満が強くとも、重ねての債権者集会期日の続行は相当でなく手続を終結せざるを得ない。この場合、債権者集会において前回債権者集会以後行った調査方法、調査結果を最終的に報告し一定の理解を得られるようには努める。そのほか、破産者に説明義務違反が認められ、そのことが破産管財人の調査に支障を生じさせたのであれば、その点は、免責についての意見に反映させることになろう［調査の必要性が高い事例への対応、債権者への情報開示等については、→第1節Ⅱ3・4が非常に参考になる］。

5 その他[注28]

遺産分割未了の相続財産は破産申立ての資料作成時に見落とされがちなので、過去に発生した相続について、本人との面談時の事情聴取項目に加えておくとよい［税金還付について→第3章第11節Ⅱ2、海外資産の調査について→第6章第1節Ⅰ・第3節Ⅱ］[注29]。

Ⅳ 個人破産事件ならではの留意点

破産手続開始から時間が経つにつれ、未申告資産を発見しても新得財産か、破産財団に属する財産かの区分が困難となったり、破産管財人による第三者に対する調査により破産者の新得財産の利用処分を困難にするなどの危険が生じてくるので、調査と特定は早期に行いたい[注30][注31]。

(注28) 財産調査全般について破産管財 Basic 105頁以下、破産管財実践マニュアル132頁以下。情報公開法や条例に基づく行政機関らからの情報の取得（同137頁）等も参考になる。
(注29) 近藤丸人「破産者の海外事業及び在外資産がある場合の管財業務」自正64巻7号（2013）58頁参照。
(注30) 破産管財人からの通知を受領すると自由財産部分も含めて取引を凍結し、以後、自由財産部分であっても容易に取引を再開しない第三者もある。もっとも資産隠匿が疑われる案件においては、破産手続開始後一定期間が経過した後であっても破産管財人による模索的照会、調査が必要な事案もあり得る。
(注31) 野村編著・前掲（注17）327頁［石川貴康発言］は財産調査における破産者のプライバシーへの配慮の必要性を指摘する。

Ⅴ 課題

1 仮想通貨

　仮想通貨(資金決済に関する法律2条5項)は総額が数十兆円規模に達し、これを保有、運用する個人も増えていることから、財産換価を職責の一部とする破産管財人としても無関係ではいられない。

　また、仮想通貨は、その移転が迅速かつ容易であるという特性をもつため、世界的にマネー・ロンダリングに悪用される懸念が指摘されており、破産管財事件においても財産隠匿の手段として用いられないよう留意する必要がある。仮想通貨についての財産調査の端緒としては、預金口座から仮想通貨交換業者への出入金の記録が挙げられる。預金取引の調査の中で法人との出入金記録があるときは、インターネットの検索サービスで法人名を検索し、仮想通貨交換業者ではないか確認するといった方法も有益と思われる[注32]。そのほか、仮想通貨の使用により所得認識され確定申告の必要が生じるので確定申告書から端緒が得られることがある。今後は、資産目録や、打合せメモの書式に仮想通貨を取引、保管する口座の有無を申告する欄を設け、自発的な申告を促すといったことや、破産管財人の破産者との面談時の聴取事項の1つとして仮想通貨の所持の有無を尋ねるといったことも有益と思われる。なお、仮想通貨交換業者が特定できれば、同機関に対し、他の金融機関同様、書面照会し、資産の特定が可能である[注33][注34]。

(注32)　金融庁のサイトに仮想通貨交換業者登録一覧が公開されている（https://www.fsa.go.jp/menkyo/menkyo.html）。

(注33)　筆者の担当する破産管財事件で仮想通貨取扱機関（販売所）に書面照会をしたところ回答が得られた。

(注34)　仮想通貨の換価について破産管財人としては破産者の協力を得て仮想通貨を円転し財団に組み入れるのが簡易な換価方法と考えられるが、事案によっては直接交換業者に連絡し円転の上、財団口座への送金を求めることも考えられる。なお、仮想通貨保有者に対する民事執行については、石井教文「仮装通貨保有者からの債権回収」金法2092号（2018）4頁、藤井裕子「仮想通貨等に関する返還請求権の債権差押え」金法2079号（2017）6頁参照。

2　電子メールの取扱い

　個人の破産者の資産の内容や、経済活動のあり方は、新破産法が施行された平成17年当時と比べても大きく変化している。パソコンや、スマートフォンによるアプリの操作や、電子メールのやりとりのみで金融機関等との取引、連絡が完結する取引については、調査の端緒を得ることすら困難である[注35]。特に、手続に対する誠実性がない破産者に対しては、効果的に対抗できる財産調査の手段が破産管財人に付与されていないと、法や社会が破産管財人に期待する職責を十分に果たすことができなくなる日が到来するのではないかとの危惧がある。そこで、①国税通則法上の記録命令付差押え[注36]に準じて、破産裁判所が決定で、破産手続開始前一定期間の電子メールが保存された記録媒体の提出をメールサービス運営事業者に命じることができる制度、②転送郵便嘱託[注37]に準じて破産裁判所が電子メールサービス運営事業者会社に破産手続開始後のメールの送受信について破産裁判所指定アドレスにBCCを送信することを書記官が嘱託できる制度、これらに併せて、③破産者が裁判所に提出する陳述書等に破産者が有するメールアドレスの記載を義務づける制度等を導入すれば、破産管財人の財産調査の実効性が相当高まるのではないかと考えられる。

(注35)　破産法83条1項に基づく破産管財人の物件検査権の対象には電磁的記録も含むと解されているので（条解破産法656頁）、現行法においても破産管財人は破産財団に関する電子メールが保存されたパソコン等の提示を任意に求め、その内容を見て調べる権限は有している。
(注36)　国税通則法が改正され（2018年4月1日施行）記録命令付差押等、クラウドサービス上の会計データや電子メールを含む電磁的記録の差押手続が導入された。
(注37)　「旧法では、電報の回送嘱託も定められていたが、近時の電報は儀礼上使用される場合が多く、破産財団に関する情報収集に役立つ可能性が極めて低いため、改正法においては回送嘱託の対象から除外されている。なお、近時は電子メールやインターネットで情報交換がされることが多くなったが、これを破産管財人が管理する権限は認められていない」（大コンメ346頁［重政伊利］）と指摘されているように、経済活動の変化に応じた破産管財人の調査収集手段の追加、変更が必要と考えられる。

3 破産管財人の財産調査への取組み

　破産者の中には故意に資産を隠匿する者や、積極的に偽装工作をする者、財産開示に消極的な者等がいることは残念ながら事実である[注38]。破産管財人においては、資産の隠匿を決して許さない旨の強い信念の下、財産調査においては個別の事案や、時代の変化に応じた創意工夫をした調査を実施し、破産法の期待する役割を果たせるよう事案に取り組むことが求められている[注39]。

（飯尾　拓）

（注38）　原雅基「東京地裁破産再生部における近時の免責に関する判断の実情」判タ1342号（2011）4頁、平井直也「東京地裁破産再生部における近時の免責に関する判断の実情（続）」判タ1403号（2014）5頁に多数の隠匿事例が紹介されている（例えば預金を妻の財産であるかのように偽装、保険契約を掛捨ての保険と虚偽の説明、投資会社に郵便物発送回避を依頼、知人との口裏合わせ、銀行取引履歴の変造、親戚の所有物と偽造し自動車を隠匿、生活実態のない場所を住所として申告等）。

（注39）　今後の課題として、マイナンバーに紐付けられた保険、配当、自動車等の情報について法改正により「破産実務における破産者の財産調査等において、これらの情報を活用することも考えられる」と指摘するものとして、水町雅子「番号制度と弁護士業務」自正65巻9号（2014）53頁。

第3節　裁判所からみた財産調査の留意点

I　裁判所の視点

1　一般的な視点

　破産法は、「債務者の財産等の適正かつ公平な清算を図る」ことを目的の1つとしており（破1条）、破産財団に属する財産について管理処分権を有する破産管財人（破78条1項）は、上記の目的を達成するため、就任の後直ちに破産財団に属する財産の管理に着手しなければならない（破79条）。

　破産法34条は、破産財団に属する財産の範囲を定めているが、破産管財人が就任後に現実に管理する財産（現有財団。通常は、破産手続の開始時に破産者ないし申立代理人の管理下にあった財産が引き継がれる）とは一致しないことも多い。破産手続の開始前に破産財団に属すべき財産が散逸するなどしていたり、逆に第三者所有の財産が破産管財人の管理する財産に混在しているなどの場合があるからである。そして、前者については、破産管財人が散逸した財産の所持者等に対してその返還を求めたり（返還が不能な場合には、財産の価額相当額の賠償を求める場合もある）、破産法上の否認権の成立要件（破160条以下）を満たしている場合には、否認権を行使して財産の返還または価額賠償を求めることになる。後者については、破産法62条以下の取戻権の行使と認められれば、破産管財人は財産の返還等に応じることになる。

　破産管財人は、あるべき破産財団と現有財団との不一致を解消しつつ、同時並行的に、破産管財人の管理下にある財産の価値の毀損、減少を防止しながら、迅速かつ高価に換価することが求められる。

　もっとも、実際の破産管財実務においては、破産財団として存在すべき財産の有無、所在等が不明であることも少なくない。破産法上、破産者は、破産管財人に対し、破産に関して必要な説明をすべき義務を負っている（破40条1項1号）ほか、破産者の所有する不動産、現金、有価証券、預貯金その他裁判所が指定する財産の内容を記載した書面を裁判所に提出すべき義務を負っている（破41条）。また、破産手続開始の申立書には、債務者の収入およ

び支出の状況ならびに資産および負債の状況（破規13条2項1号）や債務者の財産に関してされている他の手続または処分で申立人に知れているもの（同項3号）などを記載しなければならないほか、貸借対照表および損益計算書（破規14条3項4号）、債務者が個人の場合の同項5号イおよびロに掲げる書面（同項5号）、債務者の財産目録（同項6号）を添付しなければならない。現在の破産管財実務では、いわゆる自己破産事案の場合には、ほとんどの申立代理人が、債務者の負う上記の説明義務および重要財産開示義務の前倒し的な履行として、東京地裁や大阪地裁が求めているチェックリスト等[注1]を活用しながら、破産手続開始の申立等の受任時から合理的と考えられる期間内に、財産の有無および状況等の調査を遂げ、速やかに申立てに至っており、申立代理人と破産管財人との適切な役割分担の下、適正迅速な処理が行われているものと評価することができる。

　破産法は、破産手続につき破産管財人の選任を原則とし、同時廃止を例外と位置付けた上、破産手続の追行については、破産管財人と申立代理人との連携と協働という旧破産法下の破産管財実務の運用を前提にした制度設計をしている。現在、多くの裁判所で採用されている少額管財手続ないし簡易管財手続等においては、破産管財人は、①申立資料を検討し、②関係者から事情を聴き、③転送される郵便物（破81条1項）を点検し、④債権者の意見があればこれを聴取し、これに応じて必要な調査を行えば、資産、負債および債務者が個人の場合の免責の調査としては十分であり、そこで問題点が発見された場合には、債権者集会時に債権者の意見も聴いた上で処理方法を検討することになる、というのが一般的な破産管財業務の流れである[注2]。

2　善管注意義務からの視点

　とはいえ、前記1のとおり、破産管財人が就任後直ちに管理に着手した財産（現有財団）とあるべき破産財団との間に不一致がみられることも多く、少額管財手続ないし簡易管財手続の場合においても、破産管財人が申立代理人

（注1）　破産管財の手引62頁以下、運用と書式45頁以下。
（注2）　破産管財の手引92頁。

のした調査の結果を鵜呑みにし、申立資料の検討や破産者等からの事情聴取を疎かにしてはならない(注3)。破産手続の開始前はもちろんのこと、破産者の支払停止または支払不能後の破産者名義の財産の移転（売却、贈与、名義変更、預貯金等の解約払戻し、金員の支出等）等があるか否か、あるとした場合に破産者が合理的な説明をしているか否か等については、破産管財人報酬の引当てとなる予納金が低廉に抑えられており、破産管財人報酬も低廉とならざるを得ない少額管財手続ないし簡易管財手続であっても、破産管財人が検討し、調査すべき事柄というべきである。破産管財人の行う上記のような財産調査等については、破産管財人の負う善管注意義務（破85条1項）にその根拠を求めることができる。

　破産法83条は、破産管財人の負う善管注意義務を履行する一環としての財産の調査等に関し、破産管財人に同条所定の調査等を行う権限を付与しているものと理解することができる［調査権限の詳細は、**→第1部第1章第4節**］。破産管財人は、具体的な事案に応じて、個別事情を踏まえて、適時に適切に調査等の権限を行使して財産調査を行うことによって、破産管財人の負う善管注意義務が尽くされたものと評価することができることになる。

3　小括

　裁判所の立場からすれば、破産管財人の行う財産の調査は、破産管財事件のほとんどを占める自己破産事案では、申立代理人による事案に応じた適時かつ適切な資産および負債の調査結果を踏まえた破産手続開始の申立書やその添付資料を前提にして、破産管財人が現に管理するに至った財産（現有財団）とあるべき破産財団との不一致の有無という観点から、申立書等の記載

（注3）　少額管財手続ないし簡易管財手続では、予納金が20万円しかないのが一般的である。そのため、早期に破産管財業務を終えて破産管財人報酬を受領したい（ひいては、数多くの件数を担当して収入を確保したい）との思いから、申立書や添付資料の記載内容を鵜呑みにし、破産者等からの聴き取りを十分に行わないまま異時廃止相当の意見を述べ、異時廃止になったものの、その後に配当可能な財産が発見されたり、重大な免責不許可事由が発見されたりする事例もないではない（筆者の経験でも、丁寧に記録を検討し、破産者等から事情聴取を行っていれば破産手続の係属中に発見し得た事例があった）。

111

内容の点検と破産者等からの聴き取り、債権者が意見を述べた場合の意見内容等を総合的に検討し、問題点があるとは認められなければ、破産手続を終了させる方向で検討を進めることになる。これに対し、問題点があると認められた場合には、破産管財人が調査等の権限を適時に適切に行使して、さらに問題点の深掘り、検討、解決に向けた具体的行動といった方向で検討を進めてもらうことになろう。特に、事案からして財産の調査の必要性の高い事案や債権者申立ての事案では、破産管財人に与えられた調査権限等を最大限駆使して、問題点の把握と解明に努めることが望まれる。

　第1節および**第2節**は、いずれも破産管財人としての経験が豊富な弁護士が、破産管財人の視点で、法人の破産管財事件、個人の破産管財事件ごとに検討すべき点等を詳細に解説したものであり、いわば破産管財人の「手の内」を見せるようなものである。しかしながら、破産管財人の行う財産調査に特化して、法人、個人それぞれについて検討すべき点などを解説した公刊物は少ない。これから破産管財人になろうと考えている弁護士はもちろんのこと、破産管財人の経験のある弁護士には、破産管財人の負う善管注意義務を尽くすという観点から、ぜひとも参考にしていただきたいと考える。

II　法人の場合の財産調査の留意点

1　法人の事業活動の把握

　法人の破産管財事件における財産調査の留意点については、**第1節**に詳しく解説されているので、裁判所の立場からみた財産調査の留意点について述べておきたい。

　法人の財産調査については、まず、当該法人がどのような事業活動を行っていたのかを理解しておく必要がある。一口に法人といっても、株式会社、有限会社、一般社団法人、学校法人、医療法人などさまざまな法人が存在するし、法人の目的もさまざまである。また、法人とはいっても、代表者の個人事業と変わりのない場合もある。後者の場合には、特に法人財産と個人財産とが渾然一体となっていたり、代表者個人を通じて法人の財産が散逸、費消されている例がみられる。法人の破産管財事件では、当該法人の保証債務

を負っている代表者個人についても破産手続が開始されていることも多いことから、代表者個人から財産の返還等を受けることが難しい（せいぜいわずかな配当を受けるくらいである）が、当該代表者個人からさらに親族や第三者に財産が移転している場合もある。破産管財人は、法人の事業活動を的確に把握した上、具体的事案に即して、適時に適切に調査を行うことが求められる。

2　会計帳簿、預貯金通帳（取引履歴等）からの情報

　会計帳簿、預貯金通帳（取引履歴）は、法人の財産調査を行う上で不可欠な資料である。会計帳簿については、これを読み解く基礎的な知識が必要になる。法人の決算の粉飾が疑われる場合（代表者が自認している場合もある）、粉飾したことによって得た（浮いた）利益がどのようになったのかを調査する必要が生じる。また、粉飾決算によって本来納付しなくてもよい法人税を納付している場合には、更正請求等による還付の手続を検討する必要が生じる〔税務については、**→第9章第1節**〕。

　会計帳簿等を検討している過程で、仕入れと販売、在庫が合わないような場合には、その差が生じた原因を調査し、在庫の流出等があればその返還を求める等の対応を検討する必要が生じる。

　預貯金通帳（取引履歴）についても、使途不明な出金があったり、本来の決済日と異なる日の決済がされているようなものもあり、否認対象行為を発見する端緒となる資料である。

　このように、会計帳簿、預貯金通帳（取引履歴）は、法人の財産調査という観点からみて「宝の山」と評することができる。破産管財人は、これらの資料の検討を疎かにしてはならない。

3　法人の役員、従業員、取引先、債権者からの情報

　破産手続の開始後、破産管財人や裁判所に対し、破産者である法人の財産に関してさまざまな情報が寄せられることがある。債権者集会の席上で出席債権者が質問ないし意見陳述をする形で情報提供がされることもある。

　これらの情報は、裏付資料がなく真偽不明のものもあろうが、破産者に対して法律上または事実上の利害関係を有する者による情報提供である。破産

管財人は、これらの情報にも謙虚に耳を傾け、さらに事情を聴取したり裏付資料を収集するなどして、可能な限り丁寧に対応することが望まれる。

4 郵便物の転送、開披

法人の破産管財事件では、通常、破産手続の開始後に、本店（判明している営業所がある場合には当該営業所）宛ての郵便物の破産管財人への転送の嘱託がなされ、これにより法人の財産が新たに発見されることも少なくない。そして、破産管財人が前記1の法人の事業活動を把握する過程で、破産手続の開始時には判明していなかった閉鎖済みの営業所等が判明することもある。この場合、当該法人が営業所を閉鎖する際に郵便物を本店に転送する届出をしていない場合もあるので、必要に応じて、新たに判明した営業所等宛ての郵便物の破産管財人への転送嘱託を裁判所に上申することも大切である。

Ⅲ 個人の場合の財産調査の留意点

1 個人の生活実態等の把握

個人の破産管財事件においては、当該個人の生活実態を把握する必要がある。その際、単に当該個人だけを対象にするのではなく、家族（世帯）構成や場合によっては親族関係等についても把握しておくことが肝要である。破産者（世帯）の生活実態を把握しながら破産に至った原因を探ると、申立書の記載内容とは異なるさまざまな問題点が浮かび上がることが少なくない。特に、収入および（消費者金融会社等からの）借入金と支出とが不明確であったり、生活実態に比して支出が著しく過大であったりすると、その原因を探ることで支払不能ないし支払停止後の財産の散逸、隠匿の発見につながることがある。遺産分割未了の相続財産が見つかることもある。

2 預貯金通帳（取引履歴）と家計収支表からの情報

第2節でも解説しているとおり、個人の破産管財事件においては、預貯金通帳（取引履歴）からうかがえる入出金の状況に加えて、預貯金通帳等には記載されない現金等の入出金の状況の自己申告資料である家計収支表の記載

は、財産調査を行う上で有益な情報である。これらの記載内容を検討することにより、財産の散逸、隠匿、否認対象行為の存在（親族等に対する偏頗弁済、贈与等）が発見されることがあるからである。記載内容に疑問を感じた場合には、破産者および申立代理人に説明を求め、合理的な説明がされない場合には、財産の散逸、隠匿、否認対象行為該当性を疑うべきであろう。

3 郵便物の転送、開披

郵便物の転送の有用性、必要性等については、前記Ⅱ4と同様である。特に、個人が自営業者であった場合には、法人の場合と同様、必要に応じて、過去に営んでいた事業所宛ての郵便物の破産管財人への転送嘱託を裁判所に上申することを検討することも大切である。

Ⅳ 財産調査の限界

前記Ⅰ2で述べたとおり、破産管財人の財産調査等は、破産管財人の負う善管注意義務にその根拠を求めることができる。もっとも、破産法上、破産管財人に調査権限等を付与しているものの、調査義務は課していない。破産管財人は、個別具体的な事案ごとに、必要に応じて、合理的な裁量の範囲内で財産の調査等を行い、債権者集会等で報告すれば、善管注意義務は尽くしたものと評価することができる。

債権者申立ての事案や消費者被害の事案では、配当可能な財団が形成される可能性が乏しいことから、破産財団に属する財産の管理処分権を有する破産管財人の財産調査に対する債権者の期待は特に高い。そして、破産管財人は、かかる期待に応えるため、与えられた調査権限等を行使して財産調査等を行い、破産財団を形成できた場合はもちろんのこと、形成できない場合でも、債権者集会等において「情報の配当」として財産調査の結果等を報告し、債権者の納得を得るように努めているのが一般的である。

もっとも、債権者の中には、財産調査の結果に納得せず、繰り返し破産管財人に対して調査を求めてくる者も少なからずいる。破産管財人としては、破産管財人の調査権限には限界があること（捜査機関とは異なり、強制力がないこと）等を丁寧に説明して理解を得ることが望まれるが、具体的な裏付け

を踏まえた調査要求ではなく、単に推測、憶測で財産調査を求めているような場合には、その者に対して具体的な裏付資料の提出を求め、その提出がないのであれば、財産調査をしなかった（打ち切った）としても、破産管財人が善管注意義務違反の責任を問われることはないと解すべきである。また、会計帳簿に疑義があり、具体的な調査のためには専門家（公認会計士等）に依頼する必要があるものの、破産管財人が管理する現預金のみでは専門家に依頼する費用を捻出できない場合もあろうが、そのような場合には、疑義を呈する債権者に費用を負担する意思があるかどうかを確認し、費用を負担する意思がないようであれば、専門家への調査依頼を断念して財産調査を終えたとしても、破産管財人が善管注意義務違反の責任を問われるものではないと解すべきである。

（島岡大雄）

第2章 不動産

第1節 換価上の留意点

I 破産管財業務における不動産換価

　不動産は一般的に高価で、破産財団中の主要な資産を構成することが多く、その換価は重要な破産管財業務である。その使途や現況もさまざまである上、担保が設定されてオーバーローンである場合が多く、換価実現のために解決すべき問題は事案に応じて多岐にわたる。

　破産手続の開始と同時に破産債権の個別的権利行使は禁じられ（破100条1項）、破産財団に属する財産に対する強制執行も禁止されて（破42条1項）、破産財団に属する財産の管理処分権は破産管財人に専属する（破78条1項）。破産管財人の換価業務は、①配当財源の拡充を図るため、適正でなければならず、②早期に配当を実現し、財産の価値下落を防ぐため、迅速でなければならない。「適正」と「迅速」の各要請は、いずれも換価業務に不可欠の要点であり、両者の関係について「迅速性は適正性の要素である」とも称される。

　不動産の換価を、破産管財人が「迅速かつ適正に」進めるための留意事項は多い。関係当事者からみて納得感のある透明な手続により、安く買いたたかれることを避け、権利関係を調整して早期に高値で売却し、破産財団を増殖し、別除権の行使（破65条1項）によって回収できない不足額を減少させて、もって配当の実現・配当率向上に結びつける。そのすべては善管注意義務（破85条1項）に基づいた職務遂行でなければならない。

　不動産換価は、破産管財人の力量が問われる場面であり、破産管財業務のやり方次第で成果も異なってくる[注1]。

II 不動産換価の理論上の留意点

1 換価の対象

破産管財人による換価の対象となるのは、破産財団に帰属する不動産である。破産財団に帰属するか否か争いがある場合や、破産管財人の調査の過程で詐害行為・偏頗行為に該当する可能性のある不動産処分がなされていることが判明した場合等、否認権を行使して破産財団に復帰させるべき場合もあり、注意が必要である。

2 換価の方法

(1) 民事執行法等による換価

破産管財人は、民事執行法その他強制執行の手続に関する法令（民事執行規則、滞納処分と強制執行等との手続の調整に関する法律等）の規定に基づいて不動産に関する物権を換価することができる（破184条1項。以下、「民事執行法等による換価」という）。

民事執行法等による換価は、換価の手段として競売を用いるものであるから、形式競売（民執195条）に属する。担保の目的財産となっているか否かを問わず、無剰余執行禁止（民執63条・129条）が排除されている（破184条3項）。

任意の市場での売却のほうが高値で処分できることから、実務上、民事執行法等による換価は行われない。

(2) 任意売却

破産管財人は、自らが売主となって、民事執行法等による換価ではなく、任意の市場で不動産を売却することができる（破184条1項）。これを任意売却といい、破産法の規定においても「任意売却」の用語が用いられている（破65条2項・78条2項1号・184条1項）。破産管財人の不動産換価の方法として

(注1) 長島良成「破産財団の管理、換価」入門新破産法（上）294頁以下、同「倒産事案における不動産処分の注意点——できるかぎり売却するために」自正63巻8号（2012）42頁。本稿の作成に際しては長島論文を多く参考とした。深く感謝申し上げる。その他、破産実務Q&A200問148頁［御山義明］、破産管財の手引153頁。

は、任意売却によることが原則である。

　破産管財人は、破産財団に属する財産を随時、任意売却できるところ、不動産は一般に破産財団の重要な財産であることから、不動産の任意売却は裁判所の要許可事項とされている（破78条2項1号）。同様に要許可事項とされる場合であっても、動産等（同項7号ないし14号）であれば、価額100万円以下の場合その他裁判所が認める場合には許可が不要となるが（同条3項、破規25条）、不動産の任意売却（同項1号）は、価額を問わず、常に裁判所の要許可事項である。

3　任意売却に伴う登記処理

　不動産の第三者対抗要件は登記である（民177条）から、任意売却に伴って所有権移転の登記手続が必要となる。この登記手続についての先例を示す通達として「破産法の施行に伴う不動産登記事務の取扱いについて」（平成16年12月16日法務省民2第3554号民事局長通達）があり、その概要は以下のとおりである。

(1)　不動産の任意売却による登記の申請

　破産管財人が登記義務者となり、買主を登記権利者として、共同申請による。

(2)　登記の申請書の添付書面

　(i)　破産管財人であることを証する書面

　破産管財人選任証明書（破規23条3項）または登記事項証明書（破257条2項参照）を添付する。

　(ii)　破産管財人の印鑑証明書

　破産管財人選任証明書兼印鑑証明書（破規23条4項）が用いられる。

　裁判所の作成する印鑑証明書があれば、登記所または住所地の市町村長もしくは区長の作成した印鑑証明書は不要である（不登細則42条4項）。

　(iii)　裁判所の許可書

　不動産の任意売却は裁判所の要許可事項（破78条2項1号）であるから、裁判所の許可があったことを示す必要がある。

(ⅳ) 登記識別情報は不要であること

破産管財人が不動産の任意売却をする場合、当該不動産の登記識別情報の添付は不要である（昭和34年5月12日民事甲第929号民事局長通達参照）。

以上を要するに、登記申請の必要書類としては、①「破産管財人選任証明書兼印鑑証明書」（上記(ⅰ)(ⅱ)を1通で兼ねる）、②「裁判所の許可書」（上記(ⅲ)）の2点で足りることになる。

「裁判所の許可書」は、破産管財人が裁判所に申請する[注2]。

裁判所に適切十分な説明をすべく、事案によっては交渉経緯、次点の価格など詳細を記載することもあり、このような一式書類をそのまま買主に交付するのが相当でない場合もある。そこで、登記に必要な事項だけを抜き出した「許可のあったことの証明書」を別途用意し、これを登記必要書類として買主に交付することが便宜である。

4　担保付不動産の換価

(1) 別除権の行使による競売換価

破産財団に属する不動産は担保が設定されていることが多く、そのほとんどがオーバーローンである。別除権の行使（破65条1項）により競売に付され、競売手続によって換価される場合（破産管財人が主体になって換価するのではなく、担保権者による換価）、オーバーローンであれば破産財団に配当はない。売却額が低額であれば別除権者の被担保債権の不足額は増大する。

(2) 別除権付不動産であっても民事執行法等による換価ができること

破産管財人は、別除権の目的財産であっても、民事執行法等による換価をすることができる（破184条2項前段）。

民事執行法等による換価の場合、無剰余執行禁止が排除（破184条3項）されているが、別除権者は破産管財人による当該換価を拒むことができない（同条2項後段）。したがって破産手続は、別除権者に換価時期（競売申立時期）の選択権を保障しておらず、担保権不可分性（被担保債権額全額の弁済を受け

（注2）　許可申請書の書式例として、破産管財の手引466頁（東京地裁の例）、破産管財手続の運用と書式414頁（大阪地裁の例）がある。

ない限り、別除権は別除権者の意思に反して消滅させられない）にも制約が生じていることになる(注3)。

オーバーローン不動産について、任意売却が困難で、財団放棄が相当ではない等の場合に、破産管財人が自ら競売を申し立てる方法も理論上は選択肢の1つとなる（実務上は、担保権者に競売申立てを促す等の対応を検討する（別除権の行使による競売換価）。破産管財人が自ら競売を申し立てるのは例外的な措置である）(注4)。

(3) 担保付不動産の任意売却

実務上、破産管財人が裁判所の許可を得て（破78条2項1号・13号・14号）、別除権者から受戻しの同意を得ると同時に不動産を任意売却し、売却代金の中から一部を破産財団に組み入れる方法が利用されている。これが、担保付不動産の原則的な換価方法である。

任意売却を原則とすべき理由は、競売や民事執行法等による換価に比べて簡易迅速に高額で売却できるからである。「どれだけ競売が理想的に機能したところで、競売という制度の性質上、売主の任意の協力が得にくい等の理由から、構造的に安くしか売れない」(注5)と指摘される。

高値での売却により、担保権者の被担保債権の不足額が減少し、一般破産債権者の利益になる上、財団組入れによって財団を拡充する。競売や民事執行法等による換価の場合には、オーバーローンであれば財団への配当はないので、任意売却の大きな利点である。

破産管財人が任意売却を実現するためには、担保権者との間で受戻額を合意しなければならない。競売であれば配当受領の見込みがない後順位の担保権者からも同意を取り付ける必要がある。滞納処分の差押えがあれば、その解除も得る必要がある。

(4) 任意売却の補完的な制度（担保権消滅許可の申立て）

破産管財人による任意売却の補助手段として、破産法は担保権消滅許可の

(注3) 岡正晶ほか「座談会・新しい破産法と金融実務（上）」金法1713号（2004）21頁［田原睦夫発言・山本和彦発言］。
(注4) 岡ほか・前掲（注3）22頁［田原発言・岡正晶発言］。
(注5) 新破産法の基本構造と実務184頁［松下淳一発言］。

申立ての制度を設けている（破186条以下）。

　民事再生法の担保権消滅請求は、事業継続に不可欠な財産の使用を継続するための制度（民再148条以下）であり、会社更生法の担保権消滅請求は、事業譲渡や遊休資産の処分等に際して担保権が妨げとなる等の場合に、目的財産を早期に換価して更生会社の事業資金とする制度である（会更104条以下）。これらと異なり、破産法の担保権消滅許可の申立ては、破産管財人の任意売却を原則としつつ、その促進のための補完的な趣旨を有する。先順位の別除権者とは売却額や財団組入れについて合意ができているのに、競売となれば配当を受けられない後順位担保権者が不合理な高額の担保権抹消対価（いわゆるハンコ代）を請求するため、その者と合意ができず、任意売却の障害となるような場合などに、担保権消滅許可の申立ての利用を検討する。売却処分を前提とする制度であるから、担保権者は対抗手段として自ら競売を申し立て、あるいは買受申出をすることができる［担保権消滅許可の申立ての制度の詳細については、→第2節V］。

(5) **財団組入れの法的根拠**

　従来から、任意売却に際して売買代金の一部を破産財団に組み入れる実務が行われてきた[注6]。担保権消滅許可の申立ての制度において、破産法上も財団組入れが明記された（破186条1項1号）。

　財団組入れの根拠[注7]については、①任意処分によって高価に換価した破産管財人の努力に対する報奨金の一種とみるとの説明が一般的であるが、その他にも②担保権者が本来把握している実体法上の担保価値（例えば、競売による処分価値）を上回る部分を組み入れるとの考え[注8]、③担保目的物の価値の維持については定量化できないまでも一般債権者の寄与があり、したがって一般債権者に帰属すべき部分があるので、破産債権者の利益を代表する破産管財人が財団に組み入れるとの考え方[注9]がある。

（注6）　条解破産法1224頁は、「破産管財実務では……売却価額の3～10％程度を財団に組み入れることが行われている」とする。
（注7）　岡ほか・前掲（注3）23頁［小川秀樹発言］。
（注8）　新破産法の基本構造と実務182頁［山本和彦発言］。
（注9）　伊藤・破産法民事再生法656頁。

担保権消滅許可の申立ての制度では、担保権者が自ら対抗手段（競売申立てまたは買受申出）をしないことをもって、財団組入れに消極的同意があるとの構成をとっている。

Ⅲ 破産管財業務における不動産換価の具体的な留意事項

1 基本的な考え──「できる限り売る」「できる限り高く売る」

破産管財人の基本姿勢は「できる限り売る」「できる限り高く売る」ことである。そもそも破産は最後の清算手段であるから、できる限り財団放棄は避け、売却の努力をすべきである[注10]。放棄すると不動産の管理が行き届かなくなることも多い。売却によって不動産の適正な管理や有効活用を早期に回復することにもつながる（社会的有用性の観点）。

2 担保権者への情報開示

任意売却を成立させるには、担保割れの担保権者との間で受戻しの合意を成立させる必要がある。被担保債権全額の満足を受けずして担保抹消に応じるのであるから、担保権者の担当者が「当該担保物件による回収として、破産管財人の提示する条件が最も有利である」ことを理解し、稟議を起案して内部決裁を得なければならない。この点について「担保権者からすれば、何も情報がないところで販促活動が進行し、突然この金額で売れた、弁済金はこれだけである、よって担保抹消に応諾しろと言われたのでは、同意したくとも検討もできないということになりかねない」[注11]と指摘されている。

円滑な受戻し合意を得るために、不動産売却活動の初動から決済に至るまで、常に担保権者への情報開示に配慮する。担保権者の担当者が稟議を起案する材料をいかに提供するか、その観点をもつことが情報開示の要諦である。情報開示は、単に担保権者への配慮というにとどまらず、むしろ破産管

（注10） 岡ほか・前掲（注2）21頁［田原発言］。
（注11） 長島・前掲（注1）管理換価300頁。

財人の有用な交渉ツールである。売却が困難な物件ほど、情報開示は丁寧にこまめに行って、担保権者と破産管財人の認識の共有化を図る。このような過程を通じて、破産管財人の不動産換価業務の遂行について、担保権者の信頼を得ることができ、そのことが何よりも受戻し合意の円滑に資する。「担当者に、管財人と一緒になって処分手続を進めているのだという当事者意識を持ってもらうようにすれば、議論はしても、最後は納得してもらえると思います」[注12]とは、けだし金言であろう。

3 初動

(1) 早期着手の要請、スケジュールの意識

およそ換価業務一般について破産管財人就任後、早期に着手すべきであるが、とくに不動産は換価完了に一定の時間を要するので、その必要性が高い。もともと、破産財団に残された物件はオーバーローンが当たり前で、右から左に売れるような物件は少なく、売りにくいものを売ることが破産管財人の仕事ともいえるので、早期に着手し、スケジュール感をもって任意売却を進めるべきである。

もとより大都市圏と地方では不動産の実需など状況に差異もあり得るところであり、事案ごとに「適正」「迅速」の要請をバランスさせる努力が必要となる。

とくに大都市圏などでは、原則として財産状況報告集会（第1回債権者集会）までに、売却か、財団からの放棄かの「見極め」をつけることが望ましいであろう。もちろん、第1回債権者集会までに売れないからといって安易に放棄すべきではない（「できる限り売る」の原則）。拙速のあまり安価にすぎたり、適正な時間をかければ処分できるものを安易に放棄することがあってはならない（「できる限り高く売る」の原則）。

その一方で、地方など実需に乏しく換価が困難なケースもある。その場合でも「迅速」の要請は重要であり、漫然と業者任せにし、いたずらに時間が経過するような事態は避けることが望ましい。スケジュール感をもって進行

(注12) 長島・前掲（注1）注意点46頁。

させ、時間を要しているときには価格や売却探索先を見直すなど、各庁ごとの実情に応じつつ、「適正」「迅速」の要請を常に意識し、最善の処理を目指して破産管財人の創意工夫が求められているのではないだろうか[注13]。

(2) **資料確保**

売却のために必要となる資料は、初動のうちに手元に確保する。鍵、登記事項証明書、公図、所在地図、測量図面、竣工図、建築確認、開発許可、検査済証など建築図書一式、境界立会確認書などについて保管状況を確認し、入手できたものを確保する。

とくに東日本大震災後の動向として、耐震性などをチェックしたEngineering Reportが求められる傾向にあると指摘される[注14]。耐震構造の調査のために新たに多額の費用を支出することはできない破産事件が一般的であるが、新築時期（いつの耐震基準をクリアしているか）および補強工事の履歴を可能な限り確認しておく。

登記済証と実印は、任意売却のためには不要であるが、万一の事故（個人の破産事件の場合、所有不動産に対する破産登記は留保する扱いが一般的であることから、破産者が実印を用いて破産登記のされていない破産財団所属不動産を破産管財人に無断で第三者に処分し、その売却代金を受領して費消してしまうケースも想定される）を防止するために確保する。

(3) **現地確認**

現地を確認し、撤去すべき動産の有無など確認する（リース物件、レンタル物件、価値のある動産、秘密情報、危険物、保管義務のある物件、管財業務に必要な書類など）。原則として破産管財人自身が当該不動産に赴き、確認することが相当である[注15]。法人の事務所等であれば破産管財業務全般の関係から当

(注13) 長島・前掲（注1）注意点42頁・47頁は、破産管財人の心構えとして「一番目は、売れない物件はないという信念を持っていただくということです」と端的に述べる。一見、売却が困難と思われる物件であっても「購入希望者は、お1人、1社いれば足りる」「不人気物件と言われる案件でも、……1人くらいは買っても良いと考える方がいるものです。よっていかにその希望者にアクセスできるか、情報を届けられるかに掛かっている」として、具体的な努力、工夫について詳細に述べており、参考になる。
(注14) 長島・前掲（注1）注意点48頁。
(注15) 破産管財の手引153頁。

然に赴くことになるが、遊休地や破産者自宅なども、現地を自ら確認することによって得られる情報量は極めて大きい。換価のための破産管財業務がスムーズになる。瑕疵担保や境界など、契約で破産管財人の免責条項を定めるが、現実にどのような問題点があるのか、破産管財人が現地で認識しておくことは重要である。あわせてさまざまな資料を発見確保できたり、破産管財業務の端緒を得ることもある。

例えば担保権者の手元資料では評価が高く、破産管財人が探索した買主の購入希望価格と乖離しているような場合、破産管財人自身が現地を見ていれば、価格が上がらない事情の説明について説得力がアップすることがある。担保権者の担当者が評価資料だけを見て現地に赴いていない場合など、破産管財人自身が現地を見ていることの効果が大きい。

事案によっては、遠隔地など破産管財人自身が赴くことが難しい場合もある。代替手段として、破産管財人事務所のスタッフや、信頼できる不動産仲介業者などが現地に赴いて詳細にレポートする。写真撮影など、現地の状況全体を理解できる工夫が望ましい。

(4) 占有・管理の確保

当該不動産が破産管財人の管理下にあることを公示し、第三者による不法占有、建物内の動産持ち出しを防ぐ。破産者が法人の場合、法人登記簿に破産手続開始の登記がされていることから（破257条1項）、不動産について破産手続開始の登記をする制度は廃止されている（破258条1項2号参照）。実務上は、破産者が個人の場合も、不動産について破産手続開始の登記を留保する扱いがある。

破産管財人は、その初動において、財団所属不動産に告示書を貼付し、施錠する。事実上の効果により、不法占有等を防止することができる。

告示書では不足で、より強力な措置が必要な場合には、破産法に基づく封印執行（破155条）を行うことがあり、占有管理等について抵抗を受ける場合は裁判所の許可を得て警察上の援助を求めることも可能である（破84条）。いずれも現実の事例は少ない。債権者申立事件等で特段の必要があるケースなどが考えられる。

破産者（破産者の占有補助者を含む）が破産管財人への引渡しを拒む場合、

破産管財人は当該不動産を特定して引渡命令を申し立てることができ、破産裁判所が引渡命令を発令する（破156条１項）。破産者以外の者が引渡しを拒む場合には、通常の訴訟手続で債務名義を得て、強制執行しなければならない。

(5) 売却対象の検討

破産管財人は、その初動から、そもそも何を売却対象として活動するのか、という問題意識をもつことが重要である。建物内の設備等が設置されたままがよいか、撤去したほうがよいか、賃貸中でテナントが入居している場合はどうかなど、物件ごとに具体的事情を検討する。現地に破産管財人自身が赴けば、自ずとこのような検討が進む。

共有物件なら共有者の意向、借地権付建物であれば底地所有者の意向が重要である。現地に赴いた際、機会があれば、共有者や地主に破産管財人が顔を出しておくこともよい。「破産に伴いご迷惑をかけているかと存じます。裁判所に選任されて換価処分を進める立場なので宜しくお願いします」と挨拶するだけでも、さまざまな情報が得られる。借地権付建物の底地所有者から「この機会に土地を一緒に売却したい」と要望があり、当初から土地建物をセットで売却することとして、早期に高値で有利に売却できたケースもある。

4　不動産仲介業者の選定

(1) 一般媒介

任意売却に際しては、不動産仲介業者を用いることがよい。一般媒介契約にとどめ、専任媒介（宅建業34条の２第３項）、専属専任媒介（同条８項括弧書）の形はとらない。業者によっては専任媒介、専属専任媒介を原則形態と考えていることもあるので、事前に条件として明示する。

(2) 仲介報酬

売主・買主の一方から手数料を得る形態を「片手」「わかれ」と称し、双方の仲介となって双方から手数料を得る形態を「両手」と称する。仲介業者によっては「両手」を原則形態とする考えが残っていることもあり、適正円滑な買主選定の妨げとなることもある。売主・買主の双方から手数料を得る方式は当然ではない旨を最初から仲介業者に説明する。

仲介手数料は「売買代金の3パーセント＋6万円（消費税別）」が上限である（宅建業46条、平成26年国土交通省告示172号）。

破産管財人が売主となる任意売却では、単に買主を探索するだけでは取引は成立せず、別除権受戻しの交渉がなければ売却できない。受戻しのため破産管財人が尽力して初めて売却できることにかんがみれば、そのような交渉が不要な平時の取引と比較して、相対的に仲介業者の役割が小さいとも考えられる。さらに、破産管財人が売却対象物件についてよく勉強し、主体的に任意売却を推進し、破産管財人の活動の寄与が増大するほど、財団組入れの重要性も増すことになる。

したがって、例えば仲介手数料を機械的に上限満額で取り決める一方で、財団組入額が3パーセントにも満たない低額になってしまうような事態は避ける。当初から仲介手数料について仲介業者と打ち合わせ、上限額未満で取り決める（例えば消費税込で売買代金の1.5パーセント相当とする）ケースも珍しくないところであり、仲介業者の納得感にも留意しつつ、財団組入れの確保を図ることが求められる。

(3) **業者の見極め**

破産管財人の不動産売却には特殊性がある（後述の瑕疵担保免責、裁判所許可、スピード重視など）ので、これを理解した仲介業者がよい。なかには売りやすい物件だけを熱心に活動し、難しい物件は放置する業者もあり、信頼できる業者を見極めて選定する。いうまでもなく、特定の業者と癒着しているとの誹りを受けないよう十分な配慮が必要である[注16]。

(4) **売主側仲介業者の数**

一般媒介とはいえ、破産管財人が売主として用いる業者の数を無限定に増加させることは避けるべきである。同時に多数のチャンネルで売却交渉が進み、業者間の情報の整理、買受希望者の交通整理などを破産管財人がしなければならない。そのような交通整理を仲介業者にアウトソーシングすることが本来のメリットであったはずなのに、複数の仲介業者が介入することによ

(注16) 悪質な仲介業者が「キックバック」と称し、財団組入れとは別に、破産管財人個人に対して一定の謝礼を支払う旨を持ちかけてくる場合すらあり、要注意である。

り無用の手間を生じるおそれがある。また、破産管財人との連絡の先後など業者間に不公平感、不満を生じてトラブルの元になるリスクもある。

　売主側の仲介は、信頼できる数社、場合によっては１社に絞るほうが効率的でトラブルがない[注17]。複数の業者に依頼する場合は、その旨をあらかじめ依頼する全業者に説明することが必要である[注18]。

　担保権者から、自ら紹介する仲介業者をつけたいとの希望が寄せられることもある。その場合でも、担保権者紹介の業者は買主側の仲介業者として関与してもらうことが考えられる。

　官報公告をみるなどして関与を希望し、連絡してくる業者も同様である。仲介業者によっては、当初から「この物件は買主がついているから契約したい」と称し、前述の「両手」を狙ってくる場合も少なくないので注意が必要である。

5　買受希望者の探索

(1)　売出価格

　仲介業者は無償で簡易な査定書を作成するので、売出価格の目安を知ることができる。

　いったん売出価格を定めて売却活動に入ると、これより低い価格で買付けが提示される（これを「指し値」と称する）か、または高くとも売出価格どおりで提示されてくることが通常である。担保権者との協議なく破産管財人の判断だけで売出価格を決めて売却活動を進めると、担保割れとなる担保権者の不満（もっと高い価格で売り出していれば、高く売れたのではないか）が残り、受戻しに応じる稟議の障害となる。

　買受希望者の探索を開始するについては、売出価格を決め、これを明らかにして売り出す場合と[注19]、売出価格はとくに定めずに売り出して（破産管

(注17)　長島・前掲（注１）管理換価299頁は、１社に絞る方式を推奨する。
(注18)　破産管財の手引156頁。
(注19)　宅地建物取引業法に基づき国土交通大臣が指定する流通機構（REINS〔レインズ〕Real Estate Information System）に登録するには、売出価格を決めなければならない（宅建業34条の２第５項）。

財人としての目安はもっておく）、市場の反応を見る場合がある。後者の場合、意外な高値の買付けが入って奏功することもある。

売出価格を明らかにして売り出す場合は、必ず事前に担保権者と協議する。第1順位はフル保全だが、後順位で担保割れという場合もあり、後順位担保権者の見解にも配慮が必要である。

担保権者の価格目線は平時の貸付担保としての評価や貸倒引当状況に基づき、高めになりがちである。担保権者がより高い金額での売出しを希望する場合は、担保権者の了解する価格で売り出すことでよいが、一定期間で価格を引き下げる旨をあらかじめ打ち合わせておく。反響もないのに高すぎる売出価格を維持すると不動産換価が無用に遅延するので注意する。状況をみて都度、担保権者と連絡協議し、理解を得て価格を引き下げていく。

事案によっては、担保権者の希望する売出価格が市況とおよそ乖離して高額であり、到底買主が現れないことが当初から予想されるような場合もある。破産管財人の事前調査内容を説明し、合理的な額での売出しを説得するが、その協議に時間を要するくらいなら、一定期間経過後に反応をみて価格を引き下げる方針を明確にした上、担保権者の希望どおりに売り出すほうが早い。

(2) 販促活動の開始

売出価格（または破産管財人としての目安額）を決めた後、販促活動を開始する。

(i) チラシなど販売要項

破産管財人が売主であることを明示し、破産管財案件としての特殊性を明確にする。現状有姿・瑕疵担保免責・担保権者の承諾と裁判所の許可が条件となる点は必須事項である。「競争になるなら降りる」と言われることがないようにすべきであり、事案によっては買主競合の場合の入札など詳細を記載しておくこともある。販売要項案をあらかじめ担保権者に送付し、それから販促活動に入る。

(注20) ①レインズ http://system.reins.jp/ ②ハトマークサイト http://www.hatomark.net ③不動産ジャパン http://www.fudousan.or.jp ④アットホーム http://www.athome.co.jp ⑤ヤフー不動産 http://realestate.yahoo.co.jp/ 等がある。

(ⅱ) 買主の探索先

広く探索するには、各種の不動産流通サイト[注20]への登録が有益である。その他、破産管財人、破産者本人、その親戚・知人・同業者、申立代理人、担保権者など幅広く情報を提供・収集して買主を探索する。

6　売却先の絞り込み

基本は相対の交渉である。いわゆる買付証明を提出させる。仲介業者によっては、買付証明を出したことをもって、直ちに買主として選定されたに等しいごときの感覚をもって既得権のように振る舞うことがあり、注意を要する。買主の選定は破産管財人の完全な裁量であること、買付証明の提出後に、他の候補がより高額な買付証明を提出してくる等の事態も予想されること、その場合に当初の買付証明提出者に特段の連絡をすることもなく、他の候補者を買主に決定する事態もあり得ること等を十分に理解させる。また買主候補を絞り込んだ後になって、破産管財物件であることを理由に価格を下げることがないよう、買付証明に瑕疵担保免除・現状有姿等を明記させておくことがよい。

短期間に多数の買主候補があるような場合、より高額での売却を目指し、私的入札方式をとることがある。透明性の確保に留意し、入札要項に予定する売買契約条項を明示し、売却先の決定、売却条件について破産管財人の完全な裁量によること、異議や損害賠償を受け付けないこと等まで記載し、これに対する事前了解を入札参加条件とする[注21]。

7　別除権の受戻しの合意

(1) 配分表の作成

最も有利な買主候補を選定し、売却価格が決まれば、別除権の受戻しの合意を得るための交渉を行う。まずは配分表を作成する。配分表は交渉ツールとして用いるので、費用の細目（司法書士費用その他）が決まっていない段階でも概算で控除項目として計上し、先にこれを控除した上、残額を各担保権

(注21)　破産実務 Q&A200問148頁［御山義明］。

第2部　実務家からみた破産管財人の財産換価を巡る諸問題(各論)

者に割り付ける。

　配分表の控除項目としては①財団組入れ、②契約書印紙、③担保抹消登記費用、④建物消費税、⑤固定資産税、都市計画税（ただし当該年度の決済日以降分については、日割計算により売買代金の外枠で買主から預かる例が多い）、⑥仲介手数料などがある。⑦区分所有建物の場合、滞納管理費・修繕積立金は特定承継人に対する請求も可能（区分所有8条）であるから、滞納を解消しておく必要がある。破産手続の開始前の分は別除権（区分所有法7条1項による特別の先取特権）が成立するので受戻しの対象として、開始後に未払があれば財団債権として、いずれも控除項目に計上する。

　配分表とあわせて担保権者ごとに承諾書を作成する。

　受戻し合意ができず任意売却ができない場合、破産管財人は当該不動産を財団から放棄し、競売に委ねることになる。競落もできないまま最後配当となれば、別除権者は不足額の証明ができず、配当受領できない（破198条3項）。任意売却は、競売より高額かつ早期の売却が可能である点で別除権者にとっても有利であることを理解してもらい、受戻しの合意を導く［詳細は→第2節］。

(2)　財団組入れ

　受戻しの交渉で最大のポイントになるのは財団組入れの額である。その法的根拠は前述のとおりである［→Ⅱ4(5)］。実務上は最低でも3パーセントを確保すべき[注22]であり、5パーセントの例が多いともいわれるが、ケースによっては10パーセント超の事例もある。

　財団組入れについて担保権者が考慮するポイントとして以下の点があると指摘される[注23]。

　①　任意売却の経緯はどうか
　②　買受人を探す努力は誰が一番したか

（注22）　大阪地裁では、どのような事情があっても、諸費用を控除した実質的な財団組入れが3パーセントを下回る場合には任意売却を許可しない方針である（破産管財手続の運用と書式133頁）。
（注23）　黒木正人『担保不動産の任意売却マニュアル〔新訂2版〕』（商事法務、2013）297頁。

③　破産管財人はどの程度任意売却の過程に関与したか
④　破産管財人の事務手続にどれくらい負荷がかかったか
⑤　売却代金は競売と比較してどれくらいアップしているか

　このようなポイントについて具体的に説明し、理解を求める。任意売却の過程を通じて情報を開示し、破産管財人の換価業務に理解と信頼を得ておくことが肝要である。

(3)　いわゆるハンコ代

　競売であれば配当を受けない後順位担保権者との間でも受戻しの合意が必要である。実務上、後順位担保権者に対して、担保権の抹消料としていわゆる「ハンコ代」を支払う慣行がある。不合理に高額なハンコ代を要求したり、受戻し合意ができない弊害に鑑みて担保権消滅許可の申立ての制度が創設されており、「合理性に欠ける負担を負う必要は消滅した」[注24]といえる。制度創設前と比較してハンコ代は一般に低額化している。不当に高額な抹消料の主張に対しては、破産管財人が担保権消滅許可の申立ての利用を示唆するなど、制度を背景に交渉する[注25]。

(4)　滞納処分による差押え

　担保権設定登記のほかに、滞納公租公課について滞納処分による差押えの登記がされている例も少なくない。差押えが無益となった場合、徴税職員は差押えを解除しなければならない旨の規定があり（税徴48条2項・79条1項2号、地税48条1項・331条6項・701条の65第6項）、破産管財人は差押えの解除を申請する［詳細は→第2節Ⅶ2(2)］。

(5)　仮差押え、駆け込み的な登記や仮登記

　仮差押えは破産手続開始の決定により失効するので、受戻し対象とならない。

　破産手続開始の直前に駆け込み的な仮登記の設定がなされている例もあるが、対抗要件否認（破162条）の要件を満たすこともあり、担保権消滅許可の申立てによるまでもなく、否認権行使によって抹消できることがある。事案

(注24)　伊藤・破産法民事再生法657頁。
(注25)　破産実務 Q&A200問158頁［清水祐介］。

によっては否認権行使の上、迅速な和解的処理として裁判所の許可を得て、ごくわずかな金額を支払う例もある。

(6) **弁済充当**

受戻しによる弁済は、特段の合意がなければ充当指定および法定充当の定め（民488条ないし491条）による。もともと配当可能性のない劣後的破産債権ではなく、一般破産債権に充当する合意をすべきである[注26]。一般破産債権部分を減額させることにより、配当率が向上し、無担保一般破産債権者全体にとって利益となる。あらかじめ債権（一部）取下書を用意して各担保権者に交付しておき、決済時に提出させる方法もある。

8 不動産売買契約

(1) **契約のタイミング**

受戻し合意が整い、担保権者の承諾書が出揃ってから売買契約を締結することが原則である。仲介業者は契約して初めて手数料が発生するので、早期の契約締結を希望する場合もある。しかし、破産管財人による任意売却は多方面との複雑な交渉が必要であり、裁判所の要許可事項でもあるから（破78条2項1号・13号・14号）、買主から代金回収できない等のトラブルを防ぐ観点からも、契約同時決済を基本とする。

もし、手付け倍返し条項によって契約を先行させた後、担保権者との受戻し合意が不調に終わる事態となれば財団に損害が生じるので、手付け倍返し条項付きの契約は絶対してはならない。

事案によっては契約を先行させ、期間をおいてから決済とすることもある。

第1に、買主が購入資金調達のため融資を受ける場合である。融資する金融機関は不動産売買契約書の提出を求めるので、事前に契約することが必要になる。買主には事前に借入交渉を十分に行わせ、金融機関において融資実行の下準備を進めさせてから契約する。担保権者の承諾が揃っていない場合もあり、手付けは原則として受領せず、破産管財人が損害賠償リスクなく一

(注26) 破産管財の手引159頁。

方的に解約できる条項をつけておく。売買契約締結後、融資実行までは１か月程度あれば足りるはずである。

第２に、有利な買付申出があったり、売却困難な物件について貴重な買付申出があるなど、特定の買主候補を逃したくない場合である。担保権者との交渉が未了であっても契約を先行させるメリットがある。担保権者の承諾を得られない可能性があるので、手付けは受領せず、破産管財人が損害賠償リスクなく一方的に解約できる条項とすることは同じである。買主の事情で契約を解約する場合にはペナルティを付け、片面的に破産管財人に有利な契約条項とする。

なお、倍返し条項を排除した上で、手付けの授受を行うこともできよう。破産管財人は手付け同額を返済することで解約でき、その他には何らの損害賠償を負わないこととすればよい。

(2) **買主本人との顔合わせ**

破産管財人による任意売却の特殊性（瑕疵担保免除、担保権者の同意と裁判所の許可、買主選定は破産管財人の完全な自由裁量によること等）は、徹底して説明し、後日のトラブルを避けるべきである。

契約前の買主候補絞り込みの機会に、買主本人と破産管財人が同席して直接にコミュニケートすることができる。直接の顔合わせによって、破産管財人が自ら破産手続における任意売却の特殊性を説明することができるし、仲介業者から報告を受けていた各種事情について確認し、買主の購入資金手当ての確実性、売買契約に臨む意気込みなどを感得できるので、万一の事故を防ぐためのアンテナになる。

事前に顔合わせができず、契約当日に初めて買主と会う場合は、調印前に十分な時間をとり、破産管財人自ら各種説明を行う。とくに融資付けのために契約を先行させる場合など、買主との面談内容によってはその場で契約を延期することもやむを得ない、というくらいの心構えで臨むほうが事故がないように思われる。

(3) **契約条項の基本的注意事項**

契約書は破産管財人が用意したものを用いる。どのような不測の事態が生じても破産財団に損害のないよう万全を期し、売主である破産管財人に有利

な契約書を用意すべきである。破産管財人自ら不動産売買契約書を作成するケースもあり、仲介業者の用意する一般的な契約書をもとに修正し、不適切な条項を排除・特約事項を付加して用いるケースもある。
　基本的な条項として以下がある。
① 　現状有姿・瑕疵担保免除の条項は必須である^(注27)。隠れた瑕疵、耐震構造等の耐震性、アスベスト等の有害建材、土地建物に存する上下水道・ガス管等の配管、地中埋設物、土壌・地下水の汚染等環境問題、越境物の存在および相隣関係に関するもの等をすべて含み、一切の瑕疵担保責任について破産管財人が免責されることとする。
② 　境界を明示しない。
③ 　公簿面積により、現況との相違を問わない。
④ 　担保権者の了解および破産裁判所の許可を停止条件とし、条件が成就しない場合に破産管財人のイニシアチブにより契約を解除することができ、その場合でも買主は損害賠償請求ができないこととする。
⑤ 　同時決済ではなく契約を先行する場合でも、原則として手付けを受領しない。手付けを受領する場合には、手付金同額を返還することにより破産管財人が無条件に当該契約を解除できることとして、倍返し条項その他損害賠償の予定を排除し、担保権者の承諾が得られない場合などにもノーリスクで解除できることを確保する。
⑥ 　さらに一般条項として「破産管財業務上必要があり裁判所の許可を得た場合」には無催告で破産管財人から解約でき、その場合でも買主は損害賠償ができない規定を用意しておくこともある。
⑦ 　残置物について所有権を放棄し、買主費用負担にて処分すべきことも明確に記載する。

(4)　消費者契約法との関係
　消費者が買主となる場合（破産者自宅をエンドユーザー個人が自宅住居として購入する等）、消費者契約法の適用があるか。売主である破産管財人が「事業者」に該当するかの問題である。破産管財人の公的な性格、一時的な清算手

(注27) 　破産管財の手引157頁。

続にすぎないこと等に依拠した否定説もあるが、弁護士自身が「事業者」に該当することから、消費者契約法の適用があることを前提に契約せざるを得ないように思われる。

消費者契約法は瑕疵担保責任免責条項を排除している（消費契約8条1項5号）ので、どのように対処するか。瑕疵担保責任を負う期間を限定し、その賠償額を低廉にとどめる特約も考えられるが、決め手とはならない。

むしろ正面から、破産管財人の任意売却の特殊性を買主本人に説明し、瑕疵担保責任免責条項の理解を得ることが重要である。破産管財人は一時的な機関であり、破産手続の終了によってその地位も失われ、財団を超えて瑕疵担保責任を負うことは現実的に不可能である。瑕疵担保責任を完全に免除しない限り、売主として契約することは事実上不可能であり、だからこそ、その特殊事情が価格に反映して安くなっている。その事情をわかりやすく懇切丁寧に徹底的に説明し、「だから安いのです。それでも買いますか？心配が残るならあえて契約しない」と誠実に明確に告知して納得を得る。このような説明により、事実上、買主による責任追及を避けることができ、破産管財人の善管注意義務違反が問われることを防止する(注28)。

(5) 反社会的勢力に関する条項

暴力団、暴力団関係企業、総会屋もしくはこれらに準ずる者またはその構成員（以下、総称して「反社会的勢力」という）の排除について、近時はますます厳格に要求されるようになっており、不動産取引についても、その排除条項（いわゆる暴排条項）を設けることが一般化してきている(注29)。破産管財人が売主となる場合も、暴排条項を盛り込み、買主に確認させることが考えられる（ただし、万一にも反社会的勢力を入居させてしまった場合の即時解除条項(注30)

(注28) 破産実務Q&A200問150頁［柴田眞里］、石田憲一＝松山ゆかり「企業倒産（破産・民事再生）をめぐる諸問題——司法研修所における特別研究会の概要」NBL939号（2010）19頁、破産管財の手引157頁。
(注29) 警察庁のサイト（https://www.npa.go.jp/sosikihanzai/index.htm#bouryokudan）には、「不動産取引契約書の暴力団排除モデル条項・解説書」がアップされている。
(注30) 不動産流通4団体が、不動産契約について暴排条項のモデル条項を公表しており（http://www.mlit.go.jp/totikensangyo/const/sosei_const_tk3_000083.html）、売却した不動産が暴力団事務所として使用された場合には、代金全額を違約金・違約罰として受領し、売買契約を解除しても代金を返金しなくてもよいこととされている。

については、破産管財業務終了後に判明した場合の実効性など問題もある）^(注31)。

9　不動産売買契約の決済

(1)　準備

決済当日の事前に入念に準備する。

破産管財人として用意すべき書類は①売買契約書（印紙代も確認する）、②裁判所発行の破産管財人証明書兼印鑑証明書、③裁判所の許可があったことの証明書（受戻しおよび売却）、④委任状（司法書士に用意させ、裁判所届出印を押印する）、⑤領収書（売買代金および固定資産税・都市計画税日割清算分）、⑥引渡確認書等である。

担当司法書士は買主側が用意することが多い。所有権移転については破産管財人から、担保抹消については各担保権者から、各登記手続書類の写し一式を事前に担当司法書士に送付し、内容を確認させておく。

(2)　出席者など

決済当日に現場判断を要する事態となることもあり、破産管財人自らが出席する。

売主である破産管財人、買主、受戻し対象となる各担保権者、解除すべき滞納処分庁の担当者、司法書士が一同に介し、司法書士がすべての書類が調っていることを確認した後、買主は破産管財人に代金を支払い、同時に破産管財人は受戻金、滞納処分解除のための納付金を支払う。当日の資金の授受は多数の項目があり複雑であるから、混乱しないよう、事前に詳細な明細を作成しておく。

(3)　決済方法

預金小切手を用いるケースもあるが、振込送金が多い。

担保権者は着金確認できるまで担保解除書類を交付しない。とくに決済の多い月末など、着金確認まで長時間待機しなければならないことがある。

そこで実務上の工夫として、自己名義（担保権者名義）で自らの回収口座宛て送金伝票を記載する方法もある。送金処理について買主・破産管財人が関

(注31)　竹内朗「暴力団排除条例の施行と弁護士業務における留意点」自正63巻6号（2012）12頁。

与しないので、着金確認を待たず、送金依頼の完了と同時に決済を完了できる。

(4) 固定資産税・都市計画税の扱い

固定資産税・都市計画税は毎年1月1日現在の所有名義人（地税343条・359条）が納付義務を負うので、任意売却決済日の属する年度分は、買主ではなく破産管財人に納付義務がある。そこで売買代金とは別に、固定資産税・都市計画税について日割計算により清算し、買主負担分を売主である破産管財人が受領することが一般的である。

この日割額を受領しても、後日、破産事件が異時廃止で終了し、公租公課を含む財団債権の満額は支払できない場合がある。日割額を他の財団収入と区別せず財団に組入れすると考えれば、結果的に固定資産税・都市計画税は納付されないこととなる。日割額はあくまで納税のための「紐付き」で買主から預かったと考えれば、収入として財団に組入れすべきではなく、少なくとも日割預かり分については、そのまま納付すべきこととなる。

(5) 決済に伴うその他の措置

領収書、引渡確認書など各種の証拠書類を間違いなく確保する。委任状その他の提出書類について写しをとっておくことがよい。

別除権の受戻しに際しては、前述のとおり、届出一般破産債権へ充当することをあらかじめ合意しておき、決済に伴って届出債権の（一部）取下書を提出させる。

売却対象物件に付された火災保険に質権の設定があるが、保険契約解約後の返戻金に対しては効力が及ばない場合、火災保険を解約して返戻金を破産管財人が受領する。

10 類型別の注意点

(1) 破産者の自宅の場合

破産手続の開始に伴い、破産者の自宅不動産の管理処分権は破産管財人に専属している（破78条1項）。破産者は占有使用の権原がなく、任意売却の決済までに、任意明渡しを完了させる。

任意明渡しに際しては、①自宅不動産の管理処分権は破産管財人に専属し

第2部　実務家からみた破産管財人の財産換価を巡る諸問題(各論)

ていること、②強制執行によるより任意退去のほうが、スケジュール調整など居住者にメリットがあること、③明渡しを拒絶すると破産管財業務への妨害として免責不許可事由に該当する可能性があること（破産者が占有している不動産について、任意売却に協力せず、正当な理由なく明け渡さないことが免責不許可事由〔破252条1項1号〕に該当するとされた事例(注32)がある）等を説明し、協力を求める。破産者の理解を得るために、申立代理人の役割は極めて重要である。

　明渡猶予期間中、光熱費等を破産者の自由財産や親族が負担することにより、外見的には破産手続開始前と同様に居住が継続するので、とくに家族にとって、破産管財人の管理物件であることの実感に乏しいこともある。破産者が「1年は住む権利がある」など、根拠のない情報を聞き知って誤解していたり、はなはだしい事例では、申立代理人が破産手続開始申立前に「1年は住めるから心配するな」等の誤った説明をしていたケースもある。

　破産管財人は、破産者に対し、自己費用で転居必至であることを破産手続開始の直後から説明し、時間的余裕をもって転居準備をさせることがよい。就学児童がいる場合、高齢者が同居している場合など、転居に困難を伴うと感じられるケースは珍しくないが、破産手続開始の直後から家族全体の問題として力を合わせ、真摯に取り組むことで転居の途は見つかるものである。親戚、知人に加えて、申立代理人の役割が重要となる。

　万一、任意に引き渡さない場合、裁判所に引渡命令の申立てを行い（破156条1項）、同命令を得て、明渡執行を行う。破産者の審尋が必要であり（同条2項）、即時抗告することができ、確定しないと効力がない（同条3項・5項）ことから、一定の時間を要することになる。引渡命令の制度を背景に、任意の引渡しに向けた説得が重要である。

　破産者が、破産財団から引越費用の補助を得られると誤解している場合もある。原則として破産者の自己負担であり、認められない。建物明渡しの意思はあるが転居費用に窮するゆえに明渡しが遅延する等の場合、①有利な任

（注32）　原雅基「東京地裁破産再生部における近時の免責に関する判断の実情」判タ1342号（2011）5頁。

意売却を直ちに成立させる高度の必要性があり、②他に手段がなく、③売却による財団増加額の範囲内で低額であれば、例外的な措置として認め得ることもある。その場合、任意売却のための必要経費として是認されるのであるから、売却代金から控除する経費項目に算入する。その分、受戻額が減少することになるが、任意売却が成立せず、競売となった場合には占有減価が予想されることから、担保権者の理解を得る。財団組入れの中から支出することは避ける。

破産者に居住を継続させるため、破産者の関係者が購入を希望することがある。「破産なら安く買えるから」等の誤った理解に基づいて申出があるケースも少なくない。特段の既得権はなく、他よりも有利な条件であれば認められるにすぎないことを破産手続の開始後、速やかに説明する。

(2) 競売と並行している場合

競売申立てがあり、その手続と並行して任意売却を進めることは珍しくない。決済に際しては、別除権の受戻しに加えて、競売申立ての取下げが必要となる。期間入札に入っても、開札日の前日まで取下げが可能である。あらかじめ取下書を用意して決済時に競売裁判所に赴かせ、携帯電話で連絡をとりあう。決済準備の確認がとれれば取下書を提出し、受付印ある取下書を決済場所にファックス送信する等して確認する。

競売を申し立てた債権者は、受戻金のほか、競売申立予納金相当の満額支払を受けない限り、競売申立ての取下げに応じないことが多い。取下げの後、予納金の一部が戻るので、これを破産管財人が受領する。

(3) 危険物、有害物など

破産財団所属不動産に危険物、有害物などがある場合、特段の配慮が必要である。破産財団から放棄すると管理者不在となって危険が高まる。限られた破産財団の中で最善の対処をなすべきであり、事案ごとに慎重適切な検討が求められる[注33]。

土壌汚染について[注34]は、土壌汚染対策法のほか、多くの自治体は条例

(注33) 破産管財の手引166頁、破産実務 Q&A200問117頁［長島良成］。
(注34) 破産実務 Q&A200問111頁［長島］。

や要綱、指導指針等を制定している。土壌汚染が判明した場合は、対策に要する費用が莫大になることがある。任意売却に際し、後に土壌汚染が判明した場合にも責任を負わない条項を付して売却することは先に述べたとおりであるが、元工場であって土壌汚染が疑われたり、一定規模以上の場合、むしろ費用をかけて専門家に調査を依頼すべきこともある。

PCBについて[注35]は、ポリ塩化ビフェニエル廃棄物の適正な処理の推進に関する特別措置法が規制している。同法上の処分義務を直接に負担するのは破産管財人ではなく破産者本人または清算法人の清算人と解されるが、破産者は無資力であるのが通常であり、破産管財人が善管注意義務、財団帰属財産の管理義務の一環として、破産財団の許す限り必要な調査や措置を行う。旧型のコンデンサはPCBを使用していることがあり、注意が必要である［詳細について→第7節ⅡⅢ・第4章第6節］。

(4) その他

その他、マンション、借地権付建物、賃貸不動産、工場、農地山林原野、共有物件など、物件の特性によって留意点がある［詳細について→第4節～第10節］。

11 破産財団からの放棄

任意売却の努力をしたが、どうしても売却できない場合、破産財団からの放棄を検討することになる。毎年1月1日時点の所有名義人に固定資産税・都市計画税が課税されるので、年末が見極めのタイミングとなる。裁判所の許可（破78条2項12号）、担保権者への事前通知など所定の手続を要するので、年末に間に合うよう逆算してスケジュールを立てる必要がある[注36]［なお、競売の場合に建物消費税が賦課される関係から放棄すべき場合については、→後記Ⅳ1(2)］。

放棄後の物件は、個人破産であれば自由財産として破産者が管理する。法人破産の場合、清算法人に帰属するが管理者が不在となるので、旧代表者に

(注35) 破産実務Q&A200問114頁［進士肇］。
(注36) 破産管財の手引160頁・163頁。

管理を引き継がせる等の措置を検討する。管理者不在となることを避ける等の事情から、例外的に担保権付きのまま不動産を売却することもある。売却の前に担保権者に通知する（破規56条）［詳細は→第11節］。

Ⅳ　不動産換価の税務上の留意事項

破産管財人において、不動産を売却処分した場合、消費税を中心として、税務上の諸問題が生じる。税務上の問題についても留意が必要である。

1　消費税

(1)　消費税

消費税は、原則として、国内において事業者が事業として対価を得て行う資産の譲渡および貸付けならびに役務の提供（以下、「資産の譲渡等」という。消税2条1項8号）と外国貨物の輸入を課税対象とする（消税4条・5条）。会社等は事業者として、国内において行った課税資産の譲渡について、消費税を納める義務を負う。

(2)　破産管財人による不動産の譲渡

破産管財人において不動産（土地・建物）を譲渡した場合、建物の譲渡は、「資産の譲渡等」に該当し、消費税が課税される。一方、土地の譲渡や土地の上に存する権利の譲渡および貸付け、その他消費税法別表第1に掲げるものは「資産の譲渡等」に該当せず、非課税となる（消税6条）。

この点に関連し、破産会社は、「事業として」の反復性と継続性を有しないとして、破産管財人による資産の譲渡については、納税義務を生じないとの見解もある。しかしながら、消費税法45条4項には、清算中の法人について消費税を課す趣旨の規定があり、破産の場合には法人税法第3章第2節（清算）の規定の適用が認められるとする判例の流れからすると、納付義務はあると解されている[注37]。

そして、その場合の消費税は、破産財団の換価に関する費用として財団債権になる（破148条1項2号）。したがって、破産管財人が建物を譲渡する場合

(注37)　破産管財の手引397頁。

には、外税にして消費税を譲渡代金とは別途明確に転嫁し、売買契約書にも明確に記載をしておくべきであろう[注38]。

また、土地と建物を一括して売却する場合には、消費税の課税される建物と課税されない土地との内訳も明確に記載すべきである。もっとも、買主が建物の使用を継続する場合は別として、建売業者やマンションの分譲事業者が購入する場合のように、建物の解体を予定している場合の実務上の対応策として、買主負担による解体を明記して建物を売買の対象としない方法、建物を０円で譲渡する（贈与）方法、備忘価格にて売却する方法等が挙げられている[注39]。

なお、別除権者の競売申立てにより建物が売却された場合、破産財団が増殖したか否かに関係なく、消費税を課税される場合がある。そこで、建物の競売手続が係属している場合には、剰余金交付の可能性がないことが確認でき次第、破産財団から放棄をし、消費税の負担を免れる必要がある[注40]。

(3) 消費税の申告

消費税は、課税期間中の課税売上げに係る消費税額から課税仕入れに係る消費税を控除して納付額を計算するのが原則である（消税30条。一般課税方式。ただし、後記の簡易課税を選択した場合を除く）。破産手続開始決定後の消費税の申告において、課税仕入れに係る消費税に該当する代表的な取引としては、破産管財人報酬や税理士報酬等がある。

そして、この課税期間は、原則として事業年である（消税19条１項２号）ことから、消費税の申告は、法人税の申告と同時になされるのが通常である。

もっとも、破産管財業務においては、僅少な破産財団しか形成できない場合や税務申告に必要な資料が残っていない場合も多く、実務上、このような場合には、破産管財人として法人税の申告を行わない処理をするケースも多

（注38）　破産管財の手引397頁、なお、永島正春「破産管財人は税金を忘れるな」大阪弁護士会・友新会編『弁護士業務にまつわる税法の落とし穴〔３訂版〕』（清文社、2015）244頁は、消費税の外税転嫁について、倒産実務上は容易でないとする。
（注39）　永島・前掲（注38）245頁。
（注40）　破産管財の手引165頁、なお、破産管財手続の運用と書式206頁は、劣後的破産債権になるものの例として、破産会社所有の建物が抵当権の実行により競売され、買受代金の全額を抵当権者が取得した場合の売却に伴う消費税が挙げられるとする。

い(注41)。

しかしながら、建物の売却を行ったことに伴い多額の消費税を預かったような場合には、仮に法人税の申告をしないとしても、消費税の申告をし、預かり消費税の納税をすべきではないかと思われる。消費税として預かった金員について、消費税の納付をせず、一般債権の配当財源とすることは避けるべきであろう(注42)。

(4) **免税事業者**

免税事業者には、消費税の納付義務はなく、消費税の申告も不要となる。

免税事業者の要件は、以下のとおりである。課税期間が2013年度以降か否かによって要件が異なるため、注意が必要である。

① 2012年12月31日以前に開始する事業年度について：基準期間（課税事業年度の前々事業年度）の課税売上げが1000万円以下の場合

② 2013年1月1日以降に開始する事業年度について：基準期間の課税売上高が1000万円以下で、かつ、その事業年度の開始の日から6か月間の課税売上高、または、給与等の支払額が1000万円以下の場合

また、破産手続開始時においては課税事業者であったとしても、開始後の破産手続に時間を要したような場合には、基準期間の課税売上高が1000万円以下となることもあり、その場合には、当該課税期間の消費税は免除されることとなる（消税9条1項）。

(5) **簡易課税**

簡易課税とは、前記の一般課税と異なり、仕入れに係る消費税額を実際の仕入額にかかわらず、業種ごとに固定されている一定割合（みなし仕入率〔2015年4月1日以後に開始する課税期間からは、90パーセント～40パーセント〕）を用いて計算をする制度である（消税37条）。仕入控除額を、「課税売上高に対する税額の一定割合（みなし仕入率）」として計算するため、実際の仕入額

(注41) 永島・前掲（注38）195頁は、平成22年度の税制改正後は、破産財団の規模がごく小さな場合を除き、継続企業と同様の申告が必要であるとする。

(注42) 破産管財実践マニュアル389頁・397頁は、税務署は、法人税の申告をせずに、消費税のみを申告することを認めないと指摘するが、消費税だけの申告を受理したケースも複数存する。

が少額である場合等には、簡易課税の制度を利用することにより、消費税額を節約できる場合があろう。

破産管財人において、建物（資産）を売却する場合のみなし仕入率は60パーセントになる。したがって、それを前提に一般課税と簡易課税との比較をして選択をすることになろう。

ただし、簡易課税の選択をするためには、①基準期間（課税事業年度の前々事業年度）の課税売上高が5000万円以下の場合であり、かつ、②課税期間開始日の前日までに、消費税に関して簡易課税の選択届出書を税務署にあらかじめ選択しておく必要がある。

(6) 個人破産の場合

個人破産の場合、所得税の納税義務は破産者本人にあり、破産管財人には申告義務はないとされる。消費税についても、同様に、税務申告義務は破産者本人にあるとし、消費税の課税される個人事業主の破産の場合についても、消費税の申告は破産者本人に行わせる扱いもあるようである[注43]。

しかしながら、破産者が個人事業主である場合には、人税である所得税と異なり、消費税が物税であることや、破産管財人が資産の譲渡等を行っており、譲渡対価を受領しているだけでなく、その帳票類も管理していること等からすると、破産管財人が申告・納税を行うのが便宜であり、破産管財人が消費税の申告をすることが望ましいと解される[注44]。

なお、消費税法の適用のない非事業者たる個人の破産事件において、破産管財人が不動産を売却するに際し、誤って買主から消費税相当額を預かってしまった場合については、破産管財人において同金員を保有する根拠はなく、消費税相当額は買主に返還すべきである[注45]。

（注43） 破産管財実践マニュアル397頁。なお、破産者本人に消費税の申告を行わせる扱いによったとしても、税務申告を行うことにより還付を受けられる場合には、破産管財人としての確定申告の要否を検討する必要があるとする。
（注44） 破産実務Q&A200問371頁［髙木裕康］。
（注45） 破産管財の手引401頁。

2　法人税

(1)　清算所得課税制度の廃止

　法人税については、平成22年度の税制改正により制度改正がされ、清算所得課税制度（原則として、残余財産が確定したときに清算所得が存する場合に限って法人税が課税される制度）が廃止された（予納法人税制制度も廃止）。これにより、2010年10月1日以降に破産手続開始決定がなされた破産事件については、通常の事業年度と同様、事業年度中の所得に応じて課税されることになった。ただし、清算所得制度の廃止と併せて、残余財産がないときの期限切れ欠損金の損金算入の制度等が整備されており、同制度等を活用すれば、破産法人に対して法人税が課税されることはあまりないと思われる。

　もっとも、同制度等を活用するとしても、資産を簿価よりも高価に処分した場合や債権者から多額の債務免除を受けた場合等には所得が生じ得る。そのため、簿価を大幅に超えた金額にて不動産を売却する場合には、同一事業年度内に発生する益金・損金についても留意する必要がある。

(2)　土地譲渡益重課税

　土地譲渡益課税とは、法人が土地の譲渡等をした場合に、通常の法人とは別にその所有期間に応じて一定の割合による追加課税を行うものである。もっとも、土地譲渡益課税については、2017年3月31日までの譲渡については、適用が停止されており、これまでも適用停止期限の延長が繰り返されている。

3　その他

　その他、破産管財人が不動産を売却処分した場合に生じ得る税務上の問題点は以下のとおりである。

(1)　印紙税

破産管財人が不動産を売却した際に領収書を発行した場合の印紙の貼付は不要である[注46]。

(注46)　破産管財実践マニュアル203頁、国税庁タックスアンサー（https://www.nta.go.jp/shiraberu/zeiho-kaishaku/shitsugi/inshi/19/27.htm）。

他方、不動産売買契約書には印紙の貼付が必要である。もっとも、この場合、売主・買主の双方が署名捺印の上、印紙を貼付した原本を1通のみ作成し、原本を買主が所持し、破産管財人がその写しを所持することとすれば、印紙税の節約を図ることができる[注47]。

(2) 登録免許税

破産管財人が担保付不動産を売却した場合、担保権の抹消登記手続費用については、財団負担となることが一般的である（所有権移転登記手続費用は買主負担が一般）。この場合、破産財団において登録免許税を負担することとなる。

(3) 固定資産税・都市計画税

破産財団に帰属する不動産の固定資産税・都市計画税（以下、「固定資産税等」という）のうち、具体的な納期限から破産手続開始決定日までに1年以上を経過した部分が未納となっている場合には、優先的破産債権となる（破98条1項）。1年以上を経過していない部分については、破産手続開始年度の分は一般の財団債権となり（破148条1項3号）、破産手続開始決定日以降の年度に生じる固定資産税は、優先する財団債権となる（同項2号）。

固定資産税等は、毎年1月1日時点における所有名義人に当該年度1年分の税金が課税されるため、破産管財人において不動産を売却する場合には、少なくとも譲渡日（所有権移転日）以降の固定資産税等相当額については、売買代金とは別途、買主から受け取るべきである。

（清水祐介・三枝知央）

(注47)　永島・前掲（注38）241頁。

第2節　担保権の負担がある不動産の売却

はじめに

　破産管財人は、担保権が設定されている場合においても、積極的に破産手続開始後速やかに、当該不動産の任意売却の準備を始めるべきである。不動産の価値が被担保債権の額を上回る場合は、余剰価値を破産財団に組み入れることができるので、破産管財人が積極的に活動して財団の拡充に努めるのはもちろんのこと、不動産の価値がいわゆるオーバーローンの場合においても、売却時に売買代金の一定割合の金員を破産財団に組み入れられるよう任意売却の交渉をすることにより、破産財団の増殖を図ることができるからである[注1]。

　任意売却のスケジュールについては、第1回目の債権者集会期日を目処に売却できるかどうかを見極めることができるよう破産管財業務を進めることが望ましいが[注2]、所在場所等、不動産の個性により売却可能性や売却見込時期が異なるので、破産管財人は、個々の不動産に適した任意売却のスケジュールを策定することが必要であろう。毎年1月1日時点における不動産の所有者に固定資産税・都市計画税が課税されるので、翌年の固定資産税等を負担したとしても売却活動を続けることが破産財団形成に資するかという点も考慮要素の1つといえよう。

I　担保権の対抗要件具備の要否

1　対抗要件具備の必要性

　対抗力ある担保権に限って、破産法上で別除権の地位が与えられている[注3]。

(注1)　不動産の任意売却について、破産管財実務の観点から実務的に参考になるものとして、長島良成「倒産事案における不動産処分の注意点」自正63巻8号（2012）42頁、破産管財実践マニュアル180頁、破産管財 Basic77頁。
(注2)　破産管財の手引153頁。
(注3)　条解破産法499頁、伊藤・破産法民事再生法468頁。

不動産の対抗要件は登記（民177条）であるので、不動産を破産法上の別除権の目的とする場合は、破産手続開始時に登記が備えられていなければならない。ただし、破産手続開始の直前に担保権の設定契約や対抗要件が備えられることもままあるので、破産管財人は、否認の検討が必要な事案かどうかを確認すべきである。

2 仮登記の場合

(1) 1号仮登記が設定された場合

破産手続開始前に不動産登記法105条1号の規定による仮登記（以下、「1号仮登記」という）を備えていた場合、その1号仮登記を備えた者は、破産管財人に対し、本登記請求をすることができるとするのが通説・判例である（大判大正15・6・29民集5巻602頁）。1号仮登記を備えた者は、破産手続開始前にすでに権利変動の実体的要件は備わっていたが、手続的要件が具備しなかったために仮登記にしていたのであり、本登記請求を遮断するのは酷であること等を理由とする[注4]。

(2) 2号仮登記が設定された場合

破産手続開始前に不動産登記法105条2号の規定による仮登記（以下、「2号仮登記」という）を備えていた場合については争いがあるが、近時は、中間処分を排除できるという順位保全の効力の点では、1号仮登記と2号仮登記に差異がないことから、破産手続開始前に2号仮登記を備えた者が、破産管財人に対して本登記請求を認める見解が有力である（最判昭和42・8・25判時503号33頁）[注5]。

(3) 実務上の対応

以上のとおり、1号仮登記および2号仮登記のいずれも本登記請求が認められている。そこで、当該担保権者に本登記請求をしてもらい、その登記が設定されてから別除権者として扱うことも考えられるが、実務的には、上記の方法は迂遠であり、破産管財人としては、端的にこれらの仮登記権利者も

（注4）　条解破産法397頁、大コンメ197頁［大村雅彦］。
（注5）　条解破産法397頁、大コンメ198頁［大村］。

別除権者と同様に扱えば足りるものと考える(注6)。

Ⅱ　担保権の特定

1　担保権の内容や目的物の特定・確認

　前記のとおり、不動産の対抗要件は登記であることから、破産管財人は、破産手続開始申立書およびその添付資料とされている不動産の登記事項証明書等により、担保権の内容および目的物を確認する。とくに、共同担保目録付きの登記事項証明書でないと担保権の目的物に漏れが生じるおそれがあるので、必ず共同担保目録付きの登記事項証明書で確認すべきである。不動産（土地およびその定着物）は文字どおり不動であり、登記で明らかになっていることから、リース等により動産を担保権の目的物とする債権者のように、破産手続開始後、担保物件の現物確認を求められることは稀である。

2　工場抵当の登記等がなされている場合

　しかしながら、担保権の目的物が工場であり、工場抵当法3条に基づき工場抵当の登記がされているときは、機械や器具等が担保権の目的物となっている場合もある(注7)。その場合には、リース債権者等の場合と同様、担保権者から、担保権の目的となっている破産者の工場において、担保権の目的物の現物確認や特定を求められる場合もあろう。もっとも、工場抵当の登記を設定してから相当期間時間が経過して破産に至った場合には、担保権設定時に担保権の目的とされた機械や器具等が新しい機械等と交換されていたり、あるいは紛失している場合もある。そこで、工場抵当の登記がされている場合においては、破産管財人は、担保権者の担当者と工場に同行し、担保物件

(注6)　破産管財実践マニュアル196頁。
(注7)　工場抵当法および各種財団抵当に関する詳細については、飛沢隆志「工場抵当・各種財団抵当の内容および効力」加藤一郎編集代表『担保法大系(3)』（金融財政事情研究会、1985）183頁、秦光昭「工場抵当・各種財団抵当における設定手続上の問題点」同223頁、雨宮真也「工場抵当権、各種財団抵当権の実行とその実務上の問題点」同241頁参照。

の有無を確認するのが望ましい(注8)。工場の図面に機械等の設置場所や品番等を記し、また、機械等の写真を撮るなどして記録化することは、紛争回避のために利用できるほか、後日、機械等を売却するための目録にも利用でき有用と考える。破産管財人は、担保権者との現物確認を終えた後、現存している担保権の目的たる機械等の処分方法についても相談すべきである。なお、機械等を売却するときも、後記Ⅲ3(3)と同様、財団組入れを求めるべきである。

Ⅲ　担保権者との交渉

1　担保権者との交渉の必要性およびその概要

(1)　担保権者との交渉の必要性

担保権が設定されている不動産を任意売却する場合においても、ほとんどの買主は、担保権が付着したままの状態で不動産を購入することは想定しておらず、不動産売買の決済時において、破産管財人が担保権者に対して金員を支払った上で、別除権を受け戻し、担保権の負担のない状態で購入することを希望するのが通常である。任意売却の際、担保権者が別除権の受戻しに応じるか否かは、担保権者の意思にかかっており、破産管財人は、担保権者の了解を取り付けなければ任意売却を実行できない。そのため、破産管財人は、破産手続開始日以降、担保権者の担当者に連絡し、当該担保不動産の任意売却に関するさまざまな事項について相談し、了解を取り付けながら、不動産の任意売却を進める必要がある。

(2)　担保権者との交渉の概要

以下、破産手続開始後、不動産の任意売却を進めるに際し、破産管財人が担保権者と交渉等すべき主な事項について述べる。

破産手続開始以降、破産管財人は、まず、破産管財人主導で破産財団所属財産である不動産の任意売却を進める旨、担保権者の担当者に連絡する。破

(注8)　「倒産と担保・保証」実務研究会編『倒産と担保・保証』（商事法務、2014）302頁［上野保］。

産管財人主導で任意売却を進めることにつき異議を述べる担保権者は稀であり、一般的に担保権者は協力的である。破産管財人は、担保権者に対し、自身が想定している任意売却の方法、すわなち、入札の方法によるのか、あるいは、販売価格を設定してREINS（レインズ）に登録する方法等によるのか等を伝え、また、任意売却のタイム・スケジュールについても相談すべきである。担保権者の中でも、後順位の担保権者は不動産の任意売却への関与に消極的な場合が多いが、第1順位の担保権者は、任意売却が成功するかどうかが自社の回収額に大きく影響するので、後記2のとおり、担保権者の系列会社、あるいは、親密取引先である不動産仲介業者に販売活動を十分行ってもらい、不動産の任意売却が成功裏に実現することを期待している場合が多い。そこで、例えば、入札の方法による場合は、今後の販売活動に要する期間を踏まえ、入札日をいつに設定するか、担保権者が任意売却につき社内決裁を得られるよう、同社の担保物件の社内査定額を踏まえた最低入札価格を設定するか等、入札の条件につき、担保権者に確認することが適切である。また、入札の方法ではなく、不動産の販売価格を設定して客付けを行う場合は、破産管財人は、担保権者と当該担保物件の販売価格のみならず、その販売価格による販売期間についても確認する必要があろう。当初決定した販売価格で一定期間経過しても客付けができなかった場合には、価格を見直して販売活動を行うほうが適切といえるからである。

以上のとおり、破産管財人としては、任意売却に関するさまざまな事項につき、担保権者と相談または交渉して任意売却を進める必要がある。それに加え、破産管財人として、円滑に任意売却を進めるため、適宜、担保権者に対し、引合いの状況等の情報開示をすることが適切な場合もあろう。

2　担保権者から不動産仲介業者を紹介される場合

(1)　担保権者側の事情等

破産財団所属の不動産について担保権の設定を受けている債権者（担保権者）の多くは金融機関である。これらの担保権者から、担保権者の系列会社、あるいは親密取引先である不動産仲介業者を紹介され、当該仲介業者を用いて担保不動産の任意売却を進めてほしいと依頼される場合もある。担保権者

の担当者としては、当該担保権者の系列の仲介業者等に当該担保不動産の販売活動を行ってもらえば、担保権者として担保不動産の販売活動を十分行ったことを根拠付けやすくなり、稟議書の作成が容易となり、担保権者の社内決裁がとりやすくなるという事情がある。破産管財人としては、担保不動産の購入希望者を探すネットワークが広がることになるし、また、担保権者の意向を汲み入れることにより、不動産の任意売却が円滑に進むことができるメリットがあるといえる。

(2) 破産管財人の対応

問題は、担保権者から紹介された不動産仲介業者をどのような形で関与させるかである。これについては、いろいろな進め方があり得るが、破産管財人としては、不動産の購入を検討している会社等に対して、均一な情報提供を行って、破産財団所属財産である不動産の任意売却を円滑に進める必要があるため、破産管財人側の不動産仲介業者は1社に限定すべきである。多くの破産管財人は、破産事件の不動産処分に当たり、信頼のおける不動産仲介業者に依頼して客付けを行っている場合が多いので、破産管財人は、自身の信頼する仲介業者に売却側仲介を依頼し、担保権者から紹介を受けた仲介業者は買主側仲介として関与してもらうのが、一般論としては適切と考える[注9]。

3 財団組入等、不動産の任意売却の際に売却代金から控除する項目に関する交渉等

不動産の任意売却に当たってはさまざまな費用がかかり、単純に売却代金の全額が担保権者に支払われるわけではない。破産管財人は、あらかじめ配分表のサンプルを渡すなどして、どのような項目の費用が売却代金から控除されるのかにつき、担保権者の同意を得る必要がある。配分表には、購入希望額、控除項目、担保権者への弁済額が記載されるが、注意すべき主な事項は以下のとおりである。

(1) 購入希望額欄の記載

購入希望額欄には、購入希望者が買付証明書に記載した購入希望額を明記

(注9) 長島・前掲（注1）44頁。

する。建物部分に消費税が発生する場合、当該消費税額はいわば預かり金であるので担保権者に弁済すべきではなく、後述するとおり、弁済から控除されるべき金額として取り扱うのが適切であるため、建物価格のうちの消費税額も買付証明書に明記してもらうべきである。

なお、複数の不動産があり、かつ、第1順位の担保権者が2社以上いて、担保関係が入り組んでいる場合は、不動産ごとの金額を明記してもらい、弁済金から控除する金額を適切な方法で配賦した上で、各担保権者への弁済額を算出しなければならない。

(2) 控除項目として検討すべき事項

破産管財人は、控除項目としては、財団組入額、建物消費税額、仲介手数料額、担保権の抹消登記手続費用額、固定資産税・都市計画税の売主負担額、動産撤去費用、引越費用、不動産売買契約の印紙代、マンションの未払管理費等について、弁済金から控除してもらうことを交渉すべきである。

(3) 控除検討項目①：財団組入額

破産管財事件において、控除項目で一番重要なのが財団組入額である。財団組入額がどの程度になるかは、当該担保不動産の任意売却の難易度、物件価格、当該担保不動産の任意売却に当たり破産管財人が利害関係人の調整にどれくらい関与したか、担保権者との交渉等の個別事情によるが、破産管財人としては、売却価格の5パーセントから10パーセントの金額を財団組入額とできるよう、担保権者と交渉すべきである(注10)。

(4) 控除検討項目②：建物消費税

建物消費税が発生する場合、当該建物消費税額はいわば預かり金であり、控除項目として計上する。

(5) 控除検討項目③：仲介手数料

仲介手数料額は任意売却のための必要経費であるので、当然控除項目として計上する。ただし、例えば、破産管財人が主導的に行う不動産の任意売却において、上記(3)記載の財団組入額が、仲介手数料額よりも下回るような配分案を作成することは、破産債権者に対する配当財源の確保の観点から見て

(注10) 破産管財の手引159頁、破産管財手続の運用と書式133頁。

も、不十分・不適切との謗りを免れない可能性がある。破産管財人としては、全体的に見てバランスのとれた控除項目を作成する必要があると考える。

また、担保不動産の売却価格が高額になり得る場合、担保権者から仲介手数料の減額を求められる場合もある。安易に妥協すべきではないが、全体的なバランスを考慮して、適宜の対応をすべきである。

(6) 控除検討項目④：抹消登記手続費用

一般的に、所有権の移転登記手続費用は買主負担、担保権の抹消登記手続費用は売主負担とされることが多い。そこで司法書士から当該担保権の抹消登記手続費用の見積書をもらい、当該見積額を控除項目として計上すべきである。

(7) 控除検討項目⑤：固定資産税・都市計画税の売主負担分

不動産の任意売却をする場合、代金決済日以降の分の固定資産税・都市計画税額は買主が負担し、決済日の前日までの分は売主が負担するという取決めをするのが通常である。なお、当該年度の納税通知書を受領していない場合は、前年度の金額を基礎として計算する場合が多い。また、日割り計算の起算日は、関東が1月1日で、関西が4月1日とするのが商習慣であるといわれている。

そこで、未払の固定資産税・都市計画税がある場合においては、破産管財人は、当該年度の未払固定資産税等の売主負担分はもとより、過年度分の未払額も控除項目として認めてもらうよう交渉すべきである。

なお、不動産売買の決済日が決まらないと控除すべき売主負担分の金額が確定しない。破産管財人は、担保権者の担当者に対し、社内稟議や準備する書面の手配に必要な期間を確認し、関係者の都合を調整した上で不動産売買の決済日を決定し、売主負担分の金額を確定することになる。

不動産の代金決済日当日、売主である破産管財人は、買主から固定資産税・都市計画税等の買主負担分を預かるので、担保権者への弁済から控除した売主負担分と併せて、未払の固定資産税等を納付するのが通常と思われる。ただし、いわゆる配当事案ではなく、異時廃止事案の場合の対応については争いがある。すなわち、買主からの預かり金的性質を重視し、異時廃止事案の場合においても未払の固定資産税等を全額納付する立場と、日割精算

金の性質を売買代金の一部と考えて、全額納付せず、他の財団債権に対する按分弁済の原資と扱う立場である。これについては、実務上いずれも許容されている[注11]。

(8) 控除検討項目⑥：動産撤去費用

売却対象となる担保不動産内の動産は、破産管財人が売却可能な動産は売却をし、残置動産の所有権は放棄をして、買主負担で廃棄処理等、適宜の処分をしてもらうことが望ましい。この場合には、買主は廃棄費用相当額を売却希望額から控除した金額を、購入希望額として破産管財人に提示することになる。

しかしながら、買主が動産撤去の負担を望まない場合は、動産撤去費用について、あらかじめ廃棄業者の見積もりをとり、その金額については、任意売却の必要経費として控除項目として認めてもらうよう交渉すべきである。

(9) 控除検討項目⑦：引越費用等

破産者が自然人で同人所有の担保不動産に居住している場合、あるいは、破産者が法人で、その代表者一族が会社所有の不動産に居住している場合、破産管財人が任意売却を実現するためには、決済日以前に居住者に担保物件から退去してもらう必要がある。しかしながら、これらの居住者が、担保不動産から引越しを行い、新しい住居を借りるための資金を有していない場合も多い。

そこで、破産管財人は、引越費用、新たな住居の敷金・礼金および前払家賃の全部または一部について控除項目として認めてもらうよう、担保権者と交渉をしなければならない。引越費用等の控除を認めるかどうかについては地域差もあるようであり[注12]、また、控除が認められるとしても金額に上限があったりして、交渉はなかなか困難である。しかし、現実問題として、居住者が引越しできなければ、任意売却は実現できない。破産管財人としては、例えば、担保不動産の売買契約締結日を一定期間延期して、居住者が延期した期間の支払を免れた賃料相当額を引越費用等に充ててもらうようにする

(注11) 破産管財実践マニュアル191頁。
(注12) 破産管財実践マニュアル193頁。

等、当該事情に応じた工夫をして交渉すべきである。

(10) 控除検討項目⑧：印紙代

通常、売主である破産管財人が不動産売買契約書の原本を持っている必要はあまりないので、売買契約書の原本は１通のみ作成し、原本は買主が保持し、破産管財人はその写しで足りると思われる。仮に、売買契約書の原本を２通作成する場合には、印紙代についても売却代金から控除する項目として計上する。

(11) 控除検討項目⑨：管理費・修繕積立金

建物がマンションである場合、破産手続開始前の未払の管理費・修繕積立金は、建物の区分所有権等に関する法律７条１項に基づき特別の先取特権（別除権）が成立する。この場合、管理組合等からマンションの特定承継人に対して管理費等の請求が認められることになるため（同法８条）、担保不動産（マンション）を任意売却する場合、固定資産税・都市計画税の処理と同様に、未払の管理費・修繕積立金の精算を行う［詳細は→(7)］。また、不動産売買契約に際しては、別除権の受戻し（破78条２項14号）を行う必要があるので、許可申請書を提出する際には注意すべきである[注13]。

(12) 担保権者への弁済額

売買代金額から前記(3)ないし(11)の控除額を差し引いた残額が担保権者への支払金額となる。複数の担保権者が存在する場合は、担保権者ごとの支払額も明記すべきである。

なお、担保権者が受領した金員を担保権者の有する債権のどの部分に充当するかについて、破産管財人としては、元本から充当してもらうよう担保権者と交渉すべきである[注14]。

Ⅳ 担保権実行手続が先行している場合の対応

担保権者が競売の申立てを取り下げれば競売手続は終了するので、担保権実行手続がなされている不動産についても、破産管財人が任意売却をするこ

(注13) 破産管財の手引157頁。
(注14) 破産管財の手引159頁。

とはできる。競売手続において売却基準価額が示されることから、任意売却における価格の相当性について、担保権者の理解を得やすくなる面がある。

しかしながら、競売の申立債権者は、買受けの申出があった後は、最高価買受申出人等の同意を得なければ申立ての取下げをすることができない（民執76条1項）から、単独で取下げができる買受けの申出があるまでに競売の申立てを取り下げる必要がある。「買受けの申出があるまで」とは、期間入札の場合に、開札期日において、最高価買受申出人が決定される時までとされているが、執行裁判所から執行官への取下げの通知には、一定の時間が必要なことから、確実に取下げの効果を期するためには、取下書は開札期日の前日までに提出することが望ましいとされている[注15]。

競売を申し立てた担保権者が、別除権の受戻しの対価を受領する前に競売申立ての取下げをすることは期待しがたい。そこで、破産管財人が担保権実行手続中の不動産の任意売却をする場合は、開札期日の前日までに当該担保不動産の最終決済を行い、決済日に取下書を受領して執行裁判所に提出することになろう。

V　担保権消滅許可の申立て（破186条以下）

不動産の任意売却をする際、通常、購入希望者は当該不動産に設定されている担保権が解除されることを前提条件としており、担保権者全員から担保解除等の同意を得る必要があるところ、担保権者の合理性を欠く対応により任意売却が実現できない事態を回避するために担保権消滅許可の申立ての制度が創設された[注16]。

現実の利用類型は、本来であれば換価代金からまったく配当・弁済を受ける見込みのない後順位の担保権者が高額な担保解除料を要求して調整がつかない場合、担保権者が当該担保不動産の時価とかけ離れた担保評価をしており、破産管財人の提示する任意売却の価格に応じない場合、破産管財人の提示する財団組入額に同意しない場合があるとされる[注17]。担保権消滅許可の

(注15)　東京地方裁判所民事執行センター実務研究会編著『民事執行の実務〔3版〕不動産執行編（下）』（金融財政事情研究会、2012）56頁。
(注16)　一問一答新しい破産法250頁。

申立件数は全国的に見てもさほど多くないと報告されているが[注18]、東京地方裁判所においては、2005年1月から2013年9月までの申立てがあった35件のうち、31件について担保権者からの異議がなく許可の決定がされ、その多くは、配当・弁済を受ける見込みがない後順位担保権者が破産管財人の提示した解除料に納得しなかった案件であるとのことであり、おおむね制度の趣旨に即した利用がなされていると評価されている[注19]。

担保権消滅許可の申立ての裁判手続は許可申立てから配当終了まで3か月程度要することおよび担保権者から担保権実行の申立等の対抗手段をとられると財団組入れもなくなること等を考えると、破産管財人としては、担保権者に対し、担保権消滅許可の制度があることおよび上記の運用状況を担保権者に示して、最終的には担保権者の希望どおりにはならず、破産管財人の申出どおりの結論に至ることを粘り強く説明して、担保権者の同意を得るよう努めるべきであろう。

VI 担保権付きでの譲渡処理

破産管財人は、例外的に、担保権付きのままで不動産の任意売却をすることがある。担保権付きのままで不動産を任意売却するケースとして、住宅ローンを親族で債務引受けすることを条件に担保権者も担保権の実行を控えるといった場合に、財団組入相当額を目安として親族に担保権付きで任意売却する場合等の事例が紹介されている[注20]。

このように担保権付きのまま不動産を任意売却する場合、破産管財人は、担保権者に対し、任意売却の2週間前までに、任意売却をする旨および任意売却の相手方の氏名または名称を通知しなければならない（破規56条）。なお、担保権付きで譲渡した場合、当該担保権者は別除権者としての地位が存続するので（破65条2項）、最後配当を受領することができない（破198条3項）。し

(注17) 破産実務Ｑ＆Ａ200問158頁［清水祐介］。
(注18) 笠井正俊「担保権消滅許可制度」破産法大系(1)320頁。
(注19) 破産・民事再生の実務［破産編］201頁。
(注20) 破産・民事再生の実務［破産編］199頁、破産管財実践マニュアル196頁、長島・前掲（注1）47頁。

たがって、破産管財人は、担保権者に対し、そのような不利益も伝えた上で、担保権付きの不動産の譲渡について交渉すべきであろう。

Ⅶ 税金等の滞納処分がある場合

1 租税債権優先原則とその修正

滞納処分において、租税と他の債権が競合する場合には、租税は原則として他の債権に先立って徴収されるという一般的優先権をもつ（税徴8条、地税14条）。しかしながら、私法上の取引の安全を図るため、納税者がその財産上に質権または抵当権を設定している場合において、当該質権または抵当権が租税の法定納期限等以前に設定されたものであるときは、その租税は、その換価代金につき、その質権または抵当権に劣後する（税徴15条・16条）[注21]。

2 劣後租税による滞納処分に対する対応

実務上、租税債権が優先するケースは稀であり、多くは、すでに抵当権が設定されている不動産に租税債権者が差押えをするケースである。そして、租税債権者が劣後するケースにおいて、当該不動産価値が優先する抵当権者の被担保債権のみカバーする、いわゆるオーバーローンのケースにおいて租税債権者が差押えの解除に応じない場合が問題となる[注22]。

(1) 無益な差押えの禁止（税徴48条2項）

優先する担保権によって、いわゆるオーバーローンの状態となり、余剰価値のない不動産を差し押えることは、無益な差押えを禁止する国税徴収法48条2項違反であるとの主張も考え得る。

この点につき、下級審の裁判例においても、不動産の処分予定価格が租税に優先する債権の額を下回った可能性があると認定しつつ、それが一見して明らかであったとはいえないとの理由で無益な差押えに該当するとはいえな

(注21) 金子宏『租税法〔第22版〕』（弘文堂、2017）949頁。
(注22) 破産実務Q&A200問154頁〔野口祐人〕、佐々木宏之「劣後租税による滞納処分差押えへの対応」事業再生と債権管理143号（2014）17頁、破産管財実践マニュアル196頁。

いと判示された例もあり[注23]、また、徴税実務では明らかにオーバーローンである不動産に対しても差押えが行われているとの指摘もある[注24]。

　しかしながら、国税不服審判所裁決平成20・8・11は、無益差押えに該当するかどうかの判断基準として、租税に優先する債権の額と、土地の固定資産税評価額を0.7で除した額と建物の固定資産税評価額に0.9を乗じた額の合計額とを比較し、後者が前者を超過している場合が無益差押えに当たるという基準を提示し、当該事案において無益差押えに該当すると判断している[注25]。

(2) 差押えの解除申請および不服申立て

　国税徴収法79条1項2号は、差押財産の価額が、差押えに係る国税に優先する債権の合計額を超える見込みがなくなったときには、差押えを解除しなければならないと規定する。そこで、破産管財人としては、まず、同条項に基づき、租税債権者に対し、差押えの解除申請をして、租税債権者の職権発動を促すことが考えられる。この解除申請には定型様式はなく、口頭でも可能と解されているが、書面によるのが相当である。そして、添付資料として、差押不動産の時価を証する資料、差押えに優先する抵当権者の残高証明書、差押不動産の全部事項証明書および共同担保目録等を添付する必要がある。そして、破産管財人による解除申請書の提出によっても租税債権者が差押えを解除しない場合、当該租税債権者は、国税徴収法79条1項2号に基づく解除義務の履行をしない不作為をしていることから、行政不服審査法7条に基づき、異議申立等を検討することになる[注26]。

(3) 実務的な対応

　劣後租税による滞納処分に対する対応については、利益状況としては、いわゆるオーバーローンの物件に後順位担保権者がいる場合と類似するのであり、一定程度の解除料を租税債権者に支払うことにより、差押えの解除を求

(注23)　宇都宮地判平成16・2・26（裁判所ホームページ、http://www.courts.go.jp/app/files/hanrei_jp/053/015053_hanrei.pdf）。
(注24)　佐々木・前掲（注21）17頁。
(注25)　国税不服審判所裁決事例集76号583頁（http://www.kfs.go.jp/service/JP/76/34/index.html）。
(注26)　上野隆司監修『任意売却の法律と実務〔第3版〕』（金融財政事情研究会、2013）350頁。

める交渉をするのが一般的である。租税債権者に支払う解除料の金額は、破産管財人が優先する抵当権者等と相談した上で、租税債権者に金額提示することになろう。

　租税債権者が抵当権者等の了解できない多額の解除料の支払を求める場合には、破産管財人としては、当面、現在検討している任意売却を中断し、上記の差押えの解除申請およびその不服申立手続、そして、不成功に終わった場合の不動産の放棄を検討せざるを得ない。無益な差押えと認められ、解除が認められるかどうかについては、上述した国税不服審判所裁決平成20・8・11の先例があるものの、行政裁量が一般的に広く認められる傾向にあることもあり、判断が難しい。破産管財人は、解除申請や異議申立等いずれの手続を行うのか等、利害関係人と相談した上で、破産裁判所と協議して段取りを決定すべきである。

（相羽利昭）

第3節　破産財団に帰属するか否か、有効な担保権を有するか否か争いがある場合

I　争いとなる場面

　破産者の所有名義の不動産が存在する場合、通常は、当該不動産が破産財団に帰属するか否かが争いになることはなく、有効な担保権（抵当権、根抵当権）が設定されており、担保権設定契約や第三者対抗要件の具備が否認対象行為とならない限り、破産管財人は、担保権を尊重し、担保権者（別除権者）の協力を得て、当該不動産の任意売却に努め(注1)（破産法184条1項の強制競売の申立てはほとんどない）、任意売却が困難な場合は、やむを得ず破産財団から放棄することになる(注2)。

　ここでは、任意売却や放棄の前提となる、不動産が破産財団に帰属するか否か、担保権者が有効な担保権を有するか否かにつき争いがある場合を取り上げる。まず、不動産が破産財団に帰属するか否かが争いとなる場面は、大きく3つ考えられる。1つ目は、破産者の破産手続開始時には破産者の所有名義であるが、実際には第三者が所有している場合であり、2つ目は、第三者の所有名義であるが、実際には破産者が所有している場合である。そして、3つ目は、第三者は関係せず、そもそも破産者の自由財産に帰属する場合があるか否かである。この3つの場面を検討し、最後に、有効な担保権を有するか否かが争いとなる場面を検討することとしたい。

II　破産者の所有名義であるが第三者所有の場合

1　形式的判断

　自己破産の場合を想定すると、債務者（申立人）は、破産手続開始の申立書に添付する財産目録（破20条1項、破規14条3項6号）に不動産を記載した

（注1）　不動産の任意売却は、破産管財実践マニュアル180頁以下に詳しい。
（注2）　放棄の手続や留意事項は、破産管財実践マニュアル213頁以下。

場合、通常、不動産登記事項の全部事項証明書（不動産登記簿謄本）を提出している。破産管財人は、これを確認し、甲区欄で破産者が所有者として登記されていれば、まずは形式的に破産財団であると認識し、これを占有、管理することになる（破34条1項・78条1項）。

2 破産管財人の第三者性

(1) 第三者対抗要件の具備が必要

これに対し、第三者が実質的な所有者であると主張することにより、当該不動産が破産財団に帰属するか否かの争いが生じる。最も単純な場面は、Aが第三者Bに対し当該不動産を売却し、代金は受領していたが、所有権移転登記未了のまま、Aが破産手続開始決定を受けた場合である。当該不動産の所有権を主張するBは、取戻権者（破62条）として、破産管財人に対し、破産者A所有名義から実質所有者のB名義への登記手続を求めることになる。

この点、取戻権の前提となる所有権は、破産管財人に対し、その効力を対抗できるものでなければならない。すなわち、破産手続の開始決定により債権者の個別執行等は禁止される点で、破産手続開始決定は実質的には包括的差押えと同視でき、破産手続開始決定の効力として、破産管財人は差押債権者と同様の地位が認められると解されることから（破産管財人の第三者性）、不動産の所有権を主張する者が、第三者対抗要件である登記（民177条）を具備していない以上、破産管財人に対抗することはできない[注3]。したがって、所有権を主張する第三者Bが登記を具備していない以上、取戻権を主張することはできず、当該不動産は破産財団に帰属することとなり、破産管財人が換価できることとなる。

なお、破産者Aが個人で、離婚し、不動産を財産分与することが決まっていたが、所有権移転登記未了のまま破産手続開始決定を受けた場合であっても、前述のとおり財産分与の相手方である元配偶者Bが登記を具備していな

（注3）　条解破産法577頁以下、伊藤・破産法民事再生法354頁以下・454頁以下。
（注4）　離婚に伴う財産分与として金銭支払の裁判が確定した後の分与者の破産につき、元配偶者による取戻権の行使を認めなかった最判平成2・9・27家月43巻3号64頁、破産実務Q&A200問99頁・102頁［木内道祥］参照。

い以上、取戻権の主張はできない(注4)。

(2) 破産者が仮装譲受人であった場合

仮装譲渡の事例を想定し、第三者Bの所有名義であった不動産につき、Bが債権者からの差押えを回避するために、Aに売却したことにし（通謀虚偽表示）、A所有名義に登記を移転していたが、Aが破産した場合を考える。この場合、民法94条2項の第三者に破産管財人が該当し、破産手続開始時に破産債権者のうち1人でも善意者がいれば破産管財人は善意を主張できるとされていることから(注5)、Bは、破産管財人に対し、売買契約の無効を主張することができない。なお、同項の第三者として保護されるためには、対抗関係にないので、登記は不要とされているが(注6)、ここでの想定は、破産者Aの所有名義であることを前提としているので、結局は前述の破産管財人の第三者性と同様となる。

3 実質的判断の可能性

このように、破産手続開始時に破産者の所有名義の不動産が存在する場合、一律破産財団に帰属するという結果となり、かかる結果は破産債権者の引当てとなる責任財産性の面で不都合ではないか、すなわち棚ボタではないか、との疑問が生じるところである。

この点、不動産ではないが、実務上、預金や保険契約につき、破産者の所有名義となっているが、実質的に第三者が出捐者である場合、原則は名義人で判断するが、例外的に実質的判断を行い出捐者に帰属するものとして、破産財団への帰属を否定する場合がある(注7)。第三者が出捐した点が、破産者への贈与と認定される場合には、結局は名義人である破産者に帰属することになる。有価証券（株式、投資信託）等でも同様の問題があろう。ただ、不動産や普通自動車のように登記、登録が第三者対抗要件となっている財産については、破産管財人の第三者性の例外を実質的に認めることは困難であろう。

（注5） 条解破産法585頁以下、伊藤・破産法民事再生法455頁。
（注6） 四宮和夫＝能見善久『民法総則〔第9版〕』（弘文堂、2018）234頁以下、条解破産法587頁。
（注7） はい6民です39頁以下、条解破産法587頁。

第2章 不動産
第3節 破産財団に帰属するか否か、有効な担保権を有するか否か争いがある場合

Ⅲ 第三者の所有名義であるが破産者所有の場合

1 発見の端緒

　ここでも自己破産の申立ての場合を想定すると、破産手続開始の申立書に添付する財産目録に申立人自身が第三者の所有名義であるが自己所有の不動産であると記載した場合や、直近に処分した不動産の記載、破産手続開始前に相続が開始しているが遺産分割未了である旨が記載されている場合、破産管財人としては、第三者の所有名義であるが破産者所有の不動産がある可能性があると認識する。財産目録に記載はなくとも、申立書の破産に至る事情の記載により判明することもある。また、破産管財人が資料を精査し（名寄帳を取得することで処分済みの不動産が判明することもある。名寄帳は、固定資産税の賦課期日である毎年1月1日基準で作成されている）、破産者から聴き取りをする中で判明したり、債権者からの指摘により判明することもある。
　破産管財人としては、何らかの端緒がないと、破産者所有である可能性のある第三者の所有名義の不動産を発見することは困難である。破産管財人の善管注意義務の範囲で破産財団の増殖に向けた調査活動を行うこととなる。

2 破産手続開始前に処分済みの不動産があった場合

　破産手続開始前の段階で、破産者の所有名義の不動産が売却され第三者の所有名義となっている場合、有効な売買であれば（後述の仮装譲渡でなければ）、破産財団（現有財団）には帰属しないのが原則である（なお、不動産の譲渡担保の場合も破産者所有不動産を譲渡担保権者の所有名義にしているが、担保的構成により、後述する有効な担保権を有するか否か争いがある場面で取り上げる）。
　ただし、実質的危機時期における廉価売却で詐害行為否認（破160条1項）の要件に該当する場合、絶対的な財産減少行為であり、破産管財人は否認権を行使し、破産財団に復帰させることができる（破167条1項）。また、適正価格による売却の場合には、原則として否認できないものの、例外的に隠匿等の処分の場合には否認できる場合がある（破161条）。
　また、破産手続開始前に債権者に対し、不動産を代物弁済していた場合、

支払不能後の代物弁済で偏頗行為否認（破162条1項1号）の要件に該当すれば、代物弁済自体を否認でき、当該不動産を破産財団に復帰させることができる。なお、偏頗行為否認に該当しない場合でも、詐害行為否認の一種の過大な代物弁済の否認（破160条2項）の要件に該当すれば、過大分を破産財団に復帰させることができる（ただ、この場合、実際には当該不動産自体が破産財団に復帰するわけではない）。

　個人の破産者が離婚に伴う財産分与（民768条）で破産者の所有名義の不動産を元配偶者である第三者名義にしていた場合、民法の詐害行為取消権においては、過大でない限り詐害行為とはならないとされており[注8]、実務上、家庭裁判所における財産分与は2分の1ずつとすることが多く、基本的には2分の1までは詐害行為性はないであろう。2分の1を超えた財産分与は、過大であれば詐害行為否認の対象となる可能性がある。

3　破産者が仮装譲渡人であった場合

　前述Ⅱ2(2)とは逆に、A所有名義であった不動産につき、Aが債権者からの差押えを回避するために、第三者Bに売却したことにし（通謀虚偽表示）、B所有名義に登記を移転していたところ、Aが破産した場合を考える。

　この場合、破産管財人が民法94条2項の第三者に該当するかという問題ではなく、単に同条1項に基づき売買契約の無効を主張することができ（B以降の善意の第三者の存在がなければ）、当該不動産を破産財団に復帰させることができる。この点、AにBから売買の対価がまったく入っていなかった場合、詐害行為否認（破160条1項）だけでなく、実質的に贈与であるとして無償行為否認（同条3項）の対象となろう。さらには、Bが支払っていない売買代金が適正価格であれば、有効な売買とみてBに代金請求をすることも可能であろう（なお、Bが売買契約の無効を主張すれば、前述のとおり当該不動産を破産財団に復帰させるだけのことである）。

　なお、前述Ⅱ2(2)の破産者Aが仮装譲受人の事案で、破産者A所有名義の登記を経ていなかった場合、破産管財人の第三者性により、民法94条2項の

(注8)　最判昭和58・12・19民集37巻10号1532頁、破産実務Q&A200問98頁［木内］。

第三者は登記を経ている必要がないことから、破産管財人が、所有名義人の第三者Bに対し登記手続を請求できることになる。ただ、何らかの外形がないと、かかる事情を破産管財人が把握できるかは難しい面もある。

4　破産者が出捐者であった場合

第三者Bが不動産を購入するに際し、Aが代金を出捐し、登記はB所有名義にしたままAが破産した場合（例えば、父Aが子Bのために、自宅不動産の購入または建築資金を出捐し、B所有名義にしていた場合）、破産者Aの所有と認められる場合があろう（貸付金や贈与との認定もあり得るところである）。

5　破産者が不動産を購入していた場合

Aが破産手続開始前にBから不動産を購入し、代金は既払であるが、引渡しと登記が未了のままAが破産した場合、第三者Bの所有名義であるが、当該不動産は破産財団に帰属するので、破産管財人は、Bに対し、当該不動産の引渡しと登記手続を求めることになる（引渡しを受け登記未了の場合も同様）。

なお、Aが代金を支払うことなく破産した場合は、双方未履行の双務契約であり、破産管財人が履行か解除を選択することになる（破53条1項）。

6　破産手続開始前に相続が開始していた場合

(1)　問題となる場面

破産者が法定相続人である被相続人が破産手続開始前に死亡し、相続が開始していた場合、破産者は法定相続人として、第三者である被相続人名義の不動産につき他の法定相続人と共有となり、当該不動産の破産者の持分につき破産財団に帰属する。これに対し、破産手続開始後に被相続人が死亡した場合、新得財産として自由財産となるので（破34条1項。固定主義）、破産財団に帰属することはない（相続開始前の推定相続人の地位は期待権にすぎない）。そして、前者の破産手続開始前に相続が開始した場合で、遺産分割協議が未了の場合が最も単純で、実務上多い場面となる。

(2)　遺産分割未了の場合

破産手続開始前に相続が開始し、遺産分割協議（民907条1項）が未了の場

合、被相続人の所有名義の不動産につき、破産者の法定相続分に相当する共有持分が破産財団に帰属していることになる。破産管財人としては、この時点で相続登記を行うことも可能であるが、登記費用がかかることや、遺産分割協議により法定相続人のうち誰の所有になるかが具体的に決まるので、実務上、直ちに相続登記を行うことはあまりない。

かつては、破産管財人が当事者となった遺産分割協議書による登記が法務局で受け付けられなかったため、破産者本人を当事者として遺産分割協議を行ったり、家庭裁判所でも遺産分割調停や審判を行っていたが（破産管財人は利害関係人の位置付けであった）、今では、破産管財人が当事者となった遺産分割協議書による登記が受け付けられているので(注9)、家庭裁判所においても破産管財人が当事者となり、遺産分割調停や審判が行われている（破産管財人にのみ当事者適格がある(注10)）。なお、破産手続開始後に破産者が破産管財人に秘して遺産分割協議を行い、遺産分割協議書を締結していた場合、その遺産分割協議は無効である（破47条1項）。

また、破産手続開始前に遺産分割協議が調い、登記もされていた場合、遺産分割協議は有効であるが、破産者に不利益な場合、詐害行為否認（破160条1項）に該当し(注11)、破産管財人が否認権を行使する場合もある。この場合は、破産財団に帰属する不動産が出てくる可能性がある。

(3) 関連事項——相続放棄・遺留分減殺請求

破産手続開始前に破産者が相続放棄（民915条・938条）をしていた場合は、相続人でなかったことになるが（民939条）、これは身分行為であるとして詐害行為とはならない(注12)。なお、破産手続開始後の相続放棄は、限定承認の効力となり（破238条1項）、実質的には相続放棄できないのと同じである(注13)。

また、被相続人が遺贈等をしていた場合で、破産者に遺留分減殺請求権（民

(注9) 平成22年8月24日法務省民二第2077号法務省民事局第2課長回答。実務については、破産管財実践マニュアル209頁、破産実務Q&A200問94頁［蓬田勝美］。
(注10) 金子修編著『一問一答家事事件手続法』（商事法務、2012）205頁、上原裕之ほか編著『遺産分割［改訂版］』（青林書院、2014）296頁［長秀之］。
(注11) 最判平成11・6・11民集53巻5号898頁は、詐害行為取消権の対象となるとする。否認権につき、破産実務Q&A200問95頁［蓬田］。
(注12) 最判昭和49・9・20民集28巻6号1202頁は、詐害行為取消権を否定した。
(注13) 限定承認の効力につき、条解破産法1521頁。

1031条）がある場合、破産者が破産手続開始前に遺留分減殺請求を行っていて破産した場合には、遺留分減殺請求権は形成権であることから、対象不動産の遺留分相当の持分が破産財団に帰属することになる。これに対し、破産手続開始時に遺留分減殺請求を行っていない場合は、行使上の一身専属性があり、破産管財人がこれを行使することはできない[注14]。

7 破産者の所有名義の場合と第三者の所有名義の場合の比較

これまでに見たとおり、破産者の所有名義の場合は、破産管財人の第三者性により当該不動産は例外なく破産財団に帰属する。これに対し、第三者の所有名義の場合は、実質的判断により対象不動産の所有権が破産者に帰属すると判断され、破産財団に帰属する場合と否認権行使により破産財団に復帰する場合がある。前者につき、前述したとおり両者を比較すると、破産財団に有利に偏りすぎているようにも思われるが、登記という第三者対抗要件の具備を要する以上、かかる結果はやむを得ないところである。

この点、当然のことであるが、その第三者も破産した場合は、破産管財人の第三者性の問題が生じる。すなわち、第三者Bの所有名義の不動産につき、Aに売却や代物弁済していたが所有権移転登記手続未了のままAが破産した場合、Aの破産管財人は、Bに対し、所有権移転登記手続を求められるところ、登記未了のまま第三者Bも破産した場合、Aの破産管財人は、Bの破産管財人に対し、第三者対抗要件である登記を具備していないので、取戻権の行使ができない結果となる。

Ⅳ 破産者の自由財産との関係

1 不動産が自由財産となる可能性

ここまでは、破産者の所有名義であるが第三者所有の場合と第三者の所有名義であるが破産者所有の場合を検討してきたが、結論として破産者の財産となれば破産財団に帰属することを前提としていた。ここでは、破産者の財

(注14) 最判平成13・11・22民集55巻6巻1033頁は、債権者代位権を否定した。

産でも破産財団に帰属しない場合、そもそも破産者の自由財産となる場面があるのか検討したい。破産者の財産でありながら、破産財団に帰属しない財産となれば、破産者との間でその帰属について争いとなり得るからである。

　破産者が破産手続開始時において有する一切の財産は原則として破産財団であり（破34条1項）、99万円以下の現金と差押禁止財産が本来的自由財産として破産財団から除外される（同条3項）。この本来的自由財産となる差押禁止財産は、動産（民執131条）と債権（民執152条）を想定しており、民事執行法上も不動産を差押禁止にする規定はない(注15)。したがって、破産者の不動産はそのすべてが破産財団となる。破産者に課せられた重要財産開示義務でも最初に不動産が挙げられており（破41条）、重要な財産と認識されている。

　不動産が破産財団であるとなると、破産者の自由財産となるためには、自由財産の範囲拡張（破34条4項）か破産財団からの放棄（破78条2項12号）によるほかない。前述したが、固定主義との関係上、破産者が法定相続人である被相続人につき、破産者の破産手続開始後に相続が開始した場合は、破産者の新得財産となるので、不動産につき自由財産となる。

2　不動産の自由財産の範囲拡張の可能性

　本来的自由財産のみでは破産者の経済的再生を図るには不十分として、現行法は、自由財産の範囲拡張の制度を規定した（破34条4項）。裁判所は、その判断に当たり、破産者の生活状況、本来的自由財産の種類および額、破産者が収入を得る見込みその他の事情を考慮し、破産管財人の意見も聴くこととなっている（同条5項）。法文上、不動産も自由財産の範囲拡張の対象となり得るが、想定していなかったといえよう（不動産の自由財産の範囲拡張が認められた事案は聞かない）。通常は、住宅ローンを組む際に抵当権が設定され

（注15）　この点、アメリカでは、居住用不動産に対する家屋差押禁止が規定されている州が多い。ただ、多くの州では家屋差押禁止の金額が小さいため、家屋の売却代金の一部分を破産者が保持できるという意味のようである（ジェフ・フェリエル＝エドワード・J・ジャンガー著・米国倒産法研究会訳『アメリカ倒産法（上）』〔レクシス・ネクシスジャパン、2011〕118頁）。ただ、テキサス州等では金額無制限のため、豪華な邸宅を所有したまま破産免責を受けられると指摘されている（福岡真之介『アメリカ倒産法概説〔第2版〕』〔商事法務、2017〕134頁）。

ており、担保権の実行により最終的には自宅不動産を手放さざるを得ないし、破産管財人も任意売却に努めることから、破産者としては何らの対価なしに自宅不動産を確保するということはできない（破産者は、相当期間内に退去しない場合、引渡命令〔破156条〕により強制的に退去させられる立場にある）[注16]。

3 破産財団からの放棄

破産管財人が任意売却できない場合に、破産財団から不動産を放棄する場合がある（破78条2項12号）。この場合、破産者の自由財産となるが、前述したとおり、担保権が実行され、担保不動産競売により、最終的に破産者は自宅不動産を手放さざるを得ない[注17]。もちろん、無担保の場合には、担保権実行はないが、これも前述したとおり、破産財団に帰属し、破産管財人が換価することから、事案によっては換価困難として無償で破産財団から放棄されることもあろうが、一定額を破産財団に組み入れて放棄となることも多い。

V 有効な担保権を有するか否か争いがある場合

仮装譲渡担保のように、もともと担保設定契約が無効である場合と、担保設定行為は有効でも否認権の対象になり、破産管財人に否認されることで無効となる場合がある。典型的なところを見ておきたい。

1 根抵当権設定仮登記

債権者が破産者の支払停止を知った後、あらかじめ徴求していた登記委任状を用い、根抵当権設定仮登記を行うことがしばしばある。対抗要件否認（破164条1項）の対象になるので（典型例である）、破産管財人は、任意に抹消登

(注16) 経営者保証ガイドラインの場合、オーバーローンの住宅ローンを支払続けることや担保余剰があっても「華美でない自宅」として自宅不動産を残せる可能性がある。
(注17) 法人の場合を想定すると、破産管財人が破産財団から放棄した後に任意売却ができることになった場合、利害関係人が裁判所に清算人を選任してもらい任意売却するスポット清算人の運用が行われているが、破産手続係属中であれば、破産管財人が破産財団からの放棄を撤回し、不動産が破産財団に帰属しているものとして、破産管財人により任意売却を行うことを認めてもよいのではないかと考えている。ただ、放棄は誰に対する意思表示か、外部に表明するまでなら撤回可能か、撤回可能とした場合の放棄から撤回までの間の権利義務をどう処理するのか等の問題の検討が必要である。

記手続を求め、否認の請求（破173条1項）により否認する場合もある。時期的に対抗要件否認の対象にならない場合は、任意売却に際し、低額の担保抹消料で抹消を求めている。担保権消滅請求（破186条1項）によって抹消することもできる（実務上、この点を背景に任意の抹消を求めている）[注18]。

2 物上保証

法人の代表者やその親族等が、法人の借入金の担保のために自己所有不動産を担保提供していたが（物上保証）、法人の破産に伴い、その代表者や親族も破産した場合に生じやすいが、無償行為否認（破160条3項）の要件に該当すると、破産管財人は否認権を行使し、当該不動産を担保権の制約のない不動産として破産財団に回復することができる。無償性につき争いがあるところであるが、判例は一貫して無償性を肯定している[注19]。

3 譲渡担保

もともと破産者が差押えを免れるために譲渡担保を仮装していた場合（通謀虚偽表示）、前述Ⅲ3と同様に、破産管財人は、譲渡担保契約の無効を主張できる。また、譲渡担保契約が有効な場合でも、偏頗行為否認（破162条1項）の要件に該当する場合は、破産管財人は否認権を行使できる。

4 被担保債権不存在

任意売却を妨害する等の目的で、被担保債権がないにもかかわらず、後順位の（根）抵当権設定登記が行われる場合もあるが、前述Ⅲ3と同様、通謀虚偽表示で、破産管財人は無効を主張することができる。

なお、有効な担保権が設定されていたが、すでに破産者が被担保債権の弁済を終えていたのに、（根）抵当権設定登記だけ残っている場合がある。破産管財人は、元担保権者から抹消に必要な書類を徴求し、抹消登記手続を行う。

（野村剛司）

(注18) 実務的な対応については、破産管財実践マニュアル252頁以下。
(注19) 最判昭和62・7・3民集41巻5号1068頁、条解破産法1078頁以下。

第4節　類型別にみた不動産換価の実際
――区分所有建物（マンション）

I　区分所有建物（マンション）の売却

1　区分所有建物の売却

　破産財団に属する区分所有建物が存在する場合、破産管財人はこれを売却して対価を破産財団に組み入れることとなる。また、当該区分所有建物に別除権が設定されている場合、破産管財人は売却代金の中の一定額を別除権者に支払い、目的物の受戻し（破78条2項14号）を行って、破産財団にも売買代金の一定割合（3～10パーセント程度で合意する場合が多い）を組み入れることになる。

2　区分所有建物を売却する際の留意点

　区分所有建物の売却における特徴として、次の2点がある。
　第1に、建物の区分等に関する法律（以下、「区分所有法」という）により建物の管理費、修繕費、組合運営費その他の費用（以下、「管理費等」という）の請求権について特別の先取特権が認められ（区分所有7条1項）、かつ、管理組合は債務者の特定承継人に対しても同一の請求をなし得ること（同条8項）である。とくに後者の定めは強力であり、管理費等の請求権は、区分所有建物の売却において事実上最優先に弁済することになる。
　第2に、多くが個人の住宅であることである。多くの場合に居住者が破産手続開始後も区分所有建物の使用を継続しており、居住者の移転・建物明渡しの問題が生じる。また、譲受人も居住目的の個人のエンドユーザーである場合が多く、売買契約に瑕疵担保免責条項を入れることの問題が生ずる。さらに、破産者の親族が買取りを申し入れる場合（多くが破産者とその家族の住居を守るための経済的支援である）、価格の相当性が問題となる。そして、別除権者との交渉の場面では、迅速な業務処理と慎重な価格査定の二要素が葛藤する状況も見受けられる。

第2部　実務家からみた破産管財人による財産換価を巡る諸問題(各論)

II　管理費

1　破産手続における管理費等の取扱い

　区分所有権者が規約または総会の決議に基づき管理組合(債権者は管理組合法人の場合と区分所有権者全員の場合がある。以下、総称して「管理組合」という)に対し負担する管理費等については、管理組合に特別の先取特権(債務者の区分所有権および建物備付け動産についての先取特権)が認められている(区分所有7条1項)。この先取特権の優先権の順位および効力については共益費用の先取特権(民306条1号)とみなされ(区分所有7条2項)、不動産の先取特権(民325条)、不動産質(民356条)および抵当権(民369条)以外の債権者に対しては、不動産の登記なくして権利を対抗することができる(民336条)。

　区分所有権者について破産手続が開始した場合、開始決定前に発生した未払管理費等の請求権は、破産者の区分所有建物(および建物に備え付けた動産)を目的とする別除権付破産債権となる(破65条2項)。登記を備えていなくても別除権を主張し得るが、破産者の区分所有建物に抵当権が設定されていた場合には、管理組合の別除権は抵当権者に劣後することになる(民336条)。

2　区分所有建物の売却における管理費等の取扱い

　破産管財人は、区分所有建物を売却して別除権の目的物の受戻しを行うことになるが、別除権の優劣のみを捉えれば、管理組合の先取特権は抵当権に劣後し、抹消すべき登記もないので通常は弁済対象にならない。しかし、管理組合には破産者(破産財団)の特定承継人にも同一の請求をなし得るという強力な権利があることから(区分所有8条)、破産管財人が区分所有建物の売却を円滑に進めるためには、事実上管理組合の請求権を最優先で弁済することが必要になる。

　そこで、破産管財人は、売却の必要経費として、仲介手数料等の経費のほかに管理組合に対する滞納管理費等(開始決定前の未納額および開始決定後売却が完了するまでの未納額)も併せて計上し、売却代金の中から管理組合に対する弁済金を確保することになる。かかる処理については、本来管理組合に優先する他の別除権者も異議を述べていないようである。

3 管理費等の範囲

　管理組合が各区分所有権者から徴収する費用には、修繕積立金、駐車場料金、ロッカールーム使用料、専用使用部分の設備利用料などさまざまなものが含まれ得る。区分所有法7条・8条により優先権が認められる債権は、①共有部分、建物の敷地もしくは共用部分以外の建物の附属施設につき他の区分所有者に対して有する債権、②規約もしくは集会の決議に基づき他の区分所有者に対して有する債権、および③管理者または管理組合法人がその職務または業務を行うにつき区分所有者に対して有する債権であって、それ以外は破産債権（破産手続の開始前に生じた部分）である。現実には必ずしも①②③に該当しないと思われるものが含まれていることがあるので、慎重に調査するべきである。

Ⅲ　個人の住宅を売却する場合の留意点

1　居住者の立退き

　破産財団に属する不動産が個人の住宅である場合、破産手続開始時は依然として当該個人が建物に居住していることが多い。したがって、破産管財人は、当該建物を収益物件として居住者がいるまま売却する場合以外は、居住者に適当な時期に転居を促すことになる。手続の迅速性を重視すれば一刻も早くということになるが、居住者の多くが破産者で経済的困窮状態にあることや、移転先の確保に相応の期間を要することを踏まえれば、一定期間の猶予は必要であり、個々の事案に応じて両者の要請を満たし得る適切な転居時期を協議により定めることになる。自己破産で破産者の自宅を売却する場合は、破産者もある程度覚悟して手続に臨んでいるので、協議により転居、明渡しを実現するにつき問題が生じることは少ない。

　これに対し、債権者申立ての場合や、安価で自宅を保全できると考えていたが思惑が外れたような破産者については、転居・明渡しに対する抵抗が予想される。この場合、まずは協議による明渡しを目指すべきであるが［詳細は→第1節Ⅲ10(1)］、どうしても任意の明渡しに応じない場合には、破産管財

人は、破産裁判所から引渡命令を得て明渡しの強制執行を行うことになる（破156条、民執22条3号）。なお、引渡命令は、破産者自身が占有者と認定できる場合に限られること（破産者以外の者が占有者の場合は通常の裁判および強制執行の手続によることになる）、引渡命令の発令に破産者の審尋が必要であること、即時抗告ができ、確定しないと効力がないことから、一定の時間を要することに留意すべきである。

　居住者の転居費用については、売却に伴う必要経費であり、売却代金から控除し得ると考える。これを認めない別除権者も多いが、競売と任意売却との回収額の差を具体化して示すなどして、別除権者の説得に努めるべきである。またどうしても別除権者が応じない場合は、自由財産の範囲拡張などを利用して、転居費用を確保すべき場合もある。

　最後に、居住者が区分所有建物に付随する駐車場やトランクルームを利用している場合がある。居住者が利用料を滞納している場合が少なくなく、稀にこれらの附属設備を居住者とは異なる第三者が利用している場合もある。後に区分所有権の買主や管理組合・管理会社とのトラブルに発展することのないよう、区分所有建物を売却する際にはこれら利用権についても併せて処理する必要がある。

2　瑕疵担保免責条項と消費者契約法

　破産財団に帰属する財産の譲渡においては、売買契約中に瑕疵担保を負わない旨の瑕疵担保免責条項を入れるのが通例である。しかし、譲渡先が個人のエンドユーザーである場合、瑕疵担保免責条項を無効とする消費者契約法の定め（消費契約8条1項5号）との関係が問題となる。現状のところは同号が破産管財人については適用されないと言い切れる状況にないので、同号を意識しつつ、譲受人に物件を十分に確認してもらい隠れた瑕疵の範囲を狭めるとか、破産財団に帰属する特殊な資産の譲渡であることを譲受人に十分に説明して理解を得るなどの対策を講じることとなる。

3　破産者の親族が買受けを申し出た場合

　破産者が区分所有建物を所有し、自宅として使用している場合に、親族が

買受けを申し出て破産者の住まいの確保に協力することがある。破産管財人としては、一概に申出を拒絶する必要はなく、住宅の規模（不相応に華美または広大でないか）、資金の出所、予想される債権者や元従業員の反発、価格の相当性等を勘案して、譲渡に問題がないと判断すれば申出を受けてよいと考える。価格の相当性については、破産者や親族側に頼らず、独自に調査することが望ましい。別除権者にも意向を確認するべきである。なお、別除権者によっては親族への譲渡を認めず、あるいは条件を課すところもある。また、親族が買取りの資金を金融機関から調達する意向である場合、金融機関が融資を断る場合が多いので注意が必要である。

4 スケジュール

破産手続開始から3か月以内で譲渡完了するのが望ましいが、前述のように、目的不動産が個人の自宅である場合は、居住者側の事情への配慮が必要である。また、別除権者によっては、買受募集価格や買受人の募集方法を著しく限定し、査定や査定価格の変更に長期を要する場合があるので、3か月では到底実現しないこともある。時間を要することが見込まれる場合には、小まめに別除権者に連絡をとり、次の作業に円滑に移れるよう手配することも必要である。

区分所有建物は比較的売却が容易な資産ではあるが、地域や市況によっては買主の確保が困難な場合もある。かかる場合にも、破産管財人は仲介業者の協力も得ながら情報収集及び発信を続け、価格の見直し等も視野に入れて早期の売却に努めるべきであり、徒に売却に時間をかけることのないよう留意する必要がある。

Ⅳ 放棄する場合の留意点

担保権者の意向、買い手の不在等の事情により、やむを得ず区分所有建物を放棄する場合はあり得る。この場合、放棄以降の管理費負担の引継ぎや駐車場やトランクルーム等の利用契約の整理をした上で放棄することが望ましい。その他、**第11節Ⅳ**を参照されたい。

（上石奈緒）

第5節　類型別にみた不動産換価の実際
　　　　──借地権付建物

I　借地権付建物を換価する場合

1　借地人破産の場合の権利関係

　土地賃貸借契約の賃借人について破産手続が開始された場合、双務契約に関する破産法53条の規定が適用され、破産管財人は、当該賃貸借契約を解除するか、賃料債務を履行して契約を継続するかの選択権を有する。土地賃貸借が借地借家法上の対抗要件を具備している場合、借地権自体の財産的価値が大きい場合が多いから、破産管財人としては、まずは履行を選択し（破53条1項・78条2項9号）、借地権付建物としての換価を試みることになる。しかし、履行を選択するには一定の注意も必要である。安易に履行を選択してしまうと、いざ買主が見つからないときに約定解除の途しか残されておらず（約定解除の場合、6か月前予告等の条件が付される例が一般的であり、中には中途解約を認めないものもある）、かつ原状回復義務の破産債権性を主張する余地もなくなるという、破産財団としては極めて厳しい状況に置かれるからである。この点、売却の見極めが困難な場合の実務的対応として「一定期間内に売買契約を締結できないことを停止条件として賃貸借契約を解除する」旨の解除選択の意思表示を行い、賃料を支払いつつ買主を探した例が報告されている。

　破産管財人が履行を選択した場合、破産手続開始後の借地権設定者の賃料債権は財団債権となる（破148条1項2号・4号・7号）。したがって、破産管財人は、約定の期日に賃料を支払わなければならないが、開始直後は破産財団が乏しい場合もある。このような場合には、借地権設定者との協議により支払期限の猶予を得て売却時に売買代金から一括して支払うこととしたり、別除権者との協議により目的物の交換価値保存の費用として別除権者に負担させるなどして、賃料滞納による債務不履行解除を回避すべきである。

2 賃貸人からの解除

　破産管財人による履行または解除の選択以外に、賃貸人が破産手続開始決定またはその申立てを解除事由とする約定（以下、「解除特約」という）に基づき土地賃貸借契約を解除することができるか。解除特約の有効性が問題となり、説が分かれている。

　解除特約を無効とする説は、特約を有効とすると、破産法が破産管財人に履行と解除の選択権を与えた趣旨が失われることを根拠とする[注1]。これに対し、解除特約を有効とする説は、契約自由の観点から、清算手続である破産手続においては民事再生や会社更生という再建手続に比して契約自由の原則がより尊重されるべきであり、破産手続の開始後に賃料回収が困難になるリスクを回避する趣旨で定められた解除特約の効力も相応に尊重されるべきであることを根拠とする[注2]。近時は無効説が多数のように思われる。

　しかし、借地権付建物の譲渡について実務的対応を考える場合には、解除特約の有効性と同時に、借地権譲渡の承諾［→3(3)］の可能性を検討する必要がある。現実問題として、契約の解除を主張し契約関係の解消を望む借地権設定者が、破産管財人からの借地権譲渡の承諾要請（民612条）に快く応じるとは思われないからである。そこで、破産管財人としては、借地権譲渡の承諾または承諾に代わる許可（借地借家19条）をとるための手続および問題点を併せて検討する必要がある。その上で、当該承諾または承諾に代わる許可取得の手続を経てもなお借地権付建物として譲渡することが破産財団にとって有益か否かを見極め、有益と判断した場合に解除特約の有効性について検討することになる。

（注1）　解除特約を無効とする見解として、条解破産法413頁、伊藤・破産法民事再生法393頁、小林信明「賃借人の破産・会社更生・民事再生」論点解説新破産法（上）107頁。判例として、最判昭和57・3・30民集36巻3号484頁（旧会社更生）、最判平成20・12・16民集62巻10号2561頁（民事再生）、東京地判平成21・1・16金法1892号55頁（破産）。
（注2）　解除特約を有効とする見解として、富永浩明「各種の契約関係の整理Ⅱ──賃貸借契約(2)」新・裁判実務大系㉘210頁。判例として、東京地判平成15・12・22判タ1141号279頁（会社更生）。

3 借地権付建物の売却についての留意点

(1) 買主探し
立地や用途にもよるが、土地建物を所有する場合に比べ、借地権付建物は買主を探すことが難しい。別除権者や借地権設定者にも買主探しの協力を求め、関係者協働で優良な買主を探すことも1つの方法である。

(2) 受戻し
借地権付建物について別除権が設定されている場合、破産管財人は、譲渡代金の中から一定の額を別除権者に支払って目的物の受戻し（破78条2項14号）を行うことになる。受戻しの手順は所有不動産を売却する場合とおおむね同じであるが、借地権付建物の場合、売買代金から控除すべき費用として、①仲介手数料、②固定資産税等売主負担金、③抵当権設定登記抹消費用、④印紙代等の費用のほかに、⑤破産手続の開始から譲渡完了までの賃料、⑥借地権譲渡の承諾料が加わる。

(3) 賃貸人の承諾
借地権付建物の譲渡は底地の賃貸借契約の譲渡を含むため、賃貸人（借地権設定者）の承諾（民612条）または承諾に代わる許可（借地借家19条）が必要になる。承諾を得られる場合は調整の苦労はあっても問題は少ない。これに対し、賃貸人が承諾に応じず、破産管財人が承諾に代わる許可を申し立てざるを得ない場合には検討すべき付随事項が多く生ずる。例えば、買主予定者が借地上建物の建替えを希望している場合、売却を実現するには、譲渡許可に加え、増改築の許可（借地借家17条）または再築許可（借地借家18条）を取得しなければならない。また、買主予定者が借地の開発・転売を希望している場合、破産管財人において増改築の許可までは得るとしても、その先の転売の許可についてまで破産管財人で対応することはできない。さらに、いずれの許可申立手続を行うにも長期を要し、その間、買主予定者を待たせておく必要があるが、買主予定者を長くつなぎとめておくことは現実には極めて困難である。買主予定者が途中で辞退する危険も踏まえておかなければならず、破産管財人としては物件の売れ残りのリスクを負うことになる。

そこで、破産管財人としては、できる限り賃貸人の承諾が得られるよう調

整に努め（途中から地主と破産管財人とが共同で土地建物を売却し、代金を分ける方針に切り替え、売却を実現させた例もある）、調整が成功しない場合には、代替許可に進む場合の必要申立事項、所要期間、費用、見込める財団組入額等を慎重に検討し、手続に進むかどうかを決定する必要がある。

II 土地賃貸借契約を解除して土地を明け渡す場合

1 土地賃貸借契約の解除を選択する場合

諸般の事情により借地権付建物にみるべき資産価値が認められない場合、破産管財人は、費用の発生・増大を抑えるために早期に賃貸借契約の解除を選択し、建物収去の上土地を明け渡すことになる。

この場合、破産手続開始から契約終了までの賃料債権は財団債権となる（破148条1項8号）。また、契約終了から建物収去土地明渡しまでの賃料相当損害金も、破産管財人の行為によって発生したと評価される範囲において財団債権となる（同項4号）[注3]。

なお、建物について別除権が設定されている場合、借地権付建物の交換価値を把握しているのは別除権者であるので、破産管財人としては、解除権行使の前に別除権者の意向を確認するべきである。別除権者の知らぬ間に底地利用権が消滅していたという事態は、深刻なトラブルを招きかねないから、回避すべきである[注4][注5]。

(注3) 最判昭和43・6・13民集22巻6号1149頁。なお、東京高判平成21・6・25金法1976号107頁は、契約終了から建物明渡しまでに発生した損害金は破産法148条1項4号の財団債権になるとした上で、財団債権となるのは破産管財人の行為と相当因果関係のある損害であり、占有継続については賃料相当額の2倍の損害額が約定されていたとしても財団債権となるのは賃料相当額の範囲であり、遅延損害金の利率として年18パーセントが約定されていたとしても財団債権となるのは年6パーセント（破産者が商人の場合）の範囲であると判断した。
(注4) 破産管財人の担保価値維持義務について最判平成18・12・21民集60巻10号1349頁を参照。判決は、破産管財人が破産財団に属する建物賃貸借契約を合意解約した際に、賃貸人との間で破産宣告（当時）後の未払賃料等に敷金を充当する旨の合意をしたことが敷金返還請求権の質権者に対する担保価値維持義務に違反するとした。判決は、破産管財人の担保価値維持義務を一般的に広く認めるものではないが、注意が必要である。
(注5) 不動産の財団からの放棄の際の別除権者に対する通知につき破産規則56条。

2　建物収去土地明渡義務・原状回復義務

　借地権付建物について土地賃貸借契約が終了した場合、破産管財人は、賃貸借契約に基づき、借地上の建物を収去して土地を明け渡す義務を負う。また、破産管財人は、他人の土地上に権原なく破産財団に属する建物を占有管理して当該他人の土地利用を妨害している状態にあるので、所有権に基づく妨害排除請求としての建物収去土地明渡義務を負うと捉えることも可能である。これらの義務は、取戻権（破62条）または財団債権（破148条1項4号または8号）として、破産手続外で履行し、または破産債権に先立って弁済する必要がある。

　破産財団に建物収去を行うだけの資金がなく、いたずらに賃料相当損害金が膨らむ状況の下では、破産管財人は建物所有権の放棄を検討することになる。この場合には、破産管財人は事前に借地権設定者と協議し、建物収去義務の免除、建物の無償譲渡等の方法により建物の管理を借地権設定者に引き継ぐ形をとることが望ましい。放棄の場合の別除権者との調整事項については、第11節Ⅴを参照されたい。

　なお、実体法においては、賃貸借契約上の目的物の返還義務の内容として物の原状回復義務を含むと考えるのが通説であり[注6][注7]、目的物の原状回復義務の破産法上の取扱いも、物の返還義務とともに取戻権（破62条）ないし財団債権（破148条1項4号・7号・8号）になると捉えるのが一般的である[注8]。ただ現実には、目的物の返還義務と原状回復義務は当事者間の約定によりそ

（注6）　我妻榮『債権各論中巻1（民法講義Ⅴ2）』（岩波書店、1957）466頁、幾代通＝広中俊雄編『新版注釈民法⑮』（有斐閣、1989）302頁。また、賃貸借契約終了に基づく建物収去土地明渡請求権、所有権に基づく返還請求権としての建物収去土地明渡請求権について、司法研修所編『改訂紛争類型別の要件事実』（法曹会、2006）91頁・58頁は、建物収去は土地明渡しの手段ないし履行態様であって、土地明渡しと別個の実態法上の請求権ではないとする。

（注7）　民法改正（平成29年法律第44号）により賃貸人の原状回復義務および物の収去義務が明文化されることとなったが、（改正民621条・622条・599条1項）、従前の解釈を明文化したものであり、（一問一答民法325頁）、改正による破産法上の取扱いに変更はないと考えられる。

（注8）　破産・民事再生の実務〔破産編〕236頁、東京地判平成20・8・18判時2024号37頁以下、東京高判平成16・10・19判時1882号33頁。

れぞれ別個に定められており、かつ原状回復義務の範囲および内容は約定ごとに多様であるので、両者の関係を画一的に捉えることは難しい[注9]。このような状況の中で、特に建物賃貸借契約における原状回復を想定して、破産管財人の原状回復義務が破産債権であるとする見解・実務が登場してきており、注目される[注10]。

3 違約金条項

建物収去土地明渡義務を履行してなお残存する敷金・保証金がある場合、破産管財人は、これを借地権設定者から回収して破産財団に組み入れることになる。

このとき、賃貸人から敷金・保証金から控除すべき金額として、賃貸借契約上の違約金条項による金額が主張されることがある。この点、これら違約金条項は双方未履行契約の履行解除選択権を専ら破産管財人に認めた趣旨に反するとして、適用を認めない見解もある。下級審判例は、一律に否定するのではなく、条項の存在理由、内容の合理性、金額の多寡、当事者の認識等を勘案して、適用否定[注11]、適用肯定[注12]、適用肯定だが相殺の範囲を限定するもの[注13]に分かれる。思うに、破産管財人が解除権行使を選択した場合、相手方の損害賠償請求を破産債権として認める現行破産法の規定の趣旨に照らしても、破産法が一律に違約金条項を排除していると解するのは困難である。個々の事案ごとに当事者の意思解釈を行い、破産手続においても相当と認められる合理的な期待の範囲を定める下級審判例の姿勢は、妥当と考えられる。

(上石奈緒)

(注9) 東京高判昭和60・7・25東京高等裁判所（民事）判決時報36巻6・7号132頁参照。
(注10) 詳細は三森仁「原状回復請求権の法的性質に関する考察」倒産法の最新論点ソリューション3頁以下、水元宏典「賃借人破産と破産法53条1項に基づく破産管財人の解除選択――賃貸人の原状回復請求権・原状回復費用請求権を中心に」同17頁以下、小林・前掲（注1）111頁以下、富永・前掲（注2）214頁以下、破産管財手続の運用と書式115頁以下、岡伸浩「賃借人破産における原状回復請求権の法的性質」同『倒産法実務の理論研究』（慶應義塾大学出版会、2015）21頁以下。
(注11) 東京地判平成21・1・16金法1892号55頁。
(注12) 東京地判平成20・8・18金法1855号48頁、大阪地判平成21・1・29判時2037号74頁。
(注13) 名古屋高判平成12・4・27判時1748号134頁、東京地判平成24・12・13判タ1392号353頁。

第6節　類型別にみた不動産換価の実際
——テナントビル

I　テナントビルの換価

1　破産手続が開始した場合の権利関係

　賃貸借契約の賃貸人が破産した場合、賃借人保護の観点から双務契約についての破産法53条が一部修正される。すなわち、破産管財人は、賃借人が目的たる賃借権につき登記その他の対抗要件を備えている場合には、同条1項に基づき賃貸借契約を解除することができない（破56条1項）。破産財団に属する賃貸借契約は、破産管財人が履行を選択した場合と同様に継続することになる。この場合、賃借人に対する賃料債権は破産財団に帰属する。他方、賃借人が有する請求権は財団債権となる（同条2項）。財団債権となる請求権の例として、まず賃貸借目的物の使用収益請求権がある。また、目的物の修繕請求権も同条によって財団債権となる(注1)(注2)。

2　敷金返還請求権

　敷金に関する合意は、賃貸借契約に付随する契約であるが、賃貸借契約とは別個の契約と解されるから、敷金返還請求権は破産法56条2項により財団債権とされる「請求権」には含まれない。敷金返還請求権は、①破産手続開始前の合意に基づき、②賃貸借目的物の返還時において、それまでに生じた未払賃料債権等を控除してもなお残額がある場合にその残額につき具体的に発生する停止条件付債権であり、破産手続においては停止条件付破産債権である(注3)。

（注1）　破産手続開始前に発生した修繕請求権は破産債権となるとする見解として、藤田浩司「賃貸人の破産」論点解説新破産法（上）121頁。
（注2）　賃借権につき登記その他の対抗要件を備えていても個別事情により賃借人保護に値しないとされた例もある。破産申立ての約8か月前に破産者所有の土地建物について締結された賃貸借契約の否認が認められた例として、金沢地判平成25・1・29金法1420号52頁。

賃借人は、将来目的物の返還が完了し、敷金返還請求権と賃料債務とが相殺適状になる場合に備えて、破産管財人に対し賃料の寄託を求めることができる（破70条後段）。ただし、ここにいう「敷金」とは「賃料債権、賃料相当損害金、原状回復請求権など賃貸人が賃借人に対して賃貸借契約上取得することのある一切の債権を担保する」目的で差し入れられた金員であることを要し、名称いかんにかかわらず、賃借人の債務不履行時の相殺充当を予定していない金員は除かれる。

II テナントビルの譲渡による換価

1 譲渡による換価

賃貸建物を譲渡して換価する方法としては、①既存の賃貸借契約を存続させたまま収益物件として売却する場合と、②既存の賃貸借契約を終了させて利用処分についての制約のない物件として売却する場合がある。いずれの方法をとるかについては、当該建物の用途、使用状況、市場の動向、売却費用、所要期間、難易度等を勘案して、破産財団にとって最も有益な方法を選択することになる。

2 既存の賃貸借契約を存続させたまま売却する場合

対抗要件を備えた既存の賃貸借契約を存続させたまま建物を売却する場合、建物所有権の移転のほか、賃貸人たる地位の移転、敷金関係の移転の処理が必要になる。

まず賃貸人たる地位の移転については、建物の売主（破産管財人）と買主との間では建物所有権を移転する旨を合意すれば足り、賃貸人たる地位を移転する旨の別途の合意は不要である。また、債務の引受けについて賃借人の同意も不要である。この点、「自己の所有建物を他に賃貸している者が賃貸借継

（注3） 民法改正（平成29年法律第44号）により、新たに敷金の定義、敷金返還請求権の発生時期・返還金額、充当に関する定めが創設されることとなったが（改正民622条の2）、従前の判例を明文化したものであり（一問一答民法327頁）、破産法上の取扱いに変更はないと考えられる。

続中に右建物を第三者に譲渡してその所有権を移転した場合には、特段の事情がない限り」、「賃貸人の地位もこれに伴って右第三者に移転する」とするのが判例である(注4)。民法改正により、上記の取扱いは明文化されている(改正民605条の2第1項)。

敷金に関する権利関係も同様であり、特段の事情がない限り、敷金に関する権利関係は建物所有権の譲受人である第三者に移転し、旧賃貸人は敷金返還義務を免れる(注5)。民法改正により、このことは明文化されている(改正民605条の2第2項)。このとき、賃料の未払があれば敷金に当然に充当され、残額の敷金が譲受人に承継される(注6)。また、譲受人に承継されるのは前記Ⅰ2で述べた敷金たる性質を有する金員のみであり、それ以外の金員については、破産管財人と譲受人が特に合意しない限り、名称のいかんを問わず譲受人には承継されない。

このように、敷金に関する権利関係の移転については、個々の賃借人ごとの清算が必要になることが予想されるから、破産管財人としては、早期に契約書や帳簿類を入手し、賃借人ごとに賃料額、未払額、敷金・保証金の額、その性質等、譲渡に必要な情報の把握に努めるべきである。また、テナントビルとして稼働中であることを考慮し、建物の引渡しが完了するまでの維持管理にも配慮すべきである(火災保険の加入はもちろんであるが、その他清掃委託、セキュリティーサービス等も考えられる)。事前に別除権者と協議して内容・費用負担について了解をとることが有益である。

3 既存の賃貸借契約を終了させて売却する場合

前記Ⅰ1で述べたように、賃借権について対抗要件が具備されている場合には、破産管財人は双方未履行契約の解除を選択して賃貸借契約を終了させることができない(破56条1項)。したがって、この場合には、破産法53条以外の解除事由を検討し(債務不履行解除など)、または賃借人との合意により賃貸借契約を終了させることになる。他方、賃借権について対抗要件が具備

(注4) 最判昭和39・8・28民集18巻7号1354頁。
(注5) 最判平成11・3・25判時1674号61頁。
(注6) 最判昭和44・7・17民集23巻8号1610頁。また、一問一答民法318頁参照。

されていない場合には、双方未履行契約の解除権行使が可能である。

契約終了までの賃料債権は破産財団に帰属する。このとき、賃借人は、将来建物を明け渡して敷金返還請求権と賃料債権とが相殺適状になる場合に備えて、差入敷金額の範囲内で弁済賃料の寄託を請求することができる(破70条後段)。最後配当に関する除斥期間内に明渡しが完了し、敷金返還請求権の額が定まったときは、破産管財人は寄託金のうち当該定まった額に相当する額を賃借人に返還することになる。他方、最後配当の除斥期間内に明渡しが完了せず、敷金返還請求権の額が定まらなかったときは、敷金返還請求権は破産配当の対象とならず（破198条2項）、寄託金は破産財団に組み入れられる。

4　別除権者との調整

別除権の目的物の受戻しについては、他の不動産売却の場合とおおむね同じである。売買代金から控除を求める費用としては、①収益物件の維持管理のための費用や、②賃貸借契約を合意解約する場合の賃借人に対する和解金などが考えられる。

抵当権者が破産財団に属する賃料債権について物上代位した場合、または収益執行を申し立て、開始決定が発令された場合、賃借人は破産財団に対してではなく抵当権者に対して賃料を支払う義務を負う。この状態でもなお賃借人が賃料の寄託請求ができるかについては、肯定説と否定説に分かれている(注7)(注8)。現状、実務上の決着がついているとはいえないので、現実に寄託請求がきた場合には、当該問題について確定的な判断が出るまでは慎重に対応すべきであり、寄託相当額を原資とする配当を留保することも考えられる。

(注7)　山本和彦「倒産法制の現代的課題」（有斐閣、2014）186頁以下、条解破産法548頁、小林信明「各種の契約の整理Ⅰ──賃貸借契約(1)」新裁判実務大系(28)188頁、破産実務Ｑ＆Ａ200問244頁［木村真也］。
(注8)　抵当権者の物上代位または収益執行開始と相殺の優劣については最判平成13・3・13民集55巻2号363頁、最判平成14・3・12民集56巻3号689頁、最判平成21・7・3民集63巻6号1047頁を参照。

Ⅲ　テナントビルを破産財団から放棄する場合

　建物の売却が見込めないときは、破産管財人は破産財団からの放棄を検討することになる。また、建物について競売が開始されたときは、破産財団の建物売却消費税の負担を回避するため、破産管財人は、競落前に当該建物を破産財団から放棄することになる。

　建物が破産財団から放棄された場合、建物の破産管財人の管理処分権は消滅し、破産者の権限が復活する。賃貸借契約の賃貸人たる地位、敷金に関する権利義務についても破産者が承継すると考えられる[注9]。

　放棄するに当たり、破産管財人は、建物の管理者が事実上不在となることのないよう手当てを講じる必要がある。破産者が個人である場合には破産者本人に委ねることになるが、破産者が法人である場合にも、別除権者に担保権の早期実行を促し、または建物居住者や破産者の元代表者など当該建物に関わりのある者に管理を引き継ぐことが考えられる。

（上石奈緒）

（注9）　破産管財の手引201頁。なお、小林・前掲（注7）196頁は、破産財団の敷金返還請求権が免責されないとする。

第7節 類型別にみた不動産換価の実際
──工場・事業用不動産

I 不動産内に動産類、リース物件等がある場合

　工場、事業用不動産内に存する動産類に換価価値がある場合には、不動産の売却に先行して、そのような動産類の売却を実施することが考えられる。在庫品、特殊な機械類、絵画等不動産の利用と関連が薄い動産については、不動産の売却に先立って売却するほうが高額に売却することができることが見込まれる［これらの動産類の換価方法の詳細は、→第4章第2節・第3節］。他方、キュービクルその他の建物の利用に伴い汎用する機械類や、当該不動産にとくに規格を合わせた什器類（例えば、ホテル物件のベッド、机等）などについては、不動産とともに売却することにより、無用な撤去費用の負担を回避して合理的な換価をなし得る場合がある。

　次に、工場、事業用不動産内にリース物件がある場合についても、その対応に留意を要する［リース物件の処理の詳細は、→第4章第4節］。工場、事業用不動産の換価との関係で問題が生じるのは、リース会社が、リース物件の価値が当該物件の引揚げコストに見合わないものとして、リース物件の放棄を希望する場合である。リース物件が放棄された場合には、当該リース物件をどのように処分するかについて検討を要することとなる。もっとも、リース物件はリース会社の所有物であり、これが無価値であるからといって放棄をして破産財団の負担により廃棄を要する事態となることは適切ではないとして、リース会社に対して、放棄を受け入れず、あくまでリース会社側で撤去することを求めて交渉をすることも考えられる。その際、最判平成21・3・10（民集63巻3号385頁）[注1]の趣旨によりリース会社はリース物件について責任を負うと解されること、廃棄物処理法上廃棄物の処理は所有者である

（注1）　動産の購入代金を立替払した者が、立替金債務の担保として当該動産の所有権を留保する場合において、被担保債権の弁済期が経過した後は、留保された所有権が担保権の性質を有するからといって撤去義務や不法行為責任を免れることはない旨判示した。

第2部　実務家からみた破産管財人による財産換価を巡る諸問題（各論）

リース会社においてなされるべきことなどを主張することが考えられる。

　工場、事業用不動産内に、換価価値の乏しい機械、什器、在庫等が残っている場合がある。また、上記のとおり、リース物件のうち、価値がないものとして放棄された物件についても同様に処理を要する。これらについて、破産管財人は、工場、事業用不動産の売却に先立ち、廃棄物として処理をすることが考えられる。そうすることにより、工場物件の売却上の支障をなくし、工場物件の売却を容易にすることができる場合がある。ただし、この場合、許可を受けた廃棄物処理業者へ書面（産業廃棄物委託契約書、産廃施行令6の2第4項）をもって委託をし（廃棄物処理12条5項参照）、産業廃棄物管理票（マニフェスト）を保管する等（廃棄物処理12条の3）、廃棄物の処理及び清掃に関する法律（以下、「廃棄物処理法」という）の定めに従った廃棄処分をする必要がある(注2)。そのためには、相当額の廃棄費用を要し、破産財団にとって相応の負担とならざるを得ない。このように、事業用不動産の換価に先立ち、破産財団の負担で動産類を廃棄することが適切であるのは、当該不動産の売却が相当程度確実に見込まれ、動産類を事前に廃棄しておくことにより、廃棄費用を上回る財団組入金を確保することが期待できる場合などである。廃棄に先立ち、廃棄費用の見込額を担保権者に伝えて、それに見合った財団組入れを確保されたい旨要請しておくことも考えられる。

　以上記載したように、工場、事業用不動産の売却に先立ち、当該不動産内に存する動産類を処理する必要性や合理性がない場合には、あらかじめその処理をすることなく、その動産類を含めて工場、事業用不動産の売却を図ることが考えられる。その場合には、その旨を明示して買受人を募り、内覧の際にもその点を明らかにしておき、存置する動産類を含めて売買する旨の売買契約書を作成することとなる。この場合、動産類は廃棄物処理法上の廃棄物ではない（有価物）という前提で、不動産とともに売却をすることとなるが、実質上は廃棄物にほかならないと評価される場合には、廃棄物処理法上の規制を受ける可能性があり得ることについては留意しなければならない。

（注2）　破産実務Ｑ＆Ａ200問111頁［長島良成］。破産管財人が産業廃棄物処理法違反により告発された事例について、名誉毀損の成立を認めたものとして、岐阜地判平成24・2・1判時2143号113頁。

II　不動産内に危険物、産業廃棄物がある場合

　工場、事業用不動産の内部に、危険物、産業廃棄物が存することは珍しくはない。例えば、工場においてPCBを含む廃棄物や、有害薬品類、塗料その他の溶液類、廃材類等があることがある。また、薬局物件において麻薬等の薬品等があることがあり、医院物件において医療廃棄物等がある［危険物、有害物の処理については、→**第4章第6節**］。

　これらの場合には、人身の安全に関わる場合もあることから、通常の動産類のように工場、事業用不動産とともに売却するという処理には適さないことが通常である。破産財団から廃棄費用の捻出が可能である限り、破産財団の負担により早期に廃棄をすることが重要である。

III　土壌汚染がある場合

　工場、事業用不動産の敷地に土壌汚染の疑いがある場合がある。例えば、化学薬品工場、鍍金工場、溶剤を使用する鉄工場、ガソリンスタンド等の物件については、化学薬品、鍍金金属、溶剤、廃油等を含む廃液等により土壌が汚染されている可能性がある。土壌汚染対策法2条において、「鉛、砒素、トリクロロエチレンその他の物質（放射性物質を除く。）であって、それが土壌に含まれることに起因して人の健康に係る被害を生ずるおそれがあるものとして政令で定めるもの」を「特定有害物質」[注3]と定めて規制している。

　土壌汚染対策法によれば、「有害物質使用特定施設」の使用が廃止されたときには、所有者に土壌汚染調査をして都道府県知事に報告する義務が課せられている（土壌汚染3条）。破産管財人が、同法所定の「所有者」としてその調査、報告をする義務をただちに負うものではないと解する余地もあるが[注4]、破産財団帰属の施設が有害物質使用特定施設に該当しないかを検討しておく必要がある。有害物質使用特定施設とは、水質汚濁防止法2条2項

（注3）　土壌汚染対策法施行令1条に、特定有害物質が定義されており、カドミウムおよびその化合物、六価クロム化合物、シアン化合物、四塩化炭素、水銀およびその化合物、トリクロロエチレン、鉛およびその化合物、砒素およびその化合物、ふっ素およびその化合物、ポリ塩化ビフェニル（PCB）等広範囲の物質が列挙されている。

に規定する特定施設であって、同項1号に規定するカドミウム等の物質[注5]（特定有害物質であるものに限る）をその施設において製造し、使用し、または処理するものをいう（土壌汚染3条1項）。

有害物質使用特定施設に該当する場合のほか土壌汚染の疑いがある場合には、土壌汚染対策法に基づく調査は環境大臣が指定した指定調査機関に依頼する必要があり、調査のレベルについても簡単なものから精度の高いものまであり、それに応じて費用も大きく異なる。調査方法として、①過去の土地利用履歴や汚染物質使用履歴に関する資料調査、②敷地全体を対象として汚染の有無、平面的広がりを調査する概況調査、③ボーリングによる深度方向の汚染状況の調査をする詳細調査などの段階がある[注6]。危険性の程度、被害拡大のおそれの有無、破産財団の規模等を踏まえて、土壌汚染調査を要するかどうか、どの範囲で調査をするべきかについて検討をする必要がある。調査の結果、土壌汚染が確認された場合には、都道府県知事へ報告をし、要措置区域、形質変更時要届出区域としての指定がなされる場合がある（土壌汚染6条以下。なお、指定の申請について、土壌汚染14条参照）[注7]。

工場、事業用不動産の売却において、土壌汚染があり得るとしても調査を

（注4）　PCBにつき、ポリ塩化ビフェニル廃棄物の適正な処理の推進に関する特別措置法2条2項の「事業者」、同法12条1項の「事業者の地位の承継人」に該当しないとするものとして、破産実務Q＆A200問114頁［進士肇］。一方、問題の重大性、公益性、また公害の防止・除去が第1次的には事業者負担とされていること（廃棄物処理3条1項、公害防止事業費事業者負担法2条の2）、破産管財人の社会的責任等に配慮し、汚染物質・危険物質を可能な限り除去するよう努力する必要があり、破産管財人としては、裁判所と協議して、破産管財人報酬を除いた破産財団のすべてを投入しても危険物質や土壌汚染の調査、除去に努めなければならないとするものとして、破産実務Q＆A200問116頁［長島］。そのほか、破産管財手続の運用と書式139頁、破産管財実践マニュアル210頁参照。

（注5）　水質汚濁防止法施行令2条に、以下のような広範囲の物質が列挙されている。カドミウムおよびその化合物、シアン化合物、鉛およびその化合物、六価クロム化合物、砒素およびその化合物、水銀およびアルキル水銀その他の水銀化合物、ポリ塩化ビフェニル、ベンゼン、ふっ素およびその化合物等。

（注6）　土壌汚染の調査などについては、公益財団法人日本環境協会のホームページ等参照（http://www.jeas.or.jp/dojo/law/investigation.html#investigation）。

（注7）　そのほか、3000㎡以上の土地の掘削その他の土地の形質の変更をする場合にも都道府県知事への届出を要し、知事において汚染のおそれがあると判断した場合には調査命令が発令される（土壌汚染4条・5条、土壌汚染施規22条）。

実施することが困難である場合には、リスクは買受人において負担する趣旨にて瑕疵担保責任免除の旨を明示して、当該不動産の売却を進めることも考えられる。把握し得たリスクを十分に開示して、瑕疵担保責任を巡る紛争が後日生じることのないように対応をすることが求められる[注8]。このような場合、買主が消費者である場合には、担保責任免除の特約の有効性に議論があり得るため、法人または事業者に対して売却することも検討に値する。

Ⅳ 工場抵当法の適用がある場合

工場、事業用不動産に、工場抵当法に基づく工場抵当が設定されている場合がある。工場抵当法には、①工場財団を組成してなす工場財団抵当（工抵8条以下）と、②工場財団を組成することなくして工場財産全体に1個の抵当権の設定を認める工場抵当（工抵2条以下）が定められている。前者は、とりわけ大規模な工場施設等にて利用され、半導体製造工場、精密機器工場、紡績工場等での利用例があり[注9]、後者はより小規模な工場において利用され、アイススケート場の冷蔵設備、養豚・養鶏施設、水産物冷却施設、物資流通センター等での利用がある[注10]。これらは、抵当権の一種として、破産手続上、別除権（破65条）として取り扱われる。

工場財団抵当は、企業経営のための土地・建物・機械その他の物的設備や工業所有権等を一括して1個の財団を組成し、この上に抵当権を設定することを認める制度である。工場財団を組成し得るものは、工場に属する土地および工作物、機械・器具・電柱・電線・配置諸管・軌条その他の附属物、地上権、賃貸人の承諾のあるときは物の賃借権、工業所有権、ダム使用権である（工抵11条）。工場財団の設定は、工場財団登記簿に所有権保存の登記をす

(注8) 売買契約の目的物である土地の土壌に、同売買契約締結後に法令に基づく規制の対象となったふっ素が基準値を超えて含まれていたことが、民法570条にいう瑕疵に当たらないとされた事例として、最判平成22・6・1民集64巻4号953頁参照。
(注9) 工場財団抵当は、更生事件などでは、比較的頻繁に問題となるとされている（全国倒産処理弁護士ネットワーク編『会社更生の実務Ｑ＆Ａ120問』〔金融財政事情研究会、2013〕103頁［山下成美］、松下淳一＝事業再生研究機構編『新・更生計画の実務と理論』〔商事法務、2014〕183頁）。
(注10) 道垣内弘人『担保物権法〔第4版〕』（有斐閣、2017）267－268頁参照。

ることによってなされ（工抵9条）、工場財団に設定された抵当権の公示は、工場財団登記簿によってなされる（工抵20条3項）。

　工場財団設定後に物件が追加されたにもかかわらず、破産手続開始時までに工場財団目録の変更がなされていない等、工場財団目録に記載の漏れがある場合には、当該物件について対抗要件を欠き、工場財団抵当を破産管財人に対抗することができない[注11]。破産管財人としては、破産財団に属する工場施設の内容と工場財団目録の内容を照合し、対抗要件の有無を確認することが重要となる。その上で、原則として、工場財団全体を一括売却することを念頭に、任意売却の方法について検討することとなろう[注12]。

　次に、工場抵当については、対象土地・建物のほか、付加物、対象不動産に備え付けられた機械・器具その他の工場の用に供する物（共用物）に及ぶ（工抵2条）。対抗要件は登記である（工抵3条）。登記されていない共用物に工場抵当の効力が及ぶかについては、見解が分かれているが、破産管財人としては、登記されていない共用物については工場抵当権の効力が及ばないとの主張をすることが考えられる[注13]。工場抵当についても、破産管財人としては、対抗要件が備えられている範囲に留意しつつ、工場施設をある程度一体として換価することにより、より合理的な換価をすることとなる。

V　不動産の譲渡担保の場合

　工場、事業用不動産に、不動産譲渡担保が設定されている場合がある。不動産譲渡担保権は、担保のために目的不動産の所有権を移転するものであり、その法的性質については、種々の説があるが、判例は、更生手続においては

（注11）　全国倒産処理弁護士ネットワーク編・前掲（注9）104頁［山下成美］、畑中龍太郎ほか監修『銀行窓口の法務対策4500講〔Ⅳ〕』（金融財政事情研究会、2013）667頁。
（注12）　担保権の実行の場合においても、一括売却によるべきことについて、高木多喜男『担保物権法〔第4版〕』（有斐閣、2007）292頁。
（注13）　平成16年不動産登記法の改正前において、対抗要件が登記および共用物の目録の2本立てであった制度下での事案に関し、最判平成6・7・14民集48巻5号1126頁は、工場抵当法3条に規定する物件につき抵当権の効力を第三者に対抗するには、上記物件が同条の目録に記載されていることを要する旨判示しており、これを現行法に投影すると、共用物の登記がなされていない限り、対抗要件を欠くとの理解が考えられる。高木・前掲（注12）291頁参照。

更生担保権になるとし(注14)、再生手続では別除権に準じて取り扱うものとしている(注15)。また、破産手続では別除権として扱うのが多数説である(注16)。

　不動産譲渡担保の実行方法と受戻しについては、以下のとおりとされている。すなわち、債務者がその所有不動産に譲渡担保権を設定した場合において、債務者が債務の履行を遅滞したときは、債権者は、目的不動産を処分する権能を取得し、この権能に基づき、目的不動産を適正に評価された価額で確定的に自己の所有に帰せしめるかまたは第三者に売却等をすることによって、これを換価処分し、その評価額または売却代金等をもって自己の債権（換価に要した相当費用額を含む）の弁済に充てることができ、その結果剰余が生じるときは、これを清算金として債務者に支払うことを要するものと解すべきであるとされている。他方、弁済期の経過後であっても、債権者が担保権の実行を完了するまでの間、すなわち、①債権者が目的不動産を適正に評価してその所有権を自己に帰属させる帰属清算型の譲渡担保においては、債権者が債務者に対し、目的不動産の適正評価額が債務の額を上回る場合にあっては清算金の支払またはその提供をするまでの間、目的不動産の適正評価額が債務の額を上回らない場合にあってはその旨の通知をするまでの間、②目的不動産を相当の価格で第三者に売却等をする処分清算型の譲渡担保においては、その処分の時までの間は、債務者は、債務の全額を弁済して譲渡担保権を消滅させ、目的不動産の所有権を回復すること（この権能を「受戻権」という）ができるものと解されている(注17)。

　破産管財人としては、基本的には、抵当権の設定された不動産と同様に、譲渡担保権の対象不動産について任意売却に努めることとなろう。抵当権の

(注14)　最判昭和41・4・28民集20巻4号900頁。
(注15)　最判平成18・7・20民集60巻6号2499頁、最判平成18・7・20判時1944号111頁。
(注16)　条解破産法511頁、伊藤・破産法民事再生法489頁、大コンメ279頁［野村秀敏］ほか。
(注17)　最判昭和62・2・12民集41巻1号67頁。さらに、債務者所有の不動産に設定された譲渡担保が帰属清算型である場合、債権者の支払うべき清算金の有無およびその額は、債権者が債務者に対し清算金の支払もしくはその提供をした時もしくは目的不動産の適正評価額が債務額（評価に要した相当費用等の額を含む）を上回らない旨の通知をした時、または債権者において目的不動産を第三者に売却等をした時を基準として確定されるべきであるとされている。

設定された不動産の換価については、**第2節**を参照されたい。

　もっとも、不動産譲渡担保権の場合、譲渡担保権者に所有権移転登記がなされている上、その登記原因として、「譲渡担保」[注18]のほか、「売買」等と登記がなされている場合があり、外形上譲渡担保であるか売買であるかの判別が容易ではない場合があるため、その調査を十分に行う必要がある。なお、買戻特約付売買契約の形式がとられていても、目的不動産の占有の移転を伴わない契約は、特段の事情のない限り、債権担保の目的で締結されたものと推認され、その性質は譲渡担保契約と解するのが相当であるとするものとして、最判平成18・2・7（民集60巻2号480頁）を参照されたい。

　また、譲渡担保の実行方法については、競売によらずに譲渡担保権者において任意に売却することが認められている点において抵当権と異なる。譲渡担保権者が所有権移転登記を経ていることから、譲渡担保権者において、破産管財人の関与なく対象物件を売却することも考えられる[注19]。この点に関連して、破産法185条を不動産譲渡担保に類推適用をするべきとする見解が有力に主張されている[注20]。これによると、破産管財人は、裁判所に対して、譲渡担保権を実行すべき期間の指定の申立てをなし、その期間満了時までに譲渡担保権者が目的財産に対して担保権の実行をしないときは、譲渡担保権者は換価時期選択権を失い、破産管財人は、その期間満了時に目的財産が処分されたものとみなして、処分価額相当額から被担保債権額を差し引いた差額につき、清算金としての交付を請求することができるとするものである。

（木村真也）

（注18）　平成16年の不動産登記法の改正により、移転登記の申請に際して登記原因証明情報を法務局に提出することが必須となったため、実態に合致した「譲渡担保」を登記原因とする登記が増加すると想定されることにつき、道垣内・前掲（注10）306頁参照。
（注19）　譲渡担保権者が被担保債権の弁済期後に目的不動産を譲渡した場合には、譲渡担保を設定した債務者は、譲受人がいわゆる背信的悪意者に当たるときであると否とにかかわらず、債務を弁済して目的不動産を受け戻すことができないことにつき、最判平成6・2・22民集48巻2号414頁参照。
（注20）　条解破産法512頁、田原睦夫「倒産手続と非典型担保権の処遇――譲渡担保権を中心に」『倒産実体法（別冊 NBL 69号）』（2006）78頁。

第8節　類型別にみた不動産換価の実際
——破産法人代表者等が底地を所有している場合の借地権付建物

　破産財団に建物が属する場合に、その底地を破産法人代表者等が所有している場合がある。その場合における留意点について、場合を分けて検討したい。

I　破産法人代表者等も破産等している場合

　破産法人代表者も破産している場合には、破産法人の破産管財人と破産法人代表者の破産管財人が同一人物とされることが実務上多い。そのような場合には、両破産管財人の連名で建物および敷地（底地）について売却を図ればよい。仮に破産法人と破産法人代表者で破産管財人が異なる場合にも、相互に協力をして換価に努めることとなる。ただし、売却代金のうち、建物帰属分と敷地帰属分の配分および破産財団組入金の配分については、各破産財団に係る債権者の利害に大きく影響するため慎重な検討を要する。簡略な配分方法としては、土地、建物の固定資産評価額に応じて割り振ることなどが考えられる。

　以上は、敷地所有者が破産法人代表者の親族である場合も基本的に同様である。また、敷地所有者である代表者等が破産ではなく、個人再生・通常再生、経営者保証ガイドラインを含む私的整理の手続をとっている場合も、同様な考え方に基づき処理するのが相当であろう。

II　破産法人代表者が破産していない場合

　破産法人代表者が破産していない場合には、破産法人代表者に協力を要請し、破産法人の破産管財人とともに、土地、建物を一括して売却することを目指すのが合理的である。この場合においても、前記と同様、売却代金のうち、建物帰属分と敷地帰属分の配分については慎重に検討を要する。さらには、破産財団への組入金については、通常の任意売却の場合と同様に担保権者と協議をすることとなるが、その場合、破産財団への組入金として確保し

た資金についても、破産法人代表者と破産法人の破産財団で分配するかどうかという問題も生じる。破産管財人が任意売却の業務を主導すること、破産債権者の配当原資を確保する必要があること等に基づき、組入金の全額を破産財団にて受領し、破産者の受領分はないものとすることが適当であると考えられるが、破産者の協力を得るべく破産者に十分に説明をして理解を得ることが必要となる。

　以上に対して、破産法人代表者の協力が得られない場合には、敷地利用権が明確ではないままに建物を売却することは容易ではない。破産法人代表者としても、敷地上に破産法人所有の建物が存する状態において敷地を合理的に利用、換価することは通常困難であること、破産法人代表者には破産手続の円滑な進行に合理的に協力することが期待されること等を踏まえれば、破産法人代表者に十分に説明をして理解を得た上協力を得ることが望ましい。破産法人代表者が建物の売却に非協力的であるとしても、その実質的理由を探求しつつ、破産法人代表者に粘り強く協力を求めることが重要となろう。破産法人の破産管財人としては、代表者に対して債権を有する等の場合にはその回収を求めることや、場合によっては債権者破産の申立てを検討し得ることなども含めて、代表者に必要な説明をして協力を求めることが考えられる。最終的に破産法人代表者の協力が得られない場合には、建物を破産法人代表者の親族にて買い受けてもらうことや、破産財団から放棄をすることを考えざるを得ない可能性もある。なお、このようなケースにおいては、通常、破産法人と破産法人代表者の間で使用貸借契約の成立が認定できると思われるが、そのような使用権原が存しない場合には、破産法人の破産手続開始後の期間についての賃料相当損害金は、財団債権（破148条1項2号）となり得ることに留意を要する。

　以上は、敷地所有者が破産法人代表者の親族である場合も、基本的に同様である。ただし、所有者が代表者である場合と比較しても、協力が得にくい場合もあろう。

（木村真也）

第9節　類型別にみた不動産換価の実際
　　　　──農地・山林原野

I　農地の換価

　破産管財人が破産者の所有する農地(注1)を換価する場合に、農地法上どのような手続および注意点があるか。また、買主を探すにはどのような工夫が必要か。

1　農地売却の手続

(1)　農地として売却する場合

　農地法3条1項に基づき、原則として農業委員会の許可(以下、「3条許可」という)が必要である。許可申請は、売主および買主が許可申請書に連署し、それを添付書類とともに当該農地を管轄する農業委員会に提出する(注2)。許可基準は、同条2項に定められている(注3)。許可または不許可が決定されると、農業委員会から売主および買主に対し、許可指令書または不許可指令書が交付される(注4)。許可の見込み等につき、売買契約締結前に、農業委員会と相談する必要があろう。

　3条許可を受けずに行った行為は、その効力を生じない(農地3条7項)。3条許可は、所有権移転のための効力発生要件であり、法定条件と解されている(注5)。一般的に、許可前に(許可を条件として)売買契約は締結される

(注1)　農地法上の「農地」とは、耕作の目的に供される土地をいう。農地か否かは土地の現況によって判断されるため、登記簿上の地目が「田」または「畑」以外でも、現況が農地であれば農地に該当し、逆に地目が「田」または「畑」であっても、現況が農地でなければ農地とはいえない。
(注2)　共同申請が原則ゆえ、売買契約書の条項として「売主及び買主が売買契約締結後直ちに協力して許可申請を行う」旨規定するのが適当である。
(注3)　所有権を取得しようとする者またはその世帯員等において、①全部効率利用要件(1号)、②農作業常時従事要件(4号)、③下限面積要件(5号)、④地域との調和要件(7号)のいずれにも適合すること等が必要とされる。詳細は「農地法関係事務に係る処理基準について」(平成12年6月1日付12構改B第404号農林水産事務次官通知)を参照。
(注4)　許可指令書は、所有権移転登記に必要な書類である。
(注5)　仁瓶五郎『転用のための農地売買・賃貸借』(学陽書房、2009)152頁・204-205頁。

が、3条許可がなければ農地の所有権移転の効力は生じない[注6]。万一、3条許可を受けずに農地を引き渡す等、農地法3条1項に違反する行為を行った場合には、罰則規定がある（農地64条・67条）。

(2) 転用目的で売却する場合

(i) 原則（許可が必要）

　農地の転用（農地法5条1項の「農地を農地以外のものにする」こと）とは、耕作の目的に供される土地を、耕作の目的に供される土地以外の土地にするすべての行為をいい、一般的には、農地を住宅用地、工場用地、道路、山林等他の用途に転換する行為がこれに該当する[注7]。転用目的で農地を売却する場合、農地法5条1項に基づき、原則として都道府県知事等の許可[注8]（以下、「5条許可」という）が必要である。許可申請は、売主および買主が許可申請書に連署し、それを添付書類とともに農業委員会を経由して許可権者に提出する[注9]。許可基準は、同条2項に定められている[注10]。許可権者により許可または不許可が決定されると、売主および買主に対し、許可指令書または不許可指令書が交付される[注11]。許可の見込み等につき、売買契約締結前に、農業委員会と相談する必要があろう。なお、5条許可には、工事進捗状況の報告義務などの条件を付されることがある[注12]（農地5条3項・3条

（注6）　この点につき、買主との共通認識を得るため、売買契約書には、農地法3条による許可を条件とすることおよび条件不成就の場合の効果（「契約は効力を失う」「当然に解除される」等）を定めるのが適当と考えられる。
（注7）　髙木賢＝内藤恵久編著『〔改訂版〕逐条解説農地法』（大成出版社、2017）123頁。
（注8）　いわゆる第5次地方分権一括法（平成27年6月26日法律第50号）により、農地法が一部改正され（平成28年4月1日施行）、基本的に都道府県知事（指定市町村の区域内にあっては指定市町村の長。以下、「都道府県知事等」という）の許可で足りるが、4ヘクタールを超える農地の場合、都道府県知事等は農林水産大臣と協議する必要がある。
（注9）　共同申請が原則であるから、売買契約書にその旨を規定するのが適当である。
（注10）　主に次の2つの基準に大別され、その両方の基準に適合する必要がある。第1は、①農用地区域内農地（1号イ）、②甲種農地（1号ロ括弧書）、③第1種農地（1号ロ）、④第2種農地（1号ロ(2)、2号）、⑤第3種農地（1号ロ(1)）に応じて許可の可否を判断する基準（立地基準）である。第2は、転用目的の確実性や周辺農地への被害防除措置の妥当性等を審査して、許可の可否を判断する基準（一般基準、3号ないし7号）である。詳細は、「農地法の運用についての制定について」（平成21年12月11日付21経営第4530号・21農振第1598号経営局長・農村振興局長連名通知）を参照。
（注11）　許可指令書は、所有権移転登記に必要な書類である。

5項)。万一、買主がこの条件に違反したときの処分内容として、許可の取消し等が規定されている（農地51条1項2号）。

　5条許可を受けずに行った行為は、その効力を生じない（農地5条3項・3条7項)。5条許可は、所有権移転のための効力発生要件であり、法定条件と解されている[注13]。万一、5条許可を受けずに農地の引渡しや転用行為に着手する等、農地法5条1項に違反する行為を行った場合は、工事の停止や原状回復等の措置を命ぜられる場合があるほか（農地51条1項1号)、罰則規定もある（農地64条・67条)。なお、農地の転用により地目変更登記が必要となるが、地目の認定は現況主義のため、買主が転用行為を行ってから（例えば建物の建築を完了させる等してから)、宅地等の地目への変更登記が可能となる[注14]。

　(ii)　例外（許可が不要な場合）

　農地法5条1項各号に掲げる事由に該当する場合には、例外的に5条許可が不要とされる。なかでも農地法5条1項6号に該当するケースは多い。すなわち、市街化区域内にある農地[注15]については、あらかじめ農業委員会に転用を目的とした売買を行う旨の届出（以下、「5条届出」という）をすれば、許可を要しない。届出の方法は、売主および買主が農地転用届出書に連署の上、それを添付書類とともに農業委員会へ提出する[注16]。農業委員会は、その届出が適法であるか否かを審査し、届出の受理を決定したときは、届出者に対して受理通知書を交付し、不受理を決定したときは、不受理通知書を

(注12)　「農地法関係事務処理要領の制定について」（平成21年12月11日付21経営第4608号・21農振第1599号経営局長・農村振興局長連名通知）によれば、5条許可の際には、原則として工事の進捗状況を報告すること等の条件を付するものとされている。
(注13)　仁瓶・前掲（注5）204－205頁。この点につき、買主との共通認識を得るため、売買契約書には、5条許可を条件とすることおよび条件不成就の場合の効果を定めるのが適当と考えられる。また、許可に付された条件の違反を理由として、5条許可が取り消された場合を想定した契約条項も必要に応じて作成することが考えられる。
(注14)　売買契約書には「買主がその費用負担のもと地目変更登記を行う」旨規定するのが適当である。
(注15)　当該農地が、市街化区域内または市街化調整区域内のいずれにあるかは、農地所在地の市町村役場または農業委員会で確認可能である。
(注16)　5条届出も共同申請が原則であるから、売買契約書にその旨を規定するのが適当である。

交付する^(注17)。届出受理の見込み等につき、売買契約締結前に、農業委員会と相談する必要があろう。5条届出は、所有権移転のための効力発生要件であり、法定条件と解されている^(注18)。違反した場合^(注19)の処分および罰則規定ならびに地目変更登記については、5条許可の場合と同様である。

2　その他の注意点

農地の場合、公簿面積よりも実測面積のほうが大きい縄延び、小さい縄縮みの生じる場合がある。しかし、特別の事情がない限り、測量費用節約等のため、公簿面積で取引することになろう^(注20)。また、農地法以外の法令が適用される場合もあるので、その点を売買契約書に明記する^(注21)。その他不動産を任意売却する際の一般的注意事項（管財物件特有の契約条項、裁判所の許可等）が農地の売買にも当てはまる。なお、地目は「田」または「畑」であっても、現況が農地でない場合には、地目を変更した上で売却する必要があろう^(注22)。

（注17）　受理通知書は、所有権移転登記に必要な書類である。

（注18）　平成21年改正前農地法下における千葉地判昭和47・3・8判時670号79頁参照。この点につき、買主との共通認識を得るため、売買契約書には、5条届出の受理を条件とすることおよび条件不成就の場合の効果を定めるのが適当と考えられる。

（注19）　届出の受理が決定されるまでは届出の効力が発生していない。よって、受理通知書の交付があるまでは、転用行為に着手することはできない。

（注20）　売買契約書には「本件土地の売買対象面積は土地登記簿記載の面積とし、同面積と後日実測した面積とに差異が生じても、互いに売買代金の増減請求その他何らの異議を述べない」等の規定を設けるのが適当である。

（注21）　一定面積以上の売買では、売主による公有地拡大推進法に基づく事前届出、買主による国土利用計画法に基づく届出、開発行為（例えば建築物を建築するための宅地造成等）を伴う場合は、買主による都市計画法に基づく開発許可または農業振興地域の整備に関する法律に基づく開発許可につき、それぞれの要否を確認する必要がある。

（注22）　登記官に実質的な審査権がない現状において、地目が農地となっている以上、農地法の許可等を証する書面が添付されない登記申請は却下されるからである。仁瓶・前掲（注5）145頁。また、地目変更登記申請の際には、農業委員会等の発行する「農地に該当しない旨の証明書」（非農地証明書など）が必要とされるため、これを売主において取得することが求められる。このようなケースでは、地目変更登記を行った後に、所有権移転登記手続を行うのが一般的であるから、売買契約書には、一定の時期（遅くとも所有権移転登記申請時）までに売主において地目変更登記を行うことを条件とすることおよび条件不成就の場合の効果を定めるのが適当である。

3 買主探しの工夫

(1) 市街化区域内にある農地の場合

市街化区域内にある農地は、転用目的で売却する際に5条届出で足り、また、都市計画法に基づく開発許可も小規模開発の場合には不要であることから、買主を幅広く探すことが可能である。それゆえ、隣接地所有者に買取りを打診するほか、破産者または担保権者を通じて買主を探したり、地元不動産仲介業者に売却を依頼する等、通常の不動産売買と同様の方法で買主を探すことが可能といえる。

(2) 市街化調整区域内にある農地の場合

(1)に対し、市街化調整区域内にある農地の場合は、基本的に農地として売却する方法を検討したほうがよいであろう。なぜなら、買主が転用目的で開発行為を予定している場合に、市街化調整区域においては、原則としてすべての開発行為に開発許可が必要とされるが、許可の得られる開発行為は限定的である上、同時に5条許可も必要とされるからである。もっとも、農地として売却する場合は、農地法3条2項の許可基準に適合する買主を探し出さなければならない。そこで、破産者が農家であれば、同一世帯の親族への売却を検討し、それが無理であれば、隣接地所有者を含む近隣の農家および農地所有適格法人(農地を所有できる法人)、地元の認定農業者(農業経営改善計画を作成して市町村長の認定を受けた個人・法人)等へ売却するのが現実的なところであろう。破産者およびその関係者、農業委員会等を通じて、これらの者に打診するほか[注23]、地元不動産仲介業者に協力を求める方法もあるだろう[注24]。それでもなお買主が見つからない場合には、最終的に破産財団から

(注23) 買主探しの情報収集活動として、例えば、破産者の加入する農業者団体への相談、地元農業委員会、地元農業協同組合および当該農地の担保権者への相談、認定農業者紹介のウェブサイトや農業委員会を通じた認定農業者に関する情報収集等、個別の事案に応じて工夫する必要があろう。

(注24) その他にも、農業委員会の農地あっせん手続(対象は農用地区域内の農地)、各都道府県の農地中間管理機構による農地買入手続(対象は農業振興地域内の農地)、農地利用集積円滑化団体による農地買入手続などの利用も検討することになるが、利用要件や運用状況等を各団体へ確認し、利用可能かどうかを判断する必要がある。

の放棄を検討することになる[注25]。

Ⅱ　山林原野の換価

　破産管財人が、破産者の所有する山林原野を換価する場合に、どのような点に注意すべきか。また、買主を探すにはどのような工夫が必要であろうか。

1　権利関係および適用法令の確認等

　まず特殊な権利関係として、植林が行われている山林等において、立木法（立木ニ関スル法律）に基づく所有権保存登記または明認方法（立木に所有者名を入れたり、札を付けたりする）がなされている場合がある[注26]。また、地域によっては、山林原野の使用収益や管理が、入会集団の統制下に置かれているところがあり、入会権（民263条・294条）の存在する場合がある[注27]。次に適用法令としては、登記簿上の地目が「山林」または「原野」であっても、現況が農地であれば、農地法の適用を受ける。その他にも諸法令の適用を受ける場合があるため、その点を売買契約書に明記する[注28]。また、山林原野では、縄延び・縄縮みの生じる可能性があるが、特別の事情がない限り、測量費用節約等のため、公簿面積で取引することになろう[注29]。その他不動産を任意売却する際の一般的注意事項（管財物件特有の契約条項、裁判所の許可等）が山林原野の売買にも当てはまる。

（注25）　破産者が個人の場合は、一定額を破産財団に組み入れてもらうことで放棄することも考えられる。
（注26）　立木の所有権保存登記については、土地の登記記録の表題部に、立木の登記記録が表示されるため（立木19条）、それをもとに立木登記簿を確認する。
（注27）　中尾英俊『入会権の判例総合解説』（信山社、2007）82－83頁。入会権は登記できないが、登記なくして対抗力を有する（大判明治36・6・19民録9輯759頁）から、売買契約書にその存在を明記する必要がある。また、入会権の存在する土地を処分するには、入会集団構成員全員の同意あるいは入会慣習に基づく手続を経る必要がある。
（注28）　一定面積以上の売買の場合に公有地拡大推進法または国土利用計画法、開発行為を伴う場合に都市計画法または農業振興地域の整備に関する法律に基づき、それぞれ届出または許可の要否を確認する必要がある。また、保安林に指定されていると、立木竹の伐採や開墾その他の土地の形質を変更する行為等をする場合には、森林法に基づきあらかじめ知事の許可または届出が必要となるため、指定の有無の確認が必要となる。
（注29）　その旨を売買契約書に規定するのが適当である。

2 買主探しの工夫

　山林原野の中でも、別荘地や宅地化が進んでいる地域内の土地（少なくとも車の通行の可能な道路があり、水道が敷設されているような土地）や、取引価値のある樹木が生立する土地であれば、地元不動産仲介業者、別荘地の管理会社等に売却を依頼して買主を探すことが可能であろう。しかし、そうではない場合には、隣接地所有者に買い取ってもらうのが現実的なところである。また、情報収集のため、当該土地を所管する森林組合に対し、買受希望者の有無、現地の状況、山林売買を扱う地元不動産仲介業者の情報等について確認するのがよいであろう[注30]。担保権者等から地元不動産仲介業者の紹介を受ける方法もあり得る。もっとも、山林原野の買主を限られた期間内に探し出すことは容易ではないため、最終的に買主が見つからない場合には、破産財団からの放棄を検討することになる[注31]。

　　　　　　　　　　　　　　　　　　　　　　　（高橋弘子）

（注30）　森林組合ごとに対応の差はあろうが、当該土地の隣接地所有者との間の取次ぎを依頼できる場合や、(山林原野では隣地との境界が不明確な場合が多く、買主が境界明示なしの売買には応じない場合に)森林組合から境界に関する有用な情報を得られる場合、現地への同行を依頼できる場合もあろう。
　その他売却（または放棄）のための情報収集活動における工夫としては、「遠方の物件でもGoogle Earthを利用して当該土地付近の不動産業者を数軒探し出し、DMの送付、架電による売却相談を行った（低コストで不動産調査・売却依頼が可能になる）」、「破産会社が当該山林を競落するに至った経緯を確認するなかで、近隣の土地所有者と競り合った旨の情報を得て同人への売却につなげた」、「未開発で道路未整備の別荘地のため、現地へ赴いても所在地が分からないおそれがある場合に、土地勘のある現地の不動産業者に土地の状況につき写真撮影による報告を依頼し、若干の日当を払って報告書を入手した」などの報告例もある。「パネルディスカッション・破産事件における管理・換価困難案件の処理をめぐる諸問題──とくに法人破産事件について考える」事業再生と債権管理151号（2016）20-21頁。

（注31）　破産者が個人の場合は、一定額を破産財団に組み入れてもらうことで放棄することも考えられる。

第10節 類型別にみた不動産換価の実際
——共有不動産(遺産分割未了の場合を含む)

　破産管財人が、破産者と他の者の共有不動産について、破産者の共有持分を換価する場合に、どのような方法が考えられるか。

Ⅰ　不動産全体を売却する方法

　破産者の持分のみならず、共有者の持分にも担保権が設定されている場合には、共有者の協力を得て、不動産全体を売却するのが一般的と言える。この場合には、破産者の持分のみを売却する場合に比べて、買受希望者を広く不動産市場において探すことが可能であり、その分売却金額も高額となり得るからである。これにより共有者自身が破産者の連帯保証人等になっている場合は、その負債を圧縮することができる。よって、このような場合には、共有者の協力を得やすい。これに対し、共有者の持分に担保権が設定されておらず、しかも共有者が当該不動産に居住している場合には、売却の協力を得られない可能性がある。ただ、その場合でも、まずは不動産全体の売却を試みることになろう[注1]。

Ⅱ　破産者の共有持分を譲渡する方法

　不動産全体の売却につき、共有者の協力を得られない場合、破産管財人は、共有者またはその親族、知人等に対し、破産者の持分の買取りを求めて交渉することになる[注2]。仮に、破産管財人が共有物分割請求訴訟を提起すれば、

(注1)　共有者の持分に担保権が設定されていないケースや、その持分に担保権が設定されているものの余剰が生じるケースにおいて、不動産全体を売却する場合は、売買代金および必要経費を、破産管財人と共有者との間で、各持分割合に応じて分配することが考えられる。
(注2)　問題は共有持分の譲渡価格であるが、例えば、不動産全体について公示価格、路線価、固定資産税評価額、不動産業者による査定、担保権者による評価額、競売の評価額等の客観的資料をもとに評価された価格に、持分割合を乗じた価格を基本としつつ、共有減価および早期換価を前提とした減価をどの程度考慮するか、オーバーローンか否か、担保権者の意向、共有者の支払能力(買取りのための融資の可否を含む)などさまざまな要素を加味して、適正な価格を求めることになろう。

第2章　不動産
第10節　類型別にみた不動産換価の実際——共有不動産（遺産分割未了の場合を含む）

共有者は訴訟への対応を迫られることになるし、破産者の持分に設定された担保権が実行されれば、これを取得した第三者から持分買取りを請求される危険がある。それとの比較で、共有者が、破産管財人との交渉に応じる可能性はある。交渉を通じて、共有者が不動産全体の任意売却を決断することもあろう。しかしながら、共有者がそのいずれも拒否した場合、破産管財人としては、持分価格と訴え提起のコストを比較した場合の経済合理性等を考慮して(注3)、共有物分割手続へと進むか、それとも破産財団から放棄すべきかを検討することになる(注4)。

Ⅲ　共有物分割請求訴訟

　破産管財人と共有者間で、分割協議が調わないときは、破産管財人は、共有物分割請求訴訟（実質は非訟事件）を提起することができる（民258条1項）(注5)。一般的に共有物分割請求訴訟では、分割方法の選択および共有物の財産評価が争点となる。裁判（判決）による分割方法には、現物分割、一部価格賠償、全面的価格賠償および競売の方法があり、その選択には、当事者の希望、持分割合、共有物の性状、共有物の利用状況、分割された場合の経済的価値等が考慮される。また、共有物の財産評価では、その結果につき当事者間に争いがあり、評価方法についても合意できない場合は、鑑定や専門家調停委員による調停に付すことが考えられる(注6)。判決の場合と異なり、和解による分割であれば、当事者の合意がある限り自由になし得ること

(注3)　破産管財の手引224頁では、経済合理性の判断要素として「訴訟手続等に費やされる期間、これによって回収できると見込まれる金額、訴訟手続等による回収により債権者への配当に資するだけの破産財団の収集が可能か、これらの追行費用を支出できる破産財団があるかなど」が挙げられている。
(注4)　破産者が個人の場合は、一定額を破産財団に組み入れてもらうことで放棄することも考えられる。
(注5)　民法256条は共有物分割請求の自由および契約による制限を規定するが、共有者間に分割禁止規約（同条1項ただし書）があっても、共有者の中に破産手続開始決定を受けた者があるときは、この契約の効力が認められず、分割が法律上不可能とされている場合を除き（民257条・229条）、共有物の分割を請求することができる（破52条1項。遺言または審判による遺産の分割禁止がなされている場合〔民908条・907条3項〕も同様と解される）。この場合に、他の共有者は相当の償金を支払って破産者の持分を取得することができる（破52条2項）。
(注6)　塩崎勤ほか編『専門訴訟講座(5)不動産関係訴訟』（民事法研究会、2010）746-748頁。

209

から(注7)、破産管財人としては、まずは和解による早期解決を試みることになろう(注8)。そして仮に判決にならざるを得ない場合であっても、破産管財人の目的は共有持分の早期換価にあることから、分割方法については現物分割ではなく、価格賠償または競売の方法によるべきであるとの主張を十分に尽くす必要がある。

Ⅳ 遺産分割未了の場合

相続開始後に相続人の1人につき破産手続が開始されたが、遺産分割が未了の状態において、破産管財人が（遺産を構成する特定不動産における）破産者の共有持分を換価する場合に、どのような方法が考えられるか。

1 遺産分割協議

破産管財人と共同相続人間で遺産分割協議を行い、その協議を通じて、破産者の共有関係を解消し、その持分を換価することができる。破産管財人は、そのような内容の協議を成立させることにつき、原則として裁判所の許可を得る必要がある(注9)。なお、遺産分割協議が成立しにくい場合、協議が長期

(注7) 建物を取り壊して土地を現物分割したり、価格賠償金を分割弁済にしたり、共有持分に担保権を設定して借入れをすることによって価格賠償金を支払う方法や、任意売却のうえ売買代金を分割すること等も可能である。塩崎ほか編・前掲（注6）756-758頁。
(注8) 基本法コンメンタール破産法〔第2版〕104頁［宮川知法］によれば、破産管財人による共有物の分割は換価が目的であるから、他の共有者が分割を望まないときは、相当の償金を支払って破産者の持分を買い取ることを認めても差し支えなく（破52条2項）、手続の迅速性や他の共有者の利益を考慮すれば、破産管財人は、むしろこの換価方法を第1次的に検討・交渉すべきであるとする。また、新破産法の理論と実務234頁［名津井吉裕］によれば、最判平成8・10・31民集50巻9号2563頁は、共有者の1人を単独所有者とする価格賠償の要件として、特定共有者に共有物を取得させることの相当性、持分価格の適正評価、物件取得者の支払能力を掲げているため、破産管財人もこれらの要件に配慮して適切な分割方法を選択すべきであるとする。
(注9) 価額が100万円以下であれば許可を要しないが、価額のいかんにかかわらず、事前に裁判所と協議することが求められる。破産管財の手引123-127頁。また、遺産分割協議に基づく相続を原因とする所有権移転登記の申請には、相続を証する情報として、戸籍謄本、遺産分割協議書（破産者以外の共同相続人および破産管財人の署名押印がされているもの。印鑑証明書が必要）等の一般的な相続を証する情報のほか、裁判所の許可書が必要である（平成22年8月24日付法務省民二第2077号・2078号法務省民事局民事第二課長通知）。

化するおそれのある場合などには、他の相続人に対して破産者の相続分を譲渡する方法や[注10]、相続分の評価額に相当する金額を破産者から破産財団に組み入れてもらうことで放棄する方法も考えられる[注11]。

2 遺産分割の調停ないし審判

遺産分割協議がまとまらず、破産者の相続分の譲渡等による換価も困難な状況において、他の相続人が遺産分割調停の申立てを行おうとしない場合に、破産管財人が検討すべき手続は何か。

遺産相続によって生じた共有関係を解消する方法は、共有物分割請求訴訟ではなく、遺産分割手続による[注12]。この場合、破産管財人は、遺産分割調停ないし審判の申立てをすることができると実務上解されている[注13]。この手続を通じて、相続財産の現物分割、代償分割、換価分割の方法により、破産者の共有関係を解消し、その持分を換価することができる。破産管財人としては、特定不動産における共有持分の換価のみならず、遺産全体に対する破産者の相続分について早期換価を前提とした主張を十分に尽くす必要がある。なお、破産管財人は、調停ないし審判の申立てをする場合に、原則として裁判所の許可を得る必要があり、調停を成立させる場合も同様である。

(高橋弘子)

(注10)　遺産分割前の破産者の不動産持分のみを譲渡しても、他の相続財産における破産者の共有持分を処分または財団から放棄しない限り、破産管財人は遺産共有関係から離脱できないが、相続分の譲渡であれば早期に離脱可能である。
(注11)　破産管財実践マニュアル209頁。
(注12)　最判昭和62・9・4集民151号645頁、最判平成25・11・29判タ1396号150頁。
(注13)　この点、遺産分割は、財産権を目的とする法律行為ではあるが、遺産分割協議は相続人の一身専属的権利行使としての側面をも有しているので、破産者は、破産手続開始決定後の遺産分割において当事者として参加すべき地位にあり、破産管財人は、調停および審判については、利害関係人（共同訴訟的補助参加人）として、その手続に参加すべきと解する見解（第1説）があり、この見解による実務の運用例もあった。これに対し、破産手続開始決定後は、破産管財人が破産者である相続人の財産（相続財産）について管理処分権を取得するので、破産管財人が遺産分割の当事者になると解する実務上の見解（第2説）があり、登記先例（平成22年8月24日付法務省民二第2077号）は、第2説による実務を是認したものといえる。現在の実務は、第2説で運用されている。上原裕之ほか編著『遺産分割〔改訂版〕』（青林書院、2014）296-297頁。

第11節 換価が困難な場合の破産財団からの放棄

I 破産財団からの放棄の意義

　破産管財人は、裁判所の許可を得て、「権利の放棄」をすることができる（破78条2項12号）(注1)。ここにいう権利の放棄には、実体法上の権利の絶対的放棄(注2)、訴訟法上の権利の放棄(注3)のほか、特定の財産について破産管財人の管理処分権を放棄し破産者に管理処分権を戻すという意味での相対的放棄、すなわち「破産財団からの放棄」を含む。もっとも、破産管財人による「権利」の放棄は、訴訟法上の権利の放棄、和解の一環としての相手方当事者に対する絶対的放棄のほかは、ほとんどが「破産財団からの放棄」であると考えられる。

II 放棄のための要件

1 実体的要件

　放棄の対象となる「権利」には、特段の制限はなく、破産財団に帰属する

（注1）　保全管理人にも準用されているが（破93条3項）、破産手続開始前には「破産財団」が形成されていないので、「破産財団からの放棄」は保全管理人はできないと考えられる。
（注2）　債権放棄、所有権の放棄、共有持分の放棄（民255条）等がこれに当たる。民法239条2項は、「所有者のない不動産は、国庫に帰属する。」と規定しているが、不動産所有者が所有権を放棄できるか否かについては承役地所有者が地役権に必要な土地の部分の所有権を放棄して地役権者に移転することにより工作物の設置義務・修繕義務を免れることができるとする民法287条2項以外に民法には規定がなく、明確でないところ（川島武宜＝川井健編『新版注釈民法(7)物権(2)』〔有斐閣、2007〕379頁〔五十嵐清＝瀬川信久〕）、昭和41年8月27日民事甲第1953号民事局長回答は、崖地のため崩落寸前の神社所有地の一部につき、崩落防止のための工事費用を負担できないとして、所有権を放棄して国に帰属させて国の資力で危険防止を計りたいとの趣旨で①不動産（土地）所有権の放棄は、所有権者から一方的にできるか、②もし所有権放棄が可能であれば、その登記上の手続方法はどのようにするか、との点についての照会に対し、①については、「所問の場合は、所有権の放棄はできない。」、②については「前項により了知されたい。」との回答をしている。
（注3）　請求の放棄、上訴権の放棄、訴え・上訴の取下げ等がこれに当たる。

権利であれば放棄することができる。

　放棄の可否については、破産管財人は、より多くの配当を実現するという要請と迅速に破産手続を終了させるという迅速処理の要請を調和させながら、さまざまな事情を総合考慮して判断することになるところ[注4]、迅速処理の要請は、迅速な最大限の換価の努力をすることが前提であり、破産管財人は、安易な「権利の放棄」をすることは許されない[注5]。

2　手続的要件

(1)　裁判所の許可

　破産管財人が権利の放棄をするためには、裁判所の許可が必要である（破78条2項12号）。もっとも、100万円以下の価額の権利を放棄するとき（同条3項1号、破規25条）および裁判所が許可を要しないものとしたとき（破78条3項2号）は、裁判所の許可を要しない。また、これらの場合および遅滞を生ずるおそれのある場合以外の場合に破産管財人が権利の放棄をしようとするときは、破産者[注6]の意見を聴かなければならない（同条6項）[注7]。

(2)　担保権者に対する通知

　破産者が法人である場合の破産管財人は、破産法65条2項に規定する担保権であって登記がされたものの目的である不動産につき権利の放棄をしようとするときは、放棄の2週間前までに、当該担保権を有する者に対し、放棄をする旨を通知しなければならない（破規56条後段）[注8]。なお、破産規則上

(注4)　破産管財の手引160頁。当然のことながら、換価に要する費用、立証の容易性、回収可能性等も考慮することになる。

(注5)　限定承認者による相続財産破産の申立てがなされている場合には、限定承認者が相続財産破産の申立てをした意図は清算手続を破産管財人に完結してもらうことにあるが、破産管財人が破産財団からの放棄をしてしまうと、通常の破産手続における本人に準じて、放棄された権利は申立人である限定承認者の所有となると解され、そうすると、放棄された権利についての清算手続を申立人たる限定承認者が追行せざるを得なくなり、上記相続財産破産の申立てをした申立人の意図が無視されるとともに、換価の容易なものの換価代金や申立時に存在した引継金などは破産管財人の元で配当等に使用されてしまうことになって、困難な事態となることに配慮が必要であると考えられる。

(注6)　法人の場合は破産手続開始時の代表者である（大コンメ333頁［田原睦夫］）。

(注7)　意見を聴かなかったとしても破産管財人の善管注意義務違反の問題であって、放棄の効力には影響がない（大コンメ333頁［田原］）。

の規定があるわけではないが、破産者が個人である場合(注9)や、破産財団からの放棄の対象が不動産以外の動産であっても別除権の対象となっているときは、簡易な方法であっても、事実上、これに準ずる通知をすることが望ましいと考える。

Ⅲ 許可を得ないでした権利の放棄の効果

許可を得ないでした行為は無効であるが、これをもって善意(注10)の第三者に対抗することはできない（破78条5項）。

Ⅳ 破産財団からの放棄の効果

破産財団からの放棄をすると、放棄時以降の占有、所有、事故等を発生原因とするマンションの共益費等の負担義務、土地工作物等の占有者および所有者の責任（民717条）等が破産財団に帰属しなくなり、次に到来する賦課期日（1月1日）前に放棄すれば、当該賦課期日以降の固定資産税（地税342条・343条・359条）・都市計画税（地税702条・702条の6）の納付義務、買受人の代金納付前に放棄すれば、競売建物の消費税納付義務が破産財団に帰属しなくなる（民執79条参照）。

Ⅴ 破産財団から放棄した権利の帰属主体と別除権放棄の意思表示の相手方

破産手続開始決定によって、破産財団に属する財産の管理処分権は破産管財人に専属するが、その財産の帰属主体は破産者自身であり、法人の場合、

(注8) 破産財団からの放棄後は、別除権者が対象物件の任意売却を希望する場合や別除権付破産債権者が破産配当を受けるために別除権を放棄する場合には清算人の選任をしなければならなくなり、競売の申立てをするためにも特別代理人（民執20条、民訴35条・37条）の選任をしなければならなくなることから、破産財団からの放棄前に、早急に任意売却に際しての担保権解除に応じ、あるいは、別除権放棄の意思表示をし、もしくは競売の申立てをする機会を提供するために行うものである。
(注9) 破産管財の手引163頁は、破産者が個人の場合で異時廃止となる場合は不要とする。
(注10) 「善意」とは、要許可行為であることにつき知らなかったこと、または要許可行為であることは知っていたが許可があったと信じたことをいい、これらについての過失は問わないとされている（大コンメ333頁［田原］）。

第 2 章　不動産　第11節　換価が困難な場合の破産財団からの放棄

破産手続開始の決定によって解散した（会社471条5号）清算法人である。
　破産手続開始時の取締役は、破産手続開始後であっても、取締役としての地位を失わず、会社組織に係る行為等については、取締役としての権限を行使できるが[注11]、会社財産の管理処分権を失い、清算手続が必要な場合は当然に清算人となることはなく、会社法478条2項により、同条1項2号（定款で定める者）、3号（株主総会の決議によって選任された者）（平成17年改正前商417条1項ただし書）の規定により清算人[注12]となる者がないときは、利害関係人の請求によって裁判所が清算人を選任することとなる[注13]。したがって、破産財団から放棄された財産を目的とする別除権につき別除権者がその放棄の意思表示[注14]をすべき相手方は、破産者であり、破産者が法人である場合の別除権放棄の意思表示の相手方は、上記清算人である[注15]。

（注11）　株式会社の取締役等の解任または選任を内容とする株主総会決議不存在確認の訴えの係属中に当該株式会社が破産手続開始決定を受けた場合における訴えの利益の消長が問題となった事案に関し、最判平成21・4・17判タ1297号124頁は、会社につき破産手続開始の決定がされても直ちには会社と取締役又は監査役との委任関係は終了するものではないから、破産手続開始当時の取締役らは、破産手続の開始によりその地位を当然には失わず、会社組織に係る行為等については取締役らとしての権限を行使し得るとした。
（注12）　この規定による清算人について論及されることはあまりないようであるが、実際、破産財団から放棄された不動産を破産手続終結後に任意売却するために会社法478条2項（平成17年改正前商417条2項）の規定によって清算人が選任された（いわゆるスポット型清算人）後に、その選任が未登記のうちに株主総会で選任されたという清算人が清算人選任登記を経た事案で、会社法478条2項（平成17年改正前商417条2項）の規定によって選任された清算人選任を、事情変更により取り消した事案もある（現在は東京地方裁判所民事第8部ではスポット型清算人の場合でも清算人登記をする運用となっているが〔東京地方裁判所商事研究会編『類型別会社非訟』（判例タイムズ社、2009）50頁。なお、スポット運用を含めた大阪地方裁判所の清算人選任申立事件に関する運用等については、松田亨＝山下知樹編『実務ガイド新・会社非訟──会社非訟事件の実務と展望〔増補改訂版〕』（金融財政事情研究会、2016）82頁以下に詳しい〕、当時は、スポット型清算人の場合は具体的な必要が生じるまで清算人選任登記をしない運用であったため、このような事態が生じたが、理論上は現在でもこのような事態が生じることはあり得るといえる）。
（注13）　訴訟手続係属中の株式会社が同時破産廃止の決定を受けた場合において、従前の代表取締役が平成17年改正前商法417条1項（現会社478条1項1号）により代表清算人となるものと解して同人を代表者とし、かつその委任した訴訟代理人を適法な訴訟代理人として訴訟手続を進行し、判決をした事案において、最判昭和43・3・15判タ221号131頁は、商法417条1項但書（現会社478条1項2号・3号）の場合を除き、同条2項（現会社478条2項）に則り、利害関係人の請求によって裁判所が清算人を選任すべきものとした。

VI　放棄をする前提、または放棄に際し、破産管財人が一定の行為をするべき場合

1　総論

　破産管財人が放棄をすることができるとしても、放棄がその対象物に利害関係を有する者に与える影響や、放棄の結果もたらされる問題の重大性、公益性に配慮して可能な限りの社会的責任を果たすことにより、破産手続に対する信頼を確保することが要請される(注16)。

　そこで、破産管財人は、このような場合には、諸般の事情を総合考慮の上、行政等との折衝や、破産財団の状況に応じた一定の対応を要する場合がある。

　前述のとおり、放棄の対象となる「権利」には、特段の制限はなく、自動車(注17)、その他の動産(注18)、売掛金・貸付金・過払金返還請求権、預金、信用金庫等への出資金、会員権、株式(注19)なども対象となるが、以下では不

(注14)　別除権付破産債権者が破産配当を受けるためには、最後配当に関する除斥期間内に、破産管財人に対し、当該別除権に係る担保権によって担保される債権の全部もしくは一部が破産手続開始後に担保されないこととなったことや、当該担保権の行使によって弁済を受けることができない債権の額を証明しなければならず（破198条3項）、その方法の1つとして別除権の放棄がなされる場合がある。

(注15)　最決平成16・10・1判タ1168号130頁は、「破産者が株式会社である場合において、破産財団から放棄された財産を目的とする別除権につき、別除権者が旧取締役に対してした別除権放棄の意思表示は、これを有効とみるべき特段の事情の存しない限り、無効と解するのが相当である」とするが、「特段の事情」がどのような場合に認められるかは明らかでなく、実務上、「特段の事情」があることを前提として旧取締役に対して別除権放棄の意思表示をすることは難しいといわざるを得ない。

(注16)　①放棄の結果、破産者が不当な利益を得ることとなれば、担保権者その他の債権者の破産手続に対する信頼を確保することができなくなるし、②放棄の結果、破産者が不当な不利益を受けることとなれば、破産者の破産手続に対する信頼を確保することができなくなる（その結果、破産手続による清算が要請される場合であっても破産手続が利用されにくくなる可能性が増大する）。また、③放棄の対象物件に関し契約関係その他の特別な関係のある者に対する配慮を怠れば、それらの者の破産手続に対する信頼を確保することができなくなるし、④放棄の対象物が危険物あるいは危険物を内包するものであれば、近隣住民その他その危険に触れることのあり得る一般人の破産手続に対する信頼を確保することができなくなる。

動産について若干のコメントをする。

2　賃貸不動産を放棄する場合

賃借人からの賃料収入のある不動産を破産財団から放棄した場合、その後の賃料収入・賃料債権は破産者に帰属することとなる。破産者が法人である場合は清算法人に帰属し[注20]、破産者が自然人であれば当該自然人たる破産者に帰属する。

そうすると、当該不動産が無担保であれば、放棄しなければ破産財団を構成し、債権者に対する弁済原資となる破産者の財産たる不動産のなし崩し的具体化である賃料を破産者が回収し、費消できることとなるが、そのような結論は債権者の納得を得がたく、放棄の当否（必要性・合理性）が破産裁判所の許可の段階で厳格に審査されることになる[注21]。

抵当権者がいる場合は、実務的には、第1順位の抵当権者に賃料債権に対する物上代位による差押え（民372条・304条）をしてもらってから放棄することが多いといわれる[注22]。そして、賃貸不動産が抵当不動産の場合には、賃

（注17）　法人事件で換価できない場合には、原則として廃車手続をする。盗難車輛で発見できない場合や債権者が代物弁済として持ち帰ってしまったような場合の対応の詳細については、破産管財の手引182頁参照。
（注18）　所在場所の権利者との関係での原状回復義務について慎重な検討が必要である。
（注19）　売掛金以下の権利の換価方法について、破産管財の手引185頁以下に詳しく、そこに記載された方法等による換価の努力を尽くす必要がある。
（注20）　賃借人が賃料を支払うに当たって、清算法人に受領権限のある者がいない場合に、弁済供託できるのか（受領不能に当たるのか、供託原因の書きぶりによって供託できたとして、清算人を選任すれば受領権限のある者が現れるのだから受領不能には当たらず供託は無効ということになり、後に当該不動産を取得した者から債務不履行解除されるリスクはないか）という問題が生じ得る。もっとも、後に所有者となった者は、賃貸人たる地位を承継するものの、所有者となる前の既経過賃料の権利者であるわけではないし、その権利者である清算法人も自らが管理処分権のある清算人を立てなかったためにそのような状態を招来したのであるから、清算法人も後に所有者となった者も、少なくとも供託までされていた場合には、供託が無効であるとして形式上債務不履行であることを理由に賃貸借契約を解除することは権利の濫用として許されないであろう。
（注21）　将来の賃料債権を売却するということも考えられなくはないが、単純に譲渡することは、当該不動産の管理責任を負う所有者（破産者）と賃料債権者（賃料債権の譲受人）に分かれるという事態を招来させることになり、賃借人の地位を不安定とすることとなることに配慮が必要であろう（注16の③の問題）。

第2部　実務家からみた破産管財人による財産換価を巡る諸問題(各論)

料にはもともと抵当権の効力が及んでいるので、一般債権者は、特段の事情がない限り当該賃料を配当原資とすることについての合理的期待がないと考えられる。したがって、当該抵当権者がこれに応じない場合に賃料債権を放棄しても、当該抵当権者だけでなく、一般債権者との関係でも破産手続に対する信頼を損なうことにはならないと考えられる。

　ところで、賃貸不動産を破産財団から放棄した場合、当該賃貸不動産に関する破産者の管理処分権が復活し、賃貸人たる地位は完全に破産者に帰属することとなるため、管理義務も完全に破産者に帰属することとなる。破産者が自然人であれば破産者に管理を委ねることとなる。破産者が法人の場合、清算人が選任されない限り、当該法人に法律上管理義務を負う者がいないので、賃借人側に管理組合等の管理体制を整えるように申し入れたり、破産手続開始時の代表者に管理を引き継ぐ（会社330条、民654条）など、適切な管理を期待できるような措置を講じる必要がある[注23]。

　ただ、破産者が賃料を収受できる場合や賃料と管理費・共益費が区別されていて破産者が管理を行わないことを踏まえて管理組合で管理費・共益費をプールして運用できる場合[注24]であれば支障がなかろうが、賃料と管理費・

(注22)　将来の賃料債権を当該抵当権者に債権譲渡してから賃貸不動産を放棄した事例もあるとのことである（破産管財の手引165頁・200頁）。

(注23)　賃貸人たる地位の承継に伴い、敷金返還義務についても破産者に承継されるとされる（破産管財の手引201頁、条解破産法1224頁。なお、山本和彦「倒産手続における敷金の取扱い」同『倒産法制の現代的課題──民事手続法研究Ⅱ』〔有斐閣、2014〕186頁は、破産管財人による賃貸不動産の譲渡の場合における敷金債務の承継についても否定するので、破産財団からの放棄の場合の承継についても否定するものと考えられる）。この場合に承継される敷金返還債務は、破産手続の制約のない満額の債務ということにならざるを得ないであろうが、預かり敷金相当額の現金を破産管財人から引き継げるわけでもない。このような効果からすると、破産者が自然人である場合には、特段の事情（賃貸不動産が無担保である場合や、抵当権者が物上代位等をしない場合等）がない限り、破産財団からの放棄は可及的に回避すべきであろう。なお、賃借人が寄託請求していた場合、寄託されていた賃料は、敷金返還請求権と賃料との後日の差引計算は確定的にできなくなり、破産手続との関係では停止条件の成就の可能性がなくなるので、賃貸人の破産財団に帰属することとなるとされる（条解破産法547頁）。

(注24)　賃料と管理費・共益費が区別されている場合は、この部分には抵当権の効力が及んでいないと考えられるので、放棄に先立ち、破産管財人と賃借人との間で、この部分について賃借人が組成した管理組合に支払うように賃貸借契約を変更しておくことが考えられる。

共益費が区別されていない場合に、上記のとおり第1順位の抵当権者に賃料債権に対する物上代位をしてもらったり[注25]、将来の賃料債権を譲渡する場合、管理費・共益費に相当するといえる部分についても、抵当権・物上代位の効力が及ぶことになるため、管理の原資がなくなってしまう。そこで、このような場合、破産管財人に義務があるとはいえないが、抵当権者[注26]の了解を得て、賃料のうち管理費・共益費に相当する部分を区別するように賃貸借契約を変更し、破産者または管理組合が管理費・共益費に相当する部分を留保できるようにする措置をとることも一考に値しよう[注27][注28]。

3　借地権付建物を放棄する場合[注29]

借地権付建物は、その存立基盤たる土地利用権について破産者と地主との間に土地賃貸借契約が存在する。この賃貸借契約の処理を重視して、賃貸借契約を双方未履行双務契約として解除して建物収去・土地明渡しをするのが原則であるとする立場と、借地権付建物について破産管財人の管理処分権を外せば当然に借地権についても管理処分権を失うので建物収去・土地明渡義務も免れるとする立場がある[注30]。前者の立場の場合、原状回復義務として

(注25)　すでに物上代位されている場合についても同様のことが当てはまる。
(注26)　第1順位の抵当権者のみの承諾をとればよいかどうかは問題である。
(注27)　抵当権者にとっても、管理上の問題について賃借人から直接クレームがくることもなくなるというメリットもある。
(注28)　担保不動産収益執行（民執180条2号）をしてもらうことも検討に値しよう。担保不動産収益執行（同号）は、収益から対象不動産の管理費用や管理人報酬等が控除されるため、相応のコスト負担はあるものの、賃借人の特定や賃料の取立て、保守管理等は管理人が行い、抵当権者の労力は大きく低減されること等から、とりわけ対象不動産が一定の規模を有する場合には、抵当権者も応じやすいと思われる（破産者が法人の場合、破産財団からの放棄後には、特別代理人の選任が必要である（東京地方裁判所民事執行センター実務研究会編著『民事執行の実務〔不動産執行編〕（上）〔第4版〕』〔金融財政事情研究会、2018〕274頁）。
(注29)　無担保の借地権付建物を破産財団から放棄する場合、地主に事情をよく説明するとともに、当該建物を地主に廉価ないし無償で譲渡するとか、賃貸借契約を合意解除して建物収去・土地明渡義務を免除してもらうなどの努力をする必要がある（破産管財の手引195頁）。
(注30)　沖野眞已ほか「パネルディスカッション・破産事件における管理・換価困難案件の処理をめぐる諸問題——とくに法人破産事件について考える」事業再生と債権管理151号（2016）33頁〔伊藤尚・山田尚武発言〕。

の建物収去・土地明渡義務を履行しなければならないが、この立場も、これを履行できる財団が形成されていない場合に、借地権付建物の破産財団からの放棄を否定するわけではない。後者の立場は、原状回復をするのに十分な破産財団が形成されている場合であっても放棄が可能とする見解となるが、前者の立場は原状回復義務が財団債権であることを前提として、原状回復をするのに十分な破産財団が形成されている場合には放棄はできないという見解につながるのが一般である[注31]。

担保権が設定されている借地権付建物を破産財団から放棄する場合、すでに競売手続が開始されている場合には地代代払許可制度（民執56条1項・188条）を活用して借地権存続のまま競売手続を進めるよう促し、競売手続が開始していない場合においても、破産財団から放棄後の地代を担保権者において支払わなければ借地契約が解除され、当該建物の存立基盤が失われる可能性がある旨を告知して、法律上の利害関係があるものとして地代の第三者弁済をするよう促す必要がある[注32]。

4 建築途上の建物を放棄する場合

建築途上の建物がある場合、そもそもその建物の所有権が注文者に帰属するのか、請負人に帰属するのかの認定・当事者間の確認が必要となる。建物の所有権が請負人にあるという場合は破産財団に帰属する敷地の所有権のみを放棄すればよいということになるが、建物の所有権が破産者にある場合、請負人に商事留置権を認めて管理を任せ、土地工作物責任を回避できる状況にしてから放棄することになる[注33]。

(注31) 原状回復義務は、前の原因に基づいて生じた財産上の請求権である等として破産債権であるとの考え方もある（沖野ほか・前掲（注30）36頁［沖野眞已発言］）。

(注32) 民法474条1項ただし書（平成29年法律第44号による改正後の民法では、民法474条1項ただし書は民法474条4項として独立した項とされ、文言も変更されているが実質的変更はないと考えられる）は、「当事者が反対の意思を表示したとき」は第三者弁済できないことを規定しているが、「当事者が反対の意思を表示したとき」とは、債権の発生と同時でなくともよいものの、債権者（地主）と債務者（借地人すなわち破産者）の契約で第三者の弁済を許さない旨の特約をしている場合をいい（我妻榮ほか『我妻・有泉コンメンタール民法──総則・物権・債権〔第5版〕』〔日本評論社、2018〕939頁）、そのような場合は稀であろう。

建物の所有権が破産者に帰属する場合、それを完成させるためには放棄前であれば破産管財人、放棄後であれば清算人を選任してその清算人の協力を得ることが必須となる。破産管財人は、破産手続中にある程度当該建物およびその敷地の任意売却に向けた買受人探索のための活動をしていたり、敷地の担保権者と請負人の利害調整についての協議をしていたり、関係税務当局との折衝をしていたりするので(注34)、当該建物およびその敷地の任意売却をスムーズかつ適切に進めるためには、破産管財人が清算人に就任することが望ましい場合が多く、裁判所に清算人の選任の申立てをした場合は、裁判所も破産管財人であった者を第1の清算人候補者として検討することとなろう(注35)。破産管財人は、放棄する際には、そのような場合に備えて、情報や資料を整理して保管しておくべきである。

5　危険を防止すべき措置をあらかじめとることが必要な場合

公害の発生源となっていたり、そのおそれがあったり、危険物が存在したり、それ自体が危険な土地・建物等について放棄する必要がある場合(注36)、問題の重大性、公益性、公害の防止・除去が第1次的に事業者負担とされていること、社会的責任に照らし、安易に放棄するのではなく、裁判所と事前に協議をした上で、破産管財人報酬見込額を除くすべての換価回収金を投入してでも危険物の除去に努めることが考えられる(注37)(注38)。

(注33)　破産配当の可能性やその率、さらに当該建物が完成した場合の市場性にもよるが、ある程度完成間近という場合でなければ、請負人は商事留置権を放棄して配当に預かろうとしたり、危険の負担を回避するために管理の引継ぎをしないともいえよう。そのような場合、破産管財人としては、取壊しを検討したり、その費用がない場合でも破産財団の範囲で可能な処理をして放棄するということになる（破産管財の手引166頁）。
(注34)　所有権の帰属の認定や固定資産税・都市計画税、不動産取得税賦課の前提となる評価額の決定の前提となる資料のとりまとめ等、破産者が宅地建物取引業者で当該建物が分譲用である場合の不動産取得税の賦課対象者決定の前提となる引渡しの有無および時期の認定等について協議が必要となる。
(注35)　このような場合でなくとも、裁判所に清算人の選任の申立てがあった場合は、裁判所は破産管財人であった者を第1の清算人候補者とする場合が多いと思われる。
(注36)　土地に土壌汚染がある場合、土地・建物にPCB廃棄物が存在し、その処理を要する場合、放射性物質の処理を要する場合、産業廃棄物が多数残置されている場合、老朽化していたり治安上の問題のある建物の場合、崖崩れの危険のある土地の場合等が考えられる。

Ⅶ 登記・登録された権利についての処理

個人である債務者について破産手続開始の決定があった場合において、破産財団に属する権利で登記・登録がされたものがあることを知ったときは、裁判所書記官は、職権で、遅滞なく、破産手続開始の登記・登録を登記所・登録機関に嘱託しなければならない（破258条1項2号・262条）。また破産管財人がその登記・登録がされた権利を放棄したときは、裁判所書記官は、職権で、遅滞なく、その登記・登録の抹消を嘱託しなければならない（破258条3項後段・262条）(注39)。

裁判所書記官は、破産管財人が否認権行使によって取り戻した権利を放棄した場合において、否認の登記があるときは、職権で、遅滞なく、当該否認の登記の抹消を嘱託しなければならない（破260条4項後段・262条）。

Ⅷ 放棄の時期

放棄の時期には制限はないが、法人の破産事件の場合には残余財産の確定証明を得るまでには放棄を要すべきものについては放棄しておかなければならないし、固定資産税（不動産以外の償却資産を含む）・都市計画税の賦課期日は、毎年1月1日（固定資産税〔地税342条・343条・359条〕・都市計画税〔地税702条・702条の6〕）であるため、これらの次年度以降の賦課を免れるためには、次に到来する賦課期日（1月1日）前に放棄する必要がある。また、競売建物の所有権移転時期は買受人の代金納付時であるため（民執79条参照）、競売建物の消費税納付義務を免れるためには買受人の代金納付前に放棄する

（注37） 破産管財の手引166頁。
（注38） これらの事例処理については、破産管財の手引166頁以下、沖野ほか・前掲（注30）41頁以下に詳しい。
（注39） もっとも、東京地方裁判所破産再生部では、第三者の取引の安全を害する特別な事情がある場合（破産財団に属する不動産の権利証や破産者名義の白紙委任状が第三者に渡っているといった財産処分の現実的なおそれがある場合、全国各地に多数の財産が存在するため、そのすべてについて破産管財人による管理を直ちに行うことが事実上困難な場合等）を除き、破産財団に属する権利で登記・登録がされたものに関する破産手続開始の登記・登録を留保する取扱いであるため（破産管財の手引129頁）、これらの登記・登録の抹消嘱託手続も、特別な事情がある場合を除き、生じない。

必要がある。

　実務的には、破産財団に不動産がある破産者に関する破産手続開始決定が年末にさしかかるころにされた場合の対応が問題となることが多い。この場合に翌年1月1日現在の所有者に賦課される固定資産税・都市計画税の破産財団における負担を免れるために年末までに破産財団から放棄するべきかどうかを破産手続開始後直ちに検討すべきであるが、税負担の一事をもって放棄するべきではないことは当然である。

　当該不動産が賃貸不動産で賃料収入が予定される場合は当然として、そうでない場合であっても、物件の概要（所在地、利用状況〔占有者の有無を含む〕、残置物の有無、近隣の状況、規模、建物の築年数、敷地権の種類、担保権の設定状況等）を申立書添付の資料の精査をするとともに、フットワークのいい不動産仲介業者と一緒に現地確認をして意見交換するなどして早急に売却可能性、価格感、売却に要する期間を把握しなければならない。その上で、相当な期間内に売却できる可能性があるのであれば、賦課される固定資産税・都市計画税の額（売却できれば引渡日を基準として日割精算されるのが通常である）や売却されるまでに要する管理費用その他の費用を想定し、いくつかの売却代金に応じた配当案を提示するなどして、担保権者と財団組入率について協議し、十分な財団形成ができる可能性があるのであれば、年内に放棄することなくあえて越年して任意売却することを検討するべきである[注40]（もっとも、結局売却できずに破産財団から放棄せざるを得なくなった場合に破産財団において負担せざるを得なくなる固定資産税・都市計画税の年額全部や放棄までの管理費用等の破産財団への影響度と売却可能性の確度を比較考量することが必要である）。

　なお、同時廃止基準とされるオーバーローンの倍率は、任意売却可能性に大きな影響がないことにも留意すべきである。

（田川淳一）

（注40）　迅速性は、換価に向けた最大限の努力とそれに裏打ちされた換価可能性および財団増殖可能性の判断を前提としてはじめて放棄の理由付けとして使用できる用語であるといえる。

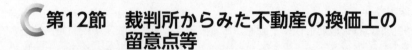

第12節 裁判所からみた不動産の換価上の留意点等

I 裁判所の視点

1 早期着手の重要性

　不動産の換価は、破産管財業務の中でも重要な業務の1つである。不動産は、一般的に高価であり、破産財団の主要な資産であることが多いものの、その使途や利用状況もさまざまであり、通常担保権が設定されていることも多いため、不動産の換価について、検討すべき問題点は多い。

　破産管財人は、破産事件であることを前提とした適切な価格での迅速な換価が求められるところ、基本的なスタンスとしては、「できる限り売る」、「できる限り高く売る」［→第1節Ⅲ1］のとおりである。そして、そのために速やかに不動産の換価に向けた準備を進めることが必要であって、初動が最も重要なのはいうまでもない。不動産の換価については、任意売却が可能か、それとも破産財団から放棄すべきかどうかについて、原則として第1回債権者集会に見極めをつけてもらうこととしている案件が多いと思われる。とくに不動産については、利害関係人や権利関係が複雑に絡み合うことも多く、換価についても一定の時間がかかることから、できるだけ早期に着手することが望ましいといえる。

　なお、このことは、地方の中小規模庁における破産事件の場合であっても変わりはない。たしかに、大都市圏と異なり、地方においては、依然不動産の価格は下落傾向にあり、不動産の流通性は低い。不動産業者についても大都市圏のように多数の業者がいるわけではなく、限られた業者しかいないといった事情もあり、任意売却を困難ならしめている事情があることはそのとおりであろう。また、換価すべき不動産についても、山林や農地といった買主が非常に限定される物件や、村落の中の土地建物といった、一般的に買主がつかないような物件（閉鎖性が強い集落であればあるほど、新規の入居者が想定しづらい）が多いということも、また事実である。加えて、地方における弁

護士業務は、破産事件だけでなく、むしろそれ以外の一般民事事件が中心であって、多くの弁護士は、それらの一般民事事件を多く抱えていることもあり、なかなか不動産の換価に着手できない、着手したとしても不動産業者に任せたままになってしまうという状況に陥りやすいということも、理解できなくはない。

　しかしながら、破産管財人は、破産手続開始と同時に破産財団に属する財産の管理処分権を有することとなるとともに（破78条1項）、その職務を行うに当たって善管注意義務を負うことになるから（破85条）、換価に着手するのが遅れたことにより、破産財団に損害が生じたような場合は、善管注意義務違反として破産管財人が損害賠償義務を負うことも生じかねないので注意が必要である。

　また、地方における売却困難物件についても、破産管財人が早期に換価に着手し、不動産業者に任せきりにしないことで、思わぬ金額での売却が可能となる場合がある。地方に行けば行くほど、人間関係も濃密であり、先祖代々の土地、集落の土地という意識も強い。そのような不動産についていえば、不動産業者に任せきりにせず、破産管財人が一度早期に現地に赴き、どのような不動産なのかということを把握することがとくに重要である。農地であれば、隣接した農地で耕作している人やその農地を実際に耕作している人であったり、集落の中の建物であれば、破産者の親族であったり、隣地の所有者が有望な買受人候補として考えられよう。筆者が担当した事件の中にも、破産者は山村集落の複数不動産（無担保）を所有していたが、不動産業者が当該地域の不動産の流通性の低さ等から不動産については0円の査定をし、申立代理人も不動産については無価値であり、他に資産はないため同時廃止での自己破産を申し立てたという事案があった。その事案については、破産事件として進めたところ、破産管財人が不動産業者任せにせず、破産手続開始後すぐに何度も現地を見に行き、買受人を探すなどした結果、同じ集落内で購入希望の人物が見つかり、思わぬ高額で任意売却でき、相当額の配当が可能となった事案もあった。

　このように、換価の早期着手の必要性、重要性については、都市部の破産管財人にのみ当てはまるものではなく、地方の中小規模庁における破産事件

の破産管財人であっても、何ら変わることはないものといえる。

2 財団組入額・別除権の受戻し

破産管財人が、不動産を任意売却するに当たっては、前述のとおり「できる限り高く売る」という基本スタンスに従い、別除権者がいなければ、買主との間で、さらに別除権者がいる場合には、不動産の売却代金から少しでも多くの額を破産財団に組み入れるよう別除権者とも交渉する必要がある。破産管財人のその任意売却への努力の結果、破産財団への組入額が高額となれば、当然ながら、債権者へより多くの配当ができることになり、債権者の利益にもなる。

実際の任意売却に当たっては、通常、別除権者との間で別除権の受戻しの交渉をし、その中で、具体的な財団組入額を交渉することになる。別除権者にとっても、任意売却の際の受戻額および被担保債権のうち受戻額によっても満足を得られなかった部分（不足額）について配当がある場合の配当額と、担保不動産競売の手続によって別除権者が得られるであろう配当額を比較し、また今後の手続にかかる期間や自ら担保不動産競売を申し立てることによる負担等を考慮しながら、任意売却に応ずるか否かを検討することになると思われる。破産管財人としては、別除権者の前記意向も踏まえながら、具体的な組入額について別除権者と交渉することになるが、この交渉の場面においても、破産管財人の知識や経験が発揮されることになる。財団組入額については、一般的に売却価格の5〜10パーセント程度の金額を破産財団に組み入れる事例が多いといわれている[注1][注2]。なお、財団組入額については、高額であることが望ましいものの、売却価格の5パーセントを下回ることになっても（さらに低額であっても）、危険防止の観点から早期の売却が求められる物件のように、破産管財人の社会的責任の観点から破産財団から放棄をすることが望ましくない物件の場合には、やむを得ないこともあり得よう。さらに、財団組入額の観点でいうと、不動産業者が少ない地方での破産

（注1） 破産管財の手引159頁。
（注2） 庁によっては、売却価格の3パーセント以上を確保するよう求める運用もある（破産管財手続の運用と書式133頁）。

事件ではあり得ることではあるが、財団組入額よりも仲介手数料のほうが高額になる場合もある。不動産業者も少なく、他に買い手がつかないような場合、やむを得ない面もあるが、債権者の立場からすると理解を得られるのかどうかやや疑問であり、破産管財人としては、不動産の任意売却に当たっては、仲介手数料の額（割合）についても十分注意し、事前に不動産業者とも交渉をしておくことが望ましいといえる。

なお、別除権の受戻しの交渉に当たっては、受戻金を別除権者の有する債権のどの部分に充当するか合意をすれば、その合意に従うこととなる。特段の合意がなければ、民法の規定に従い、劣後的破産債権から充当されることがあるため、破産管財人としては、受戻金を届出債権（一般破産債権）に充当するという合意をするように努めるべきであろう。なお、この合意に当たっては、債権者が任意の時期に充当を指定できる旨の合意である場合に、債権者が弁済を受けてから1年以上が経過してから指定充当権を行使したのに対し、法的安定性を著しく害するので、信義則上その行使が許されないとした判例（最判平成22・3・16判時2078号18頁）もあるので留意が必要である。

また、民事執行法等の手続によれば配当のないことが見込まれる後順位担保権者に対しては、担保抹消についての承諾料（いわゆるハンコ代）として適宜の額を支払うことで抹消に同意するよう交渉する必要がある。この場合、担保権者が高額な承諾料を要求する場合には、破産管財人としては、担保権消滅許可制度（破186条）があることを説明して、後順位担保権者の説得に努めることが望まれる。

3　競売手続進行中の不動産

破産財団を構成する不動産について競売手続が進行していても、競売の申立ては、買受申出があるまでは申立人が単独で取り下げることが可能であり（民執188条・76条1項）、競売手続において売却基準価額が決まると、競売による価額と任意売却による価額との差が明確になるため、かえって担保権者の承諾を得やすくなる場合もあろう。ただし、競売手続の開札直前に申立ての取下げがあると、入札者や関係者に多大な迷惑が生ずることもあるため、できるだけ、期間入札が始まるまでに任意売却を行うことが望ましいといえる。

4　不動産売却の許可に当たって

不動産の任意売却に当たっては、破産裁判所の許可が必要である（破78条2項1号）。許可を求める前に、買主との間で契約の交渉がされることとなるが、第1節ないし第11節には、破産管財人として、実際に不動産を換価する際の問題点について詳細に記載され、裁判所ではわからない苦労や実務上留意すべき点が記載されており、非常に参考となるところである。優秀な破産管財人ほど換価が早いというのも、各執筆者の論稿を見るとなるほどとうなずける。このように、破産管財人が苦労して見つけてきた買主への売却の許可については、売却代金等について一般的な財団組入額であれば、裁判所として破産管財人の判断を尊重するということは当然である。

他方、破産管財人は善管注意義務を負っており、破産財団に不測の損害を与えないようにすべきであることから、破産裁判所も不動産売却の許可に当たっては、契約の内容が、破産財団に不測の損害を与えるようなものになっていないかという観点から検討を行う。具体的には、売買代金および諸経費については、原則として一括決済となっているか、一括決済が困難な場合は、手付金をとらず、破産管財人側からいつでも無条件に契約を解除できるようになっているか、瑕疵担保責任を一切負担しないという条項が設けられているか等である［詳細は→第1節Ⅲ8］。

5　破産財団からの放棄

前述のとおり、破産管財人は、破産事件であることを前提とした適切な価格での迅速な換価が求められる。基本的なスタンスとしては、「できる限り売る」、「できる限り高く売る」のとおりであり、安易な放棄はすべきでないことはそのとおりである。他方、破産管財人は、迅速な換価の要請もあるのであって、一般的には、破産事件の内容、破産債権者その他の利害関係人の意向、換価処分による破産財団の増殖の程度、換価に要する時間、配当率の向上の程度等さまざまな事情を総合考慮しながら、換価処分の要否や換価方法の選択などについて、バランスのとれた判断をする必要がある[注3]。

破産管財人としては、この見極めについて早期の判断が求められるのであ

り、やはり前記1のとおりの早期着手が重要となってくる。

　破産管財人が破産財団に属する権利を放棄する場合、裁判所の許可が必要である（破78条2項12号。ただし、100万円以下価額の権利を放棄する場合〔同条3項1号、破規25条〕、裁判所が許可を要しないものとしたとき〔破78条3項2号〕を除く）。放棄の許可を求めるに当たっては、事前に、上記の事情を比較した上で、なお放棄すべきであるかどうか、裁判所と協議をすることが望まれる。十分な協議をせずに、また、換価できるかどうかの見通しもないまま、漫然と任意売却を継続するということがないよう、注意が必要である。裁判所としても、債権者集会の打合せの際（通常1週間程度前に行われるものと思われる）に、破産管財人に任意売却の進捗状況と今後の見通しについて十分確認し、進行について協議することが必要である。とくに、地方の中小規模庁における破産事件の場合、前記1のとおり換価を困難にさせる状況があり、一般的に任意売却が長期化する可能性があるだけでなく、地方部の小規模支部の場合、一定の場合には、債権者集会を実施しない運用をする庁もあり[注4]、また、債権者集会の期日間隔を長くとるあるいは期日を追って指定とする扱いもないではない。そのような場合にあっては、破産管財人から任意売却の進捗状況について、定期的に書面で報告を求め、任意売却を継続するか否かについて、必要に応じ破産管財人と破産裁判所とが直接面談を行うなど、破産裁判所と破産管財人との間で十分な打合せがされるべきであろう。

　また、債権者集会において、債権者の意見を聴いた上で破産財団から放棄することが望ましい場合もある。ただし、その場合でも、安易に債権者の意向に従うというのではなく、むしろ債権者集会の場で、放棄することの意義、放棄しない場合の不利益等、十分説明をし、理解を得る努力が必要である。

　さらに、破産管財人の社会的責任の観点から、放棄に当たって一定の行為をすることが求められる場合もある［詳細は→**第11節Ⅵ**］。とくに危険を防止すべき措置をあらかじめとることが求められるような場合には、放棄をすべきかどうか、放棄に当たって当該措置をどこまでとるかについては、法令の

（注3）　破産・民事再生の実務〔破産編〕222頁。
（注4）　書記官事務の研究247頁参照。なお、最近は全国的に見ても債権者集会を実施しない運用はあまり取り入れられていないとされる。

定め等にも照らし、事前に裁判所と十分な協議をすることが求められる(注5)。

Ⅱ 法的に未解決の問題が含まれている場合の対応

不動産は、利用状況、権利関係が複雑に絡み合っていることが多く、当該不動産が破産財団に帰属するか否か、有効な担保権を有するか否か争いがある場合のように、権利関係に争いがあり、法的に未解決の問題が含まれている場合も存在する。

第3節は、不動産が破産財団に帰属するか否か、有効な担保権を有するか否か争いがある場合に、詳細な場合分けをして論じており、非常に参考になる。

権利関係に争いがある場合には、事前に裁判所と十分な協議が求められるところであるが、否認の主張が可能と考えられる場合であっても、まずは任意での交渉が求められよう。任意での交渉が困難な場合、否認請求あるいは否認の訴えを提起することとなる。否認請求は、訴えの提起(破78条2項10号)に該当しないことから、否認請求に当たって裁判所の許可は必要ではない。しかし、否認の訴えによるべきか否認請求によるべきかについては、慎重に検討すべきであり、事前に裁判所と十分協議をすることが必要となる。通常、事前の相手方の争い方、対応に照らして、1回を基本とする短期の審尋による解決の見込みがあるか、立証の難易や訴え提起のコストを考えた場合の経済的合理性等を考慮して裁判所と協議の上、決することとなる。

(北村治樹)

(注5) 破産管財の手引166頁以下。

第3章 債　　権

第1節　換価上の留意点

I　破産管財業務における債権の換価・回収業務の重要性

　法人の破産者の場合、破産財団に属する財産に預金、売掛金、受取手形、貸付金、保証金等の債権が含まれることが一般的であり、債権が破産財団を構成する主要な財産であることは珍しくない。また、個人の破産者の場合であっても、預金、保険の解約返戻金、退職金、貸付金や賃貸借契約に基づく敷金の返還請求権等が破産財団に属する財産に含まれる場合がある。

　破産管財人が、これらの債権の存在を的確に把握し、その回収を確実かつ早期に実現することは、破産手続における弁済・配当の増大や手続の迅速な処理にとって非常に重要であり、破産管財人の熱意と努力が債権回収の成果に大きく影響する。そして、債権を含む破産財団に属する財産の管理処分権は破産管財人に専属し（破78条1項）、破産管財人にはその管理処分についての広い裁量があると同時に重い職責があることからすれば、破産管財人が合理的な理由なく破産財団に属する債権の存否の調査を怠り、または、回収可能な債権の回収をしないことは、破産管財人の善管注意義務（破85条1項）に反することとなる。

　しかし、実際の債権の回収に際しては、債権の存否・金額や債務者からの抗弁権の有無が争いになる場合があるほかに、債務者の弁済能力の不足のために債権全額の回収が困難であることや、債権回収に長期間を要する場合もある。このような場合に、破産管財人が債権全額の回収に拘泥をすることは、

かえって破産手続の長期化や債権回収の費用の増加（弁済・配当の原資の減少）を招くことになり、破産債権者の利益に反することにもなりかねないので、和解による早期解決や、当該債権のサービサーへの譲渡、破産財団からの放棄等を検討しなければならないこともある。また、破産管財人は、裁判所から選任された機関として公正中立な立場で破産管財業務を行うべき存在であり、弁護士が破産管財人となっていることからすれば、債権の調査や債権の回収における方法・手段は法律に則った適切なものでなければならないことは当然であり、債権に設定された担保権の担保権者等の利害関係人との権利の適切な調整を図ること（破1条）も、その職責として求められているといえる。

以上のとおり、破産管財人は、破産財団に属する債権の回収に際しては、破産財団の増殖のためにできる限り多くの回収に努めるべきことは当然であるが、他方で、破産手続の迅速な処理や利害関係人との間の利害の調整をも考慮する必要がある。

II 破産管財人就任直後の留意点

1 早期の着手

破産管財人は、その就任後直ちに破産財団に属する財産一般について、その調査と管理処分に着手しなければならないが、このことは債権についてはとくに重要である。すなわち、早期に債権回収に着手することが、債務者に対して期日どおりの弁済を促すことになり、回収の成果につながるのに対して、債権回収の着手の遅れは、債権の存在を証明する資料を散逸させるおそれがあるほか、債務者側では催促されない債権への弁済は後回しになりがちであり、弁済資金を他に流用にしたり、最悪の場合には債務者が無資力となったり、所在不明になるということもある。このように、まずは早期の着手が肝要であるので、破産手続開始後直ちに債権回収に着手すべきことは当然であるが、破産手続開始予定日より前に破産管財人の候補者が決まり、破産者や申立代理人と面談できる場合には、破産手続開始前から債権の内容（件数、相手方、金額、種類、回収見込みなど）を聴取して、選任後速やかに回

収の業務に入ることができるように準備すべきである。

2　資料の確保と破産者等からの事情聴取

　破産手続開始決定の前後の混乱によって、債権の存否や金額を確認するための資料が散逸するおそれがあるため、破産管財人は、できる限り早い時期に破産者や申立代理人に、契約書、会計資料（決算書、総勘定元帳、売掛金台帳、税務申告書の控え、直近の伝票・請求書控え・納品書等）、受取手形、保険契約・各種会員権・出資金など証券や証書等の所在を確認した上で、散逸・紛失しないように管理保管をする必要がある。

　法人の破産者の場合、会計に関するデータが、PC に記録されている場合も多いが、PC の起動のためのパスワードや会計ソフトの使用方法を確認した上で、必要なデータを破産管財人の管理下へ移すべきである。とくに、PC や会計ソフトがリース物件である場合には、PC 等をリース会社へ返還することになり、PC 等へのアクセスができなくなるため、会計データの吸上げに不足が生じないように留意しなければならない。

　契約書は、債権の存在や額を立証する上で重要な文書であり、その所在を確認して保管すべきことは当然であるが、とくに中小企業の場合には日常的な取引について契約書が作成されていない例が珍しくなく、契約書があっても実際の取引条件（支払条件など）は当事者間で別に明示または黙示の合意がされていて契約書の記載内容と合致していないこともある。したがって、実際の取引条件がいかなる内容であったかについては、破産者（の担当者）に確認をすべきである。

　破産財団に属する債権の調査のために、まずは破産者から会計帳簿、決算書類、税務申告書の控え、売掛金台帳等を入手することになるが、自己破産の場合には、破産申立書類として債務者一覧表（売掛金一覧表、債権目録など）が作成されていることが一般的であるので、これらの資料から債権の存在と金額を確認することになる。ただし、多くの場合、破産手続開始の時点における債権の存在および額についての正確な情報は、会計帳簿や破産申立書に添付された債務者一覧表等には反映されていないため、会計帳簿や債務者一覧表の内容のみに基づいて債務者への通知や債権回収の交渉を行うのは適切

ではなく、法人の破産者であれば、その経理担当者や営業担当者から、相手先(債務者)ごとに破産手続開始直前までの債権の発生と回収の状況について事情を聴取して、最新の情報を反映することにより、正確な債権の有無や金額を把握すべきである。

　破産者の帳簿等の資料や従業員からの事情聴取等を通じて、債権の存在やその額を確認し、その後に速やかに債務者に対して破産管財人の名で請求をしていくことになる。しかし、破産者側の資料等に基づいて債権の額を確定させようとしても、資料が散逸してしまっていたり、従業員の協力が得られないなどの理由によって、その確定に時間を要してしまう場合がある。そのような場合には、手元の資料等による債権額の確定に時間をかけるよりも、暫定的に把握できている金額であることの留保をした上でとりあえずの請求書を送付し、併せて債権の存在や額について書面で照会をして回答書の返送を求めるほうがよい場合がある。なぜなら、債務者側の主張や資料により事実関係を確認することで、破産管財人側でも債権の存在や額を確定できる場合があり、また、回答書の返送を求めることは、債務者に弁済に向けた準備を促すとともに、債務者から回答書が返送されれば、債務承認による消滅時効の中断の効果や、債権の存否や額についての紛争が生じた場合に備えた証拠資料の取得という効果も得られるからである。

　また、債権の額の確定が破産者や破産管財人の側だけではできない場合もある。例えば、破産をした請負人が仕掛かり中の請負工事の代金債権を有する場合、一般的には、当該請負代金債権の額の確定には、破産手続開始決定時点での工事の出来高の査定が必要であり、破産開始決定後直ちに、注文者および破産者の工事担当者の協力を得て、出来高の査定の作業を実施して請負代金債権の額を確定させる必要がある［詳しくは、→第4節Ⅳ］。そのような場合には、破産手続開始後速やかに相手方の協力を求めるべきであり、時間を経過するほどに協力を得にくくなるものである。

3　破産者の従業員等の協力

　前記1および2で述べたとおり、債権の存在や額を調査するためには、破産者、破産者の役員、破産者の従業員（とくに、経理担当者や営業担当者）の

協力が必要である。破産法上は、これらの者には破産管財人への説明義務（破40条）があるが、実務的には、とくに破産者の経理担当者や営業担当者の協力を求める必要がある場合が多い[注1]。そして、当該従業員に一定期間協力を求める必要がある場合には、当該従業員について、破産手続開始時に即時解雇をすることなく解雇予告にとどめたり、補助者として雇い入れる等して、破産手続開始後も一定期間は雇用を継続して給与を破産財団から払いながら[注2]、債権の調査や回収に従事してもらうことも検討すべきである［詳しくは、→第1部第1章第5節Ⅱ］。ただし、債権の回収はあくまで破産財団の増殖のために行われるべきことであるので、経理担当等の従業員の雇用継続も、債権の回収の見込額と、従業員の雇用継続のコストとを考慮してなされるべきである。

4 破産財団に帰属する債権の存否に関する調査

　破産者の帳簿等に記載のある債権であったとしても、実在性や回収可能性がない場合もある。すなわち、破産手続開始以前にすでに、債務者が破産をするなどして明らかに回収可能性がないにもかかわらず債権の償却処理がされないままとなっている場合や、回収済みであるにもかかわらず帳簿上の消込みが未了である場合、破産者と債務者との間で認識している債権額の不突合がありすでに債権額の確認の合意がなされているにもかかわらず元の帳簿上の債権額と合意後の債権額との差額が消し込まれずに残っている場合などである。これらの事情は、会計帳簿等から知ることは困難であることが多いため、早い時点で破産者等から聴取をしておかないと、無駄な通知や催告を行うこととなったり、債務者との間で無用なトラブルを生じさせることになってしまう。

（注1）　破産法上、破産会社の（元）従業員に説明義務が生ずるのは、裁判所の許可を得た場合（破40条1項柱書ただし書・5号・2項）であるが、実務上は、裁判所の許可を得ることまでせずに事実上の協力を得ることが多い。また、破産手続開始後も雇用契約を継続している場合には、従業員の業務の一環として説明を求めることが可能である。
（注2）　破産会社の従業員を一旦解雇した後に、あらためて破産管財人が雇用をする場合には、当該従業員について失業保険の不正受給が生じないように留意する必要がある（破産管財の手引121頁）。

法人の役員に対する損害賠償請求権、（とくに個人の破産者が有する）過払金返還請求権、税金等の還付金請求権等は、存在していても会計帳簿や資産目録に計上されていないことが多いため、これらの債権の存否については、破産管財人の側から積極的に調査や確認をする必要がある［財産調査全般につき、→第1章第1節ないし第3節］。

5　換価・回収に手続や時間を要する債権

破産手続開始後に申告をすることで租税や労働保険の還付金の返還を受けられる場合があるが、還付までには一定の時間がかかるため、これらの還付金の可能性がある場合には早期に申告手続に着手すべきである［詳しくは→第11節Ⅱ・Ⅲ・第9章第1節Ⅲ・Ⅳ］。

また、信用金庫・信用組合の出資金は、相殺の対象となっていない場合は、脱退をすることにより返還を受けられるが、脱退をすることができる時期が信用金庫・信用組合の総代会の開催時期に限定され、適時に脱退の手続をとることができないと返還までに時間を要することになる。そこで、早期に脱退の手続をとるか、脱退に代えて出資金の譲渡をすること[注3]も可能であるので、譲渡による換金も検討をすることになる［詳しくは→第7節Ⅱ］。

破産者の業種によっては、営業保証金（宅建業25条1項、旅行業7条1項）を供託しており[注4]、破産手続開始による事業の廃止に伴い、営業保証金の取戻しの請求が可能である場合もあるので、就任後速やかに取戻しの手続に着手すべきである［詳しくは→第11節Ⅰ3］。また、破産者がプリペイドカードや商品券を発行していた場合には、発行保証金（資金決済に関する法律14条1項）の供託[注5]をしているので、同様に取戻しの手続に着手すべきである。

（注3）　譲受人を信用金庫等の側から斡旋してもらうケースもあるが、そのような紹介がない場合は、破産者の関係者に適正な金額で譲渡することも検討する。
（注4）　供託に代えて、弁済業務保証金分担金（宅建業64条の9第1項、旅行業22条の10第1項）を当該業種の協会に納付している場合もある。
（注5）　供託に代えて、発行保証金保全契約や発行保証金信託契約を締結している場合もある（資金決済に関する法律15条・16条）。

6　破産財団への帰属の有無に関する調査

　債権の存在や額が確認できた場合であっても、当該債権が破産財団に帰属するかどうか、破産管財人が回収行為をすることができるかを確認、検討すべき場合がある。

　預金に関しては、原則として破産者の名義の預金口座の預金債権は破産財団に帰属するものである(注6)が、公共工事の前受金入金口座など(注7)は信託財産とされ、破産管財人の管理処分権が及ばない場合があるので留意が必要である［詳しくは→第3節Ⅰ］。

　受取手形は、破産手続開始時に銀行へ取立委任に出されているものは、銀行が商事留置権の主張をすることが考えられるので、受取手形の手元保管状況や取立状況について調査をする必要がある［詳しくは→第7節Ⅰ］。また、指名債権についても、電子記録債権として譲渡対象となっている場合や、ファクタリング（一括支払システム）や集合債権譲渡担保の対象となっている場合があるため、これらの利用状況・設定状況を確認する必要がある。

　個人の破産者については、差押禁止債権(注8)は自由財産となるので破産管財人が回収すべきものではないが、それ以外にも破産手続の運用によって破産者が有する債権（預金、敷金、保険解約返戻金、退職金等）が自由財産として扱われる場合がある。個人の破産者が有する資産のうち自由財産となる財産の範囲は、各地方裁判所によって運用が異なるため、当該破産事件が係属する破産裁判所での運用を確認して、自由財産となるべき財産について破産管財人が管理回収することがないように留意しなければならない。自由財産の範囲と対象財産については、自由財産の範囲拡張の手続（破34条4項）には

(注6)　損害保険代理店の代理店名義口座の帰属について最判平成15・2・21民集57巻2号95頁は、損害保険代理店に預金が帰属するとし、保険会社への帰属を否定した。
(注7)　最判平成14・1・17判時1774号42頁。
(注8)　給料・退職金の4分の3（民執152条1項・2項）、労働者の補償請求権（労基83条2項）、生活保護受給権（生保58条）、年金受給権（国年24条、厚年41条）、交通事故の被害者の直接請求権（自賠18条）等。なお、簡易生命保険の還付金請求権は、1991年4月1日より前に発効した契約については差押禁止となるが、同日以降に発効した契約については差押可能であり、破産財団を構成する（破産管財の手引140頁）。

申立期限があることから、拡張の申立てが必要かどうかも含めて、破産管財人は早い時点で破産者および申立代理人と協議をして確認をしておくことが望ましい。

また、個人が有する損害賠償請求権のうち、慰謝料請求権のように行使上の一身性属性が認められているものは、判決により請求額が確定するなどして一身専属性が失われない限り、破産財団に帰属せず破産管財人が行使することはできないと解される(注9)が、請求額が確定しまたは一旦破産者の預金口座等へ入金となった後は破産財団に帰属することになり(破34条3項2号ただし書)、破産管財人に管理処分権があるものと解される(注10)［詳しくは→第10節］。

破産者が有していた債権が、破産者の支払不能後、破産手続開始前に債権譲渡や強制執行(転付命令)がなされたことにより当該債権が破産者の財産から流出したような場合には、詐害行為または偏頗行為を理由として否認権を行使すること(破160条・162条・165条)を検討すべきである。このような否認対象行為があることを把握したときは、当該債権が回収されたり譲渡されたりすることを防ぐために保全処分(破産手続開始前になされた保全処分の続行〔破171条・172条〕を含む)をする必要がある場合もある。

なお、破産財団に帰属する債権に、担保権の設定がなされていたり、破産手続開始時までに滞納処分による差押えがなされていたりすることがある

(注9) 名誉毀損に基づく慰謝料請求権について最判昭和58・10・6民集37巻8号1041頁。
(注10) 破産手続開始前に発生した交通事故被害に基づき保険会社から支払われた慰謝料・後遺障害逸失利益・介護年金の給付金を代理人弁護士が預かっていた場合に、その預り金の返還請求権が破産財団に属するとした裁判例として大阪高判平成26・3・20事業再生と債権管理145号（2014）97頁。交通事故の被害による生命・身体に対する侵害の慰謝料・逸失利益・介護費用については、慰謝料請求権について破産手続開始後に行使上の一身専属性を失ったとしても破産法34条3項2号ただし書の適用がないと解すべきとする見解（小野瀬昭「交通事故の当事者につき破産手続開始決定がされた場合の問題点について」判タ1326号〔2010〕54頁)、慰謝料は人格的価値の毀損に対する損害の補填であることから、かなりの割合で自由財産の範囲の拡張が認められるべきとする見解（破産実務Q&A200問90頁〔伊津良治〕）や、後遺障害による逸失利益や介護費用について破産開始後の期間に相当する部分は新得財産に当たるといえるとする見解（伊藤眞「固定主義再考（大阪高判平成26年3月20日）——交通事故に基づく損害賠償請求権などの破産財団帰属性を固定主義から考える」事業再生と債権管理145号〔2014〕88頁）がある。

が、そのような場合の処理については、後記Ⅲ2で述べる。

7 債権が強制執行による差押えや保全処分による仮差押えの対象となっている場合の処理

　破産手続開始決定がなされると、破産財団に属する財産への強制執行、仮差押えおよび仮処分等で破産債権または財団債権に基づくものは、破産財団に対しては失効する（破42条2項）。そこで、破産管財人は、破産手続開始の時点において、破産債権または財団債権に基づいて、破産財団に属する債権が強制執行、仮差押えまたは仮処分等の対象となっているときは、これらの効力を排して、破産管財人において当該債権の回収をする必要がある。

　具体的な手続としては、強制執行による債権差押えがなされて執行が完了していないときは[注11]、破産管財人は執行裁判所に対して執行取消し（終了）の上申書を提出して職権による執行取消し（終了）を求めることになる[注12]。上申書の内容は、「債権差押命令事件の債務者が破産手続開始決定を受けて、上申者が破産管財人に選任されたこと」および「執行手続の続行をしないので、執行手続を取り消す（終了させる）こと」となり、添付資料として、破産手続開始決定書の正本（の写し）および破産管財人の資格証明書を提出することになる。破産手続開始決定がなされたにもかかわらず、執行裁判所への上申（通知）をしないと、差押債権者等による取立てや差押債権者への配当がなされてしまうおそれがあるので、破産手続開始後速やかに上申（通知）を行うべきである。

　債権仮差押えがなされているときも、同様に保全裁判所へ執行取消し（終了）の上申書を提出して職権による保全執行の取消し（終了）を求めることになるが、保全裁判所の運用によっては、上申書の提出のみでは職権による保全執行の取消し（終了）を認めない場合もある[注13]。そのような場合、破産管財人は、債権者に対して担保取消しに応ずること[注14]と引換えに保全申

(注11)　破産手続開始時までに強制執行が完了している場合は、破産手続開始決定による失効の対象にはならない（最決平成30・4・18民集72巻2号68頁参照）。その場合は、執行行為に対する否認権の行使（破165条）を検討することになる。
(注12)　東京高決平成21・1・8判タ1302号290頁。

立ての取下げをするように交渉をすることになる。

差押えや仮差押えに対して第三債務者が供託をしているときは、供託所に対して供託金の払渡しの請求を行う［詳しくは→第11節Ⅰ］。

Ⅲ　債権回収一般の留意点

破産管財人に就任した直後に特に留意すべき点に加えて、破産財団に帰属する債権の管理・回収に際して一般的に留意すべき点は以下のとおりである。

1　時効管理

破産管財人は、破産財団に属する債権について、消滅時効が完成しないように管理をすべきである。消滅時効は、民事債権10年、商事債権5年のほかに、民法上の短期消滅時効（工事に関する債権3年、売掛代金債権2年、運送賃・宿泊料・飲食料債権1年など）があるので、債権の消滅時効の起算点を確認し、破産手続開始直後に消滅時効が完成するものがないかについてとくに留意する。

なお、2017年6月2日に交付され、2020年4月1日から施行される「民法の一部を改正する法律」（平成29年法律第44号）では、債権の消滅時効の期間について、民事債権と商事債権の区別がなくなり、権利を行使することができることを知った時から5年、権利を行使することができる時から10年となった。また、職業別の短期消滅時効制度が廃止されることとなった[注15]。

（注13）　東京地裁の保全部では、破産管財人からの上申書の提出による職権での保全執行取消しの扱いはしていない（不動産の仮差押えに関して、東京地裁保全研究会編著『民事保全の実務（下）〔第3版増補版〕』〔金融財政事情研究会、2015〕289頁）。任意に保全申立ての取下げがなされない場合には、破産管財人が保全裁判所に対して失効通知書の上申を行い、保全裁判所から第三債務者および債権者に対して仮差押えが失効している旨の通知をしてもらった上で、第三債務者に支払を求めることになる（破産管財の手引112頁）。本書の執筆者の1人である野村剛司弁護士によれば、大阪地裁においても、東京地裁と同様に、破産管財人から上申書の提出がされると、保全裁判所から第三債務者へ債権仮差押えが失効した旨の通知がなされる取扱いになっているとのことである。
（注14）　債権仮差押えの担保が100万円を超える場合には、破産管財人による担保取消しの同意には破産裁判所の許可（破78条2項）が必要である。
（注15）　一問一答民法40頁以下。

消滅時効の中断のためには、まずは債務者に債務の承認（民147条3号）を求め、書面化をすることになるが、債務者が承認の書面化に応じなかったり、債権の存否や金額に争いがあるために承認が得られない場合には、内容証明・配達証明郵便で催告（民153条）をし、さらには回収可能性と手続費用を考慮した上で、訴え提起（民147条1号）や支払督促（民150条）による時効中断を検討することとなる。

　改正民法では、時効の「中断」は、時効の「完成猶予」と「更新」を区別して定められており、「承認」は時効の更新の効果を有する（改正民152条1項）が、「催告」のみでは時効の完成猶予の効果しか生じないため、訴えの提起や支払督促による権利の確定がされなければ、時効の更新の効果は生じないと定められた[注16]。また、時効の完成猶予の効果を生じさせる方法として、権利についての協議を行う旨の書面による合意が新設された（改正民151条1項）[注17]。権利について協議を行う旨の書面による合意がされたときは、その合意があった時から1年を経過した時、その合意において当事者が協議を行う期間（1年に満たないものに限る）を定めたときはその期間を経過した時、当事者の一方から相手方に対して協議の続行を拒絶する旨の通知が書面でされたときはその通知の時から6か月を経過した時、のいずれか早い時までの間は時効の完成は猶予される。したがって、改正民法の施行後は、破産管財人は債務者から確定的な「承認」を得られず、かつ、直ちに訴提起等をすること困難な場合であっても、「権利について協議を行う旨の合意」を書面で行うことで、時効完成を回避して、債権回収のための交渉を継続できることになったので、かかる方法を検討すべきである。

　破産管財人が、正当な理由なく、破産財団に属する債権について漫然と消滅時効の完成を許したとすれば、善管注意義務違反として破産管財人個人が利害関係人（破産債権者等）に対して損害賠償義務（破85条2項）を負うことになる場合がある[注18]。

（注16）　一問一答民法44頁。
（注17）　一問一答民法49頁。
（注18）　東京地判昭和36・9・19判時276号24頁、東京高判昭和39・1・23金法369号3頁。

2　滞納処分による差押えや別除権に対する対応

　破産手続開始よりも前に破産財団に属する財産に対する滞納処分がすでに実行されているときは、当該滞納処分は破産手続開始後も続行できることとされている（破43条2項）。したがって、破産財団に属する債権に破産手続開始の時点で滞納処分による差押えがなされているか確認する必要があるが、破産手続開始後に新たな滞納処分はできない（同条1項）ので、差押えがされた時期がいつであるかをよく確認すべきである。破産手続開始後に新たになされた滞納処分の差押えがある場合には、当該滞納処分の処分庁に差押えの解除を求めていくべきである[注19]。

　また、破産財団に属する債権に別除権（担保権）が存する場合、別除権者は、破産手続開始後も破産手続外で当該別除権の行使をすることができ（破65条1項）、破産手続開始前に開始された別除権実行手続は破産手続開始後も続行する。したがって、破産管財人は、破産財団に属する債権について別除権が存するかどうか（とくに、集合債権譲渡担保や一括支払システム〔ファクタリング〕の対象となっているかどうか）、破産手続開始時点で別除権の実行（質権または動産売買先取特権の物上代位に基づく差押えや、債権譲渡担保に基づく譲渡の実行通知など）がされているかを確認すべきである[注20]。債権に別除権が存するものの、破産手続開始時点で別除権の実行がされていない場合に、破産管財人が当該債権について回収や譲渡などの処分をすることができるかは、当該別除権の内容によって異なる。すなわち、債権に存する別除権が質権や譲渡担保といった約定担保権の場合は、破産管財人は破産者が別除権者に対して負っている担保価値維持義務を承継しているので、破産管財人も別

(注19)　国税徴収法48条2項は、差押財産の価額を超える無益な差押えを禁じているので、かかる無益な差押えがされている場合は破産管財人は差押えの解除を申し入れるべきであろう。

(注20)　改正民法では、将来債権の譲渡（譲渡担保）が有効であることが明文化された（改正民466条の6第1項）。譲渡制限特約がある債権が譲渡された場合について、債務者は当然に弁済金の供託が可能となり（改正民466条の2第1項）、譲渡人について破産手続が開始したときは、譲受人は債務者に対して、弁済金を供託させることができ（改正民466条の3）、これらの供託金は、譲受人のみが還付を請求して回収できることとなった（改正民466条の2第3項）。一問一答民法161頁以下。

除権者に対して担保価値維持義務があり[注21]、これに反する債権の回収や譲渡などの処分は、破産管財人の善管注意義務違反となる。これに対して、債権に存する別除権が動産売買の先取特権に基づく物上代位権のような法定の担保権である場合には、破産手続開始後に先取特権者が差押えをすることは可能である[注22]が、当該債権に差押えがなされるまでは、破産手続開始前の破産者および破産手続開始後の破産管財人のいずれも、当該債権の回収や譲渡などの処分について別除権を理由とする制約を受けるものではないため、差押えがなされる前であれば、破産管財人は債権の回収や譲渡[注23]などの処分が可能であり[注24]、破産管財人による回収や譲渡を理由に破産管財人に対する不法行為や不当利得が成立するものではないと解される[注25]。ただし、法定の担保権である動産売買の先取特権についても、破産管財人が別除権者の利害の調整を図るべき善管注意義務（担保価値配慮義務）があると説く見解[注26]もあるので留意が必要である。

3　抗弁への対応

破産管財人が破産財団に属する債権の請求行為を行ったところ、これに対して債務者側から反対債権との相殺や、瑕疵担保責任の主張、返品処理による減額、倒産解除特約による解除の主張など抗弁の主張がされることは珍しくない［売掛金に対する抗弁の主張の例については、→第4節Ⅱ］。破産管財人と

(注21)　最判平成18・12・21民集60巻10号3964頁。ただし、同最高裁判決の結論は、担保価値維持義務に反する行為ではあるが、当該事案での破産管財人の損害賠償責任は認めず、質権者の破産財団に対する不当利得返還請求を認めた。
(注22)　最判昭和59・2・2民集38巻3号431頁。
(注23)　債権を譲渡する場合には、差押えの前までに債権譲渡の第三者対抗要件が具備されている必要がある（最判平成17・2・22民集59巻2号314頁）。
(注24)　東京地判平成11・2・26金判1076号33頁。
(注25)　破産・民事再生の実務〔破産編〕218頁、破産管財の手引181頁、条解破産法509頁。ただし、新破産法の基本構造と実務461頁［田原睦夫発言］は、先取特権の目的物が特定されて、いつでも動産競売開始許可の申立てができる状況であれば、それを踏まえて換価代金について和解的処理をするが大体の流れと指摘している。
(注26)　伊藤眞「破産管財人等の職務と地位」事業再生と債権管理119号（2008）6頁、松下満俊「破産手続における動産売買先取特権に関する考察」倒産法の最新論点ソリューション40頁。

しては、安易に抗弁を受け容れて債権回収を断念することなく、公正中立な立場にある者としてこれらの抗弁の正当性を判断すべきであり、正当でない抗弁については毅然とした対応をする必要がある。

相殺の抗弁に関しては、民法上の相殺適状の充足の確認のほかに、とくに破産法上の相殺禁止の規定（破71条・72条）に該当するかの判断が不可欠である［預金との相殺については、→第3節Ⅲ、売掛金との相殺については、→第4節Ⅱ7、手形取立金との相殺については、→第7節Ⅰ、投資信託解約返戻金と銀行貸付金との相殺については、→第8節Ⅱ］。相殺の可否に影響する重要な情報として、債務者（とくに預金債権の債務者である銀行等）への支払停止や破産手続開始申立ての通知をした時期、通知書面の有無を確認しておくことも重要である。

破産者の債務についてした保証の履行をしたことに基づく求償権を、相殺における反対債権（自働債権）として主張される場合がある。破産手続開始前に保証契約がされている場合、その保証履行が破産手続開始後であっても当該求償権は破産債権であるが、当該保証が破産者の委託による保証である場合は当該保証契約をした時点を求償権の原因が生じた時点と解して相殺禁止の要件を検討することになる。これに対して、破産手続開始前の保証契約が破産者からの委託のない保証である場合は、その保証人の求償権は破産債権であるものの、破産法72条1項1号の類推適用により相殺が禁じられること[注27]に留意が必要である。

また、法的な主張としての抗弁ではなく、支払能力がないことを理由とする支払の拒絶や支払期限猶予の要請が破産管財人に対してなされることも珍しくない。そのような場合には、債務者の経済状況や支払能力を調査すること（決算書の提出を求めたり、場合によっては債務者の事務所や店舗の状況を見て営業の実態の確認が必要な場合もある）に加えて、回収可能性と費用とを勘案して、訴えの提起等の法的手続の可能性も示しつつ、早期弁済の交渉をすることとなる［法的手続をとる場合の留意点は→Ⅳ、長期間の分割による回収の場合の留意点は→Ⅴ］。

（注27）　最判平成24・5・28民集66巻7号3123頁。

4　確実な債権回収のための工夫

　破産財団に属する債権の回収を確実に行っていくために重要なのは、前記Ⅱでも述べたとおり、早期の着手である。すなわち、債権についての調査・把握をした上で、破産管財人は就任後直ちに、破産管財人名義の請求書を発送して、破産管財人が弁済受領権を専属的に有することの通知をし、任意での破産管財人への弁済を要請することになる。請求書には、破産手続開始決定通知書の写しや、破産裁判所の発行する破産管財人資格証明書（の写し）を添付するなどした上で、破産管財人名義の口座を示して送金による弁済を求めるのが一般的である。ただし、破産者が従前から使用していた請求書の様式がある場合には、破産管財人もその様式を利用して請求書を作成し送付したほうが、債務者からの問合せを減らし、債務者側の弁済に向けた事務処理が円滑になされて回収率の向上に役立つ場合がある。また、弁済金の送金を求める預金口座についても、破産管財人名義の口座を指定するのが原則であるが、破産者が債権回収のために特定の普通預金口座を開設していた場合は、破産手続開始後も当該預金口座を解約することなく債権回収に利用することも考えられる（当該預金口座のある金融機関には破産手続開始の通知をして、相殺がなされることがないようにすべきであり、また、当該預金口座が自動引落しの対象となっている場合には、破産手続開始後に自動引落しによる決済がされないように、引落しを停止する手続をとる必要がある）。

　さらに、破産管財人は、請求書を送付するだけで放置することがないように心がけるべきである。債務者に請求書が届いているか、破産管財人とのやりとりの窓口となる債務者側の担当者が誰（どこの部署）であるか、債務者側で弁済に向けた準備がなされているか、債権額等の認識に相違がないかなどを確認するために、債務者へ個別に電話連絡をするなどして、債権回収に向けた破産管財人の積極的な姿勢を示すことが、早期の回収につながるといえる。また、そのような個別の連絡をする中で、往々にして、債務者からは債権額の相違の主張や相殺の主張がなされるので、それらの主張についてはあらためて破産管財人側で調査をして、速やかに対応をすることが大切である。請求書の送付だけでは十分な対応を得られない場合には、内容証明・配

達証明郵便による請求を行うことも考え、とくに、消滅時効の中断という観点から、債務者とのやりとりを書面で行い、記録として残すことも重要である。

　破産財団に属する債権が多数になる場合は、債権の請求漏れや回収漏れが生じないようにする必要がある。破産管財人は、破産手続開始後遅滞なく破産財団に属する財産の評定をした上で財産目録を作成することが義務付けられている（破153条1項・2項）が、別途、債権管理表を作成するなどして、回収の進捗等を把握し、回収漏れがないようにすべきである。また、破産管財人は、破産手続開始の直後から、さまざまな破産管財業務に対応をしなければならないので、多数の債権回収を迅速に漏れなく進めるために、破産裁判所の許可を得た上で破産管財人代理を選任し、破産管財人代理に債権回収業務を行わせることも検討すべきである。

　多数の類似する債権について和解的解決が必要な場合には、一定の解決の方針を定めた上で、破産裁判所から包括的な和解許可（破78条2項11号）を得て、迅速かつ効率的に処理をすることが考えられる。包括的な和解の許可を得るためには、裁判所に対して、和解の対象となる債権の全体像（対象となる債権の性質、件数、金額、債務者など）を説明した上で、包括的な和解許可により処理を行うことの必要性（大量処理の必要性や、時間・費用面での効率化など）と、包括的な和解許可にすることの許容性（解決すべき紛争の内容に共通性があること、平等性や公平性を確保できることなど）を示して協議を行うべきである。また、包括的な和解許可を得る場合には、和解の方針が事前に相手方に開示されてしまい、許可された方針に沿った和解が困難になってしまうことがないように、許可申請の内容（とくに、和解の方針）について閲覧等制限の申立て（破12条1項1号）を行い、利害関係人による閲覧等を制限する必要がある。

　破産財団に属する債権の債務者が、破産者の関係者（破産者の元役員や元従業員など）である場合がある。破産者が、貸付金や仮払金などとして破産者の元役員や元従業員に対して債権を有する場合も、当然のことながら、債権の存否や金額を資料に基づき確定する作業が必要であるが、債権の存在や金額が確定できたとしても、債務者である破産者の元役員や元従業員の支払能

力が乏しい例が珍しくない。このような場合に、最終的には後記Ⅶで述べるとおり破産財団からの放棄を検討しなければならないが、債務者が破産者の元代表取締役であるなど経営責任があり、破産者の債務の多くを保証している場合には、当該債務者の資産内容の調査をし、当該債務者からの偏頗な弁済で債権者間の公平が害されることを防ぐためにも、当該債務者に自己破産の申立てを求め、または、債権者申立てによる破産を検討すべき場合もある。一方で、破産者の元従業員が債務者である場合には、その債権の発生の経緯や過去の賃金の支払状況、破産手続開始後の元従業員の就職や収入の状況も考慮して、柔軟に対処することが望ましい場合がある。

　また、破産財団に属する債権の債務者が支払能力を欠いている場合は、破産管財人が弁済を受けたことについて、後々、当該債務者について破産手続が開始した際に当該破産手続の破産管財人から偏頗行為を理由とする否認権行使を受けるおそれがあるので、留意が必要である。破産管財人が、債務者の支払不能または支払停止等を知っているからといって、当然に当該債務者からの債権回収をしてはならない理由にはなるものではないが、仮に、後に否認権の行使が認められた場合には、回収した金額に法定利率の金利を付して返還しなければならない[注28]ので、後々否認権行使を受けることが明らかな場合には、当該債務者が破産手続開始となった場合の予想される配当率等も検討した上で、あえて当該債権を破産財団から放棄することも考えなければならない。

　破産管財人による破産財団に属する債権の任意の回収そのものは破産裁判所の許可事項ではないが、回収に際して和解をしたり（前述のとおり、包括的な和解をすべき場合もある）、債権の譲渡や訴えの提起等をする場合には、その対象となる債権の額が100万円を超えるときは破産裁判所の許可事項となる（破78条2項8号・10号・11号）。

Ⅳ　法的手続による回収

　破産財団に属する債権の債務者が、支払能力があるにもかかわらず、正当

(注28)　最判昭和40・4・22民集19巻3号689頁、最判昭和41・4・14民集20巻4号611頁。

第2部　実務家からみた破産管財人による財産換価を巡る諸問題(各論)

な理由なく弁済を行わないときは、破産管財人は、訴えの提起等の法的手続による回収を検討することになる。ただし、訴えの提起等の法的手続による回収は、最終的な決着までに時間を要しそれまで破産手続を終了させることができなくなり、当該法的手続の費用も要することとなる。前記Ⅰで述べたとおり、債権回収に当たっては回収額の増大だけでなく、迅速な事件処理の観点も必要であり、債権回収コストのために破産財団が減少することは避けるべきであるので、破産手続全体の進捗の状況や債権回収の見込み、手持ちの証拠等による勝訴の見込みなどを検討した上で、法的手続をとるか否か、どのような手続を選択するかを判断することになる。なお、破産手続開始時点で、すでに当該債権についての訴訟が係属しており、破産手続開始によって中断（破44条1項）をしている場合には、破産管財人は当該訴訟の受継（同条2項）をするかどうかの判断をすることになる。なお、破産財団が乏しい場合には、訴訟費用について、訴訟上の救助（民訴82条）を利用することが考えられる。

　また、法的手続を、消滅時効の中断（民147条1号・2号）の目的や、後記Ⅵで述べるとおりサービサーへの譲渡価格を高めるための債務名義の取得という目的で行うこともある。

　法的手続としては、通常訴訟の提起のほかに、債権が60万円以下の金銭債権の場合は、少額訴訟（民訴368条以下）を提起することが考えられる。少額訴訟は、原則として1期日で審理を終了するので迅速に判決を得られ、強制執行については少額訴訟債権執行の制度（民執167条の2以下）がある一方、証拠方法が限定されるため、基本的には書証により十分な立証ができるケースに限られる。訴訟手続ではなく、支払督促の手続（民訴382条以下）を利用することも考えられるが、相手方から督促異議（民訴390条・393条）がなされることが明らかな場合には、はじめから訴えの提起をするほうがよいといえる。

　少額訴訟や支払督促に、これらの制約はあるものの、破産管財人の請求に対して相手方（債務者）が積極的に対応してこず、早期に、かつ、費用をかけずに債務名義を取得したい場合には、利用価値があるといえる。

　回収すべき債権額が相応に多額で、かつ、債務者側の財産が把握できている場合には、保全処分の検討をすることになるが、保全命令の発令を受ける

ためには担保提供が必要になり（破産法177条1項に基づく保全処分の場合は担保不要である）、最終的には提供した担保の回収まで完了しないと、破産手続を終了することができなくなるので、破産手続の迅速な処理の観点から留意が必要である。

破産管財人が法的手続の申立等を行う場合、破産管財人は弁護士であるので、訴訟代理人等の代理人に訴訟行為を委任することは必須ではなく、多くの場合、自ら（またはすでに選任済みの破産管財人代理がいれば当該破産管財人代理）が訴訟手続を行うことで足りるが、訴訟等の件数が多い場合や他の管財業務が多忙である場合は、個別の訴訟事件について訴訟代理人を選任することも可能である。

訴訟の経過については適宜破産裁判所に報告をし、訴訟追行における重要な方針決定については破産裁判所と事前に協議をすべきである。

破産財団に属する債権について、訴訟等の法的手続によって請求を行っていく場合であっても、破産手続の迅速な処理という観点からは、いたずらに判決の取得や強制執行による回収に拘泥せずに、回収額とそれに要する時間・費用の観点で柔軟に和解による解決を検討すべきであり、債務者の支払能力に問題がある場合については減額した上での早期弁済または後記Vで述べる配慮をした上で分割弁済による解決も考えるべきである。

訴訟の提起その他の法的手続を行うことや、個別の法的手続を委任する代理人を選任する場合には、その法的手続の目的物の価額や代理人の報酬額が100万円を超える場合には、あらかじめ破産裁判所の許可（破78条2項10号）を得る必要がある。また、破産裁判所によっては、訴訟の提起等が破産手続の進行に大きな影響を及ぼすものであることや事柄の性質に鑑み、100万円以下の場合であっても、事前に裁判所の協議および債権者集会での費用明細の報告が求められることがある[注29]ので、裁判所の運用に留意すべきである。

V 回収に長期間を要する場合等の留意点

破産財団に属する債権がもともと長期分割債権である場合や、債務者につ

(注29) 破産管財の手引225頁。

いて破産手続や再生手続が開始されている場合、破産管財人が債務者との交渉の結果やむなく長期の分割弁済を内容とする和解をする場合のように、債権の回収に長期間を要する場合であっても、破産管財人は、漫然と時間をかけて回収するのではなく、債務者の経済状況を見ながら随時早期弁済の交渉（減額と引換えの場合を含む）を行うことや、後記Ⅵで述べるとおりサービサー等への売却を図ることによって、少額の債権回収のために破産手続の終了がいたずらに遅くなることがないように心がけるべきである。

　破産管財人は、債務者の支払能力の欠如のためにやむなく長期分割弁済の和解に応じるときであっても、物的担保や人的保証の提供を求めたり、裁判外の和解であれば公正証書化（債務名義化）することが、債権の回収を確実にし、さらにはサービサーへの売却による処理を容易にすることがある（サービサーへの売却の前提として、譲渡禁止特約を付すべきではなく、すでについているものについては解除を求めるべきであろう）。

　債務者が破産手続・再生手続の開始決定を受けている場合は、債権回収はそれらの手続の進捗を待たざるを得ないが、当該債権について後記Ⅶの破産財団からの放棄をしないのであれば、債権届出を届出期限に遅れないように行うことは当然である。また、債務者側の破産手続等において配当率・弁済率の見通しがある場合には、当該配当率等に見合った減額に応じることで、早期の弁済を受ける和解ができる場合もあることから、債務者側の破産管財人等と協議を行うことも考えるべきである。

　100万円を超える和解については、破産裁判所の許可（破78条2項11号）が必要であるが、許可書は記録閲覧（破11条1項）の対象となるため、許可の対象となる和解内容が閲覧されることによって他の債権の回収に支障が出るおそれがある場合には、閲覧禁止の申立て（破12条1項1号）をすべきである。

Ⅵ　サービサー等への売却

　破産管財人は、まずは破産財団に属する債権を直接回収することに努めるべきであるが、債務者の支払能力の不足のために回収が困難、または、長期分割での回収にならざるを得ない場合には、債権を売却（譲渡）することで、売却のコスト（対抗要件具備のための費用など）を上回って破産財団を増殖さ

せるだけの対価を得られる可能性があるのであれば、当該債権を売却（譲渡）することによって換価することも検討するべきである。ただし、債権の売却の前提として、譲渡禁止特約がないことが必要であるので、譲渡禁止特約がすでに付されている債権である場合には、債務者との交渉によってこれを解除しておく必要がある[注30]。

　債権の売却先としては、サービサーが考えられるが、破産管財業務の公正中立の確保と売却金額の増大のためには、複数のサービサーを対象とした入札または相見積りの取得により、より有利な条件での売却を目指すべきである。同じ債権であっても、サービサーの営業方針、評価基準または取扱対象によっては、債権の売却額に大きな差がつくこともあるので、対象となる債権の件数・金額によっては、厳格な入札手続までは行えないとしても、少なくとも複数のサービサーからの相見積りは取得すべきである。

　サービサーへの売却に際しては、売却対象となる債権の内容の開示が必要であるので、開示の前提としてまずはサービサーから守秘義務遵守の誓約書を取得するかまたはサービサーとの間で守秘義務契約を締結すべきである。その後、債権に関する資料を開示することになるが、開示する資料の正確さに留意すべきことは当然として、複数のサービサーを相手に入札または相対交渉をすることになるので、開示する資料の内容や範囲に不平等が生じないように留意すべきである。また、サービサーも買取り検討のコストを要することに鑑みれば、破産管財人は、売却先の決定にいたる過程や売却先の決定基準についてあらかじめサービサー側に説明をしておくことが、トラブルの防止策となる。最終的に売却先とならなかったサービサーに対しては、破産管財人から開示した資料の返還・破棄等を求めて情報の管理を行うことを忘れてはならない。

　債権の売却金額をより高額にするためには、債権の存在を明らかにする契約書や証書を調えることが重要であることはもちろん、さらに当該債権が判決や公正証書により債務名義化されていると望ましいので、債権売却に先立

（注30）　改正民法では、譲渡制限特約がある債権についても債権譲渡の効力は妨げられないことを定めた（466条2項）。これにより、譲渡制限特約がある債権についても、債権譲渡による資金調達が容易になることが期待されている（一問一答民法164頁）。

ち前記Ⅳで述べたとおり法的手続をとることを検討すべき場合がある。また、分割払の途中となっている債権については、過去の分割払の実績が売却金額に大きく影響することになる。そのため、長期分割払となる債権については、一定期間破産管財人の元で回収実績を上げた上で、サービサーへの売却をすることを検討する場合もある。

　サービサーに売却をしようとしても、対象となる債権の内容によっては、サービサー側で買取りができないまたは極端に譲渡対価が安くなる場合もあるため、その場合は破産者の関係者（破産者の役員や破産債権者など）への売却も検討すべきであるが、その場合売却条件の適正さにはさらに留意が必要であるので、債権者集会でその売却方針について説明して意見聴取をすることも検討すべきである。

　債権の売却に際しては、債権譲渡契約を締結することとなるが、破産手続における譲渡であることに鑑み、売主である破産管財人は債権の存在や額についての表明保証は行わず、瑕疵担保責任も免責にすることを契約の条件とすべきである。また、債権譲渡の対抗要件具備行為についても譲渡人がなすべき手続を明確に定め、債権の売却後に対抗要件具備行為のために長期間を要したり、破産管財人が予測しないような費用負担が生じたりしないようにすべきである。債権の売却についても、対象となる債権が100万円を超える場合には、破産裁判所の許可（破78条2項8号）が必要である。

Ⅶ　破産財団からの放棄

　破産管財人は、破産財団に属する債権の回収や売却（譲渡）が困難な場合には、破産財団からの放棄（すなわち当該債権を自由財産に属する財産とすること）による処理を検討することになる。いうまでもなく、破産管財人は、破産財団に属する債権の回収や売却を安易に断念してはならないが、他方で、破産手続の迅速な処理の要請にも配慮して、破産財団の増殖が期待できない場合には、いたずらに債権回収に時間をかけるべきではない。なお、債権の放棄については、破産財団からの放棄のほかに、債権の実体的な放棄（債務免除。民519条）もあるが、破産管財人としては当該債権が破産財団から帰属しないこととなれば破産手続の進行に支障がなくなるのであるから、前者の

放棄をすれば足り、債務者側との和解によって債務の残額を免除する場面を除けば、後者の放棄をすることはほとんどない。

　債権を破産財団から放棄することについては、当該債権が100万円を超える場合には、破産裁判所の許可（破78条2項12号）の対象となるが、破産債権者に対しても影響があることであるので、破産者からの意見を聴取すること（同条6項）だけでなく、債権者集会での意見聴取も検討すべきである。

　債権を破産財団から放棄したときは、その旨を破産者と債務者に通知すべきであるが、後々（破産手続が終了した後にも）、破産管財人へ債権の放棄の事実の有無等についての問合せがあることもあるので、放棄の事実（対象となる債権、放棄の時期）については記録化して将来においてもわかるようにしておくことが望ましい。

（上野　保）

第2節　担保権の設定がある場合

はじめに

　破産財団に属する債権に担保権が設定されている場合、破産管財人としては、まずは当該担保権が有効に設定されているか否か、および対抗要件を備えているか否かを、契約書や登記の記載内容から十分に確認する必要がある。

　債権に対する担保として問題となるのは、法定担保権としては特別の先取特権（動産売買先取特権および商事留置権）があり、約定担保権としては、債権（預金や保険金請求権、賃借保証金の返還請求権等）に対する質権の設定や、売掛金・診療報酬債権等に対する譲渡担保権の設定がある。

　法定担保権のうち、動産売買先取特権は、目的物が破産財団中に現存していれば当該動産に対する別除権の行使が問題となり、債権担保の問題ではない［→第4章第1節Ⅴ・第2節Ⅲ3］が、目的物が破産者または破産管財人によって第三者に売却された場合には、その代金債権に対する物上代位が可能か否かという問題となり、判例は代位行使を認めている[注1]。

　また、商事留置権については、破産者が取引銀行に対し手形の取立委任を行った状態で破産手続開始決定が出た場合は、債権担保の問題となる。この場合、銀行に手形に対する留置的効力を認め、銀行取引約定に基づく任意処分権を認めるのが判例である[注2]［→第7節Ⅰ］。

　約定担保権のうち、売掛金等に対する譲渡担保は、いわゆる集合債権譲渡担保契約の形式をとるのが大半であり、集合債権が目的とされている点で特有の問題がある。

　なお、債権譲渡に関しては、改正民法（平成29年法律第44号）においては従来の規律が変更されている。

(注1)　最判昭和59・2・2民集38巻3号431頁。
(注2)　最判平成10・7・14民集52巻5号1261頁。

I　債権譲渡に関する規律

　債権の譲渡を禁止し、または制限する旨の特約がある場合でも債権譲渡は有効とされるため（改正民466条2項）、常に譲受人が債権者となる。譲受人が譲渡制限特約の存在につき悪意・重過失であった場合、債務者は履行拒絶および譲渡人に対する弁済その他債務を消滅させる事由を対抗できるが（同条3項）、譲受人の主観に関係なく譲渡制限特約付債権が譲渡されたことを理由とする供託(注3)も可能であり（同法466条の2第1項）、その場合の供託金の還付請求権は譲受人が有するものとされた（同条3項）。

　また、譲渡人につき破産手続開始決定があった場合には、第三者対抗要件を備えた譲受人は、譲渡制限特約の善意・悪意にかかわらず、債務者に対し債権の全額を債務の履行地の供託所に供託させることができ、還付請求権は譲受人のみが有するとされており（改正民466条の3）、譲受人はより確実に債権を回収できることとなった。

　さらに、将来債権についても譲渡が有効であることが明記され（改正民466条の6第1項）、将来債権の譲渡が行われた後に譲渡制限特約が付された場合は、債務者は譲渡制限特約を譲受人に対抗できないものとされた（同条3項）。

　このように改正民法では、債権譲渡による資金調達の円滑化を図るという目的に沿った規律が導入されており、譲渡制限特約が付されている場合でも、債権の譲渡ないし譲渡担保権の設定は有効とされる(注4)ため、破産管財人としては注意が必要である。

　なお、譲渡担保ではなく、真正譲渡の契約（例：ファクタリング）であっても、譲受人が債務者からの回収リスクを負うことなく、もっぱら譲渡人が回収リスクを負っているような場合には、その実質は債権譲渡を担保とする融

(注3)　債権者不確知を理由とする供託は、債務者の無過失が必要と解されていた（改正前民494条後段）が、改正民法における供託は債務者の主観にかかわらず当然に供託ができるとしており、新たな供託原因を創設したものである（一問一答民法167頁）。
(注4)　債権譲渡自体は有効であっても、譲渡制限特約違反を理由として原因契約を解除する旨の主張がなされる可能性はあるが、弁済の相手方を固定するという債務者側の期待は改正民法下でも保護されているので、特段の事情がない限り、譲渡制限特約違反には該当せず原因契約の解除は認められないと想定されている（一問一答民法165頁注1）。

資であると解される場合もある。その場合、利息制限法を超過するような手数料を徴収していれば不当利得返還請求を検討すべきである。

II 集合債権譲渡担保

1 有効性

集合債権譲渡担保契約の有効性が認められるためには、譲渡対象債権が譲渡人が有する他の債権から識別できる程度に特定されていることが必要であり、債権の特定は債権の発生原因や譲渡に係る額、発生時期や弁済期に関する始期と終期を明確にする等の方法によるものとされている(注5)。

集合債権譲渡担保契約には、特定性に問題があるものもあるので、破産管財人としては設定契約書の内容を確認するなどして、他の債権と識別できる程度に特定されているかを慎重に検討し、対象債権の範囲を明確にしておくことが肝心である。

2 対抗要件

特定性を満たした集合債権譲渡担保であっても、破産管財人に対抗するためには第三者対抗要件を具備する必要がある。対抗要件としては、確定日付のある証書による通知(注6)・承諾(民467条)(注7)、または法人がする債権譲渡については動産及び債権の譲渡の対抗要件に関する民法の特例等に関する法律(以下、「特例法」という)4条に基づく債権譲渡登記である。

特例法4条に基づく債権譲渡登記については、2004年の改正により、法人の商業登記簿には債権譲渡の有無が記載されなくなり、また第三債務者を特

(注5) 最判平成11・1・29民集53巻1号151頁、最判平成12・4・21民集54巻4号1562頁。
(注6) 最判平成13・11・22判時1772号44頁は、本契約型の債権譲渡担保に関し譲渡担保権者から別途通知を受けるまでは譲渡人に弁済するよう付記した譲渡通知につき対抗要件具備を肯定している。他方、最判平成13・11・27判時1768号70頁は、予約型の債権譲渡に関し、予約完結権行使の前になされた譲渡通知の対抗要件としての効力を否定しており、当該判示は停止条件型の債権譲渡担保にも当てはまると解される。
(注7) 債務者が異議をとどめない承諾をした場合には抗弁が切断される旨の規定(改正前民468条1項前段)は廃止されたため、債権譲渡の承諾(観念の通知)をしても抗弁は切断されないこととなった。もっとも債務者が任意で抗弁を放棄することは可能である。

定しなくともその他の登記事項によって対象債権が特定されていれば対抗力が具備されるものとされた(注8)。

他方、譲渡債権の発生年月日の始期は記録されているが終期が記録されていない場合には、始期当日以外の日に発生した債権の譲渡を第三者に対抗できないとの判例(最判平成14・10・10民集56巻8号1742頁)や、実際とは異なる原債権者および債務者が債権個別事項に記載されている場合には、たとえ当該登記の概要事項に真実の原債権者および債務者が記載されていても第三者対抗要件が具備されたとはいえないとする裁判例(東京高判平成18・6・28判時1936号82頁)があり(注9)、破産管財人としては登記事項の記載内容を吟味して対抗要件具備を検討することが必要である。

なお、従来は、将来債権のうち破産手続開始決定後に発生する債権に対しても譲渡担保権の効力が及ぶかという議論があったが、改正民法下では譲受人が第三者対抗要件を備えている限り、破産管財人にも対抗できると解される(前述のとおり譲渡制限特約があっても債務者に供託させることができる。改正民466条の3)。

3 否認権の行使

(1) 譲渡担保設定契約の否認

集合債権譲渡担保の設定自体が、危機時期になされている場合には、対抗要件を備えたとしても、偏頗行為否認(義務的行為〔破162条1項1号〕、非義務的行為〔同項2号〕)の対象となる(注10)。

また、停止条件付集合債権譲渡担保契約につき、最判平成16・7・16(民集

(注8) 登記事項として改正前の債権譲渡特例法5条1項6号は「譲渡に係る債権の債務者その他の譲渡に係る債権を特定するために必要な事項」とされているのに対し、特例法8条2項4号は「譲渡に係る債権を特定するために必要な事項」とされており、債務者の特定は要件となっていない。

(注9) なお、最判平成14・10・10の原審である東京高判平成13・11・13判時1777号63頁では、報酬債権の譲渡について、登記事項として債権の種類を売掛債権と記載した場合には対抗力が及ばない旨が判示されている。

(注10) 有効な設定契約と認められるためには対象債権が特定している必要があり、契約が締結されたが特定はその後にされている場合には、特定時が設定時とみなされることに注意が必要である(伊藤・破産法民事再生法579頁注251)。

58巻5号1744頁）は、上記契約は、旧破産法72条2号（危機否認）の規定に反し、その実効性を失わせるものであって、その契約内容を実質的にみれば債務者に支払停止等の危機時期が到来した後に行われた債権譲渡と同視すべきものであり、上記規定に基づく否認権行使の対象となる旨判示している[注11]。

上記最高裁判決の射程は、予約型の集合債権譲渡担保にも妥当し、また現行破産法162条による偏頗行為否認にも及ぶと解されてきたが、東京地判平成22・11・12（判時2109号70頁）は、予約型の集合債権譲渡契約につき現行破産法162条1項1号に基づく否認権行使を認めており、停止条件型および予約型の集合債権譲渡担保契約については、契約自体は危機時期より相当程度前に締結されていても、破産管財人は否認権を主張すべきものと解される。

(2) **個別の対象債権に対する否認の可能性**

集合債権譲渡担保契約自体は否認の対象とならない場合でも、破産者が譲渡担保権者の利益を図るために人為的に対象債権を増加させたと認められるような事案については、否認権の行使を検討することになる[注12]。

4 譲渡担保権の効力を争えない場合

(1) **担保権者による回収**

集合債権譲渡担保設定契約が、特定性に欠けることもなく、対抗要件も具備している場合には、別除権として、破産手続によらずに権利行使が可能（破65条1項）なので、譲渡担保権者としては対象債権の債務者に特例法4条2項に基づく通知をした上で対象債権を取り立てることになる。

もっとも、対象債権の債務者は譲渡担保の有効性や対抗要件の有無を正確に判断できるとは限らず、従前の取引先である破産者ないし破産管財人に対する弁済を希望する場合もあり、また破産管財人が従前の担当者や帳簿を利

(注11) 否認を認める理論構成として、非典型担保説・停止条件否定説および脱法行為説が主張されていたが、最高裁は脱法行為説を採用したものと理解されている。従来の学説の状況等については、山本和彦「停止条件付債権譲渡と否認権——最判平成16・7・16の検討を中心に」NBL 794号（2004）40頁が詳しい。
(注12) 伊藤・破産法民事再生法579頁、注釈破産法（下）127頁［髙井章光］では、この場合、破産法160条2項の詐害的債務消滅行為の規定を類推適用する余地があるとされている。

用して回収したほうがスムーズに対象債権を回収できる可能性がある[注13]。
　したがって、譲渡担保権の効力を争えない場合であっても、破産管財人としては、譲渡担保権者との間で対象債権の回収に関する合意を行い、一定額を財団に組み入れるという和解的処理が可能か否かを検討すべきである。

(2) 設定者（破産者）が回収可能な範囲の確認

　一般に、集合債権譲渡担保では、期限の利益の喪失その他担保設定契約で定めた事由が発生するまでは、設定者に対象債権の取立権が留保されており、設定者が対象債権を回収して運転資金等に利用することが認められている（循環型）。

　したがって、設定契約で定めた事由が発生するまでに破産者が取り立てた対象債権については、破産財団に帰属することになるので、破産管財人としては設定契約に定めた事由の発生時期と対象債権の回収時期の先後関係を確認すべきである。

(3) 取立権喪失後破産手続開始決定までに破産者になされた弁済金の処理

　設定契約に定めた事由が発生した後は、破産者は取立権を喪失しており、破産者が債権を回収すれば譲渡担保権者に対する関係では不当利得となり、譲渡担保権者は破産者に対し、不当利得返還請求権を行使することになる[注14]。

　譲渡担保権者からの不当利得返還請求に応じて、開始決定までに破産者が回収金を担保権者に交付した場合、偏頗行為に該当するかどうかは問題である。

　この点、東京高判平成20・9・11（金法1877号37頁）は、譲渡担保の目的となった売掛債権の支払のために第三債務者が振り出して設定者に交付した手形につき、手形債権自体が譲渡担保契約の目的債権となるものではないが、

(注13) 譲渡制限特約が付されている場合、改正民法では破産手続開始決定があった場合には、第三者対抗要件を備えた譲受人は、債務者に対し債権の全額を供託させることができ、還付請求権は譲受人のみが有する（改正民466条の3）ので、譲受人の回収可能性が高まっていることに注意すべきである。
(注14) 第三債務者としては、特例法4条2項に基づく通知到達前であれば、破産者に対する弁済を譲渡担保権者に対抗でき、免責される（特例法4条3項）。

手形債権について支払がされれば売掛債権が消滅する関係にある以上、譲渡担保権者は、当該手形についても設定者に交付を請求できると判示しており、この理からすれば、設定者（破産者）が弁済として受領した金員も対象債権が消滅する関係にあることは同様であって、破産者にその支払を請求でき、支払は偏頗行為に該当しないという結論になると思われる[注15]。

これに対し、破産者が回収金を譲渡担保権者に支払わないまま破産手続開始決定がなされた場合、回収金は破産財団を構成することになり、譲渡担保権者の有する不当利得返還請求権は破産手続開始前に生じた債権として破産債権となる。この場合、譲渡担保権者は回収金に相当する不当利得返還請求権とそれと同額の被担保債権の2つの権利を有することになるが、二重に行使できるわけではなく、開始決定時における被担保債権額の範囲内で権利行使できるにすぎない。

(4) 破産手続開始後の処理

特例法4条2項に基づく通知到達前に第三債務者が破産管財人に対して弁済したのであれば、当該弁済を譲渡担保権者に対抗でき免責されるが（特例法4条3項）、破産管財人は譲渡担保権者に対抗できないので、受領した金員は不当利得として返還する必要がある。

特例法4条2項に基づく通知到達後に第三債務者が破産管財人に対して弁済したのであれば、当該弁済は譲渡担保権者に対抗できないので、第三債務者としては再度譲渡担保権者に弁済を行い、破産管財人に対して不当利得返還請求を行うという関係になる。ただ、この処理は迂遠であり、実際には、破産管財人が譲渡担保権者に対し当該金員を引き渡して精算するのが簡便である。

（注15）　なお、破産実務Q＆A200問124頁［中井康之］では、回収金は担保目的物の変形物とはいえ不当利得返還債務の履行にすぎないとして偏頗行為否認が成立する可能性もあると指摘されている。

Ⅲ 譲渡担保権者に対する破産管財人の義務

1 担保価値維持義務

賃貸借契約に基づく敷金返還請求権に債権質を設定した賃借人につき破産手続が開始された事例について、質権設定者（破産者）が質権者に対して負担している敷金返還請求権の「担保価値を維持すべき義務」が破産管財人にも承継され、破産管財人は質権者に対し「正当な理由に基づくことなく未払債務を生じさせて敷金返還請求権の発生を阻害してはならない義務」を負うというのが判例である[注16]。

上記は債権質の事例であるが、同じ別除権である集合債権譲渡担保にも当てはまり、破産管財人としては、集合債権譲渡担保の価値を維持すべき義務を負っていると解される。

この点、集合債権譲渡担保の場合、対象が債権であるため第三債務者から迅速かつ的確に回収するためには債権の存在とその額を立証するための証拠書類ないしデータ（売掛金であれば、帳簿や注文書・納品書等、診療報酬であれば診療報酬明細データ等）が必要不可欠である。

したがって、破産管財人としてはこれら対象債権の請求のために必要な関係書類等についてはその所在を確認し、安易に破棄したりしないよう注意が必要である。また、例えば商品の返品等についても、正当な理由のない返品等を破産管財人が安易に受け容れ、それによって対象債権が減額する事態となれば担保価値維持義務違反を問われる可能性もあるので、同様に注意が必要である。

2 担保権者に対する情報提供義務ないし協力義務

集合債権譲渡担保契約においては、担保設定者に対して対象債権の明細等の情報や債権請求のための関係書類を担保権者に提供することが義務付けられているのが一般的である。

(注16) 最判平成18・12・21民集60巻10号3964頁。

担保設定者が破産した場合、設定者に課せられている情報提供義務および関係書類引渡義務がそのまま破産管財人に承継されるかどうかは問題であり、少なくとも関係書類の引渡しについては破産管財人にも義務として承継される可能性がある[注17]。

ただ、債権の回収のためには、関係書類の交付だけでなく、請求時における対象債権額を正確に把握することが必要不可欠であり、対象債権が売掛金であれば、売掛先に対する商品の販売状況や返品の有無、売掛金の回収額および時期等の情報を、伝票や帳簿に基づき調査確認することが必要である。

しかし、破産手続開始前後は債権の管理も十分にできていないことも多く、前記のような作業を行うことには相当な手間や時間が必要であり、これは譲渡担保権者にとっても同様であると考えられる。

また対象債権の特定作業を行うためには、従前の経理担当者や営業責任者を破産管財人補助者として利用するのが適切と解されるが、それに伴い一定のコストが発生する。当該費用は主として譲渡担保権者の権利行使を容易にするためのものであり、財団形成には直結せず、当該費用を当然に破産財団が負担することの妥当性には疑問がある。

以上のような観点からは、対象債権の情報提供義務については、それが当然に破産管財人に承継されると解することは困難であると思われる[注18]。

反面、譲渡担保権者としても、破産者の従前の担当者等に回収業務の協力を要請することは必ずしも容易ではなく、破産管財人の協力を得たほうが迅速かつ円滑に債権を回収できる場合が多いと解される。また、対象債権の回収が順調にできれば、それだけ不足額が減少し、その分一般破産債権者に対する配当原資が増えるという関係にもあり、譲渡担保権者の対象債権の回収に破産管財人が協力することには一定のメリットもある。

（注17）　前掲・東京高判平成20・9・11は、譲渡担保が目的物の占有を設定者の下に残すものである場合には、破産管財人に対しても当該目的物の引渡しを請求することができると解すべきであって、この理は債権譲渡担保の場合にも変わりはなく、譲渡担保の目的物が債権である以上、引渡しの対象は、債権証書その他当該債権の行使のために必要な書類等一切のものを含むことになると判示している。

（注18）　破産実務Q＆A200問125頁［中井］でも、破産管財人が当然に担保設定者と同様の義務を負うことは困難であると思われるとされている。

したがって、破産管財人としては、対象債権を迅速かつ円滑に回収するためには破産管財人側の協力が必要不可欠であり、そのためには破産管財人側も相応のコストを負担するので、回収額から一定額を破産財団に組み入れることで合意すれば双方にとってメリットがあることを譲渡担保権者に理解してもらい、その旨合意をした上で、可能な範囲で情報を収集し譲渡担保権者に提供するのが相当であると解される。

Ⅳ　債権質

債権質権の設定に関しては、通常対象債権は特定されており、質権設定契約の有効性が問題となることは少ないと考えられる。

債権質の対抗要件は、債務者から第三債務者に対する確定日付のある書面による通知または第三債務者の承諾である（民364条・467条）。

債権質の場合には債務者（譲渡人）による取立ては禁止されており、債権譲渡担保の場合と異なり、債務者が取立権を留保して債権を回収するということは考えられない。

また、質権の対象となる債権のために抵当権が設定されている場合には、その質権の効力は抵当権にも及び（随伴性）、抵当権について、被担保債権に質権が設定された旨の付記登記がなされることになる。

破産管財人としては、債権譲渡担保と同様、質権が有効に設定されているか、対抗要件を具備しているかどうかを検討すべきである。

Ⅴ　弁済充当

別除権者が破産債権者でもある場合、別除権の行使によって満足を受けられない部分についてのみ破産債権の行使が認められており（破108条1項本文）、破産手続開始後の利息の請求権は劣後的破産債権である（破99条1項1号・97条1号）。

しかし、別除権者が担保物から金銭を回収して弁済に充当する場合、通常その弁済は、「元本のほか利息及び費用を支払うべき場合……において、弁済をする者がその債務の全部を消滅させるのに足りない給付をしたとき」に該当するので、費用、利息、元本の順序で充当がされることになり（改正民489

条1項)、利息としての劣後的破産債権に充当されることも少なくない。

　他方で、破産管財人または破産者との間で弁済の充当の順序に関する合意があればそれに従うことになる（改正民490条）[注19]。したがって、破産管財人が不動産等の担保物を任意売却して別除権を受け戻す場合、受戻金全額が破産債権部分に充当されるとは限らないので、破産管財人としては担保権者のどの債権に充当されるか確認し、受戻金については一般破産債権部分に充当するという合意形成を目指すべきである。

　なお、抵当権については、被担保債権に最後の2年分の利息・損害金が含まれる（民375条）ので、破産手続開始後の利息・損害金も最後の2年分の限度で破産債権となることに注意が必要である。

（池上哲朗）

（注19）　最判平成22・3・16民集64巻2号523頁は、破産者との間で債権者が任意の時期に充当の指定ができるという合意が存したケースで、債権者が弁済を受けてから1年以上が経過してから充当指定権を行使したことについて、法的安定性を著しく害するので信義則上その行使が許されないと判示しており、合意に基づく指定権の行使が認められない場合があることに注意が必要である。

第3節　預貯金

はじめに

　法人・個人を問わず、破産者が預貯金口座をまったく有していないという事態はほぼ皆無であり、預貯金の調査・換価は、破産管財人にとって不可欠な業務である。

　預貯金に関しては、当該口座を有する金融機関との関係等において諸々の法的問題が生じることがあり、その解約についてはとくに慎重な検討および判断が求められる。

　以下、預貯金の換価に当たり破産管財人が留意しなければならない点を説明する。

I　預貯金の調査

　預貯金の換価の前提として、預貯金の存否および取引の履歴等についての調査を行う［財産調査全般につき、→第1章第1節ないし第3節］。

1　預貯金の存否についての調査

(1)　自己破産申立ての場合

　自己破産の場合、預貯金口座の存在について破産者ないし申立代理人から破産管財人に報告がなされ、かつ、預貯金通帳の引渡等も行われることとなるため、預貯金の存否自体についての綿密な調査の必要性は、通常、さほど高くない。

　ただし、例えば直近の確定申告書の内訳明細に記載されている預貯金口座について報告がされていない等の場合には、当該口座が現在も残っているか否かの確認、および、すでに解約されているとすれば、その解約時期、解約時の残高および使途等について、調査が求められる。

　また、転送郵便物の確認等によって、報告漏れの口座がないかの調査も行う。

(2) 債権者破産申立ての場合

　破産者は、破産法40条1項1号（破産者の説明義務）および同法41条（破産者の重要財産開示義務）に基づき、預貯金の存否・内容等を明らかにする義務を負う。しかしながら、債権者申立てによる破産手続開始などでは、預貯金に関して破産者自身からの任意の報告が得られず、預貯金の口座の存在がすぐに明らかにならないことも多い。そのような場合は、預貯金の存否自体について、破産管財人による積極的な調査が必要となる。

　この調査は、取引が存する金融機関に対し、破産手続開始の事実を告知するとともに、口座の有無についての回答を求め、かつ、仮に口座が存するときは、口座からの入出金の停止、および、その残高と一定期間の取引履歴の開示を請求する内容の書面を送付する方法で行うことが多い。取引金融機関が明らかでないときには、取引が存する可能性のある金融機関に広く照会をかける場合もある。破産手続開始後に債務者ないし第三者が預貯金を引き出し、破産財団を毀損せしめるといった可能性もあるため、当該照会は、破産手続開始後速やかに行うべきである。とくに、破産者が破産管財人に対し非協力的な態度を示しているような場合には、より迅速な手続が求められる。

(3) 破産者以外の名義の口座

　預貯金の存否の関係で問題になるのが、破産者以外の名義で口座が開設されている預貯金が破産財団を構成するか否か、すなわち、破産者が第三者名義の口座を取引に用いているといった場合、当該口座の預貯金の帰属主体が破産者であるか、当該口座名義人となるか、との点である（預金者の認定）。

　この点につき判例は、定期預金に関し、出捐者を預金者と認定する、いわゆる客観説を採用している（最判昭和48・3・27民集27巻2号376頁ほか）。

　破産実務においても、これに沿って、破産者が出捐した預貯金であるかとの点から、破産財団帰属の有無を判断していくのが原則となる。

　ただし、普通預金に関しては、近時、他人のために金銭を管理する者がそのための専用口座を自己名義で設定した事案において、客観説とは異なるアプローチを採用する裁判例も出されている。例えば、損害保険代理店の保険料専用普通預金口座の預金債権について、損害保険代理店に帰属するとしたもの（最判平成15・2・21民集57巻2号95頁）、あるいは、債務整理を受任した

弁護士の預かり金口座の預金債権について、弁護士に帰属するとしたもの（最判平成15・6・12民集57巻6号563頁）である。破産管財人には、これら判例の趣旨も勘案した、事案ごとの実質的な判断が求められる。

2　取引履歴の調査

預貯金口座についての従前の取引を精査し、否認の対象となり得るような財産費消等がないか、あるいは、金融機関により貸付金債権を自働債権、預貯金返還請求権を受働債権とする相殺処理がなされた場合、それが適正なものであるか（相殺禁止となる部分についても相殺の対象とされていないか）等の調査も必要となる。

通常は預貯金通帳の記帳部分を確認することとなるが、通帳がない場合、通帳の記帳ができない場合、および、当座預金で当座勘定照合表等の入出金の取引履歴記載の書類がない場合等には、金融機関に取引履歴の開示を求めた上で、当該取引履歴を確認する。

II　換価手続

1　解約の対象

破産者の預貯金は、解約し、払戻しを受ける。

ただし、預貯金残高が極めて少なく、解約のための手続費用にも満たないような場合には、解約をせず、破産財団から放棄することもある。

また、破産者の経済的更生の観点から、裁判所は、破産者の生活状況や資産状況、今後の収入の見込み等を考慮し、破産財団に属しない財産の範囲を拡張することができる（自由財産の範囲の拡張。破34条4項）。自由財産の範囲の拡張の裁判がされた預貯金は、換価の対象とならない。

2　解約の時期

預貯金の解約は、破産手続開始後速やかに行うのが原則である。

ただし、売掛金が継続的に入金されている口座については、売掛金の確実な回収を図るため、すぐに解約をせず、当面の間入金を受け付けた上で、適

宜の時期に解約手続をとることもある。

3 解約の具体的手続

預貯金の解約手続は、通常、口座が開設されている金融機関の支店の窓口で行う。

もっとも、郵送や最寄りの支店での解約が可能な金融機関もある。この場合は、交通費や時間を節約するために、解約に必要な書類の送付を書面で依頼し、必要書類を郵送し、あるいは最寄りの支店へ出向き、解約手続をとることとなる。郵送による解約の場合は、破産管財人口座に預貯金残高分の振込みを受けることとなる。

預貯金の金解約に際し必要となる書類は、主に以下のとおりである（金融機関によって異なることがあるので、事前の確認が必要である）。また、これら以外にも、通帳やキャッシュカード、手形帳・小切手帳の未使用分などの返還も必要となる。

① 破産手続開始決定書
② 破産管財人資格証明および印鑑証明書
③ 上記②の印鑑証明書の破産管財人印鑑
④ 当該金融機関所定の解約のための用紙
⑤ 委任状（法律事務所職員等、破産管財人以外の第三者が窓口で解約を行う場合）
⑥ 身分証明書（免許証等）（窓口での解約の場合）

Ⅲ 金融機関による相殺の問題点

1 危機時期以降の入金分による相殺

預貯金口座の存する金融機関が、貸付金等の破産債権を有している場合には、当該破産債権を自働債権、預貯金返還請求権を受働債権として、相殺の主張をするのが一般である。

この相殺に関連して、実務上問題となることが多いのは、破産者の危機時期以降の口座入金分についての預貯金返還請求権を受働債権とする相殺の可

否（破産法上の相殺禁止の該当性）である。

この点について、危機時期以降の通常の時系列（支払不能→支払停止→破産手続開始申立て→破産手続開始決定）に沿って、入金の時期を分けて、以下詳述する。

(1) 支払不能後の入金（破71条1項2号）

支払不能後の口座入金分についての預貯金返還請求権を受働債権とする相殺は、破産法71条1項2号（支払不能後の債務負担）の問題となる。同号の要件に該当すれば、相殺は禁止される。

破産法71条1項2号の要件は以下のとおりである。

① 破産者が支払不能になった後に破産債権者が破産者に対して債務を負担したこと
② 当該債務負担が、以下のいずれかに該当すること
　ⅰ 専ら破産債権をもって相殺に供する目的で破産者の財産の処分を内容とする契約を破産者と締結したこと
　ⅱ 破産者に対する他人の既存の債務を引き受ける契約を締結したこと
③ 破産債権者が②の契約締結の当時、支払不能を知っていたこと

上記各要件のうち、実務上問題となる場面の多いものについて検討をする。

まず、①の「支払不能」である。破産法2条11項は、「債務者が、支払能力を欠くために、その債務のうち弁済期にあるものにつき、一般的かつ継続的に弁済することができない状態」を支払不能とする。これは、破産手続開始原因（破15条1項）、偏頗行為否認（破162条1項）における支払不能と同一概念とされる[注1]。なお、「債務のうち弁済期にあるもの」との定義については、これを拡張する解釈が有力に主張されている。すなわち、弁済期の到来した債務の支払が非常な無理算段によって行われており、これにより支払能力が糊塗されているような場合には支払不能を認める見解[注2]、あるいは、

（注1）　新破産法の基本構造と実務21頁。
（注2）　松下淳一「新たな否認権と相殺制限の理論的根拠」田邊光政編集代表『今中利昭先生古稀記念・最新倒産法・会社法をめぐる実務上の諸問題』（民事法研究会、2005）52頁。

弁済期未到来であっても、将来、弁済期が到来した際には、債務者の債務の大部分が不履行となることが高度の蓋然性をもって予測される場合には支払不能を認める見解[注3]などである。

実務上問題となるのは、いかなる場合にこの支払不能を認定し得るかである。これについては、当該時点における、弁済期の到来した債務の金額と、債務者における支払能力・支払可能性を具体的に検討して判断することになる。この点に関する判例として、東京地判平成19・3・29（金法1819号40頁）があり、同判決は、手形債務の弁済期時点における、弁済期の到来した債務総額、資産状況（現預金、売掛金等）、および、債権者からの弁済の猶予または弁済資金融通の可能性などについての詳細な事実認定を積み重ねた上で支払不能の該当性を判断しており、実務上参考となる。

なお、相殺禁止の要件としての支払不能は、時間を遡って判断されるために、対象となる行為がなされた時期が支払不能とされるかどうかは、関係人の利益に重大な影響を生じるところから、できる限り明確な基準が望まれるとされており[注4]、実務においてもこの点への留意は必要となる。

次に、②ⅰの要件について検討する。同要件は大きく、「専相殺供用目的」と「財産処分契約の締結」に分かれる。

このうちまず「専相殺供用目的」であるが、同目的の存否は、破産債権者の意思に関わるものであるため、契約締結時の諸事情から推認するしかない。具体的には、財産処分契約と相殺の意思表示との間が時間的に接着しているか、破産債権者が相殺権行使の前段階でどのような措置をとっていたか、財産処分契約が、社会通念・取引通念からして特殊な内容となっていないか等を勘案して判断されることになる。例えば、金融機関が相殺目的で支払不能後にされた預金を拘束して、払戻しができない状態にした後、間を置かずに相殺の意思表示をした場合には、専相殺供用目的が推認されやすいと考えられる[注5]。

また、②ⅰは、「破産者の財産の処分を内容とする契約を破産者と締結した

(注3) 中西正「破産手続開始原因——支払不能・支払停止」新破産法の理論と実務77頁。
(注4) 条解破産法41頁。
(注5) 条解破産法557頁。

こと」も要件とされているが、ここで問題となるのは、第三者（取引先等）が特定の口座に入金することがこれに含まれるかである。取引先・破産者・金融機関の三者合意によって当該入金がされた場合（強い振込指定）は「処分契約」に当たるものと解し得るが、従来からの取引の一環として取引先が当該口座に入金した場合については、争いがある。この点については、破産者の行為がないことから「処分契約を破産者と締結した」とはいえないとの見解もあるが、破産者が取引先に指示して振込みをさせる行為は、取引先が破産者を代理して入金したものとして「財産の処分」に該当すると考える余地もある[注6]。また、金融機関が支払不能を知りながら預貯金の払戻しを事実上拒否した上で相殺するような場合には、合意に基づく債務負担と同視し得るともいい得る[注7]。

なお、破産法71条2項2号は、破産債権者の債務負担が破産者の支払不能を知った時より前に生じた原因に基づくときは、相殺禁止規定を適用しないとしている。例えば、上記「強い振込指定」がなされていたとしても、それが支払不能を知る前に行われた場合には、金融機関に具体的な相殺期待が存するものとして、同号の適用が認められ[注8]、結論として相殺は禁止されないこととなる。

以上の次第で、支払不能後の入金分（債務負担）について相殺禁止を主張するに当たっては、支払不能に陥った時期を明らかにするとともに、当該入金がなされた経緯（入金が振込指定等による場合はその指定時期）、あるいは、相殺がなされるにいたった経緯等を具体的かつ詳細に検討する必要がある。

(2) 支払停止後の入金（破71条1項3号）

支払停止後の入金分の預金返還請求権を受働債権とする相殺は、支払停止後の債務負担として、破産法71条1項3号の問題となる。同号の要件は、以下のとおりである。

① 破産者が支払停止になった後に破産債権者が破産者に対して債務を負担したこと

（注6） 新破産法の基本構造と実務475頁。
（注7） 伊藤・破産法民事再生法519頁。
（注8） 伊藤・破産法民事再生法525頁。

② 破産債権者が債務負担の当時、支払停止を知っていたこと

上記①の「支払停止」とは、「債務者が資力欠乏のため債務の支払をすることができないと考えてその旨を明示的又は黙示的に外部に表示する行為」をいう（最判昭和60・2・14判時1149号159頁）。

実務上問題となるのは、いかなる場合に「支払停止」と認定し得るかである。

この点については、弁済を継続できない旨の債権者への通知・貼り紙等（明示的表示行為）、夜逃げ・廃業（黙示的表示行為）などが支払停止の典型例として挙げられる。

裁判例としては、個人債務者の代理人弁護士による債務整理についての受任通知の送付が支払停止に当たるとするもの（最判平成24・10・19判時2169号9頁）、手形の不渡りが間近に迫りながら決済資金を入金せず、手当てをしない行為が申立ての支払不能を黙示的に表示するとしたもの（前掲・東京地判平成19・3・29）、債務整理のために退職金を得ようとする目的で退職願を提出したことが黙示の支払停止に当たるとしたもの（大阪高判昭和57・7・27判タ487号166頁）などがある。もっとも、その表示は外部に対し行う必要があり、債務者が債務整理の方法等について債務者から相談を受けた弁護士との間で破産申立ての方針を決めただけでは、いまだ内部的に支払停止の方針を決めたにとどまり、債務の支払をすることができない旨を外部に表示する行為とはいえないとする裁判例がある（最判昭和60・2・14判時1149号159頁）。

手形不渡りについては議論がある。手形交換所規則によれば、1回目の不渡りから6か月以内に2回目の不渡りが発生したときは銀行取引停止処分を受けるとされている。通常は、取引停止処分を避けられなかったとの点を重視し、取引停止処分を受けたことをもって債務一般を弁済できない旨の表示であるとして、2回目の不渡りをもって支払停止と解されている[注9]。ただし、1回目の不渡りであっても、不渡りの金額や残高が不足した理由等によっては支払停止も認められる[注10]。

(注9) 伊藤・破産法民事再生法117頁。
(注10) 条解破産法125頁。1回目の不渡りをもって支払停止を認定した判例として、最判平成6・2・10集民171号445頁。

近時問題となっているのは、事業再生 ADR などの私的整理に際して、債務者が債権者に対し一時停止の通知を発する等の債務免除要請行為が支払停止に該当するか、との点である。

　これについては、債権者による受入可能性などの点から相当とみなされる債務免除要請であれば支払停止に当たらないとする見解があり(注11)、同様の結論をとる判例もある（東京地決平成23・11・24金法1940号148頁等）。

　この見解を前提とすると、債務免除要請行為後の口座入金分の預貯金返還請求権を受働債権とする金融機関による相殺は、破産法71条１項３号に抵触せず、禁止されないということになりそうである。しかしながら、この見解によっても、一旦債務免除について同意した金融機関が、後に破産管財人により当該債務免除要請行為が支払停止に当たるとして相殺禁止の主張がされた場合に、これについて争い、債務免除要請行為は支払停止に該当せず相殺は禁止されないとすることは、信義則違反に該当し、許されないとされている。なお、当初から一時停止の要請自体を拒絶していた金融機関による相殺の主張については、前記のような信義則違反等をいうことはできないものの、その金融機関の債権が相当額に上っている場合には、大口債権者による事業再生計画の拒絶であり同計画による一時停止要請はその基礎が失われたものとみて、当該一時停止要請をもって支払停止とされる余地があるとされている(注12)。

　また、上記②「破産債権者が債務負担の当時、支払停止を知っていたこと」も要件とされる。したがって、破産管財人が破産法71条１項３号に基づく相殺禁止を主張する際には、申立代理人からの受任通知や手形不渡りの情報等が当該金融機関に到達した時期を明確にしなければならず、そのために必要に応じて申立代理人や当該金融機関等に照会をすることが求められる。

(3) 破産手続開始の申立後の入金（破71条１項４号）

　この場合、当該債務負担（入金）の当時、金融機関が破産手続開始申立てのあったことを知っていたときは、相殺が禁止される。

(注11)　伊藤眞「債務免除等要請行為と支払停止概念」NBL 670号（1999）15頁。
(注12)　伊藤・破産法民事再生法521頁。

この悪意の立証のため、上記(2)と同様、申立代理人・金融機関らへの照会等が必要となる。

(4) 破産手続開始後の債務負担（破71条1項1号）

この場合は、金融機関の認識のいかんを問わず、当該入金分をもって相殺することはできない。

2 三者間相殺

再生手続に関するものであるが、金融機関による三者間相殺（三角相殺）について、近時重要な最高裁判所の判例が出されたので、本項で触れることとする。

再生債務者（外資系投資銀行）に対し、デリバティブ取引による清算金支払債務を負担していた信託銀行が、そのグループ会社である証券会社の有する再生債務者に対する清算金支払債権による相殺を主張した事案において（再生債務者と同信託銀行との間では、当事者のみならずその関係会社の有する債権による相殺が可能である旨の契約が締結されていた）、最判平成28・7・8（民集70巻6号1611頁）は、このような三者間相殺は認められない旨の判断を示した。

その理由は概要以下の通りである。

① 民事再生法92条1項は「再生債務者に対して債務を負担する」ことを相殺の要件としている。

② 再生債務者に対して債務を負担する者が他人の有する再生債権をもって相殺することができるとすることは、互いに債務を負担する関係にない者の間における相殺を許すものにほかならず、民事再生法92条1項の文言に反し、再生債権者間の公平、平等な扱いという基本原則を没却する。

③ このことは、完全親会社を同じくする複数の株式会社がそれぞれ再生債務者に対して債権を有し、または債務を負担するときには、これらの当事者間において当該債権および債務をもって相殺することができる旨の合意があらかじめされていた場合であっても、異なるものではない。

なお、本判決には、関係会社が密接な組織的関係ないし協力的な営業実態等が存在する姉妹会社であるような場合には、相殺を認める余地がある旨

の、千葉勝美裁判官の補足意見が付されている。

　本判決を機に、金融機関等はこの種契約の条項を見直すこととなると思われるが、破産管財人としては、当該条項を根拠とする三者間相殺の主張を受けた場合は、前記判決の趣旨に鑑み、当該主張が「債権者間の公平・平等」などの観点から妥当性を有するか、個別具体的に検討し、慎重に判断することが求められる。

3　相殺についての債権法改正と破産手続

　改正民法においては、相殺に関して重要な改正がされている[注13]。

(1)　差押えと相殺

　改正民法511条1項は、差押えを受けた第三債務者がどの範囲の自働債権と相殺できるかという論点に関して、いわゆる「無制限説」を採用し、差押えがあったときに自働債権と受働債権の弁済期が到来している必要はなく、自働債権と受働債権の弁済期の先後も問題とされないことが条文上明らかとなった。

　また、改正民法511条2項は、差押後に取得した債権が「差押え前の原因」に基づき生じたものであるときは、その第三債務者はその債権による相殺をもって差押債権者に対抗することができるとする一方（同項本文）、第三債務者が差押後に他人の債権を取得した場合は相殺できないとした（同項ただし書）。

　破産法では、支払不能であったことまたは支払の停止もしくは破産手続開始の申立てがあったことを破産債権者が知った時より「前に生じた原因」に基づく債務負担の場合など（破71条2項2号）、一定の場合において破産手続開始時に具体的に発生していない債権による相殺を認めており、また、破産手続開始後に他人の破産債権を取得したときには相殺が認められないとしている（破72条1項1号）。改正民法は、このような破産法の規定と平仄を合わせたものである。

　改正民法がこのような相殺の規律を設けるに至ったのは、債権者平等がよ

(注13)　一問一答民法200頁以下参照。

り厳格に適用される倒産手続の局面よりも、通常の取引の場面における相殺が狭い範囲でしか認められないことは不合理である、との問題意識による[注14]。

(2) 相殺と債権譲渡

債権譲渡がされた場合、債務者の譲渡人に対する反対債権による相殺を譲受人に対抗できるか、との論点について、改正民法469条1項は、(1)と同様、無制限説を採用し、債権譲渡の対抗要件具備時より前に取得した債権による相殺を譲受人に対抗できるとした。

また、改正民法469条2項は、対抗要件具備時より後に取得した債権であっても、対抗要件具備時より前の原因に基づいた債権（同項1号）、あるいは譲受人の取得した債権の発生原因である契約に基づいて生じた債権（同項2号）による相殺は、原則として譲受人に対抗できるとされた。前者の1号は、前記(1)の差押えの場合と同様に、「前の原因」に基づく債権による相殺を認め、破産法との平仄を合わせたものである。後者の2号は、(1)の差押えの場合にはない規定であり、これは、将来債権譲渡等は、平時の資金調達に使われる可能性が高く、同一の原因に基づいた反対債権との相殺は広く保護しないと、事業活動の継続が保護できない[注15]といった考慮の下、規定されたものである。

(3) 今後の問題

このように、改正民法による相殺の規律は、破産法における相殺禁止等の規定と平仄を合わせるものとなったが、なお、以下の問題が残されている。

まず、差押えについての511条2項、債権譲渡についての469条2項1号における「前の原因」の解釈である。

この点については、自働債権が契約に基づくものであるときは、その契約が差押等の時点において締結済みであるかどうかとの点を基礎として、当事者の相殺の合理的期待の程度[注16]等を勘案して個別具体的に検討すると

(注14) 「普通は、破産手続のほうが個別差押えの場合よりも相殺の範囲が狭くなってしかるべきである」法制審議会民法（債権関係）部会第3分科会第6回会議議事録18頁［山本和彦幹事発言］参照。

(注15) 法制審議会民法（債権関係）部会第3分科会第6回会議議事録30頁［内田貴委員発言］参照。

いったアプローチが考えられるが、なお議論のあり得るところであり、今後の判例の集積や研究の進展が待たれる。

また、債権譲渡の場合に規定された改正民法469条２項２号における「譲受人の取得した債権の発生原因である契約」の意義も問題になる。これは、譲渡された受働債権を発生させた契約と同一の契約を意味するとされるが、具体的にどのような場合がこれに該当するかの解釈は、今後の判例などに委ねられることになる。

4　預金拘束

預金と破産債権との相殺は、破産債権を有する金融機関にとって、最も強力な回収手段となるが、相殺の意思表示が生じる前に預金の払戻しがされてしまえば、相殺はその実を上げることができない。このため、金融機関は、受働債権である預金を確保すべく、預金拘束（預金凍結）と呼ばれる、預金の支払停止措置をとることがある。預金拘束がされた上で相殺がなされた場合などにおいては、破産管財人は、その有効性について、慎重な検討をする必要が生じる。

そもそも、このような預金拘束は適法といえるか。

この点について、下級審判例には、マンション耐震偽装の報道により建設工事請負業者が経営危機に陥ったことを知った金融機関が、その預金を拘束したという事案において、①報道によって当該建設業者の事業収入が低下し損害賠償などの債務負担をする可能性があると判断されるのもやむを得ないこと、②当該建設業者施工物件の中に耐震偽装が疑われるものがあったにもかかわらずこれを金融機関に報告しなかったことは銀行取引約定における報告義務に違反し、信用を失わせるものであったこと等を認定し、これらによれば「債権保全を必要とする相当の事由」があったとして、金融機関による期限の利益喪失請求および預金拘束は適法であったとするものがある（東京地判平成19・３・29金判1279号48頁）。同様に、預金拘束時点における期限の利

（注16）　破産法71条２項２号の「前に生じた原因」につき、伊藤眞教授は、具体的な相殺期待を生じさせる程度に直接的なものでなければならないとする（伊藤・破産法民事再生法523頁）。

益喪失事由の発生を認定した上で、金融機関の債務不履行責任・不法行為責任を否定するものもある（東京高判平成21・4・23金法1875号76頁、東京高判平成24・4・26金判1408号46頁）。

　学説は、不安の抗弁権あるいは相殺権の確保等を根拠に預金拘束を適法とする見解が多数であるが[注17]、これに対し、正当化の根拠が不十分として、債務不履行あるいは不法行為となり得るとする見解もある[注18]。

　破産管財人が預金拘束の相当性を争う場合、銀行取引約定書に列挙されている期限の利益当然喪失事由が明確に発生しているとはいえない状況において預金凍結がされているときは、当該預金拘束は法的根拠を有しないものであり違法であると主張することになる。これに対し、金融機関は、仮に期限の利益喪失事由が明確に発生していないとしても、銀行取引約定書における「債権保全を必要とする相当な事由」の存在を理由に預金拘束の正当性を主張するものと考えられる。その場合、破産管財人は、当該預金凍結時点における債務者の状況（どの程度の「信用不安」状況が生じていたか）について、具体的かつ詳細に検討した上で、「相当な事由」の存在について、争っていくことになろう。

（柴田祐之）

（注17）　潮見佳男「普通預金の拘束と不法行為――損害賠償責任の判断構造」金法1899号（2010）22頁ほか。
（注18）　伊藤眞「危機時期における預金拘束の適法性」金法1835号（2008）10頁。

第4節 売掛金

I 売掛金一般

売掛金は、破産財団を構成する重要な資産である。

単に売掛金といってもその内容は売買・役務提供の対価等多岐にわたるため、破産管財人の請求に対する売掛先の主張も種々多様である。

また、売掛金に対して仕入先から動産売買の先取特権に基づく物上代位の主張を受ける場合、目的物完成未了の請負代金を回収する場合等、売掛金回収をとりまく種々の法律関係に対処しなければならない。

さらに、破産手続開始後に事業継続を決断する場合には、新たな売掛金の回収可能性等別途留意すべき点も発生する。

破産管財人は、売掛金請求に対する関係者からの種々の主張に対し、その基礎となった法律関係を十分に理解・把握し、事案に応じた適切な対処をしなければならない。

II 破産者の売掛先からの支払拒絶に対する対処方法

1 債務者による売掛金の全部または一部の支払拒否

(1) 早期着手の重要性

破産管財人は、破産者の帳簿類の調査・元従業員からの事情聴取等を通じて売掛金の額を確定した後直ちに売掛先から約定どおりの弁済期日に弁済を受けるべく作業に着手する。

その前提として、破産者の帳簿類は散逸防止のためにできる限り早期に確保しなければならない。また、帳簿類等の正確性の確認、および売掛先からの主張に対する反論準備のためにも元従業員からの事情聴取は必要不可欠であり、とくに、元従業員からの協力が長期にわたって得られるとは限らないことからすれば、売掛金の回収には早期着手が重要なポイントである。

(2) 売掛先からの支払拒否

破産管財人からの請求に対し、売掛先からは、分割払の合意の主張、破産

者にて瑕疵対応・アフターサービス対応等ができないこと、破産者のブランドイメージが破産により毀損していること等から今後売掛先にて破産者から購入した製品を市場で売却できない、あるいは売却できるとしても相応のディスカウントが必要になってしまい破産者から従前どおりの価格で購入した売掛先にて損害が発生するおそれがあること等を理由に、目的物返品、あるいは売掛金の全部または一部の支払拒絶等種々の主張を受けることがある。

2 長期分割払の合意があるとの主張を受けた場合

破産管財人において調査をした上で、真実長期分割払の合意があると認められた場合には、回収の極大化と破産手続の迅速な進行とのバランスをとりながら処理方針を決定しなければならない。

具体的には、①当該売掛先と中間利息控除等多少の減額合意をした上で一括支払の和解、②入札手続を経た上でサービサーへの売却、③破産者関係者への売却等が考えられる。ただし、売掛先の信用状況や財政状況によっては、上記①および②は現実的ではないこともある点に留意が必要である。

3 返品合意があるとの主張を受けた場合

(1) 返品に応じるべきか否か

仮に破産管財人が返品合意の主張に応じた場合、破産者は破産手続の開始によりすでに目的物に係る商流を失っていることから、販売先を確保できないおそれが高く売却もかなりの時間がかかると想定されること、仮に完売できない場合には破産財団の負担にて廃棄せざるを得ない可能性すらあること、瑕疵対応等ができないため値引き販売とならざるを得ない場合が多いこと、および倉庫費用等売却までの管理コストがかかること等から、むしろ破産財団にとって負担となるおそれも否定できない。したがって、破産管財人は漫然と返品に応じるべきではない。

(2) 返品合意の存否の確認

破産管財人としては、真実返品合意が存在するのかどうかを調査すべきである。

返品合意は取引基本契約等で書面化されているのが通例であり、かかる書面等が確認できない場合には、破産管財人は売掛先に対して返品を拒絶すべきである。

(3) 返品合意が確認された場合

仮に、破産者と売掛先との間で返品合意の定めのある取引基本契約等を締結していたとしても、破産管財人は常に返品に応じる必要があるとはいえない。

とくに売掛先との間に取引上の地位の優劣がある場合（典型的には売掛先が大企業、破産会社が中小企業の場合）、返品合意を含む当該売掛先に有利な取引基本契約を一方的に締結させられている場合が多い。

このような場合、破産管財人としては、かかる返品合意は、私的独占の禁止及び公正取引の確保に関する法律2条9項5号に定める優越的地位の濫用である旨の主張や、下請代金支払遅延等防止法4条1項4号違反（下請業者の責めに帰すべき理由がないのに下請業者の給付を受けた後、下請事業者にその給付に係る物を引き取らせることを禁じた規定）の主張ができるかどうかをなお、検討すべきである。

4　返品の商慣習があるとの主張を受けた場合

売掛先は、破産者との間で個別の返品合意がないとしても、業界全体として返品の商慣習があると主張することがある。

破産手続開始前に破産者が売掛先からの返品に継続的に応じていた事実があったとしても、それは今後も破産者と債務者との間で継続的に売買契約等が締結・履行されることを暗黙の前提としているのが通例である。破産管財人と売掛先との間ではかかる前提を欠くことから、破産管財人は返品を拒絶すべきである。

この点、東京地判昭和61・3・28（金判762号35頁）は、破産管財人からの売掛金請求に対し商慣習による返品を認めるかどうか等が争われた事案であるが、同判決は、返品の商慣習を否定したことに加え、破産者が破産手続開始決定を受けたことにより破産会社から購入した商品を適正価格で売却できなくなったこと、バッタ売りによる流通価格体系の混乱等容易に推認できると

しつつも「かような現象は倒産に不可避のものであり、買主においても既に計算済みの危険ということができる」として破産管財人の売掛金請求は信義則に反しないと判示した。

商慣習のみならず、流通の混乱等を理由とする売掛先からの返品主張に対しても参考になる判決である。

5 委託販売であるとの主張がされる場合

債務者と破産者との関係が委託か売買かは、両当事者の間で取り交わされた発注書・納品書・請求書の宛先やその記載内容および経理処理等から客観的に明らかになるはずである。破産管財人としては、かかる資料を精査の上、売買であると認定できるのであれば、売掛先からの返品を拒絶すべきである。

6 倒産解除特約があるとの主張がされる場合

売掛先は、破産者との間に破産手続の開始により売掛先が約定解除権を取得するとの約定があることを理由に破産管財人に対して破産者との継続的契約を解除する旨主張することがある［この倒産解除特約の理論上の問題点については、→第3部4］。

通常、かかる解除の主張は破産者と売掛先との間の基本契約について主張されるが、売掛先は、さらに進んで目的物引渡済みの既存の売買契約についても約定解除を主張することがある。

実際、売主が倒産した場合には買主はそれまで締結した売買契約を解除できるとの約定が締結されていた事案で、東京地判平成10・12・8（金判1072号48頁）は、かかる解除特約は、売主側の破産手続開始決定による契約の目的物の値崩れ後の価格と正常価格との差額が買主の損害であってかかる損害を担保する目的であるところ、当該損害が真に発生したかをチェックすることなく当然に解除を認めるものであって手続的に問題であること、ならびに売主および買主の双方が債務を履行していない段階においてかかる条項を適用すると破産法53条の破産管財人の履行または解除の選択権を無意味にすること等を理由に解除特約を破産管財人に主張できないと結論付けた。

したがって、破産管財人としてはかかる倒産解除特約を理由とする返品は拒絶すべきである。

7 相殺の主張がされる場合

(1) 売掛先による相殺の主張

売掛先は、破産者に反対債権を有していることを理由に、当該反対債権を自働債権、破産管財人の売掛金支払請求権を受働債権として対当額で相殺を主張することがある。

これに対し破産管財人は、破産手続開始時に相殺適状にあるか（破67条）、相殺禁止条項に該当しないか（破72条1項各号）等相殺の有効性について慎重に調査しなければならない。

(2) 請負契約の場合

とくに請負契約の場合、売掛先は、破産手続開始前に破産者が納品した目的物につき破産手続開始後に瑕疵が発見されたとして、瑕疵修補に代わる損害賠償請求権（民634条2項・566条1項）を自働債権、破産管財人が売掛先に対して有する請負代金請求権を受働債権として対当額で相殺するとの主張をすることがある。

前提として瑕疵修補の範囲およびその額が判然としない場合も多く、まず破産管財人としては、元従業員らからの事情聴取等により瑕疵修補の有無およびその範囲を明確化することが求められる。

仮に瑕疵の存在が客観的に認められた場合、自働債権たる瑕疵修補に代わる損害賠償請求権そのものは目的物の引渡時に発生していると考えられており、破産手続開始時にはすでに発生していたと評価できること、および破産手続開始時にはすでに引渡済みであり、支払不能等があったことを相手方が知った時より前に生じた原因により取得した破産債権であるといえることから、相殺禁止規定の例外（破72条2項2号）に該当し、かかる相殺は有効な相殺である。

(3) 将来における瑕疵の発生の可能性と相殺

正確には相殺の場面ではないが、売掛先は、破産者が破産手続開始前に納品した目的物につき瑕疵が顕在化していない場合であっても、将来瑕疵の発

生があり得ることを理由に売掛金の弁済を拒むことがある。

上記(2)と異なり、具体的に瑕疵が顕在化していない以上、売掛金の弁済を拒む法的根拠がないのは明白であり、破産管財人としては、相手方を粘り強く説得する等して早期回収をめざすべきである。

Ⅲ　動産売買先取特権に基づく物上代位の主張への対処方法

破産者と仕入先との間の契約が動産売買の場合、仕入先は、破産財団に属する売掛金を差し押えることが可能である。

当該仕入先が実際に差押えをするか否かは不明であること、他方、売掛金は全債権者への重要な配当原資であることからすると、破産管財人としては、債権差押命令の送達を受けるまで売掛金を約定期日どおりに回収すべきである。

実務上、当該仕入先が売掛先に対して、債権差押命令が送達されるまで破産管財人への弁済をしないよう申し入れていることもある。破産管財人としては、債権差押命令の送達までは破産管財人にて適法な回収権限があることを説明して理解を得るべく努力する必要がある。

Ⅳ　契約目的物が仕掛かり中の場合の対処方法(1)
　　——請負人破産の場合

1　注文者からの減額の主張

売掛金が契約目的物完成前の出来高に応じた請負代金請求や約定に定める中間金等である場合、破産管財人からの請求に対し、注文者から出来高未達や契約続行にかかる超過費用の拠出等を理由に当該売掛金の減額主張を受けることがある。

破産管財人としては、かかる注文者からの主張を考慮しつつ、目的物の対象となる契約を双方未履行双務契約として破産法53条に基づき解除または履行選択するかどうか早急に方針を決定することになる。

2　破産管財人が解除を選択した場合

(1) 出来高査定

　請負は仕事完成に対して報酬が支払われる契約であるところ、請負契約が中途で解除されるなどして目的物が完成未了の場合、既完成部分について請負人が報酬を請求できる旨の明文規定はなく、最判昭和56・2・17（判時996号61頁）等は仕事完成前の請負契約の解除等により仕掛かり中の目的物が残った場合に、注文者が利益を受けている場合には請負契約の全部解除を認めず、既完成部分について出来高査定を行った上で報酬の精算をすることを肯定した。実務はかかる判例等のもとで請負契約中途終了の場合、出来高算定をして請負人の報酬を精算するのが通例であり、請負人が破産した場合にも同様の処理がなされていた。

　今般、民法改正によりこの点について民法上条文の手当てがなされた。すなわち、民法634条が新設され、注文者の責めに帰することができない事由によって仕事を完成することができなくなったとき、および請負が仕事の完成前に解除されたときに、請負人がすでにした仕事の結果のうち可分な部分の給付によって注文者が利益を受けるときは、その部分を仕事の完成とみなすと定められた。また、この場合に請負人は注文者が受ける利益の割合に応じて報酬を請求することができるとも定められた。

　上記理論的裏付けのもと、破産管財人は、まず破産手続開始時点での出来高を誰がどのように査定すべきか。専門家による査定も考えられるが、必ずしも査定の適任者を早期に選任できるわけではないこと、および破産財団との関係で専門家費用の捻出が難しい場合があること等から、元従業員を積極的に活用することを考えるべきである。

　注文者との間で出来高に合意した場合、破産管財人は注文者に対して出来高相当額を請求することになる。

　ただし、破産者が前払金を受けている場合には注意が必要である。破産管財人は、出来高相当金額と当該前払金を比較して前者が上回っていればその差額を請求することになるが、後者が上回っている場合、注文者は差額を財団債権として請求できるとされている（破54条2項）。破産管財人はこのよう

な財団債権の負担を考慮し、破産法53条による解除を選択するか否かを慎重に検討しなければならない。

(2) 工事続行費用に係る超過費用と相殺の主張

破産管財人が出来高査定に基づき請負代金を請求した場合、注文者は、破産手続で一旦中断した仕掛品・工事等を別業者にて続行する場合には当初破産者と発注者との間で決まっていた契約金を超えるとして、超過金額相当額に係る損害賠償請求権を自働債権とし、破産管財人の出来高報酬支払請求権を受働債権とする相殺を主張することがある。

この点、東京地判平成24・3・23（判タ1386号372頁）は、上記同様の事案で、破産管財人による解除に基づき注文者が取得する損害賠償請求権は、破産法54条1項に基づく破産債権であって破産手続開始後に新たに取得された破産債権として破産手続開始前に発注者が保護に値する相殺期待を有していないことから、破産法72条1項1号の類推適用により相殺は許されないと判示した。札幌地判平成25・3・27（金法1972号104頁）も、注文者の損害賠償請求権は破産手続開始時には存在せず、破産手続開始時において相殺適状にないことを理由に、相殺主張は許されないと判示しており、破産管財人は注文者のかかる相殺主張を許すべきではない。

(3) 実務上の対処

実務上は、上記超過費用に基づく相殺の問題にいたる前段階として、注文者との間での出来高算定の協議が難航することが多い。

出来高算定の方法として、①破産法53条による解除時点での完成割合に対する出来高相当額、または②注文者が破産者から未完成の目的物の引渡しを受けて当該未完成部分を利用して第三者に残工事をさせた続行工事費用を当初請負代金の額から控除した額とする見解の2つがある。上記民法改正の過程では、民法634条の「注文者が利益を受けるとき」、つまり仕掛り中の契約に関する報酬の具体的金額の算定方法につき、予定された仕事全体に占める既履行部分の割合を認定し、その割合を約定の報酬額に応じて報酬額を算出するとの議論がなされている(注1)。①に近い考え方である。

（注1） 東京高判昭和46・2・25判時624号42頁、民法（債権関係）部会資料第3集〔第4巻〕354頁。

他方、民事再生の事例ではあるが、再生手続開始後に請負人たる再生債務者が未完成のマンション工事につき民事再生法49条に基づき出来高報酬支払請求権を請求した事例において、第三者による当該工事続行費用が当初の請負契約代金を超過して発注者に損害が生じているような場合には、信義則上そもそも請負人に出来高報酬支払請求を認めるべきではないと判示した裁判例（大阪地判平成17・1・26判時1913号106頁）もある。②に近い考え方であろう。

いずれの見解も、基準として決定的な明確性があるわけではないともいわれている(注2)。

したがって、破産管財人は、超過費用を要する点等を柔軟に考慮の上、注文者との間で出来高を調整して早期に和解的解決を図っているのが実情である(注3)。

(4) 違約金条項に基づく相殺主張

注文者からは、破産者と締結した工事請負契約約款に定める違約金条項に基づき、違約金支払請求権を自働債権とし、破産管財人の出来高報酬支払請求権を受働債権として対当額で相殺すると主張されることもある。

この点、名古屋高判平成23・6・2（金法1944号127頁）は、注文者と破産者との間の工事請負契約約款に定める違約金が発生するには、請負人につき約定に定める一定の事由が生じ、かかる事由を理由に注文者が約定上の解除権を行使し、この解除権に基づき当該契約が解除される必要があるところ、当該工事請負契約の解除は破産法53条による解除であって違約金の発生根拠となる要件を充足せず、違約金は発生しないとして相殺を否定した。札幌高判平成25・8・22（金法1981号82頁）も前掲・名古屋高判平成23・6・2と同様の事案で違約金は発生しないとして相殺を否定している。

近時、違約金条項に基づく約定違約金請求権を自働債権とする相殺は否定される裁判例が相次いでおり、破産管財人としてもかかる相殺は効力を有しないと主張すべきである。

(注2) 鹿子木康ほか「パネルディスカッション・建築請負契約と倒産——双方未履行双務契約の規律を中心に」事業再生と債権管理144号（2014）119頁［本多俊雄発言］。
(注3) 破産実務Q&A200問259頁［野澤健］。

3 破産管財人が履行を選択した場合

　仕掛かり中の製品があとわずかで完成に至る場合であって破産財団の増殖が見込まれる場合には、破産管財人として裁判所の許可（破78条2項9号。ただし100万円以下の場合には許可不要。同条3項1号、破規25条）を得て、当該契約の履行を選択することがある。

　しかしながら、目的物完成にいたる労務費、材料費、外注費、目的物保管費用等完成にいたるコストは財団債権となって破産財団にとっては負担になることから、かかる負担を踏まえてもなお、破産財団の増殖に資するかどうかを慎重に検討しなければならない。

　加えて、注文者との関係でも、目的物につき瑕疵担保対応・保証・アフターサービス対応等が必要なものについては目的物そのものを完成させたとしても、破産管財人として契約上のすべての義務を負担できないともいえる。

　この点、履行を選択しつつ注文者との間で既存の契約を一部変更して瑕疵対応等の負担を免れる（その代わりに代金を一部減額する）等の和解的解決を図ることも考えられるが、かかる負担や代金減額の可能性を考慮してもなお履行選択をするメリットがあるかどうか破産管財人の慎重な判断が求められる。

V　契約目的物が仕掛かり中の場合の対処方法(2)
　　　──注文者破産の場合

1　注文主破産と債権法改正

　前記IVとは反対に、請負契約の途中で注文者が破産手続開始決定を受けた場合、破産法53条の特則たる民法642条により、注文主の破産管財人に加え、請負人も請負契約を解除する権利がある。この点改正民法でも642条は維持されたが、従来、解釈上許されないとされていた仕事完成後の請負人の解除権の時点制限が明文化された（改正民642条1項ただし書）。

2　破産管財人が解除を選択した場合

　破産管財人が解除を選択した場合、仕掛品は破産財団に帰属するとされている（最判昭和53・6・23金法875号29頁）ため、破産管財人としては当該仕掛品の換価可能性を見据えて解除を検討することになる。しかしながら、破産管財人からの解除に対し、請負人は、未払の請負代金債権を被担保債権として、仕掛品につき商事留置権を主張して引渡しを拒むことが多い。とくに請負人が未完成建物およびその敷地を占有する場合が問題となる。

　この点、破産管財人として商事留置権消滅請求（破192条）の行使も考えられるが、留置物の財産の価格に相当する金銭を留置権者に弁済しなければならない(同条2項）こと等から実際上現実的な選択肢となり得ない場合も少なからずある。

　他方、商事留置権の目的物には抵当権等担保権が設定されている場合が多く、抵当権と商事留置権との優劣については確立した見解があるわけではないこと（東京高決平成10・12・11判時1666号141頁等）、およびそもそも未完成建物の敷地には商事留置権が成立しないとする見解もあること等から、商事留置権者の地位もまた不安定な状況にある。

　したがって、実務上、破産管財人としては、商事留置権者および担保権者からの同意を取り付けた上で、未完成建物およびその敷地を一括で売却して換価する手法をとることが多いと思われる。

3　破産管財人が履行を選択した場合

　破産管財人が請負契約を履行選択する場合には、請負代金を支払ってもなお破産財団に請負契約目的物の換価メリットがあるかどうか、前記Ⅳ3と同様慎重な検討が求められる。

　実務上は目的物を転売する予定があり、転売先と破産管財人との間で転売価格・条件等が明確に定まっており確実に換価できる等、限定的な場合に履行を選択しているものと思われる。

VI 事業継続

1 例外としての事業継続

　破産手続は清算手続であることから、破産者は、破産手続開始と同時に廃業となるのが原則である［ただし、個人事業主については→3］。しかしながら、破産者に原材料の在庫があり、製品化して売却するほうが原材料として売却するよりも破産財団に有利になるなど、破産財団を増殖するために、ごく例外として裁判所の許可（破36条）を得て事業を継続する場合がある［詳細については→第7章］。

2 事業継続の許可を取得するに当たって留意すべき点

　事業継続をする場合、労務費等のコストが財団債権となって破産財団の負担となることから、かかるコストを賄えるかどうかまず検討すべきである。
　また、今後瑕疵対応等ができないこと、破産手続の開始に伴い、買主は直ちに破産者の販売していた目的物につき商流を変更するのが通例であること等から、必ずしも破産手続開始前の売掛先に販売できるとは限らないこと、および価格についても、破産手続開始前の価格どおりでの販売はできない可能性があることを理解しておく必要がある。
　さらに、仮に破産管財人において売却することができたとしても、売掛先から売掛金を回収できないリスクも残る。この点、破産手続開始前の支払サイトを適用するのではなく、売掛先に目的物を現金引換払で売却することでリスク回避を図ることも考えられるが、売掛先に弁済期のメリットを与えない以上、さらなる売却価格の減額要因になることも覚悟すべきである。
　以上の事情を踏まえた上で、破産管財人は事業継続の許可を得ることになるが、実務上、事業譲渡を前提とするのであれば格別、破産者の在庫を利用して破産財団の増殖を図るために事業継続の許可を得るケースは極めて稀である。
　なお、必ずしも破産財団の増殖には寄与しないものの、入院患者のいる病院の破産、学生が存する学校の場合等社会的影響を考慮して事業を継続する

場合もある^(注4)。このような場合であっても、事業継続の間、人件費や水道光熱費等最低限のコストは財団債権として破産財団の負担となることから、事業譲渡等を見据えた早期の処理が必要となる。

3　個人事業主が事業継続するに当たって留意すべき点

　個人事業主の破産の場合、当該事業が破産者の生活と切り離せないことから、破産手続の開始と同時に廃業せずにそのまま事業を続行することがある。

　かかる場合、破産管財人は、①破産財団所属財産と事業に継続して使用する財産、②破産財団に属する売掛金・買掛金を明確に区分しなければならない。

　①については、換価価値が認められる財産であっても、差押禁止財産（農機具、音楽家の楽器、職人が使用している理髪用具や工具類等〔民執131条参照〕）であれば、自由財産となる点に留意が必要である。また、換価価値の認められない財産については放棄をして破産者に使用継続させることも検討する必要がある。

　②については、請求書などの証憑が整理されていないこともあるため、切分けが困難なこともあるが、破産者および売掛先からの事情聴取等を行って売掛金の区分を確定すべきである。

（大澤加奈子）

（注4）　破産・民事再生の実務〔破産編〕192頁。

第5節 敷金・保証金、権利金、建設協力金の返還請求権

はじめに

賃借人が破産して賃貸借契約が終了し賃借物件が賃貸人に返還された場合、破産管財人は、賃貸人に対して、その賃貸借契約に係る敷金・保証金、権利金、建設協力金の返還を請求する。賃貸人は、未払賃料、賃料相当損害金、原状回復費用等を控除して残額があれば返還し、破産管財人はこれを破産財団に組み入れることになる。

破産管財人は、破産財団の早期かつより多額の増殖を目指して、次に述べるような論点や留意点を踏まえて賃貸人との間で交渉し、合意解約や和解的処理をすることも多い。

I 敷金・保証金返還請求権

1 破産法53条1項による賃貸借契約の解除

賃借人が破産した場合、破産管財人は、賃貸借契約が双方未履行の双務契約に該当するとして、賃貸借契約を解除するか、履行を請求するかの選択権を有する（破53条1項）。解除を選択することが多いと思われるが、事業継続をする場合や賃借権譲渡が可能である場合等では、履行を選択して賃貸人に対して履行を請求する。破産管財人としては、状況を見定めて、どちらを選択するかを可及的速やかに決定する必要がある。

2 敷金・保証金の意義・性質等

敷金とは、いかなる名目によるかを問わず、賃料債務その他の賃貸借に基づいて生ずる賃借人の賃貸人に対する金銭の給付を目的とする債務を担保する目的で、賃借人が賃貸人に交付する金銭をいう（改正民622条の2第1項）。賃貸人は、賃借人に対して、敷金の額から賃貸借に基づいて生じた賃借人の賃貸人に対する金銭の給付を目的とする債務の額を控除した残額を返還しな

けれbなならないとされ、また、賃借人が賃貸人に対して有する敷金返還請求権は、賃貸借が終了し、かつ、賃貸物が返還されたときに生ずるものとされている（改正民622条の2第1項1号。最判昭和48・2・2民集27巻1号80頁）。そこで、破産管財人は、賃貸借契約終了後、敷金の返還を求めるために、まず明渡しに速やかに着手すべきである。

一方、保証金の法的性質は契約によりさまざまであり、①敷金、②建設協力金、③貸金、④即時解約金、⑤権利金等の性質の1つないし複数を有する（注1）。破産管財人が賃貸人に対して保証金の返還を請求するに際しては、契約ごとに保証金の性質からその可否および範囲を具体的に検討した上で対応することになる。

3 未払賃料・賃料相当損害金

(1) 未払賃料

破産管財人が解除または履行のいずれを選択する場合も、破産手続開始前の賃料債権は破産債権（破2条5項）、開始後の賃料債権は財団債権（破148条1項2号・4号または8号）となる（注2）。

(2) 賃料相当損害金

破産手続開始時までに生じた賃料相当損害金は破産債権となる。

破産手続開始時までに賃貸借契約が終了している場合の開始後から明渡しまでの賃料相当損害金、および破産管財人が賃貸借契約を解除して賃貸借契約が終了した後から明渡しまでの賃料相当損害金は、財団債権（破148条1項4号または8号）となる（注3）。

なお、賃貸借契約において賃料相当損害金の額について賃料額の倍額ないしそれ以上とする条項が存する場合であっても、財団債権となるのは、破産管財人の行為と相当因果関係のある損害額、すなわち賃料相当額であると解

（注1）　生熊長幸『民事法秩序の生成と展開』（創文社、1996）326頁。改正民622条の2。
（注2）　履行を選択する場合について、大コンメ234頁［三木浩一］。なお、履行を選択する場合、過去の賃料債権も含めて財団債権（破148条1項7号）になるとする見解（伊藤・破産法民事再生法393-395頁）もある。
（注3）　最判昭和43・6・13民集22巻6号1149頁。

される^(注4)。

4 違約金条項等

　賃貸借契約において、①解除または解約時の解約予告期間条項、②違約金条項、③敷金等放棄条項が定められている場合がある。破産管財人が解除を選択する場合、これらの条項が効力を有するかについては、さまざまな裁判例や見解^(注5)がある。

　裁判例では、定期建物賃貸借の賃借人が破産し、破産管財人が破産法53条1項に基づき契約を解除した場合において、賃料の約9か月半分に相当する保証金を違約金として返還しない旨の特約を有効としたもの（東京地判平成20・8・18判時2024号37頁）がある一方、破産会社である賃借人と賃貸人との間で保証金残金の返還請求権を放棄することにより賃貸借契約を即時解約できるとの合意がされていた場合でも、破産管財人が破産法53条1項に基づいて賃貸借契約を解除したときには、同項は、契約の相手方に解除による不利益を受忍させても破産財団の維持増殖を図るために破産管財人に法定解除権を付与し、もって破産会社に従前の契約上の地位よりも有利な法的地位を与えたものと解されることをも併せ考えて、保証金残金の返還請求権が消滅するものとは解されないとしたもの（東京地判平成23・7・27判時2144号99頁）、賃貸借契約が再生手続中に民事再生法49条1項により解除された後、再生手続が廃止され、破産手続開始決定がされた事案において、中途解約時に保証金の3割を控除して返還する旨の特約に基づいてこれを控除することは認めたが、解約の効力は解約を申し入れた日から6か月の経過をもって発生する旨の特約に基づいて6か月分の賃料等の合計額を保証金から控除することは認めなかったもの（東京高判平成24・12・13判タ1392号353頁）等がある^(注6)。

　このように、裁判例においても個別具体的な賃貸借契約の内容や当事者の合理的意思解釈等により判断されていることから、案件に応じて、これらの

(注4)　東京高判平成21・6・25判タ1391号358頁。破産・民事再生の実務〔破産編〕235頁、争点倒産実務の諸問題349頁。
(注5)　肯定的見解として伊藤・破産法民事再生法394頁。否定的見解として破産・民事再生の実務〔破産編〕238頁、争点倒産実務の諸問題345頁。折衷的見解として、富永浩明「各種の契約の整理──賃貸借契約(2)」新裁判実務大系(28)220頁。

条項は破産管財人には適用されない、または適用されるとしても限定的であるとの解釈が可能であると解される。

5 原状回復義務

(1) 破産手続開始前に賃貸借契約が終了している場合

破産手続開始前に賃貸借契約が終了している場合、賃貸人の原状回復請求権は破産債権（破2条5項）となる。

ただし、賃借物件に破産者の所有物が残置されており、開始後も賃借物件を占有している場合、破産管財人は、原状回復義務とは別の残置物の収去義務を負担し、その費用は財団債権（破148条1項4号）となることは前述[→3(2)]のとおりである[注7]。破産管財人は、残置物の所有権を破産財団から放棄することにより、この収去義務を免れるとする裁判例（大阪高判昭和53・12・21判時926号69頁）がある。実務においては、残置物処分に向けて収去費用の相見積りをとる等の工夫をした上で、破産財団の規模や残置物の種類・量等によりやむを得ない場合にのみ放棄を選択しているものと思われる。

(2) 破産手続開始後に賃貸借契約が終了した場合

破産管財人が破産手続開始後に賃貸借契約を解除した場合の賃貸人の原状回復費用請求権については、その法的性質を、原則として財団債権（破148条1項4号または8号）とする見解[注8]と破産債権とする見解[注9]がある。破産債権とする見解は、原状回復請求権は賃貸借契約成立の時点ですでに発生していること、破産手続開始前に破産者が原状を変更したという事実は同じであるにもかかわらず契約終了の時期によって原状回復請求権が破産債権となったり財団債権となったりするのは均衡を失すること、原状回復費用は破

（注6） 他に違約金条項の効力を否定したものとして東京地判平成21・1・16金法1892号55頁。違約金特約を敷金の範囲内で認めたものとして名古屋高判平成12・4・27判タ1071号256頁等。
（注7） 最判昭和43・6・13民集22巻6号1149頁。
（注8） 伊藤・破産法民事再生法393－394頁。
（注9） はい6民です272頁、岡伸浩「賃借人破産における原状回復請求権の法的性質」筑波ロー・ジャーナル7号（2010）79頁（同『倒産法実務の理論研究』〔慶應義塾大学出版会、2015〕21頁以下所収）、倒産法の最新論点ソリューション9頁［三森仁］、争点倒産実務の諸問題353頁。

産債権者全体の利益となる共益的性格を有しないこと、破産債権者全体の負担において原状回復費用に財団債権としての優先的地位を与え賃貸人を保護するのは均衡を失すること等をその理由としている。

裁判例においては、「原状回復費用請求権は、原告が破産管財人として、破産手続の遂行過程で、破産財団の利益を考慮した上で行った行為の結果生じた債権といえるから、破産法148条1項4号及び8号の適用又は類推適用により、財団債権と認められる」（東京地判平成20・8・18判タ1293号299頁）と判示するものがある。

実務においては、賃貸人の原状回復費用請求権を破産債権とするか財団債権とするかについて、事案ごとに、原状回復費用の金額、破産財団の状況、早期解決の必要性等を総合的に考慮して柔軟に対応している。

(3) 明渡しと原状回復

返還を受ける敷金が原状回復費用を下回る場合には、破産管財人は、原状回復をすることなく、速やかに動産類を撤去搬出して鍵を賃貸人に引き渡した上で、賃貸人に対して敷金の返還を請求することも多い。

この点、破産管財人が動産類を撤去搬出して鍵を賃貸人に引き渡しても、賃貸人が、原状回復が終わらない限り明渡しがされたとはいえないとして賃料相当損害金の発生等を主張するケースがある。しかし、破産法54条2項前段に基づく返還義務は、賃借人の義務を破産管財人が承継したものではなく、賃貸人の有する返還請求権は、その文言からすれば、破産財団中に現存する反対給付そのものの返還請求権であって、原状回復請求権は含まないと考えるべきである[注10][注11]。

なお、東京地判昭和53・10・26（判時939号65頁）は、賃貸借契約において賃借人が保証金を預託した場合、賃借人が契約終了後原状回復義務を履行しないまま退去したときの保証金返還義務の範囲と発生時期について、賃借人の原状回復義務を認めた上で、賃貸人が毀損箇所を補修するのに必要な期間を経過した時点において、残存保証金から補修費用のほか、補修必要期間を明渡延長期間とみなし同期間中の明渡遅延損害金を控除した残額を賃借人に

(注10) 倒産法の最新論点ソリューション12頁［三森］、争点倒産実務の諸問題360頁。

返還すべきであるとした。

(4) 破産管財人の対応

実務においては、破産管財人が賃貸人と交渉することにより、原状回復費用を破産財団から支出することなく、差し入れている敷金・保証金の範囲内で精算する例は多いと思われる。破産管財人としては、改正民法に基づいて、通常損耗や賃借物の経年劣化は、原状回復義務の対象にならないことを前提に賃貸人と交渉し（改正民621条括弧書。最判平成17・12・16集民218号1239頁）、また、原状回復費用の相見積りをとって費用を低額に抑えたりする等の工夫をしつつ、敷金・保証金を少しでも多くかつ早期に回収できるよう賃貸人との間で交渉を行うことになる。

6 敷金・保証金に質権が設定されている場合

敷金・保証金に質権が設定されているケースで、破産管財人の担保価値維持義務違反を認めた判例があるため、留意が必要である。

賃借人は、賃貸人から本社事務所、社宅、駐車場等を敷金を差し入れた上で賃借し、金融機関を債権者として敷金返還請求権に質権を設定していたところ、賃借人の破産管財人は、破産宣告後もこの賃貸借契約を解除することなく建物を使用したが、賃料、共益費等を支払わず、破産宣告から2～10か月後に賃貸借契約を順次合意解約した際に、賃貸人との間で、敷金のほぼ全額を未払賃料、共益費、原状回復費用等に充当する処理をしたという事例で、最高裁は、当時破産財団に十分な金額の預金が存在し、これを支払うことに

(注11) これに対して、破産法54条2項は、特別の取戻権として、民法545条による遡及解除において不当利得を清算する場面を前提としたもので、遡及解除と無関係な賃借物返還請求権について適用されるべきでなく、この場合の賃借物返還請求権は、破産法62条の一般の取戻権と解すべきであり、かつ、①所有権に基づく収去請求権は、所有権に基づく返還請求権に含まれる（1個説）、②所有権に基づく収去請求権は、返還請求権とは別個である（2個説）としても、所有権に基づく妨害排除請求権として、破産法62条の取戻権に含まれる、③破産法62条の取戻権には、破産管財人の支配権を否定し自己への引渡しを求め得る内容の権利であれば、債権的請求権も含むとし（条解破産法475頁、伊藤・破産法民事再生法456頁）、①②を前提とすれば、請求権の基礎が物権か債権かは重要でないことから、賃貸借契約に基づく収去請求権（原状回復請求権としての収去請求権）も、取戻権（破産62条）と解すべきである、等として、原状回復請求権を財団債権と解する説も有力に主張されている（倒産法の最新論点ソリューション17頁［水元宏典］）。

支障はなかったなどの事情の下では、破産管財人の行為は、質権設定者の質権者に対する目的債権の担保価値を維持すべき義務に違反するとし、質権者から破産管財人に対する不当利得返還請求を一部認容した。一方、破産管財人は、破産財団の維持を図るため、破産裁判所の許可を得てこのような処理をしたことから、質権者に対して善管注意義務違反の責任は負わない等と判示した（最判平成18・12・21民集60巻10号3964頁）。

II 権利金返還請求権

1 権利金の性質

権利金は、礼金と呼ばれることもあるが、その性質はさまざまであり、①場所的利益に対する対価、②賃料の一部の一括前払、③賃借権そのものの対価、④賃借権に譲渡性を付与した対価等の性質の1つないし複数を有する。

2 権利金の返還請求

権利金は、敷金・保証金と異なり、賃貸借契約において、賃貸借契約終了時の賃貸人から賃借人への返還が合意されていないことも多い。しかし、賃貸借契約が契約期間中に終了した場合、権利金の性質を検討した上で、残存期間に相当する部分等について一部返還を認めた裁判例は多いことから[注12]、権利金が授受されている事案においては、破産管財人は、賃貸借契約の終了に際して、権利金の性質や授受された趣旨を吟味した上で、賃貸人に対して権利金の（一部）返還を求める方向で検討すべきである。

III 建設協力金返還請求権

1 建設協力金の法的性質

建設協力金は、賃借人が賃貸借の目的となる賃貸人所有建物の建設資金に利用または充当させる目的で賃貸人に対して交付する金銭であるが、これに

(注12) 東京地判昭和31・2・10下民集7巻2号303頁、東京地判昭和42・5・29判時497号49頁、東京地判昭和56・12・17判時1048号119頁等。

関する契約は、賃貸借契約とは別個の金銭消費貸借契約であると解される。建設協力金は、このように貸金であり、また交付目的が建物建設資金であるため、弁済の時期については長期据置、方法については分割弁済の合意がされることが多い。

2　賃貸借契約が契約期間の途中で終了した場合の取扱い

　建設協力金は、賃貸借との間に強い結びつきがあるものの、賃貸借契約が契約期間の途中で終了した場合の取扱いについて合意をしていないことも多く、据置期間到来前に賃貸借契約が終了したときに、建設協力金の弁済期が到来すると解すべきかどうかが問題となる。

　この点について、名古屋地判昭和49・2・12（金判415号13頁）は、建設協力金の実質を有する保証金の返還について「保証金は8年間据え置き、以後7年間均等償還とする」旨の約定がある場合でも、他に賃貸借終了の際にも同条項に従う旨の定めがなく、また賃貸借終了後、賃貸人において新賃借人から新たに保証金を徴収している等判示の事情があるときは、据置年賦償還の約定は、賃貸借が継続している場合にのみ適用される趣旨であり、賃貸借が終了したときは据置期間の到来前であっても、その明渡しにより貸主に返還債務が発生するものと解すべきであると判示する。一方、大阪高判昭和62・3・31（金判780号30頁）は、店舗賃貸借契約において10年間据え置き、15年間均等分割払の返還約束がある建築協力金が差し入れられた場合、賃貸借契約が3年後に合意解約されても、建築協力金の返還時期が直ちに到来するものではないと判示する。

　破産管財人としては、破産財団の増殖に向けて、賃貸人に対して、賃貸借契約終了に伴う建設協力金の早期返還を求めるべきである。実務においては、据置期間や分割払の約定があることを考慮して、民事法定利率等の一定の割引率を使用して現在時点まで割り戻した現在価値相当額の弁済を求める方法もあろう。

（野田聖子）

第2部　実務家からみた破産管財人による財産換価を巡る諸問題(各論)

第6節　保険契約上の権利

はじめに

　本稿では、保険契約上の権利である解約返戻金請求権[注1]と保険給付請求権[注2]に関する破産管財人の対応について整理したい。

　解約返戻金請求権は、保険契約者による保険契約の解除時に、契約上の定めに基づき請求が可能になる請求権である。当該権利の性質は将来の請求権であるので、破産手続開始前に破産者が保険契約者として保険契約を締結している場合、当該契約の解約返戻金請求権は破産財団に属することになる(破34条2項)。保険給付請求権は、保険事故を条件として、契約上の定めに基づき、生命保険契約や傷害疾病定額保険契約の保険金受取人による請求、損害保険契約の被保険者による請求が可能になる請求権である(保険2条1号・4号イ・5号)。従前は、保険事故が発生していない時点での保険給付請求権が破産財団に属するのかどうか争いがあった。この点、最判平成28・4・28(民集70巻4号1099頁)は、破産手続開始前に成立した第三者のためにする生命保険契約に基づき破産者である死亡保険金受取人が有する死亡保険金請求権について、破産法34条2項に定める将来の請求権に該当し、破産手続開始後に保険事故が発生した場合の死亡保険金が破産財団に属すると判示した[注3]。

　そこで、破産管財人は、破産者が保険契約者や保険金受取人などである場合には、さまざまな対応を要することになる。破産者が保険契約者であれば、解約返戻金の有無や多寡を踏まえて、自由財産に該当するものを除き、保険契約を解除し、解約返戻金を破産財団へ組み入れることを検討する。保険契約者である破産者が生命保険契約の保険金受取人[注4]や損害保険契約の被

(注1)　保険契約等の解除によって契約者に払われる返戻金をすべて「解約返戻金」として表記する。
(注2)　保険契約の定義(保険2条1号)より、「保険金」ではなく「険金給付」と表記する。
(注3)　当該事案は死亡保険金とともに死亡共済金の帰属が争われたものであるが、便宜上、「死亡保険金」とのみ表記する。

保険者（注5）などでもある場合には、さらに、破産手続開始後に保険事故が発生すれば保険給付の破産財団への組入れを行い、保険事故が発生していない段階では保険給付請求権を放棄することの可否を検討することになる（注6）。

　もっとも、破産財団への組入れを行おうとする場面でも、破産者の経済生活の再生の機会を確保するという点からは、破産管財人は自由財産の範囲の拡張を通じた柔軟な対応を検討する必要がある。

　このように、保険契約上の権利に関し、破産管財人はさまざまな事情を考慮して対応しなければならないので、本稿では、その対応方法などを整理したい。もっとも、より多くの場面で必要になる解約返戻金に関する対応を中心に整理する。

Ⅱ　破産財団への組入れなどを検討すべき保険契約上の権利の範囲

1　検討対象となる解約返戻金の範囲

　解約返戻金と呼ばれているもののうち、一部のものは差押禁止財産である。
　例えば、小規模事業の事業主などの個人が契約者となる小規模企業共済の解約返戻金請求権は差押禁止財産である（小規模企業共済法15条・3条5項2号）。また、法人を含む中小企業者が契約者となる中小企業退職金共済では、解約返戻金は契約者ではなく、被共済者である退職金受給者に支給される上（中小退金16条1項）、差押禁止財産である（中小退金20条・8条2項3号）。そのため、これらの契約者が破産者である場合には、換価のために各共済契約を解除する必要はない。また、契約者が個人の場合、1991年3月31日以前に

（注4）　破産手続上問題にすべきもののうち、破産者が契約の当事者等である死亡保険契約の場合、破産者は保険契約者か保険金受取人のいずれかであることが多いだろう。傷害疾病定額保険や生存保険の場合には、破産者は保険契約者兼被保険者兼保険金受取人であることが多いであろう。
（注5）　損害保険の場合には、破産者は保険契約者兼被保険者であることが多いであろう。
（注6）　保険契約者を兼ねていない場合であっても、保険給付の破産財団への組入れや、保険給付請求権の放棄の可否を検討すべきであることはもちろんである。

効力を生じた簡易生命保険の還付金請求権は差押禁止財産であるので（旧簡易生命保険法平成2年改正附則1条・2条5号）、同様に契約者の破産手続では換価は不要である(注7)。法人を含む中小企業者が契約者となる中小企業倒産防止共済の解約返戻金請求権は差押禁止財産ではなく、契約者の破産手続では換価が必要になり、留意が必要である。

2 検討対象となる保険給付請求権の範囲

前掲・最判平成28・4・28は第三者のための生命保険契約の保険給付請求権について判示したものであるが、定額保険に係る保険給付請求権についても、保険契約者と保険金受取人が同一であるかどうかにかかわらず、射程が及ぶ可能性が高いと解されている(注8)。そのため、破産管財人としては、生命保険契約（保険2条8号）や傷害疾病定額保険契約（同条9号）に基づく保険給付請求権について、破産財団への組入れや保険給付請求権の放棄の可否などを検討することになろう。

この点、破産者が個人であって、被保険者として保険給付請求権を有する場合の損害保険契約については疑問が呈されている(注9)。被保険者である破産者が破産手続開始後の第三者の不法行為によって取得した損害賠償請求権は、本来、破産者の新得財産として自由財産に該当するものの、破産管財人が保険給付を受領して破産財団に組み入れた場合、当該損害賠償請求権について保険会社が代位し（保険25条1項）、新得財産が破産財団に組み入れられたのと同様の結果になることを考慮した疑問である。

損害保険契約における被保険者とは被保険利益の帰属主体を意味するが（保険2条4号イ）(注10)、被保険利益が破産財団に帰属する場合には前記の疑

(注7) 保険契約者が法人の場合には破産財団に属する（最判昭和60・11・15民集39巻7号1487頁）。平成3年4月1日以後に効力が生じた簡易生命保険の場合は、自然人でも破産財団を構成する（旧簡易生命保険法81条参照。なお、同法は平成19年10月に廃止されている）。
(注8) 飛澤知行「判解」法曹時報69巻7号（2017）196頁。
(注9) （注8）記載の文献。
(注10) 山下友信『保険法（上）』（有斐閣、2018）89頁。同書307頁は、「被保険利益とは、保険事故が発生することにより不利益を被ることのあるべき経済的利益として定義される」とする。

問は妥当しない。破産手続開始後における、差押禁止財産である家具（破34条3項、民執131条1号）の損壊や破産者自身に対する傷害による損害賠償請求権は破産者の新得財産であって、前記疑問は正当であろう。しかし、例えば、破産手続開始時に破産者が保有する不動産は放棄されない限り破産財団に帰属するので、その後、当該不動産の損壊によって発生する損害賠償請求権は新得財産ではない。そのため、破産財団に帰属する財産を被保険利益とする保険給付請求権については、前掲・最判平成28・4・28の射程が及ぶと解すべきである。

そこで、破産管財人としては、損害保険の保険給付請求権についても、差押禁止財産の損壊や破産者個人に対する傷害などによるものでない限り、破産財団への組入れや放棄の可否などを検討することになろう。もっとも、保険給付は偶然である保険事故の発生を条件として請求できるため、破産管財人は、請求手続を除けば、破産財団への組入れに当たって、解約返戻金を請求する際に要する解除の可否といった主体的判断は無用である。破産管財人は、保険事故が発生する前の段階では保険給付請求権を放棄するかどうか、保険事故が発生した後の段階では、保険給付の受領に当たってその全部または一部について自由財産の範囲の拡張を上申するかどうかといった事項を主体的に判断することになろう。

Ⅱ 破産管財人の具体的な対応

1 解約返戻金

破産者が法人の場合には、破産者が保険契約者である保険契約は、すべて解除の上、解約返戻金を破産財団に組み入れることになる。破産者が法人ではなく個人の場合は、自由財産に該当するもの（破34条4項参照）以外の保険契約を解除した上、解約返戻金を破産財団に組み入れることになる。共済契約についても、解約返戻金があれば、破産財団への組入れが必要になる。

各裁判所は自由財産の範囲の拡張の裁判を介して破産管財人による換価が不要となる自由財産の範囲を工夫しているので、破産管財人にとって、その内容を知ることは重要である。

第2部　実務家からみた破産管財人による財産換価を巡る諸問題(各論)

　東京地方裁判所では、見込額が20万円以下（複数の契約がある場合にはその総額）の保険(注11)解約返戻金は、自由財産の範囲の拡張の裁判があったものとしている。それ以外のものは原則としてすべて換価の対象としつつ、換価などにより得られた金銭の額と所定の換価不要財産のうち換価などをしなかったものの価額の合計額が99万円以下の場合で、相当と認める場合には、自由財産の範囲の拡張の裁判があったものとして、破産者への全部または一部の返還を可能にしている(注12)。自由財産の総額が99万円を超える場合の拡張も可能であるが、より慎重に判断されよう(注13)。大阪地方裁判所では、破産者や申立代理人が自由財産の範囲の拡張を申し立てた場合、保険解約返戻金を拡張適格財産として位置付け、現金および他の拡張適格財産との合計額が99万円以下の場合には原則として拡張相当とし、99万円を超える場合には原則として超過部分を拡張不相当としている(注14)。その他の裁判所も、類似の基準によって自然人の管財事件での換価範囲や自由財産の範囲の拡張制度を運用している(注15)・(注16)。

　保険契約者である破産者が高齢・入院中の場合などには、破産者や保険金受取人の希望により、破産管財人が保険契約の継続を検討すべき場面がある。このような場合、破産管財人は、破産者の自由財産や親族からの支出によって解約返戻金相当額を破産財団に組み入れ、換価せずに、保険契約者たる地位を破産財団から放棄する場合がある(注17)。また、破産財団への金銭の

(注11)　保険には共済も含む（破産管財の手引35頁）。大阪地方裁判所の運用も同様であると思われる（破産管財手続の運用と書式376頁参照）。そのため、以下の本文における保険契約に関する記述は、共済契約にも妥当しよう。
(注12)　破産管財の手引138頁（個人破産の換価基準3(1)）。
(注13)　破産管財の手引147頁。
(注14)　破産管財手続の運用と書式70頁。
(注15)　「特集・平成27年の破産事件の概況」金法2038号（2016）6頁以下において、札幌地方裁判所など全国8か所の地方裁判所の運用概要を知ることができる。
(注16)　破産者が生命保険契約の保険金受取人や損害保険契約の被保険者などを兼ねている場合には、保険給付請求権を放棄するかどうかを別途検討する必要があろう。もっとも、保険事故の発生見込みがまったくないような場合には、特段意識せずに対応していることが多いだろう。この点の処理の詳細については、神原千郷ほか「倒産手続と保険契約に基づく請求権の帰趨」「現代型契約と倒産法」実務研究会編『現代型契約と倒産法』（商事法務、2015）278頁参照。

組入れが叶わなくても、破産管財人は、破産者の生活状況（老齢・病気など）、破産者の保有資産の種類・額（僅少な現金のみの所持など）、破産者の収入見込み（就労の状況など）その他の事情を考慮して（破34条4項）、自由財産の範囲の拡張を上申し、保険契約者の地位を破産者に回復させる場合もあろう[注18]。

破産管財人は、破産手続開始後、速やかに保険契約の解除手続を行うことが一般的であろう[注19]。もっとも、任意売却を見込む不動産や車に関する損害保険契約は、保険契約者が被保険者を兼ねる場合が多く、保険期間中の保険料は既払であることが多い。破産財団が新たな保険料を負担することが少ないため、万一の保険事故に備え、売却時まで解除しないことが通常であろう[注20]。医療保険などと呼ばれているものの多くは、入院給付金や手術給付金の保険金受取人を被保険者とし、保険契約者を被保険者とする場合が多く、保険料を分割して毎月支払うものが多い。このような保険契約の場合、

（注17）　破産・民事再生の実務〔破産編〕259頁。なお、この場合にも（注16）と同様の検討が必要である。
（注18）　その際の考慮事情や実例について、破産管財の手引147頁、破産管財手続の運用と書式79頁。
（注19）　破産者が生命保険契約の保険金受取人や損害保険契約の被保険者などを兼ねる場合における契約上の地位の放棄については留意すべき点がある。保険事故の発生を見極めるために保険給付請求権の放棄時期を遅らせる場合の対応である。そして、保険給付請求権が保険金受取人などの地位に基づくことを考えれば、理論的には、契約上の地位の放棄とは別に保険給付請求権を放棄できることになろう。もっとも、契約上の地位と保険給付請求権の行使者の分属を認めることは望ましくないので、両者の放棄をともに行うべきである。すなわち、生命保険契約や傷害疾病定額保険契約では、保険法上、保険契約者が保険金受取人を自由に変更できる（保険43条1項・72条1項）。ゆえに、契約上の地位を先に放棄すれば、理論上、その地位を回復した破産者が破産管財人の意向にかかわらず保険金受取人を変更でき、破産財団から保険給付請求権を除外できることになるからである（もっとも、死亡保険契約以外の生命保険契約や傷害疾病定額保険契約では、約款上、保険金受取人を被保険者など一定の者に限定しているものが多いので、実際上、このような事態が生じる多くのものは死亡保険契約であろう）。なお、保険給付請求権といっても、保険事故の発生前は、具体化していない抽象的な権利にすぎない。そのため、保険料の支払猶予期間の満了までに保険事故の発生を見込めないのであれば、他の換価業務終了直前でなくとも、保険契約を解除し、あるいは保険契約上の地位とともに保険給付請求権を放棄することを許容してもよいのではなかろうか。神原ほか・前掲（注16）記載の文献（280頁注21）参照。
（注20）　強制加入である自動車損害賠償責任保険については、保険契約を解約せず、車の売却とともに契約者の名義変更手続を行い、車両と一体に換価することになる。

保険給付請求権が破産財団に属することからすれば、破産管財人としては、保険事故の発生やその可能性を確認する必要が生じようが、保険料の負担を回避する必要性をも考慮すれば、少なくとも、保険契約が失効しない、約款で定める保険料の支払猶予期間内 (注21) は、保険料の支払を控えつつ、万一の保険事故に備えて契約の解除や保険給付請求権の放棄を行わない対応となろう (注22)。死亡保険で保険契約者が被保険者を兼ね、保険金受取人を指定していないような場合には、保険契約者自身が保険金受取人となるが、同様の対応となろう。

2 保険給付

破産者が保険金受取人のみの地位を有し、保険契約者ではない場合、破産管財人は、保険事故が発生するまでは保険給付請求権を放棄するかどうか、保険事故が発生した後は、保険給付の全部または一部について自由財産の範囲の拡張を認めるべきかどうかを判断することになる。

保険事故が発生していない段階では、実際上、いまだ具体化していない抽象的な保険給付請求権には換価価値がないので、破産管財人はこれを放棄することになろう。保険料を負担しないので、放棄を見極めるべき時期としては、他の換価業務の終了直前とすべきであろう (注23)。なお、保険契約者を兼ねる場合については、前記 1 記載のとおりである。

保険事故が発生した場合、保険契約の意義（保険契約者が契約を締結した意図や保険給付の本来的な使途など）、保険料の出捐経緯、破産者の破産手続開始

(注21) なお、保険料の支払猶予期間後の無催告解除の可否が問題となった事案に関する判例として、最判平成24・3・16民集66巻5号2216頁がある。
(注22) （注19）参照。なお、近い将来に保険事故が見込まれている場合に、支払猶予期間を超えて、他の換価業務終了直前まで、保険給付請求権を放棄する時期を遅らせることができるかどうかは悩ましい。予想される将来の保険料額や自由財産の範囲の拡張が見込まれる範囲を考慮した場合、他の換価業務を終える前の放棄を許容できる場合が相当あるように思われる。
(注23) 近い将来に保険事故が見込まれていたとしても、破産者が保険金受取人の地位のみを有している場合には、保険契約者が保険金受取人の変更権を有しているため（保険43条1項・72条1項）、その地位は極めて不安定なものである。そのため、あえて手続を続行する必要はなかろう。前掲（注16）文献（277頁）参照。

決定時における財産状況や以後の収入状況などを考慮して、自由財産の範囲の拡張の当否を検討することになろう(注24)。この点で悩ましいものとして生命保険契約の死亡保険金がある。また、多くの場合、破産者が保険契約者であり、被保険者として保険金受取人にもなっている傷害疾病定額保険契約(注25)に基づく入院時や手術時、三大疾病時の給付金なども悩ましい。

　保険契約者兼被保険者がその法定相続人を死亡保険金受取人に指定している場合、保険事故発生時における死亡保険金には、当該法定相続人の生計維持など相続財産に類似した機能がある。破産手続開始後に相続が開始した場合に破産者が取得する相続財産は破産財団に帰属しない自由財産であるが、このような事情とのバランスも無視できない。また、前記のような保険契約の場合に保険金受取人が受領した死亡保険金は、みなし相続財産として相続税の課税対象資産となる（相税3条1項1号）。破産管財人が死亡保険金を破産財団に組み入れた場合には、破産者に納税義務のみを負担させる結果になり得るので、この点も考慮すべきであろう。そこで、例えば、保険契約者兼被保険者である破産者の実父が、自身の死亡後における破産者の生活を憂慮して唯一の法定相続人である破産者を死亡保険金受取人に指定して、自身の収入から保険料を払っていた場合に、実父の死亡という保険事故が破産手続開始後に発生し、特段の相続財産もなく、以後の収入面も含めて破産者が困窮している状況にあれば、ある程度長期間の生活費相当額を自由財産の範囲の拡張制度を通じて破産者に受領させたとしても、不当とまではいえないであろう。

　傷害疾病定額保険契約に基づく入院時や手術時の給付金は、破産者の入院費や手術費の一部に充てることを予定しているものであって、本来的には責任財産になじまない財産であろう。そのため、自由財産の範囲の拡張制度を通じて破産者に当該給付金の全部または一部を交付することに寛容であるべきであろう。特にこれらの給付金は比較的低額なものが多い。自由財産の範

（注24）　北村聡子「破産手続開始前に成立した第三者のためにする生命保険契約に基づき破産者である死亡保険金受取人が有する死亡保険金請求権と破産財団への帰属」落合誠一＝山下典孝編『保険判例の分析と展開Ⅱ（金判増刊）』金判1536号（2018）98頁。
（注25）　「医療保険」や「疾病保険」と呼ばれているものの多くが該当しよう。

囲の拡張の裁判があったものとして換価を不要としている解約返戻金の基準額を参考にすることが許容されるのであれば、多くの場合、破産者への交付が妥当視されよう。三大疾病時における給付金は高額なものが多く、悩ましい事案が多い。もっとも、このような給付金も長期にわたる高額な治療費に充てることを主な目的としているため、本来的には責任財産になじまない。破産者の経済生活上の再生という点からすれば、当該保険金が破産財団に属することを厳格に解しすぎないほうがよかろう(注26)。

3 小括

いずれにしても、破産管財人が自由財産の範囲の拡張が相当であると考える場合には、申立代理人などと協議し、解約返戻金や保険給付の額、破産者の生活状況などを正確に把握し、主体的な意見をもって裁判所と協議することが必要になろう(注27)(破34条5項参照)。保険契約の解除などに要する時間を考えれば、破産管財人が、換価すべき保険契約の範囲に主体的な意見をもつことは、破産管財業務スケジュールの管理上も重要となる。なお、自由財産の範囲の拡張を認める裁判に対しては、破産債権者による不服申立ては認められていない。そのため、意見するに当たっては、破産債権者を害することのないよう安易な判断を慎み、多角的に検討し、バランスの良い意見を心掛けるべきであろう(福岡高判平成18・5・18判タ1223号298頁参照)。

III 解約返戻金の調査方法

1 申立書などの記載内容と添付書類や引継書類

破産管財人としては、換価し得る保険契約の範囲を早期に把握することが必須である。その上で重要なものは、各裁判所が弁護士会などとの協議を踏

(注26) 破産管財の手引152頁に掲載されている事例⑨も、ある程度そのような要素を考慮したのではないかと推測する。
(注27) 自由財産の範囲の拡張の裁判があったものとして取り扱われる場合には、破産管財人は、債権者集会で配布する財産目録への記載など、債権者への情報開示を図る必要があるので(破産管財の手引146頁、破産管財手続の運用と書式87頁)、その意味でも重要になろう。

まえさまざまに工夫し、申立書とともに提出することとなっている資産目録や添付書類などであろう。

東京地方裁判所と大阪地方裁判所が公表している資産目録の書式では、解約返戻金の金額にかかわらず、その内容を明らかにすることになっている[注28]。また、添付書類や破産管財人への引継資料として、保険証券、解約返戻金計算書、預金通帳、税務申告書（直近の過去2年分）、源泉徴収票、給料明細、課税証明書などを提出する必要がある[注29]。

申立代理人が当該情報を積極的に調査し、破産管財人に引き継ぐことが望まれる。

2　添付書類などからの調査方法

申立代理人は、添付書類などの収集とともに、適宜、申立人から資料を徴求し、または聴取りを行い、債務者が保険契約者となっている保険契約を特定し、資産目録を作成する。破産手続開始後にその存在が明らかになった場合には、自由財産の範囲の拡張は困難となり[注30]、免責不許可事由（破252条1項1号）の存在を疑わせる事情にもなるため、申立代理人などによる積極的な申告が期待できる。

そのため、破産管財人は、資産目録の記載内容を含め、申立代理人が把握している情報を引き継げば、解除すべき保険契約を把握できるはずである。

しかし、破産管財人はその職務の遂行に善管注意義務を負う以上（破85条1項）、漫然と申立代理人から情報を引き継ぐのみでは足りない。破産管財人は預貯金通帳などの添付書類や転送郵便物などから破産者に説明を求めるなどし、資産目録記載の保険契約に漏れがないかを主体的に調査することが必要になろう。

預貯金通帳の記載からは、保険料の支払先、支払額などと、資産目録など

(注28)　破産管財の手引54頁、破産管財手続の運用と書式376頁。
(注29)　破産管財の手引53－54頁、破産管財手続の運用と書式350頁・387頁。東京地裁では、個人の債務者の場合、過去2年分の源泉徴収票または確定申告書の控えとし、これらがない場合には課税証明書の提出を必要としている。
(注30)　破産管財の手引149頁、破産管財手続の運用と書式78頁。

の内容との整合性を確認することになる。給料明細(注31)や源泉徴収票(注32)の控除項目に生命保険料額が記載されている場合には、資産目録などの内容との整合性を確認することになる。源泉徴収票や税務申告書には所得税からの生命保険料控除の仕組みに従った記載がなされるが、その仕組みの詳細は、国税庁のタックスアンサーが平易である(注33)。2011年12月31日以前に締結した対象となる保険契約の場合、生命保険料と個人年金保険料に分け、さらにそれぞれの控除額を4段階に区分する。生命保険料の最高控除額の区分である年間10万円超の支払の場合、控除額は一律5万円である。したがって、申立人が資産目録に年間保険料を7万円と記載しながら、源泉徴収票には5万円の生命保険料控除額が記載されている場合、破産管財人は生命保険契約の記載漏れを疑うことになる。控除額は各自治体で異なろうが、地方税である住民税からの控除も類似の仕組みである。そのため、生命保険料控除額の記載を省略していない課税証明書から、上記と同様の調査が可能である。

そのほか、破産管財人は、破産者の資産状況や生活状況から、不動産や家財に付保される火災・地震保険、車両に付保される車両保険、その他学資保険などの存在を予想し、その有無を破産者に質問していき、調査していくことになろう。

Ⅳ 保険金受取人の地位の調査方法

前述した各地で工夫されている申立書に添付する資産目録や添付書類は、申立人が単に保険金受取人である場合についてまで記載することを要求するものではない。そのため、破産者が保険契約者ではなく、単に保険金受取人である場合、現状では、破産管財人が当該地位を調査することは困難である。本人が保険金受取人であることを自覚していない場合も少なからずあろうが、事実関係の調査は申立代理人に頼らざるを得ないだろう(注34)。もっとも、

(注31) 社会保険料などの法定控除額の他に、控除された生命保険料額なども記載される。
(注32) 給与所得者が使用者に提出する保険料控除申告書に基づき、所得税からの保険料控除の仕組みに従って、生命保険料や個人年金保険料が記載される。
(注33) https://www.nta.go.jp/taxanswer/shotoku/1140.htm。対象となる保険契約については https://www.nta.go.jp/taxanswer/shotoku/1141.htm。また、地方税である住民税に関するものとともに平易に説明した文献として、はい6民です37頁がある。

破産管財人による主体的な調査も必要であるので、留意すべきである(注35)。

V　保険契約者の判断に疑義が生じる場合の対応

1　保険契約者の判断に疑義が生じる場面

　破産管財人は、まず、破産者が名義上の保険契約者になっている保険契約の換価の当否を検討することになろう(注36)。もっとも、破産者が名義人であっても、その親族などが、保険料を支払っているなどと主張して破産管財人の換価に異議を唱える場合がある。また、第三者が名義人であっても、破産者がその保険料を出捐する場合などには、その解約返戻金は破産財団に属するものである、と破産債権者が意見する場合もあろう。

　破産管財人による早期の準備と対応を可能にするため、裁判所によっては、債務者名義の保険契約は、保険料の出捐にかかわらず資産目録へ明記させるほか、第三者名義のものであっても、債務者が出捐者になっているものを明記させることとしている(注37)。

　解約返戻金が破産財団に帰属し得る以上、破産管財人にとって破産者が保険契約者であるか否かは重要な問題である。このように、名義上の保険契約者と保険料の出捐者が異なる場合に、破産管財人としては、どのようにして保険契約者を確定し、換価し得る保険契約か否かを判断すべきであろうか。

（注34）　神原ほか・前掲（注16）276頁参照。
（注35）　破産者に何ら聞き取ることなく放置した結果、破産手続中に保険事故が発生して、破産者が保険金を費消した場合には、申立代理人の責任も問題になろうが、破産管財人においても、保険事故の発生見込みを確認せず、また保険給付請求権の放棄の可否を判断せずに破産者に保険金を費消する機会を与えたという点で、善管注意義務違反（破85条2項）が問題になりかねない。
（注36）　2003年1月より施行された「金融機関等による顧客等の本人確認及び預金口座等の不正な利用の防止に関する法律」（実質上、その内容は「犯罪による収益の移転防止に関する法律」に移行し、現在は廃止されている）により、名義上の保険契約者と実質上の保険契約者が異なっている事態は、多々あるとは思われないが、実際上は留意が必要であろう。
（注37）　東京地裁に関するものとして、破産管財の手引54頁・67頁がある。このような記載方法について明示はしていないものの、大阪地裁も同様の考えを前提にしていよう（はい6民です41頁参照）。

2 保険契約者を確定する際の考え方など

　保険契約者は、保険契約における当事者として、保険者に保険料を支払う義務を負う者をいうが（保険2条2号）、当事者の意思を合理的に解釈することにより、保険契約者を確定していくことになろう[注38]。名義人以外の者が保険契約の締結行為を行っている場合、当該保険契約の効果を自己に帰属させるために、他人の名義を自己の表示として使用するか、当該名義人にその効果を帰属させるため、その使者や代理人として他人の名義を使用するのかのいずれかであろう。そのため、諸般の事情を考慮して、このような意思を合理的に解釈していくことになる。また、後者の場合には、出捐者兼行為者が名義人に保険料相当額を贈与する場合が多いであろうから、そのような経緯に関する両者の認識にも留意すべきであろう。

　具体的には、生命保険契約であれば、「①当該生命保険の内容（保険契約者、保険者、保険金受取人、保険金額、保険料、保険期間及びその他の特約等）、②保険料の支払方法及び出捐者、③名義人、行為者及び出捐者の関係、年齢、職業、収入及び生活状況、④行為者の動機、目的及び契約締結手続の際の言動、⑤保険者及び名義人の認識、⑥届出印及び保険証券の保管状況、⑦契約者貸付の利用の有無、利用がある場合は貸付金の受領者とその使途、⑧配当金の分配方法等」の事情を考慮要素として確定していくことになろう[注39][注40][注41]。

　例えば、子供である名義人のために、親が保険料を出捐している場合には、名義人への保険料相当額の贈与を認定でき、名義人が保険契約者であると判断できる事案が多いであろう。とくに、子供である名義人が、当該保険に関

(注38)　疑義が払拭できなければ、最終的には確認訴訟を提起せざるを得ない。
(注39)　はい6民です40頁。
(注40)　保険者の保護から、基本的には名義に従い保険契約者を判断しつつ、具体的な事案ごとの妥当性を図るべきであるとの見解もある（山下友信『保険法（上）』〔有斐閣、2018〕88頁）。もっとも、出捐者・名義人間の争いに関する裁判例では、出捐者を実質的な保険契約者と認定する傾向があるとの指摘もある上（小野寺千世「簡易生命保険について、保険契約申込書の保険契約者の氏名欄に氏名を記載された者とは異なる者を保険契約者と認定した事例」石田満編『保険判例の研究と動向』〔文眞堂、2014〕144頁）、そのような争いと実質上同様の利害が対立する破産財団への帰属が問題となる場面では、保険者の保護を強調する必要はあまりないように思える。

して所得税法上の保険料控除を申請している場合、契約者貸付けを利用している場合、特約に基づく給付金を利用している場合には、そのように評価できることが多いとされている(注42)。そのため、子供が破産者である場合には、給与明細書、源泉徴収票、課税証明書、預金通帳などから上記のような事情を調査することになろう。

出捐者兼行為者が保険証券、届出印、保険者からの郵便物などの一切を管理し、名義人が保険契約の存在をまったく認識していない場合には、名義人における贈与を受ける意思や、代理権の付与などの契約意思を認定できないことが多い。このような場合には、出捐者兼行為者が保険契約者であると判断されよう。また、出捐者が、当該出捐に係る生命保険料控除の記載のある自身の源泉徴収票を取得しているような場合には、出捐者を保険契約者と認定すべき場合が多いであろう(注43)。

VI 解約返戻金の請求手続

保険料積立金がある死亡保険契約および障害疾病定額保険契約は、保険会

(注41) 出捐者・名義人間の紛争で、保険料の支払目的などに言及している裁判例がある(名義人に対する保険料の立替払い目的：甲府地判昭和63・3・18文研生命保険判例集5巻245頁〔名義人を契約者と認定〕、出捐者の当初からの保険料支払意思や貯蓄目的：大阪高判平成7・7・21金判1008号25頁〔出捐者を契約者と認定〕)。出捐者・保険者間の紛争で、当該保険契約の性質や契約目的に言及している裁判例がある(自動車保険の保険料が運転者年齢など名義人の個性により影響を受けること：大阪地判平成6・4・26交通事故民事裁判例集27巻2号528頁〔契約締結に関与した名義人を契約者と認定〕、学資保険の保険料が保険契約者の年齢など名義人の個性により影響を受けること：さいたま地裁川越支判平成21・10・29保険事例研究会レポート251号〔生命保険文化センター、2011〕17頁〔名義人を契約者と認定するが、契約締結への関与は文献上不明〕)、出捐者を被共済者や名義人とすると医師の診察が必要となったり満期共済金が一時所得になるため契約者兼被共済者を名義人としたこと：名古屋地半田支判平成7・1・18判タ881号262頁〔契約締結に関与した名義人を契約者と認定〕)。
(注42) はい6民です40頁。
(注43) 所得税法上の生命保険料控除を受ける場合、出捐者が保険契約上の名義人である必要はない。その保険金などの受取人のすべてが、保険料などの出捐者またはその配偶者その他の親族(個人年金の保険の場合はその者またはその配偶者)であれば足りる(所税76条5項・6項)。そのため、出捐者が、名義人から受け取った生命保険料控除証明書を添付の上、生命保険料控除申告書を自身の就労先に提出し、就労先が年末調整を行い、生命保険料控除の記載のある源泉徴収票を出捐者に交付する場合がある。

社に対して解除の通知をし、保険者による当該通知受領後1か月を経過した日に、解除の効力が生じる（保険60条1項・89条1項）。そのため、破産管財人は、このような保険契約を解除する場合、その効力発生までの期間を念頭に、管財業務のスケジュールを立てる必要がある。

　このような保険契約では、保険金受取人である介入権者が一定の金額を破産管財人に支払い、保険者に通知したときは解除の効力が生じないが（保険60条2項・89条2項）、保険法の制定時より、介入権者は破産者を通じて解除の事実や介入権の存在を知ることが期待されている[注44]。そのため、破産管財人が介入権者に対して解除などの事情を説明する義務はない[注45]。

　ところで、保険契約に基づく契約者貸付けでは、貸付手続の過程で、破産手続開始決定などによって期限の利益を喪失し、かつ、保険契約が失効し、貸付元利金と解約返戻金を当然に相殺することを合意している例が多い。このような場合には、破産手続開始決定によって当然に相殺適状となり、相殺の意思表示がなくとも、対当額で相殺がなされたものと認められよう[注46]。このような合意がない場合には、解約返戻金から、破産手続開始後の遅延損害金をも控除しようとする保険会社側の対応も考えられる。しかし、劣後的破産債権（破99条1項1号・97条2号）である遅延損害金を自働債権とする相殺は認められず[注47]、控除することはできないと解されよう。

　なお、保険代理店が、保険会社に対して早期解約違約金を支払うことを嫌って、破産管財人に保険料の支払を申し出る場合がある。しかし、保険契約は双方未履行双務契約であると解されるため、不用意に保険料を支払うと、破産管財人による履行選択であると評価され得るので、留意が必要である。

（神原千郷）

（注44）　山下友信＝米山高生編『保険法解説』（有斐閣、2010）626頁。
（注45）　実際上は、破産管財人から連絡を受けた申立代理人が、破産者を通じて、破産手続上保険契約が解除され得ることを介入権者に認識させ、介入権者から破産管財人などに連絡してもらうことになろうか。
（注46）　民事再生の事案に関する福岡高決平成15・6・12判タ1139号292頁、東京地判平成16・6・8金法1725号50頁など。
（注47）　伊藤・破産法民事再生法507頁、条解破産法543頁。ただし、異論もある（岡正晶「相殺権」破産法大系(2)228頁）。

第7節　有価証券上の権利

I　手形・小切手

　破産手続開始時点において、破産者が約束手形や小切手を有していることがある。近時は、電子記録債権法に基づいて、破産者が、電子記録債権の債権者として、でんさいネット等の記録機関に登録されている場合もある。従前の約定に従った売掛債権の回収として、破産手続開始後に売掛先から約束手形や小切手を受け取ることもある。

　約束手形は、破産管財人口座を開設した金融機関に取立委任する。裏書により取得された約束手形（いわゆる回り手形）は、裏書人に対し遡求権を保全するため、振出日や受取人欄等の白地を補充して取立委任に出す。支払呈示期間を徒過しないよう注意するとともに、満期までに期間がある場合でも、盗難や紛失のリスクを軽減するため、早期に取立委任するのがよい。支払呈示期間を徒過してしまった場合は、振出人に連絡し、振出人から支払銀行に対し支払手続をしてもらうよう依頼するか、振出人に手形を呈示してこれと引換えに直接支払を受けるようにする。小切手も金融機関に持参して換金する。

　破産手続開始前に破産者が金融機関に取立委任していた手形については、破産手続の開始により当該取立委任は終了する（民653条2号）ものの、当該金融機関が破産者に対し債権を有している場合は、当該手形につき当該債権を被担保債権として金融機関のために商事留置権が成立し、金融機関は破産手続開始後満期までこれを留置した上、手形金を取り立て、債権に充当することができる（最判平成10・7・14民集52巻5号1261頁、最判平成23・12・15民集65巻9号3511頁）(注1)。したがって、この場合、破産管財人が取立委任の終了を理由に債権者たる金融機関に対し手形の返還を請求することは困難である。しかし、債権者たる金融機関が信用金庫、信用組合等である場合は、信用金庫、信用組合等は、商事留置権発生の前提たる商人ではないことから、取立委任手形に商事留置権は発生せず（最判昭和63・10・18判タ685号154頁）、破産管財人は取立委任手形の返還を請求することができる。

第2部　実務家からみた破産管財人による財産換価を巡る諸問題（各論）

　破産者が保有している手形が、破産者の運転資金を融通する目的で原因関係なく破産者に振り出されたいわゆる融通手形である場合、振出人は破産管財人に対しても融通手形の抗弁を主張することができる（最判昭和46・2・23判時622号102頁）。このため、破産管財人は、破産者や破産会社の代表者への事情聴取時に、破産者の保有する手形が融通手形でないことを確認し、もし融通手形である場合には振出人に返還すべきである[注2]。

　電子記録債権の支払については、記録機関が、債務者および金融機関との間で、電子記録債権の支払期日に当該金融機関が債務者口座から債権者口座に対し払込みの取扱いをする旨（口座間送金決済）の契約を締結できる（電子債権62条）。しかし、代表的な記録機関であるでんさいネットの業務規程42条・44条1号、業務規程細則40条1項4号においては、電子記録債権の債権者に関して破産手続開始決定がなされた場合、口座間送金決済は中止されることとされている。そこで、電子記録債権の債権者の破産管財人は、電子記録債権の支払を受けるために、必要に応じ、記録事項の開示（電子債権87条）を受けて、電子記録債権の債務者に対し電子記録債権の支払を請求することが必要となる。破産管財人が電子記録債権の支払を受けたときは、記録機関に対し、支払等記録の請求（電子債権25条1項1号）を行い、もしくは、電子記録債権の債務者による支払等記録の請求に同意する（同項3号）こととなる。

（注1）　最判平成10・7・14は、金融機関と破産者との間で債務不履行時には金融機関が手形金を取り立てて弁済に充当し得る旨の銀行取引約定書が締結されており、金融機関が手形交換制度によって手形金を取り立て、取立日までに被担保債権の履行期が到来し、被担保債権の額が手形金の額を超えており、当該手形について金融機関に優先する他の先取特権者が存在することをうかがわせる事情もない等の事情の下においては、金融機関の手形金の取立ておよび弁済充当は不法行為に当たらないとした。同最判は、旧破産法93条1項（現行法66条1項）において商事留置権を特別の先取特権とみなして優先弁済権を付与していることをも1つの根拠としていたが、そのような規定のない再生手続の事案についても、最判平成23・12・5民集65巻9号3511頁は、手形の商事留置権者たる銀行による手形の取立ておよび弁済充当を認めた。

（注2）　破産・民事再生の実務〔破産編〕261頁。

Ⅱ　信用金庫等への出資金

　信用金庫、信用組合、各種協同組合等に対する出資金については、破産者から出資証券等の引継ぎを受け、信用金庫等からの脱退手続をとった上、出資金の返還を受ける。

　破産者が法人である場合、破産手続の開始（ないしこれを原因とする会社法471条5号等に基づく法人の解散）が法定脱退事由となっている場合が多い（信金17条1項2号・3号、中協19条1項2号等）が、脱退の意思表示をし、かつ、脱退に総会の承認等が必要とされる場合もあり、早期に脱退手続を行う。

　一般的に、出資金の払戻しは、脱退した事業年度の終わりにおける信用金庫等の財産によって定められる（信金18条2項、中協20条2項参照）ことから、脱退した事業年度の終わりまで返還を待つ必要がある。早期の破産管財業務の完了のために必要がある場合は、脱退および出資金返還の手続後、出資金返還請求権を第三者や破産会社代表者、破産者の親族等に譲渡して換価することも検討する[注3]。

　信用金庫等が破産者に反対債権を有している場合は、出資金返還請求権と相殺されることとなる（東京地判平成15・5・26金判1181号52頁）[注4]が、前記のとおり信用金庫等からの相殺は脱退した事業年度の終わりを経過した後になされることが多いため、当該信用金庫等からの破産債権届出の認否の際に、当該出資金との相殺が考慮されているか確認する必要がある。

（上田　慎）

（注3）　信用金庫の会員、信用組合の組合員の資格は、地区内に住所または居所を有している個人、事業所を有している中小企業であること等が要件となっており（信金10条1項、中協8条4項）、事実上、破産者の関係者に売却せざるを得ないことが多い。
（注4）　破産管財人は、出資金返還請求権は破産手続開始後に発生したものであるとして破産法71条1項1号の相殺禁止を争ったが、東京地判平成15・5・26は、信用金庫の会員としての持分に停止条件付きの債権として持分払戻請求権（出資金返還請求権）が内在し、破産者の破産手続開始時に存在していた、信用金庫は出資金返還請求権との相殺に関する合理的期待を有していたとして、信用金庫による相殺を認めた。

第8節 株式・投資信託

I 株式

　上場株式については当該株式に係る証券口座が開設されている証券会社に、破産管財人名義の証券口座を開設し、破産者の株式を破産管財人名義の証券口座に移した上で、市場で売却する。市場での売却自体、価格の相当性が担保されているといえることから、早期かつ確実に売却するため、成り行きで売却するのが相当である。単位未満株式、端株等も証券会社を通じて可能な限り換価する。従業員持株会や取引先持株会を通じて株式を有している場合も、当該持株会の規約等に基づき持株会から株式を引き出して市場で売却したり、株式の引出しが困難な場合は持株会に対する破産者の持分自体を譲渡する等して換価を試みる。

　非上場株式についても可能な限り購入希望者を見つけ売却を試みる。換価活動の開始に当たり、過去数年の株主総会招集通知や株主総会参考書類、これらとともに提供された貸借対照表、損益計算書等により、発行会社の純資産、収益、配当の状況等を確認し、売却可能性や譲渡価格の見込みをつけ、また、発行会社の商業登記簿謄本、定款等により、株式の譲渡に制限が付されているか等株式譲渡手続を確認する。

　株式譲渡制限が付されている場合、発行会社が譲渡を承認する可能性の高い購入者としては、発行会社の株主や役員、従業員、取引先等が想定される。破産者や破産会社代表者の人脈により購入希望者を探索することも考えられるが、発行会社に購入希望者の探索を打診し、発行会社から購入希望者の紹介を受けられることも多い。

　譲渡価格については、簿価純資産方式、時価純資産方式、収益還元方式、配当還元方式、ディスカウンティッド・キャッシュフロー方式、これらの複数を加味する方式等さまざまな評価手法があり、事案に応じて公認会計士等の補助も得つつ適切に検討することが必要であるが、破産財団全体の中で当該株式が占める割合が高くない等、簡易迅速に手続を進める場合には、1株当たりの純資産額を売買価格とする会社法144条5項の規定[注1]が参考にな

ろう。逆に、評価手法によっては不当に低額の評価となる可能性もあることから、この点は慎重に検討することが必要である[注2]。

株式の価値が高いのに発行会社が株式の譲渡に協力しない場合等は、株主名簿閲覧請求を行って、既存の株主に購入希望を問い合わせる等して、購入希望者を探索し、会社法136条以下の譲渡承認請求を行って換価を試みること等が適切な場合もある。

Ⅱ 投資信託

投資信託は、委託者（運用会社）と受託者（信託銀行等の信託会社）との契約により設定されるものであり、受益権は委託者から委託を受けた証券会社、銀行等の販売会社により募集・販売され、販売後の個々の受益権も、受益権者と販売会社との管理委託契約により、販売会社によって管理されていることが多い。

したがって、破産者が投資信託（受益権）を有している場合、原則として、当該投資信託に係る口座が開設されている販売会社たる銀行や証券会社に対して、解約手続をとり換価する。

破産者が借入先の銀行を通じて投資信託を購入していた場合、債権者たる銀行が、債権者たる銀行に開設された破産者の口座に入金された投資信託解約金[注3]と銀行の債権とを相殺できるかについて争いがあった。

最判平成26・6・5（民集68巻5号462頁。民事再生の事案）は、再生債務者の支払停止後に、銀行が再生債務者を代位して投資信託の解約実行請求をし、信託会社から当該銀行に入金された投資信託解約金の再生債務者に対する返還債務と再生債務者に対する貸付金債権とを相殺した事案において、再生債務者の銀行に対する投資信託解約金返還請求権が再生債務者と銀行との管理

（注1） 株式譲渡承認請求に係る価格決定の申立てがなされなかった場合の規定である。
（注2） 当初、配当還元方式により62万5000円の購入希望価格を提示されていた株式につき、純資産方式による算定やその際の不動産評価の見直し、他の購入希望者の探索、譲渡承認請求、売買価格決定手続等を経て、最終的に2億3500万円での売却に成功した事例の紹介として、竹村葉子「東京地方裁判所における破産管財人業務について——平成25年度破産管財人等協議会『財団形成について——事例から』」自正65巻7号（2014）42頁。
（注3） 破産者と銀行との間の管理委託契約により解約手続は銀行を通じて行うものとされ、解約金も銀行を通じて返還するものと定められていることが多い。

委託契約に基づく条件付請求権であることを前提とした上で、①解約実行請求がされるまでは受益権であり、すべての再生債権者が責任財産としての期待を有しており、かつ、本件解約金支払請求権は受益権と実質的に同等の価値を有すること、②解約実行請求は銀行が再生債務者の支払停止を知った後にされていること、③再生債務者は自由に他の金融機関の口座に振替が可能であったこと、④相殺の前提として金融機関は債権者代位権に基づいて解約実行請求をするしかないこと、等を理由に、投資信託解約金返還請求権と貸付金請求権との「相殺に対する合理的期待がない」として、民事再生法93条2項2号の「前に生じた原因」に当たらないと判示し、銀行による相殺を否定した。この判決は、同条と同趣旨の規定（破71条）がある破産手続にも及ぶとされており、また、破産手続開始後に解約実行請求がされた場合についても、本判決の趣旨から相殺が認められる余地はないと解されている(注4)。

したがって、破産者の支払停止後、破産手続の前後を問わず、金融機関により投資信託の解約実行手続がなされた場合、本判決と同様、金融機関は投資信託解約金返還請求権と貸付債権とを相殺することはできず、破産管財人は投資信託解約金の返還を請求することができる。

また、投資銀行を営む再生債務者の証券会社に対する通貨オプション取引の終了に基づく清算金の支払請求に対し、証券会社が、再生手続開始前の再生債務者と証券会社との約定に基づき、完全親会社を同じくする証券会社の兄弟会社（同じく証券会社）の再生債務者に対する清算金支払債権との三者間相殺を主張した事案において、最判平成28・7・8（民集70巻6号1611頁）は、民事再生法92条により許される相殺に当たるためには、互いに債務を負担する関係にあることを要するとし、これを否定する（相殺は許されない）旨判示した。前掲・最判平成28・7・8は破産手続においても妥当すると考えられ、投資信託解約金の請求を行った破産管財人として、金融機関等から上記のような三者間相殺の主張を受けた場合には、上記判例を踏まえ、慎重に検討し、対応することが求められよう。

（上田　慎）

（注4）　山本和彦「相殺の合理的期待と倒産手続における相殺制限——最一小判平26・6・5を契機として」金法2007号（2014）14頁。

第9節　貸付金・前払金

I　貸付金

　破産者が貸付金を保有している場合、早期の調査と回収の努力を行うことは、売掛金の回収と基本的には同様である。

　しかし、破産者が貸金業者でない場合、貸付金が会計書類等に計上されていても、実際に貸し付けられていたものか否か、判断に困難が生じる場合が多い。

　とくに、子会社や、取締役あるいはその親族に対する貸付金については、契約書が存在する場合は少なく、実際の金銭の移動が銀行口座等により確認できず、貸付金の実態が伴わないこともある。

　他方、実態が伴う場合であっても、例えば、従業員に対する貸付金で長期分割弁済の合意がある場合のように、回収に長期間を必要とすることや、期限の利益を喪失していないことがある。このような場合には、早期の破産手続の終了を図るために、交渉により減額しての一括弁済を受けるか、あるいは、サービサーへの債権譲渡を行う等して、回収を図る。

　なお、取締役あるいはその親族に対する貸付金については、破産債権者が処理についてとくに強い関心を抱くことも多いが、貸付けの実態の有無が証憑上曖昧であったり、貸付先の資力がないために、やむを得ず放棄せざるを得ないことも少なくない。そのような場合には、破産管財人は破産債権者の理解を得られるよう、できる限り調査、回収の努力を尽くしたことや、放棄の合理性について説明できる準備を、債権者集会に備えて行っておくことが望ましい。

II　前払金

　前払金とは、商品などの購入や依頼において、仕入先などに代金を前もって支払った場合に使用する勘定科目をいう。破産者が法人で、勘定科目内訳書に前払金が計上されているとき、破産管財人はその回収を検討することになるが、破産手続開始前に商品納入済みであれば換価の可能性はない。また、

多額の前払金が計上されていたとしても、そもそも前払の実態があるのか疑問であることや、計上すること自体が妥当ではない場合もある。調査に当たっては、前払金支出の合理性を裏付ける契約書等を探索することになるが、前述の貸付金と同様に、書面での合意が存在しないことも多く、関係者への聴取りに頼らざるを得ない。また、複数の事業年度にわたって前払金が長期間計上されているような場合、単なる帳簿上の消し忘れや、金額が多額であれば粉飾決算であることも疑われる。

（河野慎一郎）

第10節 損害賠償請求権（交通事故被害・投資被害）

I はじめに

　個人が、交通事故により受傷し、傷害または後遺障害のため収入が減少し、破産手続の開始申立てに至ることがある[注1]。また、個人が、投資被害に遭い、資金調達のため高利の借入れや時には横領までして、遂には破綻し、破産手続開始の申立てに至ることもある。

　この申立てを受けて選任された破産管財人が、加害運転者または取引業者に対し損害賠償請求するに際し、貸付金・売掛金等の債権回収とは異なり、交通事故被害または投資被害に係る損害賠償請求であるがゆえに、留意すべき点について概説する。

II 交通事故被害

1 交通事故被害であるがゆえに留意すべき点

(1) 交通事故被害回復の長期化

　破産者が交通事故で受傷した場合、その治癒または症状固定まで、破産管財人は加害者に対し、損害全額の賠償請求をすることはできず、破産管財業務が長期化することはやむを得ない。破産管財人は、破産者の経済生活の再生の機会の確保を図る（破1条）ためにも、破産者の治癒に向けて十分な治療を受けさせ、他方、破産債権者に対し、破産管財業務が長期化する経過・理由を逐次説明してその理解を得る必要がある。

(2) 交通事故被害回復訴訟の専門性

　被害者が交通事故により経済的に窮迫するほどの重傷を負った場合、その傷害は、時には、脳・中枢神経にも及び、傷病名および症状固定後の後遺障害の有無・程度を適確に把握することが極めて難しいこともある。

(注1) 小野瀬昭「交通事故の当事者につき破産手続開始決定がされた場合の問題点について」判タ1326号（2010）54頁。

破産管財人も、前記傷害および後遺障害について医学的な知識を蓄積し、診療録や諸検査記録を入手・検討した上で、専門家の主治医と議論して、傷病名および症状固定後の後遺障害の有無・程度を特定すべきである。しかし、迅速な業務の遂行を求められる破産管財人にとって、それは事実上不可能である。

これに対し、加害運転者らと契約している損害保険会社は、相応の知識と経験を有しており、また医師の助言も得られることから、破産管財人は相応の知見なくしては、到底これに太刀打ちできない。

そこで、破産管財人は、主治医の診断等に疑問を感じるような場合には、遅くとも後遺障害等級認定を受ける前に、裁判所と協議し、交通事故訴訟、特に、医学知識に精通した弁護士に相談または事件委任することも検討すべきである。拙速に判断して、破産財団が毀損するだけでなく、破産者本人の経済生活の再生の機会を奪ってはならない。

(3) 破産者との協力

破産管財人は、加害者に対し損害賠償請求をするためには、破産者の診断書、後遺障害診断書、源泉徴収票、確定申告書および所得証明書、ならびに実況見分調書、場合によっては診療録および諸検査記録まで収集しなければならないが、証拠によっては、破産者の協力なしには入手できないものもある。

2のとおり、破産者は、損害の一部につき補てんを受け得ず、賠償金の一部が破産財団に組み入れられてしまうこともある。

破産管財人としては、破産者の自由財産である権利の実現のためにも破産者の協力が必要であることを説明し、その理解を得て、証拠等を収集する必要がある。

2 破産者の交通事故被害であるがゆえに留意すべき実体法上の問題点

(1) 問題点

(i) 破産法の規律

破産法は、破産手続開始時の財産が破産財団を構成するとし（破34条1項）、破産手続開始後に破産財団に属するに至った財産（以下、「新得財産」という）

および差押禁止財産（同条３項２号本文。なお、同項ただし書）はいずれも自由財産として破産財団を構成しないとし、さらに、差押禁止財産でないものについても、一定の要件の下、自由財産と認めている（自由財産の範囲の拡張。同条４項）(注2)。

(ii) 問題点

同一事故による同一の身体傷害を理由とする財産上および精神上の損害の賠償請求は、請求権および訴訟物とも１個である（最判昭和48・４・５民集27巻３号419頁）。

破産者の加害運転者らに対する損害賠償請求権は、破産手続開始前の原因に基づく請求権（破34条２項）に該当することから、破産財団に帰属し、破産管財人は損害の賠償金全額を破産財団に組み入れることができるのであろうか。

この点につき、問題となる費目、具体的には、慰謝料、後遺障害逸失利益および介護費用について説明する(注3)。

(2) 問題となる損害の費目

(i) 慰謝料

(ア) 判例

差押禁止財産（破34条３項２号本文）には、性質上差押えの対象とならない、帰属上の一身専属権および行使上の一身専属権も含まれる。

最判昭和42・11・１（民集21巻９号2249頁）は、慰謝料請求権の帰属上の一身専属性を否定したものの、最判昭和58・10・６（民集37巻８号1041頁）は、慰謝料請求権の行使上の一身専属性を認め、ただし、①慰謝料支払を内容とする合意の成立、②慰謝料支払を命ずる債務名義の成立、または③被害者死亡のいずれかの場合には、行使上の一身専属性を失うとした。

(イ) 学説・実務

(ア)の判例を前提とすれば、仮に、破産手続終結以前に、慰謝料につき和解が成立すれば、慰謝料請求権は、行使上の一身専属性を喪失して破産法34条３項２号ただし書に該当し、破産財団に帰属することになる。しかし、この

(注２) 固定主義と自由財産（新得財産・差押禁止財産・拡張された自由財産）の関係につき、伊藤・破産法民事再生法235－241頁。
(注３) その他の費目につき、破産実務Ｑ＆Ａ200問90－91頁［伊津良治］。

結論は、被害者の早期救済および破産手続の早期終結に逆行する事態を招来することが懸念される[注4][注5]。

この点につき、慰謝料が被害者の精神的損害をてん補するもので債権者の引当てになる一般財産とは異なるとして、破産手続開始時に行使上の一身専属性があれば、その後に行使上の一身専属性の喪失事由が生じても破産法34条3項2号ただし書の適用がないとする見解[注6]、慰謝料請求権の本質的性格から差押可能性が否定されるべきであるとして破産財団に含まれないとする見解[注7]、破産法の固定主義の原則の趣旨から同号ただし書を制限的に解釈して、破産財団に帰属することを否定しつつ、被害者請求で財団組入れの原資を確保した上で、定額的な慰謝料の一部の財団組入れを示唆する見解[注8]、行使上の一身専属性を失ったために、差押禁止財産たる特質が消滅したとしても、破産手続開始後の期間の苦痛に対する慰謝料は新得財産と同視すべきとする見解[注9][注10]がある。

(ii) 後遺障害逸失利益

(ア) 破産財団に帰属するか否か

破産手続開始前に発生した後遺障害逸失利益に係る損害賠償請求権は、明文上差押禁止財産とされておらず、また帰属上・行使上の一身専属性も認められないから、破産法34条3項2号本文には該当せず、破産財団に帰属するとする見解がある[注11]。これに対し、破産手続開始後に対応すると評価できる分については新得財産と考えるべきであるとする見解もある[注12][注13]。

(注4) 小野瀬・前掲（注1）57頁。
(注5) 芳仲美惠子「被害者の破産と損害賠償請求権」高野真人ほか編『交通事故賠償の再構築』（ぎょうせい、2009）203頁以下。
(注6) 小野瀬・前掲（注1）57－58頁。
(注7) 羽成守「破産者の有する慰謝料請求権」判タ830号（1994）270頁。
(注8) 芳仲・前掲（注4）208頁。
(注9) 伊藤・破産法民事再生法244頁注20。
(注10) 伊藤眞「固定主義再考（大阪高判平26.3.20）——交通事故に基づく損害賠償請求権などの破産財団帰属性を固定主義から考える」事業再生と債権管理145号（2014）92－93頁。
(注11) 小野瀬・前掲（注1）58頁。
(注12) 芳仲・前掲（注4）209－210頁。
(注13) 伊藤・前掲（注10）94－95頁。

(イ) 自由財産の範囲の拡張の可否

なお、(ア)で破産財団に帰属すると考える見解も、債務者の経済生活の再生という破産法の目的（破 1 条）および破産債権者の合理的な期待を根拠に、自由財産の範囲の拡張により柔軟に解決すべきであるとしている[注14]。

(iii) 将来的な介護費用

これについても、(ii)と同じ見解の対立がある[注15][注16]ものの、破産財団に帰属するとの見解によっても、介護費用が被害者において現実に支出すべき費用であることから全額について自由財産とすべきであるとされている[注17]。

Ⅲ　投資被害であるがゆえに留意すべき点

投資被害は、その投資対象商品が多様である[注18]がゆえに、そのすべてについて論じることはできないが、筆者が経験した商品先物取引の投資被害に遭った破産者に係る破産管財業務の経験を踏まえ、以下のとおり説明する。

1　投資被害回復訴訟の専門性

投資被害回復のためには、訴訟外の和解による解決が難しく、投資被害に遭った破産者の取引業者に対する債務不履行もしくは不法行為を理由とする損害賠償請求訴訟、または取引の不成立・無効・取消しを理由とする不当利得返還請求訴訟を提起せざるを得ない。

前記訴訟においては、適合性の原則違反、説明義務違反または過失相殺が主な争点となり[注19]、その主張・立証のため、法律構成を検討した上さらに、取引履歴等の入手、入手した取引履歴等の専用ソフトでのデータ化およびデータ分析ならびに破産者からの取引経過の聴取等々が必要となる[注20]。

(注14)　小野瀬・前掲（注 1）58 - 59 頁。
(注15)　小野瀬・前掲（注 1）59 頁。
(注16)　芳仲・前掲（注 4）209 - 210 頁。
(注17)　小野瀬・前掲（注 1）59 頁。
(注18)　最も難解な金融派生商品であるデリバティブ取引に関する損害賠償請求訴訟については、司法研修所編『デリバティブ（金融派生商品）の仕組み及び関係訴訟の諸問題』（法曹会、2017）が参考になる。
(注19)　矢尾渉ほか「金融商品に係る投資被害の回復に関する訴訟をめぐる諸問題」判タ 1400 号（2014）5 頁。

しかし、取引業者が複数に及び、取引商品も多様で、取引期間も長期にわたるため、前記作業、特に取引履歴のデータ化およびデータ分析をした上で、上記適合性の原則違反および説明義務違反を主張・立証するのは極めて難しく、取引業者の反論に対し再反論するのはさらに至難の業である。

2 投資被害回復訴訟の方針

そこで、投資被害回復に係る破産管財業務については、迅速かつ最大回収を図るべく、破産裁判所の了解を得た上で、投資被害回復訴訟に精通した弁護士と、訴訟の見込み、訴訟のコストおよび回収時期等について協議し、事案によっては、裁判所の許可を得て、同弁護士に事件委任することを検討すべきである。

筆者も、破産財団の主要な財産が取引業者に対する損害賠償請求権であったこともあり、投資被害回復訴訟に精通した弁護士と前記の点につき協議し、裁判所の許可を得て、同弁護士に事件委任した。

3 投資被害回復訴訟の経過

破産管財人は、破産裁判所に対し、通常の弁論期日の経過報告のみならず、事件委任した弁護士に対し、弁論期日の経過、主張・立証方針、および今後の訴訟の見通しについて報告書の提出を求め、破産裁判所に対し、当該報告書をそのまま提出し、訴訟の詳細な情報提供に努めるべきである。

破産裁判所は、この情報提供を受けてはじめて、破産管財人に対し、投資被害回復訴訟に係る和解の可否の判断が適確にできるのである。

(平山隆幸)

(注20) 商品先物取引について、荒井哲朗ほか『実践先物取引被害の救済〔全訂増補版〕』(民事法研究会、2009) 88頁以下。

第11節 その他

I 供託金等の還付ないし取戻請求権

1 供託金等の還付請求権

(1) 還付請求権の成立要件

還付請求をするためには、一般的に①被供託者の確定、②被供託者の供託物に対する実体上の請求権の確定、③還付請求権行使につき条件が付されている場合にはその条件が成就していることが必要である（供8条1項）。

破産管財人が、破産者を被供託者として供託金の還付請求をする場合としては、破産者を債権者とする他の破産事件の配当金等が供託されていた場合や、破産者が自然人で給与等を債権者により差し押えられていたため、あるいは、破産者の保有する債権が買掛先に対して債権譲渡がなされたために、第三債務者が供託した場合等が考えられる。

(2) 還付請求の具体的手続

とくに破産事件でよく見られるのが、債権が債権譲渡され第三債務者が供託した場合である。具体的には、破産者が破産手続開始前の混乱期に、信用不安等を理由として、債権者から破産者の有する債権を譲渡するよう求められ、債権譲渡を余儀なくされることがある。さらに、譲渡先が2社以上に及ぶケースも少なくなく、第三債務者が債権者不確知等を理由として供託する場合がある。破産管財人は、このような事態を供託通知書等により認識した場合、関係者から事情を聴取りし、対抗要件否認（破164条）等の検討を行い、供託金還付請求権を確定させる必要がある[注1]。

法的手続が可能な場合、破産管財人は、第三債務者が供託した供託金の還付を求めるため、債権の譲受人に対して否認の請求を行うか、または否認の訴えを提起する。この場合の申立ての趣旨または請求の趣旨の内容として

(注1) 旧破産法下で、債権譲渡人について支払停止または破産の申立てがあったことを停止条件とする債権譲渡契約に係る債権譲渡は、破産法72条2号に基づく否認権行使の対象となるとした事例として、最判平成16・7・16民集58巻5号1744頁。

第2部 実務家からみた破産管財人による財産換価を巡る諸問題(各論)

は、破産管財人と債権の譲受人らとの間において、破産管財人が供託金還付請求権を有することの確認を求めればよく、第三債務者を相手方や被告として、還付金の給付請求を行う必要まではない。ただし、法務局において、還付請求が認められるためには、供託金還付請求権が破産管財人に帰属し、第三者が権利主張する余地がないことが明確であることを示す必要がある。破産管財人が否認の請求等の提起を行う際には、法務局において現実に還付請求が認められるためには、いかなる内容の申立てを行う必要があるか、確定判決の主文や和解調書の文言の記載等についてまで、事前に法務局に確認することが望ましい。

なお、対抗要件否認に足りる証拠書類等が十分でない場合には、債権の譲受人と交渉を行い、事前に譲受人の承諾を得ることによって供託金還付請求権を確定させ、還付金受領後、譲受人との間で還付金を分け合うことが破産財団確保の手段として考えられる。譲受人の同意書等の記載内容を法務局に確認すべきことについては、法的手続の場合と同様である。

(3) **必要書類**

破産管財人が還付請求する際の必要書類は、①供託物払渡請求書、②供託書正本または供託通知書、③還付請求権を有することを証する書面、④印鑑証明書（3か月以内）、⑤資格証明書、⑥反対給付を履行したことの証明書等である。このうち、④の印鑑証明書は、裁判所が発行する破産管財人の印鑑証明書では足りず、市区町村が発行する破産管財人個人の印鑑証明書が必要である。また、⑤の資格証明書は、裁判所が発行する破産管財人の資格証明書で足りるが、資格証明書に破産管財人個人の自宅住所の記載がない場合には、印鑑証明書に記載された住所と破産管財人の事務所を架橋する書類（弁護士会が発行する証明書等）が必要となる（供則22条・24条・26条）。

破産管財業務として、最も留意しなければならないのは、前記(2)記載のとおり③還付請求権を有することを証する書面が、法務局の還付に対応し得る書面であるかどうかという点である。

2　供託金等の取戻請求権

(1)　取戻請求を検討する事例

取戻請求をするためには、一般的に①民法496条に規定する場合、②供託が錯誤によりなされた場合、③供託後に供託原因が消滅した場合のいずれかでなくてはならない（供8条2項）。

破産管財人が、破産者を供託者として供託金等の取戻請求をする場合としては、破産者が供託していたところ供託原因が終了した場合であり、例えば、破産者が保全処分等のための担保金を供託していた場合等である。

(2)　必要書類

破産管財人が取戻請求をする際の必要書類は、①供託物払渡請求書、②供託書正本、③取戻しをする権利を証する書面、④印鑑証明書（3か月以内）、⑤資格証明書等である。破産管財人個人の印鑑証明が要求される点については、還付請求と同様である（供則22条・25条・26条）。

3　各種業法に基づく供託金等

一定の債権者保護を目的として、各種業法における営業保証金の供託等を定めた制度が存在する。例えば旅行業者の場合には、営業保証金制度（旅行7条等）と弁済業務保証金制度（旅行22条の8等）が存在する。その他にも、不動産会社の営業保証金制度（宅建業25条等）、プリペイドカード等の前払資金支払手段発行者における発行保証金制度（資金決済14条等）等がある[注2]。これらはいずれも、取引の相手方が不特定多数の場合の相手方保護を目的として定められた制度であって、取引の相手方の損害を担保するために金銭を供託ないし預託させるものである。したがって、これらの業者と営業上の取引を通じて債権を取得した者や、その業者の営業活動によって損害を被った者は、他の一般債権者に優先して、預託・供託された営業保証金等に対して還付請求権を行使し得る。

各種業法による営業保証金が定められた事業を行っていた破産者の破産管

（注2）　破産・民事再生の実務〔破産編〕17頁。

財人は、預託・供託された保証金の取戻しの可能性について検討することになる。この場合、供託等された金銭の総額が担保される債権額の総額を上回る場合であっても、各種業法で定められている公告手続等を早期に行う必要がある。

例えば、宅地建物取引業者が破産者の場合、営業保証金の取戻しは、債権者に対し、6か月を下らない一定期間内に申し出るべき旨を公告し、その期間内に申出がなかった場合でなければ、これをすることができないとされている（宅建業30条2項）。

II 税金還付が見込まれる場合の要件ならびに対応の整理および留意点

1 破産者が法人の場合

(1) 税金還付が見込まれる事例

破産管財人が税金の還付を検討・調査する場合としては、①過大申告による過納金が生じる場合、②欠損金が生じている場合（繰戻還付）、③中間納付額または予定納税額がある場合、④利子および配当等につき源泉徴収されている場合、⑤消費税の控除不足が生じる場合等が、主に挙げられる[注3]。

これらのうち、過大申告の場合以外については、基本的には申告を行うことによって還付が可能となる［申告についての手続、更正の請求および嘆願等については、→第9章第1節］。

(2) 対応の整理および留意点

過大申告による過納金が生じる場合としては、単なる計算誤りや税法解釈の誤りによる場合と、粉飾決算により法人税の過大申告が行われていたいわゆる仮装経理の場合がある。前者については、更正の請求書を作成し、訂正された経理処理に基づいて還付請求手続を行う（税通23条）。後者の仮装経理の場合については、後述する。

（注3） 参考文献として、植木康彦『会社解散・清算手続と法人税申告実務』（商事法務、2012）190頁。

欠損金が生じている場合については、破産者が継続して青色申告をしていることを条件に、破産手続開始決定日の前1年以内に終了した事業年度または、破産手続開始決定日の属する事業年度に欠損金が生じていて、当該事業年度の開始の日の前1年以内に開始した事業年度に法人税が発生していたとき、当該事業年度の確定申告を期限内に行うことにより、繰戻還付を求めるものである（法税80条4項）。

　中間納付等を行っていた場合、その後の確定申告による納付額がこれに満たない場合は還付可能性がある（法税79条1項）。消費税についても、中間納付がされていた場合は、還付可能性があることに注意が必要である。

　利子および配当等につき源泉徴収されている場合については、所得税額等の控除不足額が破産手続開始決定後にも生じ得るため、解散事業年度以前のみならず、清算事業年度においても還付金が発生することに留意すべきである。破産手続開始決定後、預金利子や破産者の出資に対する配当金が発生し源泉徴収されていた場合、費用対効果等から実際に還付請求をすることは稀ではあるが、還付可能性があることを念頭に、対象金額の多寡を概算で認識しておく必要がある（法税78条1項）。

　消費税の控除不足が生じる場合については、破産者が、消費税の課税事業者に該当するのであれば以下のときに還付可能な場合がある。まず、破産者が消費税の申告において簡易課税でなく一般課税の適用を受けている場合、売上げに係る消費税より仕入れに係る消費税が多額の時に還付金が生じる可能性がある（消税52条1項）。また、破産者が保有していた売掛金等が貸倒処理できるときや、破産者が返品を受けたり値引等をしたときにも、還付の可能性がある（消税39条・38条）。ただし、これらの場合には貸倒処理等の複雑な経理処理が必要になるため、当初より、税理士等の補助を受けることが必要であり、調査や経理処理等を進めた結果、還付が生じないこともあり得る点に留意すべきである。

(3) **粉飾決算の場合の手続**

　破産者が、破産申立直前や、その前の複数の事業年度にわたり、金融機関から融資を受けるため等に、粉飾決算を行っていることが往々にしてみられる。破産管財人は、過去の会計書類を精査し、破産者が多額の負債があるに

もかかわらず複数事業年度にわたって利益を計上し法人税を納付している場合や、預金通帳の入金履歴等と見比べて架空あるいは過大な売掛金が計上されている場合、さらには実際に確認した在庫等と著しく乖離した多額の棚卸資産が計上されている場合、取引先の債権者からの債権届出金額と経理処理上の買掛金との間で齟齬が生じている場合を端緒として、粉飾決算の可能性を認識し得る。

このような場合、破産管財人は、破産者が過去に納付した法人税、地方税、消費税の還付を検討する必要がある。開始決定時から速やかに過去5期分の事業年度経理書類を確保し、過去の税務申告書、総勘定元帳、さらには発注書、納品書等の伝票をできる限り遡って調査することが肝要である。

調査によって、粉飾決算が明らかとなり、仮装経理による過大申告がなされている場合、更正の請求を行うことにより、税金の還付を受け（法税135条1項・3項）、破産財団への組入れを行う。

この際、「更正の請求書」および「仮装経理に基づく過大申告の場合の更正に伴う法人税額の還付請求書」を作成し、提出する。「更正の請求書」中、「更正の請求をする理由等」の欄には、粉飾決算の内容を記し、正しい計算の根拠となる資料を添付する。

調査から一連の手続を遂行するに当たっては、還付手続や倒産手続に精通した税理士・公認会計士の協力が必須と思われる。さらに、更正の請求を行った場合、税務調査が行われるので、更正の請求を行う前に裏付資料を精査し、準備する必要がある。

(4) 粉飾決算の場合の留意点

粉飾決算に基づいて各種税金の還付を求める場合、以下の点に留意する必要がある。

仮装経理を疎明するに足りる資料等の収集・確保に困難を伴う場合がある。前述のように、破産管財人が粉飾決算の可能性を認識した場合、破産者の関係者から事情を聴取することになるが、二重帳簿を作成しているような場合はむしろ稀であり、関係者が売上げの水増しを容易に認めない場合や、粉飾の手口を容易に明かさない場合、粉飾決算の内容を失念している場合等、調査が困難であることが通常である。これに対して破産管財人としては、

早期の資料・情報の収集・確保に努めることが重要である。また、粉飾決算の取引事例が1件でも確認された場合には、同様の処理が他の取引においてもなされていないかを検証する必要がある。なお、手続が長期間に及ぶこともあるので、還付金額との費用対効果や還付される可能性を勘案した上で、還付請求を行うか否かについて事前に裁判所と協議をすることが望ましい事例も少なくない。

2 破産者が個人の場合

(1) 個人の場合の税金還付

破産者が法人ではなく個人である場合には、確定申告は破産者本人が行うのが原則である。しかしながら、還付請求が可能な場合には、破産者本人に代わり破産管財人が確定申告等を行い、還付金を請求することが妥当な場合もある。また、破産者本人に申告を促し、還付金について破産財団に属する部分を財団に組み入れさせるということも考えられる。

(2) 税金還付を調査・検討する事例

破産管財人が税金の還付を調査・検討する場合としては、①破産者が給与所得者であって、所得税額より多額の源泉徴収税が控除されている場合（所税138条1項）、②予定納税額が所得税額よりも過大である場合（所税139条1項）、③青色申告を行っていて過去に所得税を納めていたものの、破産手続開始決定の前後の確定申告において純損失の繰戻しができる場合（所税140条1項）、④破産者本人が個人事業者で消費税の課税事業者である場合に、消費税の控除不足が生じる場合（消税52条1項等）等が挙げられる。

Ⅲ 労働保険料の確定申告による還付

1 労働保険料概論

労働保険とは、労働者災害補償保険（以下、「労災保険」という）と雇用保険との総称であり（労保徴2条1項）、保険給付は両保険制度で別個に行われているが、保険料の徴収については、両保険は「労働保険」として一体のものとして取り扱われている。事業主（法人・自然人を問わない）は、労働者を1

人でも雇っていれば労働保険に加入し、労働保険料を納付する必要がある。

労働保険料は、年度当初に概算で申告・納付し、翌年度の当初に確定申告の上精算することになっており、事業主は、前年度の確定保険料と当年度の概算保険料を併せて申告・納付する必要がある。これを「年度更新」といい、原則として例年6月1日から40日以内(保険年度の途中で保険関係が成立したものについては、当該保険関係が成立した日の翌日から起算して50日以内)に、労働基準監督署、都道府県労働局および金融機関で手続を行う(労保徴15条・19条)。

労働保険料の金額は、当該保険年度(4月1日から翌年3月31日まで。労保徴2条4項)において、その事業に使用されるすべての「労働者」に支払った「賃金」の総額に、その事業に定められた保険料率・一般拠出金率を乗じて算定する(注4)。

なお、有期事業(建設の事業、立木の伐採の事業。労保徴7条)については、

(注4) 「労働者」とは、職業の種類を問わず、事業または事務所に使用される者で賃金を支払われる者をいう(労基9条)。ただし、雇用保険の被保険者とならない者(学生アルバイト等)に対して支払った賃金がある場合には、労災保険に係る保険料と雇用保険に係る保険料とを区別して、それぞれ算定したものの合計が労働保険料となる。
　なお、平成29年1月1日より65歳以上の高年齢労働者が雇用保険の適用対象となったため、注意を要する。
　① 平成29年1月1日以降に新たに65歳以上の労働者を雇用した場合、雇入れの時点から高年齢被保険者となり、
　② 平成28年12月末までに、65歳以上の労働者を雇い入れ、平成29年1月1日以降も継続して雇用している場合、
平成29年1月1日より高年齢被保険者となる。いずれも雇用保険の適用条件に該当する労働者であることが条件になる(1週間の所定労働時間が20時間以上であり、31日以上の雇用見込みがあること)。
　また、「労働者」として取り扱うか否かについては、法人の破産者の役員の場合には注意を要する。労災保険の場合には、法人の取締役・理事・無限責任社員等の地位にある者であっても、法令・定款等の規定に基づいて業務執行権を有すると認められる者以外で、事実上業務執行権を有する取締役・理事・代表社員等の指揮監督を受けて労働に従事し、その対価として賃金を得ている者は、原則として、「労働者＝被保険者」として取り扱う。これに対して雇用保険の場合には、破産会社の役員は原則として「労働者＝被保険者」に含まれない。ただし、取締役で部長・工場長等の職にあって従業員としての身分があり、給与支払の面から見ても労働者的性格が強く雇用関係が明確な者は「労働者＝被保険者」となる。
　「賃金」とは、賃金、給与、手当、賞与その他名称のいかんを問わず労働の対償として事業主が労働者に支払うものをいい(労保徴2条2項)、労働協約、就業規則、労働契約などによって確認する必要がある。

労災保険制度上特別の定めがあるため、注意を要する(注5)。

2　概算保険料の還付請求

保険年度の途中で法人が破産開始決定された場合、年度更新手続で申告・納付している労働保険の概算保険料の還付請求が可能かを検討する必要がある。

法人が破産した場合には、従業員を開始決定前に解雇することや、賃金を引き下げていることが多いため、納付済の概算保険料の額が、確定保険料の額より多い事例が見受けられる。この場合には、労働保険確定保険料申告書と同時に、労働保険料還付請求書を提出して還付を受け、破産財団に組み入れる。なお、還付請求権は、事業を廃止等した日から2年で時効となる（労保徴41条）。

(注5)　参考文献：厚生労働省ホームページ「労働保険の適用・徴収」(http://www.mhlw.go.jp/stf/seisakunitsuite/bunya/koyou_roudou/roudoukijun/hoken/index.html)
　　イ　一括有期事業
　　　有期事業は、本来事業ごとに申告納付の手続が行われ、年度更新に基づく還付請求の対象にならないが、「一括有期事業」として成立している事業については、継続事業と同様に年度更新の手続を行うため、還付請求の対象となる。「一括有期事業」の要件は、建設の事業においては、一工事の請負額が1億9000万円未満、かつ、概算保険料額が160万円未満の場合に、一括して申告（労保徴7条）することになっているが、一括できる工事は、隣接県及び厚生労働大臣が指定した都道府県の区域で行う工事に限られ、各都道府県労働局に確認する必要がある。また立木の伐採の事業にあっては、素材の見込生産量が1000立方メートル未満で、かつ、概算保険料額が160万円未満の場合に限られる。
　　　算定対象の賃金は、一般的に数次の下請けによる建設事業などは、賃金の把握が困難であることから、特例による賃金総額の計算方法が認められている。賃金総額は、請負金額に業種ごとに定められている労務費率を乗じて計算する。なお、申告の対象となるものは、元請け工事のみである。
　　ロ　メリット制
　　　一定の要件を満たす事業場については、その事業場の労働災害の発生状況に応じて、労災保険率または労災保険料を、一定の範囲内（継続事業の場合は、±40%）で増減させる制度（メリット制）がある。メリット制の仕組みは、一括有期事業と単独有期事業で異なる。

Ⅳ　ゴルフ会員権その他の各種会員権

1　ゴルフ会員権

(1)　売却による換価

　各種会員権のうち、ゴルフ会員権については、取引市場が成熟しており、市場価格を調査することは容易である。一般的な売却方法としては、他の財産と同様、複数の取引業者に買取価格の査定の見積りを行わせることによる。これにより、妥当な金額を把握できるとともに、取引業者間において一定の競争原理を働かせた上での換価が可能である。

　また、当該ゴルフ会員権の近隣の取引業者が最も高い査定をしてくるとは限らないため、例えば関東所在のゴルフ場会員権について関西の業者にも査定を依頼することが妥当な場合がある。

　しかしながら、ゴルフ場によっては破綻状態にあるものも多く、換価の可能性が非常に低いにもかかわらず、年会費等の負担を強いられる危険がある。そのため、破産者の関係者等に買い取らせることができなければ、早急に放棄をすることが望ましい場合もある。

　また、売却先が取引業者以外の場合、売却後に買受人が当該ゴルフ場の入会審査を通過するとは限らず、破産管財人が瑕疵担保責任を負わない条件で売却したとしても、後々紛争が生じるおそれがある。したがって、取引業者以外の者に対する売却には比較的慎重にならざるを得ない。

(2)　預託金・保証金の換価

　ゴルフ会員権に付随して、破産者がゴルフ場運営会社等に対して、預託金・保証金等返還請求権を有する場合、稀なケースではあるが、ゴルフ場によっては会員権の売買を伴わずとも、預託金・保証金等の返還請求が可能な場合がある。破産管財人は、このような場合を想定して、預託金・保証金制度について、ゴルフ場ごとに確認を行う必要がある。

　ゴルフ会員権の売却が困難な場合、また退会あるいは退会を要せずに預託金・保証金の返還請求をできる場合には、当該預託金等の返還請求を検討する必要がある。しかし、売却が困難なゴルフ会員権の場合で、預託金等の返

還請求に速やかに応じる事例は少ない。経営状態の悪いゴルフ場運営会社のほとんどは、預託金の返金開始可能時期が遅く、かつ、長期間にわたる多数回の分割払でしか返金に応じず、不履行になることもあり得る。そこで破産管財人としては、返金総額の減額交渉を行い、早期かつ確実な換価を検討せざるを得ない。

ただ、近年は、相当額の減額をしても、財務状態の悪化を理由としてゴルフ場が返金に応じる事例が少なくなっている。このような場合、破産管財人は、債権回収会社や破産者の関係者に売却することも検討すべきであるが、債権回収会社においても買取りできない場合も多く、破産者の関係者も買受けに前向きなことは稀である。前述の取引相場の状況や年会費の負担、破産手続の早期終了の必要性等に鑑みて、早急にゴルフ会員権を破産財団から放棄すべき事例が少なくない。

なお、破産者がゴルフ場の年会費の支払債務を負っているとして、これとゴルフ場運営会社の預託金等返還債務とが双方未履行の双務契約であることを前提に、破産管財人がゴルフ場の会員契約を解除し、預託金等の返還を求めることができるか否かが問題にはなるが、裁判例では否定的に解されている(注6)。

2　その他の各種会員権

その他の各種会員権の中で、破産管財人が換価を検討すべきものとしては、リゾート会員権やスポーツクラブの会員権等がある。

リゾート会員権については、単に施設利用権の性質を有するにすぎないものと、リゾート施設の不動産共有持分の性質を有するものがあり、ゴルフ会員権に比較して割合的には少数ではあるが、換価可能な場合がある。もっとも、リゾート会員権が不動産の共有持分の性質を有している場合、施設利用

(注6)　①旧破産法下で、預託金会員制ゴルフクラブの会員が破産した場合に破産管財人が破産法59条1項に基づく解除権を行使することができないとされた事例。最判平成12・2・29民集54巻2号553頁。
②旧破産法下で、年会費の定めのある預託金会員制ゴルフクラブの会員が破産しても破産管財人が破産法59条1項により会員契約を解除することができないとされた事例。最判平成12・3・9集民197号289頁。

権と切り離して売却することは事実上不可能と考えられる。また、市場性がない場合、あるいはリゾート会員権運営会社の規約で第三者への譲渡が禁止されている場合等が多く、その場合、運営会社に対してリゾート会員権を買い取るよう要請するか、あるいは破産者の関係者に買い取らせることを検討せざるを得ない。

　年会費等の負担が生じることとの関係で早急な放棄の検討を要することはゴルフ会員権と同様である。また、預託金等が存在することも多く、その返還請求についても、調査、検討すべきである。

（河野慎一郎）

第12節 裁判所からみた債権の換価・回収上の留意点等

I 裁判所の視点

1 換価の適正さと迅速さのバランス

　破産管財事件となるほとんどの事案では、破産財団を構成する資産として債権が存するところであり、したがって、破産管財人の換価業務において債権をどのように換価すべきかは常に検討を要する事項である。破産手続開始後、早期に換価業務に着手すべきであることはもちろんであるが、売掛金債権などの中には、破産手続の開始によって価値の劣化が急速に進行するものもあるため、債権の換価業務はとくに早期の着手に留意すべきである。破産財団に属する債権が、消滅時効にかからないように注意することが必要であることはいうまでもない。

　もっとも、破産管財人は善管注意義務（破85条1項）を負っており、個別の権利行使が禁止された破産債権者に配当の極大化を図ることが求められるから、債権の換価に当たっても適正な価格での換価が要請され、迅速性を重視するあまり回収額が少額にとどまるようなことがあってもならない。

　適正さと迅速さのどちらが重視されるかは、当該破産事件の内容や社会情勢等によっても異なり得るところであり、破産裁判所は適正さと迅速さのバランスを重視している。破産管財人としては、選任された事案がどのような性質の事件であるかを念頭に置いた上、バランスのとれた換価業務を行うことが求められる。

2 費用対効果を意識した柔軟な対応

　預貯金債権のように財団の形成がほぼ確実に見込めるものについては、引き継いだ資料等を丁寧に検討して破産財団に帰属する債権を早期に確定し、堅実に換価を行うことが肝要である。

　他方、売掛金債権などについては債務者から種々の抗弁が述べられること

も多く、破産財団の形成が破産管財人の手腕により左右されるところが大きい。そのため、回収可能性が明確でない売掛金債権が破産財団に存するような場合には、破産裁判所としても、破産管財人の調査能力や証拠収集能力、交渉能力などに期待して選任をしていることが多いと思われ、破産管財人としても債権回収による破産財団の極大化のために最善を尽くすことが望まれる。

もっとも、破産財団を構成する債権が額面としては大きなものであっても、早期の回収が期待できないという場合や、相応の金額の回収が期待できても個々の債権者に対する配当額や配当率の上昇にはあまり寄与しないといった場合もあり、そのような事案では、柔軟な和解を選択して早期に破産手続を終結することが、より債権者にとって利益になることも考えられる。また、いわゆる少額管財事件の中には、破産財団を構成する債権の回収可能性が必ずしも高くない場合であっても、破産に至った経緯や債権の額面額の大きさなどに鑑み、中立的な立場から回収可能性について調査を経る必要があるとの判断から破産管財人が選任される事案もあり、このような事案では、申立資料を検討するとともに関係者から事情を聴くといった調査を要領よく行い、早期に債権回収の見込みについて結論を得て事件の終結を目指すことが破産管財業務の主たる目的となる。

以上のとおり、債権の換価に当たっては、費用対効果をとくに意識するとともに、和解も含めた柔軟な対応を選択肢として、破産裁判所と方針についての認識を共有しながら換価業務を進めていくことが望まれる。

3 換価基準等を踏まえた対応

破産者が自然人の場合には、裁判所によって換価基準が定められているのが一般的であり、破産財団に帰属する債権であっても、預貯金や保険解約返戻金等の債権は、一定額以下のものについては換価を要しないこととされている。また、このような債権については、破産手続の開始後、破産者から自由財産の範囲拡張の申立てがなされることも多く、その場合の扱いについても、裁判所によって判断の指針等が示されている場合もある。

破産裁判所としても、破産者の再起更生にも配慮して適切に換価業務を行うことを破産管財人には求めており、破産管財人としては、選任された破産

裁判所における換価基準等を熟知しておくことが重要である。

II　訴訟の提起

1　訴訟の提起の検討

　債権の換価に当たっては、破産管財人から請求や督促を行い、上記のとおり費用対効果を踏まえた和解も含め、任意の回収によるのが原則であるが、債務者に資力があるにもかかわらず、理由なく支払を拒まれるような場合には、訴訟を提起することも積極的に検討すべきである。

　訴訟の提起には破産裁判所の許可が必要である（破78条2項10号）。請求額が100万円以下の場合には、法律上は許可が不要ではあるが（同条3項1号、破規25条）、訴訟を提起するか否かは破産手続の進行に関わるとくに重要な事項であるから、その場合でも事前に必ず破産裁判所と協議をすべきである。なお、破産法78条の「訴えの提起」には、通常訴訟の提起のほか、反訴や訴訟参加といった行為、保全処分の申立ても含まれると解されるため、このような場合にも破産裁判所の許可ないし了解を得ておくことが必要である。

　事案によっては、勝訴判決を得て破産財団を増殖できる見込みはあるものの、訴訟提起を検討している段階では財団が乏しく、訴訟提起手数料を納付することが困難なこともあるが、破産裁判所から無資力証明を得て訴訟上の救助を受けることも可能である。もっとも、このような場合には破産裁判所としてもより慎重に訴訟提起の許否を検討するであろうから、事前に破産裁判所に十分な説明をして了解を得ておくことが必要である（その場合、訴訟が和解で終了する際に「訴訟費用は各自の負担とする」旨の和解条項を設けると、訴訟救助が猶予の決定にすぎないことから、後日、救助を受けた訴訟費用の支払を破産財団からすることを求められることに注意が必要である）。

2　裁判所における許否の審査

　破産裁判所としては、勝訴判決を得る見込み、訴訟に要する時間の長短、勝訴した場合の回収の可能性などの事情を考慮して、訴訟提起の許否について判断を行うこととなる。したがって、破産管財人としては、上記の事情を

証拠関係や関係者の陳述の内容等に基づき破産裁判所に説明をし、判断を求めることが求められる。

　破産裁判所は、破産管財人の所持している証拠等の資料を直接検討しているわけではなく、破産管財人の説明する事情に基づいて判断を行うのが通常であり、その内容が破産管財人の裁量の範囲内と考えられる場合には、基本的に破産管財人の判断を尊重する方向で判断を行うものと思われる。したがって、破産管財人としても、破産裁判所に判断を委ねるのではなく、訴訟提起について方針を確定した上で許否の判断を求めることが肝要である。

　破産管財人が許可申請を行うに当たり、事案の説明も兼ねて訴状のドラフトが添付されることが多いが、裁判所が審査をするのは当該債権の回収のため訴訟を提起することの当否についてであり、訴状の不備について審査するものではない。裁判所としても、訴訟提起の許可申請があった場合には、添付された訴状のドラフトに形式的な不備があったとしても、速やかに許否を判断するように努めているのが一般的と思われる（訴状の形式的な不備があった場合でも補正を求めることはせず、破産管財人に注意喚起を行っている例もある。裁判官が破産事件を専門的に取り扱っていない小規模な裁判所では、裁判官が判断をするまでにやむを得ず一定の時間を要する場合もあるが、債権の換価は迅速性が求められるのであるから、裁判所としてもできる限り速やかな判断が求められるといえよう）。

3　訴訟提起後の報告

　訴訟提起後の訴訟追行については、基本的に破産管財人に委ねられているものであるが、訴訟が長期化しないようにとくに留意して訴訟追行に当たる必要がある。また、訴訟の経過については随時破産裁判所に報告し、重要な局面では方針について協議を行うとともに、債権者集会においても説明を行うことが求められる。

III　破産財団からの放棄等

1　破産財団からの放棄の検討

　破産財団を構成する債権について、破産財団の増殖可能性について十分検

討をしないまま、安易に破産財団から放棄することが許されないのは当然であるが、回収可能性に乏しい債権については、必要な調査を行った上で破産財団から放棄し、早期に破産手続を終結させることが求められる。

　一般的には、債務者に資力がない場合、争いのある債権についてこれを立証する資料が存在しない場合、債務者の所在が不明であるといった場合には、破産財団からの放棄が検討される。債務者の資力がまったくないとはいえない場合であっても、長期の分割でしか回収が見込めないような場合には、破産財団からの放棄を検討することも許されよう。権利の放棄には破産裁判所の許可が必要であるから（破78条2項12号）、上記のような場合には、調査の結果に基づいて破産管財人の意見を付し、破産裁判所に対して破産財団からの放棄許可の申請を行うことになる。

2　裁判所における許否の審査

　破産裁判所の審査においては、訴訟提起の許否の判断におけるのと同様に、実際に調査を行った破産管財人の判断を基本的に尊重するものと思われる。もっとも、破産財団から放棄がなされると、当該債権の回収を行うことは不可能となるため、破産債権者からも理解が得られるかといった視点も加味して、放棄許可申請について審査をするのが一般的と思われる。放棄を求める債権についての破産債権者の関心がとくに高いような場合には、破産財団からの放棄をする前に債権者の意見を聴取したり、債権者集会において説明を行った上で放棄をすることが適当な場合もあり、具体的な事案に応じて、裁判所と協議を行った上で方針を決定するべきである。

　破産財団から放棄をすると、破産者が自然人である場合には、以後は破産者本人が当該債権の管理処分をすることとなるため、回収可能性は乏しい債権であっても、破産財団から放棄することによって破産者が利益を受けるように見られ、破産債権者の理解が得られにくいことも考えられる。そのような場合には、破産債権者の理解を得やすくするため、破産者の自由財産から一部でも破産財団への組入れを求めた上、破産財団から放棄をするといったことを検討するのが適当な場合もあり得よう。

Ⅳ　個別の問題点

1　担保権の設定のある場合

　債権に設定されている担保権については、不動産と比較して公示が明確でないものもあるため、破産管財人において効力や範囲について慎重に調査を行うことが求められる。とくに、集合債権譲渡担保については、対象債権の特定が十分であるかという点や、対抗要件具備の有無等の検討に留意すべきである。

　集合債権譲渡担保について争えない場合、別除権として扱われるため、集合債権譲渡担保権者が債権の取立てができることとなるが、破産管財人としては、対象債権の残高およびその内容に関する証拠書類の提供、現実の回収等についての協力を申し出、その条件として、対象債権の回収金または換価価額の一定割合を破産財団に組み入れることを求めるといった交渉を行うことにより、破産財団の増殖を図ることが考えられる[注1]。

2　預貯金

　預貯金は、解約手続をとることにより確実に財団を形成できることが多いため、回収のために訴訟を提起したり、破産財団から放棄をする場面は多くはないが、破産者名義の預貯金について、破産者の親族等が当該預貯金の出捐者であるとの主張がなされ、その帰属に争いが生ずることがまま見受けられる。**第3節**で指摘されているとおり、近時は預貯金の帰属について必ずしもいわゆる客観説とは異なるアプローチをとる裁判例も見受けられることから、預貯金の出捐者が破産者ではない場合であっても、出捐者を確認するだけではなく、当該預貯金契約が締結された経緯や、その目的や内容などについても関係者から事情を聴取した上、破産財団から放棄をすべきであるか慎重な判断を要する事案も相応にあると思われる。

　預貯金口座の存する金融機関から、貸付金等との相殺の主張がなされる場

（注1）　破産・民事再生の実務〔破産編〕219頁。

合でも、当該預貯金口座に入金されている金銭の入金時期等にかかわらず一律に相殺が主張されるなど、相殺禁止（破71条）に該当するかについて十分に検討をすることなく相殺の主張がなされていると思われる事案もまま見受けられる。破産管財人としては、預貯金口座への金銭の入金時期と支払不能時期等とを確認した上で金融機関と交渉し、場合によっては訴訟の提起も検討をすべきである。

3 売掛金

　破産財団を構成する主たる財産が売掛金という事案は少なくなく、その回収は破産管財人としての手腕を最も発揮できる場面の1つであるといえる。引き継いだ資料等に基づき、債務者の主張に安易に応じることなく、**第4節**で指摘されているような問題点について検討した上、柔軟な和解により早期の回収を目指す一方で、債務者に資力があるにもかかわらず任意の支払に応じない場合には、訴訟提起も検討することが求められる。なお、破産者が出版社である場合、取次業者は、破産者との間の特約（取次店から返品の受入れに対応するため、一定期間、売掛金の支払停止ができるとするもの）を根拠に、売掛金の支払を拒むことがあるが、破産管財人としては、一定期間の返品実績を基に、将来の返品量を合理的に算出して話し合い、早期の回収を求めるべきである(注2)。

　売掛金については、危機時期以降に債権譲渡がなされている場合もまま見受けられ、このような場合には債権譲渡ないし対抗要件の否認を検討する必要がある。その際、第三債務者が支払を留保している場合であるのか、第三債務者が供託をしている場合であるのか、相手方が取立て済みの場合であるのかによって、破産管財人が請求する内容も異なることになる(注3)。否認の要件について検討することに注力するあまり、請求する内容やこれを前提とする回収可能性についての検討が十分でないといったことのないよう、破産管財人は常に最終的な回収まで見据えた検討を行うよう心がけることが必要である。

(注2)　破産管財の手引186頁。
(注3)　破産管財の手引230頁。

破産者が事業継続を行うことによる売掛金の回収については、**第4節**でも指摘されているとおり、破産手続の開始により破産者は廃業となるのが原則であり、また、破産財団の増殖に結びつかないリスクもあることから、裁判所が許可をすることはごく例外的な場合に限られるものと思われる。事業継続を選択すべき場合は、短期間の事業継続で十分な財団の増殖が見込まれるような場合と思われるが、破産裁判所と事前に十分調整をしておくべきである。

4　敷金等の返還請求権

敷金等の返還請求権については、返還を求める債務者の資力に問題がないことが多いと思われ、返還が見込まれる場合には、**第5節**で指摘されているような権利関係を検討の上、事案に応じて和解による解決も検討し、可能な限り破産財団の増殖を図ることが望まれる。他方、原状回復費用が多額になり、破産財団の増殖が期待できない場合でも、破産管財人の職責等について説明して誠実に相手方と交渉し、敷金等の範囲内で精算をするなど破産財団からの支出を伴わないように努力することが求められる。

なお、各種業法により差入れが求められている保証金（宅地建物取引業法25条以下の営業保証金、旅行業法7条以下の営業保証金、同法22条の8以下の弁済業務保証金等）については、解約までに長期間を要することがあるため、破産管財人としては、破産手続終結までのスケジュールを意識し、速やかに解約手続を行うように留意すべきである[注4]。

5　保険解約返戻金

保険解約返戻金についても、預貯金と同様にその帰属が問題となる事案がまま見受けられる。生命保険の保険契約者の判断に関する最高裁の判例はないため、保険契約を締結した事情、保険契約者を破産者とした理由、破産者の関与の程度、保険料を誰がどのような財産から負担したかといった事情を検討した上、個別の事案に即した解決を図ることが求められる。

事案によっては、保険契約者が破産者であることに疑義があるものの、破

（注4）　破産管財の手引187頁。

産者の健康状態に照らし当該保険契約の必要性がとくに高く、破産者が再起更生を図る上で重要であるような場合には、解約返戻金のうち相当額について財団組入れを求めた上で破産財団から放棄するなど、柔軟な処理をすることもあり得ると思われる。破産管財人としては、当該事案における事情を調査した上で方針を定め、破産裁判所と協議すべきであり、破産裁判所としても、破産管財人による検討結果がその裁量の範囲内と考えられる場合には、破産管財人の判断を尊重して円滑な業務の遂行を図ることが求められる。

6　有価証券上の権利

有価証券上の権利について、裁判所の立場からコメントできる点はあまりないが、信用金庫等への出資金については、**第8節**のとおり、換価できる時期が1年に1度に限られているところ、その換価のために長期間破産手続が遅延することのないように注意すべきである。サービサーに譲渡することもあるとも考えられるが、破産者の関係者が譲渡を希望することが見込まれる場合には、あらかじめ資金の準備を依頼しておくことなども考えられよう。

7　その他

税金の還付については、破産管財人（ないしその委託を受けた税理士等）の調査によるところが大きい。粉飾決済がなされていた場合などでは、還付請求により財団の増殖が見込めることもあるが、相応の時間と費用を要するため、破産裁判所と協議を行うことが適当な例が多いと思われる（破産裁判所が破産管財人の判断がその裁量の範囲内である場合には、判断を尊重すべきであることは前記のとおりである）。

なお、貸金業者に対する過払金返還請求権については、取引履歴や破産者の手持ち資料に基づき引直し計算を行い、貸金業者と交渉を行って回収を図ることになるが、破産手続開始申立前に多額の過払金が回収されている場合には、その後に偏頗弁済がなされていないかといった点についても調査が必要となる場合もあろう。

（石井芳明）

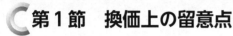

第4章　動　産

第1節　換価上の留意点

I　早期着手、迅速処理

1　必要性

　破産法は、「破産者の財産又は相続財産若しくは信託財産であって、破産手続において破産管財人にその管理及び処分をする権利が専属するもの」を破産財団と定義し（破2条14項）、破産手続開始により、破産財団に属する財産の管理処分権は破産管財人に専属すること（破78条1項）、破産管財人は、就任後直ちに破産財団帰属の財産の管理に着手すること（破79条）、破産手続開始後遅滞なく、破産財団に属する一切の財産について破産手続開始時における価額を評定すること（破153条1項）、および評定を完了したときは破産手続開始時における財産目録および貸借対照表を作成して裁判所に提出すること（同条2項）を定める。

　破産管財人の最も重要な職務は、破産財団の極大化といえるが〔→第1部第1章第1節〕、これを果たすためには、破産財団に属する財産をできる限り高値で換価し、かつ、余分な財団債権の負担を避けなければならない。時間の経過とともに、財産の価値は劣化し、賃料相当損害金や保管費用等の財団債権が生じるため、早期着手と迅速処理が求められるのである。

　本稿は、動産全般についての一般論のほか、特に、在庫商品・仕掛品・原材料、機械工具・重機（ダンプカー、パワーショベル〔バックホー、ユンボ〕、クレーン車、ミキサー車、フォークリフト）、什器備品・家具を対象として換価上

の留意点を述べる。

2 動産の占有管理の必要性ないし重要性

破産手続開始時に破産財団に属する財産のうち、在庫商品や高価な重機など資産価値のある動産は、債権者により持ち出されるおそれがある。破産管財人は、後記Ⅱ1のとおり、これらの行為について法的根拠に基づくか否かを見極める必要があるが、いずれにせよ、破産手続開始後の混乱において、破産財団の散逸や毀損防止を図るため、破産手続開始直後に破産者の営業所等に赴き、告示書を貼付し、営業所等を施錠して現場を保全する必要がある(注1)［→第1部第1章第5節］。この点、屋外に保管されている資材は格別の注意を要する。また重機は、当該動産自体が可動性を備え、型式が古い場合には合い鍵が利用できることがあるため［→第7節］、鍵の変更など慎重に検討する。

破産手続開始に先立ち動産類に動産保険など加入していた場合には、動産の換価完了まで保険契約を継続することや、未加入であった場合には新規加入を検討する。

Ⅱ 会計帳簿類等との照合、破産財団に帰属することの認定

1 総論

破産管財人の換価対象は、破産者が所有し、破産財団に属するものである。破産者が占有・管理していた動産には、別除権（所有権留保、譲渡担保または先取特権）や取戻権（所有権留保、委託販売商品、預かり品など）の対象となっている動産もある。担保権の成立と対抗要件の具備(注2)が認められる場合、担保権者は別除権として手続外で権利行使が可能であり（破65条1項）、また、

（注1）　破産管財の手引107頁。
（注2）　破産管財人は物権変動の対抗要件との関係で第三者性が認められるので、別除権として認められるには、破産手続開始時において、担保権者は、対抗要件を具備している必要があると解されている（伊藤・破産法民事再生法358頁・468頁、最判昭和48・2・16金法678号21頁）。

取戻権も、対抗要件が具備された所有権を基礎として手続外で行使できる（破62条）。

動産については、担保権者との合意により、集合動産譲渡担保のように広範囲に担保を設定できること、また合意がないとしても、先取特権など法定の担保物権が成立し得ることから、破産者が占有・管理する動産には担保権が成立している場合がある。そして、占有改定（民183条）という公示に乏しく、意思表示のみで具備し得る対抗要件が認められ、また実務上、種類物が継続的に取引され、未払商品と既払の商品とが混在するケースが多いことなどから、破産管財人が、別除権または取戻権の対象動産を立証可能な程度に調査することは容易ではない。

最判平成18・12・21（民集60巻10号3964頁）によれば、破産管財人は、担保価値維持義務を負うと解され、いたずらに担保価値を毀損することは避けなければならないが、他方、前記Ⅰ2のとおり、破産手続開始後の混乱において、債権者により資産価値のある動産が法的根拠なく持ち出されることがあり、かような持出し行為は厳に拒絶しなければならない。

すなわち、破産管財人は、破産手続開始後の混乱状態において、動産の持出し等を主張する債権者に対して、当該主張が別除権や取戻権に基づくものとして許容されるか否かを見極めなければならないのであって、その前提として、動産担保権の成立要件、対抗要件、権利行使方法、これらの立証責任（後記Ⅳの所有権留保における当該商品に対する代金支払の有無など）などに関し、通説判例を理解した上で、個別具体的な事実関係を調査し、適宜に動産からの回収を進めていくことが必要となる。

2 調査方法

破産管財人は、換価対象である破産財団の範囲を確定するため、まずは破産手続開始決定後、速やかに本社事務所や工場等の現場に行き、現状を確認しなければならない。確かに破産手続開始申立書には、財産目録が添付されてはいるが、破産財団と正確に一致しない例は多い。他方、前述のように公示性の乏しさなどから、本社や工場などに客観的に存在する動産という物理的な観点のみに依拠することもできず、会計帳簿や固定資産台帳など客観的

資料との照合も欠くことはできない。財産目録以外からの所有権や担保の確認方法としては、①客観的な資料（契約書、納品書、動産譲渡登記、決算書、税務申告書に添付された決算書類のうち勘定科目内訳書、仕訳帳、総勘定元帳、現金出納帳、固定資産台帳、売掛帳、仕入れ帳、通帳の出入金履歴等）、②破産者、または関係者（取戻権または別除権の主張者を含む）からの事情聴取、③転送郵便物などが考えられる。商品ごとの特性として、在庫商品・仕掛品・原材料や什器備品は、数量等について財産目録では記載がなく現地確認が必要となることが多く、機械工具・重機、リースやレンタル品などは、契約書による確認と総勘定元帳や通帳からリース料やレンタル料の支払履歴の有無を確認することが多い。

なお、帳簿類が廃棄されている場合でも、管轄税務署における申告書類の閲覧や、従前の顧問税理士が保存している過去資料から情報が得られることもある。

Ⅲ　動産譲渡担保権者への対応

1　法的性質

譲渡担保とは、債権を担保するために、債務者または第三者（譲渡担保設定者）が所有する物の所有権をあらかじめ設定者から譲渡担保権者に移転させる形態の担保をいう。

倒産手続において譲渡担保権者が行使する権利は、担保権であると解されている（最判昭和41・4・28民集20巻4号900頁参照）。実行方法は、目的物を自ら取得する帰属清算型と、目的物を売却して売却代金から回収する処分清算型がある。譲渡担保設定者は、譲渡担保権者に対して処分額と被担保債権との差額（清算金）の支払を請求する権利を有し、譲渡担保権者が目的物を換価処分するまでは、被担保債権を弁済して目的物を受け戻すことができる（最判昭和57・1・22民集36巻1号92頁、最判昭和62・2・12民集41巻1号67頁）。

動産譲渡担保については、倉庫内の在庫商品などに集合動産譲渡担保が設定されている場合があり、目的物の「所在場所」、「種類」、「量的範囲」により目的物の範囲が特定される場合には有効とされ（最判昭和54・2・15民集33巻

1号51頁、最判昭和62・11・10民集41巻8号1559頁)、占有改定による引渡しや動産譲渡登記により対抗要件を具備することができる。集合動産譲渡担保権は、その目的物である集合動産の内容が設定者の営業活動を通じて当然に変動することを予定しているため、設定者には、通常の営業の範囲内で、個々の動産を処分する権限が付与されている(最判平成18・7・20民集60巻6号2499頁)。集合動産譲渡担保権を実行するためには、その目的たる集合動産の構成要素が固定化される必要がある(注3)。

2　実務上の取扱いと問題点

　譲渡担保権者が権利実行する場合において、処分価額が被担保債権額を上回るときには譲渡担保権者に清算義務が課されるところ、譲渡担保権者の破産管財人に対する目的物引渡請求権と破産管財人の譲渡担保権者に対する清算金支払請求権とは同時履行の関係に立ち(最判昭和46・3・25民集25巻2号208頁、最判平成15・3・27金法1702号72頁)、破産管財人は、清算金の支払を受けるまで留置権を主張できる(最判平成9・4・11集民183号241頁、最判平成11・2・26判時1671号67頁)。また、破産管財人は譲渡担保権者の評価が不当に低いと判断した場合は、目的物の引渡しを拒否することができる(注4)。なお、譲渡担保権者による清算金返還債務を受働債権とし、被担保債権以外の破産債権を自働債権とする相殺は、破産手続開始後の債務負担(停止条件成就時に債務負担したもの)として禁止されると解する(注5)。

　集合動産譲渡担保が設定されている場合、①特定性の有無(名古屋地判平成15・4・9金法1687号47頁は、所在場所について、「旧本店」と「現本店」とが社会通念上同一とする)、②当該動産を破産者に売却した者との間の所有権留保特約の有無(最判昭和35・2・11民集14巻2号168頁より、占有改定では即時取得は成立しない。最判平成30・12・7平成29年(受)第1124号は、所有権留保付動産に対して

(注3)　道垣内弘人『担保物権法〔第4版〕』(有斐閣、2017)347頁。
(注4)　破産・民事再生の実務〔破産編〕353頁。
(注5)　岡正晶「倒産手続開始時に停止条件未成就の債務を受働債権とする相殺」田原古稀(下)164頁、倒産法概説257頁〔沖野眞已〕参照。

譲渡担保権を主張できないと判示する)、③危機時期に設定され否認権行使の対象とならないか(集合動産譲渡担保の場合、その設定行為に加えて、特定の動産の集合物への混入についても、それが否認の要件を満たすならば、支払不能等の後のその担保価値増加部分について否認の対象となり得る[注6])、④破産手続開始後に破産管財人が取得した同種動産に集合動産譲渡担保権の効力が及ぶか(固定化を理由に否定する見解、破産手続開始により固定化は生じないとして肯定する見解、破産管財人が新たに取得した財産は譲渡担保権者が担保として把握した財産の範囲を超えるから、破産手続開始時点の価値枠で固定するとの見解に分かれる)など、その有効性と効力が及ぶ範囲を検討し、対象動産の範囲を特定する。なお、集合動産譲渡担保契約においては、譲渡担保権者が権利実行したときは、以後、譲渡動産を処分するために、保管場所を無償使用することができる旨や、譲渡担保権者が要請したときは譲渡動産の明細を提出しなければならない旨が定められていることがあり、破産管財人が当該義務を負うか議論がある[注7]。

以上のように、譲渡担保権の設定および対抗要件具備が認められる場合であっても、後記Ⅶのとおり、実務上は、破産管財人が譲渡担保権者と交渉し、売却して一定額を財団に組み入れることで合意し、裁判所の受戻し許可を得て、目的物を受け戻し、破産管財人が目的物を換価する場合が相応にある。

(注6) 伊藤・破産法民事再生法579頁、大コンメ648頁[山本和彦]。
(注7) 谷口安史「判解」最判解民事篇平成18年度(下)1349頁(注14)は、前掲・最判平成18・12・21について、「質権設定契約に当然に伴う本質的義務である担保価値維持義務が破産手続の開始によって消滅あるいは変容すると解するのは相当ではなく、したがって、質権者の担保価値維持義務請求権も、別除権者である質権に当然に伴う権利として、破産手続の影響を受けないと解すべきものと思われる。このように考えると、担保権設定契約上のコベナンツ条項等に基づく請求権は、担保権設定契約に当然に伴う本質的な請求権であるとはいえないから、破産債権にとどまると考えられる」とし、同見解によるならば、条項ごとに、担保権設定契約に当然に伴う本質的な請求権であるかにより判断するものと解される。

Ⅳ 取戻権者・留保所有権者等への対応

1 法的性質

　所有権留保とは、売買契約で売買代金の完済前に売主が買主に対して売買目的物を引き渡すものの、その所有権は代金完済まで売主に留保することとし、この留保された所有権（留保所有権）をもって売主の未払代金債権の担保とするものである。倒産手続において所有権留保付売買の売主が行使する権利は、担保権であると解されるが（最判平成22・6・4民集64巻4号1107頁）、留保所有権者が、破産手続開始に先立ち権利実行し、完全な所有権を回復している場合には、取戻権を行使することができる。所有権留保の実行方法は、破産管財人に目的物の引渡しを求め、物を引き揚げてこれを換価した上で、換価代金を残債権に充当することが考えられる。

2 実務の取扱いと問題点

　実務上、目的物が登録要件のない種類物であり、①他の仕入先からの商品と区別できず、または②他の仕入先商品と区別できたとしても、継続反復的に取引されるため、既払の商品と区別できない場合に、所有権留保の存否が問題となる。このうち①に関し、下級審は、占有改定による対抗要件具備の可能性を認めつつ、目的物が他の仕入先との仕入商品と分別保管されず、判別できない状況であった等の事情が認められる事案においては、占有改定を否定する(注8)。②に関し、売主に対する一切の債務が完済されるまで所有権を留保するとの特約（拡大された所有権留保）を無効と解する(注9)場合、実体法上、代金支払済みの商品についての所有権留保は消滅することになる。当該商品の代金支払の有無に関する立証責任について、平常時の所有権に基づく動産引渡請求訴訟における要件事実および立証責任については従前から議論されているところであるが(注10)、破産手続開始時においても見解は分か

（注8）　東京地判平成22・9・8判タ1350号246頁とその控訴審である東京高判平成23・6・7判例集未登載、NBL 998号40頁。
（注9）　東京地判平成16・4・13金法1727号108頁。

れ得るため、既払か否かを確認できる場合は格別、交渉により決着することが相当である。

破産管財人としては、交渉により決着する場合において、返還の際には受領書をもらうことが必須であり、加えて、留保所有権者による売却価格を把握すること、および物件の引渡前に適正な評価額を留保所有権者に示して清算金について交渉すること[注11]が望ましい。

3　委託販売商品の場合

売主と買主との間で、買主が商品を第三者に売却した時点で売買が成立する旨合意している場合、売主に所有権があるため、取戻権を認め、返還する必要がある。

ただし、当該商品が委託販売商品であるか通常の売買契約に基づくのか不明確である場合、契約書の記載内容、従前の取引における返品の有無、委託販売手数料の合意の有無などの事情を確認し、慎重に判断する必要がある[注12]。

V　動産売買先取特権者への対応

1　法的性質

動産の売主は、法律上当然に、動産売買先取特権を取得し（民321条）、破産手続開始後においても、権利行使を妨げられない（破産手続開始後の物上代位について、最判昭和59・2・2民集38巻3号431頁が肯定）。

2　実務上の取扱い

破産財団において、破産者が第三者から購入した商品が存する場合、当該

(注10)　吉川愼一「所有権に基づく動産引渡請求訴訟の要件事実(2)」判タ1350号（2011）4頁。
(注11)　破産管財手続の運用と書式130頁。
(注12)　委託販売商品であるか通常の売買であるかが争われた事例として、大阪地判平成6・3・7金判972号18頁がある。

商品には動産売買先取特権が成立している可能性がある。例えば、売主が、目的物を特定することなく内容証明郵便をもって動産売買先取特権を理由に売却を控えるよう要請してきた場合に、破産管財人は売却を控えるべきかが問題となる。この点、動産売買先取特権者は、買主が動産を処分しまたは費消することを妨げる権利を有しないため、破産管財人は、所有権留保特約があるか、動産競売開始許可の裁判に基づいて当該動産が差し押えられない限り、これを処分または費消することができ、これによって不当利得または不法行為が成立するものではないとの見解がある(注13)。裁判例としても、当該事案において管財人の不法行為責任を否定した下級審判例がある(注14)。平常時における実行方法について、平成15年法律第134号による民事執行法190条等の改正により、占有者が差押えに同意しない場合であっても、債権者が「担保権の存在を証する文書」を提出して、執行裁判所が動産競売の開始を許可することで執行可能な場合が定められたが（代替許可制度。民執190条1項3号・2項)、目的物が種類物であるときには、代金未払の商品を特定しなければならないと解されている(注15)。動産売主が代金未払商品を特定することなく権利主張した場合にこれを認めると、動産売主に対して実体法を超える地位を認めることになり、他の債権者を害し得る。結論として、破産管財人は当該動産が差し押えられていない限り、売却して破産財団を増殖すべきと考えるが(注16)、今後の判例や学説の動向には注意を要する。

なお、破産者が支払停止直前に取込み的に商品の引渡しを受けており取込

(注13)　園尾隆司「動産売買先取特権と動産競売開始許可の裁判（下）」判タ1324号（2010）14頁。
(注14)　大阪地判昭和61・5・16判時1210号97頁、東京地判平成3・2・13判時1407号83頁など。
(注15)　谷口園恵ほか編著『改正担保・執行法の実務』（金融財政事情研究会、2004）150頁、森田浩美「民事執行規則等の一部を改正する規則の概要（4完）」NBL 780号（2004）58頁、園部厚『書式　債権・その他財産権・動産執行の実務〔全訂14版〕』（民事法研究会、2016）852頁など。
(注16)　破産実務Q&A 200問138頁［三村藤明］、破産管財の手引182頁も、先取特権者から物上代位に基づく差押えを受ける前に代金を回収していれば、回収金は破産財団に帰属し、「この場合、破産管財人に対して不法行為や不当利得が成立することはまれであるとするのが実務的な感覚であると思われます」とする。

詐欺をしている可能性がある場合には、当該仕入商品自体が被害品に該当するおそれがあるため、和解的処理をするなどの対応が無難である[注17]。差押えがされた場合であっても、目的物を先取特権者に引き渡した上、仕入先において売却して利益を分配する和解的処理も考えられる[注18]。

また、動産売買先取特権者は、破産管財人が目的動産を売却した場合の代金債権について物上代位権を行使することができるため、破産管財人が動産を第三者に売却する場合には、売買代金の受領と引換えに仕入商品を引き渡すのが望ましい[注19]。この点、支払のためにする手形の振出しをもって、「払渡し」（民304条1項ただし書）に該当しないと解されている[注20]。

Ⅵ 商事留置権者への対応

1 法的性質

民事留置権は、破産手続において効力を失う（破66条3項）。商事留置権は、特別の先取特権とみなされて（同条1項）、別除権となり（破65条2項）、他の特別先取特権に後れるが（破66条2項）、留置的効力は存続する（最判平成10・7・14民集52巻5号1261頁）。権利行使の方法として、形式競売の申立て（民執195条）、また約定により、法定の方法によらずに留置目的物を処分する権利が与えられている場合は、当該約定により別除権者としての権利を実行することができる（破185条1項）[注21]。他の担保権との優劣について、前記のほか、破産法に規定はなく、商事留置権と他の担保物権が競合する場合、特別の規定（民334条・337条・338条、自抵11条等）がある場合にはそれにより、な

(注17)　名古屋地判昭和61・11・17判時1233号110頁。
(注18)　破産管財手続の運用と書式130頁。
(注19)　破産管財の手引181頁、破産・民事再生の実務〔破産編〕218頁。
(注20)　東京地判平成10・3・31判タ1013号167頁は、第三債務者が債務者の破産宣告前に負っていた債務について、破産管財人に対して支払のために約束手形を振り出した後に、動産売買先取特権に基づく物上代位により原因債権を差し押え、転付命令を得た事案において、支払のためにする手形の振出しをもって、「払渡し」（民304条1項ただし書）に該当しないとし、破産管財人による手形金の回収は、不当利得ではないと判示する。
(注21)　破産・民事再生の実務〔破産編〕365頁。

い場合には対抗要件を具備した先後により優劣を決すべきと解されている[注22]。

商事留置権の目的財産を回復することが破産財団の価値の維持または増加に資するときは、破産管財人は裁判所の許可を得て、破産財団に属する財産につき商事留置権を行使する者に対して、その被担保債権額が留置権の目的である財産の価額を超えるときであっても、当該留置権者にその財産に相当する金銭を弁済して、当該留置権の消滅を請求することができる（破192条）。

2 実務上の問題点

商事留置権者は、破産管財人からの返還請求を拒めるため、商事留置権が成立する場合、破産管財人は和解的解決を目指すことになる。在庫商品を他の在庫商品等と一括して換価したほうが高額に売却できる場合や、当該在庫商品が部品等であり、他の仕掛品等の完成に不可欠である場合などには、商事留置権消滅請求の利用を検討する[注23]。

商事留置権者が返還を拒む期間の保管料について、寄託終了後留置権を行使した場合における留置中の保管料を必要費と認める古い判例があるが（大判昭和9・6・27民集13巻1186頁）、破産管財人からの返還を留置権者が拒んだ場合、留置権者が自らの権利行使のために目的物を占有しているにすぎず、その後の倉庫料または相当損害金は発生しないとの見解もある[注24]。商事留置権は、民事留置権と異なり第三者所有物には成立せず（商521条）、また、「取引行為」による占有ではないため即時取得（民192条）は成立しないと解される。そこで、当該動産について、所有権留保が付されている場合や、動産譲渡担保の対象となっている場合において譲渡担保の性質の理解によっては、商事留置権の成立が否定され得る。

(注22)　東京高決平成10・11・27判タ1004号265頁。
(注23)　破産管財手続の運用と書式131頁。
(注24)　破産管財実践マニュアル173頁。

Ⅶ 売却方法の検討――賃借物件の明渡しと関連する場合、商事留置権、譲渡担保権等が成立する場合

1 賃借物件の明渡しと関連する場合

　破産財団に属する動産が賃借事務所または賃借倉庫に保管されている場合には、破産手続開始後の賃料または賃料相当損害金は、財団債権（破148条1項4号・7号・8号）になると解される。これらの動産を搬出して賃借物件を明け渡さない限り財団債権が増加し続けるため[注25]、できる限り早期に動産を換価処分して賃借物件を明け渡す必要がある。

2 商事留置権、譲渡担保権等が成立する場合

　担保権の成立や対抗要件の具備が認められる場合、担保権者は別除権として手続外で権利行使が可能である（破65条1項）。

　しかしながら、担保権者が自ら売却先を探すことが困難である場合や、担保権者において売却先を探すことができたとしても、買主との間で瑕疵担保免責を合意できずに、担保権者が瑕疵担保責任を負担するおそれが生じる場合もある。このような場合には、破産管財人が破産者の代表者や従業員の協力を得て売却先を探すほうが、早期高額な換価につながり得る。また、同一動産を対象として、譲渡担保権者、商事留置権者、所有権留保権者および動産売買先取特権者など複数の利害関係人が担保権を主張することがあるが、各担保権間の優劣について、未解決の論点もあり、また前述のように立証責任の問題もあり、破産管財人が適正に関係当事者を調整することで換価を実現できる場合がある。したがって、破産管財人としては、まずは任意売却を目指して担保権者と交渉し、対象動産の処分価格の一定割合（維持管理費用、破産管財人の寄与度などを考慮する）を破産財団に組み入れることを条件に担保権の実行に一定の協力をする旨合意するのが一般的とされている[注26]。こ

（注25）　破産・民事再生の実務〔破産編〕211頁。
（注26）　破産管財の手引220頁。

れが不調の場合には担保権者間において優劣を決めるべく担保権の実行を促すなどすべきである。別除権者と合意する際には、売却先の選定方法、弁済額、充当関係（債権認否のため）、別除権不足額またはその確定方法（不足額責任主義との関係で、破産債権額に影響する）を定める必要がある。

なお、最判平成21・3・10（民集63巻3号385頁）は、「留保所有権者は、残債務弁済期が到来するまでは、当該動産が第三者の土地上に存在して第三者の土地所有権の行使を妨害しているとしても、特段の事情がない限り、当該動産の撤去義務や不法行為責任を負うことはないが、残債務弁済期が経過した後は、留保所有権が担保権の性質を有するからといって上記撤去義務や不法行為責任を免れることはないと解するのが相当である」と判示するが、この理は、譲渡担保権者にも当てはまると考えられる。そこで、動産が賃借倉庫等に保管されている場合は、留保所有権者や譲渡担保権者に対し、交渉が長引けば、担保権者の負担が増大することを説明して交渉することも考えられる[注27]。

Ⅷ　売却方法の検討

1　売却方法に関する留意点

(1)　選択の視点

売却方法を選択するに当たっては、①迅速性、②売却総額の最大化、③コストの最小化、④手続的適正、⑤社会的責務が主たる検討要素となるが、①②などは必ずしも両立しない関係である。社会経済や業界の環境にも左右されるため、最適な換価方法が客観的に存在しているとはいえない。そこで、破産管財人には相応の裁量が与えられていると考えられるが、当該裁量を前提として、破産管財人としては、迅速な換価の実現、売却代金の最大化およびコストの最小化を図るため適切な換価方法を選択する必要がある[注28]。一

(注27)　集合動産譲渡担保契約において、譲渡担保権者が権利実行したときは、以後、譲渡動産を処分するために、保管場所を無償使用することができる旨の定めについて、議論があることは前記Ⅲ2のとおりである。
(注28)　破産・民事再生の実務〔破産編〕215頁、破産管財の手引181頁。

般的に、破産事件の内容、破産債権者その他の利害関係者の意向、換価処分による破産財団の増殖の程度、換価に要する時間、配当率の向上の程度等さまざまな事情を総合考慮しながら、バランスのとれた判断をする必要がある[注29]。この点、破産者は、商品の特性を熟知しているはずなので、破産手続における売却条件（早期換価を目指す、瑕疵担保責任の免除など）を前提として、破産者に売却方法を提案させることも有益である。

(2) 売却方法ごとの留意点

売却方法としては、個別か一括か、入札か相対か、グルーピングするか、などがある。一括売却は、早期に売却可能であるが買いたたかれる懸念があり、個別売却は、個別の販売価格は高くなり得るが売れ残りが生じる懸念がある。一括買取業者は、サイズや型などが揃っている場合には相応の価額を付けるものの、売れ残った商品では値段を付けず、結局は廃棄費用がかさむこともあり得る。また、買主との間で瑕疵担保免責を定める必要があるが、消費者契約法8条1項は、「消費者契約が有償契約である場合において、当該消費者契約の目的物に隠れた瑕疵があるとき（当該消費者契約が請負契約である場合には、当該消費者契約の仕事の目的物に瑕疵があるとき。次項において同じ。）に、当該瑕疵により消費者に生じた損害を賠償する事業者の責任の全部を免除する条項」を無効とする。そこで、破産管財人が、個別に消費者に向けて販売する場合において、瑕疵担保免責の定めは消費者契約法に抵触しないか議論があるが、現実問題として、買主は形成された破産財団を超えて瑕疵担保責任を追及することができず、破産手続において最後配当の配当通知を発した時に破産管財人に知れていない財団債権者は弁済を受けることができないため（破203条）、瑕疵担保責任の実効性はないともいえ[注30]、その点も考慮に入れつつ、買主に対して十分に説明して納得を得るべきである。

(3) 動産の種類ごとの留意点

売却対象ごとの特性として、食品類については、食品衛生事故の危険など

(注29) 破産・民事再生の実務〔破産編〕223頁。
(注30) 破産実務Q&A 200問151頁〔柴田眞里〕。

第2部　実務家からみた破産管財人による財産換価を巡る諸問題(各論)

を考慮し、廃棄も選択肢に入れた上で、消費期限・賞味期限との関係、食品事故の危険性、保管費用（冷蔵・冷凍食品）、保険の有無など総合考慮して慎重に検討する必要がある。流行のある季節物商品（ランドセル、学生鞄、花火、ひな人形等）などは、売却時期を失してはならない[注31]。その余の商品でも、時間の経過とともに陳腐化により価値が低下し、また保管費用が生じ得るため、速やかな売却を試みるべきである。商標等が付されたライセンス商品については、ライセンス契約の内容を確認し、破産管財人の売却に制約があると解される場合は、ライセンサーに引き取ってもらうか、該当箇所を切除して売却することが考えられる。わいせつ物、偽造品は売却できない。

　仕掛品・原材料は、販路が限られることが多く、業者への買戻方式、同業他社への売却が考えられる。破産会社の従業員がこれまでのノウハウと人脈を生かして新会社を設立する場合には、新会社への売却を検討するが、価格の適正性を説明できるよう準備し、また、破産管財人が販売セール等で売却した在庫商品のアフターサービスの引受けを条件とすることも考えられる[注32]。

　重機・機械設備は、中古市場がないことも多く、買取業者か同業他社に当たることが多いが、工場等に設置されている大型の機械設備は、財団抵当との関係に注意を要する。すなわち、工場抵当権の場合、工場抵当法3条2項に定める目録の記載がない場合には、工場抵当権の効力を第三者に対抗できない（最判平成6・7・14民集48巻5号1126頁）。機械等の抵当権目的物は抵当権登記の登記事項であり（工抵3条1項）、目録の作成が義務づけられた（工場抵当登記規則2条）。工場抵当権が設定されている工場の土地建物内にある機械等を売却する場合、工場財団登記簿に3条目録が作成されているか、作成された目録に売却予定の機械等が含まれているかを確認する。工場が自社所有の場合、工場と一体としての処分も検討する。

　什器備品は、事務机やロッカー等は、換価価値に乏しいことが多く、専門業者に一括して売却し、あるいは元従業員に個別に売却することもある。

(注31)　破産管財の手引181頁。
(注32)　腰塚和男「破産管財人の執務上の問題(Ⅱ)——資産の換価」新裁判実務大系(28)164頁。

(4) 購入希望者の募集方法に関する留意点（募集方法）

　商品を熟知している破産者の代表者や従業員の意見を聴き、従前の顧客を紹介してもらう、安価で大量に商品が流通して値崩れが生じるのであれば同業者に引き取ってもらう、などを検討する。従来の得意先は、瑕疵担保責任を負わず、将来供給を継続してくれない破産管財人からの購入を渋るのが通常だが、代替の仕入先を発見するまでの欠品を避けるために、急いで破産管財人から買いたい場合もある。また、仕入先など破産債権者であっても、破産債権と購入代金との相殺禁止を理解させた上であれば、入札に参加させること自体は妨げられない。

　購入希望者にあらかじめ説明するべき事項として、瑕疵担保責任を負担できないこと、売却方法について破産管財人が裁量で定めること、搬出費用を購入者負担とすること、搬出期限（特に賃貸物件において商品を保管している場合）、支払方法（現金売買が原則であるが、クレジット会社の承諾が得られる場合にはクレジットによる支払が検討される[注33]）などがある。

(5) 入札の実施方法

　高価で希少性のある商品など、短期間のうちに多数の購入希望者が現れることが予想されるような場合には、競争原理を働かせるべく、商品の劣化に注意しつつ、複数業者を対象に入札を実施することを検討する。

　内覧日の案内、内覧希望、購入申込みなどは書面でやりとりをし、後日不満がでないように注意する。同業者や債権者が関心を示している場合には入札案内を出しておく。メーカー、納入業者（先取特権を主張する可能性がある者を除く）、発注者、同業者や製造下請業者など、できる限り多くの者に購入の機会を与えつつ、できる限り多くの情報提供をすることが、換価方法の透明性・公正性を確保することにもつながる[注34]。

(6) バーゲンセールなど消費者向けに販売する場合

　バーゲンセールは、性質において迅速処分が要求される商品（生もの）や低価格商品にはなじまないが、貴金属品や高級衣料品等の高価格商品は検討

(注33)　破産・民事再生の実務〔破産編〕216頁。
(注34)　破産・民事再生の実務〔破産編〕216頁。

し得る。実施会場は、店舗が自己所有物件であれば、当該店舗で行うとして、賃借物件である場合には、賃料負担や販売可能性（百貨店の店頭など返品不可との条件での販売が著しく困難である場合もある）を考慮し、商品を移動させての販売も検討する（ただし、移動の際、商事留置権成立を避けるため、未払のある運送業者は使用しない）。移動先は、商品の移動費用、賃料等のコストのほか、顧客のアクセスの容易性等を勘案し、駐車場・駐輪場の確保、補助者の手配、広告宣伝（新聞の折り込みチラシの手配、メーリングリスト、口コミ）についても費用対効果を念頭に検討する。既存の顧客名簿の利用（ダイレクトメールの送付）について、破産管財人が「個人情報取扱事業者」に該当し、個人情報保護法の適用を受けるかは議論があるが[注35]、従前の利用目的に沿った範囲内で利用する場合には、各顧客からの個別同意の取得は不要と解される。値引率をいかに定めるかが重要である。

　前述のとおり、消費者に販売する場合には、瑕疵担保免責は消費者契約法との関係で議論があるが、チラシ、広告および店頭での告示などで、十分に説明することが必要である[注36]。商品によっては、最終的に一般消費者に流通する場合があり、直接の買主との間では瑕疵担保免責を定めても、一般消費者において損害が生じた場合、製造物責任が生じることがあり得る。そこで、従前の取引において保険を付保していたか、破産管財人が売却する場合にも保険適用されるかを確認すべきである。ネット通販は特定商取引に関する法律2条2項の「通信販売」に該当するため、販売業者の氏名や対価の支払方法等の表示、返品特約の適用（特定商取引15条の2）などに留意を要する[注37]。

(7)　裁判所の許可

　破産管財人が、100万円を超える動産を任意売却する場合には裁判所の許可を要する（破78条2項7号・3項1号、破規25条）。バーゲンセールなどの場合は、買主や売却代金を事前に特定することは困難であるが、売却許可申立て

(注35)　吉田和雅「破産者が取得した個人情報の管理に関する破産管財人の義務——最判平成18年12月21日を手掛かりにして」慶應法学33号（2015）17頁。
(注36)　破産管財の手引157頁。
(注37)　破産実務 Q&A 200問136頁［和田正］。

に際し、売却方法をどの程度特定すべきか、事前に裁判所と相談しておく必要がある。また、売買契約における瑕疵担保免除の定めは必須である。

2 事業継続

破産管財人は、裁判所の許可を得て、破産者の事業を継続することができる（破36条）。清算型の倒産手続である破産手続では、事業継続は、破産財団を有利に換価するための手段として一定の制約の下に認められる例外的な措置であり、事業の継続により破産財団の増殖が見込まれる場合であることが原則である[注38]。

事業の継続により破産財団の増殖が見込まれる場合とは、例えば、破産者において原料や仕掛品が相当数あり、これらを原料等のまま売却しても廉価にしかならずまたは廃棄費用の負担が生じ得るところ、得意先からの確定注文や注文の見込みがあり、生産して売却すると一定の利益が見込まれる場合などがあり、実務上、家具屋の製作業者の事例が報告されている[注39]ほか、味噌、酒屋等の製造業者において事業継続した例がある。

IX 許認可の関係──たばこ・酒類・医薬品など

商品の種類によっては、販売に許認可が必要な場合がある[注40]。

例えば、酒類の販売について、酒類を継続的に販売するには販売場ごとに所管税務署長による販売免許が必要であり、免許なくして販売業を営んだ者は1年以下の懲役または50万円以下の罰金に処せられる（酒税9条・56条1項）。この酒類販売業免許は卸売業者免許と小売業免許があり、ともに対象とする酒類によって免許の種類が区分されている。破産者が法人であれば、免許が取り消されていない限り、破産者の免許による販売が可能であるが、小

（注38） 破産管財の手引222頁。
（注39） 破産管財の手引222頁。
（注40） 商品ごとの許可等の要否、根拠法、主務官公署について、株式会社三菱総合研究所「平成24年度産業金融システムの構築及び整備調査委託事業『動産・債権担保融資（Asset-based lending: ABL）普及のためのモデル契約等の作成と制度的課題等の調査』報告書」（平成25年2月）（http://www.meti.go.jp/meti_lib/report/2013fy/E002425.pdf）66頁参照。

売業免許しか有していない場合、他の小売業者に対する販売は卸売業に該当するためできない。小売した場合、酒類の販売数量等報告書の提出が必要となるので、所管税務署に相談しながら売却するのが望ましい[注41]。破産者が個人の場合、免許を有しているのは破産者個人であり、破産管財人が当該免許により販売することはできないと解されるため、納入業者に返品処理するか、破産財団から放棄して免許を有する破産者に換価させ、当該代金を破産財団に組み入れる方法が考えられる。

たばこについて、たばこ事業法において小売販売業を営む場合は営業所ごとに財務大臣の許可を受けなければならず、違反には罰則がある（同法22条1項・49条）。破産者が個人の場合に破産者に対する許可をもって破産管財人が販売業を営むことはできない。破産手続開始決定が許可の取消事由であり、裁量的取消しではあるが、取り消されることが多い。医薬品等その販売に許可を要する商品についても、監督官庁と協議しながら換価を行う必要がある。

X 破産財団からの放棄ないし廃棄処理

1 破産法上の定め

破産管財人が破産財団に属する権利（100万円以下のものを除く）を放棄するには、裁判所からの許可を得なければならない（破78条2項12号・3項1号、破規25条）。

2 放棄の判断基準

破産債権者に対してより多くの配当を実現することを目標としつつ、他方で、破産手続を速やかに終了させるべく迅速な換価も重要である。換価に相当な時間を要するにもかかわらず、換価による配当率の向上がわずかにとどまる場合や、売却価格より多額の換価費用を要するなど換価しても全体として破産財団の増殖につながらない場合、当該財産を破産財団から放棄して破

(注41) 破産実務Q&A 200問139頁［竹下育男］。

産手続の円滑な進行を図ることもある^(注42)。

3 放棄ではなく廃棄すべき場合

有害物、産業廃棄物については、安易に放棄することはできず、裁判所と事前協議の上、破産管財人報酬見込額を除くすべての換価回収金を投入してでも危険物の除去に努めることが求められる^(注43)［→第6節］。

リース物件や第三者の所有物等が混入していないか、パソコンが含まれている場合には、顧客情報や従業員情報等が含まれていないか、留意する。

4 賃借目的物に保管されている動産

賃借物件に売却不能な動産が残置されている場合、前記Ⅷ1のとおり、明渡しまでの賃料または賃料相当損害金が財団債権として発生し続けると解されるため、速やかな処理が必要である。この点、借地上に破産者が所有する建物が存在する場合において破産管財人が当該建物を財団から放棄した場合には、建物収去義務を免れると解されているが[注44]、賃借建物内の動産の所有権を放棄することで、ただちに動産撤去義務を免れて明渡しが完了したと解し得るかは解釈が分かれ得るところである。破産管財人としては、賃貸人との間で、賃貸人において動産の廃棄を実施するものとし、当該費用を未払賃料等とあわせて敷金・保証金等返還請求権と相殺することで一切を清算する例が多い[注45]。その際には、不法投棄等を避けるため、契約条項に、廃棄処分に当たっては法令を遵守する旨明記すべきである。

（簑毛良和・志甫治宣）

(注42) 破産・民事再生の実務〔破産編〕223頁。
(注43) 破産管財の手引223頁。
(注44) 大阪高判昭和53・12・21下民集29巻9-12号382頁、富永浩明「各種の契約の整理(Ⅱ)――賃貸借契約(2)」新裁判実務大系(28)214頁。
(注45) 破産・民事再生の実務〔破産編〕211頁。

第2部 実務家からみた破産管財人による財産換価を巡る諸問題(各論)

第2節　在庫商品

I　総論

　破産管財人は、就職の後直ちに破産財団に属する財産の管理に着手し、これを迅速に、かつ、適切に換価した上で、債権者に対する配当を実現しなければならない。破産手続が破産者の財産の適正かつ公平な分配を通じて債権者の満足を図る手続であることからすれば、債権者が破産手続によってどれだけの満足を得られるかは、破産管財人の力量いかんに関わってくる。在庫商品の処分も破産管財人による管理・換価業務の一環として位置付けられるものであるが、不動産の任意売却のように、ある程度確立された処分の手法やルールが存在するわけではない。また、債権の換価あるいは回収のように、弁護士が日常業務を行う中で、ノウハウや経験を蓄積しているわけでもない。したがって、在庫商品の処分は、その対象が千差万別であることも踏まえると、個別の案件ごとに処分の具体的な方法を考えるという点に特色があり、破産管財人の創意工夫と状況に応じた的確な判断が求められるといえる。

　以下、在庫商品の換価に関する一般的な留意点を述べた上で、在庫商品に譲渡担保、所有権留保が設定されている場合、売主から動産売買先取特権の主張がなされている場合の対応についてふれることとする。

II　在庫商品の換価に関する留意点

1　基本的な考え方

　破産管財人は、就職後直ちに破産財団に属する財産の管理に着手する（破79条）。破産管財人が実際に管理処分権限を行使するのは破産手続開始後であるとしても、財産の占有管理をどのように行うか、また、換価業務をどのような方法で行うか、その見通しを立てるのは、破産手続開始前の比較的落ち着いた状態で行うことが望ましい。もとより、裁判所から破産管財人就任の打診を受けて破産手続開始にいたるまで数時間という暇もない例もあり、

また、見通しから大きく予定を変えざるを得ないケースも当然あり得るが、それでも可及的速やかに申立関係書類を入手して、債務者（破産者）財産の全容の把握に努め、換価の大まかなイメージを思い描く必要がある。そして、破産財団に属する財産の中に在庫商品が含まれている場合には、以下のような点に留意する必要がある。

(1) **在庫商品の占有管理**

破産管財人は、破産手続開始後直ちに、破産者の在庫商品の占有を確保する。破産手続開始直後は、債権者による在庫商品の持出しが最も懸念されることから、破産手続開始前に申立代理人等に在庫商品の保管場所および保管状況を確認し、破産手続の開始と同時に十分な占有管理の体制を整える。具体的な方法として、破産者の従業員に協力を求めることもあれば、在庫商品の価値や保管場所の状況、債権者の対応によっては、警備会社に警備を依頼することも検討しなければならない。特定の債権者に在庫商品の持出しを許せば、手続全体の公正さを疑われることになるため、注意を要する。

(2) **在庫商品の種類や性質に留意すること**

在庫商品を早期に処分すべきことは、破産管財人に対し一般的に求められることではあるが、なかでも、商品の種類や性質によっては、より強く早期処分が求められるケースもある。例えば、在庫商品が食品である場合には、消費期限等との関係で、時期に遅れれば売却すること自体が不可能となってしまう。また、食品以外にも、季節性のある商品、流行りすたりのある商品も、速やかな処分が求められる典型とされている[注1]。なお、食品については、仮に消費期限内であったとしても、食品衛生、あるいは品質保持に自信がもてない場合には、善管注意義務の観点から裁判所と協議した上で、売却を断念して廃棄することもあり得る。その前提として、食品製造業者である破産者が製造物責任保険に加入している場合には、その継続の可否を保険会社に照会する。

(注1) 破産管財の手引181頁。

(3) 在庫商品の量に留意すること

破産者が抱えている在庫商品の量が多ければ多いほど、その処分には時間を要するとともに、売れ残りのリスクも高まるといえる。また、量が多いという場合にも、特定の種類の商品が大量にあるのか、あるいは、多種多様な商品が大量に残されているのかといった点も、売却の金額やスピードに影響する。例えば、ある種類の在庫が大量に残っているときは、一時期に大量処分するのは難しいということも考えられる。他方、多種多様な種類の商品が残っているというときは、最少ロットがないため買い取ることができないということも起こり得る。在庫商品の量の多さが財団形成に直ちに結びつくとはいえない点に難しさがある。

(4) 処分に伴う費用に留意すること

在庫商品を処分するについては、換価金額の最大化を図ることはもちろんであるが、他方で、処分に要する費用を最小化するよう努めなければならない。在庫商品の処分に当たり想定すべき費用としては、在庫商品を外部倉庫に寄託している場合の保管費用、在庫商品に保険をかけている場合の火災保険料、在庫商品の売却に伴う人件費等が挙げられる。これら諸々の費用を見積もった上で、それを超えるだけの換価金額を得られるかを検討し、仮に得られないという場合には、処分の対象を一部に切り替え残部を放棄するなど、処分方針を練り直さなければならない。処分に伴う費用が発生しやすいという点も、動産が不動産や債権と異なる点であり、費用の発生を予測しながら、戦略的に処分方針を立てる必要がある。

以上をまとめると、在庫商品の換価に関する基本的な方針は、在庫商品の種類や性質、数量等を踏まえつつ、処分に要する費用を最小限に抑えながら、早期に、かつ、より高価に売却し得る方法を選択するということになる。

2 売却に先立つ確認

破産管財人が行うのは破産財団に属する財産の換価であり、破産管財人は、換価に先立って、在庫商品が破産財団に帰属していることをまずは確認する必要がある。具体的な確認作業は、破産者の元役員や従業員の説明を受けながら、破産者の帳票類と在庫商品の現物とを照らし合わせて行うのが通

例である。その際、寄託を受けている商品がある場合には、その分別管理の状況を確認し、また、所有権留保や譲渡担保が設定されている場合には、その対象を特定することができるか、特定できる場合には具体的にどの商品が担保の対象であるかを把握しなければならない。破産管財人自らが確認作業を行うことによって、倒産手続の混乱状況下で、第三者から寄託を受けている商品や担保権の対象である商品を誤って売却する危険を避けられるとともに、商品の持出し等の不正行為を発見することが可能となる。

3 売却方法

在庫商品の種類は千差万別であり、業界における取引慣行や新たな取引手法が生み出されることによっても、売却の方法は変わり得る。したがって、当該商品に見合った適切な売却方法を選択すべきということになるが、破産手続という平時とまったく異なる状況下で売却を行う以上、一定の制約が生じるのは避けられない。要は、平時に行われていた売却方法を可能な限り尊重しながら、倒産手続のスピードに則した形に売却方法を変容させ、最終的には完全な売却を目指すということになる。ここでは、売却方法に関する留意点を取り上げる。

(1) 破産者の元役員および従業員の協力

在庫商品の種類や性質、量がいかなるものであるとしても、在庫商品に見合った適切な換価方法を知っているのは破産者の元役員および従業員である。すなわち、破産者の元役員らは、破産者の取り扱っていた商品の特性、販路、取引先等を熟知しており、倒産手続という時間的制約の中でも、売却金額の最大化が図れるように、さまざまな意見、アイディアを出してくれるはずである。また、破産管財人が実際に売却処分を行う場面においても、当該商品の特徴や内容を理解しており、取引先にも面識のある元役員、従業員に協力を求めたほうが、効率良く売却活動を進めることでできる。もとより、事案によっては、給与や退職金の未払により従業員の離反を招いているケースもあり得るが、在庫商品を高価に売却できることは、労働債権の弁済原資の確保にも結びつくのであり、破産管財人は、この点意を尽くして説明し、破産者の従業員の協力を求めるべきである。

(2) 一括売却と個別売却

在庫商品の売却については、一括売却か個別売却かということで議論がなされている。それぞれのメリット・デメリットは表裏の関係にあり、一括売却は比較的早期に在庫商品すべての売却を図ることができる一方で、買い手にとっては必要のない商品も少なからず含まれてしまうことから、売却金額は低額になりやすい。他方、個別売却は商品ごとに購入希望者と取引するため価格は高めになる傾向にはあるが、すべてを売り切るまでには相当な時間が必要となり、処分できない売れ残り品を抱えるリスクもある。したがって、一括売却、個別売却のいずれを選択するかは、商品の種類や性質、数量および売却に要する費用等を勘案しながら、いずれの手法によることが、より破産財団の増殖に結びつくかといった点から判断すべきである。なお、個別売却は100万円を超える場合に限り裁判所の許可を要する（破78条2項7号・3項1号、破規25条）のに対し、一括売却は金額を問わず裁判所の許可が必要になる（破78条2項4号）。また、事案によっては、売却許可申請から許可が下りるまで時間がかかるケースもあり、換価を急ぐ場合には、あらかじめ許可申請書のドラフトを裁判所に送付し事前相談を行うなど、許可に要する時間も見越した対応をとる必要がある。

(3) 売却手続の透明性の確保

破産管財人による財産換価の最終目標は、債権者に対する配当の最大化を図ることであり、破産管財人が適切な換価業務を行い回収の最大化を図ることができたかについては、債権者は強い関心を抱いている。かかる換価業務の適切さを担保するのが売却手続の透明性であり、売却に当たってはなるべくオープンな形で進めること、具体的には、債権者の関心の高い商品については入札を実施するなど幅広く買受けを募ることが肝要である。また、入札を行わないまでも、複数の見積りを取得するなど価格の適正さを担保できるような方策をとるべきである。さらに、売却手続自体の透明性を確保するには、処分の方針、処分の状況について適宜適切な情報を債権者に開示し、破産管財人の行う売却処分について意見、要望が述べられるようにしておくことが望ましい。とりわけ、破産財団の形成が在庫商品の売却処分にその多くを依存しているという場合には、債権者の関心も高く注意が必要である。

(4) その他の留意点

在庫商品の内容によっては、売却に許認可が必要となる場合がある。具体的には、酒類やたばこの販売であり、酒類の販売には所轄税務署長による販売免許が必要であり（酒税9条1項）、たばこの販売には財務大臣の許可が必要である（たばこ事22条1項）。破産管財人が酒類やたばこの販売を行う場合には、個別の事案ごとに、監督官庁と協議しながら進める必要がある。

次に、破産管財人が破産者の資産を処分する場合、破産管財人は瑕疵担保責任を負わない旨の条件を付して売却するのが一般的である。しかしながら、破産管財人が一般消費者に売却する場合には消費者契約法の適用があるとする見解もあり[注2]、この見解によれば、消費者契約法8条1項5号の「事業者」には破産管財人も含まれ、瑕疵担保免責の条項を定めても無効とされるおそれがある。在庫商品を一般消費者に売却するという場合には、この点に留意しておかねばならない。

III　担保権との関係

在庫商品については、破産者が金融を得るために集合動産譲渡担保を設定していることがあり、また、破産者が、商品の仕入先との間において、破産者に対する売掛債権を担保するために、在庫商品に係る所有権移転時期を売掛債権の支払時とする約定（所有権留保特約）を取り交わしていることもある。さらに、破産者に商品を売り渡した者は、売り渡した商品につき動産売買先取特権を有しており、破産者所有の商品の寄託を受けている倉庫業者などは、当該商品に対し商事留置権を有している。これらの担保権は、破産手続上、別除権として扱われており（動産売買先取特権につき破産法2条9項、商事留置権につき同法66条1項）、別除権者は破産手続外で権利を行使することが可能であることから（破65条1項）、これらの担保権が設定され、あるいは行使された場合には、破産管財人がその裁量によって在庫商品を換価することができなくなる。他方、担保権を有する者も、実際に担保権を実行して現

(注2)　日本弁護士連合会『現代法律実務の諸問題〔平成16年版〕』（第一法規、2005）377頁。

実の回収を図るには迂遠な場合もあり、破産管財人による換価業務によるべき潜在的動機がある。ここでは、譲渡担保、所有権留保、動産売買先取特権に係る固有の問題にふれながら、在庫商品にこれらの担保権が存する場合に破産管財人がとるべき対応を検討する。

1 譲渡担保

(1) 動産譲渡担保と対抗要件

譲渡担保は、担保のために目的物の所有権を担保権者に移転させるものであり、破産手続上は別除権とするのが多数説であり、実務上も別除権として扱われている(注3)。別除権は、破産手続開始時に対抗要件を具備していなければ破産管財人に対抗することができないが(注4)、動産譲渡担保の対抗要件である「引渡し」(民178条)は占有改定の方法をもって足りるほか(注5)、「動産及び債権の譲渡の対抗要件に関する民法の特例等に関する法律」に基づく動産譲渡登記によることもできる。

(2) 集合動産譲渡担保

譲渡担保については、建設機械等の特定の動産を担保目的物とすることもあるが、在庫商品のように、継続的な商取引により構成部分の変動する集合動産をもって担保目的物とする例もある。かかる集合動産譲渡担保については、「その種類、所在場所、量的範囲を指定するなどの」方法により目的物の範囲が特定されていれば有効とされている(注6)。したがって、破産手続においても、担保権を主張する者との間に締結された集合動産譲渡担保設定契約書を入手し、かかる特定性の要件が満たされているかを、まずは確認すべきである。なお、ある動産が集合動産譲渡担保の目的物の範囲に含まれたとしても、当該動産の売主と債務者との間に所有権留保特約がある場合には、譲渡担保権者は当該動産が集合譲渡担保の対象であることを主張し得ない。譲

(注3) 伊藤・破産法民事再生法489－450頁、条解破産法511頁、破産・民事再生の実務〔破産編〕352頁。
(注4) 伊藤・破産法民事再生法468頁、条解破産法499頁。
(注5) 最判昭和30・6・2民集9巻7号855頁、最判昭和62・11・10民集41巻8号1559頁。
(注6) 最判昭和54・2・15民集33巻1号51頁、前掲・最判昭和62・11・10。

渡担保権者は占有改定によって引渡しを受けるにすぎず、占有改定では即時取得は成立しないからである(注7)。したがって、この場合には、破産管財人は所有権留保を譲渡担保に優先して取り扱うことになる(注8)。

(3) 担保権の実行と破産管財人の協力に伴う財団組入れ

在庫商品に関し有効な譲渡担保権が成立している場合、譲渡担保権者による担保権の実行は、①目的物の所有権を担保権者に確定的に帰属させた上で、目的物の価格を適正に評価し、その評価額と被担保債権額との差額を清算金として債務者に交付する方法（帰属清算型）、②目的物を第三者に処分した上で、その処分代金をもって被担保債権の弁済に充て、残額のある場合には、清算金として債務者に交付する方法（処分清算型）のいずれかによる。在庫商品に集合動産譲渡担保を設定している場合には、譲渡担保権者が在庫商品の所有権を自ら取得するよりは、処分清算方式により被担保債権の回収および清算義務の履行を行うことが多いであろう。そして、実際に第三者に処分する場合には、在庫商品を保管しており、破産者の従業員を補助者として使用することのできる破産管財人に委ねたほうが、早期に、かつ、高価に売却できる可能性が高いといえる。したがって、破産管財人が、譲渡担保権者から担保目的物の売却に関する協力を求められた場合には、売却代金の一定割合を破産財団に組み入れることを条件に、その求めに応じるのが相当である(注9)(注10)。

(注7)　最判昭和35・2・11民集14巻2号168頁。
(注8)　この場合に債務者を起点とする譲渡担保と所有権留保の対抗問題の発生に言及する見解もあるが（印藤弘二「所有権留保と倒産手続」金法1951号〔2012〕66頁）。最判平成30・12・7金法2105号6頁は、目的物の所有権が代金完済まで売主に留保される定めがある場合には、目的物の所有権は代金完済まで売主から買主に移転しないと解するのが相当であるから、譲渡担保権者はその目的物につき譲渡担保権を主張できないとする。
(注9)　仮に、担保権者自ら売却処分するという場合でも、保管場所への立入り・搬出の承諾、売却先のあっせん等につき、破産管財人の協力は必要となる。
(注10)　一定の財団組入れを条件に破産管財人が担保目的物を処分することは、商事留置権の対象となっている在庫商品の売却処分についても妥当する。

2　所有権留保

(1)　所有権留保の調査

所有権留保も破産者と仕入先（売主）との間の合意に基づくものであり、破産者が仕入先と締結した取引基本契約書等を確認し、破産者が仕入れた在庫商品につき所有権留保特約が付されていないかを調査する。

(2)　対抗要件

所有権留保も別除権とするのが実務上の扱いである(注11)。この点、所有権留保については物権変動がないとして対抗要件を不要とする考え方もあるが(注12)、最判平成22・6・4（民集64巻4号1107頁）は、登録自動車の留保所有権（別除権）を行使するには登録が必要である旨判示しており、破産手続においては、破産管財人に所有権留保を主張するには対抗要件の具備を必要とすべきであろう。ところで、在庫商品のような登記登録制度のない所有権留保の対抗要件は占有改定によることになるが、契約書に「占有改定の方法により引き渡した」と定めたからといって、破産者の在庫商品に所有権留保が付されているか否かが外形上明らかになるわけではない。すなわち、破産者が他の取引先からも同種の商品を仕入れている場合には、所有権留保の付された当該取引先の商品か、他の取引先の商品か区別できないということも起こり得る。また、同種の商品の仕入先は留保所有権者のみである場合でも、代金の支払を終えた商品か、いまだ支払を終えていない商品か区別ができないということも起こり得る。この点、東京地判平成22・9・8（判タ1350号246頁）は、占有改定による所有権留保の対抗要件具備の可能性を認めながらも(注13)、債権者から仕入れた商品と他の仕入先から仕入れた商品とが分別保管されておらず、目的物の判別が不可能であるという状況の下では、占有改定がされたとは認められないとしている。当事者間において占有改定の方法

（注11）　伊藤・破産法民事再生法484頁、条解破産法521頁、破産・民事再生の実務〔破産編〕347頁。
（注12）　道垣内弘人『担保物権法〔第4版〕』（有斐閣、2017）368頁。
（注13）　前掲・東京地判平成22・9・8は、「占有改定の方法によって占有を取得し、対抗要件を具備する余地もあると考えられる」としている。

による引渡しを合意した場合、抽象的には所有権留保の対抗要件を具備したといい得るが、実際に留保所有権者が担保権の実行として目的物の引渡しを受けようとするときには、所有権留保の目的物を特定しなければならないはずである。しかるに、前記のような状況にあるため所有権留保の対象を判別することが不可能、もしくは著しく困難であるという場合には、翻って、そもそも所有権留保の対抗要件を具備したとは認められないともいえるであろう。上記裁判例はこの趣旨を述べたものと思われる。

(3) 所有権留保の目的物の特定

破産者が保管している在庫商品のうち所有権留保の対象であるかを留保所有権者が特定するのは困難であり、むしろ、債務者側に所有権留保の対象でないことの主張立証責任を負わせるべき（少なくとも特定に協力させるべき）との考え方もあり得るであろう。しかし、ひとたび占有改定の合意をすれば、その後の目的物の保管状況いかんにかかわらず、対抗要件の具備に遺漏なしというのは、公示の乏しさも勘案すると疑問がある。破産者と所有権留保の合意をする中で分別保管の取決めをしていたとしても、少なくとも破産管財人に対しては、所有権留保の対象たる目的物を担保権者の側において主張立証すべきであろう。

3　動産売買先取特権

動産の売主は、動産の代価および利息に関し、その動産について先取特権を有する（民311条5号・321条）。特別の先取特権は、破産手続上、別除権として扱われる（破2条9項）。したがって、破産者の保有する在庫商品が、第三者から買い入れたものであり、その代価が未払であるという場合には、当該商品に動産売買先取特権が成立している。商品の売主は、破産手続外でその権利を行使することができる（破65条1項）。破産管財人が破産者の在庫商品を換価する際に、かかる動産売買先取特権をどのように取り扱うべきか、具体的には、動産の売主から動産売買の先取特権の主張がなされている場合、在庫商品の換価を中止して、動産売買先取特権の行使を受け入れるべきか、という点が問題になる。

第2部　実務家からみた破産管財人による財産換価を巡る諸問題(各論)

(1) 基本的な視点

　先取特権は、債務者の財産から他の債権者に優先して自己の債権の回収を図ることができる権利であり（民303条）、動産売買先取特権は、債務者に売り渡した動産から、売買代金債権等の優先回収を図ることができる権利である。すなわち、先取特権自体には、債務者が財産を他に処分することを禁止するような効力はなく、このことは、先取特権に目的物の転売代金に対する物上代位が認められていることからも明らかである（民304条）。したがって、在庫商品に先取特権が成立しているというだけでは、破産管財人はその処分を妨げられることはなく、動産の売主が先取特権のあることを理由に換価の中止を求めたとしても、破産管財人は在庫商品の換価を継続することができる。下級審の裁判例であるが、破産管財人が動産売買先取特権の目的物を換価した事案において、売主からの不当利得または不法行為の主張が排斥された例が複数存在する（大阪地判昭和61・5・16判時1210号97頁、名古屋地判昭和61・11・17判時1233号110頁、東京地判平成3・2・13判時1407号83頁）。

　では、動産の売主が先取特権の行使に向けた手続に着手した場合はどうか。

　動産売買先取特権の実行は、動産競売の申立てをする方法（民執190条）により行う(注14)。動産競売は、「債権者が執行官に対し当該動産を提出した場合」（同条1項1号）、「債権者が執行官に対し当該動産の占有者が差押えを承諾することを証する文書を提出した場合」（同項2号）、債権者の申立てに基づく執行裁判所の許可（動産競売開始許可）による場合（同項3号）に開始される（同項本文）。動産競売開始許可による競売の申立ては、2003年の民事執行法の改正により導入されたものであり、先取特権の効力を強化するために、債務者側の自発的協力がない場合でも先取特権の実行が可能なようにしたものである。破産管財人が行う在庫商品の換価と売主の動産売買先取特権

（注14）　動産売買先取特権の実行方法については、動産がすでに転売された場合に、物上代位権に基づいて転売代金債権を差し押える方法もある（民304条）。破産管財人は、転売代金債権に対する差押えを回避するために、売買と同時決済にて売買代金を回収するのが望ましい。破産管財の手引181頁。

の行使が最も対立するのは、かかる動産競売開始許可に基づいて、売主が在庫商品に対し先取特権を実行しようとする場面である。

(2) **具体的検討**

執行裁判所は、「担保権の存在を証する文書」を提出した債権者の申立てがあったときは、当該担保権についての動産競売の開始を許可することができる（民執190条2項）。債権者が執行官に対し動産競売開始許可の謄本を提出し、かつ、債務者に同許可決定が送達された場合には、動産競売が開始され、執行官は、債務者が占有する当該担保権の目的たる動産を差し押える（民執122条・123条1項）。かかる差押えがなされたにもかかわらず、破産管財人が換価を実行することは、動産売買先取特権に対する侵害として不法行為を構成することに争いはないであろう。問題はその前段階であり、民事執行法が動産売買先取特権の実行方法を拡充したこと、最判平成18・12・21（民集60巻10号3964頁）が破産管財人の担保価値維持義務を認めたことなども踏まえ、動産競売許可決定が破産管財人に送達され、あるいは、債権者が許可決定書の写しを破産管財人に送付するなどの方法によって、破産管財人が動産売買先取特権の実行を認識した場合には、破産管財人は換価を中止すべきであり、これを無視して換価を実行した場合には善管注意義務違反に当たるとする考えもある[注15]。しかしながら、所有権留保においても見たように、破産者が継続的に売主から同種の商品を仕入れているような場合には、代金支払済みの商品といまだ支払を終えていない商品とが混在しており、執行官が目的物を差し押えることができないことも起こり得る[注16]。破産管財人に担保価値維持義務があるとしても、動産売買先取特権者のために代金支払済みの

(注15) 松下満俊「破産手続における動産売買先取特権に関する考察」倒産法の最新論点ソリューション44頁は、「民事執行法190条2項の裁判所の許可決定（動産競売開始の許可決定）が発令され、破産管財人がその決定内容を具体的に知るに至った時以降は、原則として、破産管財人は目的動産を任意売却すべきでないと解する」と述べる。
(注16) 道垣内・前掲（注13）79頁は、平成15年改正法についてふれた上で以下のように述べている。「しかし、動産先取特権の実行には、まだ困難さが残っている。たとえば、動産売買先取特権は、特定の動産の代価が未払であるときに発生するが、継続的に同種の動産が売買されているときなどは、債務者の手元にある同種の動産のうち、どれが未払でどれが既払であるのかを明らかにするのが難しい場合も多い」。

動産と未払の動産とを調査し、差押えが可能となるよう目的物の区別に協力すべき義務まではないであろう。先取特権者の優先弁済的効力は、目的物の差押えがなされてこそ現実化するのであり（民304条）、そこにいたるまでは、先取特権に目的物の処分を妨げる効力も法的根拠もない以上、破産管財人は換価を実行することができると解される[注17]。

(本山正人)

(注17) 実務上も、動産売買先取特権に基づく差押えが実際になされるまでは、破産管財人の処分権は制約されないと解されている（破産管財の手引182頁、破産・民事再生の実務〔破産編〕218頁、園尾隆司「動産売買先取特権と動産競売開始許可の裁判（下）」判タ1324号〔2010〕14頁、小林信明「動産売買先取特権の倒産手続における取扱い――優先弁済権の保障のあり方を中心として」田原古稀（下）196頁）。なお、那須克己「先取特権」全国倒産処理弁護士ネットワーク編『倒産手続と担保権』（金融財政事情研究会、2006）102頁は、「動産売買先取特権者が管財人等に対し、その権利行使が法律上も事実上も容易であることについて高度な疎明をした場合には、担保権者による民事執行という形で権利行使がなされなくとも、管財人等がこれを尊重することは認められるであろう。」とする。

第3節　什器備品

　什器備品については、事務所内の事務机やロッカー、応接セット、パソコンなどから、店舗内の営業用の家具や器具、設備までさまざまなものがある。一般に、什器備品については、中古品の取扱業者が存在しており、複数の見積もりを取り寄せるなどの方法により売却を目指すことになるが、ここでは、若干の留意点を述べる。

　事務所内および店舗内の什器備品については、日常の損耗によって、一般的には換価価値の乏しいものが多く、破産財団の増殖にはそれほど寄与しないというのが現実である。むしろ、什器備品については、事務所や店舗が賃借物件という場合の明渡しと関係し、什器備品の売却に時間をかけて財団債権たる賃料相当損害金の増加を招くよりは、比較的安価であっても早期に処分をしたほうが望ましい場合もある。したがって、破産管財業務を行うために事務所使用を継続している間に、パソコン等に含まれる個人情報、顧客情報の廃棄等の遺漏防止措置を行い、あわせて、什器備品の売却と残置物処理の見積もりを取り寄せて明渡しに備えるというのが現実的な処理と思われる。なお、事務所内のパソコン、コピー機、サーバー、電話機、飲食店内の厨房設備、厨房機器等はリースの可能性があり、リース契約書またはリース会社から提供を受けたリース物件一覧表によって、リースの対象物件を確認する必要がある。また、植栽、浄水器、フロアマットなどはレンタル品の可能性があり、これらについても誤って売却あるいは廃棄しないように注意する。

（本山正人）

第4節　リース物件

I　リース契約

　リース契約の典型であるファイナンス・リース契約は、ユーザーが指定した事業用設備機器などの物件を、リース会社が所有者（サプライヤー）から購入してユーザーに使用させ、リース料の支払を受ける取引形態であり、経済的実質としてはリース会社が物件購入資金をユーザーに融資する金融的機能を有する。物件代金、金利、税金、保険料などのリース会社の投下資本をリース期間中のリース料によって全額回収できるようにリース料を算定した「フルペイアウト方式」が一般的であるが、リース期間満了時にリース物件の残価を残す「ノンフルペイアウト方式」のファイナンス・リース契約も存在する(注1)。ファイナンス・リース以外(注2)では、メンテナンス・リース（リース会社がリース物件の保守管理、修繕義務等を負うもの）、コンピュータ・プログラムを対象とするソフトウェア・リースなどさまざまな種類のリース契約があるが、以下ではファイナンス・リースを中心に検討する。

II　破産管財事件とリース契約の処理

1　フルペイアウト方式のファイナンス・リース契約の法的性質

　破産管財事件で接するリース契約の多くは、フルペイアウト方式のファイナンス・リース契約であり、リース物件の種類としては、コピー機、電話機、FAX、PC などの事務機器類や車両(注3)などが圧倒的に多い。

（注1）　この場合、残存価値をベースに新たにリース契約を締結する権利や、残存価値相当額でリース物件を購入する権利がユーザーに付与されるのが一般的である。
（注2）　会計上、ファイナンス・リースに当たらないものはオペレーティングリースと総称される。
（注3）　車両については、中古市場が成熟しておりリース期間満了時の時価を想定しやすいことから、リース期間満了時の残価を残したノンフルペイアウト方式とし、リース期間満了時の残価による購入選択権または再リース契約締結権をユーザーに付与するケースもある。メンテナンス・リースが締結されているケースも少なくない。

フルペイアウト方式のファイナンス・リース契約に破産法53条の双方未履行双務契約に係る条項が適用されるか否かは争いがあるが、判例[注4]および実務上は同条の適用を否定し、リース会社を別除権者[注5]として扱うのが一般的である。したがって、リース会社が別除権の実行としてリース契約を解除し、破産管財人にリース物件の返却を求めることは原則として制約されず[注6][注7]、破産管財人には、そのような法律関係を前提とした対応が求められる。

2 リース物件と契約内容の把握

破産管財人は、破産手続開始決定後、速やかに、リース契約の一覧表、リース契約書、償却資産台帳などを確認し、破産者の営業所・事務所内に存在する設備機器類を直接確認するなどして、リース物件の把握に努める。また、リース契約書を確認し、リース契約締結日、リース期間（残リース期間、当初リース期間中であるか再リース中であるか[注8]など）、リース料の金額と支払状

(注4) 更生手続につき、最判平成7・4・14民集49巻4号1063頁、再生手続につき、最判平成20・12・16民集62巻10号2561頁参照。

(注5) リース会社はリース料により投下資本を回収し、その担保としてリース物件を留保していると評価される。

　担保の目的物については、リース物件の所有権であるとする説とユーザーの利用権であるとする説の争いがあるが、判例は利用権説を採用している（大阪地決平成13・7・19判時1762号148頁、東京地判平成15・12・22判タ1141号279頁等）。

(注6) ユーザーの倒産手続開始の申立てなどを理由とする解除特約の有効性につき、判例では更生手続のほか（最判昭和57・3・30民集36巻3号484頁）、担保権を拘束しない再生手続においても有効性が否定されているが（前掲・最判平成20・12・16）、前掲・最判平成20・12・16の射程が破産手続に及ぶかは争いがある（森冨義明「判解」最判解民事篇平成20年度597頁、松下淳一「再生手続における倒産解除条項の効力」金判1361号〔2011〕107頁等参照）。

　また、前掲・最判平成20・12・16の田原睦夫判事補足意見は、倒産手続開始の申立てを理由とする期限の利益喪失条項の効力は否定されず、弁済禁止の保全処分発令中を除き、リース会社がユーザーのリース料不払を理由としてリース契約を債務不履行解除することができるとする。

(注7) 担保権消滅許可制度（破186条）は、非典型担保であるファイナンス・リースに類推適用される可能性がある（大阪地決平成13・7・19判時1762号148頁参照）が、担保権の目的物につき利用権説（前掲（注5）を前提とすると、担保権が消滅してもリース物件の所有権はリース会社に残り、破産管財人による換価は可能とならない（伊藤・破産法民事再生法716頁注165）。

況、期限の利益喪失条項、契約解除事由、リース物件の引揚げに関する条項(注9)などの契約内容を確認する。

3 処理方針の決定

破産管財人は、以上の状況を確認したら、当該リース物件を使用する必要性の有無、当該リース物件による破産財団の増殖の可能性などの観点からリース物件の処分方針を検討する。

リース物件の使用の必要性の観点からは、破産管財業務として予想される業務（債権調査、売掛金等の回収、税務申告、否認該当行為の調査、未払賃金の立替払制度などの従業員対応、その他事業継続や債務の履行行為など）を洗い出し、各業務との関係で必要となる事務機器類（PC、ソフトウェア、サーバー等）の中にリース物件が含まれる場合には、物件の代替性の有無も含めて、リース物件使用の必要性・必要期間を検討する。

次に、リース物件による破産財団の増殖の観点については、実務上はリース物件に残存価値がほとんどないケースが多く、残存価値がある場合でも、リース会社がリース物件を引き揚げて自社で処分するケースが大半である。したがって、破産管財人がリース物件の処分に積極的に関与して破産財団の増殖を図ることのできるケースは稀であるが、ユーザーにリース物件の購入選択権が付与されていて、購入対価よりも高額でリース物件を処分できる見込みがある場合にはこれを行使して破産財団の増殖を図ることになろう。また、破産者の事業譲渡を予定しているケースでは、事業継続のために必要となるリース物件を破産管財人が買い取るなどして事業譲受人に売却することで破産財団の増殖に寄与する場合や、そうでなくても、リース物件を事業譲受人が使用できるように調整して事業譲渡を実現させることは、結果として破産財団の増殖に寄与するものと評価できる。このほか破産財団所属の建物に付着した内装工事等のリースについては、リース物件を受け戻すか放棄を

(注8) 再リース中の場合はリース会社がすでに投資額を回収しており、リース物件の時価も低廉であることが多いため、リース物件の継続使用や買取りの協議は比較的容易なことが多い。
(注9) 引揚費用をユーザーの負担と定めているのが一般的である。

受けるなどしてリースに係る権利関係を整理することで建物の売却価値を高めることが可能となる。

なお、破産財団の増殖に直接寄与しない場合であっても、リース物件の処分により被担保債権（破産債権）であるリース料債権が減少[注10]することは、破産債権者一般の利益に資することになるから、時価よりも高い価額で購入することを希望する者がいる場合には、これを実現すべく対応することもあろう。

4　リース会社との交渉

(1)　物件の使用を継続する場合

破産管財業務に必要となる期間が短期間である場合には、リース物件の引揚時期についてリース会社と調整することで足りるケースがほとんどである。しかし、事業継続を行う場合（破36条）や、破産管財業務を遂行するためにリース物件を一定期間使用する必要がある場合は、リース会社との間でリース物件の継続使用に関する口頭ないし書面上の合意（別除権協定等）を行うこともある。

(2)　物件の処分を行う場合

リース物件につき、破産会社の関係者（元従業員、取引先）や事業譲渡先などが購入を希望する場合には、リース会社との間で調整を行う。その際、破産財団の増殖ができないかも併せて検討する。リース会社との合意方法としては、①破産管財人が一定額（残リース料相当額やリース物件の時価相当額等）でリース会社からリース物件を買い取った（または放棄を受けた）上で、買主に売却する方法（売却額と買取額の差額が財団増殖額となる）、②破産管財人が紹介した売却先とリース会社との間で直接売買契約を締結させる方法（売却代金の一部について破産財団への組入れを要請する余地がある）、③使用を希望する者がリース契約の地位を免責的に承継する方法などが考えられる。

もっとも、リース会社の中には、コンプライアンスの観点からリース物件

(注10)　リース会社は、リース物件の返却を受けたことによる利益を残リース料に充当して清算する義務がある（最判昭和57・10・19民集36巻10号2130頁）。

の引揚げ・処分等に関する厳格な社内ルールを定め、あるいは、リース物件について処分ルートを確立しているものもあり、上記のような調整には困難が伴うことも多い。処分により見込まれる財団増殖額の多寡や破産手続全体の進行との兼ね合いなども考慮しつつ、事案に応じた柔軟な対応が求められるところである。

(3) 物件を返却する場合

使用や処分の可能性のないリース物件については、速やかにリース会社に返却する。必要な物件でも、代替性があり、リース物件内のデータの保存で足りるような場合には、データをバックアップして返却する[注11]。

実務上、リース会社が約定に基づき引揚費用のユーザー負担を求め、あるいは費用の負担がない限り所有権を放棄すると主張するケースがある。リース物件が賃借物件内にあり、明渡しの障害となる場合には早期解決が必要となる。引揚費用は、破産法が規定する財団債権（破54条2項・148条・149条等）のいずれにも該当せず、破産債権と解すべきものである。また、担保権実行に要する費用であるからそもそもリース会社の負担であると解する余地もある。破産管財人としてはリース会社と粘り強く交渉し、安易に破産財団の負担とさせないよう留意する必要がある。

なお、2008年4月1日以降に締結された一定のリース契約に係るリース物件の返却は、破産債権への充当額を対価として破産管財人がリース会社に代物弁済したとみなされ、当該充当額を基準とした消費税が財団債権として発生する可能性があることに留意する必要がある[注12]。

（島田敏雄）

(注11) この場合、リース会社には清算義務があるから（前掲（注10））、リース料債権の債権調査時に注意する必要がある。
(注12) 破産管財の手引398頁（破産者の従前の会計処理・税務処理によっては、消費税の発生を回避し、あるいは還付を受けられる可能性もある）。

第5節　登録自動車・軽自動車

I　自動車一般

　破産管財人は破産者の所有していた自動車について管理処分権を有することから、交通事故が発生すると破産管財人が運行供用者として自動車損害賠償責任を問われるおそれがある（自賠3条）。そこで破産手続開始決定後、直ちに、自動車の保管状況を確認した上で、鍵、車検証、保険証券等を確保し、自動車を破産管財人の管理下に置き、破産管財人の許可なく使用することを禁止することが重要である。

　また、駐車場を借りて保管をしている場合、駐車場代を財団債権として負担しなければならない。破産者が法人で何台も自動車を保有している場合などは当該駐車場代だけでも相当程度の規模になり得る。

　さらに、自動車はその主たる定置場所在の都道府県において（軽自動車は市町村）、賦課期日（4月1日）の所有者に対して自動車税または軽自動車税が課税される（地税145条1項・148条・442条の2・445条1項）。

　そこで、管理上のリスクや保管料、課税等の負担増加を避けるため、速やかに換価または財団の放棄をするよう検討を進める必要がある。

　この場合、破産者が使用占有していた自動車が必ず破産者が所有していたとは限らない。そこで、自動車の所有者が誰であるのか、権利関係がどのようになっているのかを確認する必要がある。

　破産した法人が自動車を第三者の不動産上に保管してもらっており、当該保管料が未払となっていれば、当該不動産所有者から商事留置権を主張されることもあり、保管に関する契約関係も確認する必要がある。

　債権者や暴力団関係者等が不当に自動車を占有する場合には、その返還を求める必要がある。先方が留置権を主張する場合にあっては、民事留置権は破産財団に対してその効力を失うこと（破66条3項）、商事留置権は状況に応じてその要件を充足しないこと等を粘り強く説得し理解を得るよう努める必要がある。

II　登録自動車

　破産者が使用占有していた自動車には、所有権留保が付されていることがよくある。登録自動車の場合、誰が所有者であるかについては登録内容によって定まる。この点、道路運送車両法5条1項は、「登録を受けた自動車の所有権の得喪は、登録を受けなければ、第三者に対抗することができない」としている。また、最判昭和62・4・24（判時1243号24頁）は、「道路運送車両法による登録を受けている自動車については、登録が所有権の得喪並びに抵当権の得喪及び変更の公示方法とされているのであるから（同法5条1項、自動車抵当法5条1項）、民法192条の適用はないものと解するのが相当であ」ると判示している。

　そこでまずは登録簿により、誰が所有者として登録されているかを確認する必要がある。また、所有権留保特約が付されている場合、自動車を巡る権利関係がどうなっているのかについて関連する契約書等をよく確認する必要がある。

1　破産者に所有権がある場合

　この場合は、自動車の売買を行う業者数社に見積りを出させて、最高額を提示した先に売却するのが通常であるが、遠方に管理されている数の少ない自動車などは、迅速処理の観点から、ネット見積りを踏まえて所在場所近隣業者に買い取ってもらうこともあり、事例に応じて適切な方法を検討すべきである。

　売却して名義の移転登録申請を行う場合、裁判所の売却許可書が原則として必要となると考えられるものの、運輸支局によっては不要とする扱いもあるようであり、確認が必要である(注1)。

　なお、破産者の車両が盗難に遭った場合、警察に窃盗の被害届を出すことを検討する。被害届受理後、都道府県の自動車税事務所で手続を行えば、自動車税の減額を受けることができる(注2)。

(注1)　破産実務Q&A 200問119頁［井上玲子］。
(注2)　破産管財の手引182頁。

もっとも、所在不明の盗難車については、いつどこで交通事故が生じても不思議はない。基本的には運行供用者責任を負担するリスクを防止するため、破産者が自然人の場合、破産財団からの放棄を行い、法人破産の場合は廃車手続を行う必要がある。

なお、自動車保険契約の有無と盗難保険の適用について確認する必要がある[注3]。

所在不明であるが、盗難に遭ったかどうか不明な場合は、できる範囲の調査を行い、最終的に自動車の所在が判明する可能性が低ければ破産財団からの放棄を検討すべきである。

2 所有権留保の場合

(1) 所有者と所有権留保権者が同一である場合

所有権留保の法的性質については、別除権説と取戻権説があり得るが、最近の実務では、その実質が債権担保であることを重視して、別除権として取り扱うことが多い。裁判例も、所有権留保の実質的な目的は、あくまでも立替委託契約とこれによる弁済に基づく求償債権を担保することにあり、いずれにしても自動車の所有権の当該立替受託者に対する移転は確定的なものではないと解される。そうすると、当該立替受託者としては、本件留保所有権ないし本件譲渡担保権に基づく別除権者として権利行使をなすべきであって、本件自動車に対する所有権を主張してその引渡しを求める取戻権は有しないものというべきである、と判示している（札幌高決昭和61・3・26判タ601号74頁）。

このように所有権留保を別除権とする場合、破産管財人は、残債務を完済して自動車を売却したほうが有利であれば、そのように処理し、そうでなければ、別除権者による自動車の引揚げに応じるのが通例である。

後者の場合、引揚げを行った別除権者には清算義務があると考えられる。そのため、引揚げ後の処分価格または評価額が残債務を上回る場合、当該超過額の返還を求めることになる[注4]。

(注3) 破産管財実践マニュアル110頁。
(注4) 破産管財実践マニュアル212頁。

(2) 所有者と所有権留保権者が異なる場合

販売会社、信販会社および購入者の三者間において、「販売会社に売買代金残額の立替払をした信販会社が、販売会社に留保された自動車の所有権について、売買代金額相当の立替金債権に加えて手数料債権を担保するため、販売会社から代位によらずに移転を受け、これを留保する」旨の合意（以下、「旧約款」という）がなされたと解される事案において、最判平成22・6・4（民集64巻4号1107頁。以下、本稿において「平成22年判決」という）は、信販会社の留保所有権に基づく別除権行使を認めなかった。

この平成22年判決を受けて、破産管財の実務では、信販会社が登録名義を有していない場合、別除権行使を認めずに、破産管財人が破産財団に属する財産として自動車の換価を進めることが適切であるとされたが、他方で、登録名義を有する販売会社が、立替金が完済されていないことを理由に、登録名義の移転に必要な書類の交付を拒むことがあり、破産管財実務では、販売会社に売却代金の5パーセント程度の少額の解決金を支払って登録名義の移転を受けて破産管財人が売却した例などが紹介されてきた[注5]。

一方、自動車販売業界では、自動車販売における合意文書について、信販会社が保証履行を行った場合には、法定代位して売買代金債権および留保所有権を行使することができる旨を明示する文言に改定したことから（以下、「新約款」という）、新約款について平成22年判決が妥当するのかについて判断が待たれていた。

最判平成29・12・7（民集71巻10号1925頁。以下、「平成29年判決」という）は、新約款を用いて代金債務を保証した信販会社が販売会社に代金残額を支払った後、購入者の破産手続が開始し、その開始の時点で自動車につき販売会社名義の登録がされていたという事案について、代金残額を支払った保証人が法定代位により取得した留保所有権に基づく別除権の行使を認めた。

平成22年判決と平成29年判決とでは、判断の前提となる契約解釈（前者は留保所有権が合意により移転するという方式、後者は留保所有権が法定代位により移転する方式）、被担保債権の範囲（手数料債権について、前者は含み、後者は含

（注5） 破産管財の手引220-221頁。

まない）等の事案を異にするものであり、これらの点が別除権行使の可否の判断に影響を与えたものと解されている。

　破産管財人として同種の事案に接した際には、両判決を踏まえて約款等を精査して、販売会社、購入者、信販会社という三者間の合意の内容、性質について検討の上、対処する必要がある。

　なお、破産手続開始前に、所有者の登録名義を有していない自動車の留保所有権者が自動車を引き揚げて債権の満足を受けた場合の否認可能性について、いくつかの下級審判決もあり、研究者、実務家の間でも種々の解釈が議論されている。具体的には、①当該行為が代物弁済に当たるか、②債務者である購入者は自動車の所有権をそもそも取得していたのか、③否認の要件に形式的に該当するとしても、有害性が欠缺することにより否認が否定されるのではないか、といった議論である(注6)。

　種々の解釈が展開されているものの、基本的には、前記の平成22年判決、平成29年判決の枠組み、判断基準を重要な指針としつつ、事案の具体的事情も踏まえて、有害性の存否、否認権行使の可否について検討をする必要があるものと考えられる(注7)。

Ⅲ　軽自動車

　軽自動車には登録制度がないことから、通常の動産と同様に考えることになる。そこで、破産者が使用している自動車について所有権留保特約付の売買契約がなされていれば、破産者は自ら占有する自動車を売主（販売会社）のために占有する意思表示をしたものと解されている（占有改定）。これにより、販売会社は別除権者としての対抗要件を具備していることになるから、登録されている自動車について所有権留保特約に基づき所有名義を有する販売会社と同様の対応を行うことになる。

(注6)　詳細については、伊藤眞「最二小判平22.6.4のNachleuchten（残照）――留保所有権を取得した信販会社の倒産手続上の地位」金法2063号（2017）36頁、野上誠一「所有者の登録名義を有していない自動車の留保所有権者が自動車を引き上げて債権の満足を受けた場合の否認可能性」判タ1424号（2016）5頁参照。
(注7)　伊藤・前掲（注6）48頁参照。

第2部　実務家からみた破産管財人による財産換価を巡る諸問題(各論)

　ここで議論となり得るのは、前記Ⅱ2(2)の最判平成22・6・4のような事案で自動車が軽自動車の場合、立替払を実施した信販会社が対抗要件を具備したことになるかどうかである。個別の事案に応じて考えることになろうが、軽自動車の場合、信販会社が立替払を実施した時点で、信販会社、販売会社、購入者の三者間の契約において所有権が信販会社に移転することが約定されていれば、立替払時点で信販会社は占有改定によって対抗要件を具備したと解される。したがって、信販会社は破産管財人に対して別除権を主張することができるものと考えられる。

　　　　　　　　　　　　　　　　　　　　　　　　　　　（内藤　滋）

第6節　危険物・有害物

はじめに

　破産財団に工場などが含まれている場合には、爆発性や毒性がある燃料や薬品などの人の健康や生活環境に被害を及ぼすおそれのある産業廃棄物が残されていることがある。また、破産財団である不動産にPCBを有するコンデンサが放置されていたり、土壌汚染が生じていたりすることがある。破産管財人が、これらの危険物・有害物を安易に破産財団から放棄してしまうと、管理する者が不在のまま放置されることになり、関係者や近隣住民を危険な状況に陥れる可能性がある。破産財団の中に危険物・有害物が含まれる場合に、これらをどのように管理し、換価するかは、破産管財人にとって大きな問題である。

I　危険物・有害物としての産業廃棄物の処理

1　産業廃棄物に対する規制

　産業廃棄物とは、事業活動によって生じた廃棄物のうち、燃え殻、汚泥、廃油、廃酸、廃アルカリ、廃プラスチック類その他政令で定める廃棄物をいう（廃棄物2条4項1号）。事業者は、産業廃棄物について自らの責任において適正に処理しなければならず（廃棄物3条1項）、市町村の一般廃棄物用の処理施設での処理・処分をすることができない。事業者は、産業廃棄物を処理・処分できる許可を受けた産業廃棄物処理事業者に処理・処分の委託をしなければならず、委託をする場合、収集運搬業者、処分業者とそれぞれに、必ず書面を取り交わして契約をしなければならない。また、排出事業者には、産業廃棄物管理票（マニフェスト）を作成して、委託した産業廃棄物が適正に処理されたか否かを確認する義務が課せられている。

2　破産管財人の事業者性

　破産者が行っていた事業活動について、破産管財人が事業者として責任を

負うのか否かが議論されることもあるが、破産管財人は事業の清算のために活動しているにすぎず、事業活動を行っているわけではないので、否定されるべきである。

　無許可業者に産業廃棄物の処分を委託した破産管財人について、県が刑事告発をし、報道機関に公表したため、破産管財人が名誉毀損であるとして損害賠償請求をした事案で、告発に及んだ県の判断が慎重さを欠いていたとし、故意に関する調査も事情聴取を１回行ったにすぎず、十分な調査および手続を尽くしたとは認められないとして、破産管財人の損害賠償請求が一部認容された裁判例がある(注1)。もっとも、破産管財人は法令を遵守して管財業務を遂行すべき立場にあることから、産業廃棄物の処理に当たり、無許可業者に処理を依頼することがないように、事前に業者が許可を受けているか否かの確認はしておく必要はあろう。

3　破産管財人の対応

　破産管財人の社会的責任や公益性を考えると、事業者としての責任が認められないからといって、産業廃棄物の処理について何らの責任も負わないと考えるのは適当ではない。破産財団が負担できる費用の範囲内でという制約はつくが、破産管財人は残された産業廃棄物の内容を調査し、処理方法を確認して、資格を有する適正な産業廃棄物処理事業者に処理・処分を委託する必要がある(注2)。

　破産管財人が苦労したケースとして、破産会社が産業廃棄物処理施設として使用していた借地の明渡しが問題となった事案で、破産管財人が地主と交渉し、焼却炉、作業台およびプレハブ建物を地主に数万円で引き取ってもらい、燃え殻、木くず、スクラップ類等の産業廃棄物は乏しい破産財団から支出して業者に依頼して撤去し、破産手続開始後の賃料および解除後の賃料相当損害金を財団債権として支払う形で何とか処理した例がある(注3)。

(注1)　岐阜地判平成24・2・1判時2143号113頁、破産実務 Q&A 200問112頁［長島良成］。
(注2)　日本弁護士連合会倒産法制等検討委員会編『倒産処理と弁護士倫理』(金融財政事情研究会、2013) 134頁［上野保］。
(注3)　破産管財の手引174頁。

II　PCB 廃棄物がある場合の対応

1　PCB に対する規制

　PCB とは、ポリ塩化ビフェニルのことで、絶縁性・不燃性に優れているため、変圧器やコンデンサなどの電気機器の絶縁油、加熱・冷却用の熱媒体等として幅広く用いられてきた。PCB は毒性が強く、脂肪に溶け体内に蓄積されやすいという性質をもち、癌、皮膚障害、内臓障害、ホルモン異常を引き起こす要因となる。1968年にカネミ油症事件が発生して、その毒性が社会問題化したため、わが国では1972年以降 PCB は製造されていない。

　2001年6月に廃棄物の処理及び清掃に関する法律の特別法として、ポリ塩化ビフェニル廃棄物の適正な処理の推進に関する特別措置法が制定され、自己の事業活動に伴って PCB 廃棄物を保管する事業者（同法2条5項）は、その保管に係る PCB 廃棄物を自らの責任において確実かつ適正に処分する義務を負い（同法3条）、保管および処分の状況を都道府県知事に届け出ることを義務付けられている（同法8条）。また、PCB 廃棄物の譲渡・譲受けは、地方公共団体に対する場合等のほかは、厳しく禁止されている（同法17条、同施行規則26条）。これらに違反した場合には、懲役刑を含む罰則が設けられている（同法33条～36条）[注4]。

2　破産管財人の事業者性

　破産管財人が前記特別措置法2条5項の事業者として責任を負うのか否かが問題となるが、廃棄物の処理及び清掃に関する法律の場合と同様、破産管財人は清算のために活動しているにすぎず、事業活動を行っているわけではないので、否定されるべきである。また、同法16条1項は、事業者について相続、合併または分割があった場合に、相続人や合併・分割後の法人が事業者の地位を承継する旨定めているが、同条の規定は承継人を限定列挙するも

(注4)　ポリ塩化ビフェニル廃棄物の適正な処理の推進に関する特別措置法は平成28年に改正され、高濃度 PCB 廃棄物について、保管事業者に計画的処理完了期限より前の処分を義務付ける等一層の推進が図られている。

のであり、破産管財人が承継人として責任を負うと解することはできない(注5)。

3 破産管財人の対応

　破産管財人の社会的責任や公益性を考えると、事業者や承継人としての責任が認められないからといって、有害物であるPCB廃棄物の処理について何らの責任も負わないと考えるのは適当ではない。有害物質が破産財団に帰属する不動産内に存在する以上、これにより関係者や近隣住民に被害が及ばないよう、破産財団の管理の一環として、破産財団が負担できる費用の範囲内で、PCB廃棄物の適正な保管のために必要な調査や措置を行う必要がある。

　第三者の生命・身体に危害を及ぼすおそれのあるPCB廃棄物による汚染の問題の重大性に鑑みれば、汚染を防止するために必要な調査や管理の費用は、財団債権の中でも優先的に支払われるべき性質を有すると考えられる。

　高濃度のPCBを使用して製造された電気機器については、2005年11月から稼働を開始した日本環境安全事業株式会社（JESCO）において処理がされており（全国で5つの事業所がある）、すでに破産手続開始前にJESCOに登録がされていた機器について、中小企業等処理費用軽減制度を利用して処理委託契約を締結することにより早期に低廉な費用で処理を完了することができた事例がある。また、低濃度PCB廃棄物について、環境大臣が認定した無害化処理施設と処理委託契約を締結することにより、破産手続開始決定後、わずか約3か月半で処理を完了し、マニフェストを受領するまで至った事例がある(注6)。

　不動産の任意売却が可能な場合には、PCB廃棄物の存在について事前に十分な情報を開示して、担保権者と協議をすることにより、不動産の任意売却のためにかかる経費の一部としてPCB廃棄物の保管措置や汚染除去措置のための費用を支出することを認めてもらうことが考えられる。また、破産管財人が、買主や行政官庁と協議をして、買主にPCB廃棄物の保管措置や汚染

(注5)　はい6民です263頁、破産実務Q&A 200問114頁［進士肇］。
(注6)　破産管財の手引171頁。

除去措置を委ねることも考えられる。破産会社の代表者に保管させると不法に廃棄される危険性が高い場合に、行政官庁と協議した上で、買主が保管管理を行い、責任をもって廃棄処理する方向で処理して任意売却を成功させた事例がある(注7)。

なお、破産財団の費用や行政等の負担でPCB廃棄物を除去した場合には、それに伴い不動産の交換価値が増加することになりかねないので、後述するように、別除権者を不当に利することのないよう注意し、担保権者と協議・交渉し、妥当な解決を図る必要がある。

不動産の任意売却ができないような事案で、破産財団に十分な資金がないような場合には、破産者が自然人の場合には破産者本人に、破産者が法人の場合には代表者等の旧役員にPCB廃棄物の保管を委ね、被害防止のために行政官庁に事前に情報提供をした上で不動産を破産財団から放棄することが行われている。

III 土壌汚染がある場合の対応

1 土壌汚染に対する規制

土壌汚染とは、工場等で使用された有害な化学物質が土壌に浸透することによって人の健康に係る被害を生じさせることをいい（土壌汚染1条）、そのような被害を生じさせる特定有害物質について、法は、鉛・砒素・トリクロロエチレンその他の物質（放射性物質を除く）であって政令で定めるものと定義している（土壌汚染2条）。

特定有害物質を製造・使用・処理していた水質汚濁防止法に定める特定施設の使用が廃止された時に、施設の工場または事業場の敷地について、土地の所有者・管理者・占有者（以下、「土地の所有者等」という）は、土壌汚染の状況に関する調査・報告をしなければならない（土壌汚染3条）。3000平方メートル以上の規模の土地について、掘削その他の土地の形質の変更をしようとする者は、事前に都道府県知事に形質変更の届出をすることが義務付けられ

(注7) 破産管財の手引172頁。

る（土壌汚染4条1項）。都道府県知事は、土地の形質変更の届出があった場合、または、それ以外の場合で、土壌汚染のおそれがあるものとして環境省令で定める基準に該当すると認めた場合には、土地の所有者等に調査・報告を命じることができる（同条3項・5条）[注8]。

そして、上記調査の結果、土壌汚染の状態が環境省令で定める基準に適合しない場合には、都道府県知事は、当該土地を汚染の除去、汚染の拡散防止その他の措置を講ずることが必要な区域として指定し（土壌汚染6条）、土地の所有者等に対し、相当の期限を定めて、汚染の除去等の措置を講ずべきことを指示し、それが講じられない場合には措置を命じることができる（土壌汚染7条）。

なお、土壌汚染対策法以外に、各地方自治体が、条例や要綱により、土壌汚染に関し別途規制をしている場合もあるので、注意が必要である。

2　破産管財人の対応

破産財団に属すべき土地に土壌汚染が認められた場合には、破産管財人の社会的責任や公益性を考え、関係者や近隣住民の生命・身体・財産等に危害を及ぼさないよう、破産財団の管理の一環として、破産管財人は、破産財団が負担できる費用の範囲内で、汚染の除去、拡散防止その他の措置を講じるよう努める必要がある[注9]。土壌汚染の生じた土地に、破産財団の負担で土壌に薬剤を注入して中和し、土地上部をコンクリートで固めて汚染物質が飛散しないように封鎖する工事を行い、破産財団から放棄した事例がある[注10]。

破産管財人は、対象不動産の来歴に照らして、土壌汚染が生じる危険性がある場合には、不動産の処分に際し、土壌汚染等に関する調査を行うべきである。対象不動産の来歴から土壌汚染が疑われるような場合には、土壌汚

(注8)　土壌汚染対策法は、土壌汚染に関する適切なリスク管理を推進するため、平成29年に一部が改正され、その一部は平成30年4月1日から施行されており、残りは公布の日から2年以内に施行される。
(注9)　破産実務Q&A 200問116頁［長島］。
(注10)　破産管財の手引168頁。

がないこと、あるいは、仮に土壌汚染があったとして費用をどの程度かければ汚染を除去できるかを、調査結果として示さなければ、当該不動産を適正な評価額で売却することができなくなってしまうからである。

　土壌汚染について、どの程度まで調査を行うかは、調査費用との関係で問題となるが、この点は、当該土地の来歴や評価額および買主候補者の要求の度合い等によってケースバイケースであり、信頼のできる不動産業者等の協力を得て判断するほうが無難である。前述のとおり、土壌汚染に対する規制は、土壌汚染対策法以外にも都道府県による規制等があるので、不動産業者や行政官庁とも相談することが必要となる。破産管財人が知り合いの建設会社に相談して、土壌汚染が生じている土砂についても、購入希望者を募ってもらい、入札をして売却したという事例もある(注11)。

　なお、①土壌汚染が生じている土地について、破産管財人が、買主において土壌改良をすることを前提条件として建売業者に任意売却した事例や②破産管財人が別除権者と交渉して、土壌汚染の調査費用や処理費用を別除権の受戻額から控除した事例があり(注12)、破産管財人の交渉次第で、買主や別除権者において、調査費用や処理費用の一部または全部を負担してもらえることがあるようである。

Ⅳ　放射性物質がある場合の対応

　産業廃棄物、PCB廃棄物、土壌汚染のほかに悩ましい問題としては、破産財団である工場内に放射性物質である薬品が存在したり、放射性物質を含む機械類が存在したりするケースがある。放射性物質については、従前は、文部科学省科学技術・学術政策局原子力安全課で処理の規制がされていたが、2012年に原子力規制委員会が創設されたため、現在は原子力規制委員会で規制がされている。文部科学省による規制がされていた時期のものではあるが、①放射性物質の最終処分場が設置されなければ処理ができないため、将来、国による処理がされるまでの間、破産会社の代表者が破産手続終了後管

(注11)　竹村葉子「財団形成について──事例から」自正65巻7号（2014）44頁。
(注12)　破産管財の手引167頁・169頁。

理を行う旨の上申書を提出することで、何とか国の了解を得た事例や②許可がなければ譲渡も移転もできない放射性物質である薬品について、破産管財人が適切に処理しうる資格のある業者に引き渡し、分析をしてもらう形をとり、当該業者に移転・譲渡する旨の許可を得て処理をした事例がある[注13]。

V 破産財団からの放棄

以上のとおり、破産財団に属する土地・建物に危険物や有害物が存在する場合、破産管財人は、その社会的責任や公益性を考え、関係者や近隣住民の生命・身体・財産等に危害を及ぼさないよう、破産財団の管理の一環として、危険物や有害物を除去し、被害が拡散しないよう努力しなければならない。その場合、破産財団が負担できる費用の範囲内で行わざるを得ないが、除去費用を破産財団で負担しきれるかわからない場合には、事前に破産裁判所と協議をした上で、破産管財人報酬見込額を控除した破産財団すべてを投入する必要がある。それでも、除去できない場合には、行政官庁、地方公共団体および地域住民に対し、必要な措置をとるよう協力を求めた上で、破産財団から放棄することになる[注14]。

もっとも、このような考え方に対しては、破産財団の費用や行政等の負担で土地・建物の危険物や有害物を除去してしまうと、それに伴って、担保目的物の価値が復活することになり、当該土地・建物の別除権者が思わぬ利益を得ることがあり、実質的に不当な結論にならないかとの問題が指摘されている[注15]。

破産管財人としては、そのように別除権者が不当な利益を得ることのないよう、別除権者や行政官庁等と協議や交渉を重ね、妥当な結論が得られるよう努力すべきである。

(佐藤三郎)

(注13)　破産管財の手引172頁。
(注14)　破産・民事再生の実務〔破産編〕224頁、大コンメ337頁[田原睦夫]、日本弁護士連合会倒産法制等検討委員会編・前掲(注2)141頁[上野]。
(注15)　伊藤・破産法民事再生法703頁、条解破産法637頁、伊藤眞「破産管財人の職務再考——破産清算による社会正義の実現を求めて」判タ1183号(2005)35頁。

第7節　特殊な動産

I　船舶

1　登記・登録

　総トン数が20トン以上の日本船舶は、船舶登記規則に従って法務局に備え付けられた船舶登記簿に登記がされる（商686条）。大型のクルーザー、漁船、タンカーなどがこれに当たる。船舶の場合、登記がされた後に、管海官庁が管理する船舶原簿に登録をして、船舶国籍証書の交付を受け、これを船内に備えておくことが必要となる（商686条1項、船舶5条）。船舶の所有権移転の対抗要件は、登記の移転のみならず、船舶国籍証書の書換えまで必要とされていることに注意を要する（商687条）。

　総トン数が20トン未満の小型船舶には、これらの登記・登録の制度は適用されず（商686条2項、船舶20条）、小型船舶の登録等に関する法律により、市区町村が管理する小型船舶登録原簿に登録をして（小型船舶の登録等に関する法律3条）、国籍証明書の交付を受け、これを船内に備えておくことが必要となる（同法25条）。モーターボート、水上バイク、ヨットなどのプレジャーボートはこれに当たる。小型船舶の所有権移転の対抗要件も、登録のみならず（同法4条）、国籍証明書の書換えまで必要となる。

　なお、総トン数が20トン未満の船舶であっても、漁船については小型船舶の登録等に関する法律の規制からは除外されており（小型船舶の登録等に関する法律2条1号）、漁業法により都道府県が管理する漁船原簿に登録をして（漁船10条）、登録票の交付を受け（同法12条）、これを船内に備えておくことが必要となる（同法15条）。漁船については、譲渡されたときに登録の効力が失われるので（同法18条）、買主は新たに漁船として登録をしなければならなくなる。

2　船舶の換価の特殊性

　船舶は、本来動産であるが、規模も大きく、製造費も多額となり、財産的

価値が高いため、その規模に応じて、前述のとおり、登記や登録の制度が設けられている。船舶の登記や登録、検査申請など、船舶の譲渡に必要な手続は専門性が高く、複雑であるため、海事代理士（海事代理士法1条）に委任することが望ましい。また、破産法上、登記すべき船舶の任意売却は裁判所の要許可行為とされている（破78条2項1号）[注1]。

また、船舶は、容易に移動させることができるので、破産管財人としては、占有管理の方法に気をつけなければならない。破産管財人に就任したら、まずは、船舶の占有を引き継いだことを確認し、係留所を確保することが必要になる。破産手続開始後の係留費用は財団債権として破産財団で負担しなければならない。係留所の管理業者との契約内容にもよるが、破産手続開始前の破産債権となるべき係留費用について商事留置権が主張されることもある。係留所における保管の方法・程度によって、盗難等のリスクは左右されることになる（陸上保管ではなく、係留保管の場合には、暴風雨による高波や地震による津波のリスクも残る）。破産管財人としては、船舶の価値によって、保管上のリスクと保管に要する費用を判断する必要がある。

船舶は、必ずしも同種同型のものが大量生産されているわけではなく、同じような仕様であっても、個別設計がなされていることも多い。漁船などでは、細かな設計の差が漁獲量に影響を与えることもある（なお、漁船の売却に際しては、漁業権もともに承継させることが一般である。破78条2項2号）。船舶の換価においては、関係者の話をよく聞いて、当該船舶の個性を調査することが重要である。その上で複数の購入希望者に入札をさせることにより、より高額での換価を期待することが可能となる[注2]。

3 船舶先取特権

船舶には、雇用契約によって生じた船員の債権や最後の航海のための船舶の艤装、食料および燃料に関する債権など、特別な先取特権が数多く認められており（商842条1号～5号）、これらは破産手続上別除権となる。この船舶

（注1） 条解破産法631頁、大コンメ334頁［田原睦夫］
（注2） 佐藤三郎「珍しい業種の破産事件と弁護士同士の交換情報——宗教法人・漁業会社等を題材にして」事業再生と債務管理157号（2017）16頁。

先取特権は、船舶の抵当権に優先するものとされている（商848条１項）。船舶先取特権には、何らの公示手段もないので、破産管財人が任意売却をする場合には、船舶先取特権を有する債権者がいないか慎重に調査をしておくことが極めて重要である。

船舶が譲渡された場合に、譲受人は譲渡の登記がされた後、船舶先取特権者に対し１か月以上の期間内に債権の申出をなすべき旨を公告しなければならない（商845条１項）。船舶先取特権者がその期間内に債権の申出をしないときは、先取特権は消滅する（同条２項）。

船舶先取特権のリスクは大きいので、船舶の譲渡に際し、決済により、所有権移転・抵当権抹消の登記がされた後、一定期間買主から支払われた売買代金を抵当権者に支払わずに留保しておき、先取特権者に対する上記公告後、抵当権者への弁済を行うことにより、リスク回避が図られた例もある。

4　解撤権

国内の港から港へ荷物を輸送する内航海運においては、船腹調整事業が実施され、新造船のためには既存船の引当資格が必要とされ、解撤権として財産的価値が認められてきた。

しかしながら、1998年に船腹調整事業は解消され、日本内航海運総連合会が解撤権を買い上げ、交付金を交付する暫定措置事業が導入された。船籍15年以下の船舶については、交付金の支給対象とされていたが、2015年８月31日をもって交付金制度は終了した。船籍16年以上の船舶については、交付金をもって、代替船舶を建造する際の納付金と相殺し、その範囲で納付金の免除を受けることが認められていた。また、自分で代替船舶を建造しない場合には、免除を受ける権利を３年間留保し、その間に市場においてこの権利を売却することが可能とされていた。かかる納付金の免除制度やその留保制度も2016年３月31日をもって終了した。

2016年度以降の船舶を建造する際の納付金については、環境性能基準や事業集約制度を導入した新しい代替建造制度の下、一定の範囲で納付金の減額が認められている。破産管財人として船舶の換価を検討する場合には、かかる解撤に伴う船舶を建造する際の納付金の減額についても考慮しておくこと

が必要と考えられる。もっとも、暫定措置事業は、2023年度事業終了の見込みとなっている（前倒しで終了する可能性もあり得る）[注3]。

II 建設機械等

1 登記・登録

建設機械（建機や重機などといわれることも多い）は、本来動産であり、引渡しが対抗要件とされ（民178条）、即時取得の対象になる（民192条）。もっとも、自動車として運輸支局に登録がされるものは、登録名義の変更が対抗要件となる（道路運送車両法5条1項）[注4]。

建設機械には、財産的価値が高いものが多いため、建設機械抵当法により、所有権保存登記をして、抵当権を設定することができる。これは、建設機械に関する動産信用の増進により、建設工事の機械化の促進を図るために、抵当権の設定を認めたものである（建抵1条）。なお、登記ができる建設機械は、記号の打刻または打刻された記号の検認を受けていることが必要である（同法3条1項）。ちなみに、土運船、作業台船、砕岩船、コンクリートミキサー船などは、独立して航行する機能を有していないので、船舶には当たらないが、建設機械に当たる。

2 建設機械の換価の特殊性

建設機械は、その有用性から、普通乗用自動車と比較した場合、年数を経ていても、一定の財産的価値が維持されていることが多い。

なお、建設機械は、リースまたは所有権留保付き割賦販売の対象となっていることや譲渡担保権が設定されていることも少なくはないので、まずは破

(注3) 内航海運暫定措置事業の現状と今後の見通し等を踏まえた対応については国土交通省のホームページに説明がある（http://www.mlit.go.jp/common/001182862.pdf）。
(注4) 建設機械のほとんどは、自動車として登録されておらず、誰が所有者であるかは第三者にわからないことが多い。そのため、一般社団法人日本建設機械工業が統一譲渡証明書制度を創設しており、建設機械の売買の場合にその譲渡証明書が必要とされることもあるので、注意が必要である。

産財団に帰属していることを確認することが重要である(注5)。また、第三者名義の場合でも、破産管財人に対する対抗要件が具備されていることは確認する必要がある。

建設機械にも専門の中古市場があるので、破産者が中古品を購入したり、売却したりしたことがあれば、その業者と連絡をとってみることも有益である。もっとも、普通乗用自動車ほど一般化された中古市場があるわけではないので、破産管財人としては、業界に詳しい同業他社に声をかけたり、情報提供をしてもらったりして、高額で売却できるよう努力をすることも必要である(注6)。また、日頃から、特殊な分野にも対応可能な買取業者の知己を得ておくことも大切である。できる限り、複数の見積りを取得して売却先を選定することが望ましいといえる。

3　破産財団としての確保・管理

建設機械は、建設現場で複数人が同種のものを乗り回すため、鍵の種類が数種類に限られており、共通の鍵を容易に入手できることから、盗難に遭いやすいというリスクがある。とくに、継続中の工事現場で保管されている場合などには、破産手続開始申立ての直前に、従業員が持ち出したり、債権者が引揚げを図ったりすることも多い。破産財団に建設機械が多数あるような場合、申立代理人がこれを確保して、破産管財人に引き継ぐべきであるが、破産管財人としても事前に申立代理人と協議するなどして、破産手続開始決定時における管理状況を確認しておくことが必要である。

もっとも、最近では、鍵が電子キーになったり、建設機械自体をGPSや監視カメラによって管理するシステムが導入されたりして、従前と比べて建設機械の管理がしやすくなっているようである。

4　工場内の機械

建設機械以外でも、機械化が進んだことにより、工場内にいろいろな機械

(注5)　破産・民事再生の実務〔破産編〕211頁。
(注6)　破産・民事再生の実務〔破産編〕210頁、破産管財実践マニュアル164頁。

が設置されることが多くなっている。原則として、これらの機械も動産として換価可能であるが、工場抵当法により工場の土地・建物に設定された工場抵当権の効力は、土地・建物に備え付けられた機械等にも及ぶとされているので注意が必要である（工抵2条）。工場抵当権者が土地・建物に備え付けられた機械等について抵当権の効力を第三者に対抗するためには、目録を作成することが必要とされているので（工抵3条2項）、破産管財人としては、工場に工場抵当権が設定されているか、設定されている場合には工場財団登記簿に工場抵当法3条の目録が作成されているか、目録が作成されている場合には売却予定の機械が含まれているかを確認する必要がある[注7]。

　工場抵当権が設定されていなくても、工場内の機械は、リースまたは所有権留保付き割賦販売の対象となっていたり、譲渡担保権が設定されていたりする可能性があることは建設機械と同様である。

　工場内に多数の機械が存在する場合には、工場の土地建物の売却にも影響を与えるので、特定の機械を個別に高く売却し、その余の機械を残置することが可能かどうか、それとも工場内の機械を一括して売却し、残置物をなくすことにより工場の土地建物を高く売却することが可能かどうか等、全体的な見通しを立てておくことも重要である。工場内の機械等一切の動産類を中古買取業者に売却し、工場内でオークションを行うことを認めて、早期に工場内の動産類の搬出を可能にするという方法も考えられる（1社での買取りが難しい場合には、複数社で買取りのための組合を組成するという方法もあり得る）。〔工場の換価の詳細については、→**第2章第7節**〕。

Ⅲ　銃砲・刀剣類

1　許可・登録

　銃砲・刀剣類については、銃砲刀剣類所持等取締法によって所持・授受・携帯・運搬等が禁止されている（銃刀所持3条〜3条の13・10条）。

　禁止の対象となっている銃砲・刀剣類を所持しようとする場合には、都道府

（注7）　破産実務Q&A 200問142頁〔山宮慎一郎〕。

県の公安委員会の許可を受けなければならず（銃刀所持4条）、これを譲渡する場合には相手方も都道府県の公安委員会の許可を受けていなければならない。

美術品もしくは骨董品として価値のある銃砲・刀剣類については、都道府県の教育委員会において登録をすれば、禁止の対象外となり、これを所持することが可能となる（銃刀所持3条1項6号・14条）。登録を受けると登録証が交付されるので、登録証とともに登録を受けた銃砲・刀剣類を譲渡したり、運搬したりすることが可能となる（銃刀所持18条）。

2　銃砲・刀剣類の換価の特殊性

銃砲・刀剣類は本来動産であるが、その危険性から取締りの対象とされ（銃刀所持1条）、前述のとおり、これを譲渡して換価することが制限されている。

銃砲・刀剣類について、破産管財人が自分で買主を見つけ、売却することは難しい。銃砲・刀剣類が厳しい取締りの対象となっている趣旨に鑑みれば、購入希望者の許可証や登録証の確認等の細かな専門的な手続におけるリスクを回避するために、専門の業者に譲渡するか、専門の業者の仲介で譲渡することが望ましい。

なお、美術品もしくは骨董品として登録された銃砲・刀剣類を登録証とともに預かるのでなければ、破産管財人が銃砲・刀剣類について譲り受け、所持することもできない。その場合には、所持することの許可を受けている破産者に引き続き保管させるしかない。競技用の銃砲や猟銃は、財産的価値に乏しく、専門店で引き取ってもらうのにも費用がかかることがあるので、換価が困難な場合には早めに破産財団から放棄することも検討すべきである（もっとも、破産財団からの放棄を許容するためには、破産者が鉄砲・刀剣類を安全に保管し得ることが前提となり、その点について危険性がある場合には、事情を伝えて警察に保管を依頼するなどの対応も必要となろう）。

登録証が見つからない場合には、破産者に速やかに最寄りの警察署に連絡をさせ、警察に確認に来てもらうことが無難である（銃刀所持23条）。破産管財人が警察に銃砲・刀剣類を持参して対応の相談などをすると、所持や携帯の禁止に違反したかのような疑いをかけられ、事情聴取されることもあるので、注意が必要である。

Ⅳ 美術品・骨董品

1 美術品・骨董品の換価の特殊性

　美術品・骨董品は、購入者によって大きく価値が異なる。また、素人である破産管財人には、本物であるか贋作であるかの判断がつきにくく、贋作であるとして、予想していた値段で買い取ってもらえないこともある（鑑定書がある場合であっても、鑑定書自体が信用されないことがあるので注意が必要である）。

　そのため、美術品・骨董品を換価しようとする場合には、作者や作品について、一定の情報を収集した上で（著名な作者でなかったとしても、美術年鑑の記載程度は調べたほうがよい）、何社かの業者に声をかけることが望ましい。

2 購入者を見つける工夫

　著名な作者の作品でなければ、なかなか買い手が現れないことも多い。美術品・骨董品を扱う業者にも、さまざまなタイプがいて、取り扱う商品に得意・不得意があったりするので、幅広く、タイプの異なる業者に声をかけることにより、購入希望者が見つかったり、高額な買取りが可能となったりすることがある。業者は転売先を考えるので、たまたま当該作者の作品の購入希望等があれば、高値で買い取ってくれることもある。

　また、美術品や骨董品の購入を趣味としている個人に購入してもらえば、通常の流通経路を経て購入するより、買い手は安く購入でき、売り手は高く売却できるので、双方の利益に合致する。事案によっては、展示会を開催したり、インターネットオークションを利用したりして個人の買主を探すことも高額での売却に役に立つと思われる[注8]。

（注8）　破産管財実践マニュアル164頁。

V　宝飾品

1　宝飾品の換価の特殊性

　宝飾品は商品として小さいにもかかわらず、財産的価値が高いものが多い。商品としての宝飾品は、買い手が安く購入できることから、多数の購入希望者が見込まれることも多く、販売会が開催されることも少なくはない。そのような場合には、破産者の従業員等の手伝いが必要になったり、多数の購入希望者が押しかけたりすることがあるが、盗難等に遭わないよう管理に注意が必要である。

　また、宝飾品についても、関係者の話をよく聞いて、その有する財産的価値を把握することが重要である。宝飾品は、仕入値と上代に大きな乖離があり、値札がついている場合には、上代のほかに暗号で仕入値が表示されていることが多い。破産者から暗号の解読方法を聞いて、仕入値を把握しておくと、換価する際の目安として役に立つことがある。

2　地金の換価

　宝石といっても、ダイヤモンド以外は、換価する場合にはさほど価値がつかないことが多く、素人がその価値を判断することは困難である。したがって、指輪やネックレスなどについては、地金の金やプラチナの重量によって、換価する場合の最低限の価値が画されることになることも多い[注9]。

　単一の地金でできている指輪やネックレスではなく、金やプラチナが他の金属と合成されてできた時計、ブレスレット、ネックレスなどについては、含有される金やプラチナの重量が問題になることがある。そのような商品が多数あった場合で、業者が低廉な金額しかつけることができなかったケースで、破産者の薦めにより、商品を溶解して金属を分析して抽出することにより、金やプラチナとして換価した結果、溶解費用を差し引いても約600万円を

(注9)　刻印された地金の種類や割合（24K、18K、950pt、900pt 等）については信用性があるといわれているようである。

回収できた例もある。

Ⅵ 仏具・仏像等

1 仏具・仏像等の換価の特殊性

　民事執行法131条8号、国税徴収法75条1項7号は、「仏像、位牌その他礼拝又は祭祀に直接供するため欠くことができない物」は差押禁止財産であるとする。したがって、個人や宗教法人が礼拝または祭祀のために有する仏具、仏像等の動産は、原則として差押禁止財産に当たり、破産財団に属せず、換価を要しない自由財産として扱われることになる（破34条3項2号）。しかし、仏具、仏像等であっても、礼拝または祭祀の対象となっておらず、商品、骨董品として扱われているものや、宗教法人が事業を清算するため、もはや礼拝または祭祀に供されなくなったものは、差押禁止財産には該当せず、破産財団を構成し、換価対象の財産として扱われることになる[注10]。もっとも、仏壇や仏具については、その性質上一般的な中古市場が存在しておらず、実際には、換価するのが困難なことも多い。

2 仏具・仏像等の買主を見つけるための工夫

　個人が有する仏壇・仏具は、購入価格が高価なものであっても、その性質上中古品を購入したいという買主はほとんどおらず、一旦使用されているものは、原則換価は困難と考えてよい。例外としては、①親族間で祭祀の承継のために買い取ってくれるようなケース、②純金製の仏具や宝飾品が使われている仏具について、その性質が宝飾品であるとして換価することが可能となるケース、③著名な作者が製作したものや年代ものの仏具や仏像について、その性質が骨董品として換価することが可能となるケースがある。なお、

（注10）　寺院の本堂および庫裡について、礼拝に直接必要と認められないとして、旧民事訴訟法570条10号（民執131条8号）の適用を認めなかった裁判例として大判昭和11・3・19民集15巻530頁がある。また、破産会社の倉庫に保管されていた在庫商品としての仏壇仏具等について、破産管財人の所有権に基づく引渡請求を認めた裁判例として、東京地判平成28・9・15金法2068号66頁がある。

仏像については、中古での購入希望者も皆無ではなく、特殊ではあるが中古市場が形成されているといえる。仏具、仏像等の換価に際しては、差押禁止動産ではないことを明らかにするために、民事執行法132条1項の許可に準じて、破産裁判所の売却許可を得ておくことが望ましいと思われる。

　宗教法人を清算する場合の仏具・仏像等の換価についても、個人が有する仏具・仏像等と同様であるが、寺院や神社といった宗教法人では、同宗派内での関係が強かったり、親族が同宗派で別の寺院や神社の代表者や役員になっていたりするので、同宗派内の別宗教法人や代表者の親族に買い取ってもらうことを検討するのが望ましい。実際に、破産した宗教法人で代表者の親族に仏像や仏具を買い取ってもらったケースがある。破産財団と考えるべき仏像や仏具について、宗派の本庁等に打診しても買い取ってもらう先が見つからないような場合には、やむを得ず換価不能として破産財団から放棄して廃棄することも可能である。

　近時、少子化、核家族化の影響、住宅環境の変化等により、仏壇・仏具市場は縮小傾向にあり、その製造販売業者の倒産が増えている。業者が抱えていた在庫商品は他の業者に売却することになるが、商品の性質上、廉価にならざるを得ない。もっとも、最近はインターネットでの仏壇・仏具等の販売が増えており、新品であれば売却不可能とまではいえない。地方の案件になるが、仏壇・仏具についてお盆やお彼岸の時期に合わせて販売会をしたケースもある。

3　自宅不動産の任意売却の際の仏壇の処理

　前述のとおり、個人が使用している仏壇は原則として換価が困難である。個人が先祖の祭祀のために有する仏壇は、原則として差押禁止財産に当たり、破産財団に属しないとして、個人の管理に委ねることになると思われる。

　対応に困るのが、破産者の自宅不動産の任意売却に際して、破産者が仏壇を引き取らない場合である。不動産の買主や動産廃棄業者の中には、仏壇の魂抜きがされていないと、仏壇の引取りや処理を拒否することがあり、魂抜き等の仏壇の処理のために数万円の費用を請求されることがある。破産者が仏壇の所有権を放棄して放置した場合には、事実上、自宅不動産の任意売却

や動産廃棄費用の中で仏壇の処理を定めることになるが、最近は、必ずしも魂抜き等にこだわらずに単なる残置物として処理してくれる業者が多い(その場合でも、位牌等破産者の負担のならない祭祀のための動産は、破産者が管理すべき財産として破産者にもっていかせるべきである)。

例外的に、金や宝飾品が使用されたり、著名な作者が製作したりして、財産的価値があるとして破産財団になる仏壇の処理も問題となるが、このような仏壇であっても、中古ということでどうしても引き取り手が見つからない場合には、やむを得ず破産財団から放棄することは可能と解される。その場合には、前述のとおり、事実上自宅不動産の任意売却や動産廃棄費用の中で処理され、廃棄されることになる。ただし、自宅不動産自体を担保権者の同意が得られないなど売却が困難として破産財団から放棄する場合には、自宅内の他の動産と同様に破産財団から放棄した仏壇もそのまま自宅内に据え置くことも許容されるものと思われる。

(佐藤三郎)

第8節　裁判所からみた動産の換価上の留意点等

I　裁判所の視点

　動産は、その種類が多岐にわたるため、換価に当たって留意すべき点についても動産の種類ごとに検討する必要がある。詳細については**第1節**ないし**第7節**に譲ることとし、本稿では、破産裁判所の立場からみた動産の換価における留意点等を中心に論じることとする。

　破産管財人が動産の換価作業を進めるに当たっては、他の財産を換価する場合と同様に、「迅速かつ適正な換価」という視点を常にもつ必要があるといえるが、動産の換価における「迅速かつ適正な換価」は、具体的には、次のような意味をもつと考えられる。

1　迅速な換価（早期の着手）

　一般に、破産管財人が、破産手続開始後、早期に換価業務に着手すべきであることは当然であるが（破79条）、動産については、その性質上、とくに迅速な処理が要求されることがある。

　例えば、在庫品や機械類が債権者や従業員によって持ち去られたりするおそれがある場合や、生鮮食料品や季節性・流行性がある衣料品等を売却しようとする場合には、迅速に換価しなければ、売却価格が下落してしまうおそれがある上、そもそも売却自体が困難となってしまうこともある。また、賃借土地上に材料等が放置されていたり、賃借建物内に備品や在庫品等が残置されていたりする場合には、これらの動産を処理するまでの間、賃料または賃料相当損害金が発生し、これらは財団債権となることから（破148条1項2号・4号・8号）、破産財団の負担が増加し、配当が困難となることもあり得る。

　このように、破産管財人には、動産の換価に当たって、売却価格の下落を防ぐとともに、破産財団の負担が増加しないようにするという観点から、開始決定後直ちに破産財団の現状を的確に把握した上で、迅速に換価作業のス

ケジュールを立て、これを実行に移すことが求められる。

2 適正な換価（権利関係の確認）

前記1のとおり、破産管財人には、迅速な動産の換価が求められているが、当然のことながら、その前提として、適正な方法によって換価作業を進めなければならない。

まず、破産管財人が換価することができる動産は、破産財団に帰属している動産に限られるから、破産管財人は、換価作業を進める前提として、換価しようとする動産が破産者の所有であるか否かを慎重に確認する必要がある。例えば、法人事件や自営業者である自然人事件の場合には、決算書類や帳簿類を確認した上で、これらの書類の記載と事務所や工場等に現実に存在する動産とを突き合わせるなどして、所有の有無を確認することとなる。

次に、動産が破産者の所有であったとしても、動産にはさまざまな権利関係が生じていることも多く、リース物件であるか否か、譲渡担保権（集合動産譲渡担保権が設定されている場合もある）、所有権留保、動産売買先取特権（民321条）等の担保権[注1]が存在するか否かなどが、実務上よく問題となる。破産管財人には、決算書類や帳簿類を確認するほか、破産者およびその関係者等から事情聴取をしたり、動産の現物を確認したりするなどして、権利関係の把握に努め、当該権利関係に応じた換価作業を進めることが求められる。

II 売却

1 売却対象となる動産の検討

法人事件の場合には、基本的には、破産財団に属する動産をすべて売却することとなることから、売却しようとする動産が破産者の所有であるか否か

(注1) 譲渡担保、所有権留保、いわゆるフルペイアウト方式によるファイナンス・リース契約の法的性質については、いずれも担保権と解するのが一般的である（譲渡担保につき最判昭和41・4・28民集20巻4号900頁、所有権留保につき最判平成22・6・4民集64巻4号1107頁、いわゆるフルペイアウト方式によるファイナンス・リース契約につき最判平成7・4・14民集49巻4号1063頁、最判平成20・12・16民集62巻10号2561頁参照）。なお、動産売買先取特権は、破産法上、別除権とされている（破2条9項）。

を検討すれば足りる。

　他方で、自然人事件の場合には、売却しようとする動産が破産者の所有であったとしても、民事執行法上の差押禁止動産（民執131条）に当たる場合[注2]には、破産財団に帰属せず（破34条3項2号）、破産管財人の管理処分権が及ばないため（破78条1項）、売却することができないことや、各裁判所において、動産の種類や価値の大きさ等に応じて換価基準を定めているのが通常であり、換価基準に従った売却が求められることなどに注意が必要である。

2　売却先・売却方法の検討

　動産は、その種類に応じて、価値の大きさや売却の難易等が大きく異なることから、破産管財人は、売却すべき動産にどのようなものがあるのかを整理した上で、それぞれについて売却先や売却方法を検討する必要がある。なお、破産管財人がこのような整理、検討作業をスムーズに進めるためには、申立ての時点において、申立代理人が、破産財団となる動産の目録の作成や資料の整理を適切に行った上で、破産管財人に引き継ぐことが重要であることはいうまでもない。

　売却先の検討に当たっては、当該動産について中古品市場が形成されているか否かが重要なポイントとなり、これが形成されている場合には、中古品買取業者に売却することが多いが、中古品市場が形成されていない場合には、買受希望者を見つけ出すこと自体が困難となることもある。このような場合には、同種の事業を営んでいる業者や取引先である債権者に売却したり、当該動産が保管されている不動産の売却と一括して売却したりするほか、破産者の親族に売却する場合もある。

　売却方法については、動産の種類等に応じて個別売却と一括売却のいずれの方法によるかを検討する必要があり、また、場合によっては、展示即売会やバーゲンセールを開催することも考えられる［詳細については、→**第1節**］。

　どのような売却先や売却方法を選択するかについては、破産管財人の裁量

（注2）　破産者の生活に欠くことができない財産等が当たるが、骨董品や高価な家具等はこれに該当しない。逆に、自営業者である破産者が所有する器具等が差押禁止財産に当たる場合もある（民執131条6号）ので、注意を要する。

に委ねられているといえるが、破産管財人には、前記Ⅰで述べた観点を考慮して、いずれの方法によるのがより迅速かつ破産財団に有利に動産を売却することができるのかについて検討することが求められる。

3　裁判所による許否の審査

　破産法上、動産の売却について破産裁判所の許可が必要とされるのは、当該動産の価値が100万円を超える場合と定められている（破78条2項7号・3項1号、破規25条）。したがって、売却価格が100万円を超える場合には、売買契約の締結について破産裁判所の許可を得る必要がある。もっとも、売却価格が100万円以下の動産を売却する場合であっても、一括売却の場合は例外的に破産裁判所の許可を得る必要がある（破78条2項4号）ことに注意が必要であるほか、専門業者の査定価格は100万円を超えるが事情によりやむを得ず廉価で売却するような場合や、破産者の親族に売却する場合等には、後に売却先や売却方法の当否について債権者から疑問を呈されるなどした場合に備えて、あらかじめ破産裁判所の許可を得ておくのが望ましいといえる。また、バーゲンセールをする場合のように、最終的な売却価格が100万円を超えるか否かが判然としない場合にも、事前に破産裁判所の許可を得ておくのが望ましい。いずれにせよ、破産裁判所の許可を得るべきか否かについて判断に迷うような場合には、許可申請前に破産裁判所に相談しておくべきである。

　動産売却の許可申請をする場合には、契約書案を添付するのが通常の取扱いであると思われる。破産裁判所は、契約書案に記載された売却先、売却方法、売却条件（売却価格のみならず、売買契約書に記載された契約条件も含まれる）を審査して売却を許可するか否かを判断する。契約書案以外の資料（例えば、売却価格を定めるに当たって取得した専門業者の査定書等）を添付するか否かについては、各裁判所において取扱いが異なると思われるが、バーゲンセール等のイレギュラーな売却方法等をとる場合には、事前の破産裁判所への相談の際に、許可申請書への資料の添付の要否についても相談しておくべきであろう。

　前記Ⅰ1で述べたように、迅速な動産の換価が要求されることから、破産

裁判所による許否の審査が迅速に進められる必要がある。そこで、破産管財人においては、許可申請書を迅速に作成して提出するほか、事案によっては許可申請書の草稿をファクシミリ送信するなどして事前に相談するなどの工夫が必要であろう。他方で、裁判所においても、迅速な審査態勢を整えておくべきであり、審査項目や添付資料の要否等を明確化したり、とくに中小規模の庁においては担当裁判官が不在の場合に代わって審査をする裁判官を確保したりするなどの配慮が必要であろう。また、書記官による審査の段階で手続が遅滞することがないよう、裁判官と書記官との間で審査項目等について議論し、整理しておく必要もあろう。

4 売却に当たっての工夫例および留意点

　破産管財人が換価作業を進めるに当たって最優先に考慮すべきなのは、迅速に買受希望者を見つけて売却を実現することであるといえるが、破産管財人は、これと同時に、債権者から後々疑問を呈されることがないように、売却先や売却方法等を選択しなければならない。とくに、動産には、材料や在庫品等、債権者の関心が高い財産が含まれていることが多いことから、債権者の意向等にも配慮する必要がある。そこで、実務上よく行われている工夫として、同種の事業を営んでいたり、取引先であったりした業者（債権者である場合も多い）に対し、売却を検討している動産を紹介し、買受希望を募ったり、売却価格の見積りを出させたりした上で、売却先や売却価格を決定することがある。また、第三者に売却することが困難な動産（差押禁止財産に当たらない家財道具等）を破産者の親族に対して売却するような場合には、他に選択肢がないことや、売却価格等の売却条件がやむを得ないものであることなどについて債権者集会で報告し、債権者の意向を確認した上で、売却を実施することもある。このように、債権者や取引先が有している情報や取引能力をうまく活用して売却を進めるとともに、債権者の意向も踏まえて売却先や売却価格を決定するなどして、迅速かつ適正な換価を進めることが求められる。

　また、動産の売買契約の締結に当たっては、契約条件として、現状有姿での引渡しとし、破産管財人の瑕疵担保責任を免除する旨の条項や、返品は受

け付けない旨の条項を定めておくべきである。もっとも、売却先が個人である場合に、破産管財人の瑕疵担保責任を免除する旨の条項が、消費者契約法に違反するとして無効とされるおそれがある（消費契約8条1項5号）こと(注3)、実際に瑕疵があるなどした場合にトラブルが生じることを避ける必要があることから、売却に当たっては、売却先に対し、破産財団が瑕疵担保責任を負担することが現実的には困難であることなどについて、十分に説明して納得を得ておくことが必要である。

Ⅲ 破産財団からの放棄

1 破産財団からの放棄の検討

破産管財人は、できる限り破産財団に帰属する動産を換価すべきであるが、最終的に換価することができない場合もあり、この場合には、当該動産を破産財団から放棄することを検討しなければならない。なお、自然人事件においては、各裁判所における換価基準によって換価を要しないとされている動産については速やかに破産財団から放棄する必要があるほか(注4)、破産者に自由財産から価値相当額の現金を破産財団に組み入れさせた上で当該動産を破産財団から放棄することもある。いずれにせよ、破産管財人には、破産手続がいたずらに長引くことがないよう、換価すべき動産とそうでない動産を早期に見極めることが求められる。

2 破産裁判所による許否の審査

破産法上、動産の放棄について破産裁判所の許可が必要とされるのは、当該動産の価値が100万円を超える場合と定められている（破78条2項12号・3項1号、破規25条）。したがって、動産の価値が100万円を超える場合には、当該動産を放棄することについて破産裁判所の許可が必要となる（もっとも、100万円を超える価値を有する動産を放棄することは、それほど多くないものと思われ

（注3） 条解破産法1226頁参照。
（注4） 換価を要しない財産については、自由財産の範囲の拡張の裁判があったものとして取り扱う裁判所も多く、この場合には、放棄について許可を得ることを要しない。

る)。動産の価値については、帳簿上の価格を参考としたり、場合によっては専門業者に査定させたりした上で判断することとなるが、100万円を超えるか否かが不明な場合には、念のために破産裁判所の許可を得ておくことも考えられる。また、動産の価値が100万円以下の場合であっても、危険物や賃借土地上の動産を放棄するに当たって諸条件を定めたような場合や、自然人事件において破産者から相当額の現金を組み入れることを条件として動産を放棄するような場合等には、念のために破産裁判所の許可を得ておくのが望ましい。許可申請をすべきか否かの判断に迷う場合に、事前に破産裁判所に相談しておくべきであることは、売却の場合と同様である。

　破産裁判所は、動産を放棄しなければならない事情、すなわち、売却が困難な事情があることや、放棄に当たって定められた条件等の内容を審査して、放棄を許可するか否かを判断する。これらの事情がもれなく記載されていれば、破産裁判所が資料の提出まで求めることは少ないと思われるが、後の管理が問題となるような事案(危険物の放棄等)については、放棄申請書に資料を添付するなどして許可を得る過程を客観的に残しておくことが望ましいといえよう。いずれにせよ、破産管財人は、破産裁判所との間で事前に十分な打合せをすべきである。

　破産裁判所による許否の審査が迅速に進められるために破産管財人および裁判所が工夫または配慮すべき事項は、売却の場合と同様[→Ⅱ3]である。

3　放棄に当たっての留意点

　自然人事件の場合には、破産財団から放棄された動産は、破産者に所有権が再び帰属することとなり、その後の管理上の責任等は破産者が負うことが明らかであるが、法人事件の場合には、管理者が不明となり、場合によっては、破産管財人が法律上または道義上の責任を問われる事態が生じ得ることから、破産管財人は、このような問題が生じないように、何らかの措置をとる必要がある。例えば、危険物や賃借土地上の動産について、何らの措置もとらずに単に財団から放棄するような処理は避けるべきである。このような場合には、地主や当該動産が所在する不動産の担保権者、場合によっては自治体等とも綿密に協議し、どのような措置をとるのかについて道筋をつけた

上で放棄手続をとらなければならない［詳細については、→第6節］(注5)。

Ⅳ　個別の問題点

以下では、通常の事案においてよくみられる動産を中心に、破産裁判所の立場から留意すべきと思われる点を概括的に説明する。

1　自動車

　自動車については、法人事件と自然人事件とで、売却と放棄のいずれを原則的な処分方法とするかなどについて実際上の取扱いが異なることが多いといえるが、共通する留意点として、交通事故による運行供用者責任（自賠3条）の負担を避けるため、または毎年4月1日現在の登録名義人に課税される自動車税や自賠責保険料の負担を避けるために、迅速かつ明確に売却または放棄の手続をとる必要があることが挙げられる。とくに、運行供用者責任については、破産財団が高額の賠償責任を負わなければならなくなる事態も生じ得ることから、注意が必要である。価値が100万円以下で、破産法上、売却または放棄について破産裁判所の許可を要しない場合や、自然人事件において各裁判所の換価基準によって換価を要しないとされている場合であっても、破産裁判所の許可を得る取扱いとしたり、破産者その他の者へ管理を委ねた旨の書面等の作成を求めたりする裁判所が多くみられるのは、売却または放棄の日を明確化して上記のリスクを避けるためである。なお、法人事件については、単に自動車を破産財団から放棄するだけでは、運行供用者責任等の問題が生じたり、自動車税が課されたりすることもあることから、廃車手続まで求める裁判所が多い。

　さらに、自動車については、ローン契約が組まれ、販売会社に所有権が留保されていることも多いことから、破産管財人は、自動車の価値や残債権の額を確認し、所有権留保者と交渉した上で、売却等の処理をする必要がある。この点に関連して、小規模個人再生事件の事案において、立替払をした信販

（注5）　危険物の処理については、破産管財の手引167頁において、さまざまな事例における工夫例が紹介されており、参考となる。

会社が販売会社の留保所有権を別除権として行使することを否定した最判平成22・6・4（民集64巻4号1107頁）があった[注6]が、近時、破産事件の事案において、保証債務の履行として売買代金残額を支払った保証人が販売会社の留保所有権を別除権として行使することを認めた最判平成29・12・7（民集71巻10号1925頁）が現れた。平成29年判決においては、「保証人は、自動車につき保証人を所有者とする登録なくして、販売会社から法定代位により取得した留保所有権を別除権として行使することができる」とされ、また、信販会社が販売会社から代位によらずに留保所有権の移転を受ける旨の合意がされた平成22年判決とは事案が異なるとされている。破産管財人としては、ローン契約の内容や売買代金の処理方法等、当該自動車をめぐる具体的事情を把握した上で、販売会社等と交渉することとなると考えられる[注7]。

なお、軽自動車については、自動車検査証上の登録名義の有無ではなく、引渡しの有無が対抗要件となると解されている（道路運送車両法5条・4条参照）ことにも注意が必要である。

このほか、詳細については、**第5節**を参照されたい。

2 リース物件

リース物件の処理に当たっては、まず、当該リース契約の性質を契約書等の内容から正確に判断することが重要である。

いわゆるフルペイアウト方式によるファイナンス・リース契約の場合には、双方未履行の双務契約に関する規定（破53条1項）は適用されないと解されている（最判平成7・4・14民集49巻4号1063頁）ことから、破産管財人は、未払リース料を別除権付破産債権として捉えた上で、当該リース物件の価値および残債権の額等を考慮して、リース業者に当該リース物件を返還して精算するなどの処理を検討することとなる［詳細については、→**第4節**］。

（注6） 破産手続においても平成22年判決と同様の考え方をとるべきとする文献として、印藤弘二「倒産手続における所有権留保の取扱い——最二小判平22.6.4の検討」金法1928号（2011）80頁。また、販売会社の登録名簿を信販会社の対抗要件として認める特約が当事者間に存在する場合であっても平成22年判決と同様に取り扱うべきとする文献として、破産管財の手引220頁、破産・民事再生の実務〔破産編〕213頁。

（注7） 平成22年判決の事案を基にした交渉の実際例として、破産管財の手引220頁。

これ以外の方式によるリース契約の場合には、双方未履行の双務契約に関する規定（破53条1項）に従い、解除または履行の選択を検討すべき場合もあると考えられる(注8)。

3 さまざまな担保権が存在し得る動産（商品・材料等）

商品、材料等については、保管費用の増加や価値の陳腐化を避けるために、迅速な売却作業が必要となるが、所有権留保や譲渡担保、動産売買先取特権（民321条）等の担保権が存在するか否かを慎重に確認する必要がある。

所有権留保および譲渡担保が存在する場合は、リース物件の場合と同様に、当該動産の価値および残債権の額等を考慮して、担保権者との間で処分方法について協議し、売却その他の方法による処理を検討することとなる。

他方、動産売買先取特権が存在する場合であっても、破産管財人は、当該動産を売却してしまって差し支えなく、これについて不法行為責任等は負わないとの考え方が有力に主張されている(注9)(注10)。もっとも、動産売買先取特権者が、破産管財人に対し、その権利行使が法律上も事実上も容易であることについて高度な疎明をした場合は、民事執行という形で権利行使がされなくとも、破産管財人がこれを尊重することは認められるであろうとの見解もあり(注11)、また、売却に当たって当該債権者の協力を得なければならない場合も多いと思われることから、破産管財人は、動産の種類、性質等や、債権者が主張する事情等も踏まえて、売却等の処分を検討することになろう。さらに、売却する場合には、売買代金債権に対する先取特権者からの物上代位に基づく差押え（民304条）を避けるために、現金と引換えに売却を行うべきことにも注意が必要である(注12)。

なお、事例としてはそれほど多くないと思われるが、工場内に所在する機

(注8) 条解破産法424頁参照。
(注9) 園尾隆司「動産売買先取特権と動産競売開始許可の裁判（下）」判タ1324号（2010）14頁、破産実務 Q&A 200問138頁［三村藤明］。
(注10) 破産管財人の不法行為責任を否定した裁判例として、大阪地判昭和61・5・16判時1210号97頁、東京地判平成3・2・13判時1407号83頁。
(注11) 那須克巳「倒産手続における先取特権」金法1758号（2005）48頁。
(注12) 破産管財の手引181頁。

械類等について、工場抵当法に基づく工場抵当権の効力が及んでいる場合もあり得る。工場抵当権を第三者である破産管財人に対抗するには、工場抵当法3条に定める目録への記載が必要であることから（最判平成6・7・14民集48巻5号1126頁）、破産管財人は、まずは同目録の作成の有無を確認し、売却しようとする動産が目録に記載された機械類等に含まれるか否かを検討した上で、売却するか否かを検討することとなる。

このほか、詳細については、**第1節**および**第2節**を参照されたい。

4　顧客データ等の情報が保存されているパソコン等

リース物件であるか否かにかかわらず、破産者において使用していたパソコンには、顧客データその他の個人情報や秘密情報が保存されていることも多く、その処分に当たっては、これらの情報が流出しないように注意する必要がある。パソコン上においてデータを削除するだけでは、情報の流出は防げない（ある程度の専門知識があれば、削除したデータを復旧することは容易である）ことから、売却や廃棄の際に、専門家の手を借りるなどして、初期化やデータの抹消等の処理をしておくべきである。

おわりに

破産裁判所の立場からみた動産の換価における留意点等は、以上のとおりであるが、動産にはさまざまな種類があり、その換価方法も多岐にわたることや、非典型的な担保権等の処理が必要となることもあることから、ケースバイケースでの判断となることが多く、また、各裁判所における換価基準等も異なるものと思われる。

したがって、破産管財人が動産の換価作業を迅速かつ適正に進めるに当たっては、破産管財業務を行う破産裁判所における取扱いを十分に確認し、また、破産裁判所と密に連絡をとり、換価方法等について協議することが、他の財産を換価する場合以上に重要であるといえよう。

（都野道紀）

第5章
知的財産権

第1節　知的財産権全般に関する換価上の留意点

はじめに

　知的財産権^(注1)は無形資産である。不動産などの有形資産と異なり、その存在を認識しづらく、価値評価も困難を伴うことが多い。また、知的財産権の保護内容は立法により政策的に決定され、時代によって変化する上、知的財産権の保護法は多岐にわたり、その内容も複雑である。

　このような知的財産権および知的財産法の性質に鑑み、破産管財人が換価業務を遂行する上で、知的財産権が問題となり得る場合には、慎重な検討、確認が必要となる。とくに、破産者が保有する知的財産権のうち、登録制度のある権利（特許権、実用新案権、意匠権および商標権）については、破産者から開示された資料だけでなく、特許登録原簿、商標登録原簿などの各種登録原簿のほか、特許情報プラットフォーム^(注2)における検索により得られる特許公報、商標公報などの情報を入手して、破産管財人自身が、破産者の名義で権利者として登録されているか、無効審判が請求されていないか、出願中の権利についてはどのような状況にあるか等を確認するべきである。また、破産管財人が知的財産法に関して造詣が深いとはいえない場合は、基本

（注1）　ここでは、特許権、実用新案権、意匠権、商標権、著作権を総称して「知的財産権」という。
（注2）　https://www.j-platpat.inpit.go.jp/web/all/top/BTmTopPage. 2019年1月31日最終閲覧。

的な知識を専門書で確認することはもちろんのこと、文献調査だけで解消しない疑問点については全国倒産処理弁護士ネットワークのメーリングリストを活用するなどして、知的財産法に詳しい弁護士に助力を求めることも有用であろう。

　本稿は、必ずしも知的財産法に通じているとは限らない破産管財人が、換価業務を行うに当たり、知的財産権に関して留意すべき点を整理することを目的とする。破産管財人の換価業務に知的財産権が絡む場合としては、典型的には、①破産財団に属する知的財産権自体を譲渡する場合と、②ライセンス契約の対象である在庫商品等を譲渡する場合が挙げられる。そこで、以下では、まず知的財産権全般に関する問題として、上記①および②の場合における一般的な留意点について述べ、その後、商標権［→第2節］、特許権・実用新案権・意匠権［→第3節］、著作権［→第4節］に分けて各権利に特有の留意点を整理する。

I　破産財団に属する知的財産権自体を譲渡する場合の留意点

1　知的財産権の価値評価

(1)　事業の価値と知的財産権の価値

　知的財産権が事業の一部を構成している場合、当該知的財産権は事業の一部としてこそ意味があることが多い。言いかえると、他の要素から切り離すと当該知的財産権の意味がなくなり、または評価が著しく下がることもある。したがって、事業譲渡においては、知的財産権を含む事業価値を評価すれば足り、知的財産権のみを取り出して評価を行う必要性は、さほど高くないと思われる。もっとも、事業価値に占める特定の知的財産権の価値が多大である場合（さらに、極端な場合には事業価値よりも事業の要素である知的財産権の価値のほうが大きい場合）には、個別の知的財産権の価値評価を行うことにより、より適切な換価に結びつくこともあろう。また、すでに破産者の事業には見るべきものがなくなっているにもかかわらず、破産財団に属する知的財産権について、第三者が個別の譲渡を求めてくる場合もある。このよう

な場合には、個別に知的財産権の価値を評価する必要がある。

(2) **知的財産権の評価手法**

個別資産としての知的財産権の評価は決して簡単ではないが、破産管財人としては軽視しないことが重要である。事例としては、いわゆるパテントトロールと思われる会社が特許権者として権利を行使して約10億円の損害賠償請求をした事案において、その入手先を調べてみると譲渡人は破産管財人であり、譲渡価格は50万円であったということもある。もちろん、パテントトロールが50万円で破産管財人から入手した特許権を行使して10億円を請求したとしても、直ちに破産管財人の評価が誤っていたということにはならないが、専門家の意見を聴くこともなく、価値がよくわからないからという理由で買主の言い値で譲渡するということは避けたいところである。

他の資産同様、知的財産権についても、基本的な評価方法としては、マーケットアプローチ、インカムアプローチ、コストアプローチがある[注3]。

マーケットアプローチは、類似の権利に係る取引事例等の価格からアプローチする手法である。高く売りたい売主と安く買いたい買主とが独立当事者として交渉した結果としての価格を知り得る場合には、公正価値に最も近い価格を定める有用な情報源となり得る。しかし、知的財産権については、取引の条件が開示されるような公開の市場が整備されているわけではなく、類似の取引事例の収集は困難であるのが通常であるから、マーケットアプローチを有効に適用できるケースは多くないと思われる。

次に、インカムアプローチは、知的財産権から得られるであろう利益からアプローチする方法である。典型例としては、知的財産権があることゆえに得られる将来のキャッシュフローを現在価値に引き直して評価するディスカウンティッド・キャッシュフロー法が挙げられる。もっとも、破産者が、クロスライセンス契約により数多くの契約相手方に対して保有する特許ポートフォリオをライセンス供与しているような場合には、当該特許権は、単なる資産ではなくライセンシーに対する多くの負担付きの権利という性質もある

(注3) ㈳日本不動産鑑定協会調査研究委員会＝鑑定評価理論研究会編者『知的財産権の適正評価システム』（住宅新報社、2008）27頁以下。

ため、インカムアプローチにより評価するのは困難と思われる。

　コストアプローチは、特許権等を生み出すために要した原価、あるいはこれに加え、特許権等を事業化するために要した原価をも加えることにより特許権等の価値を評価する方法である。しかしながら、原価をベースとする評価は、企業が継続することを前提とする企業会計上は意味のあるものだとしても、すでに事業をやめ、知的財産権を売却して現金化しなければならない局面では必ずしも意味があるとはいえない。せいぜい、同じ内容の知的財産権を自力で作り出す場合のコストを予想させる金額として参考になる程度であろう。

　以上のとおり、知的財産権の評価手法として決定的なものはないのが現実であり、実務的には、可能な限り複数の買主候補者による競争状態を作り出し、市場の評価を経た上で売却する等の工夫がなされているところである(注4)。

2　知的財産権を譲渡する際の手続面および契約書上の留意点

　知的財産権は財産権であるから自由に移転することができるが、登録制度のある権利（特許権、実用新案権、意匠権、商標権。以下、この項において「特許権等」という）については移転登録が効力発生要件となっている（特許98条1項1号、実用新案26条、意匠36条、商標35条）。よって、破産管財人が破産財団に属する特許権等を処分するに当たっては、譲渡代金を受領するのみならず、移転登録まで行う必要があることに留意する必要がある(注5)。なお、著作権の譲渡契約は諾成契約であり、著作権登録は対抗要件にすぎない（著作77条1号）。

　知的財産権の譲渡契約書においては、譲渡人が譲受人に一定の事項を保証することがある。具体的な保証事項としては、①知的財産権に無効原因ない

（注4）　更生手続におけるクロスライセンス契約の取扱いなどに関する事例の紹介と財産評定における知的財産権の評価方法等について、小林信明ほか「エルピーダメモリの知的財産権をめぐる諸問題」NBL 1023号（2014）47頁を参照。
（注5）　また、特許権等が譲渡担保として差し入れられている場合において、担保権者が破産者の支払停止後に、破産者代表者に移転登録申請書を特許庁に提出させて移転登録を行ったとき、当該移転登録行為は、破産法164条2項により否認の対象となる余地がある。

し取消原因が存在しないこと、②第三者に対して実施権ないし使用権を許諾していないこと、③当該知的財産権が第三者の知的財産権を侵害していないこと、④第三者が当該知的財産権を侵害している事実はないことなどが考えられる。もっとも、破産管財人が破産財団に属する資産を売却する場合には、瑕疵担保責任を負わない旨の条項を契約書に定めるのが通常であるから、破産管財人が知的財産権を処分する際には、上記の事項について一切責任を負わない旨の条項を譲渡契約書に規定しておくべきであろう。

3 ライセンシーが存在する場合の留意点

(1) 破産法53条1項・56条1項とライセンス契約

　破産法53条1項は、双方未履行の双務契約について、破産管財人がその履行または解除を選択することができる旨定めている。双方未履行の双務契約とは、双務契約であって、破産者および相手方双方の義務の全部または一部が残っている契約をいう[注6]。

　ライセンス契約は、一般的に、ライセンサーがライセンシーに対して、自らが保有している知的財産権を行使しないという義務およびその他の付随的義務を負い、ライセンシーがその対価としてロイヤリティを支払う義務およびその他の付随的義務を負うことを基本的な内容とする継続的契約であるから、契約期間中にいずれかの当事者について破産手続が開始されれば、当該契約は双方未履行の双務契約となり、破産法53条1項が適用されると解されている[注7]。

　しかしながら、ライセンサーが倒産した場合に、破産管財人がライセンス契約を解除することを無条件に認めてしまうと、当該ライセンス技術に依拠して事業を展開していたライセンシーは、当該解除によって事業を頓挫させられるなど、多大な損害を被るおそれがある。そこで、破産法56条1項は、「第53条第1項及び第2項の規定は、賃借権その他の使用及び収益を目的とする権利を設定する契約について破産者の相手方が当該権利につき登記、登

（注6）　条解破産法404頁。
（注7）　伊藤・破産法民事再生法401頁。

録その他の第三者に対抗することができる要件を備えている場合には、適用しない」と規定しているので、ライセンシーの通常実施権などの権利が対抗要件を備えていれば、破産管財人による解除権行使は認められない。

(2) 当然対抗制度の導入

破産法53条１項・56条１項のもと、従前は、ライセンシーが保護されるためには、特許庁への登録が必要とされていた。しかしながら、特許、実用新案および意匠における通常実施権については、2011年特許法改正により登録制度が廃止され、通常実施権の許諾を受けたライセンシーは、特許庁への通常実施権の登録を必要とせずに、特許権等を譲り受けた者からの差止請求等に対抗できるようになった（当然対抗制度。特許99条、実用新案19条３項・意匠28条３項において準用。以下、当然対抗制度との関係では、実用新案権、意匠権についても特許権と同様の議論が当てはまることから、特許権が譲渡される場合を念頭に置いて説明する）(注8)。したがって、ライセンス契約の存続期間中にライセンサーが倒産しても、破産法56条１項が当然に適用される結果、当該通常実施権に係るライセンス契約に対する破産管財人の解除権は制限されることとなった。

(3) ライセンサーとしての契約上の地位の承継の有無

当然対抗制度が導入されたことで、近時さかんに議論されているのが、ライセンス契約の承継問題である。ライセンス契約においては、通常実施権の許諾という特許法上の法的効果を発生させることに加え、ライセンス料の支払義務、ノウハウ提供義務、原料提供義務、独占の特約等、さまざまな権利義務関係が当事者間で合意されることが多い。

しかし、特許法99条は、「通常実施権は、その発生後にその特許権……を取得した者に対しても、その効力を有する」と規定するのみで、ライセンシーが特許庁への登録を経ることなく通常実施権を譲受人に対して主張できるという以上に、ライセンス契約上の地位が譲受人に移転することを規定するものではない。そこで、当然対抗制度の下で特許権が譲渡された場合に、ライ

(注８) 当然対抗制度は、改正法施行前に許諾されていた通常実施権にも適用される（平成23年特許法等の一部を改正する法律〔平成23年法律第63号〕附則２条11項）。

センサーの契約上の地位（権利義務）も、特許権の移転に伴い、譲受人に当然に承継されるか否かが論点となり、学説は大別して、これを肯定する説[注9]（以下、「承継説」という）と否定する説[注10]（以下、「非承継説」という）に分かれている。

承継説は、賃貸借契約のある不動産が売買された場合に新所有者に対抗できる賃借人と新所有者の間には原則として元の賃貸借契約が承継されると考えられていることから、ライセンス契約もこれと同様に考えて、ロイヤリティ条項のようなライセンス契約の基本的な内容は新特許権者とライセンシーとの間に承継されるとするものである。一方、非承継説は、不動産賃貸借契約と異なり、ライセンス契約は契約ごとの当事者の個性が強く、ライセンス契約の内容も一様でないことを根拠に、契約当事者の同意がない限り、契約上の地位は移転しないとするものである。

その他の学説としては、ライセンス契約が承継されるか否かは、当事者の意思や契約内容等の個別の事情を検討した上で決定すべきものであり、一律には決定できないとする見解もある[注11]。このように、ライセンス契約の承継問題については、学説が分かれており、実務も安定した慣行があるとはいえない。

(4) 破産管財業務における留意点

以上の状況を踏まえ、破産管財人が特許権を処分する場合の留意点を整理する。

① 破産財団に特許権が含まれる場合、破産管財人は、破産会社の知財担当者等に対して直接質問するなどして、通常実施権の存否について慎重に確

(注9) 中山信弘＝小泉直樹編『新注解特許法〔第2版〕（中巻）』（青林書院、2017）1608頁が引用する同編『新・注解特許法（上）』（青林書院、2011）1376頁［林いづみ］等。なお、当然対抗の性質に反しない限り契約関係を当然承継すると解すべきであるとする見解や、ライセンス契約に通常実施権の設定とライセンス料支払義務だけが定められている場合に限り、通常実施権者と特許権の譲受人の間に承継され、その他の場合には承継されないとする折衷的な見解があるが、ここでは両者を区別せずに承継説と呼ぶ。
(注10) 飯塚卓也「当然対抗制度」ジュリ1437号（2012）77頁、高橋淳「当然対抗制度」知財ぷりずむ10巻120号（2012）16頁等。
(注11) 水谷直樹「平成23年特許法改正の概要と実務上の留意点」会社法務A2Z 2012年1月号43頁。

認を行う必要がある^(注12)。破産管財人としては、通常実施権の負担がない特許権が破産財団に帰属していると考えていたにもかかわらず、後日、第三者から予期せぬ通常実施権の対抗を受けるという可能性があるからである。

② 通常実施権が許諾されている特許権が破産財団に属する場合、破産管財人は、当然対抗制度の下、通常実施権の負担が付いた状態で特許権を第三者に譲渡せざるを得ない。そして、上述のとおり、ライセンサーの契約上の地位が、特許権の移転に伴い、譲受人に当然に承継されるか否かについては争いがある。したがって、破産管財人が特許権を譲渡するに当たっては、特許権の譲受人がライセンサーの地位を承継することについて、ライセンシーから承諾を得ておくべきである[注13]。また、従前のライセンス契約の内容を変更する必要がある場合には、当事者間で交渉を行った上で、ライセンシー、譲渡人である破産管財人、譲受人の三者間で合意をすることが望ましい。

③ ②の承諾または同意が得られなかった場合、非承継説によれば、破産管財人が特許権を処分してもライセンシーは特許権の譲受人に直接ロイヤリティを支払う義務がないから、譲受人は破産管財人経由でロイヤリティを請求せざるを得ない。しかし、その時点で破産手続が終了していれば、破産管財人は存在しないから、譲受人は、破産財団に残余財産が発見されたとして清算人選任の申立てを行うという迂遠な方法をとらざるを得なくなる。

そこで、このような事態を避けるために、破産管財人はライセンシーに対する将来債権を一括して譲受人に譲渡し、これをライセンシーに通知しておく必要があろう[注14]。

④ 1つのライセンス契約において、日本の特許権のみならず、海外の特

(注12) 通常実施権の登録の有無を確認することも意味がないわけではないが、通常実施権の登録制度の廃止により、2012年3月30日（金）受付分を最後に、通常実施権に係る特許原簿上の情報は更新されなくなった。そのため、改正法施行日（2012年4月1日）以後の特許原簿上の通常実施権に係る情報は、同年3月30日（金）までに登録申請があったものであり、最新の情報であるとは限らないので、注意を要する。

(注13) 譲渡禁止がライセンス契約書に明記されている場合、ライセンシーの承諾の要否は、破産管財人は破産者が締結した契約上の特約に拘束されるかの議論に関連する問題となる。

(注14) 片山英二「当然対抗制度の導入と実務上の問題点」日本工業所有権法学会年報35号（2012）101頁。

許権もライセンスの対象になっている場合がある。かかる状況下では、1つの契約の対象として、対抗要件を備えている権利と備えていない権利が併存していることになり得るが、この場合に破産法56条1項の適用についてどのように考えるべきか（一体の契約でありすべての権利について破産管財人は解除できないと考えるのか、それとも、対抗要件を備えていない権利については、破産管財人は解除できると考えるのか）という問題は、ほとんど議論がなされていない状況であり、今後に残された課題といえる[注15]。

この論点は、当然対抗制度が導入されていない商標権の通常使用権や著作物の利用権が、特許権と合わせて1本の契約でライセンスされている場合についても、同様に当てはまる。

4 知的財産権が共有に係る場合の留意点

知的財産権の共有者の1人が破産した場合、破産者の共有持分は破産財団に属し、破産管財人の管理処分権に服する（破78条1項）。破産管財人は、その持分を換価しなければならないが、その方法としては、持分を譲渡するか、共有物を分割しなければならない。知的財産権の共有者は、他の共有者の同意なくしては、その持分の譲渡をすることができないことから（特許73条1項、実用新案26条、意匠36条、商標35条、著作65条1項）、破産管財人が持分の譲渡を行うに当たっても、他の共有者の同意を得る必要があると解される[注16]。なお、著作権については、各共有者は「正当な理由」がない限り同意を拒むことができないとされている（著作65条3項）。

特許権等の持分について分割請求できるかどうかについては、現物分割の方法は考えにくいが[注17]、代金分割または価格賠償による分割の請求はでき

(注15) 松田俊治「当然対抗制度の特許権の通常実施権への導入と今後に残された問題について」中山信弘ほか編『牧野利秋先生傘寿記念論文集・知的財産権——法理と提言』（青林書院、2013）745頁。同文献は、この問題の結論を導くために考えられるアプローチとしては、①契約が可分か不可分か、②契約の主たる対象知的財産権について対抗要件が備えられているか否かといった点をメルクマールとすることであろうと述べている。
(注16) 服部誠＝片山英二「共有特許と倒産」知財管理 54巻1号（2004）34頁。
(注17) 商標権については、指定商品や指定役務が複数あれば、共有者間で指定商品、指定役務別に分割することができる（商標24条・24条の2）。

るとするのが通説的見解である(注18)。著作権については、一部譲渡が可能である以上（著作61条1項）、理論的には現物分割もあり得るが、現実的には特許権等と同様、代金分割または価格賠償による分割請求をすることになろう(注19)。

破産管財人による分割請求は、共有者間で不分割の合意（民256条ただし書）がなされている場合であっても行うことができる（破52条1項）。実務的な観点からすると、破産管財人としては、他の共有者に持分を売却するのが、早期の処分を実現させる有効な方法ということになろう(注20)。

5 通常実施権を移転する際の留意点

破産者が特許権等を有している場合ではなく、他者から特許権等の通常実施権の許諾を受けている場合（破産者がライセンシーである場合）に、当該通常実施権を移転する際の留意点について述べておく。

ライセンシーが破産した場合、破産管財人は、契約の履行か解除かを選択して決定する（破53条1項）。もっとも、ライセンシーの地位は、譲渡可能性がないのが通常であるので、履行が選択されるのは、営業継続など例外的な場合に限られる(注21)。

破産管財人が破産者の営業を継続するためにライセンス契約の履行を選択し、その後、スポンサーに事業を譲渡する場合、ライセンサーの承諾が必要か否かは、特許法94条1項、実用新案法24条1項、意匠法34条1項との関係で問題となる。特許法94条1項等は、特許権者等の承諾ある場合のほか、「実施の事業とともにする場合」にも通常実施権を移転することができる旨定め

(注18)　中山信弘『特許法〔第3版〕』（弘文堂、2016）314頁、小野昌延編『新・注解商標法（上巻）』（青林書院、2016）1049頁［小池豊＝町田健一］。
(注19)　中山信弘『著作権法〔第2版〕』（有斐閣、2014）226頁。
(注20)　影山光太郎「破産手続の利用による事業の再建、民事再生と破産の間」清水直編著『企業再建の究極にあるもの』（商事法務、2015）82頁は、ある破産事件において、破産者が共有の知的財産権を有していたが、「当方が破産手続中であるという足元を見られ、また当方が持分を放棄すれば他の共有者はその持分を取得できることもあって（民法255条）、同意が得られなかったので、価額等を考慮し、やむを得ず破産財団から放棄した。」と述べており、現実的には、処分に困難を伴うケースも多いと予想される。
(注21)　伊藤・破産法民事再生法402頁。

ているからである。ここでいう「実施の事業」とは当該特許発明等を実施するに足る事業と解されているが(注22)、通常実施権の移転が「実施の事業とともにする」ものか否かについては、事案に応じて実質的な判断をするほかないとされている(注23)。具体的な事案によっては、ライセンサーの承諾の要否について判断が困難な場合もあると思われ、その場合、破産管財人は、念のためライセンサーの承諾を得ておくほうが無難であろう。

なお、商標の通常使用権については「実施の事業とともにする場合」に移転可能とする規定がないため（商標31条３項参照）、商標権者の承諾がある場合か、一般承継の場合にのみ、移転することができる。許諾による著作物の利用権についても、著作権者の承諾がない限り、譲渡することはできない（著作63条３項）。

6 知的財産権が信託されている場合の留意点

2004年の信託業法改正（平成16年12月30日施行）により、受託可能な財産の制限が撤廃され、知的財産権も信託することが可能になった。知的財産信託を利用する目的は、大きく２つに分けることができる。１つは、権利出願、特許年金の支払、ライセンスの管理等を目的とする場合（管理型信託）で、もう１つは、知的財産を活用して得られる収益を裏付けとして資金調達を目的とする場合（資金調達型信託）である。

管理型信託の例としては、国内外の大企業、中小企業、大学、個人が、その保有する知的財産権を信託し、信託会社に知的財産の管理業務を任せるというケースが考えられ、そうすることで委託者は研究開発や事業に専念することができるようになる。一方、資金調達型信託は、例えば、映画製作委員会が映画の著作権について信託し、信託受益権を投資家に販売して、当該投資家から得た資金で興行、販売等を行うという形で利用される。

このように知的財産権は信託財産とされている場合もあり、破産者が知的

(注22) 　中山信弘編著『注解特許法（上巻）〔第３版〕』（青林書院、2000）906頁［中山信弘］。
(注23) 　中山信弘＝小泉直樹編『新・注解特許法〔第２版〕（中巻）』（青林書院、2016）1470頁［城山康文］。

財産権を信託譲渡してすでに当該知的財産権を保有していない場合であっても、受益者となっているのであれば、破産管財人は破産者が有している信託受益権の換価を検討する必要がある。

なお、2で述べたとおり、特許権等の登録制度のある権利の移転は、登録が効力発生要件であるが、著作権の移転登録は対抗要件である。そうすると、著作権の移転登録がなされる前に破産手続開始決定がなされた場合、破産者から著作権の信託譲渡を受けた受託者は、当該知的財産権を破産管財人に対抗できるかが問題となるが、不動産や動産の場合と同様、対抗することはできないと思われる[注24]。

Ⅱ　ライセンス契約に基づく在庫商品等を譲渡する場合の留意点

在庫商品等を譲渡するに当たり、それが他者の知的財産権に関するライセンス契約に基づいて製造した商品である場合には、ライセンス契約書で売却先や販売地域等について許諾の範囲を確認する必要がある。製造・販売についてライセンスを要する商品の場合、破産管財人の処分権は、権利者による許諾の範囲内でのみ処分可能という制約に服しているからである[注25]。ライセンス契約の定める条件の範囲内であれば、商品を譲渡するに当たって破産管財人が再度ライセンサーの許諾を得る必要はない。

一方、資産譲渡の範囲にとどまらず、事業譲渡によってライセンシーの地位を譲渡する場合には、ライセンサーの承諾を得る必要がある。相手方の承諾がなければ、契約上の地位の譲渡は効力が生じないからである[注26]。

(注24)　著作権の移転登録は、申請日ではなく登録完了日に効力が発生するが、「登録の手引き」文化庁長官官房著作権課（2018年4月）9頁によれば、登録事務の標準処理期間は30日とされているため、場合によっては1か月間以上、対抗要件を具備できないことがある。したがって、受託者が移転登録申請をしていない場合だけでなく、移転登録申請後、登録完了前に破産手続開始決定がなされるという場合も現実的に生じ得る。

(注25)　ただし、破産手続開始等を解除権の発生原因とする特約は、破産法53条1項が破産管財人に対して履行か解除かの選択権を与えた意味が失われてしまうため、そのような特約が設けられているときであっても、ライセンサーの解除権は否定されると解されている（伊藤・破産法民事再生法387頁・402頁）。

(注26)　我妻榮『新訂債権総論』（岩波書店、1964）580頁。

第2部　実務家からみた破産管財人による財産換価を巡る諸問題(各論)

　実際の管財業務においては、ライセンシーの地位を譲渡する場合に該当するか否かの判断が微妙な場合がある。

　例えば、出版会社が破産した事例で、複数人の著作物が掲載された雑誌が在庫品として存在している場合を想定すると、破産会社は、各著作権者から当該雑誌を複製、譲渡することについて許諾を得ているのが通常である。したがって、すでに複製されて在庫となっている雑誌を譲渡対象資産に含めた上で、出版事業をスポンサーに事業譲渡するのは、著作権者との関係では許諾の範囲内の行為であって、破産管財人が著作権者の新たな許諾を得る必要はないとも思われる。

　しかしながら、出版物の増刷、改訂、電子書籍化等についてはライセンス契約の当事者でなければ行うことができないと考えられることから、当該雑誌につき増刷等の可能性があるのであれば、事後的にトラブルが生じるのを防ぐために、スポンサーに契約上の地位を譲渡すべく、著作権者の承諾を得ておくべきであろう。また、出版物の定価や販売部数等に応じて出版社から著作権者に印税（ロイヤリティ）が支払われることになっている場合には、ロイヤリティ支払義務を負っているライセンシーの地位をスポンサーに譲渡することになると考えられることから、この場合も著作権者の承諾を得る必要がある。

　さらに、著作物の原稿だけが破産会社の手元にあり、まだ印刷がなされていない状態で、当該原稿の出版も含めてスポンサーに出版事業を譲渡する場合には、複製について許諾を受けたライセンシーの地位をスポンサーに譲渡することになるため、やはり著作権者の承諾を得る必要があろう。

（柴田義人・玉城光博）

第2節　商標権に関する特有の留意点

I　真正商品の換価

　商標権者が商標を付して流通に置いた商品を真正商品といい、真正商品を業として転売する行為は、商標権者の許諾なしに行っても、商標権侵害にはならないと解釈されている(注1)。その論拠は、真正商品を転売する行為は、形式的には商標権侵害の構成要件に該当する行為であるが、商標の出所表示機能および品質保証機能を害することがないから、行為の実質的違法性は阻却されるという点に求められている。

　もっとも、商標権者がサンプル品としていた商品や、廃棄を予定していた商品を流通に置く行為は、商標権者の意思に基づく行為ではないので、そのような行為を無許諾で行えば、商標権侵害の責任を問われることになる（大阪地判平成7・7・11判時1544号110頁）。

　したがって、破産管財人が真正商品を換価する場合には、前記のような商標権者の意思に反する態様で譲渡しないように注意する必要がある。

II　OEM 生産品の換価

　OEM 生産における製造業者が破産したケースで、OEM 生産品が在庫として残っている場合がある。破産手続開始後、委託者が在庫の買取りに応じてくれれば望ましいが、既存の契約がすでに失効しているなどの理由で応じてもらえなかった場合に、破産管財人が在庫を第三者に譲渡して換価することできるかが問題となる。

　OEM 生産品には委託者の商標が付されているのが通常であり、それが登録商標であれば、破産管財人が在庫を第三者に売却する行為は、登録商標の出所表示機能を害するため、委託者の商標権を侵害することになる。また、OEM 生産品に付されているのが登録商標でなかったとしても、破産管財人による第三者への売却行為、または、破産管財人から譲り受けた業者による

（注1）　渋谷達紀『知的財産法講義Ⅲ〔第2版〕』（有斐閣、2008）495頁。

第三者への売却行為が、不正競争防止法2条1項1号の混同惹起行為に該当するとしてトラブルになる可能性は否定できない。

したがって、破産管財人がOEM生産品の在庫を委託者の同意なく第三者に売却し得るのは、商品の外観や品質等を損なわずに委託者の商標を取り除けるような例外的な場合（委託者の商標がシールで貼付されていて容易に取り外せる場合など）に限られ、そのような事情がなければ、換価は断念し廃棄することもやむを得ないと思われる。

III　並行輸入品の換価

ブランド品の販売業者が破産したケースなどにおいては、並行輸入した在庫商品を換価しなければならない場面が想定される。並行輸入は、①当該商標が外国における商標権者または当該商標権者から使用許諾を得た者により適法に付されたものであり、②外国商標権者と内国商標権者が同一人であり、③内国商標権者が商品の品質管理を行い得る立場にある場合には、商標権侵害とならない（最判平成15・2・27民集57巻2号125頁）。

したがって、破産管財人が並行輸入品の換価を行うに当たっては、前記3つの要件を満たすかを慎重に確認する必要がある。そして、前記3つの要件を満たさない場合には、当該並行輸入品を譲渡することは刑事罰の対象になり得ることから（商標78条・78条の2）、破産管財人において廃棄することが望ましい[注2]。

（柴田義人・玉城光博）

（注2）　破産実務Q&A 200問140頁［竹下育男］は、正規業者が引き取って処分してくれる場合もあるようだとする。

第3節　特許権・実用新案権・意匠権に関する特有の留意点

　インクカートリッジのような使い捨て商品について、使用済商品に改造を加えてリサイクル品として販売する行為、あるいは、感染予防の観点から使い捨てとされている注射針やコンタクトレンズを使用後に消毒して再利用する行為について、当該使い捨て商品が特許発明の実施品である場合、特許権を侵害することになるのかという議論がある。

　一度権利者により流通に置かれた物については、特許権はすでに目的を達成しており、その物について特許権は消尽していると解するのが通説的な見解であるが、重要部分の改修（修理）や改造をした場合には、新たな生産を行ったとして権利侵害となり得る[注1]。この点について、最判平成19・11・8（民集61巻8号2989頁）は、特許権者が譲渡した特許製品につき加工や部材の交換がされた場合において、当該加工等が特許製品の新たな製造に当たるとして特許権者がその特許製品につき特許権を行使することが許されるかどうかについては、当該特許製品の属性、特許発明の内容、加工および部材の交換の態様のほか、取引の実情等も総合考慮して判断すべきであると述べている。

　上記の点について、管財業務を行う上で問題になることはあまり多くないと思われるが、使用済商品の改修を行って再販売を行っている業者が破産した場合などには、在庫商品を譲渡すると特許権を侵害する可能性があるので、注意が必要である。

　なお、実用新案法および意匠法も、特許法と同じく工業所有権法としての創作法であり、消尽については、特許法と別異に解釈する理由はないと解される[注2]。

（柴田義人・玉城光博）

(注1)　中山信弘『特許法〔第3版〕』（弘文堂、2016）414頁。
(注2)　髙部眞規子「判解」最判解民事篇平成15年度（上）85頁。

第4節 著作権に関する特有の留意点

Ⅰ 翻案権（著作27条）または二次的著作物の利用に関する権利（著作28条）

著作権の譲渡契約において、翻案権（著作27条）または二次的著作物の利用に関する権利（著作28条）が譲渡の目的として特掲されていないときは、これらの権利は譲渡者に留保したものと推定される（著作61条2項）。したがって、破産管財人が著作権を譲渡する際には、これらの権利が破産財団に残らないよう、著作権譲渡契約書において、著作権法27条および28条に定める権利も譲渡対象に含まれることを明記しておく必要がある。

Ⅱ 著作者人格権

著作者人格権は、著作者が自己の著作物につき有している人格的利益を対象とした一身専属的な権利であり、譲渡することができない（著作59条）。著作権譲渡の場面では、譲受人が著作権を取得したにもかかわらず、後に著作者人格権を行使されると著作物の利用が制限されてしまうことから、著作権譲渡契約書に著作者人格権の不行使特約を規定するのが一般的である。

破産管財人が破産財団に属する著作権を譲渡する場合においても、著作者人格権の不行使特約をすることが多いと思われるが、当該特約をする当事者は誰になるのかという点については留意が必要である。

帰属上の一身専属権は差押えの対象となり得ず、破産財団に属さないとされていることから[注1]、個人の破産者に帰属している著作者人格権は自由財産となる。つまり、個人の破産者が著作者であり、かつ、著作権者でもある場合、破産手続開始決定によって著作権の管理処分権は破産管財人に帰属するが、著作者人格権の管理処分権は破産者に帰属したままとなる。そこで、破産管財人が著作権を譲渡する場合には、破産者も含めた三者契約とし、破産者が著作者人格権を行使しない旨の規定を設ける必要があろう。

(注1) 条解破産法312頁以下。

一方、著作物が法人著作（著作15条）である場合には、法人が原始的に著作権および著作者人格権を取得することになる。職務著作の場合に法人に帰属する著作者人格権は、作品に対する人格的な価値、すなわち、いわゆる「思い入れ」を保護するといった性格のものというよりは、著作物の財産的利用を妨げない範囲内において法人が保持しておくべき権利といった側面があるとされている[注2]。このような権利の性質に鑑みれば、著作者人格権を有する法人が破産した場合、当該著作者人格権は自由財産ではなく、破産財団に属すると解するべきである[注3]。したがって、破産管財人が著作権を譲渡する場合には、破産管財人が著作者人格権の不行使特約をすれば足りる。この場合の不行使特約は、破産管財人の任務が終了するまでの間は破産管財人は著作者人格権を行使しないという意味の約定であり、著作者人格権は、破産法人の法人格が消滅した時点で合わせて消滅するということになろう。

III　映画の著作物と映画製作委員会

　映画の制作会社や配給会社が破産した場合など、破産管財人が換価業務を遂行する上で、映画の著作物や映画製作委員会との関係が問題になるケースがある。映画の著作物については、著作者および著作権者に関して、著作権法上特別な規定が置かれていることから、以下では、映画の著作物に関する著作権法の規定について整理し、次いで、映画製作委員会の法的性質について説明する。

1　映画の著作者と著作権者

　著作者とは「著作物を創作する者」である（著作2条1項2号）。しかし、映画の場合は多数の者がその製作に関与しているため、著作者の確定は容易でない。そこで、他の著作物の場合は部分的な関与者も共同著作者となり得るが、映画については、制作、監督、演出、撮影、美術等を担当して映画著作物の「全体的形成に創作的に寄与した者」だけが著作者とされている（著作

（注2）　高林龍『標準著作権法〔第3版〕』（有斐閣、2016）223頁。
（注3）　破産法人には自由財産は認められない（伊藤・破産法民事再生法264頁）。

16条本文)。

次に、著作権は、創作と同時に著作者に原始的に帰属するのが原則であるが(著作17条1項)、映画では、その著作者が映画製作者に対し「製作に参加することを約束」しているときは、当該映画製作者に著作権が帰属する(著作29条1項)。「製作に参加することを約束」しているときとは、監督等の著作者が映画の製作に参加しているという意思を有して製作に携わる場合であり、ほとんどの場合はこれに該当する[注4]。映画製作者とは、「映画の著作物の製作に発意と責任を有する者」をいう(著作2条1項10号)。

以上のとおり、映画の場合は、創作者(著作者)とは限らない映画製作者が著作権者となる点で、著作権法上例外的な扱いがなされている。

2　映画製作委員会

日本では、映画を製作する場合、ほとんどにおいて映画製作委員会が形成されている。映画製作委員会とは、実務上形成されてきた概念であり、法律上の正式な定義が存在するわけではないが、一般的には、映画の制作・上映およびビデオ化、放送権販売、商品化等の利用(二次利用)を共同の目的として複数の者により形成された共同事業体をいうとされている[注5]。映画製作委員会の法的性質は、民法上の組合、または組合類似の無名契約であるとされており、組合員(製作委員会のメンバー)が映画の著作権を共有している。

したがって、破産管財人としては、破産手続開始申立書の資産目録に映画の著作権が記載されていなくても、破産者が映画製作委員会のメンバーになっていることが判明したときには、破産者が映画の著作権を有していると認識し、その処分を検討する必要がある。著作権が共有に係るときの留意点は、**第1節Ⅰ4**で前述したとおりである。

(柴田義人・玉城光博)

(注4)　中山信弘『著作権法〔第2版〕』(有斐閣、2014) 232頁。
(注5)　若松亮「映画製作に関する提携契約」現代企業法研究会編著『企業間提携契約の理論と実務』(判例タイムズ社、2012) 528頁。

第5節　金融取引等に知的財産権が取り込まれている場合

　知的財産権を目的物とする担保権の設定や証券化[注1]、知的財産権を信託財産とする信託等、資産の流動化等を目的とする金融取引スキームに知的財産権が取り込まれていることは、少なくともわが国においては多いとはいえない。また、資産としての知的財産権が金融取引において主役の座を占めているともいえない。例えば、担保としての知的財産権を考えると、多くの場合、債務者の全資産担保の一部として知的財産権が入っているにすぎず、または添え担保の域を出ないと思われる。

　しかしながら、知的財産権の特性に応じた注意点はある。例えば、著作権の場合、前述のとおり譲渡の対抗要件は文化庁への登録であるが、不動産や債権譲渡の登記と違って、効力の発生日が申請日ではなく登録完了日になる上、文化庁では受付順に処理するので、場合によっては数か月間対抗要件が具備できない可能性がある。したがって、知的財産権を流動化した債務者の破産管財人に就任した場合、取引の複雑さ等にまどわされることなく、基本に忠実に、対抗要件具備（登録完了）の日と破産手続開始の先後関係を必ず確認することが必要である。

　また、いわゆる真正譲渡の問題等、証券化の実質が担保権付き融資ではないかの論点は、とくに更生手続において重要であるが、目的財産が知的財産権であることに伴って問題が特殊なものになるわけではなく、証券化の問題を検討する際に検討されるべき事項（これ自体が確定しているわけではないが）を検討すべき点に変わりはない。

（柴田義人・玉城光博）

(注1)　事例やスキーム等を紹介した資料として、前川修満・川端兆隆「知的財産の証券化」（平成27年2月2日付講演資料、日本公認会計士協会東京会、日本公認会計士協会神奈川県会、日本弁理士会関東支部）。

第6節　裁判所からみた知的財産権の換価上の留意点等

I　売却（別除権の受戻しを含む）、財団放棄の許可申請の審査のあり方

はじめに

　破産法78条2項2号によれば、破産管財人が、「鉱業権、漁業権、公共施設等運営権、特許権、実用新案権、意匠権、商標権、回路配置利用権、育成者権、著作権又は著作隣接権の任意売却」をするには、裁判所の許可を得なければならない。鉱業権、漁業権、知的財産権等は、同項1号の有体物ではないが、その権利の設定、移転に登記・登録を要し、あるいは第三者対抗要件とされている権利(注1)は、その重要性において同項1号と異ならない(注2)ところから、その任意売却につき、裁判所の許可を要するものとされている(注3)。同項14号によれば、「別除権の目的である財産の受戻し」についても同様である。

　破産法78条2項2号所定の財産権のうち、特許権以下の財産権については、文献等が比較的多いため、その権利の概要等につきここでふれることはしない(注4)が、それ以外の財産権について簡単にふれておく。鉱業権とは、

（注1）　鉱業権（鉱業59条・60条）、漁業権（漁業23条・50条）、公共施設等運営権（民間資金等の活用による公共施設等の整備等の促進に関する法律24条・27条）、特許権（特許66条・98条）、実用新案権（実用新案14条・26条）、意匠権（意匠20条・36条）、商標権（商標18条・35条）、回路配置利用権（半導体集積回路の回路配置に関する法律10条）、育成者権（種苗法19条）、著作権（著作77条）、著作隣接権（著作104条）。
（注2）　大コンメ334頁［田原睦夫］。破産法78条2項1号所定の不動産に関する物権（所有権、地上権等）や登記すべき船舶は、一般に高価であり、破産財団にとって重要な財産であるところから、裁判所の許可を要するものとされた。
（注3）　大コンメ334頁［田原］。
（注4）　書記官事務の研究145頁には、主要な無体財産権に関する一覧表として、破産法78条2項2号の特許権以下の知的財産権の権利の概要や権利存続のための費用等が表形式でまとめられている。

登録を受けた一定の土地の区域において、登録を受けた鉱物およびこれと同種の鉱床中に存する他の鉱物を掘採し、および取得する権利である（鉱業5条）。漁業権とは、定置漁業権、区画漁業権および共同漁業権をいう（漁業6条1項）ところ、定置漁業とは漁具を定置して営む漁業であり（同条3項）、区画漁業とは養殖業のことであり（同条4項）、共同漁業とは一定の水面を共同に利用して営むものをいう（同条5項）。公共施設等運営権とは、公共施設等運営事業を実施する権利をいう（民間資金等の活用による公共施設等の整備等の促進に関する法律2条7項）ところ、公共施設等運営事業とは、公共施設等の管理者等が所有権を有する公共施設等について、運営等を行い、利用料金を自らの収入として収受するものをいう（同条6項）。

また、破産法78条2項12号によれば、破産管財人が「権利の放棄」をするときにも、裁判所の許可を得なければならないところ、特定の財産につき破産管財人の管理処分権を放棄し破産者の管理処分下に戻す行為も、この「権利の放棄」に含まれると解されている[注5]。

破産法78条2項は、裁判所の破産管財人に対する監督（破75条）を確実なものとするために、重要な行為を列挙し、これらの行為をするには裁判所の許可を要すると定めたものとされている[注6]。

破産法78条3項によれば、同条2項各号に列挙された行為のうち、7号から14号までに掲げる行為については、100万円以下の価額を有するものに関するとき（破78条3項1号、破規25条）または裁判所が許可を要しないものとしたものに関するときは、許可を要しないこととされている。これは、管財業務の適正さの確保と円滑な管財業務の遂行の要請の調和を図ったものであるが、逆に、1号から6号までの行為については、その類型的な重要性に鑑み、価額が100万円以下であっても裁判所の許可が必要であり、金額の多寡にかかわらず裁判所としても許可不要とすることができないことを意味している[注7]。

（注5）　条解破産法636頁。
（注6）　条解破産法630頁。
（注7）　条解破産法630頁。

第2部　実務家からみた破産管財人による財産換価を巡る諸問題(各論)

1　総論

　破産管財人は、破産債権者に対してより多くの配当を実現することを目標とするべきことはもちろんであるが、他方で、破産手続を速やかに終了させるべく迅速な換価を心がけることも必要である。一般的には、破産事件の内容（例えば、多数の消費者被害を生じさせた事件の場合は、迅速性の要請は相対的に低くなるといえる）、破産債権者その他の利害関係人の意向、換価処分による破産財団の増殖の程度、換価に要する時間、配当率の向上の程度等さまざまな事情を総合考慮しながら、換価処分の要否や換価方法の選択などについてバランスのとれた判断をする必要があるといえるが、具体的場面でのその判断は決して容易なものではない。破産財団に属する財産を換価するか放棄するかの判断も、基本的には前記の2つの要請を比較衡量した上でされるべきものである。財団増殖の見込みがあれば基本的には換価する努力をすべきといえるが、換価に相当な時間を要する一方、換価による配当率の向上がわずかにとどまる場合や、売却価格より多額の換価費用を要するなど換価しても全体として破産財団の増殖につながらない場合、当該財産を破産財団から放棄して破産手続の迅速な進行を図ることもある[注8]。

　そして、破産裁判所の側としては、許否の審査に当たり、慎重に対応するあまり、過度に形式面の審査に時間をかけ、補正依頼を繰り返すなどして、迅速性を疎かにすることのないよう注意しなければならない。また、支部など小規模な裁判所では、裁判官（場合によっては裁判所書記官も）が破産事件以外の業務を兼務している、あるいは、裁判官が別の裁判所にてん補していて不在にする日があるといったことから、破産管財人から申請がされても直ちに許否の審査をすることができないということもあり得るところと思われるが、破産裁判所が許否の審査に時間をかけたがために、売却のタイミングを逸するなどということがあってはならないことはいうまでもない。体制面での制約はありつつも、破産裁判所として、迅速性を疎かにしないよう心がけることは当然であり、その上で、そのような小規模な裁判所から破産管財

（注8）　破産・民事再生の実務〔破産編〕222頁以下。

人に選任された場合には、破産管財人としても、時間的な余裕をもって申請をするとか、あらかじめ申請書のドラフトをFAX送信しておき、速やかに許可が得られるよう努力ないし配慮をしていただくことが望まれよう。

2　任意売却

　破産管財人から、知的財産権に限らず、財産の任意売却についての許可申請があった場合、裁判所が許否を検討するに当たって最も注目するのは、売却価格の相当性であると思われる。売却対象資産に別除権が存在する場合には、実際に重要となるのは、破産財団への組入額ということになる。ただ、売却価格の相当性といったとき、価格の総額のみに注目しているわけではなく、価格自体は合理性の高いものであっても、売却代金の支払が相当長期間の分割支払になるというのであれば、破産手続の速やかな終了の要請を満たすことができなくなるのであって、売却価格自体は下げてでも、早期の支払完了を確保すべきかどうか、さらには前記のとおりむしろ放棄が相当ではないかといったことも検討する必要があるので、単純ではない。

　知的財産権の価値評価は、不動産をはじめ他の財産と比較して、より困難を伴うものであろう。知的財産権は新規性や独創性にその本質があるため、不動産のように、所在地が近いものや構造・用途等が類似するものを参考にして評価するという手法がとりにくいということが理由としてあるかもしれない。一般的に、知的財産権の評価手法については、**第1節**から**第5節**までのとおりであろう。

　知的財産権の価額の算定に当たっては、弁理士の協力を求めることもあるが、買受希望者がおらず、共有者に買い取ってもらうような場合には、申請費用程度で譲渡することも多くあるといわれている[注9]。滞納のある管理費用相当額で譲渡するということも考えられよう。具体的な場面としては、知的財産権が共有である場合のほか、次項でふれるとおり法的に未解決の問題が含まれている場合なども、数万円程度での譲渡に合理性があるといえる場合があろう。

（注9）　破産管財実践マニュアル165頁。

また、知的財産権の任意売却に特有のものというわけではないが、**第1節**において留意点として具体的に述べられているような、関係者の同意ないし承諾などの手続的事項がきちんと行われているか、あるいは行われることが確保されているか、という点についても、確認することとなろう。

なお、とくに著作物については、その歴史的価値などに鑑み、受入れを承諾してくれた公的な機関に対し、寄付するということも可能性としてなくはない。

3　破産財団からの放棄

破産管財人において、破産債権者に対するより多くの配当の実現、破産手続の速やかな終了という2つの要請を考慮しつつ、放棄の相当性を検討することとなる。

換価に多くの時間を要する一方、換価による配当率の向上がわずかにとどまる場合や、売却価格より多額の換価費用を要するなど換価しても全体として破産財団の増殖につながらない場合、あるいは、換価の見込みはあるものの、それまでの管理費用がかさむというような場合も、換価に時間を要すれば要するほど、結果として破産財団の増殖、ひいては債権者に対する配当は少額にとどまってしまう可能性があることから、当該財産を破産財団から放棄して破産手続の迅速な進行を図るのが合理的といえることが多かろう。

知的財産権については、多くの場合、買受けを希望する者として考えられるのは、同業他社か、あるいは破産者の関係者に限定され、これらの者において買受けの意思がないという場合には、買受希望者を見つけることは極めて困難となるものと思われる。その意味では、換価の努力を継続するか、放棄するかの見極めを早期に行うことが重要となろう。

破産者が法人である場合、資産を破産財団から放棄することによって管理者不在となりその財産の管理上問題が生じる可能性がある場合には、その放棄は慎重になされなければならない[注10]。

知的財産権の場合、それ自体としては、物理的に管理をすべき必要がある

(注10)　条解破産法1232頁。

わけではなく、また、存続期間が定められており一定期間を経過すれば消滅するものであるから、この観点から放棄すべきかどうかの判断が難しくなるということは多くはないものと思われる。他方、知的財産権それ自体ではなく、物への固定がなされた著作物やライセンス商品などといった有体物については、物理的な管理の必要があることは他の有体財産と同様であり、放棄の判断に慎重さが要求されることにもなる。

Ⅱ　法的に未解決の問題が含まれている場合の対応

　知的財産権の任意売却に当たり、法的に未解決の問題が残っていないに越したことがないのはいうまでもなく、破産管財人および破産裁判所としては、まずは、可及的に法的に未解決の問題を残さないように検討を進めることとなる。

　しかし、**第1節**の冒頭で述べられているとおり、知的財産権の保護内容は立法により政策的に決定され、時代によって変化もする上、知的財産権の保護法は多岐にわたり、その内容も複雑であるといわざるを得ない。また、法令自体の複雑さに加え、例えば、製作委員会方式により制作されたアニメ・映画に関する著作権等などについては、関係者多数かつ権利関係も複雑となっている場合もあり、事案の把握、そして関係者との交渉等で、相当な労力と時間を要することもある。法令や判例を十分に精査しても明確な結論を見出せないことも考えられるし、破産管財人および破産裁判所としては、ある結論をもって、法的な問題点は解決済みという立場であったとしても、相手方が必ずしもそれに同意しないという場合も考えられる。また、最終的に法的に未解決な問題を残すことなく任意売却等ができたケースであっても、そこにいたるまでに相当な労力と時間を費やしているという場合が多い。

　破産管財人と契約の相手方との間で、法的に未解決の問題が含まれているとの共通認識がある場合には、当事者双方においてそのような問題があることを確認する旨の条項を契約書に盛り込むことが考えられよう。

　そして、法的に未解決の問題が含まれている場合に限るものではなく、不動産その他の財産の任意売却の際にも一般的に行われているといってよいと思われるが、瑕疵担保責任その他の責任を免除する旨の条項を契約書に盛り

込むこととなろう。

　この場合、買主にとっては、売主に対し責任を追及できないというリスクを負うわけであるから、この点も踏まえて、売買価格の相当性を検討することになろう。

Ⅲ　債権者の意向確認ないし債権者集会の前の許否の判断の是非

　債権者集会は、債権者が破産手続に参加する機会を保障して、債権者への情報の開示を図ることにより破産管財人を監督する機会を与え、ひいては破産手続の公正さに対する国民の信頼を確保するという役割を有している。例えば、東京地方裁判所破産再生部では、このような債権者集会の役割、とくに債権者への情報の提供、いわば「情報の配当」の機会としての債権者集会の役割を重視する見地から、全件について、財産状況報告集会を任務終了計算報告集会および破産手続廃止に関する意見聴取集会と併せて指定し、その後も破産手続終了まで期日を続行する扱いとされている[注11]。他の裁判所においても、破産手続の適正かつ迅速な進行を確保する観点から、破産手続終了まで債権者集会の期日を続行する扱いをすることが多いようである。

　このような観点からすると、破産者にとって、当該知的財産権が重要な財産ということができ、債権者の関心が高いと考えられる場合（具体的には、評価額が高額である場合や、破産者の主たる事業に関する知的財産権である場合などが考えられる）には、任意売却ないし放棄の許否を判断する前に、債権者集会において、破産財団の状況に関する説明の一環として、当該知的財産権の処分の方針について報告し、債権者の反応を確認するのが望ましいと思われる[注12]。破産管財人が知的財産権の売却先を探すに当たって、主要な債権者に対し、買い受ける可能性があると思われる者の紹介を依頼することや自ら買い受けることを打診するということもあると思われるが、債権者集会にお

（注11）　破産・民事再生の実務〔破産編〕478頁以下。
（注12）　なお、仮に債権者から破産管財人の方針に対して異議が述べられた場合には、当該異議を述べた債権者に具体的な代替案があるのかどうかにより、対応が変わってくるものと思われる。

ける報告に代わるものとすることはできないであろう。他方で、債権者集会に全債権者が出席するということは考えがたいが、一般的には、債権者集会において報告をするのであれば、個別に債権者に意向照会するということまでは必要ないといえるであろう。この点、債権者申立てによる事件の場合の申立債権者や、破産者に対して多額の債権を有する大口債権者などは、通常、破産手続に関心が高く、債権者集会にも基本的に出席するものと思われるが、もし出席しなかった場合には、手続の円滑な進行の見地から、これらの債権者に限っては個別に意向照会するということも考えられよう。

Ⅳ　破産裁判所が知的財産権に関する専門的知見ないし法律知識を得る方策

　第1節の冒頭で述べられているように、知的財産権は無形資産であり、不動産などの有形資産と異なり、その存在を認識しづらく、価値評価も困難を伴うことが多い。また、知的財産権の保護内容は立法により政策的に決定され、時代によって変化もする上、知的財産権の保護法は多岐にわたり、その内容も複雑である。

　破産裁判所の裁判官が、知的財産高等裁判所や地方裁判所の知的財産事件専門部に在籍した経験を有するなど、知的財産権に関する専門的知見ないし法律知識を有している場合を除けば、知的財産権の処理等が問題となる破産事件を担当した裁判官としては、当該事件において当該知的財産権の処理等について許可をしてよいかどうかの判断に当たり、当該知的財産権に係る法制度の基本的部分から勉強し、適正な判断を確保するということになろう。もちろん、知的財産権に関する訴訟等を担当した経験はないとしても、自己研さん等により、一定の知識を有している者もいるのであって、人それぞれである。このように、破産裁判所の個々の裁判官の知的財産権に関する専門的知見ないし法律知識の程度にはバラつきがあるといわざるを得ない。

　破産裁判所としては、破産管財人が破産管財業務を遂行する中で知的財産権に関する問題に直面した場合には、その他の法的問題に直面した場合と同様、破産裁判所と協議するよう求めるところと思われる。そして、知的財産権に関する問題に限らず、破産裁判所と協議するに当たっては、破産管財人

において、事実関係や関連する資料、さらには関連する法令等についてよく整理した上で協議していただくことをお願いしているのが通例と思われるが、ことに知的財産権に関する問題については、破産裁判所が知的財産権に関する専門的知見を十分に有しているとは限らないことを前提として、破産管財人において、自ら進んで知的財産関係の法令について理解を深めた上で、協議していただくのが相当といえよう。その方法としては、個人的人脈（知的財産権を専門的に扱う弁護士への照会、弁理士への相談等）、全国倒産処理弁護士ネットワークのメーリングリストの活用、各種文献等が考えられるところである。

そして、破産管財人の選任段階で知的財産権の換価や知的財産権を巡る法律問題の処理が予想される場合には、知的財産権に詳しい弁護士を破産管財人に選任するのが望ましいといえよう[注13]。破産裁判所としては、自らが知的財産権に関する専門的知見を十分に有しているとは限らないことを前提とすると、知的財産権に詳しい弁護士を把握しておくことが最低限必要であるといえよう。この点に関し、破産管財人の選任に当たっては、次の一般的選任基準により破産管財人選任予定者の名簿を作成して、これに具体的選任に当たって参考となる事項を記入しておき、具体的選任に当たっては、次の具体的選任基準により当該事件に最もふさわしい破産管財人を選定すべきであろうと述べ、一般的選任基準の１つとして「特殊技能」（破産事件が渉外、特許、労働などの問題を含み、破産事件の処理がこれらの問題と特許等の知的財産権の確保が問題になる事案や民暴問題の発生が予想される事案ではその分野での経験や技能をもつことが望ましい）を挙げ、また、具体的選任基準として、当該事件について「渉外、特許、労働等の専門的知識経験などの如何なる点がどの程度、当該事件にとって必要であるか」の検討を必要とする旨説くものがある[注14]。

破産事件を担当する裁判所としては、組織として、知的財産権に関する専

(注13) 条解破産法604頁。破産管財人の選任基準の１つとして「年齢、経験、特殊技能、事務所規模など」を挙げ、「特許等の知的財産権の確保が問題になる事案や民暴問題の発生が予想される事案ではその分野での経験や技能をもつことが望ましい」とされている。
(注14) 破産事件の処理に関する実務上の諸問題107頁以下。

門的知見ないし法律知識を得るよう努める必要があろう。例を具体的に挙げるとすれば、知的財産権の問題が絡んだ具体的な処理事例を蓄積し、共有し、さらに引き継いでいくことが重要であろう。情報の蓄積・共有・継承の方法については、各裁判所において、その実情等に応じて工夫して設計することとなろうが、幅広い分野をカバーしつつ、検索が容易で、後々の者が使いやすく、他方、作業の手間が大きくなく、情報の蓄積共有を長きにわたり継続していけるようなものとすることが望まれよう。

(木村匡彦)

第6章 海外資産

はじめに

　破産者が破産手続開始時点において所有する資産は、それが国内・国外のいずれにあるかを問わず破産財団を構成する（破34条1項〔普及主義〕）。そのため、破産管財人は、破産者が破産手続開始時点において国外に有する資産（海外資産）に対しても管理処分権を有し、かつ、これらの資産を適切に保全し換価する善管注意義務を負う（破78条1項・79条・85条）。もっとも、破産管財人が、海外資産の所在する外国において当該管理処分権を行使できるか否かは、当該外国の法律により決まるものである。日本の制度下においても、外国管財人が破産者（債務者）の在日財産を処分するためには、わが国の承認援助法に基づく管理命令の申立てをし、かつ、外国管財人自身が承認管財人に選任されることが必要とされている（注1）。海外の倒産手続を承認する手続を有する日本以外の国も同様の立場をとっている可能性があるため、日本の破産管財人が、外国において当然に海外資産に対する管理処分権を行使できるものではない。したがって、外国における資産処分の際に、日本の破産管財人には資産処分の権限がないと取り扱われたり、日本の破産手続につき外国において承認手続[→第1節Ⅲ]を経ることを求められることがある可能性がある点には注意が必要である。

　破産管財人による海外資産の管理・処分は、国内資産の管理・処分よりも容易ではなく、時間も費用もかかる傾向にある。その理由は前記のように破

（注1）　深山卓也『新しい国産倒産法制——外国倒産承認援助法等の逐条解説＆一問一答』（金融財政事情研究会、2001）215頁。

産管財人の権限が認められない場合があるということだけではない。海外の第三債務者に対する債権回収の場面を例に挙げれば、そもそも第三債務者に対するコンタクトが容易でないこと、あるいは保全制度や執行制度が日本のように効率的に運用されていない場合が少なくないことも原因である。海外資産を効率的に処分するためには、任意の回収を図る方法、外国における日本の破産手続の承認を受ける方法、外国の法的手続を利用する方法等に加え、コスト等も勘案して海外資産を放棄することなども含めて、最も効率的な対応をとることが必要となる。

海外資産の管理・処分が関係する場合には、裁判所への許可申請において、まず、海外の法制度の調査から始まるという特殊性がある。そこで、裁判所による迅速な判断という観点から、破産管財人が許可申請に当たり海外の法制度についてわかりやすく簡潔な説明をすることが望ましい。なお、諸外国事情を調査する上で有力な行政サービスとしては日本貿易振興機構（JETRO）のホームページ等が挙げられる。

第1節　換価上の留意点

I　資産調査の方法・破産財団帰属性の認定

海外資産の有無を調査するに当たっては、国内資産に関する調査と同様、まずは、申立書類の精査と破産者へのヒアリングが重要になる。破産者が法人である場合には、資産管理を担当していた従業員へのヒアリングや計算書類に係る附属明細書、固定資産台帳等[注2]の精査は最低限必要な確認作業となる。さらに、当該法人の会計や税務を担当していた公認会計士や税理士がいる場合には、過去の経理・税務に関する資料に精通したそれらの専門家

(注2) 破産会社が海外に子会社を有している場合や駐在員事務所等を置いている場合には、現地の登記を取得して会社（事務所等拠点）の基礎的情報を取得することも重要である。香港や中国（北京市および上海市）における法人登記の調査方法について、近藤丸人「破産者の海外事業及び在外資産がある場合の管財業務」自正64巻7号（2013）59頁に解説がある。

第2部　実務家からみた破産管財人による財産換価を巡る諸問題(各論)

から情報を得られることもある(注3)。

　海外資産が海外銀行の預金である場合には、最終的には当該銀行に口座の詳細な情報の開示を求めるのが有用と考えられるが、銀行が（破産者本人ではなく）破産管財人からの口座情報の開示請求に応じるかどうかは現地の事情により異なる(注4)。また、海外資産が不動産である場合には、破産者が当該不動産を取得した際の書類が保存されている可能性が高い（例：譲渡契約書、権利証等）。破産者が重要な知的財産権（海外出願に係るもの）を有している場合にも、その知的財産権の出願と登録に関する書類が保存されていることが通常であり、あるいは公開されている場合も多いため、それらを直接調査することになる。破産者が海外子会社を有している場合には、当該海外子会社の経営陣や従業員にコンタクトをとり、事情を聞くことも有用である。

　実際に、破産者が海外資産を有している可能性があることが判明すると、その正確な権利関係や換価可能性を把握する必要がある。海外資産の権利関係や換価可能性は、当該資産の所在国の法制によって権利の性質や手続が異なることから、現地の法制について調査し、状況に応じて現地の調査会社や弁護士等の専門家に調査を依頼する必要が生じることもある。もっとも、現地の専門家等に依頼すると高額の費用がかかる可能性があり、当該海外資産の換価価値や換価見込みが低い場合には採算がとれないこともあるため、資産の価値や換価見込み等について事前に得られる情報から十分な検討を行う必要がある。そして、かかる検討に基づいて、破産管財人としてどのように効率的に財産の換価処分を行うかについて計画を策定することが求められる。

　また、実際に換価・回収活動を行うに際しては、売却代金・回収金について、外国から日本に対する送金をスムーズに行うことが可能についても検討を要する。一部の国では、外貨管理制度の一環として海外送金に行政当局の許可等が必要な場合があり、そのような許可等を取得するのに要する費用、時間をあらかじめ見積もっておく必要がある。なお、日本においても、外国

（注3）　破産者側の情報が不十分な場合に、米国訴訟法上の開示手続（ディスカバリー）の活用の可能性を説くものとして、破産実務Q&A200問163頁［井出ゆり］がある。
（注4）　近藤・前掲（注2）61頁。

から日本に対する送金（3000万円以上）については、外国為替及び外国貿易法により原則として事後報告義務が発生する。

Ⅱ　担保権がある場合

　担保制度は各国で法制度が異なるため、現地法制度の調査が必要である。もっとも、海外資産の所在国において日本の担保権消滅請求等と類似する制度があったとしても、当該制度を利用するに当たっては現地専門家の協力を得なければならず、結局は費用面でコスト倒れになるおそれもある。そのため、任意交渉によって担保権を消滅させることが最も望ましい。

　また、担保権が倒産直前に設定されている場合には否認することを検討することになるが、当該担保設定行為に日本の否認制度が直接適用できるかどうか、裁判管轄や準拠法について慎重に検討する必要がある。否認権の準拠法の考え方については、①手続開始国法の要件のみで行使できるという見解、②否認権の対象財産所在地の倒産実体法の否認要件のみで行使できるという見解、③手続開始国法のほか財産所在地法または否認対象行為の準拠法の要件双方を満たす必要があるという見解に分かれている[注5]。もっとも、①の考え方をとるにせよ、破産管財人が当該外国で否認権の行使を主張するためには、日本における否認の判決の承認執行を求めるか、あるいは直接当該外国において裁判を提起する（この場合でも当事者適格を得るために外国倒産手続の承認を得なければならない可能性がある）ことになるが、これに対し外国の裁判所が最終的にいかなる結論を出すかは不透明である。否認権に基づく請求は急を要することもあることを考えると、早急に当該国において並行倒産の手続を開始することも検討しておく必要がある[注6]。

(注5)　事業再生迅速化研究会第5PT「倒産実務の国際的側面に関する諸問題（下）」NBL 995号（2013）89頁。
(注6)　本文記載のとおり、日本の否認制度を海外資産の担保設定行為に直接効果的に適用できる場面は限られよう。その場合には、海外資産の所在地において当該国の法的倒産手続（例えば米国においては清算手続であるChapter7または再建手続であるChapter11）を開始し、その国における否認制度を利用することを検討することになる。

第2部　実務家からみた破産管財人による財産換価を巡る諸問題(各論)

III　承認手続

　日本の倒産手続の効果等（例えば強制執行禁止の効力）が外国において認められるか否かは、前述のとおり、外国の法制度によることになる。一般論としては、多くの国では、外国倒産手続について、裁判所における承認手続を経ることにより、外国倒産手続の効力を自国内において一定の範囲で認める制度を採用している。

　この点、国連の下に設置されたUNCITRALは、1997年に、UNCITRAL Model Law on Cross-Border Insolvency（以下、「UNCITRALモデル倒産法」という）を制定した。UNCITRALモデル倒産法は45の法域で採用され（2018年現在）、これらの国ではUNCITRALモデル倒産法をベースとした外国倒産処理手続の承認援助制度が存在する。UNCITRALモデル倒産法採用法域は、オーストラリア、ベニン、ブルキナファソ、カメルーン、カナダ、中央アフリカ、チャド、チリ、コロンビア、コモロス、コンゴ、コート・ジボアール、コンゴ共和国、ドミニカ共和国、赤道ギニア、ガボン、ギリシャ、ギニア、ギニアビサウ、日本、ケニア、マリ、モーリシャス、メキシコ、モンテネグロ、ニュージーランド、ニジェール、フィリピン、ポーランド、韓国、ルーマニア、セネガル、セルビア、セーシェル、スロベニア、南アフリカ、トーゴ、ウガンダ、英国、ブリティッシュ・バージン・アイランド、ジブラルタル、米国、バヌアツである。

　日本の「外国倒産処理手続の承認援助に関する法律」（承認援助法）もUNCITRALモデル倒産法に基づいている。UNCITRALモデル倒産法に沿った国際倒産法制を整備している国であれば、日本の破産管財人は、その国において承認手続を申し立てれば、一定の限度で当該国に存在する財産につき管理処分権、あるいはその他適切な救済が与えられることになる[注7]。例えば、米国における外国倒産手続の承認援助制度は、米国連邦倒産法第15章（Chapter15）に定められており、Chapter15と呼ばれている。日本における破産手

（注7）　わが国に当てはめれば、承認援助法32条ないし35条に相当する法規制および手続を利用するということになる。

続の効果を米国内に及ぼすためには、破産管財人が米国の連邦破産裁判所に対してChapter15を申し立てることとなる[注8][注9]。

　もっとも、海外資産が所在する国がUNCITRALモデル倒産法に沿った法律を制定しているとは限らず、仮にそのような法律が整備されている国であっても、必ずしも日本の倒産手続が承認されるとは限らない。例えば、中国の場合、中国の企業破産法5条2項は、外国倒産手続の承認について規定しており、承認の要件として、相互主義に関する条約または互恵関係にあることを要求している。しかし、日本と中国はそのような関係にないことから、現時点においては、先例はないものの、中国の裁判所が日本の倒産手続を承認することはないと解されている。

　そもそも、承認手続を申し立てるためには、現地弁護士への依頼が必要となり、相当な弁護士費用が発生する。したがって、仮に承認手続が整備されている国であっても、実務上は、とくに承認手続を経ずに海外財産を処分することを目指すことが多い[注10]。

（鈴木学・福岡真之介）

(注8)　通常は海外資産の所在地を管轄する連邦破産裁判所に申し立てることになるが、管轄は比較的広く認められているので、Chapter15に慣れているニューヨーク南地区連邦破産裁判所やデラウェア州連邦破産裁判所に申し立てることも考えられる。
(注9)　ハワイ州に所在する不動産の売却に当たり、タイトルカンパニー［→**第2節Ⅰ**］からChapter15の申立てを要請されたため、Chapter15の申立てを行った事例につき、大貫裕仁「病院の破産を巡る実務上の留意点　米国連邦倒産法CHAPTER15の申立手続も視野に」自正61巻8号（2010）55頁参照。
(注10)　日本の抵触法（法の適用に関する通則法）では、法人の代表権についての準拠法は法人設立地の法とされており、また、多くの国でも設立準拠法が採用されていることからすれば、破産者の代表権については、法人設立地である日本の法律（すなわち破産法）が適用されると解する余地もある。

第2部 実務家からみた破産管財人による財産換価を巡る諸問題(各論)

第2節　対象資産ごとの検討

I　不動産の場合

　不動産は、一般的に高額な資産であり、また移転手続の観点から、その処分に当たっては、売主に処分権限があることを証明する文書を提出することが求められることが多い。

　例えば、米国において破産管財人が不動産売却をするに当たっては、破産管財人の管理処分権を行使するためにChapter15の申立てをすることが求められた事例もある。なお、米国の不動産取引においては、所有権がない場合や抵当権等の負担がついていた場合の買主の損害をてん補するtitle insuranceを保険会社（タイトルカンパニー）に発行してもらうことが実務である。米国から日本に対する送金については、第1節Iで述べたとおり、外国為替及び外国貿易法に基づく日本銀行に対する報告が必要な場合があるが、下記の中国のような制約はない。

　破産管財人が中国に所在する破産財団所属不動産を売却する場合、中国において、日本の破産手続の効力が及ばないものとして取り扱われ、破産管財人の現地での処分権限を否定されるおそれがある。1つの考え方としては、日本における破産者が、中国国内においては、依然として破産財団に属する不動産を売却するための権限を有しているとの立場をとり、破産者自身が破産管財人の指示の下に売却手続を行い、売却代金を破産管財人口座に送金するという手法が考えられる。なお、中国から日本に対する送金については、破産管財人名義で中国から送金はできず[注1]、対象不動産の購入者名義で中国から送金をする必要がある。また、送金時、当該譲渡に関して中国国内にて納付すべき税金に係る税務届出手続を事前に済ませておく必要がある。

　破産管財人が不動産を売却するに当たっては、任意売却をする場合であっ

（注1）　ゆえに日本に拠点のある当事者に売却することにより、日本国内での決済が可能かどうかを優先的に検討すべきとの示唆があるものとして、近藤丸人「破産者の海外事業及び在外資産がある場合の管財業務」自正64巻7号（2013）62頁。

ても、不動産取引に関する法制度は各国により異なり、一般的に現地専門家の助力が必要である(注2)。また、不動産取引の慣習も各国で異なることはもちろんである。

　例えば米国では、不動産取引は不動産業者を通じてなされることが多く、売主側と買主側にそれぞれ異なる不動産業者が仲介として関わることが多い。売主と買主との間に合意が成立すると、確実な契約の履行確保を目的としてエスクローが利用される。なお、契約に伴う物件情報開示レポートは売主側の責任で行う必要がある。エスクローは州のライセンスを有するエスクロー会社が行い、住宅検査の実施、保険会社への不動産権限保険の手続依頼等の不動産取引事務や契約履行の管理を中立的な第三者の立場から行う。エスクローによる書類確認や権利関係の確認は約1か月かかる。不動産権限保険は不動産の権利関係に瑕疵があった場合の保険であり、保険料は売主が支払う。保険会社は、不動産の権利関係の調査を行い、問題がない場合に不動産権限保険を認める。

　英国では、不動産業者に資格や登録制度がなく、各種専門家が関与する。一般的には、まず、購入希望者はサーベヤーを雇用し、建物調査と不動産評価調査を行う。その後、買主と売主は、それぞれ弁護士（ソリシター）に物件調査と譲渡証書、権限証書、代金決済の不動産取引の法的手続を依頼する(注3)。

　破産者が、ハワイ等のリゾート地にタイムシェア所有権に基づくコンドミニアムを所有している場合があるが、そのような場合、タイムシェア組織を運営している会社に問い合わせて、当該会社に売却手続を依頼するのが最も簡便である。当該会社が他の買取希望者に売却する方法や、当該会社が自ら買い取ることがあるからである。

（注2）　不動産換価手続の主要な法域に関する概要については、坂井秀行＝柴田義人「破産管財人の執務上の問題(3)──海外資産に対する管財人の地位、海外子会社・関連会社の処理」新裁判実務大系28177頁。
（注3）　社団法人全国宅地建物取引業協会連合会ほか「平成22年度不動産取引制度に関する調査研究報告書」（2011年3月）。

II　動産の場合

　動産の場合、不動産と異なり、移転手続（登記移転等）のために処分権限があることを証明する文書を提出する必要があることは稀である。しかしながら、通常、動産は不動産ほどの価値がなく、売却のための費用が代金を上回ることが多く、破産財団から放棄せざるを得ないことが多いと考えられる。ただし、少量でかつ高価な動産が海外にある場合には、破産管財人が自らその存在を確認し、現地で売却活動を行うか、日本まで引き揚げてきた上で換価しなければならないであろう。

　在庫等、大量の動産がある場合の処分については、米国等、動産買取業者の市場が発達している国においては、そのような動産買取業者に依頼することが有力な選択肢となる。

III　債権の場合

　海外に所在する第三債務者に対する債権回収の場合、まずは通知等を送り、破産者の破産の事実と弁済宛て口座を確実に知らせた上で、回収を図ることが考えられる。通知は、現地で通用する言語で行うのが好ましく、同時に裁判所の破産手続開始決定書の訳文を添付することが通常である。現地の言語が特殊であり、訳文作成に時間がかかる場合、破産手続開始直後の段階では比較的通用性が高い英文訳を送付しておくのが無難であろう（標準的と思われる破産手続開始決定書の英文訳を参考までに末尾に添付する）。

　債権の回収は、破産管財人が直接行うのが理想的であるが、海外では日本以上にサービサーが発達している国もあるので、回収費用と時間との兼ね合いで、サービサーに売却することも1つの手段として考えられる。

　破産会社の海外子会社に対する債権の場合、破産会社の代表者・従業員等へのヒアリングや破産会社の貸借対照表や税務申告書等から、当該海外子会社からの回収可能性を検討することになる。海外子会社が実態を伴って存続していれば簡易に回収できた例もあるが、事業の実態がない場合や債務超過に陥っている場合等には、債権を放棄するほか、破産会社や当該海外子会社の関係者に対して、当該海外子会社の株式の売却にあわせて債権譲渡する等

の処理が考えられる。

　また、現地の銀行に対して預金債権を有している場合もあり得る。このような場合、まずは、インターネットバンキングを利用した破産管財人口座に対する送金を試みるが、それができない場合には、現地に営業所等があった可能性が高く、現地の従業員の協力を得て引き下ろすことも考えられる。

Ⅳ　その他の財産の場合（海外子会社の株式・清算等）

　破産者が、海外子会社を有する場合、海外子会社も経営悪化しており、資金不足のため、親会社である破産者の破産手続開始に伴い（あるいはそれ以前に）、事業停止をしていることも多い。そのような場合、株式は無価値であると考えられ、他に買い手もつかないことから、事業の状況や会計帳簿を確認した上で、無価値であると判断される場合には、破産財団から放棄するか破産者の関係者（経営陣等）に備忘価格で売却することが考えられる。海外子会社を清算し、あるいは破産させることも考えられるが、特にアジアの国々では清算・破産制度が成熟途上にあり、費用や時間が多大にかかることが多いため、現実的な選択肢となることは少ない。もちろん、海外子会社にそれなりに買い手がつくと想定され、かなりの売却金額が見込まれるのであれば、買い手を募って、入札等を行って売却することも考えられる。なお、海外子会社の株式を第三者に売却する際に、当該国の行政官庁から許認可が必要な場合がある（例えば中国等）。そのため、海外子会社株式の処分の際にはあらかじめ現地の法律・手続を調査しておく必要がある。

　海外子会社が合弁会社であるなど、他に株主がいる場合[注4]には、その株主に買い取ってもらうことも考えられる。海外子会社において事業が運営されているのであれば、簿価に基づいた金額や現地公認会計士等の評価に基づく金額等、事案に応じた評価額に基づいて売却することになろう。

　　　　　　　　　　　　　　　　　　　　　（鈴木学・福岡真之介）

（注4）　合弁会社とは別の問題であるが、インドネシア等常に複数の株主の存在を要求する法制度の下では、少数株主が名義株であることも稀ではない。破産管財人としては、海外子会社の株式を処分するに当たって、あらかじめ名義株の部分についても処理の方策を確認しておく必要がある。

第2部 実務家からみた破産管財人による財産換価を巡る諸問題(各論)

【参考訳―破産手続開始決定通知(法人)】

[TRANSLATION FOR REFERENCE PURPOSES ONLY]

NOTICE OF COMMENCEMENT
OF BANKRUPTCY PROCEEDINGS

Case number: Heisei 27 (2015) (FU) No.○○ (Date of the petition: October ○, 2015)
Registered head office of the Bankrupt: ○○, Tokyo
The Bankrupt : K.K. ○○
　　Representative Director : Mr. ○○

1. The Court ordered to commence the proceedings in bankruptcy of the above Bankrupt and you are hereby notified as follows:
(1) 　Commencement of bankruptcy proceedings: **October ○, 2015 at 5:00 p.m.**
(2) 　**Trustee in Bankruptcy : Mr.** ○○ **(Attorney-at-law)**
　　Tel: 81-3-○-○ / FAX: 81-3-○-○
(3) 　Deadline for Submission of Proof of Claims: **On or before November** ○**, 2009**
(4) 　Place to which Proof of Claims shall be submitted:

Attention: Person in charge of document handling Heisei 27 (FU) No.○ c/o Mr. ○○, Attorney-at-law, 【事務所名】, 【事務所住所】, Tokyo

(5) 　Date and Place of the Meeting for Report of the State of the Bankruptcy Estate/ Meeting for Examination of Claims: **January** ○**, 2016 at 10:30 a.m. Creditors' Meeting Room No.1 (5th floor of the Government Office Complex of Tokyo District, Family, and Summary Court)** as per "Guidance to Creditors' Meeting Room".
　　At the Meeting for Report of the State of the Bankruptcy Estate, in the case where the Court finds that the bankruptcy estate is insufficient to cover the costs of the bankruptcy proceedings, it simultaneously convenes ① a meeting for hearing of the creditors' opinions with regard to discontinuance of the bankruptcy proceedings, and ② a meeting for accounting report due to the conclusion of commission of the Trustee in Bankruptcy.
(6) 　① Debtors of the Bankrupt shall not repay any debts directly to the Bankrupt.
　　② Any person possessing assets of the Bankrupt shall not deliver the said assets directly to the Bankrupt.

2. 　Submission of Proof of Bankruptcy Claims
(1) 　Please complete the enclosed form titled Proof of Bankruptcy Claim and send it to the address mentioned in 1 (4) above by mail (Please refer to enclosed "Sample of

第6章　海外資産　第2節　対象資産ごとの検討

Envelope").
(2) Please send the Proof of Bankruptcy Claims together with one set of photocopied evidential documents (original evidence is not acceptable). A certificate of company registration is not required.
(3) Please transcribe the face amount of promissory notes on the Proof of Bankruptcy Claims if they will become due within one year from the date of the commencement of the bankruptcy proceedings (There is no need to deduct interim interest from the face amount). If applicable, please attach copies of both sides of any promissory notes as evidence of claims.

3. If you have any questions regarding the bankruptcy proceedings, please inquire with the Trustee. If you have any questions regarding the situation before commencement of the bankruptcy proceedings and bankruptcy claims, please inquire with the Bankrupt's counsel.

Bankrupt's counsel: Mr. ◯◯, Attorney-at-law Telephone: 81-3-◯-◯

Prepared by:
H-M Section, 20th Civil Division of the Tokyo District Court
Court Clerk: Ms. ◯◯

第２部　実務家からみた破産管財人による財産換価を巡る諸問題（各論）

Case Number :Heisei 27 (FU) No. ○○	Court & Trustee Use Only
Name of Bankrupt :K.K. ○○	No.
Trustee in Bankruptcy :Mr. Gaku Suzuki	Date of Receipt
Deadline for Reporting Claims: On or before November ○, 2015	Heisei 27 (FU) No. ○○ Person in charge
Date of Creditors' Meeting: January ○, 2016 at 10:30 a.m.	Date Received:

PROOF OF BANKRUPTCY CLAIM
Date:
The same signature is required when receiving a dividend.
Please keep a copy of this proof of claim at hand when making inquiries.

H-M Section, the 20th Civil Department of the Tokyo District Court

Creditor
Address: _____
Address for Notice:　☐the above address　　☐if different:
Name/Representative:　　　　　　　　　　　　　　　　　　(signature)
Contact Person:　　　　　Telephone:　　　　　FAX:
*Please fill in below if claim is being made by an agent (A power of attorney must be attached).
Address: _____
Name of Agent:　　　　　(signature)　Telephone:　　　　　FAX:

DETAILS OF CLAIMS
*Please attach additional sheets if space is insufficient.
(1) Claims **(Please check the appropriate boxes.)**

Sort of Claims	Amount of Claims (yen)	Details & Source of Claim	Evidence (Copy of evidence is required)
☐Account Receivable		Business for period from (　　) till (　　)	invoice, statement of delivery
☐Loan		Loan Date:　　Payment Date: annual interest (　　)% annual default interest (　　)%	agreement, written acknowledgment of loan
☐Salary		Salary for period from (　　) till (　　)	statement of salary
☐Retirement Allowance			Unnecessary
☐Termination Pay			Unnecessary
☐Promissory Note, Check		No.	promissory note, check

第6章 海外資産 第2節 対象資産ごとの検討

□Other (Advances, Surety obligations)			
□Taxation			
□Interest		Annual interest ( )% on( ) from ( ) till ( )	
□Default Interest		Annual default interest ( )% on ( ) from ( ) till the day before bankruptcy date	
Total Amount			

(2) Sort of collateral and litigation **(For secured creditors and litigants only)**

Sort of collateral	Mortgage (No.), Fixed Mortgage (Fixed Amount yen, No.), Provisional registration, Others ( )	
Subject of collateral Details of real estate collateral		Amount of shortage after foreclosure of collateral
		yen
Ongoing litigation relating to the claims or case against an administrative agency	Court's / Administrative Agency's name: Name of Plaintiff: Name of Defendant: Case Number: Case Title:	

(3) Do you have any enforceable title of debt or final judgment? **(Please check the appropriate box.)**
☐ Yes (Sort of Claim:) in copies in total (Copy is required.) ☐No

I will receive a dividend, even when the amount is less than a thousand yen.

469

第2部 実務家からみた破産管財人による財産換価を巡る諸問題(各論)

Sample of Envelope

Please cut out the following sample and paste it to the outside of your envelope. If preferred, you may also write or print such information in the same manner on your envelope.

```
┌─────────────────────────────────────────────┐
│  ┌─────────┐                                │
│  │ Stamp   │                                │
│  │ Here    │                                │
│  └─────────┘                                │
│                                             │
│   ┌─────────────────────────────────────┐   │
│   │ Attention: Person in charge of       │   │
│   │ document handling                    │   │
│   │ Heisei 27 (FU) No. ○○               │   │
│   │ c/o Mr. ○○ (Attorney -at-law)       │   │
│   │ 【管財人事務所名】,                   │   │
│   │ 【管財人事務所住所】                  │   │
│   └─────────────────────────────────────┘   │
│                                             │
│   ┌─────────────────────────────────────┐   │
│   │ Sender                               │   │
│   ├─────────────────────────────────────┤   │
│   │ Address                              │   │
│   │                                      │   │
│   ├─────────────────────────────────────┤   │
│   │ Name                                 │   │
│   │                                      │   │
│   └─────────────────────────────────────┘   │
│                                             │
│  Heisei27 (FU) No. ○○, H-M Section          │
└─────────────────────────────────────────────┘
```

*Please use a suitable envelope for enclosing A4-sized Proof of Bankruptcy Claim.

第6章 海外資産 第2節 対象資産ごとの検討

[Translation]

<Note>

This English translation is prepared and attached by the Trustee in Bankruptcy only for your convenience under the request and permission of the court. The original description written in the Japanese language shall govern any inconsistency, obscurity and interpretation of any part hereof, and shall control the strict meaning and the legal effect of this notice.

Every document to be prepared for submitting to the Trustee in Bankruptcy is required to be written in the Japanese language. If any evidential document is written in a foreign language, you shall prepare a Japanese translation thereof, and send it together with a photocopy of the original document and completed form of the Proof of Bankruptcy Claims.

Any person of the court is NOT willing to respond to any inquiry or other kind of correspondences made in any language other than Japanese.

Although the Trustee in Bankruptcy can communicate in English, he is not your own legal counsel, but represents the bankrupt estate for the benefit of all creditors to the bankrupt, and therefore, there must be some potential or actual conflict of interest when asking him for any legal or practical advice on or in relation to this bankruptcy case.

Additionally, in the ordinary course of bankruptcy proceedings, Trustee in Bankruptcy is pressed with duties regarding the case. Therefore, there is no leeway to answer to specific questions which each person involved might have, especially in the beginning of the proceedings, even if communicating in the Japanese language.

Therefore, if you have any questions regarding the bankruptcy proceeding, consultation with you own legal counsel is strongly recommended.

Thank you for your attention on this matter. We appreciate your proper understanding of the current situation as mentioned above.

第3節　裁判所からみた海外資産の換価上の留意点等

I　破産法上の海外資産の扱い

　破産法34条1項は、破産財団を構成する財産について、「破産者が破産手続開始の時において有する一切の財産」とし、さらに括弧書で「日本国内にあるかどうかを問わない」と規定して、海外資産にも日本国内で開始された破産手続の効力が及び、破産管財人の管理処分権に属すること（いわゆる普及主義）を定めている。

　この点、旧破産法3条1項は、日本国内で開始された破産手続の効力は海外資産には及ばない旨規定していた（いわゆる属地主義）。しかし、国際的取引が日常化した社会経済状況にそぐわない上、一部債権者によって海外資産に対する強制執行等がされることによる債権者間の不平等や、破産者による海外への財産隠匿等の弊害もあることから、前記改正により普遍主義が採用されたものである(注1)。

　今日では、外国企業と取引し、または海外で事業を展開する企業や、海外投資等を行う個人も相当数に上っている。これらの企業・個人の破産事件では、地理的な制約や、言語・慣習等の相違に伴う困難がある中で、破産財団の増殖（最大化）に向けて、かつ、いかに迅速な手続により海外資産の調査および換価が行われるかが課題となる(注2)(注3)。

（注1）　大コンメ1041頁以下［深山卓也］。
（注2）　すでに公刊された文献で、破産管財人による海外資産の調査・換価の実例について紹介したものとして、坂井秀行ほか「破産管財人の執務上の問題(3)――海外資産に対する管財人の地位、海外子会社・関連会社の処理」新裁判実務大系(28)171頁以下、近藤丸人「破産者の海外事業及び在外資産がある場合の管財業務」自正64巻7号（2013）58頁以下、破産実務Q&A 200問162頁［井出ゆり］以下、舘内比佐志ほか「在外資産や海外子会社の取り扱い上の問題点（上）」NBL1107号（2017）60頁以下、「同（下）」NBL1108号58頁以下等がある。
　また、岩崎晃「犯罪捜査と破産管財業務」自正65巻7号（2014）46頁以下では、投資詐欺グループの破産事件で、約4000万ドルの破産者の海外預金が米国捜査当局により凍結されたが、破産管財人が、法務省・外務省等の関係機関の協力を得ながら米国政府と交渉し、その引渡しを受けることができた事例が紹介されている。

裁判所としても、外国の法制度・運用や海外取引の実情には必ずしも精通していない面もあるため、破産管財人と綿密に打合せを行いながら状況把握に努め、費用対効果を考えながら破産管財人との間で換価方針やスケジュールについて共通認識を形成しておくことが求められる。また、海外での資産換価手続にはそれなりの時間を要することから、速やかな換価を実現するためにも、裁判所の資産換価の許否の判断も迅速に行う必要がある。

II 海外資産の調査・換価

1 破産者およびその関係者による説明(申立代理人による協力)

破産者に海外資産がある場合、破産管財人は、迅速に海外資産の内容(事実・権利関係)および換価可能性を調査する必要があるが、この点については、**第1節・第2節**に紹介されているとおり、破産者およびその関係者による事情説明が不可欠である。

一般的に、法人等の破産事件では、破産手続の開始直後から破産管財人の破産管財業務を円滑に進めることができるように、申立代理人において、破産者の事業状況や財産関係を調査するとともに、財務・会計帳簿等の保全、業務に精通した従業員に対する破産管財業務への補助依頼等をすることが求められるが[注4]、とくに、海外資産の調査については、初動段階で、海外支社・事業所等の取引に係る各種帳簿、伝票等の資料が確保され、また、現地の実情に詳しい駐在従業員等による事情説明等を得ることが重要になろう。

したがって、申立代理人において、破産申立ての準備段階から、このような破産者および関係者からの事情説明等がされるような措置を講ずることが求められる。

(注3)　海外資産の存在が見込まれる破産事件においては、破産管財人の調査・換価業務のため、相応の予納金の引継ぎが求められる(舘内ほか・前掲(注2)(上)63頁[近藤丸人発言]参照)。
(注4)　破産申立マニュアル135頁以下[南賢一]および179頁以下[関端広輝]。

2　現地の専門家等の補助者の活用

　海外資産の換価に当たっては、まずは、破産管財人または破産管財人代理等が、資産所在国の関係者（取引先の外国企業等）に対し、当該資産につき破産管財人の管理処分権が及ぶことを説明し(注5)、任意手段による換価を図ることになろう。費用対効果の観点から、現地に駐在していた元従業員等を補助者として雇用し、換価業務等の補助をさせることも考えられる。

　しかし、法的手段を念頭に置いて換価を検討するには、現地の弁護士、公認会計士、税理士等の専門家を委任して助言を受けたり、実際に換価・回収業務を委任したりすることが必要な場合もある。他方で、相応の専門家報酬が必要となる（報酬基準額が高額であったり、タイムチャージ制により報酬額が高額に上ることもあり得る）から、委任事項および報酬額の定めを明確にして委任契約を締結する必要がある。裁判所としては、現地の専門家への委任の要否については破産管財人の判断を尊重する例が多いと思われるが、委任契約の締結前に、費用対効果の観点から、委任の当否につき裁判所と破産管財人との間で十分協議がされることが求められる。

　これらの専門家等の補助者の報酬は、財団債権になり（破148条1項2号または4号）、支払うべき報酬額が日本円に換算して100万円を超える場合には、裁判所の許可が必要である（破78条2項13号・3項1号、破規25条）。

3　海外における法的手続の利用

　現行破産法の普及主義の下では、破産管財人の管理処分権は海外資産にも及ぶが、実際に資産所在国において破産管財人が管理処分権を行使できるか否かは、当該資産所在国の法制度により決せられる。そこで、海外資産の換価について法的手続を利用する場合、当該資産所在国が破産管財人の権限を

（注5）　裁判所は、知れている破産債権者、財産所持者等に破産手続開始の通知をしなければならないとされているが（破32条3項1号・2号）、裁判所において、海外宛ての通知書に翻訳文を付すのは現実的に困難である。実務上は、破産管財人の同意を得て上記通知に関する事務の依頼がされ（破規7条）、その際に、破産管財人において必要に応じて翻訳文を付して送付がされる例も多い［→**第2節末尾の翻訳文**］。

認める必要がある。

第1節Ⅲで紹介されたとおり、国際連合国際商取引法委員会（UNCITRAL）のモデル法に準拠した国際倒産法制が整備された国では、外国の倒産処理手続の承認制度が設けられており、例えば、米国では、連邦倒産法第15章（Chapter15）所定の手続を経ると、破産管財人が米国内での訴訟・倒産手続等に関与でき、さらには個別執行や訴訟を停止できる等の利点があるとされている。また、同法第11章（Chapter11）では、個別執行の自動的停止効が認められる等の利点もあるとされているから[注6]、これらの承認制度を活用することも考えられる[注7]。

このような外国での法的手続をとる場合には、明文はないが、「訴えの提起」（破78条2項10号）に準じて、裁判所の許可を要すると解するのが相当であり、当該資産の種別・内容、換価価値、最終的な換価の見込みのほか、当該法的手続の見通し（勝訴見込み）や手続に要する期間・費用等の事情を踏まえ、費用対効果の観点から、裁判所と破産管財人との間で十分協議がされることが求められる。

4　債権者に対する情報提供・意向聴取等

海外資産の調査・換価が問題とされる事例では、取引先等の債権者において破産者の海外資産の有無・内容や資産の売却先候補者等について情報を有していることもあり、債権者からの情報提供も有用である。また、事例によっては、破産者の資産が海外に流出・隠匿したのではないかとの疑いがもたれる場合もあり、このような場合には債権者の関心も高いことが多い。そこで、海外資産の調査・換価の結果およびその経過については、債権者集会等の場面において、破産管財人により丁寧な説明がされることが求められる。

(注6)　坂井ほか・前掲（注2）175頁以下。
(注7)　近藤・前掲（注2）61頁、大貫裕仁「病院の破産を巡る実務上の留意点——米国連邦倒産法CHAPTER15の申立手続も視野に」自正61巻8号（2010）55頁以下は連邦倒産法第15章による承認手続を利用して米国所在の個人破産者所有の不動産を換価した事例を紹介している。

また、海外資産の調査・換価業務については、債権者の意向等も考慮した上で進めるのが相当なことも多い。海外では、国によって法制度・運用が大きく異なることから、法的手続自体に数年以上の長期間を要することも十分あり得るし、その後の資産の換価業務が難航することもある。とくに、海外での法的手続を利用か否かについては、債権者集会等の場面において、破産管財人から換価の見通し等を説明し、債権者の意向を聴取した上で判断することも考えられる。併せて、法的手続の利用以外による換価方法（第三者に対する資産譲渡による換価等）の是非についても十分検討すべきである(注8)。

5 換価・財団放棄の許可申請

海外資産の換価に当たっては、国内資産と同様に、不動産に関する物権等や知的財産権等の任意売却については価額にかかわらず、また、動産の任意売却、債権または有価証券の譲渡については日本円に換算して価額が100万円を超える場合には、それぞれ裁判所の許可が必要である（破78条2項1号・2号・7号・8号・同条3項1号、破規25条）。他方で、海外資産を財団から放棄する場合にも、日本円に換算して価額が100万円を超える場合には、裁判所の許可が必要である（破78条2項12号・3項1号、破規25条）(注9)。

(注8) 筆者の担当した破産事件で、破産者が海外企業に対し取引債権を有していたが、同企業について現地の裁判所により更生手続開始決定がされ、さらにその開始決定が争われる等したため、数千万円単位の弁済金を受領できる可能性があったものの、その受領時期の見通しがまったく立たない状況に陥った事例があった。この事例では、サービサーに対し弁済受領権を売却することも検討されたが、売却見積額が極めて低額にとどまった。そこで、債権者が数名にすぎなかったこともあり、債権者集会において、債権者に対し、全債権者の同意の下に、破産管財人との間の和解の形式で、破産債権額で按分して上記弁済受領権を無償譲渡する方法による換価の提案がされたことがある（ただし、最終的には債権者のうち1社の同意が得られなかったため、この方法による換価は実現できなかった）。配当手続によらずに実質的な配当行為（代物弁済行為）をすることが許されるかという問題はあるが、破産手続が長期化していることや、更生債権の弁済受領権という金銭給付とほぼ同視し得るものによる弁済であることを踏まえれば、債権者の同意の下で、例外的にこのような換価・弁済方法をとることも許容されるのではないかと考える。
(注9) 裁判所の許可の要否に関して、これらのいずれの資産に属するか（当該資産が不動産であるか否か等）については、手続は法廷地法によるとの原則に従い、日本法により判断すれば足りると解される。

海外資産の放棄許可申請がされたときは、裁判所としては、破産管財人とも十分協議をした上で、前述のとおり、当該資産の種別・内容、換価価値、最終的な換価の見込み、法的手続を要する場合には当該法的手続の見通し（勝訴見込み）、手続に要する期間・費用等の事情を踏まえ、さらにはすでに債権者集会を経ている場合には出席債権者の意向等も考慮して、その許否を判断することになる。なお、財団放棄により現地で民事・刑事上の責任追及を受けるおそれがあったり、環境問題が生じたりする場合には、社会的配慮から関係者への譲渡等の対応を検討すべきこともあり得よう(注10)。

Ⅲ　外国で弁済を受けた債権者についての配当調整

普及主義を採用した現行破産法の下でも、一部の債権者が破産財団に属する海外資産に権利行使をすることがあり得る。そこで、当該債権者は、他の同順位の破産債権者が自己の受けた弁済と同一の割合の配当を受けるまでは、配当の受領等の権利行使をすることができないとされた（破109条・201条4項。いわゆるホッチポット・ルール）。

破産管財人の換価業務との関係では、任意に一部弁済を受けた破産債権者がいる場合には、当該破産債権者に対して不当利得返還請求権が成り立ち、その換価回収を検討する必要があるが、弁済額が破産配当額を超えない場合には、配当調整により処理をするほうが簡便であるとの指摘がされている(注11)。

（片山　健）

(注10)　舘内ほか・前掲（注2）（上）64頁［中西敏彰発言］参照。
(注11)　条解破産法785頁。

第7章 事業譲渡・会社分割

第1節　破産手続における事業譲渡・会社分割

I　破産手続における事業譲渡の有用性

　破産手続において事業譲渡がなされることは数としてそれほど多くはないが、極めて有用性は高い。破産手続は原則として事業を停止し、財産の換価処分を実施する段階であるため、通常、「事業」としての一体性をもって譲渡できる状況にない。しかしながら、もし「事業」として一体で譲渡することができれば、①ばらばらに資産ごとに換価するよりも迅速かつ高額での処分が可能となり、②従業員の雇用を確保することができ、③取引先との取引が継続することによって、取引先が被る被害を最小限とすることができる。また、④多くの一般消費者との間で重要な取引を行っている場合には、一般消費者が被る損害を回避することができ、⑤事業を廃止することによって社会的混乱が生じる場合にはその混乱を回避することができる。すなわち、通常の財産換価処分手続では、資産を時間と手間をかけて個別に換価処分せざるを得ず、さらに原状回復費用などの清算費用が多額に生ずることもあるのに対し、「事業」として一体として売却する場合には、個別資産価値のほか営業権（のれん）の価値を上乗せした価額で譲渡することができ、清算費用も生ずることなく、早期かつ高額での処分が可能となる。さらに、従前の従業員の雇用の場が喪失されずに維持でき、取引先や一般消費者にとっても従前の取引が継続することによって損失を最小限にとどめることが可能となるほか、病院や交通機関等の公共性がある事業の場合には、事業停止によって生ずる社会的混乱を回避することができる^(注1)。したがって、従業員が協力的

な状況であり、事業用資産も保全されていて、「事業」としての一体性が保たれている状況があり、事業譲渡手続期間中の事業継続が可能なほど資金繰りの見込みが立っていることなどの条件が揃っているのであれば、積極的に事業譲渡を検討すべきである。

II　保全管理手続中における事業譲渡の有用性

　破産手続において事業譲渡を実施することの有用性は前述のとおりであるが、破産手続開始前の保全管理手続中に事業譲渡を実施することにも特別の意義がある。すなわち、破産手続にいたっていない場合、当該企業の破綻は対外的に明確となっておらず、風評被害があまり生じていない段階で、事業価値の毀損を抑えての事業譲渡が可能である。したがって、高額での譲渡が可能となる。さらに、破産手続が開始されると許認可が取り消されてしまう場合があり、その場合には破産手続開始前に事業譲渡を実施する必要がある。例えば、市場内の卸売業者の営業権は高額での売買がなされているところ、破産手続開始後においては営業権が取り消されてしまうため換価できなくなる。そのほか、ほとんどの許認可事業が破産手続開始を欠格事由としており、許認可が取り消されてしまうため、破産手続開始後においては事業活動を停止した状態で事業譲渡するしかなく、この場合、事業価値は劣化してしまってもはや譲渡ができなくなってしまうか、譲渡できた場合であっても価額は極めて低くならざるを得ない。このような場合に、保全管理手続中における早期の事業譲渡は極めて有効である。

　保全管理手続中における事業譲渡は、再生手続が廃止されて破産手続に移行する場面、すなわち牽連破産の場面においてしばしば見受けられるが、通常の破産手続においても、申立後に保全管理命令が発令され、事業譲渡が実施される場合もある。とくに、租税公課の負担が過大であるなどから再生手続を選択することができないが、事業価値があり、そのまま清算することは適切でないような事案において、保全管理手続中に事業譲渡を実施するか、

（注１）　宮川勝之ほか「破産手続における営業譲渡」倒産の法システム(2)102頁、破産実務Q&A 200問165頁［浅沼雅人］。

事業譲渡の準備を行った上で破産手続開始直後に譲渡を実施することが相当である場合がある。このような事案では、申立代理人のほか、裁判所や保全管理人においても、積極的に保全管理手続での事業譲渡を検討することが期待される[注2]。

III 破産手続・保全管理手続における会社分割の可否

破産手続や保全管理手続において会社分割を実施できる場合には、事業譲渡にはないメリットを享受することができ、より高額での換価処分が実現可能な場合が生じる。それでは、会社分割に関し明文の規定はないものの、破産手続や保全管理手続において会社分割を実施することは可能であろうか。

まず、破産手続について検討する。清算中の株式会社が会社分割を行うことは可能とされている[注3]。しかしながら、破産管財人には、破産財団に関する管理処分権限と無関係な会社の組織法上の権限は認められておらず[注4]、さらに、更生手続においては、会社の組織法上の事項である会社分割を更生計画の定めにより扱うことができる構造になっているのに対し（会更182条・182条の2参照）、破産手続ではこのような構造になっていないことからすれば、会社分割には資産移転という破産財団の処分に関する側面があるものの、破産管財人の権限のみで会社分割を実施することは困難であると考えざるを得ない[注5]。他方、従前の会社の機関たる取締役会や株主総会は、破産手続の開始後においては破産財団に関する管理処分権を失っている以

(注2)　島岡大雄「宮崎地方裁判所（本庁）における倒産事件の処理の実情」金法1982号（2013）80頁注23では、保全管理期間中に保全管理人が申立代理人と協力しながら1か月間で事業譲渡先を探し、事業譲渡契約締結・実行（クロージング）を行った上で、破産手続開始決定をした旨の報告がなされている。

(注3)　相澤哲ほか「定款の変更、事業の譲渡等、解散・清算」相澤哲編著『立案担当者による新・会社法の解説（別冊商事法務295号）』(2006) 150頁。

(注4)　伊藤・破産法民事再生法423頁、倒産法概説226頁［沖野眞已］など。なお、最判平成21・4・17判時2044号74頁も、「破産財団に関する管理処分権限と無関係な会社組織に係る行為等は、破産管財人の権限に属するものではなく」と判示している。

(注5)　他方、松下淳一「法人たる債務者の組織法的側面に関する訴訟の倒産手続における取扱いについて」伊藤眞ほか編『竹下守夫先生古稀祝賀・権利実現過程の基本構造』（有斐閣、2002）756頁は、一定の類型の組織上の事項は破産管財人の権限が及ぶとし、この類型に会社分割や合併を含めている。

上(注6)、その効果において破産財団に与える影響が大きい会社分割を実施する組織上の権限は有しておらず、結局、破産手続においては会社分割を実施することは予定されておらず、実施できないものと考える(注7)。

次に保全管理手続であるが、保全管理人の権限は会社組織上の事項には認められていない(注8)。他方、従前の会社の機関たる取締役会や株主総会の権限は、保全管理人の権限に抵触しない範囲において、破産開始決定後の場合と比べ広範囲に認められている。すなわち、いまだ破産手続が開始される前の段階であり、委任契約が終了しているわけではないため、財産処分に関する権限についても、保全管理人の権限に抵触しなければ行使することが可能である。保全管理中に事業譲渡に関する株主総会決議を実施することも認められており、それと同様に、従前の機関たる取締役会や株主総会の決議がなされることによって、保全管理人の権限に反しない場合、すなわち、保全管理人も会社分割の実施を意図している場合には、保全管理手続中に会社分割手続を実施することができるものと考える。

(髙井章光)

(注6) 前掲・最判平成21・4・17は、「民法653条は、委任者が破産手続開始の決定を受けたことを委任の終了事由として規定するが、これは、破産手続開始により委任者が自らすることができなくなった財産の管理又は処分に関する行為は、受任者もまたこれをすることができないため、委任者の財産に関する行為の内容とする通常の委任は目的を達し得ず終了することによるものと解される。会社が破産手続開始の決定を受けた場合、破産財団についての管理処分権限は破産管財人に帰属する」と判示し、破産開始決定後において従前の取締役は財産処分に関する権限は終了(委任の終了)するとしている。
(注7) 「質疑応答」登記研究642号(2001)171頁は、破産を原因として解散した場合には会社分割はできないとする。
(注8) 条解破産法704頁、大コンメ392頁[三村義幸]。なお、伊藤・破産法民事再生法172頁は、財産と関係がある限り組織法上の行為にも権限が及ぶとする。

第2節　事業譲渡・会社分割の手続

I　破産手続における事業譲渡手続

　破産管財人が事業譲渡を実施する場合、裁判所の許可を得る必要がある（破78条2項3号）。裁判所は、事業譲渡の許可の際に労働組合等の意見聴取を実施する必要がある（同条4項）[注1]。破産手続において破産管財人が事業譲渡を実施する場合は、株主総会決議等の機関手続は不要である[注2]。

II　個人事業者の破産手続における事業譲渡手続

1　個人事業者破産の場合の問題点

　個人事業者の破産手続においては、当該事業を破産者が継続する場合の対応方法が問題となる。すなわち、個人事業者の事業のうち、法人化していないだけで複数の従業員を雇用するなど一定規模にて事業を営んでいるような、実質的には法人の事業と同じようなケースについては、その事業主の地位を破産管財人が承継することになり、法人破産の場合と変わらない対応となる場合が多いが、個人事業者たる破産者のみが事業に従事している場合や家族のみでの経営のような場合には、破産管財人がその地位を承継することは困難であり、事業を継続する場合の事業主体は破産者自身ということになる。さらに、従業員を雇用するような規模であっても、破産者の非代替的な個人的能力・素質に基づく事業については、やはり破産管財人は承継することができない。

　このように個人事業者の事業内容に応じて、対応方法が異なることに注意が必要である。

(注1)　意見を聴く方法はとくに定められておらず、破産管財人を通じて意見を聴く方法や裁判所に書面を提出してもらう方法などがあるが、裁判所は意見には拘束されず、意見を聴かないで判断した場合においても、破産法78条5項のような別段の規定がない以上、裁判所の許可は有効と解される（条解破産法633頁）。
(注2)　条解破産法625頁・632頁。

2　事業継続の手続

　事業の規模等が実質的に法人の事業と同じようなケースについては、破産管財人が当該事業を継続する場合、法人の場合と同様に裁判所の許可を得る必要がある（破36条）[注3]。

　これに対し、破産者のみもしくは家族のみで経営する規模の事業であったり、当該事業が破産者の非代替的な個人的能力・素質に基づく事業である場合には、破産管財人がその事業主の地位を承継して事業を継続することはできないため、破産者において事業継続することになるが、事業用資産等が破産財団に属する場合には、その譲渡手続が必要となる。なお、主として自己の労力により農業を営む者の農業に欠くことができない器具、肥料、労務の用に供する家畜およびその飼料ならびに次の収穫まで農業を続行するために欠くことができない種子その他これに類する農作物（民執131条4号）や、主として自己の労力により漁業を営む者の水産物の採捕または養殖に欠くことができない漁網その他の漁具、えさおよび稚魚その他これに類する水産物（同条5号）、さらに、技術者、職人、労務者その他の主として自己の知的または肉体的な労働により職業または営業に従事する者のその業務に欠くことができない器具その他の物（商品を除く）（同条6号）などについては、差押禁止動産とされており自由財産となること（破34条3項2号）に留意が必要である。さらに、破産財団に属する場合であっても、財産的価値がないものについては財団から放棄し、価値が小さいが破産者の生計には不可欠な財産などについては自由財産の範囲の拡張により対応を行う場合もある。

3　事業譲渡における問題点

　事業が実質的に法人の事業と同じようなケースでは、破産管財人は裁判所の許可を得た上で譲渡を実施することになる（破78条2項3号）[注4]。従業員がいる場合に、その許可の際に労働組合等の意見聴取を行う必要があること

（注3）　破産法36条の「事業」は、会社・法人の営業・事業のほか、個人の商業・営業・事業も、非商人の業務も含む広い概念である（条解破産法322頁）。

も同様である（同条4項）。

　他方、破産者もしくは家族のみで経営する規模の事業であったり、破産者の個人的能力・素質に基づく事業の場合であっても、営業用資産の枠を超えて「営業（事業）」と評価すべき有機的一体性を持つものが存在し、破産者においてその「営業（事業）」を必要とする場合においては、破産管財人は当該「営業（事業）」を破産者に譲渡する必要が生ずる。具体的な措置としては、破産者の親族等から借入れを行った資金をもって譲渡代金としたり、そのような条件が整わない場合には、破産者に一定程度事業用資産を貸与することとし、そこから得た新得財産たる売掛金等によって譲渡代金とするなどを工夫する必要がある(注5)。この事業譲渡の場合は、第三者に対する事業の譲渡ではないが、破産財団に属する資産について、破産者が当該評価額を支払うことを前提として破産財団から放棄する手続と同視することができ、破産法78条2項12号に該当する行為であることから、裁判所の許可が必要となる。

Ⅲ　保全管理手続における事業譲渡・会社分割手続

1　事業譲渡

　破産法93条3項は、破産管財人の権限に関する規定である同法78条2項から6項までを保全管理人について準用しており、保全管理人が事業譲渡を実施する場合、裁判所の許可を得る必要があり（破78条2項3号）、裁判所はその許可の際に労働組合等の意見を聴取しなければならない（同条4項）。

　他方、裁判所の許可のみで株主総会決議なくして事業譲渡ができるかについては争いがあり、通説および実務は、裁判所の許可のほか株主総会特別決議（会社467条1項1号・2号・309条2項11号）を必要としている(注6)。この場合の株主総会招集手続は、会社法の規定に則り、従前の代表取締役によっ

（注4）　破産法78条が「営業又は事業の譲渡」としているのは、「事業」においても個人商人の営業も含む広い概念であるが、念のため個人商人の「営業」も明記したものと考えられる（条解破産法632頁）。
（注5）　個人事業主の破産の場合の事業譲渡についての宮崎地裁の取組みについて、島岡大雄「宮崎地方裁判所（本庁）における倒産事件の処理の実情」金法1982号（2013）87頁を参照。

て行われることになる。

　以上から、取締役や株主の協力が得られない場合など株主総会決議にて可決することが困難な場合には、保全管理手続中の事業譲渡をあきらめ、破産手続開始決定を得て、破産管財人によって即時に裁判所の許可を得て事業譲渡を実施することになる。しかしながら、破産手続の開始によって許認可を失ってしまうような事業の譲渡においては、破産手続における事業譲渡では実質的に効果がない場合もあり、注意が必要である。

2　会社分割

　保全管理手続中に会社分割を実施する場合、「債務者の常務に属しない行為」であることから、保全管理人は裁判所の許可を得なければならない（破93条1項）。この場合、事業譲渡の場合と同様に、株主総会決議が必要か問題となり得るも、保全管理人は会社組織法上の権限は有していないため、会社組織法上の行為である会社分割を実施するには、株主総会決議が必要と考える。

　なお、通常、会社分割の場合のほうが事業譲渡の場合よりも手続的に煩瑣となるため、迅速に事業の移転を行う必要性の高い保全管理手続中においては、実務的には会社分割よりも事業譲渡を選択する場合が多いと思われる。

（注6）　一問一答新破産法142頁、条解破産法708頁。更生手続について、田原睦夫「会社更生手続における営業譲渡」門口正人ほか編『新・裁判実務大系(21)会社更生法民事再生法』（青林書院、2004）118頁、松下祐記「倒産手続における保全管理人による事業譲渡について」青山古稀881頁。他方、裁判所が債務超過を認めて許可をするのであれば株主総会決議は不要とする見解（伊藤・破産法民事再生法173頁注221、武笠圭志「破産手続開始前の保全処分」新裁判実務大系(28)88頁のほか、再生手続の保全段階についてであるが、宗田親彦「会社更生手続における営業譲渡」石川古稀（下）461頁）、牽連破産の場合には、保全管理人は破産管財人と同様に裁判所の許可をもって株主総会決議なしに事業譲渡ができるという見解（髙井章光「牽連破産に関する諸問題」事業再生研究機構編『民事再生の実務と理論』〔商事法務、2010〕243頁）、破産手続開始後に破産管財人が事業譲渡を追認すれば手続上の瑕疵は治癒されるとする見解（島岡大雄「再生手続の廃止と牽連破産」鹿子木康編『民事再生の手引』〔商事法務、2012〕428頁）などがある。

Ⅳ 手続上の問題点

1 事業の維持継続

　保全管理手続中は事業が継続している場合が通常であるが、租税債権者からの滞納処分がなされる危険性があるため、その危険度合いに応じて、包括的禁止命令の発令（破25条1項）を検討する必要がある。包括的禁止命令は債務者に送達された時点で効力が生ずるため（破26条2項）、迅速な対応が可能である。

　破産手続の開始後に事業を継続するためには、破産管財人は裁判所の許可を受ける必要がある（破36条）。破産手続においては本来事業の継続を予定しておらず、事業継続は例外的な取扱いであり、事業継続によって本来は発生しない財団債権が増えることになることから、裁判所の許可申請に当たっては、事業継続の必要性について慎重に検討した上で、事業を継続するのか断念するのかを決定する必要がある。さらに、破産手続開始決定前に発生した債権は破産債権となるが、破産手続の開始後の取引に基づく請求権は財団債権として支払を実施する必要があり、また、破産者には信用がないことから、その取引条件は現金前払等の厳しい条件になることが多く、資金繰りには十分に注意する必要がある。破産手続開始後に事業譲渡をめざして事業継続を行ったことによって資金を支出したものの、途中で資金不足となって事業譲渡を断念するような結果となった場合には、事業継続をしなかった場合のほうが破産財団が多く残っていたのではないかという結果となる場合もある。このような場合には、破産管財人の善管注意義務（破85条1項）が問題となる場合もあり注意が必要である。破産管財人としては、できるだけ資金を支出せずに事業を維持する方法を検討しなければならず、または事業譲渡にいたらない場合であっても、破産手続の開始決定後の支出額と開始後に取得する売掛金の回収額とを比べて、破産財団に損失が大きく出ないような内容に絞って取引を継続するなど工夫が必要となる。

2　迅速な譲渡先選定

　保全管理手続中であれ、破産手続中であれ、事業譲渡手続が長引く場合には、従業員や取引先から事業譲渡に関し不信感が生じ、事業価値の毀損が生じかねない。したがって、迅速に譲渡先を選定する必要がある。この場合、企業情報を豊富に有するフィナンシャルアドバイザー（FA）に委託して譲渡先を探すことが有効であるが、そのほか、従前の取引先などさまざまな伝手を利用して迅速に譲渡先を選定する必要がある。平時や再生手続中であれば、広く候補者を募り、きちんとした財務・事業デューデリジェンスを実施した上での入札手続にて選定することが望ましいような場合であっても、そのような手続にかける時間がなく、または費用がない場合であることが多いため、その選定手続については厳格な手続は求められてはいない。最終的に重要となるのは譲渡価格の相当性であり、管財人・保全管理人としては譲渡価格の相当性を十分に説明できるようにしておく必要がある。

　なお、場合によっては、破産手続開始の申立前において、破産申立前会社において事業譲渡先候補者が選定されていたり、実際に事業譲渡契約が締結されている場合がある[注7]。このような場合においても、破産管財人としては、他の事業譲渡先候補者を募るだけの時間的余裕があるか否か等を見極め、最終的にはその譲渡価格の相当性を十分に説明することができるのであれば、従前の事業譲渡先候補者を譲渡先に決定し、迅速に事業譲渡を実施すべきである。

3　許認可手続の承継

　事業継続において許認可が必要な事業では、事業譲渡までの期間に許認可が途切れてしまわないよう留意する必要がある。多くの許認可においては、

（注7）　河野玄逸「特殊な換価手法(1)――破産手続における事業譲渡」新裁判実務大系(28)280頁は、大手証券会社系列のファイナンス会社の破綻のケースにおいて、事前に営業譲渡契約を締結のみしておき、その未履行双務契約の履行・解除の選択権を破産管財人に委ねる形が行われた実例を紹介し、慎重かつ透明度の高い法的技法として評価している。

当該事業主において破産手続開始決定がなされた場合には許認可を喪失することとなっているため、破産手続開始前の保全手続段階における事業譲渡を意図したり、破産手続開始直後に譲渡を実施して、実質的に許認可の喪失が生じない（できるだけ許認可を喪失する期間が生じないようにする）工夫が必要となる。さらに、事業を譲り受けた会社において、当該事業の許認可を有していないと事業継続ができないため、事業譲受会社において許認可を得ているか否か、得ていない場合にはその取得は可能か、取得にかかる時間はどのくらいか等についても、十分に留意した上で、事業譲渡計画を策定する必要がある。

4　公正取引委員会への届出

売上規模が30億円を超えるような中規模以上の会社の事業譲渡において、事業譲受先が同業者や取引業者の大規模会社であった場合には、当該事業譲渡によって一定の取引分野の競争を制限することになる危険が生ずるため、保全管理手続や破産手続中であっても、公正取引委員会に対し事業譲渡の30日前に事前の届出を行わなければならない[注8]。破産会社の事業譲渡においてこの届出を義務づけられる場合は稀であるが、中規模以上の会社の事業譲渡の場合には留意する必要がある。

（髙井章光）

（注8）　私的独占の禁止及び公正取引の確保に関する法律16条は、競争関係や取引関係にある事業者同士の事業譲渡において、国内売上高（グループ企業合計）200億円超の会社が譲受先となり、かつ、破産者（申立会社）が国内売上高30億円超の場合に、事業の全部または重要部分を譲渡する場合には、譲受先は公正取引委員会に対して事業譲渡30日前に企業結合に関する届出を行わなければならないと規定している。公正取引委員会は、この30日間において、当該事業譲渡が一定の取引分野において競争を実質的に制限することとなる場合か否かを審査する。この30日の期間は、公正取引委員会の判断によって短縮可能である（独禁16条3項・10条8項）。公正取引委員会が、競争を制限するものと認定した場合には、排除措置命令を発することができる。会社分割の場合においても同様の届出義務が定められている（独禁15条の2）。

第3節　事業譲渡・会社分割を実施する際の留意点

I　事業譲渡価値の評価

　事業譲渡価額が適正か否かについては、客観的中立的に判断されるべきものであり、その譲渡価額の相当性を事後的に判断する十分な資料を準備する必要がある。入札方法をとる場合には譲渡価額が高額となることが予想され、一般的にはその価額の相当性が担保されているといえるが、早期かつ確実に換価する必要があるときは、特定の買受候補者と個別交渉によることもやむを得ない(注1)。このような相対取引の場合には、より価額の相当性を客観的に説明する必要があり、公認会計士による事業評価などを検討することになる。

　なお、営業利益がほとんど出ていない事業（所）の譲渡において、どのように評価すればよいか悩ましい場合がある。少なくとも、事業を解体清算した場合の価額を上回る必要があるが、一般的には譲渡対象の資産価額の合計をも上回る必要があると思われる(注2)。

II　取引債務の承継の可否

　事業譲受会社が債務を承継する場合においては、債権者平等の観点から、破産債権に対する弁済が100パーセントとなるような稀なケースを除き、通常は破産債権を承継することはできず、優先弁済権を有する財団債権や優先的破産債権が対象となる(注3)。なお、財団債権や優先的破産債権であっても、破産者に残された財団債権や優先的破産債権が100パーセント弁済を受けることができない状況である場合には、債権者平等原則に反することになり、認めることはできない。ただし、例えばエステ事業を営む破産者が、顧客に

(注1)　遠藤賢治「倒産法における営業譲渡」奥島孝康ほか編『櫻井孝一先生古稀祝賀・倒産法学の軌跡と展望』（成文堂、2001）253頁。
(注2)　髙井章光「事業譲渡、事業継続における対応」事業再生と債権管理157号（2017）20頁参照。

対してチケットを販売しており、前受金債務を負っているようなケースにおいて、1人当たりの負債額が比較的少額であり、当該負債の承継を認めない場合には当該事業譲渡が実施困難となるか、または、多数の消費者債権者を手続に参加させなければならないなど、破産手続を円滑に進めることが困難となる場合には、例外的に、当該前受金債務の承継は許容されるべきと考える。

以上のことは、保全管理手続における事業譲渡の場合であっても原則として同様であるが、保全管理手続中においては、商取引はそのまま継続している状態であり、発生し続ける商取引債務を約定弁済することが許容されている状況にある。この取引債務の消滅行為は、その後の破産手続との関係においては、破産法162条において規定する同時交換行為として否認権の対象とならないとされている行為（「既存の債務についてされた担保の供与又は債務の消滅に関する行為」ではない、新規債務についての債務消滅行為等）と考えられ、当該行為以前に発生している「既存の債務」とは取扱いを異にすることが許容されていること（もしくは、売掛金が増殖し、または、譲渡する事業の価値が維持・増殖していることから、有害性または不当性がない）から、これらの商取引債務を事業譲渡先に承継させることは許容されるものと考える。

III 従業員への対応

事業を継続し、事業価値を維持するためには、従業員に事業譲渡を実施する予定であることを十分に説明して協力を求める必要がある。給与の支払が可能な状況であることを説明し、安心して業務に従事できるようにする必要がある。なお、解雇予告をいつの時点で行うかの判断は重要である。事業譲

（注3） 山本和彦「営業譲渡による倒産処理」石川古稀（下）624頁、福永有利「フランチャイズ契約と倒産法」判タ581号（1986）15頁、金井高志「フランチャイズシステムをめぐる倒産処理手続上の諸問題」判タ926号（1997）78頁。他方、宮川勝之ほか「破産手続における営業譲渡」倒産の法システム(2)110頁や遠藤・前掲（注1）252頁は、破産債権者に対する配当率について、取引債務を承継させる営業譲渡をした場合のほうが、営業譲渡をしなかった場合や債務を承継しない営業譲渡をした場合よりも高い配当率を確保できると予想されるときは、結果的に破産債権者全体にとって有利であるから、債権者間の不公平はないといえるので、このような場合の営業譲渡に伴う債務承継は原則として許容されると解すべきとする。

第7章　事業譲渡・会社分割　第3節　事業譲渡・会社分割を実施する際の留意点

渡できなかった場合には従業員を即時に解雇しなければならないが、即時解雇の場合には1か月分の解雇予告手当を支払わねばならないので、雇用期間を見極めた上で解雇予告を実施することが望ましい(注4)。

　従業員に関する債務（退職金債務等）について、事業譲渡において譲受人が免責的に債務引受けを行う場合がある。当該事業譲渡代金や残存資産の換価処分によって、財団債権や優先的破産債権について全額の弁済が可能であれば、債権者間の平等を害することはなく、破産手続による弁済ではないものの許容されると考える。しかしながら、残された債権者との間で平等性が損なわれる結果が生ずる場合は、退職金債務等については承継させず、破産者において一旦清算する形をとるべきである。

　保全管理手続における事業譲渡の場合も同様であるが、給与債権のうち事業譲渡直前分については、保全管理期間中において随時払が許容されていることから（その根拠は破産法162条における同時交換行為として否認の対象外とされていること、もしくは有害性・不当性がないことと考える）、財団債権や優先的破産債権について全額の弁済ができない場合であっても、事業譲渡先に承継させることは許容されるものと考える。

　会社分割の場合、労働者の重大な利害に関わることから、法律上、労働者に一定の保護が与えられている。まず、会社は労働者と協議する義務を負っており（平成12年商法改正法附則5条1項）、個々の労働者に対し、分割後の会社の概要、その後の従事する予定の業務内容等を説明し、協議しなければならない。さらに、会社は、株主総会の2週間前までに、承継会社・設立会社に労働契約が承継される労働者に対して法定事項を書面により通知しなければならないほか（労働承継2条1項）、承継会社・設立会社に労働契約が承継されるか否かについて労働者に異議申出権が認められているなど（労働承継4条・5条）、労働契約承継法に規定された事項に留意する必要がある。これらの会社に課せられている義務は、会社分割に付随する義務ではあるが、その内容は、労働契約に関する義務であることから会社組織上の行為ではなく、保全管理手続においては、保全管理人がその義務を負うものと考える。

（注4）　多比羅誠「事業再生手段としての破産手続の活用」新裁判実務大系(28)43頁。

Ⅳ　取引先への対応

　破産となったことにより、重要な取引先に取引を拒絶されてしまった場合には、事業継続が困難となる場合もあるため、重要な取引先には事業譲渡を迅速に行う予定であることを説明した上で、譲渡後の取引継続に理解を求める必要がある。また、すでに破産手続開始前に発生した債権は破産債権となり弁済ができないことをきちんと説明をした上で、新たに破産手続開始後に発生する債権についての支払条件を明確にして、事業を継続していく上での協力を求めていくことになる。とくに継続的な契約の場合には、破産債権部分（破産手続開始前の出来高分）と財団債権部分を明確にした上で、書面で相互に確認しておき、後の紛争を防止する措置を講ずることも重要である。

Ⅴ　担保権者への対応

　事業上重要な資産に担保権が設定されている場合には、事業譲渡の妨げとなるため、担保権者と協議を持ち、担保権を解除してもらう必要がある。担保権者との調整が困難な状況にいたった場合には、裁判所から担保権消滅許可（破186条）を得て担保権を消滅させることを検討せざるを得ない。

　事業上重要なリース物件がある場合には、事業承継者においてリース会社と交渉の上でリース物件を買い取るか、新たにリース契約を締結するなどによって、引続き利用ができるように調整する必要がある。

Ⅵ　事業譲渡等における「迅速な決断」の重要性

　破産管財人や保全管理人は、破産手続や保全管理手続においてであっても、一定規模の会社において事業が継続した状態であれば積極的に事業譲渡を検討すべきである。ただし、破産手続において事業は急速に劣化するため、事業譲渡を実施するか否かの決断は迅速に行わねばならず、そのためには、短時間で事業内容や事業状況をどれだけ把握することができるか、また、短時間でどれだけ事業譲渡先候補者等に関する情報を収集することができるか、が重要となる。事業譲渡を実施するか否か判断する際には、従業員が協力的であるか否か、事業用資産が保全されており譲渡可能な状態か否か、事

業に関わる取引先が協力的であるか否か、これらを前提とした上で収益性を有する事業であるか否か、そのほか事業譲渡先候補者にとって魅力のある事業であるか否か、さらには事業譲渡手続中の事業継続ができる資金繰りの見込みが立っているか否かや、短期間に事業譲渡先候補者を募ることが可能か否か等について、できる限りの情報や資料をもとに総合的に検討し、決断することになる。

　また、事業継続中における人件費や事務所経費などの支出が過大となってしまう危険が生じた場合には、事業譲渡を即時に断念することも重要である。その場合、事業全部の譲渡ではなく、重要資産の譲渡に切り替え、もしくは事業を停止し従業員を一旦解雇して経費支出がない状態にした上で、事業の一部の譲渡を積極的に検討する[注5]などを行うべきである。

（高井章光）

（注5）　筆者の経験において、一定数の技術者（工員）の雇用を確保することができることを条件として工場を売却する作業を試みたことがある。このときは購入希望者側のデューデリジェンスに一定の時間がかかることとなったため、操業を止めていた工場の従業員全員を一旦解雇した上で、工場売却に関する情報について解雇した元従業員に開示をしながら、交渉を進めていった。このように従業員の理解が得られれば、解雇後においても引き続き事業譲渡交渉を継続することができる場合がある。

第4節　裁判所からみた事業譲渡・会社分割の留意点等

はじめに

　破産会社が優良な事業部門を有している場合、事業継続を前提として当該事業部門を一体的に譲渡できれば、事業廃止を前提とする清算価値よりもはるかに高額での換価が可能であり、ひいては破産財団の増殖に大きく貢献する。また、取引先や従業員等の関係者の地位を安定させ、社会的にも破産による混乱を最小限に食い止めることができる。このように、清算型手続である破産手続であっても、事業譲渡等の方法による換価は、非常に有用といえる。

　破産手続上の事業譲渡等が検討される事案では、人材の流出や信用毀損等を含め、日々刻々と資産劣化が進むため、裁判所を含む各関係者が極めて迅速に対応することが要請される。他方で、破産債権者等との関係では、事業譲渡の対価の適正や、譲渡手続の透明性の確保の要請も強く、これらの要請をいかに調和させて手続を進めるかが課題である。

　なお、**第1節**から**第3節**で指摘されているとおり、破産手続および保全管理手続中に会社分割を行うことは、理論上または実際上の困難を伴うため、以下では、もっぱら事業譲渡を念頭に置いて検討する。

I　破産手続・保全管理手続中の事業譲渡等

1　関係者の役割等

　破産手続・保全管理手続中の事業譲渡の実行が考えられる事案では、資産の劣化防止等のため、申立代理人による破産申立準備を迅速に進める必要が

（注1）　保全管理手続中に事業譲渡がされる類型として、破産手続の開始により営業権が取り消される市場の仲卸業者の事例が挙げられる（東京中央卸売市場につき東京都中央卸売市場条例28条1項1号・24条4項1号参照）。この点につき、業務を継続したまま破産申立てをする例も多いが、すでに業務を休止した場合には、休止から1か月間を経過すると営業権が取り消され得る（同条例28条2項3号）ので、営業権の換価価値を維持するためにも早急に破産申立てをして、保全管理手続に移行させる必要がある。

ある(注1)。

また、破産管財人または保全管理人(以下、「破産管財人等」という)により当分の間事業が継続されることが前提となるため(注2)、破産管財人等において迅速に当該事業の財産、収支状況や日々の資金繰りを把握するとともに、運転資金の確保や、事業継続に不可欠な取引先、従業員等の関係者の協力等を得ることが必要であり、申立代理人においても必要な引継ぎ準備を行うことが求められる。

裁判所も、迅速に手続を進める必要があり、破産申立直後から記録検討や申立代理人および破産管財人等と打合せを行うなどして、事業譲渡の可否や問題点の確認等を行う必要がある。この点、小規模庁や支部等では、担当裁判官が別事件の処理のために不在である等の事態も生じ得る。一般的に、破産事件の処理には迅速さが求められるところであるが、とりわけ事業譲渡の可否が問題となるような事案では、事件受理後、直ちに担当裁判官にその旨報告がされ、進行方針が指示されるような事務処理体制を裁判所内部で構築しておくことが求められる(注3)。

2　保全管理命令等の発令

(1)　保全管理命令の要否

事業譲渡の実行が考えられる事案では、裁判所は、破産手続と保全管理手続のいずれで譲渡を実行するのが相当か、早期に手続の振分けを検討する必要がある。一般的には、破産手続の開始による営業権の取消しや信用毀損による事業価値の劣化等を防止するため、直ちに破産手続を開始するのではなく、速やかに保全管理命令(破91条)を発令した上で、裁判所の選任した保全管理人により事業譲渡を実行するのが相当な案件も多いが、他方で、保全

(注2)　破産管財人が破産手続開始後に破産者の事業を継続するには、破産裁判所の許可が必要である(破36条)。事業継続の許否は、事業継続をした場合とそうでない場合に見込まれる利益と損失(経費等)を比較衡量して判断される。

(注3)　必要があれば、他の裁判官によるてん補等の措置も検討すべきであるし、兼務庁のため不在ということであれば、本務庁にいる担当裁判官において、電話でやりとりをしたり、記録の一部をファックス等で送付を受けたりする等して、迅速に検討を進めることが考えられる。

管理手続中の事業譲渡には株主総会の特別決議（会社467条1項・309条2項11号）を要するとすると解されていること等から、かえって破産手続を開始して、破産管財人により事業譲渡を実行したほうが迅速に進むこともある。

したがって、保全管理命令の発令の要否および事業譲渡の実行時期等については、申立代理人、破産管財人等候補者および裁判所との間で十分協議をする等して、共通認識を形成する必要がある。

(2) 第三者に対する保全処分（包括的禁止命令等）

第三者による強制執行等の権利行使がされた場合には、これにより債務者の財産が散逸して円滑な事業継続が困難となるから、中止命令（破24条1項1号）の要否を検討する必要がある。また、個別の強制執行等の中止命令では対応できない事態が生じるおそれがある場合には、包括的禁止命令（破25条1項）の要否を検討する必要がある。包括的禁止命令は、破産債権者による強制執行等のみならず、財団債権者による強制執行や国税滞納処分等も禁止される点に特徴がある。

包括的禁止命令は、個別の強制執行の中止命令では「破産手続の目的を十分に達成することができないおそれがあると認めるべき特別の事情」があることが要件とされている。その典型例としては、執行対象となり得べき財産が多数存在し、執行債権者となり得べき債権者も相当存在する例が挙げられるが[注4]、保全管理手続中に事業譲渡の実行が見込まれる事案に特化してみると、主要な財産に国税滞納処分等がされると事業継続が直ちに頓挫するおそれが高いこと、一般的には、事業譲渡を実行した場合の譲渡価値（事業継続価値）と実行しなかった場合の清算価値を比較すると、前者のほうが高額であるといえ、租税債権者を含めた債権者一般の利益に資することから、上記の要件該当性については比較的緩やかに解するのが相当と考えられる。

3 譲渡手続

(1) 譲渡先の選定方式

事業譲渡先の選定に当たっては、入札方式で行うべきか、相対方式で行う

(注4) 伊藤・破産法民事再生法160頁。

べきかという問題がある。一般的に、入札方式では、競争原理の導入により譲渡価格の上昇が期待できること、破産債権者等の関係者から譲渡手続の適正・透明性について理解が得られやすい等の利点が挙げられる。他方で、相対方式は、手続が簡便であるから事業譲渡を迅速に実行できること、対象事業の範囲や譲渡条件等の変更にも柔軟に対応できること等の利点が挙げられる（場合によっては、相対方式のほうが、入札方式よりも高額での譲渡が可能になることもあり得る）。したがって、入札方式と相対方式のいずれが適切かは、一概にいうことはできず、譲渡対象の事業の状況（業種、規模、資産状況、資産劣化の進度等）や取引先との関係、譲渡先候補者の出現見込み、その他当該事業を取り巻く状況を勘案して、個別事案ごとの破産管財人等の合理的な裁量判断に委ねられるのが相当であり[注5]、基本的には、裁判所もその判断を尊重することになる。

(2) 譲渡価格の適正

第2節Ⅳ2で指摘されているとおり、事業譲渡を実行するに当たっては、譲渡価格の適正を確保することが重要であり[注6]、破産債権者等の関係者の関心も高い。前記(1)のとおり、譲渡先の選定手続については破産管財人等の裁量判断に委ねられるのが相当であるが、他方で、譲渡価格の適正については、関係者に対する情報開示の要請が高いことを考慮する必要がある。

したがって、債権者集会等において、破産管財人等から十分な説明がされることが求められ、必要に応じて、入札方式であれば入札手続の概要（入札条件の設定、公募方法等）および選定結果等、相対方式であれば譲渡価格の算定方法およびその結果等（事業譲渡の規模等によっては、譲渡価格の算定につき公認会計士等の専門家の調査を実施し、その調査報告書を準備するのが相当な場合もあり得る）について情報開示をすることも検討されるべきであろう。

(注5) 第2節Ⅳ2で指摘されているとおり、フィナンシャルアドバイザー（FA）に委託して譲渡先を選定することも有効である。この場合の報酬は、財団債権（破148条1項2号または4号・4項）となるので、委託事項および報酬額またはその定め方を明確にした委託契約を締結することが求められる。また、報酬額が100万円を超える場合には、裁判所の許可（破78条2項13号・3項1号、破規25条）が必要である。

(3) 取引債務の承継

第3節Ⅱで指摘されているとおり、基本的には、破産手続上の事業譲渡においては、破産債権を承継させたり、財団債権または優先的破産債権についても、破産手続で弁済または配当される部分を超えて承継させることは相当でないと解される。事業譲渡を実行しなかった場合よりも配当率が向上するのであれば、取引債務の承継も許されるとの考え方も紹介されているが〔→第3節注3〕、債権者平等原則に反するおそれもあり、その当否については慎重な検討を要するというべきである。

(4) 裁判所の許可

破産手続中および保全管理手続中のいずれについても、事業譲渡を実行する場合には裁判所の許可が必要である（破産手続につき破産法78条2項3号、保全管理手続につき同法93条1項ただし書）。また、裁判所は、許可に当たり労働組合等の意見を聴取する必要があるが（破78条4項）、実務上は、破産管財人を通じて労働組合の意見書を提出してもらうことが多い。

（注6）　譲渡価格の適正に関連して、再生手続におけるスポンサー選定の場面において、価格が絶対的な要素か、すなわち最も高い価格を提示した候補者を選定する義務があるかとの議論がされている（南賢一「民事再生におけるスポンサー選定とM&A」東京弁護士会弁護士研修センター運営委員会『弁護士専門研修講座 倒産法の実務Ⅱ』〔ぎょうせい、2011〕208頁、東京弁護士会倒産法部『民事再生申立ての実務』〔ぎょうせい、2012〕399頁参照）。再生手続の場合、再生債務者が公平誠実義務を負う中で、弁済率の向上を十分認識しつつも、事業の再生（民再1条）も重要な要素であるから、譲渡価格が事業価値を超えていることが前提になるが、これを超えるスポンサー候補者が複数いる場合には、事業戦略、雇用確保等も考慮した総合判断が許容されるという考え方である。
　破産手続上の事業譲渡でも同様の議論が妥当するかは、清算型である破産手続の目的の理解とも関連して、大変難しい問題である。仮に前記の考え方が妥当するとしても、再生手続では、事業譲渡に先立つ意見聴取や再生計画案に対する賛否等により、譲渡価格について再生債権者の意向が反映される機会があることとの均衡を考えると、破産手続においては、このような機会がない場合、すなわち債権者集会前に事業譲渡を実行する場合には、譲渡価格の多寡にウエイトを置いた判断をせざるを得ないように思われる。例えば、第1順位（最高額）で入札した者が譲渡先として相当でなく、第2順位の候補者を譲渡先として選定するような場合には、第1順位の候補者が明らかに不適格である場合（候補者が反社会的勢力である等）を除いて、債権者集会等において破産債権者に情報を開示し、その意向を踏まえる等の配慮も検討することが望ましいというべきである。

Ⅱ　破産手続開始の申立前の事業譲渡等

　資産劣化による事業価値の毀損等を避けるため、申立代理人等により破産申立前の段階で事業譲渡、会社分割等が行われる事例もある。早期に事業譲渡等を実行する必要性が認められる事案も多いが、他方で、中立的な機関である破産管財人等の関与がないから、対価の適正や手続の透明性の確保という観点から、事後的にではあるが、その当否について慎重に検証される必要がある。仮に不適正な対価による事業譲渡等がされたことが判明した場合には、破産管財人において詐害行為否認（破160条1項1号）等の対応がされることになる[注7]。

　したがって、申立代理人において破産申立前に事業譲渡等を実行する場合には、対価の適正等を確保する方法ないし措置を講じる必要があるし[注8]、双方未履行の状態で破産申立てをして、履行選択か解除かの最終判断を破産管財人に委ねる方法も検討されるべきである。

Ⅲ　個人事業者の場合

1　破産管財人等による事業譲渡

　破産者（債務者）が個人事業者であったとしても、優良な事業を営んでいるときには、事業譲渡による換価が有効であることに変わりはない。法人の場合と同様に、破産手続開始の前後のいずれの段階での事業譲渡も考えられ

(注7)　会社分割について債権者による詐害行為取消権の行使が認められた事例として、最判平成24・10・12民集66巻10号3311頁参照。また、いわゆる濫用的会社分割に関する議論状況については、第一東京弁護士会総合法律研究所倒産法研究部会『会社分割と倒産法──正当な会社分割の活用を目指して』（清文社、2012）、土岐敦司ほか『濫用的会社分割──その態様と実務上の対応策』（商事法務、2013）が詳しい。
　　さらに、事業譲渡について破産管財人による否認権行使が認められた事例として、東京地決平成22・11・30金判1368号54頁がある。
(注8)　髙井章光「事業譲渡、事業継続における対応」事業再生と債権管理157号（2017）22頁では事業用動産の譲渡に際して査定書を2通取得する等の事例が紹介されている。また、同論文24頁以下では、破産管財人の立場から、破産手続開始前の事業譲渡につき否認権の行使の可否を検討する際の考慮事項が紹介されている。

るが、破産手続開始後に事業譲渡を実行する場合には、破産管財人による事業継続がなされ、これには裁判所の許可が必要である（破36条）。他方で、破産手続開始前に事業譲渡を実行する場合には、保全管理命令の発令対象が法人に限られていること（破91条1項）が問題となるが、保全処分（破産法28条1項の「その他の必要な保全処分」）として管理人を選任し、管理人により事業譲渡を実行する方法が考えられる[注9]。

2 破産者による事業継続を前提とした換価

これに対し、破産者による事業継続がされることを前提に、その換価が問題となることもある[注10]。小規模な個人事業者の場合には、破産者が事業収益により生計を立てていることから、破産手続開始後も当該事業を継続する必要があることが多い。この場合、破産管財人は、破産者による事業継続を許容しつつ、事業価値を把握して換価することになる。具体的には、破産開始時点における事業用資産（動産・什器備品類や、事務所店舗の敷金等を含む）や未収売掛金等の債権、さらにはいわゆるのれん代等の無形資産を含めた事業全体の価値を算定した上で[注11]、当該価値相当額について、破産者に新得財産から破産財団に組み入れてもらう形で換価をすることになる。

（片山　健）

(注9)　個人事業者に係る事業の譲渡のために管理人を選任する典型事例として、市場の仲卸業者の事例が挙げられる。
(注10)　ここでいう事業継続は、破産管財人による事業継続（破36条）とはまったく異なるものである。すなわち、破産管財人による事業継続は、破産管財人が事業主体となって事業を行うもので、その収益は破産財団に帰属し、費用も財団債権（破148条1項2号）となる。これに対し、破産者による事業継続は、破産者が破産管財人から事業用資産をいわば貸借する形で事業を行うもので、その収益および費用負担は破産者に帰属する。
　　破産管財人としては、破産者による事業継続を許容するに当たり、破産財団を構成する事業用資産が毀損されないよう留意する必要がある。
(注11)　もっとも、小規模の個人事業者の場合、事業用資産（動産、什器備品等）にはほとんど価値がなく、のれん代等の無形資産の評価も困難な事例がほとんどであり、最終的には、当該事業に係る資産の内容や収益額等の諸事情を勘案して、大まかな算定をせざるを得ないことも多い。

第8章

否　　認

第1節　法人の破産管財事件の否認

I　破産管財業務における否認権行使の意義・目的

　否認権とは、破産手続開始前になされた破産者の行為またはこれと同視される第三者の行為の効力を覆滅させる形成権であり、破産管財人に専属する権限であるとされる（破160条以下）^(注1)。

　本来、破産手続開始の前であれば、自らの財産の処分は自由にできるはずであるが、危機時期（破産手続開始申立時、支払停止・支払不能発生時）以降になされた詐害行為、偏頗行為の効力を否定することによって、破産財団を増殖し、破産債権者に対する公平・公正な満足を実現すること目的とするものである。したがって、破産管財人としては、破産債権者等の利害関係人の破産手続に対する信頼を確保するためにも、否認対象行為を確実に発見し、破産財団を増殖すること、つまり、あるべき公平・公正な結果を実現することは、重要な業務の1つとなる。加えて、破産管財人によって、見逃すことなく、確実に否認権行使がなされることによって、事実上、否認行為がなされることが抑止されることも期待できる。

　このように、否認権を適切に行使することは、破産管財人の重要な業務の1つなのである。

　そして、破産管財人において、否認対象行為を見逃すことなく、確実に行使するためには、①否認に該当する可能性のある行為を見逃すことなく発見

（注1）　伊藤・破産法民事再生法542頁、破産管財の手引226頁。

すること（端緒を見逃さないこと）、②発見した行為について、否認権行使の可能性（否認行為該当性・立証可能性等）について、迅速・的確な判断をすること、③さらには、破産手続の適正・迅速な処理という、破産手続の目的を達成するためには、どのような手段で否認権を行使することが適切であるかを判断すること等が重要となる。

以下では、法人の破産管財事件における破産管財人として、否認権行使をする際の留意点を中心に詳説する。

II　法人破産における否認行為の類型・典型例

破産管財人として、否認対象行為を確実に発見（認知）することがスタートとなるが、そのためには、破産法の定める否認該当行為の構成要件について知っておくことはもちろん必要であるが、それにとどまらず、具体的などのような行為が、否認行為に該当する可能性があるのか、その典型例を知っておくことも非常に有用である。

その場合、①否認行為の内容と、②否認行為のなされる相手方のそれぞれについて、法人破産における特色を理解しておくことが有益と考えられる[注2]。

1　否認該当行為の内容

破産法の定める否認行為は、大きく分類すると、①詐害行為否認（財産価値減少行為）と②偏頗行為に分けることができる。①詐害行為とは、資産を廉価で売却するなど、破産財団に帰属すべき財産の価値を減少させる行為をいい、②偏頗行為否認とは、特定の債権者に弁済したり、担保を供与したりするなど、破産債権者間の平等・公平を害する行為をいう。それぞれの具体的な典型例は、以下のとおりである。

(1)　**資産の廉価売却（贈与）**

破産者が破産手続開始申立前に、不動産、自動車、機械設備、商品、原材料、ゴルフ会員権等の会社資産を廉価売却していた場合、売却価格を中心とする個別事情いかんにより、詐害行為否認（破160条1項）として否認対象行

（注2）　野村剛司編著『実践フォーラム破産実務』（青林書院、2018）132頁以下参照。

為となる。典型例としては、親族に不動産が廉価売却されている場合、懇意な取引先に対して機械設備等を廉価売却している場合等が考えられる。破産手続開始申立直前に資産処分がなされている場合には、詐害行為否認の可能性を念頭に置くことが必要となる。

ただし、否認の効果として、相手方の請求権は財団債権となるので（破168条）、目的資産を破産財団に服した後の処分方法を検討し、短期間でより高額での売却が困難な場合には、差額償還請求（同条4項）や和解による処理も検討すべきであろう(注3)。

また、無償にて資産譲渡がされていた場合（贈与）には、無償否認（破160条3項）を検討することになる。この場合、支払停止等のあった後またはその前6か月以内にした行為であれば、その他の要件にかかわらず、否認が可能となる(注4)。

(2) 相当な対価での資産売却

相当な対価にて資産売却がなされた場合には、破産手続開始申立ての直前になされたとしても、原則として、財産価値減少行為とは認められず、否認の対象とはならない。

ただし、売却代金等について隠匿等の処分をするおそれを現に生じさせるものである場合において、破産者が隠匿等の処分をする意思を有し、相手方がそのことを知っている場合には、例外的に否認の対象となる（破161条）。

(3) 弁済

支払不能（停止）または破産手続開始申立以降になされた既存の債権者に対する弁済行為（債務消滅行為）は、破産債権者間の平等を害する偏頗弁済として、否認（破162条）の対象となり得る。典型例としては、懇意にしていた取引先への仕入代金の弁済、親族・役員等からの借入金の弁済等が考えられる。

(注3) 進士肇＝影浦直人「否認訴訟」島岡大雄ほか編『倒産と訴訟』（商事法務、2013）34頁。
(注4) 最判平成29・11・16民集71巻9号1745頁は、再生事件における無償否認について、「再生債務者が無償行為若しくはこれと同視すべき有償行為……の時に債務超過であること又はその無償行為等により債務超過になること」は、否認権行使の要件ではないとする。

弁済をした相手方である債権者が、破産会社の取締役である場合や、議決権の過半数を有する株主である場合、ならびに親会社である場合等、いわゆる内部者（破161条2項1号・2号）であるときには、相手方の悪意が推定され、立証責任が転換されている（破162条2項）。

(4) 代物弁済

破産手続開始申立前に代物弁済がなされていた場合、当該代物弁済が債務消滅の対価としての対価的均衡を欠く場合、財産価値を減少させたことになるため、対価的均衡を欠く過大部分について、詐害行為否認（破160条2項）として否認の対象となる。

また、代物弁済は債務消滅行為であるため、前記の弁済と同様、偏頗弁済としても否認（破162条）の対象となり得る。この場合には、代物弁済行為全体が否認の対象となる。

(5) 担保供与

弁済と同様、支払不能（停止）または破産手続開始申立以降になされた既存の債権者に対する担保供与は、破産債権者間の平等を害する偏頗行為として、否認（破162条）の対象となり得る。

(6) 対抗要件具備

支払停止等があった後になされた対抗要件具備行為は、担保権設定契約（原因行為）とは別に否認の対象となる（破164条1項）。典型例としては、金融機関やノンバンク等からの借入金について、融資時には担保設定契約だけを締結し、担保権設定登記手続を留保していたところ（いわゆる登記留保の状態）、申立代理人からの受任通知等を端緒として、登記手続がなされた場合がある。不動産担保における抵当権や根抵当権等の設定登記手続に限らず、債権譲渡担保における対抗要件具備行為としての通知行為も同様である。いずれも、原因行為とは別に対抗要件具備行為について否認の成否の検討が必要となる。

(7) 事業譲渡・会社分割

事業譲渡・会社分割がなされた後に、破産手続開始申立てがなされた場合、当該事業譲渡・会社分割が、いわゆる濫用的と評価される場合には、否認権の行使を検討すべきこととなる。

2 否認の相手方

　法人破産における否認においては、その相手方との関係性に基づき、以下のような特色が認められる。

(1) 取引先に対する否認行為

　法人破産の場合、否認行為がなされる相手方として多く見受けられるものとしては、まず、取引先（特に、仕入先）が挙げられる。長年にわたり取引を継続してきた仕入先については、仕入代金の支払ができなくなって迷惑をかけることを避けたいと思い、優先的に支払がなされたり、あるいは、仕入れた商品の返品がなされたりすることがある。仕入先に対する支払が滞り始めると、債務者会社に対して、支払要求、担保要求、返品要求等がなされるようになり、そのうちの一部（特に強く要求をする先）についてだけ優先して、対応がなされることもある。

　また、破産者において、破産手続終結後に破産手続開始申立前と同じ業務の継続を企図している場合には、今後の取引（仕入）継続を期待して、偏頗な対応がなされることもある。

　破産手続開始申立直前の支払の状況、債務残高の増減等については、注意して確認をする必要がある。

　なお、破産会社代表者に限らず、その補助をしている専門家においても、取引債権を、金融債権に比して優先して扱うことに特段の問題意識をもたない者も稀にいるが、破産法上、取引債権を優遇する規定はない。

(2) 借入先金融機関に対する否認行為

　借入先の金融機関、特に、いわゆるメインバンクについては、債務者会社から日常的に経営状態の報告を受けていることもあり、財務内容、資金繰り状況をいち早く察知・把握できることも多く、それに伴い、他の債権者に比して早期に、債権の保全・回収がなされていることがある。

　例えば、破産手続開始申立直前に、弁済を受けている場合、直前に送金された預金や取立委任を受けた手形との相殺を実施している場合、追加担保を取得している場合、担保権の対抗要件を具備している場合等、抜け駆け的に各種の回収行為、保全行為がなされていることがある。

(3) 経営者・親族に対する否認行為

特に、中小企業については、親族が主要株主であり、かつ経営者（役員）に就任している、いわゆるオーナー一族による経営がなされていることが多い。そのような場合、親族・身内を優遇すべく、親族からの借入金の優先弁済、不動産の廉価売却（贈与）、保険・車両・株式等の資産の名義の変更、役員報酬の支払、役員退職慰労金の支払等、さまざまな名目のもと、財団に帰属すべき資産・資金が流出していることがある。

前記のとおり、破産法上も、内部者については、立証責任を転換する等、一定の対応をしているところであるが、注意をして確認をする必要がある。

(4) 従業員に対する否認行為

従業員に対しては、破産手続開始申立ての直前に、未払の給料・退職金等が支払われていることも多いが、破産手続開始前3か月間の給料の請求権は財団債権となり（破149条1項）、それ以前の給料の請求権は優先的破産債権となる（破98条、民306条2号・308条）ことから、労働者の生活を保護するため、その支払については、基本的には、有害性が認められず、否認対象行為として問題視されることはないと考えられる。

しかしながら、破産手続開始申立ての直前に給料の増額がなされていたような場合には、当該増額が真に正当かつ合理的なものであるかを確認する必要がある。特段の理由がないにもかかわらず、少しでも多くの給与を支払いたいとの理由だけで増額がされているような場合には、増額分の支払行為については、否認対象行為に該当することとなる。退職金についても、就業規則に退職金規定がない場合には、退職金請求権は発生せず、当該支払をする根拠がないため、退職金の支払については、否認対象行為に該当することとなる。破産管財人としては、給料・退職金の支払であっても、その詳細を注意して確認をする必要がある。

資金繰りの苦しい状態が長く続いていたような会社においては、従業員から資金の借入れをしていることもあり、破産手続開始申立ての直前にその返済がなされていることもあるが、当該返済行為は否認対象行為となる可能性がある。

また、役員に対しても、未払報酬が支払われていることも多いが、役員報

酬は委任の対価であって、給料でない点に注意が必要である。もっとも、中小企業等においては、名目は役員であっても、その実質は使用人と異ならない勤務をしていると認められる場合も多く（使用人兼務取締役）、加えて、役員報酬が生活費に必要不可欠の資金となっている場合も多いことから、否認対象行為に該当しないと判断される場合も多い。なお、役員については、退職慰労金支給規定がないにもかかわらず、退職慰労金名目で、根拠のない多額の資金が支払われている場合もあるので、この点も注意が必要である。

Ⅲ　発見の端緒（否認対象行為の把握）

否認権を適正に行使するためには、早期に否認対象行為を発見し、早期に着手する必要が高い。時間の経過とともに、否認対象資産や証拠等が散逸してしまい、否認権行使に支障が生じる可能性があるからである。そのためには、早期に否認対象行為の端緒をつかむことが必要であり、否認対象行為発見の端緒を知っておくことが重要となる。

1　申立代理人からの報告・指摘（申立書の記載）

破産手続開始申立てに際し、申立代理人の把握している否認対象行為については、報告・指摘がなされるのが通常である。申立代理人からの報告のあった事項から、否認対象行為の調査を開始することとなる。

もっとも、申立代理人はあくまで破産者の代理人であり、否認権行使の主体ではないため、その認識していない否認対象行為が存在する場合、あるいは、申立代理人において認識していても、否認対象行為には該当しないと判断して申立書に記載されず、報告されないことも少なくない。破産管財人としては、申立代理人の報告だけに頼ることなく、自ら主体的に否認対象行為の有無を調査する必要があり、そのような姿勢で、積極的に資料を精査・確認する必要がある。

2　各種資料（財産目録・決算書・試算表等）からの発見

発見の端緒となる資料としては、所有不動産あるいは直近で処分した不動産の登記簿謄本、各種の契約書、破産会社名義の預金通帳（直近で解約された

ものも含む)、税務申告書添付の決算書、直近の試算表、申立書添付の財産目録、総勘定元帳、各種の出納帳等の経理関係の帳票類等がある。

特に、申立書の添付の財産目録、過去の税務申告書添付の決算書、直近の試算表はいずれも、一定の時点における破産会社の資産・負債の内容を記載した書面であり、各時点におけるそれぞれの資産負債の内容を並べて比較し、その増減理由および事情を確認することで否認対象行為の端緒が発見されることは比較的多い。例えば、申立書添付の財産目録には記載されていない資産であっても、その直前の時期の貸借対照表に資産として計上されていたものについては、その基準日以降に何かしらの事情で処分がなされていた可能性が高く、その処分の内容(時期・相手方・対価の有無等)を調査し、その事情いかんでは否認を検討すべきこととなろう。また、借入金等の負債が減少している場合には、その間に返済がされた等の減少した事情があるはずであり、特に、それが親族からの借入金等である場合には、その内容の確認は必要である。

そして、そのような過去における資産・負債の処分の変遷・増減を調査するためには、経理関係の帳票や帳簿類が必要となるため、それら、経理書類・データ等については、破産管財人就任後、ただちに確保・保存しておくことが大切となる。詳細な調査が未了の段階において、過年度の経理書類やパソコン(リースのパソコンを含む)等を安易に廃棄・処分することがないように注意する必要がある。

3 その他

その他、否認対象行為を調査する際の重要な書類としては、申立代理人が債権者に送った受任通知がある。後述のとおり、会社の破産・清算業務を受任したことを内容とする受任通知は「支払停止」に該当すると考えられるため、受任通知発送日以降になされた資産処分、負債の返済等の行為は、いずれも否認対象行為に該当する可能性があり、各行為の詳細な内容について確認をし、処分に正当性が認められるかを調査する必要性が高い。受任通知後になされた破産者代表者、申立代理人によりなされた清算行為については、その詳細を破産管財人としてあらためて調査・確認をすべきであろう。

また、破産管財人宛てに転送されてくる破産者宛ての郵便物を精査することによって、否認対象行為が発見されることもある。例えば、破産手続開始申立前に解約された保険の解約通知、破産者から存在しない旨の報告のされていた不動産の固定資産税納税通知、自動車税の納税通知等さまざまな郵便が転送されることもある。

さらに、債権者から情報提供がされることもある。債権者は、破産手続開始申立前から債務者会社との間で取引、接触があるため、破産管財人の知らない事情、情報を保有しており、その情報が否認行為発見の端緒となることもある。

4　ヒアリング

そして、否認対象行為の端緒を把握した場合には、ただちに、申立代理人や破産者代表者に事実関係の報告を求め、調査を進めることになる。経理処理に関する事項の場合には、経理担当者からもヒアリングをする必要がある。さらに、比較的規模の小さい会社の場合には、代表者、経理担当者がその詳細を把握していない場合も多く、顧問税理士からのヒアリングが必要な場合もある。

ヒアリングをする際は、否認対象行為が破産者自らの行為の不当性を問うものであり、当該行為によって利益を得た受益者や転得者に対しても迷惑をかけかねない問題であることから、必ずしも積極的に協力をするとは限らず、説明内容も変遷する可能性がある点に注意が必要である。ポイントは、破産者等関係者の説明内容に、契約書、財務資料等の客観的証拠との矛盾がないかであり、破産者等の説明を安易に鵜呑みにすることなく、各客観的証拠との整合性に注意をして調査をすべきである。そして、破産者には、行為の評価ではなく、事実を述べさせた上で、重要な点については、つど、その場で陳述書等を作成し、事実関係を確定していくことが大切と考えられる。

Ⅳ　否認要件とその立証

否認対象行為の端緒を発見した場合には、当該行為が破産法上の否認行為と認められるかの検討が必要となる。以下では、実務上、問題となることが

多い、①支払停止・支払不能と②受益者の悪意の要件について、概説する。

1 支払停止・支払不能

　否認権を行使するには、破産手続開始申立後の行為でない限り、行為時において、支払停止・支払不能であることが必要となる。債務超過状態でなされた行為であったとしても、必ず否認権行使ができるわけではない。

　「支払不能」とは、債務者が、支払能力を欠くために、その債務のうち弁済期にあるものにつき、一般的かつ継続的に弁済することができない状態をいい（破2条11項）、「支払停止」とは、支払不能であることを明示的または黙示的に外部に表明する債務者の主観的な態度をいうとされる。

(1) 支払停止

　支払停止の典型例としては、手形不渡りを生じさせること等が挙げられるが、実務上では、①債務者代理人等が債権者一般に対して債務整理開始通知（受任通知）を発送する行為や、②事業再生を前提として、金融債権者を中心とする一部の債権者に対してだけ、支払猶予等を求める、いわゆる「一時停止通知」を発送する行為について問題となる。

　この点、最判平成24・10・19（民集241号199頁）は、債務者代理人弁護士が債権者一般に対して債務整理を通知した行為は、「支払の停止」に該当するとするが、同最判については、事例判断であり、個別事案ごとに、「債務整理開始通知の文言、通知の時期、債権者一般に対して発送されているか否か等を総合的に判断した上で、支払停止に該当するか否かを検討する必要がある」とされている[注5]。

　債務整理開始通知の内容が、破産等の清算手続を受任したことを内容とするものであれば、基本的には、当該通知は、支払停止に該当することになろう。したがって、破産管財人としては、受任通知後になされた資産処分行為、弁済行為については、その詳細について、財産価値減少行為、偏頗弁済行為に該当しないかを厳格に精査する必要がある。

　問題は、前記のいわゆる一時停止通知（支払猶予の要請）がなされた場合で

(注5) 破産管財の手引227頁。

あるが、この点については、諸説あるものの、前記最判の補足意見にもあるように、一定の事業再生計画案を前提とした事業継続、事業再建を企図して、金融債権者だけに対して支払猶予の通知をすることは、「支払停止」に該当しないと解すべきであろう。また、一時停止通知後に開催された債権者会議等において、対象債権者の同意が得られた場合には、同意によって弁済の猶予がなされる結果、支払不能は解消されると考えられる。

(2) 支払不能

支払不能と認められるためには、弁済期の到来した債務について、一般的かつ継続的に弁済ができない状態であることが必要となる。したがって、まずは、破産者の保有していた資産の額と弁済期の到来していた債務額との関係を把握することが必要となり、基本的には、その両者を比較し支払不能に該当するかの判断をすることになる。そのため、仮に、多額の銀行借入金債務を負担していたとしても、期限の利益を喪失してない限りは、支払不能の判断要素からは除外されることとなる。

しかしながら、事業の継続を不可能または困難にするような条件での借入れや資産の処分によって資金を調達し、弁済能力の外観を維持しているとみられるときには、そのような借入れをしなければならなくなった時点において弁済能力を喪失したものとみて、支払不能と同視する状態が発生したと考えることができるとする考えもある。この考えは、かかる状態であれば、否認権行使を認め、破産財団の増殖、債権者間の平等を確保するという破産手続の目的実現を優先すべきとする[注6]。

そこで、破産管財人としては、弁済期が到来しているかを確認することは重要な作業であるが、一方で、弁済期が到来していないからといって、ただちに否認権行使はできないと即断すべきではなく、行為当時の状況を具体的に調査、確認をし、支払不能と同視できる状況にあったと認められる場合には、否認権行使を検討すべきであろう。

(注6) 伊藤・破産法民事再生法116頁。

2 受益者の悪意

否認権行使をする場合、受益者の詐害行為性や支払停止等についての悪意の立証が必要となるが、悪意という受益者の主観的事情の立証については、困難を伴うことも多い。

この点については、破産者からのヒアリングが重要になる場合も多いと思われるが、その際は、前記のとおり、破産者の立場上、調査に必ずしも積極的でない場合も多い点についても留意しつつ調査をする必要がある。そして、その場合、否認対象行為がなされた当時の相手方の立場、破産者との関係、破産者から提供された事情等をできるだけ詳細かつ具体的に聴取し、陳述書として証拠化しておくことが重要となる[注7]。その場合には、前記の相手方の特性も十分に考慮して作業をすることが必要である。

さらには、前記の債務整理開始通知の発送は、この点についての重要な客観証拠となり得るため、通知の内容、発送時期、発送相手方については、破産管財人就任後、ただちに申立代理人に報告を求め、資料を確保すべきであろう。

また、前記のとおり、偏頗弁済の相手方が内部者である場合等、破産法上、立証責任が転換されている場合があり、かかる条文を有効に活用することも検討すべきである。

V 行使方法

1 保全処置

否認権行使の可能性があると判断した場合には、対象資産の散逸を防止するため、ただちに対象資産の保全を検討する必要がある。具体的には、登記を対抗要件とする財産について、処分禁止の仮処分等の申立てをすることなどが考えられる[注8]。また、破産手続開始前であれば、否認権行使のための

(注7) 進士＝影浦・前掲（注3）45頁。
(注8) 破産管財の手引228頁。

保全処分(破171条)の申立ても考えられる。

ただし、保全処分には、時間と費用を要することが多く、実務上は、保全処分がなされるケースは少ない。秘密裏に資産の保全をする高度の必要性が認められるような場合に限られよう。むしろ、後記のとおり、端的に、相手方に対して、否認に該当する可能性がある行為であることを伝え、任意での返還を請求すると同時に、それ以降は処分をしないように通告することによって事実上の保全(現状維持)を図ることも多い。破産管財人からの任意の通告であっても、相応の効果はあることが多いと思われる。

2 否認権の行使方法

(1) 任意の請求

否認権は、否認の訴え、否認の請求または抗弁によって行使するとされる(破173条1項)。

しかしながら、否認の訴え・請求をするには、申立書を作成し、立証資料の準備をしなければならない等、一定の時間と費用を要することから、実務上においては、その前に、相手方に否認該当行為であることを伝えて、任意の返還を求める請求がなされることが大半であり、多くのケースにおいては、任意の請求に基づく和解により処理されていると思われる。このような簡易迅速な方法による解決を試みることは、適性、迅速な破産管財処理にも資することであり、破産管財人としては、まずは、任意の請求による解決を検討すべき事案が大半であろう。

もっとも、破産管財人による否認請求の主要な点について、相手方が争っており、およそ和解の可能性がないと認められる場合等においては、任意の交渉をせずに、ただちに法的手段をとるべきであろう。そして、そのような場合には、保全処分等の保全措置も検討すべき事案が多いであろう。

(2) 否認の請求・否認の訴え

否認の請求は、決定手続でなされ、立証の程度も疎明で足り、書面審理も可能となる簡易迅速な手続である。印紙代も不要である。審尋期日を開くことも可能であり、その場合、裁判所を介した和解協議も可能となる。一方、否認の訴えは、破産管財人が通常訴訟にて否認権を行使する場合であり、証

明が必要となり、印紙代も必要となる。

　破産管財人として、否認の請求をするか、否認の訴えを提起するかは、諸般の事情を総合的に勘案して判断すべき事項であるが、一般的には、簡易迅速な手続でありながら、和解による解決も可能となる、否認の請求によることを検討すべきであろう。

　もっとも、相手方において、否認の認容決定に対して異議の訴え（破175条）を提起することが相当程度予想される場合や争点が複雑多岐にわたる場合、破産会社代表者や従業員等の人証による立証が必要となることが予想される場合等については、否認の請求をすることでかえって手続が長期化するおそれがある。そのような場合には、当初から否認の訴えによることを検討すべきであろう[注9]。

（三枝知央）

（注9）　破産管財の手引229-230頁。

第2節　個人の破産管財事件の否認

I　総論

　個人破産は、自らは事業を行っていない給与所得者など個人消費者が、経済的に破綻したことを理由に申し立てる場合が多く、ただし、個人事業者や、中小企業の債務を連帯保証している代表者が、事業上の債務を返済することができずに破産手続を申し立てる場合も一定程度ある。後者の破産においては、借入先や仕入先に対する偏頗弁済など法人破産と共通する否認類型が問題となり、また前者の消費者破産の場合においても、不動産の親族への廉価売買や贈与、近親者への返済など、否認該当行為が生じ得る。

　個人の破産管財事件における否認権の規律は、法人の破産管財事件と変わるところはなく、破産法160条以下が適用されるが、法人と比較して個人に特有な点として、①調査対象資料として、法人であれば会計書類があるが、個人事業者を除き、個人は会計書類がないこと、②否認対象となる資産について、預貯金や保険など、出捐者と名義人が異なり、親族間で権利者の認定を要する場合が相応にあり、また自由財産など破産財団に属さない財産があること、③対象行為として、離婚や相続等の身分行為に関して、破産管財人の否認対象となるのか検討を要する法律行為があること、④否認対象行為の相手方である受益者ないし転得者として、債権者のみならず、親族が登場することが多いこと、⑤否認対象行為が免責不許可事由（破252条1項3号）に該当する場合があり得ること、などが挙げられる。

II　調査

　破産手続開始申立書において、免責不許可事由としての偏頗弁済（破252条1項3号）や、過去2年間に換価した評価額または換価額が20万円以上の財産を記載事項とする例[注1]や、債権者一覧表に「最初の受任通知の日」欄や各債権者の「最終返済日」欄が記載される例もある。また、申立代理人の

（注1）　破産申立マニュアル380頁以下。

立場としても、破産手続開始後に破産管財人の調査によって否認対象行為が発覚するよりは、最初から疑わしい行為については報告し、申立代理人の立場からの説明を加えるほうがよいと考えられる(注2)。よって、申立書の記載が調査の端緒になり得るが、申立時点において、申立代理人が否認対象行為のすべてを覚知することは困難であるから、破産管財人による調査は重要である。

　法人であれば、決算書、税務申告書、総勘定元帳などの会計書類が端緒となるが、個人破産者の場合は事情が異なる。個人事業者である場合は帳簿の作成義務があるとしても(注3)、実際には帳簿を付けておらず、また帳簿を付けているが不十分な場合がある。そこで、預貯金通帳、銀行取引明細(注4)、自宅住所の不動産登記簿、転送郵便物、給与明細、家計収支表、住民票、証券会社口座の推移等から、当該個人が保有する資産の範囲、過去の資産処分や資金移動の状況・相手方、債権者の範囲などを調査することとなる。申立書に記載のない財産が判明し、本人が単に失念していたのではなく、意図的に申告していなかった場合には、否認対象行為が背景にあることが多いといえる。

　個人破産においては、法人と比して、決算書等の客観的資料が少なく、また親族間での財産の混同やいわゆるタンス預金がある事案など、関係者からのヒアリングを主にして調査しなければならない事案が多い。破産者が可及的に事実を申告するよう、第1回の面談において、破産管財人に対して、「破

(注2)　野村剛司編著『実践フォーラム破産実務』(青林書院、2017) 132 - 133頁 [籠池信宏]。
(注3)　白色申告の個人事業主については、従前、事業所得などの合計が300万円以下の場合、帳簿を付ける義務はなかったが、平成26年1月以降は、白色申告をする人全員に、「帳簿への記帳」と「記録の保存」をすることが義務化されている。
(注4)　法人の破産管財事件と異なり、個人の破産管財事件においては、破産管財人が、破産者が口座開設している金融機関に対して破産手続開始を通知し、取引明細を求めるか否かは、ケースバイケースであると思われる。銀行は預金口座開設者の破産手続開始を覚知した場合には口座凍結するが、個人破産者の場合、水道光熱費や携帯電話料金の引落し口座であるなど破産手続開始も継続使用すべき場合がある。破産者が通帳を紛失している場合などは、銀行から取引明細を取得すべきであるが、まずは、破産者自身において銀行から取引明細を取得することを促すなど、事案ごとに対応を検討するべきといえる。

産に関し必要な説明をしなければならない」こと（破40条）、破産管財人から求められた説明を拒んだときや、虚偽説明をしたときは処罰され（破268条）、免責不許可事由となる（破252条1項11号）ことを説明するなどの工夫が重要である。他方、法人個人を問わず、債権者や利害関係人から、否認の疑いが指摘される場合が相応にあるが、個人破産事件においては、前述のとおり客観的な直接証拠が乏しく、当事者の供述を基に認定せざるを得ない場合が相応にあるため、一方当事者の供述のみに依拠するのではなく、供述の信用性を慎重に検討する必要がある。

　なお、破産管財人に対する説明義務（破40条）の対象は、破産手続開始に至った事情、破産者の財産状況、否認権など破産に関して必要となるすべての事項にわたり[注5]、付随して必要な書類等を提出する義務も含まれる[注6]。親族または同居人は説明義務を負っていないため、例えば、親族名義の通帳の提出は任意で求めることになる。

Ⅲ　否認要件

　個人においても、否認類型は、詐害行為否認（破160条1項）、無償行為否認（同条3項）、相当対価を得てした財産の処分行為（破161条）、偏頗行為否認（破162条）に大別され、転得者否認（破170条）も適用される。

　各類型の基本的な要件は法人破産と同様であるが、受益者の悪意が要件である場合において、受益者が破産者の親族または同居人の場合には悪意が推定され（破161条2項3号・162条2項1号・170条1項2号）、破産管財人としては立証の難が緩和される。

　また、偏頗行為否認の時期的要件として、「支払不能」（破162条1項1号）すなわち、「債務者が、支払能力を欠くために、その債務のうち弁済期にあるものにつき、一般的かつ継続的に弁済することができない状態」（破2条11号）を要する。個人が負担する債務のうち、カードローンなどは弁済期が明らかであるとしても、親族や知人からの借入れは契約書がなく弁済期が不明

(注5)　新基本法コンメンタール破産法100頁［大川治］。
(注6)　大コンメ157頁［菅家忠行］。

確なことがあり、支払不能の立証は容易ではなく、支払不能を推定させる支払停止（破162条3項）の事実が認められるかが重要となる場合が多い（ただし、債務者による弁済等の行為から破産手続開始申立てまでに1年以上経過している場合には、支払停止の悪意を理由とした否認はできなくなる〔破166条〕）。実務的には、債務者から債務整理の委任を受けた弁護士が債権者に対してその旨を通知する行為が支払停止に該当するかが争われ、通知文言、通知の時期、債権者一般に対して発送されたか否か等を総合的に判断するが[注7]、個人の場合であれば、支払停止行為と解し得る場合が多いと考えられるため[注8]、申立代理人から、受任通知、通知先と通知の事実を証する証憑類の引継ぎを受ける。

Ⅳ 対象資産

1 第三者名義

個人の場合、預貯金（普通預金、通常貯金、定期預貯金）や生命保険などについて、名義は破産者の子ども等の親族名義であるが出捐者は破産者である場合や、名義は破産者だが出捐者は親である場合など、親族間で、出捐者と名義とが離齬する場合がある。破産者が、自己が出捐する親族名義の預金や保険の解約返戻金から偏頗弁済や贈与を行った場合、否認該当性を検討する前提として、当該資産の権利者を認定することを要する。このうち、預貯金者[注9]の認定については**第3章第3節**、保険契約者については、**第3章第**

(注7) 破産管財の手引227頁。
(注8) 最判平成24・10・19判時2169号9頁は、給与取得者の破産事案で、判示の事実関係のもと、債務整理開始通知に債務者が自己破産を予定している旨の明示的な記載がなくとも、当該送付行為をもって支払停止に該当するとした。
(注9) 東京地判平成20・6・30判時2014号96頁は、破産会社の代表者が全出資口数を有し代表者を務める有限会社名義の定期預金口座に対して設定された質権について、実質的には破産者の財産であることをもって、否認対象となる旨を判示し、控訴審である東京高判平成21・1・29金法1878号51頁も、原審の当該判断を相当なものとして是認している。同裁判例は、預金口座の名義人と破産者とは法人格が異なるとの被告の主張に対して、「実質的には破産者の財産である」ことをもって、否認を認めたものである（伊藤・破産法民事再生法533頁）。

6節をそれぞれ参照されたい。帰属主体が親族であると認定されたとしても、破産者による出捐自体を贈与として［→**第3章第6節**］、無償行為否認の可能性を検討し得る。

　なお、不動産や普通自動車が破産者名義であれば、親族が出捐していたとしても、通謀虚偽表示（民94条）に該当し、これを理由とする無効は破産管財人に主張できず（最判昭和37・12・13判タ140号124頁）、財団帰属と扱ってよいと考えられる［→**第1章第3節**］。

2　自由財産

　法定の自由財産（民執131条(注10)）はもともと破産財団を形成しないため、ここから偏頗弁済や贈与がされたとしても、否認対象にはならないと考えられる。法定の自由財産ではないが、自由財産の範囲の拡張対象となり得る財産(注11)から否認対象行為がなされた場合、自由財産の範囲の拡張は諸般の事情を考慮するところ(注12)、否認対象行為がなされた事実は、自由財産の範囲の拡張の不相当性(注13)を基礎付ける一事情となり、結論として、否認対象になると考えられる。

　なお、慰謝料請求権は、行使上の一身専属性が認められ差押禁止であるが、すでに受け取って預金等になったものは差押禁止財産としての性質を承継しないため（最判平成10・2・10金法1535号64頁）、慰謝料受領後の預金等からの弁済・贈与は否認対象たり得る。

(注10)　「標準的な世帯の2月間の必要生計費を勘案して政令で定める額の金銭」（3号）、「技術者、職人、労務者その他の主として自己の知的又は肉体的な労働により職業又は営業に従事する者（前2号に規定する者を除く。）のその業務に欠くことができない器具その他の物（商品を除く。）」（6号）、「発明又は著作に係る物で、まだ公表していないもの」（12号）などである。
(注11)　99万円を超える現金や、売掛金のうち、破産者の生計にとって不可欠な部分などが該当する（破産管財の手引148頁）。
(注12)　破産管財の手引147頁。
(注13)　執行行為否認（破165条）により、債権者が自由財産を超える範囲の財産を回収した場合、破産者の行為の不相当性は認められないとしても、執行債権者が自由財産の範囲の拡張を根拠に否認を免れることはできないと解する。

V 対象行為

1 近親者への行為

　個人破産者は、法人破産者と比べ、債権者および周囲の関係者との人的関係が強く、世話になった友人、知人、親族などに対して返済し、また贈与をしがちといえる。否認の要件として、贈与[注14]であれば、支払停止等の前6か月まで遡ることができ、かつ受益者の主観を問わないが（破160条3項）、借入金への返済であれば、支払不能および受益者の悪意[注15]を要する（破162条1項）。

　親族や知人に金銭を交付した事実が認められた場合、当該行為が、借入金への返済または贈与のいずれであるかを認定する必要があるが、金銭消費貸借契約書など契約書が存在しない場合が多い。親族間の金銭授受は、その親密な人的関係や他の条件設定等から、その関係が破綻しているとか、あるいは金額が極めて多額であるなどの特段の事情がない限り、返還を求めないものとしてされる場合もあるが、返還を求めた形跡や、返還を前提とした行動をとっているか等の間接事実により判断する[注16]。

　なお、配偶者への贈与については、いわゆる「おしどり贈与」（相続税法21条の6により、婚姻期間20年以上の夫婦間で、一方が他方に対して住宅取得資金または住宅の持分を贈与した場合には、一定の手続を経た上で2000万円まで贈与税の配偶者控除を認める制度）をしたとの主張があり得るが、これは税務上の優遇措置であって否認該当性を否定する理由にはならない。また、親族等への金員の交付については、生活費など扶養義務の履行であるとの主張がされ得るが、扶養義務の履行と評価できる具体的な事情の有無を調査し、子どもの病気などやむを得ない事情の有無や、相手方の資力や交付金額等に照らして非義務行為か否かを検討する[注17]。

(注14)　保険や株式など本人名義の財産を親族名義に変更した場合も贈与が問題となる。
(注15)　前述のとおり、破産者の親族または同居者は、支払不能について悪意が推定される（破162条2項1号・161条2項3号）。
(注16)　司法研修所編『民事訴訟における事実認定』（法曹会、2007）285頁。
(注17)　はい6民です566頁参照。

2　身分行為

(1)　離婚

　個人破産においては、破産申立てに先立ち、親族に財産を移し、またこの機会に離婚して財産を逃すような場合もある。

　財産分与については、詐害行為取消権（民424条）について、民法768条3項の規定の趣旨に反して不相当に過大であり、財産分与に仮託してされた財産処分であると認めるに足りるような特段の事情のない限り、取消しの対象となり得ないとされており（最判昭和58・12・19民集37巻10号1532頁、最判平成12・3・9民集54巻3号1013頁）、詐害行為否認（破160条1項）でも同様と解される。実務上は、2分の1相当額の財産分与であれば相当性があるとされ[注18]、否認対象行為とはならないとも考えられているが、この取扱いを目的とした偽装離婚もあるので注意が必要である[注19]。また、相当と判断された財産分与債務の履行が、本旨弁済として偏頗行為否認（破162条）の対象となるかは見解が分かれている[注20]。

　慰謝料の支払については、詐害行為取消権について、過大な慰謝料を支払う旨の合意につき超過部分について、取消しを認めており（前掲・最判平成12・3・9）、詐害行為否認についても、慰謝料が不相当に過大なときは、過大な部分が詐害行為否認の対象となり得ると解される。相当な部分の履行は、本旨弁済として偏頗行為否認の対象となる[注21]。

　養育費の負担については、相当な範囲であれば否認の対象とならないが、一括払された場合、本来の養育費の性質をもつか疑問であり、特に一括払が必要であるという特段の事情がない限り、養育費として相当な範囲を超えたものとして、否認権の行使を検討すべきといえる[注22]。

(注18)　平成8年の民法改正要綱参照、家庭裁判所の実務について稲田龍樹「控訴審からみた離婚事件の基本問題」判タ1282号（2009）13頁。
(注19)　進士肇・影浦直人「否認訴訟」島岡大雄ほか編『倒産と訴訟』（商事法務、2013）36頁。
(注20)　条解破産法484頁は肯定し、破産実務 Q&A200問99頁［木内道祥］は否定。
(注21)　破産実務 Q&A200問99頁［木内］。
(注22)　破産実務 Q&A200問100頁［木内］。

(2) 相続

共同相続人の間で成立した遺産分割協議も、財産上の行為として詐害行為取消しの対象となり（最判平成11・6・11民集53巻5号898頁）、否認権行使の対象となり得ると解される（東京高判平成27・11・9金判1482号22頁）。なお、東京高判平成27・11・9は、遺産分割協議の無償行為否認の該当性が争われ、一般論としては遺産分割協議が詐害行為否認（破160条1項）の対象となり得ることを認めた上で、原則としては無償行為に該当せず、ただし、「遺産分割協議が、その基準について定める民法906条が掲げる事情とは無関係に行われ、遺産分割の形式はあっても、当該遺産分割に仮託してされた財産処分であると認めるに足りるような特段の事情」があるときには無償行為に該当し得るとする。

詐害性の判断において、共同相続人の中に特別受益者（民903条）や、特別寄与者（民904条の2）がいるときは、これを考慮し、具体的相続分を基準に相続性を判断すべきといえる[注23]。

相続放棄について、最判昭和49・9・20（民集28巻6号291頁）は詐害行為取消権を否定し、立法政策としては格別[注24]、否認の対象にはならないと解される[注25]。

3 給与・退職金等

(1) 天引き

破産者が、勤務先からの借入金の返済を毎月の給与・退職金等から天引きし、申立代理人の受任通知等により勤務先が破産者の支払停止または破産手続開始申立てを知った後も、給与等からの天引きが中止されないことがある[注26]。当該天引きによる弁済も、偏頗行為否認の対象となり得る[注27]。公

(注23) 最判解民事篇平成11年度（上）482頁［佐久間邦夫］参照。
(注24) 伊藤・破産法民事再生法97頁注33。
(注25) 相続放棄と遺産分割協議とでは結論がまったく異なるが、相続放棄は、相続資格を遡及的に喪失させるもので、そもそも遺産を相続人の一般財産に組み入れることを否定するものであるのに対して、遺産分割協議は相続人の一般財産に組み入れられた財産を譲渡するという実質をもっているから、両者の性質は異なると考えられる（最判解民事篇平成11年度（上）480‐481頁［佐久間］）。

務員である債務者が、共済組合等から貸付けを受け、給与から天引きしている場合（国家公務員共済組合法101条2項、地方公務員等共済組合法115条2項）についても、否認が成立し得る（最判平成2・7・19民集44巻5号837頁、最判平成2・7・19民集44巻5号853頁）。

(2) 強制執行

否認しようとする行為が執行行為に基づくものであるときでも、否認権の行使は妨げられない（破165条）。給料債権等が差し押えられている場合でも、差押債権者が支払停止等を知った後に、第三債務者たる勤務先から回収した部分は、偏頗行為否認の対象となる[注28]。支払停止および受益者の主観の基準時については見解が分かれる[注29]。

4 不動産等固定資産の処分

(1) 不動産の処分

破産者の自宅不動産が、破産手続の開始に先立ち、同居の親族に売却、贈与されていることがある。贈与の場合には無償行為否認（破160条3項）を検討するが、代金の支払がある場合、廉価であれば破産法160条1項、相当価格であれば161条が適用され、両者は要件が異なる。そこで、廉価売買と相当価格の区別基準として、給付目的物の評価方法が問題となるが、不動産について、会計学や不動産評価における概念を参考にして、公正な市場価格が一応の基準となるが、処分の時期や目的などの事情からある程度の幅をもった概念と

(注26) はい6民です566頁。
(注27) 破産者は受益者である勤務先と継続的な雇用関係にあることも踏まえ、和解的解決が望ましいといえる。
(注28) 最判平成29・12・19判時2370号28頁は、個人破産者の勤務先会社に対する給料債権の差押命令が発令され、第三債務者たる会社に送達されたにもかかわらず、会社は当該個人に給料債権の全額を支払い、その後、差押債権者が支払督促を申立て、会社による督促異義の申立てにより移行した訴訟において成立した和解に基づき、会社が差押債権者に支払った行為が偏頗行為否認に該当するかについて、「前者の弁済により差押債権は既に消滅しているから、後者の弁済は、差押債務者の財産をもって債務を消滅させる効果を生ぜしめるものとはいえず、破産法162条1項の『債務の消滅に関する行為』に当たらない」として、否認を否定した。
(注29) 条解破産法1125頁は執行申立時とし、破産実務Q&A200問212頁［佐藤潤］は取立時とする。

して捉えられ、いわゆる早期処分価格でも相当対価と認める場合がある(注30)。相当の対価には一定の幅があり、廉価処分か相当価格処分かは具体的な事案において判断が分かれる(注31)。

なお、相当価格処分である場合、「破産者が、当該行為の当時、対価として取得した金銭その他の財産について、隠匿等の処分をする意思を有していたこと」および当該意思に関する相手方の悪意を要件とするが（破161条1項2号・3号）、前述のとおり、相手方が親族または同居者である場合、悪意が推定される（同条2項3号）。

(2) オーバーローンの場合

破産者が、オーバーローン不動産を担保付きのまま親族に贈与または廉価売却している場合が相応にある。この点、不動産を抵当権付きで譲渡し、譲受人が被担保債権を弁済して抵当権が消滅した後に否認権が行使された場合において、抵当権の負担のない不動産が破産財団に復帰すると、被担保債権の額だけ破産者が利得をすることになるから、不動産価額から被担保債権の額を控除した額についての価額償還を請求するほかない（詐害行為取消権について、最判昭和36・7・19民集15巻7号1875頁）とも解されている(注32)。同見解によれば、オーバーローンのため償還額がマイナスとなる場合(注33)には、結果的に否認は認められないことになる。オーバーローン物件を贈与する行為は原則として有害性が否定されるとも解されるが(注34)、無償行為否認に該当するとの見解(注35)もあり、実務上は事案ごとに解決していると思われる。

（注30） 条解破産法1083頁。
（注31） 山本克己編著『破産法・民事再生法概論』（商事法務、2012）244頁［畑瑞穂］は、財産の評価には幅があるため、廉価処分か、相当価格処分か、あるいは過大な代物弁済かについて、具体的な事案において判断が分かれ得る、とする。実務上、管財人は、通常は、主位的に破産法160条1項を根拠とし、受益者がその対価の相当性を主張した場合に、予備的に161条を根拠とすることになる（論点解説新破産法（上）234頁）。
（注32） 条解破産法1135頁。
（注33） 価格償還を求める場合における価格の算定基準時は、否認権行使時、すなわち否認の請求書が相手方に送達された時、否認の訴えの訴状が被告に送達された時または抗弁が提出された時である（最判昭和42・6・22判時495号51頁、最判昭和61・4・3判時1198号110頁）。
（注34） 伊藤・破産法民事再生法516頁注208。
（注35） 破産管財実践マニュアル248頁。

(3) 自動車

対抗要件を具備しない第三者が保有する自動車等を引き揚げる場合、否認に該当するか議論があるが、**第4章第5節**を参照されたい。

5　和解による一部免除

破産手続開始の申立てに先立ち、貸金業者に対する過払金返還請求権の一部を免除する等の和解がされていた場合、和解に至った経緯、相手方の信用状態、回収可能性および回収に要する時間、免除率等を勘案して、和解の許容性や合理性を検討し、和解における回収額が、和解時点における債権の経済的価値と均衡していない場合には、詐害行為否認に該当し得る（神戸地伊丹支決平成22・12・15判時2107号129頁）。

6　代表者等による連帯保証や物上保証

破産者が代表者を務める法人など他人のためにした連帯保証や担保提供が無償行為否認の対象になるかについて、最判昭和62・7・3（民集41巻5号1068頁）は、「破産者が義務なくして他人のためにした保証若しくは抵当権設定等の担保の供与は、それが債権者の主たる債務者に対する出捐の直接的な原因をなす場合であつても、破産者がその対価として経済的利益を受けない限り」無償行為に当たるとする。相手方は、行為当時、支払停止等および破産債権者を害する事実を知らなかった場合には「現に受けている利益」を返還すれば足りるが（破167条2項）、保証債務履行請求権に関する現存利益の考え方として、保証料相当額であるとの見解[注36]と、保証債務履行請求権そのものとする見解がある[注37]。東京高判平成29・1・18（金法2084号65頁）は後説に依拠し、上告は棄却され、結論が維持されている（最判平成29・11・16民集71巻9号1745頁）。

連帯保証が無償行為否認の要件を満たす場合、連帯保証人の破産手続においてされた債権届出について任意の取下げを求め、これに応じない場合には

(注36)　大コンメ683頁［加藤哲夫］、条解破産法1137頁。
(注37)　伊藤眞「無償否認における善意の受益者の償還義務の範囲──詐害行為の回復と善意の受益者保護の調和を求めて」判時2307号（2016）39頁。

認否の際に認めないことになる。

Ⅵ 否認権の行使方法

1 任意の返還請求

　法人個人と問わず、否認権の行使方法は、任意交渉、否認請求、否認の訴えがあり、立証の難易、解決までに要する期間、相手方の対応、債権者の意見、相手方の支払能力を考慮して判断する。

　個人において、否認行為の相手が未成年や高齢な親族など独立した生活が困難である場合や、処分した自宅不動産に現に家族で居住している場合には、その生活基盤まで覆さないような配慮も要する。事案ごとの判断であるが、債権者の意向、破産者および親族の協力の程度などを総合的に判断し、まずは任意交渉による和解的解決を目指すことが望ましいといえる。任意交渉の主体は、破産管財人であるが、申立代理人による説得に一定程度期待できる場合もある。

　なお、破産法252条1項3号は特定の債権者への弁済が免責不許可事由となる場合を定めるが、これは当該債権者に特別の利益を与える目的または他の債権者を害する目的で、担保の供与または債務の消滅に関する行為であって、債務者の義務属しないもの（非本旨弁済）であるため、偏頗弁済の中でもかなり限定されている。

2 否認の請求・否認の訴え

　客観的には親族を相手とする否認該当性が認められ得るものの、相手方がこれを徹底的に争い、和解が困難な場合もある。基本的には経済合理性や回収可能性を考慮するが、行為の悪質性が強く、債権者も強い関心を示している事案などにおいては、回収可能性が乏しくても、否認の請求または否認の訴えを提起することも検討する。否認の請求または訴えの選択については、**第1節**を参照されたい。

（志甫治宣）

第3節　裁判所からみた否認の留意点

I　裁判所の視点

1　法的倒産手続における否認の規律の理解

　破産法上、否認権は破産管財人のみが行使することができる（破173条1項）。破産債権者が破産管財人に代わって行使することは認められていない（破産手続の開始時に係属していた破産者を債務者とする詐害行為取消訴訟も中断する〔破45条1項〕）。

　破産管財人による否認権の行使は、破産手続の開始前に散逸した財産を取り戻すために破産管財人に認められた強力な権利であり、かかる権利の行使に寄せる破産債権者の期待は小さくない。したがって、個別具体的な事案において否認権の行使を相当とすべき事情が存する場合には、破産管財人は、善管注意義務（破85条1項）を負っている観点からも、否認権の行使を検討すべきことになる。

　実際の破産管財業務では、財産調査の過程で、破産手続開始前の破産者の行為、特に財産の散逸、減少行為に関して、債権者平等原則等の関係からみた正当性、相当性等が問題となり、否認対象行為該当性について検討されることが少なくない［財産調査全般については、→第1章第1節ないし第3節］。もっとも、破産管財業務を行う破産管財人自身が、破産法上の否認の規律を正しく理解していないと、否認対象行為に該当する行為であること自体を見過ごすことになりかねない。破産管財人が否認の規律を知らず、または不十分な理解であったために否認対象行為の存在が見過ごされ、否認権の行使を通じた財産の返還が実現できなくなった場合には、破産管財人は、善管注意義務違反の責任（破85条2項）を問われることにもなる[注1]。

　破産法上の否認の規律は、条文上はいささか理解しにくいところもあるが、コンメンタール等の書籍[注2]に加え、裁判実務家が要件事実的に整理した論稿（ブロックダイヤグラム等）[注3]もあるので、破産管財人になろうとする者は、これらを手がかりに否認の規律を正しく理解しておくことが求め

られる（なお、民法上の詐害行為取消権の規律〔424条以下〕が、改正民法により破産法上の否認の規律に近づいたものになっている）。

2　支払不能、支払停止概念の把握と認定判断の重要性

破産法上の否認は、平時では債務者の処分行為として適法有効とされる行為が、支払不能ないし支払停止といった危機時においては、債権者平等原則等に反するものであることから、破産財団との関係で効力を失わせ、財産の取戻しを図るものである。

破産法上の否認類型には、破産者の支払不能ないし支払停止を要件としているものがあるほか、支払停止をもって支払不能と推定する否認類型もある（破162条3項）。

支払不能については、破産法2条11項に定義規定があり、また、支払停止について、判例（最判昭和60・2・14集民144号109頁、最判平成24・10・19集民241号199頁）は、「債務者が、支払能力を欠くために一般的かつ継続的に債務の支払をすることができないと考えて、その旨を明示的又は黙示的に外部に表示する行為をいう」と判示している。もっとも、支払不能ないし支払停止自体が規範的概念であるため、個別具体的な事案によっては、その該当性の判断が微妙な場合が少なくない[注4]。

裁判所の立場からすれば、破産者の支払不能ないし支払停止時期については、破産管財人の調査結果に基づく事実認定を踏まえた評価的判断を尊重す

（注1）　最判平成18・12・21民集60巻10号3964頁の主任裁判官である才口千晴裁判官が、その補足意見において、「破産管財人が、法律の無知や知識の不足により利害関係人の権利を侵害した場合には、善管注意義務違反の責任を問われることはいうまでもなく、その場合の破産管財人の責任は、利害関係人に対し、破産管財人個人が損害を賠償する義務を負う（旧破産法164条、新破産法85条）という極めて重いものであることを改めて認識すべきである」と述べているところは、破産管財人に対する戒めでもある。
（注2）　注釈破産法（下）88頁以下、条解破産法1060頁以下、大コンメ621頁以下。
（注3）　島岡大雄ほか編『倒産と訴訟』（商事法務、2013）18頁以下［影浦直人］、島岡大雄「否認権行使についての裁判上の諸問題」松嶋英機ほか編『倒産・再生訴訟』（民事法研究会、2014）505頁。
（注4）　裁判官の立場から事実認定の視点で支払不能・支払停止について論じたものとして、住友隆行「支払不能の認定」奥田隆文＝難波孝一編『民事事実認定重要判決50選』（立花書房、2015）579頁。

ることになるが、判断が微妙な場合もあることを念頭に、裁判所と破産管財人との間で適宜協議を重ねながら、否認対象行為への対応を検討していくことが大切である。

3　時間を意識した対応（迅速処理の要請）

否認権は、破産手続開始の日から2年を経過したとき、または否認しようとする行為の日から10年を経過したときは、行使することができないという期間制限がある（破176条）。

また、実際の破産管財実務においては、破産管財人の調査の結果、否認対象行為の存在が認められたとしても、破産手続開始後の事情により、もはや受益者または転得者から否認対象行為に係る財産の返還を求めることができなかったり、価額賠償を求めても資力がなくなっていて意味をなさない場合がある。

破産管財人は、否認権の行使には法的な期間制限があることに加え、調査検討に時間をかけるあまり、受益者または転得者から財産の返還ないし価額賠償が受けられなくなる事態にならないよう、時間を意識した対応（迅速処理）を心がけることが求められる。

II　法人の場合の留意点

法人の場合の否認の留意点については、破産管財人としての経験が豊富な弁護士が**第1節**で詳しく解説しているので、以下に裁判所の立場からの留意点を若干述べておきたい。

法人の破産手続においては、金融機関や取引先、役員、従業員等の利害関係人が登場する。否認に関するこれまでの判例や裁判例の動向や倒産実務家による書籍等をみると、否認対象行為の典型例を把握することができる。詐害行為否認（破160条1項・2項）や無償行為否認（同条3項）、偏頗行為否認（破162条）、対抗要件否認（破164条）、執行行為否認（破165条）は、法人の場合にみられる典型的な否認類型である。

もっとも、法人の事業活動はさまざまであり、法人の行為のうち否認対象行為に該当する可能性のある行為についてもさまざまなバリエーションがあ

る。したがって、否認対象行為の検討に当たって判断が微妙なケースもある。そして破産管財実務では、判断に迷う事例については、多くの破産管財人が、裁判所との間で協議を重ねる中で、一定の方向性を見出して対処しているのが実情と思われる。

裁判所の立場からすれば、むしろ、否認対象行為の典型例であるのに、破産管財人がそのことに気付かずに見過ごしている（したがって、裁判所との間で協議ないし相談されることもない）ことのほうが問題であるように思われる。

破産管財人としては、前記Ⅰ1で述べた破産法上の否認の規律の正しい理解と併せて、否認対象行為の典型例についても理解を深めておくことが肝要である。

Ⅲ　個人の場合の留意点

個人の場合の否認の留意点については、破産管財人としての経験が豊富な弁護士が**第2節**で詳しく解説しているので、以下に裁判所の立場からの留意点を若干述べておきたい。

個人の破産手続においても、金融機関、消費者金融会社等の貸金業者、知人・友人、親族等の利害関係人が登場する（自営業者の場合には、法人と同様に取引先等も登場する）。否認に関するこれまでの判例や裁判例の動向や倒産実務家による書籍等をみると、個人についても、否認対象行為の典型例を把握することができる。特に親族等に対する関係で否認が問題となることが多いのが、個人の場合の特色の1つに挙げることができる（例えば、親族等に対する繰上弁済や担保提供等の偏頗行為、贈与等の無償行為、財産分与に仮託した元妻に対する財産の移転など）。

個人の場合、ことに親族等に対する関係で否認が問題となる場合には、客観的な証拠の収集が難しく、否認の要件を充足していることの立証が難しい場合が少なくない。また、否認対象行為の相手方である親族等（受益者等）の資力の問題等から、否認権を行使しても財産の取戻等が現実的に困難となる場合も少なくない。

とはいえ、個人の場合の否認対象行為の典型例であるのに、破産管財人がそのことに気付かずに見過ごすというのは、善管注意義務の観点からみて問

題があるように思われる。

破産管財人としては、前記Ⅰ1で述べた破産法上の否認の規律の正しい理解と併せて、個人の場合の否認対象行為の典型例についても理解を深めておくことが肝要である。

Ⅳ 否認請求ないし否認の訴えの提起

破産管財人として否認権の行使が相当であると判断した場合に、どのような手続をとるかについては、基本的には破産管財人の合理的な裁量判断に委ねられるところである。

実際の破産管財実務では、否認請求ないし否認の訴えという法的手続をとる前に、受益者等との間で否認権の行使を前提とした話合いによる解決を目指すことも多い。しかしながら、事案の内容や受益者等の属性等によっては、最初から否認請求または否認の訴えによって裁判所の判断を仰ぎ、解決を図るほうが望ましい場合もある。否認請求または否認の訴えのいずれを選択するかについては、否認請求の裁判所の判断に対する異議の見込等や和解による早期解決の可能性等、破産手続の迅速処理の要請等をも踏まえた判断となる。

否認請求は、基本的に疎明資料に基づく簡易迅速な手続であり（破174条）、審尋を重ねるなどして審理期間が長くなることは想定されていない。しかしながら、裁判官によっては、審尋を重ね、破産管財人の請求日から半年以上経過してもなお、一定の結論ないし方向性が得られない場合もないではない。否認の訴えについても、通常の民事訴訟と同様に争点整理等が行われ、先が見通せないまま弁論準備手続期日等を重ねることもないではない（否認決定に対する異議の訴えにおいても同様である）。

破産管財人による否認権の行使は、価額賠償の場合を除き、受益者ないし転得者から財産の現物返還を受けた後に当該財産の換価が行われることになるため、否認権行使の結果に時間がかかると、破産手続の迅速処理の要請と調和しない事態となる（返還を受けた財産の価値が毀損ないし劣化している場合もある）。

したがって、破産管財人が否認請求ないし否認の訴えを提起する場合はも

ちろんのこと、否認の請求を認容する決定に対する異議の訴えに応訴する場合には、破産手続の迅速処理の要請との調和を図る観点から、できる限り審理が促進されるように主張立証活動を行うとともに、必要に応じて審理を担当する裁判官に対しても働きかけを行い、また、早期に和解による解決を目指すなどして、迅速、適切かつ柔軟に対応していくことが望まれる[注5]。

(島岡大雄)

(注5) 否認の請求を認容する決定に対する異議の訴えにおける争点整理のあり方を簡単に紹介したものとして、島岡・前掲(注3) 531頁。

第9章 税　務

第1節　財産換価上の税務問題

I　破産手続における財産換価上の税務問題

はじめに

　破産手続における財産換価上の税務問題は、大要、①租税の還付金^(注1)および過誤納金^(注2)の還付の問題、ならびに②財産換価に伴う租税の納付および追加課税発生回避の問題の2つに分けられる。

　前者は、破産管財人が直接破産者の国税または地方税の還付金ないし過誤納金の還付（税通56条1項、地税17条）を受けることにより、破産財団の増殖を図るものである。また、国税等の還付金は未納税金に充当されるから、財団債権や優先的破産債権を減額させて、一般破産債権の配当原資を増額できる場合もある。

　後者は、財産換価等により生じる破産管財人の納税義務を適切に履行すること等により、回避可能な財団債権の発生を阻止して財団を維持する行為である。

(注1)　還付金とは、適法に納付・徴収が行われたが、後に租税法の計算規定の適用によって国等がこれを保有する正当な理由がなくなったため、納税者に還付されるべき税額をいう（金子宏『租税法〔第22版〕』〔弘文堂、2017〕834頁）。
(注2)　過誤納金とは、租税実体法上、納付または徴収時より国等がこれを保有する正当な理由のない利得であり、租税債務確定行為が当然に無効ではないが、確定された税額が過大であるため減額更正等により減少した税額である過納金と、当初から法律上の原因を欠いていた利得である誤納金からなる（金子・前掲（注1）836頁参照）。

もっとも、これらの税務問題は極めて専門性が高いから、法律の専門家である弁護士が苦手意識をもつ分野である。一方で破産管財人は善管注意義務を負うことから、税務処理を誤れば損害賠償責任（破85条2項）を負う可能性がある。このような中で、税務専門家ではない破産管財人がどこまで注意を払えばよいのかは難しい問題である。とりわけ、税務申告に関しては、破産管財人の申告義務の有無に争いがあり、また、破産財団が僅少である場合まで税務申告を求めるのは酷であるという現実もある。さらに、税務申告や租税等の還付請求は、破産裁判所の要許可事項に該当しないものが多いから、破産裁判所の許可（お墨付き）を得て税務処理を行うことは難しいが、破産裁判所の監督に服する（破75条1項）破産管財人が難しい税務問題に直面したときは、破産裁判所と相談しながら処理しているという実態がある。

したがって、一定の財団形成が見込めるようであれば、破産管財人は、できるだけ税理士に税務申告を含めた税務問題を相談するべきであるが、そうでない場合でも破産管財人が基本書等[注3]に基づき、破産裁判所と相談しつつ税務処理を行った場合は、損害賠償義務を負わないものと考えるべきであろう。

1 還付金および過誤納金の還付上の留意点

租税の還付は、確実かつ直接に財団を増殖できる手続である。通常、破産者の解散事業年度には納税額が生じないから、直近に納税しているような場合であれば、還付を受けられる可能性が高い。また、破産手続開始前まで利益が発生し納税しているのは不自然であり、このような場合、粉飾決算が行われている可能性が高いから、仮装経理に基づく過誤納金の還付の可能性を検討する必要がある。粉飾決算の可能性がある場合の破産管財業務の留意点については、**第3章第11節Ⅱ1(3)**以下を参照されたい。

還付手続の基礎となる会計帳簿の整備や還付関係書類の作成には、税理士や公認会計士等の専門家の補助が不可欠である。とくに会計帳簿や証票類が散逸していたり、複雑な仮装経理を解明しなければならなかったりするよう

(注3) 例えば、破産管財の手引、破産管財手続の運用と書式等が挙げられる。

な場合は、相当額の専門家費用がかかるから、財団が僅少で還付にリスクがある場合は、調査を行うか否かの判断も難しい。また、還付請求において税務当局との間に見解の相違が生ずるような場合には、税務争訟手続[注4]を経ない限り還付を受けられないから、破産管財手続が長期間に及ぶことを覚悟しなければならない。

したがって、破産管財人は、専門家の見解や同種事例・裁決・判例の状況を確認して還付見込額、還付の可能性（リスクの程度）を把握した上で、専門家費用見込額等を勘案して、破産裁判所と相談しながら還付手続を行うか否かを決定する必要がある。

2　財産換価による納税上の留意点

破産手続開始後の原因に基づく公租公課は原則として劣後的破産債権になる（破99条1項1号・97条4号）が、破産法148条1項2号の「破産財団の管理、換価及び配当に関する費用」に該当する公租公課は財団債権[注5]になり、これにかかる附帯税（延滞税・利子税・延滞金）も財団債権になる（破148条1項4号参照）。破産法148条1項2号の公租公課には、破産財団に属する財産の破産手続開始後の固定資産税・自動車税・消費税・譲渡所得税、破産管財人が利用した税理士等の補助者の報酬・給与の源泉所得税、破産管財人の報酬の源泉所得税等が含まれる[注6]。

前記のとおり、破産管財人に申告義務があるか否かについては争いがあるが、少なくとも破産管財人は自らの行為によって生じる納税義務を果たし、回避可能な財団債権を負担することのないようにしなければならない。

（注4）　課税処分に対する不服申立てには不服申立前置（税通115条1項）があり、原則として処分庁に対する異議申立て（税通81条以下）および国税不服審判所に対する審査請求（税通87条以下）を経て取消訴訟（行訴3条2項）を提起する必要がある。
（注5）　最優先の財団債権になる（破152条2項）。
（注6）　土地等の譲渡に伴う追加課税制度（土地重課制度）（租特62条の3第1項・63条1項）は、1998年1月1日から2020年3月31日までの土地譲渡等に適用されない（租特62条の3第15項・63条8項）ため、当面財団債権に該当しない。

II 破産手続開始時の納税の基本

1 事業年度

　法人の破産手続が開始された場合、破産手続開始決定日をもって事業年度（解散事業年度）が終了する（会社471条5号、法税14条1項1号）。その後は、破産手続開始決定日の翌日から定款に定めた事業年度末までが第1期清算事業年度になり、翌期以降の清算事業年度は定款上の事業年度のとおりとなる(注7)。清算確定事業年度は、定款上の事業年度開始の日から残余財産確定の日(注8)までである。

　これに対し、破産者が個人（個人事業者を含む）の場合、所得税は、破産手続開始にかかわらず暦年（1月1日から12月31日まで）ごとに納税することになる。

2 納税義務者

　破産財団に属する財産の管理処分権は破産管財人に属する（破78条1項）から、破産法人の税務申告は破産管財人が行う。一方、個人破産者の破産手続開始決定後の税務申告は、原則として破産者が行うものとされる(注9)（最判昭和43・10・8民集22巻10号2093頁参照）。もっとも、破産手続開始前に納付した租税が還付可能な場合は、申告により破産財団を増殖させることができるため、破産管財人が個人破産者に代わって還付申告を行う等により、破産管財人が還付を受ける必要がある(注10)。

(注7)　破産会社には、通常清算の場合の会社法494条1項の適用はない（会社494条1項・475条1号参照）。
(注8)　残余財産がないことの確定日は、破産財団に属する財産全部の換価完了日と解されている（破産管財の手引387頁）。
(注9)　破産実務Q&A 200問370頁〔髙木裕康〕。
(注10)　自由財産となるべき収入に関する部分があるときは、按分計算等して自由財産に係る還付金について破産者に返還することも考えられる（破産管財の手引399頁）。

3　破産法人の課税所得の計算方法

清算事業年度の法人税および地方法人税[注11]の課税所得の計算方法は、通常の法人と同様、事業年度ごとの所得に課税される方式（法税5条）である。清算事業年度における財産換価額が簿価を上回ったり、任意に債務免除を受けたりして利益が発生したりすると当該年度において課税所得が発生してしまう可能性が生じるため、残余財産がないときには期限切欠損金を損金算入できる[注12]が、損金算入のためには申告が必要であることに留意する必要がある[注13]（法税59条3項・4項）。

4　税額確定方式

租税の確定方式には、①申告納税方式、②賦課課税方式、③自動確定方式がある。

申告納税方式は、原則として納税者の申告により税額が確定し、申告がない場合や不相当な場合には課税庁の更正または決定によって税額を確定する方式（税通16条1項1号、地税1条1項8号）で、法人税、地方法人税、所得税、消費税、住民税等がある。賦課課税方式は、課税庁の処分（賦課決定・普通徴収等）により税額が確定する方式（税通16条1項2号、地税1条1項7号）で、加算税や固定資産税等がある。自動確定方式は、納税義務の成立と同時に、法の定めに従って当然に税額が確定する方式（税通15条3項）で、予定納税や源泉所得税等がこれに当たる。

5　租税および過誤納金の還付方法

申告納税方式の租税の還付金の還付は申告によって行い、過誤納金の還付は更正の請求[注14]（税通23条1項）によって行う。更正の請求に対し、管轄税

（注11）　地方公共団体の税源の偏在を是正するために創設された国税。法人税の附加税であり、地方交付金の原資に繰り入れられる。
（注12）　青色欠損金等の控除後の所得金額を限度として損金算入が認められる。
（注13）　申告に添付する「残余財産がないと見込まれることを説明する書類」（法税規26の6第3項）は破産手続開始決定の写しでよいとされている（破産実務Q&A 200問377頁［篠田憲明］）。

務署がこれを認めず、更正をすべき理由がない旨の通知処分（同条4項）をしたときは、税務争訟手続で公定力のある当該課税処分の取消しを求めない限り、還付は受けられない。

一方、自動確定方式の源泉税の誤納金は、誤納額還付請求書に誤納の事実を証する資料を添付して、管轄税務署に還付を請求する。管轄税務署が当該還付請求を認めなかった場合でも、自動確定方式の租税に対する課税処分はないので、不服がある場合は、当事者訴訟（行訴4条）たる誤納税金還付請求訴訟を提起することになる。

Ⅲ　還付金の還付手続

1　控除不足額等の還付金の還付

(1)　法人税における所得税額控除等不足額

利子・配当等所得の源泉徴収額や外国税額は法人税額から控除することができる（法税68条・69条）が、破産法人において解散事業年度に課税所得や納税額が生じることはほぼない。納税額から控除しきれない源泉所得税額等は、申告書に控除不足額を記載することにより還付を受けることができる（法税78条・74条1項3号）。

(2)　中間納付額等の控除不足額

法人税、地方法人税、消費税の中間申告による納付額や労働保険料の概算納付額のうち、確定税額等から控除しきれない税額（保険料）は、申告書に控除不足額を記載することにより還付を受けることができる[注15]（法税79条・74条1項5号、地方法人税22条・19条1項4号、消税53条・45条1項7号）。

(3)　消費税における仕入税額の控除不足額

解散事業年度や清算事業年度において、課税仕入れに係る仮払消費税額を控除しきれない場合、申告により当該控除不足額の還付を受けることができ

(注14)　納税者が申告納税方式の租税の減額修正を求める手続をいい、更正の請求書には「事実を証する書面」を添付しなければならない。

(注15)　労働保険料の還付については、→第3章第11節Ⅲ。

る（消税52条・45条1項5号）(注16)。

(4) 所得税の源泉徴収税額または予定納税額が確定申告税額を超過している場合の超過額

所得税の源泉徴収税額や予定納税額は、確定所得税額から控除することができ、控除不足額は申告により還付を受けることができる(注17)（所税138条1項・139条1項）。

2　欠損金および純損失の繰戻還付制度

破産者の破産手続開始日の属する事業年度（解散事業年度）またはその前1年以内に終了した事業年度に欠損金が生じており、かつ、その前事業年度に納税している場合には、法人税および地方法人税の申告と同時に還付請求書を提出することにより、当該欠損金が生じた事業年度の前事業年度の納税額から欠損に応じた法人税等の還付を受けることができ（法税80条、租特66条の13、地方法人税23条）、欠損金が生じた前事業年度の法人税等を滞納しているときは、還付金に相当する部分の納税義務を免れることができる。なお、かかる欠損金の繰戻還付を受けるためには、還付所得のある事業年度から欠損事業年度まで連続して青色申告を行い、かつ期限内に欠損事業年度の確定申告をしている必要がある（法税80条3項）。また、繰戻還付請求は、破産手続開始後1年以内にしなければならない（同条4項）。

同様に、個人破産者が青色申告事業者である場合、①破産手続開始日の属する年に生じた純損失の金額の全部または一部を前年分の所得金額から控除したところで税額を再計算すると差額の税額が還付となる場合、②破産手続開始日に属する年の前年に生じた純損失の金額があり、その純損失の金額の全部または一部を前々年分の所得金額から控除したところで税額を再計算すると差額の税額が還付となる場合、確定申告とともに還付請求書を提出することにより、所得税の還付を受けることができる（所税140条・142条）。

（注16）　消費税の還付金についての留意点は、→第3章第11節Ⅱ1(2)。
（注17）　個人破産者に複数の給与所得がある場合、主たる給与の支払先以外の源泉税率が高くなる（乙欄控除）ため、控除不足額が生じる可能性がある。

IV 過誤納金の還付

1 更正の請求

(1) 更正の請求

　破産者が税法解釈の誤りや計算誤り、粉飾決算等によって過大な所得を申告していた場合、法定申告期限から5年以内に限り、税務署長に対し更正の請求をすることができる（税通23条1項）。

(2) 仮装経理に基づく過誤納金の還付の特例

　仮装経理（粉飾決算）に基づく更正の請求に基づき税務署長が法人税および地方法人税を減額更正したときは、原則として更正の日の属する事業年度開始の日から1年前以内に開始した事業年度の法人税等相当額を還付するにとどめ、その余の額は原則として更正の日の属する事業年度以降5年以内に開始する各事業年度の所得に対する法人税額から順次控除されることになっている（法税70条・135条、地方法人税29条3項）。しかし、破産法人は、特例により、破産手続開始日の属する事業年度の申告書の提出期限に法人税および地方法人税の控除未済額全額について還付を受けることができる（法税135条3項3号、地方法人税29条1項・3項3号）。

(3) 仮装経理に基づく更正の請求の実務

　破産手続開始前から破産者の会計データが調っていなかったり、事業破たんにより会計証票等が散逸したりすることは珍しくないが、このような場合、会計専門家を利用してもなお、仮装経理実態を完璧に解明して修正経理することは難しい。しかしながら、仮装経理に基づく減額更正は、適切に経理していれば課税が発生していなかったことから行われるものであるから、破産実務では、修正経理に多少不完全なところがあっても、不完全な部分を考慮するまでもなく明らかに欠損金が生じていることを明らかにすること等により還付を受けられることが多い[注18]。

（注18）　会計専門家による粉飾決算の調査報告書や債権者への説明資料等を税務署に提出する等の工夫がなされているようである。

なお、収受した利息制限法超過利息を収益計上している限り、当該収益に課税が可能であり(注19)、後に破産管財人等が当該超過利息を無効なものと取り扱ったとしても取扱事業年度の損金になるにすぎず、仮装経理に基づく更正請求により、超過利息を収益計上した事業年度に納付した税金の還付を受けることはできない（東京地判平成25・10・30判時2223号3頁、大阪地判平成30・1・15D1Law28261402）。

2 源泉所得税の過誤納金の還付

(1) 過払給与等に係る過誤納源泉所得税の還付

破産者が従業員の給与を過払した結果、源泉徴収税額が過大であった場合、破産管財人は過誤納源泉所得税の還付を請求できるだろうか。

過去において公序良俗違反の給与・報酬に係る源泉所得税の還付を受けた事例が報告されている(注20)が、現行実務では、少なくとも破産管財人が違法・無効な給与について返金を受けない限り、源泉所得税の還付は受けられない。税務上の「所得」は経済的利得であるから、泥棒が得た金員のように、利得がある限り法律上の違法・無効とは関係なく、課税が可能である。したがって、給与等に法的理由がなくても、従業員が現に過大な給与を支給されていれば経済的利得が生じているから、その利得が解消されない限り、税務上は、源泉所得税の過誤納はないと評価される。

(2) 仮装経理に基づく所得に係る過誤納源泉税の還付

次に、源泉された所得そのものが仮装であった場合はどうか。破産者である匿名組合（商535条）の営業者が仮装経理を行い、欠損が生じているのに組合員に対し「利益の分配」と称する支払を行っていたことから、破産管財人が当該支払は出資の払戻しであり、経済的利得がなかったとして、仮装分配金に係る誤納源泉所得税の還付を請求した事例がある。判例は、法律上の違法・無効にかかわらず所得がある限り課税が可能であるとした上で、利益分配として支払を受けている以上所得が生じているとして、破産管財人が利得

(注19) 最判昭和46・11・9民集25巻8号1120頁参照。
(注20) 公序良俗違反による無効給与の源泉税の還付を受けた事例（永沢徹「特殊な債権者を擁する破産事件(3)──投資勧誘業者の破産」新裁判実務体系㉘341頁）がある。

を解消しない限り、源泉所得税の還付は認められないとした[注21]。

　筆者は、これはむしろ、源泉所得税の性質から導かれる結論と考えている。源泉徴収制度は、納税義務者（給与所得者・匿名組合員等）の納税を容易ならしめるため、所得が納税義務者の手中に入る前に概算額を徴収し、後日確定した所得に基づく納税額に源泉徴収税額を充当させ、余剰があれば還付する制度である。すなわち、源泉所得税は納税義務者の納税額の仮払であるから、徴収義務者（営業者等）が源泉所得税を国に納付したときは、納税義務者（匿名組合員等）の所得税の還付または充当に関し、納税義務者が納税したものとみなされる（所税223条）。そこで、納税義務者（匿名組合員等）が法人税の申告または確定申告において、誤納付源泉税を確定税額に充当し、過大であれば還付すると、誤納付源泉税は精算されてしまうので、納税義務者（匿名組合員等）が仮装経理に基づく更正請求を行う余地はあるものの、徴収義務者（営業者等）が誤納源泉税の還付を受けることはできなくなってしまうのである。

　逆にいえば、納税義務者が確定申告等を行うまでの間であれば、破産管財人が利益の分配と称する支払が出資の払戻しであったとして納税義務者に交付された支払調書を回収し、かつ仮装経理の事実を明らかにすることができれば、誤納源泉税の還付請求は可能であると考えられる[注22]。納税義務者が誤って作成された支払調書の交付を受けたことにより所得税に充当ないし還付を受けることが可能であることこそが「経済的利得」であり、これを解消することが誤納付源泉税の還付の要件と考えられるからである。

　もっとも、1年ごとに税務申告が行われることからすれば、破産管財人が源泉所得税の還付を受けられるケースはかなり限られるものと思われる。

(3) **源泉徴収義務のある所得に関する不当利得返還請求**

　公序良俗違反の給与や、違法な利益分配金等の源泉所得について、その受取人に不当利得返還請求をする場合、すでに当該所得の確定申告等が終了し

(注21)　東京地判平成28・7・19訟月63巻8号2001頁。これを支持した東京高判平成29・1・19訟月63巻8号2059頁は最高裁で確定している。
(注22)　匿名組合契約に基づく出資の払戻しの支払は、利益の分配には該当しない（所税基通36・37共－21参照）。

ていれば、受取人は源泉所得税を自らの税額に充当ないし還付を受けて利益を得ているから、破産管財人は源泉徴収税額部分も含めた給与等の総額を返還請求することになる。

この点、破産管財人が違法な無限連鎖講に関与した者に対してその配当金の返還を求めた事案では、利得の受取人は、不法原因給付を理由として返還を拒むことは信義則上許されないとされた（最判平成26・10・28民集68巻8号1325頁）が、仮装経理に基づく利益分配等の事実を知らずに不当利得を得た受取人が非債弁済（民705条）を理由に破産管財人の返還請求を拒めるのか否かは明らかになっていない。

V 財産換価を巡る税務上の諸問題

1 破産財団の管理、換価に関する諸税

前記のとおり、消費税、固定資産税・自動車税[注23]、印紙税、登録免許税その他の破産財団に属する財産の管理、換価に関する租税は財団債権になるから、破産管財人がその納税義務を負う。不動産換価に伴うこれら諸税については、**第2章第1節Ⅳ**を参照されたい。

2 専門家、補助者の源泉所得税

管財業務の補助者への賃金、報酬や税理士等の専門家費用の報酬については破産管財人に源泉徴収義務があり（所税183条・204条）、管財人報酬についても同様である（最判平成23・1・14民集65巻1号1頁）。このことから、破産手続開始前の原因に基づく未払給与・退職金等の支払に関しては、財団債権の弁済、優先的破産債権の配当、一般破産債権の配当のいずれの場合においても破産管財人に源泉徴収義務はないと解されている。

3 法人住民税

破産法人の破産手続開始後の地方税のうち、法人事業税および住民税法人

(注23) 自動車税の賦課期日は、不動産（1月1日）と異なり、4月1日になる。

税割部分は劣後的破産債権になるが、法人住民税均等割部分は破産財団の管理に関する費用（破148条1項2号）として財団債権になると解されている（最判昭和62・4・21民集41巻3号329頁参照）。もっとも、当該判例においても、物理的に事業所がなくなってしまった場合には課税要件を欠くと考えられる。そこで、破産管財人は、税務署に事業所の廃止届を提出することによって、廃止後の課税を免れるべきである[注24]。

4 延滞税の減免

財団債権の延滞金・延滞税も財団債権になるため、破産管財人はできるだけその減免に努める必要がある。

破産管財人は国税徴収法上の執行機関である（税徴2条13号）から、破産管財人が徴収した金員を交付要求に国税・地方税に充てたときは、当該金員を受領した日の翌日以降の延滞税・延滞金の免除を受けることができる（税通63条6項4号、税通令26条の2第1号、地税20条の9の5第2項3号、地税令6条の20の3）から、通帳等の財団回収の証拠を示して免除を受ける必要がある。

また、滞納処分による差押えを受けたり、税額に相当する担保を提供したりしたとき（税通63条5項）や、やむを得ない事由により事業税、市町村民税、固定資産税を延滞したとき（地税72条の45第3項・326条3項・369条2項）も延滞金の免除を受けることができる[注25]。

（谷津朋美）

(注24)　破産管財の手引395頁。
(注25)　破産管財の手引404頁。

第2節 裁判所からみた財産換価における税務上の留意点等

はじめに

　破産手続における財産換価上の税務問題は、大きく分けて、①租税ないし過誤納金の還付、②財産換価に伴う税務申告である［→**第1節**］^(注1)。

　破産管財人は、税法や通達等に留意しながら、適切な時期に上記①および②に係る職務を行うべきであるが、破産管財人の上記職務執行は、善管注意義務（破85条1項）に基づくものでなければならない。破産管財人は、裁判所の監督に服し（破75条1項）、裁判所は、破産管財人の職務執行の適法性（善管注意義務違反の有無）について監督権を有し、監督義務を負う。したがって、破産管財人の税務問題に係る職務執行についても、適切な時期に適切な方法で監督する必要がある。

　しかし、裁判所の立場からすれば、破産管財人から相談ないし報告を受けない限り、破産管財人の税務問題に係る職務執行について、いかなる法令上の問題点が潜んでいるのかを把握することは難しいという事情がある。

　破産手続上、破産管財人が破産管財業務を遂行する過程でさまざまな租税上の請求権が発生し、破産管財人による税務申告の要否が問題となり得る^(注2)。しかし、破産管財人の行う租税の申告業務や、租税ないし過誤納金の還付請求（更正請求を含む。以下同じ）自体は、破産法78条2項所定の裁判所の許可を要する事項には当たらず^(注3)、実務上、裁判所が税務申告や租税等の還付請求を許可事項に指定すること（破78条2項15号）もなく、裁判所が破産管財人の税務問題を認識するのは、破産管財人から個別に相談ないし相談を受けるときであり、その頻度も多くはない。

（注1）　破産管財人による財産換価の一環として、破産会社の子会社のした納税保証に対する破産管財人の否認の可否が争われた東京高判平成25・7・18判時2202号3頁がある。
（注2）　破産管財人の税務申告義務の有無を考察したものとして、木内道祥「破産と租税——破産者の税務についての破産管財人の地位」破産法大系(3)371頁以下がある。

しかし、破産管財人が法令等の規定に従って申告すべき租税について申告しなかったため、課税庁から法人税の課税処分のみならず無申告加算税（税通66条1項）や重加算税（税通68条2項）を賦課されることがある[注4]。現行破産法の下では、無申告加算税や重加算税に係る請求権は劣後的破産債権（破99条1項1号・97条5号）となるため、これらの請求権を発生させたからといって直ちに財団債権者の弁済原資や優先的破産債権者、一般破産債権者の配当原資の減少をもたらすことにはならないが、例えば、破産管財人が還付請求をすれば還付金の発生が見込まれるような場合には、還付金は租税の未払分が充当され（税通57条1項）、この充当は、租税の未払分が劣後的破産債権である無申告加算税や重加算税に係る請求権であっても同様である[注5]から、充当の結果、財団債権者の弁済原資や優先的破産債権者の配当原資の減少をもたらすことになりかねない。したがって、税務申告をしなかった破産管財人は、不必要に増加した劣後的破産債権（無申告加算税や重加算税に係る請求権）を破産財団でもって負担したことにより財団債権者や破産債権者に対する配当原資が減少したとして、善管注意義務違反による損害賠償責任（破85条2項）を問われることが考えられる。

(注3) 破産手続の開始後に課税庁が破産手続開始前に生じた所得税や法人税、消費税等に関して課税処分等をし、交付要求をする場合がある。破産管財人がこれを不服として争う場合には、処分庁に対する異議申立て（税通81条1項）、国税不服審判所に対する審査請求（税通87条1項）をした上で取消訴訟（行訴3条2項）を提起することになる（地方税の場合につき、地方税法19条・19条の11）。この場合の取消訴訟の提起は、訴額が100万円を超えるときは裁判所の許可を要し（破78条2項10号・3項1号、破規25条）、異議申立てや審査請求についても、同号が類推適用されると解されている（大コンメ337頁［田原睦夫］、条解破産法635頁）。実務の運用においても、破産管財人は、異議申立てや審査請求について、事前に裁判所と協議をした上で許可を得ている（許可までは不要とする庁もある）のが実情と思われる。
(注4) 最判平成4・10・20集民166号105頁は、破産会社の予納法人税と破産管財人の予納申告等の義務が争われた事案に関するものであり、破産者には破産宣告後の事業年度において土地の譲渡等による清算中の所得が生じており、そのうち一部の土地の譲渡は租税特別措置法（昭和57年法律第8号による改正前のもの）63条1項1号による法人税の重課の対象となり、破産管財人は清算中の所得の金額および法人税の重課の対象となる土地の譲渡利益金額に係る予納法人税の予納申告義務があるとして、法人税および無申告加算税の賦課決定処分を適法と判断している。
(注5) 破産管財実践マニュアル403頁。

また、破産管財人の手元に財産を換価して得た現金があるものの、それを上回る財団債権（租税債権、労働債権）があるため異時廃止の見込みであるときに、破産管財人が調査した結果、還付請求をすれば還付金の発生が見込まれるが、未納の租税に充当されるため破産財団の増殖には資さない場合がある。この場合、破産管財人が還付請求をすれば、還付金が財団債権である租税債権に充当されて財団債権の総額が少なくなり、異時廃止による財団債権の按分弁済額（破152条１項）が増えるというメリットがある反面、還付請求の結論が出るまで時間を要し、破産債権者（とくに取引債権者や金融機関債権者）からすれば異時廃止による債権の償却時期(注6)が先延ばしにされるというデメリットもある。逆に、破産管財人が還付請求をすることなく異時廃止で終了した場合には、破産債権者にとっては債権の償却が可能になるというメリットがある反面、財団債権者との関係では、本来受けることのできた按分弁済額と実際の按分弁済額の差額について、破産管財人が善管注意義務違反による損害賠償責任を問われることが考えられる。

　このように、破産管財人による税務問題に係る職務執行は、その取扱いのいかんによっては、破産債権者に対する配当原資や財団債権者に対する弁済原資の減少をもたらしかねない問題をはらんでおり、裁判所は、一般論としては、破産管財人による税務問題に係る職務執行の適法性（善管注意義務に違反していないかどうか）について、適時に適切な方法で監督権を行使することが期待されているといえる。

（注6）　破産者に対して破産債権を有する法人債権者のうち、資本金１億円以下の中小企業や公益法人または協同組合等、銀行や保険会社その他これに準ずる法人、リース会社等は、法人税法上、破産手続開始の申立てがされたことにより、債権額の50パーセントを限度として貸倒引当金とする損金算入が認められている（法税52条、法税令96条１項３号ハ）。しかし、債権額の全額について損金算入が認められるのは、債権の全額が回収できないことが明らかになった場合（法人税基本通達９－６－２）、すなわち、破産手続が終了した時点（異時廃止決定または破産手続終結決定時）と解されているから、破産債権者にとって、破産手続の終了時期がいつになるかは大きな関心事の１つである。そのためにも、破産管財人には、破産管財業務の適正性と迅速性とが要請される。

第2部 実務家からみた破産管財人による財産換価を巡る諸問題(各論)

I 裁判所からみた破産管財人の財産換価における税務問題に対する認識の実情

　前記のとおり、裁判所が破産管財人の財産換価上の税務問題に直面するのは、破産管財人から税務問題の処理について相談ないし報告を受けた場合がほとんどである。そして、破産管財人の財産換価上の税務処理のノウハウについては、すでに多数の優れた書籍等[注7]が刊行されており、裁判所の対応も、これらの書籍等のほか、破産管財人が税理士等の専門家に依頼するなどして調査、検討した税法上の問題点、事実認定上の問題点等についての報告を参考にしながら、破産管財人との協議等に臨んでいるのが実情である。

　そのため、裁判所が適時に適切な方法で監督権を行使することが期待されているといっても、破産管財人による税務問題に係る職務執行について、裁判所が進んで監督権を行使するということは必ずしも現実的ではない。裁判所としては、破産管財人から相談等を受ける都度、相談内容にどのような法令上または事実認定上の問題点があるのかを把握し、破産管財人が税務申告ないし租税等の還付請求をした場合としなかった場合のそれぞれのメリット、デメリット、税理士等の専門家の関与の要否等と当該税務問題が解決するまでに要する期間の見通し等について、破産管財人との間で協議を尽くし、破産管財人が諸事情を総合的に検討した上で出した結論ないし方針については、それが明らかに法令に違反しているとか、破産管財人に与えられた裁量の範囲を逸脱または濫用しているものと認められる場合を除き、上記結論ないし方針を尊重するというのが裁判所の監督のあり方として現実的であり、かつ、合理性を有するものと考えるべきであろう。そして、破産管財人のした税務問題に係る職務執行が結果的に誤っていたことが事後的に判明

(注7)　永島正春「破産管財人は税金を忘れるな」大阪弁護士会・友新会編『弁護士業務にまつわる税法の落とし穴〔3訂版〕』(清文社、2015) 193頁以下、横田寛『〔新版〕弁護士・事務職員のための破産管財の税務と手続』(日本加除出版、2017)、破産管財の手引383頁以下、破産管財手続の運用と書式148頁以下、破産管財実践マニュアル380頁以下、破産管財 Basic 226頁以下、破産実務 Q&A 200問368-394頁、書記官事務の研究356頁以下、はい6民です401頁以下。

し、そのことによって破産財団に損害ないし損失が生じたとしても、上記のような検討を経た上での職務執行である限り、破産管財人が個人として善管注意義務違反による損害賠償責任を負うことにはならないと解すべきであろう(注8)(注9)。

なお、破産管財人が税務問題について裁判所に相談ないし報告をし、裁判所との協議に臨むに当たっては、裁判所が必ずしも税務問題に精通しているわけではないことを踏まえた上、裁判所が即座に問題の所在を把握し、円滑に協議に応じることができるよう、前もって適切かつわかりやすく情報を提供することが望まれる。

II　税理士等の専門家の適切な関与

破産管財人の行う税務問題の処理のうち、簡易な方法による清算事業年度の法人税の申告程度のものであれば、破産管財人がコストをかけることなく自ら行うことができると考えられる(注10)。しかし、破産管財人の財産換価上の税務申告や租税等の還付請求については、税法および実務処理上の専門知識が要求されることから、費用対効果を踏まえながら、税理士等の専門家に依頼するのが望ましいし、破産管財人の負う善管注意義務違反のリスクをできるだけ回避することができると考えられる。この場合、破産者に顧問税理士が就いていたような場合には、当該顧問税理士に依頼するのも1つの方法ではあるが、当該顧問税理士の協力が得られないことがあり、能力的に問題がある場合もある。したがって、破産者の顧問税理士に依頼しない場合には、できる限り倒産処理に詳しい税理士に依頼することが望まれる。また、会計帳簿や粉飾決算の有無等の調査が必要な場合には、倒産処理に詳しい公認会計士に依頼することもあろう(注11)。

なお、税理士や公認会計士等の専門家に依頼するに当たっては、破産財団

(注8)　新基本法コンメンタール破産法197頁［石井教文］。
(注9)　木内・前掲（注2）380頁は、破産管財人の申告義務と善管注意義務との関係について、「破産管財人の申告義務とは、破産管財人が管理処分権を行使する上での善管注意義務（破85条1項）に属する義務であり、税法上の義務ではない」としている。
(注10)　破産実務Q&A 200問169頁［石川貴康］。

の規模や調査費用等を考慮して、依頼する事務の範囲を明確にした上で依頼する必要があり、裁判所によっては事前の協議等を求めていることもある（裁判所の許可を要する場合もある）（注12）。

（島岡大雄）

（注11）　破産実務Q&A 200問169頁［石川］・375頁［須藤英章・柴田義人］、破産管財の手引121頁、破産管財実践マニュアル57頁、破産管財Basic 34頁、書記官事務の研究132頁。
（注12）　粉飾決算をしていた上場会社の破産管財人が過去に納付した法人税の還付請求を専門家に依頼するに当たり、入札を実施したという事例がある（この事例では、破産管財人が裁判所の許可を得て落札者との間で成功報酬型〔着手金ゼロ〕の委任契約を締結し、数十億円の法人税の還付が実現されたようである）。

第10章
業種別にみた財産換価上の問題

第1節　建設会社

はじめに

　建設会社の破産管財事案において特徴的な換価業務は、仕掛工事の処理である。仕掛工事も破産会社に帰属する財産であるから(注1)、破産管財人としては破産財団の拡充を目指して換価処理を行うことになるが、一般の財産の換価と異なり、仕掛工事の処理は、当該工事に係る請負契約関係の破産処理を通じてなされるため、これに伴う制約を受け、破産財団において一定の負担を余儀なくされる場合もある。

　また、一口に建設会社といっても小規模工務店からゼネコンまでさまざまな業態があることから、その取引形態や請負契約の内容を踏まえた処理が必要とされる上、多種多様な専門業種が介在する建設工事請負特有の重層的取引構造から、多数の関係人間における輻輳した法律関係の同時並行的処理を求められることも少なくない。例えば、一般的な戸建住宅工務店（元請業者）の破産事案の場合、注文者との間では、いわゆる「請負人破産」の類型として請負契約関係の処理を図ることとなる一方、下請業者との間では、「注文者破産」の類型の諸論点が問題となり、破産管財人は、全体的な調和と整合性を図りつつ、それぞれの契約関係の処理を行うことが求められる。

　以下においては、上記の戸建住宅工務店の破産事案をベースとして、請負契約関係の処理を中心に換価業務に際して問題となる実務上の諸論点につい

（注1）　仕掛工事費は、帳簿上、「未成工事支出金」等として資産計上されている。

て検討する。

I 注文者との間の請負契約関係の処理

1 基本的フレームワーク

(1) 破産法53条の適用

注文者との間の請負契約関係は、講学上の「請負人破産」のフレームワークに則って処理される。請負契約は、請負人の仕事完成と注文者の報酬支払とが対価関係に立つ双務契約であるから、破産手続開始時に双方の履行が完了していないときは、双方未履行双務契約の規律（破53条）に従って契約関係の処理がなされることとなる[注2]。したがって、破産管財人は、請負契約を解除するか履行するかの選択権を有する。履行を選択するときは、裁判所の許可を要する（破78条2項9号）。裁判所の許否の判断に当たっては、請負工事の続行に伴う労災事故や瑕疵担保責任の発生等のリスク要因のほか、事件処理の迅速性や、配当率への影響等が考慮要素とされる[注3]。

(2) 履行時の取扱い

履行を選択した場合、破産管財人は、請負契約の約定に従って、工事の完成引渡義務を負い[注4]、注文者に対して請負代金を請求することとなる[注5]。

ただし、破産事案の場合、破産手続開始時にはすでに仕掛工事が中断し、従業員も解雇され工事現場から離散しているのが通常であるから、破産管財人が請負契約の約定に従って工事完成引渡義務を履行することは現実的に不可能であることが多く、実務上は、一部の例外事例を除き、契約解除を前提

(注2) 請負人破産における破産法53条の適用の有無については学説が分かれており、請負人の属性（法人か個人か）や、請負人の義務の内容（代替的か非代替的か）によって区別する見解も有力であるが（倒産法概説222頁［沖野眞已］）、本稿は建設会社の標準的な破産事案を前提としているため、本論点についてはこれ以上立ち入らない。
(注3) 中西正ほか「パネルディスカッション・建築請負契約と倒産」事業再生と債権管理144号（2014）113頁［鹿子木康・本多俊雄発言］。
(注4) この場合の注文者の請求権は財団債権となる（破148条1項7号）。
(注5) なお、破産管財人が履行を選択した場合においても、注文者は、民法641条に基づいて契約解除をすることができると解されるが、この場合、破産管財人は注文者に対し解除に伴う損害賠償を請求することができる。

第10章　業種別にみた財産換価上の問題　第1節　建設会社

とした処理をせざるを得ないのが通例であろう(注6)。

(3) 解除時の取扱い

破産管財人が契約解除を選択した場合の法的効果について、解除の範囲が既施工部分に及ぶか否かが問題となるが、建築工事請負契約については、「工事内容が可分であり（可分性）、しかも当事者が既施工部分の給付に関し利益を有するときは（有益性）、特段の事情のない限り、既施工部分については契約を解除することができず、ただ未施工部分について契約の一部解除をすることができるにすぎない」と解するのが判例通説であり(注7)、実務上の取扱いもこれに倣っている。

かかる一部解除の取扱いを前提にすれば、契約解除に際しては、既施工部分の出来高に応じた請負代金の精算が行われることとなる。すなわち、注文者の既払金（前払金）が既施工部分の出来高に不足している場合、破産管財人は注文者に対しその不足額を工事出来高報酬として請求することができ、逆に、注文者の既払金（前払金）が既施工部分の出来高を超過している場合、注文者は破産財団に対し超過額の前払金返還請求をすることができる。後者の場合の出来高超過前払金返還請求権の破産手続上の処遇については争いがあるが、破産法54条2項に基づく財団債権とするのが判例通説である(注8)。ただし、出来高超過前払金が存する場合であっても、注文者側から請負契約を解除したときは、当該返還請求権は破産債権として処遇されるにすぎない

（注6）　小林信明「請負契約」破産法体系(2)367頁、中西ほか・前掲（注3）113頁［上野保発言］。履行の選択に当たっては、単純なコスト負担以外の考慮要素として、工事続行に伴う労災事故の発生や、瑕疵担保責任の発生等のリスクを斟酌する必要がある。

（注7）　最判昭和56・2・17集民132号129頁は、債務不履行解除の事案についてのものであるが、民法641条に基づく解除事案についての大判昭和7・4・30民集11巻780頁を引用しつつ、本文同旨を判示する。「可分性」と「有益性」の要件のもと一部解除を原則的扱いとする判例法理は、建築工事請負契約の解除一般に通じるものと解される。大コンメ218頁［松下淳一］、瀬戸正義「判解」最判解民事篇昭和62年度719頁。

（注8）　最判昭和62・11・26民集41巻8号1585頁、条解破産法432頁。ただし、前払は典型的な信用供与取引であるから、一部解除に基づく出来高精算を前提とする限り、理論的には、出来高超過前払金は「破産債権」として処遇すべきであると解され、現にこのような見解も有力である（平岡建樹「宣告と請負」道下徹ほか編『裁判実務大系(6)破産訴訟法』〔青林書院、1985〕150頁以下、加々美博久「各種の契約の整理(5)請負、ジョイント・ベンチャー」新裁判実務大系(28)252頁以下）。

553

ことから(注9)、破産管財人としては、この点を考慮に入れる必要がある。この場合、実務上の処理としては、破産財団の負担軽減を図るため、破産管財人は自ら解除権を行使するのではなく、仕掛工事の引継処理等と併せて、出来高超過前払金の破産債権扱いを前提とした和解的解決を探ることが求められる。

既施工部分に係る工事出来形の帰属については、注文者と請負人との間に特約があればそれによるとするのが判例理論であるところ(注10)、一般的な工事請負契約約款には中途解除時の工事出来形が注文者に帰属する旨の規定が置かれていることから、通常、注文者が工事出来形の所有権を取得すると解される(注11)。

破産管財人が破産法53条1項に基づき契約を解除した場合における請負契約上の違約金条項の適用の有無については争いがあるが、同項に基づく解除権は法が破産管財人に付与した特別の権能であることから、違約金条項の適用は消極に解される(注12)。

2 出来高査定

前記のとおり、契約解除に際しては、既施工部分の出来高に応じた工事代金の精算が行われるため、既施工部分の出来高査定は、実務上重要な意味を有する。また、破産申立てに伴う工事中断後は、従業員の離散等によって、日一日、正確な出来高査定が困難になるため、破産管財人としては、破産手続開始後速やかに出来高査定を実施することが肝要である。

既施工部分の出来高は、破産手続開始時までの実際工事原価累計額を積算して、これを工事完成時の見積総工事原価をもって除して工事進捗率を算出

(注9) 破産実務Q&A 200問259頁［野澤健］、破産・民事再生の実務〔破産編〕249頁。
(注10) 工事出来形の帰属に関する判例法理については、大橋弘「判解」最判解民事篇平成5年度（下）900頁参照。
(注11) 標準請負契約約款の約定について、幾代通ほか編『新版注釈民法(16)債権(7)』187頁［打田畯一・生熊長幸］。なお、たとえ工事出来形が破産財団に帰属したとしても、破産管財人としては、底地利用権のない工事出来形を他に換価処分することはおよそ不可能であるため、実際上、工事出来形の財団帰属を主張するメリットは乏しい。
(注12) 条解破産法414頁、破産・民事再生の実務〔破産編〕249頁。請負契約に関する同旨の裁判例として名古屋高判平成23・6・2金法1944号127頁がある。

し、総請負代金額に当該工事進捗率を乗じて算定するのが一般的な方式である[注13]。

実際工事原価の確定に当たっては、現場管理者や下請業者の協力を得て、工事費用に係る証憑書類や工事日報その他帳票類を整理し、工事台帳等の原価積算資料を調製する必要がある。既施工部分の出来高の確定に当たっては、注文者との間で合意文書を取り交わすのが望ましいが、かかる合意ができない場合は、上記の原価積算資料を、出来高算定の客観的な裏付け資料として用いることになる。

3 工事出来高報酬と損害賠償請求権との相殺の可否

破産管財人が請負契約を解除して既施工部分に係る工事出来高報酬を請求した場合、注文者からは契約解除によって超過費用分の損害が生じたとして損害賠償請求権（破54条1項）による相殺の主張がなされることが間々ある。

この種の事案については、かかる損害賠償請求権が破産法53条1項に基づく解除によって生じたものであり、破産手続開始後新たに取得された破産債権であるとして、同法72条1項1号の類推適用により相殺を認めない裁判例がある[注14]。これに対し、かかる損害賠償請求権は、すでに履行された請負工事に起因して生じるものであり、主たる発生要件は破産手続開始前に充足しているとして、停止条件付債権と同視し、相殺を認める見解もある[注15]。

請負契約の解除に伴って生じる損害にはさまざまな類いのものがあることから、その事案の実情を踏まえつつ注文者との間で和解的解決を図るのが、管財実務上の一般的な処理であろう。

（注13）　中西ほか・前掲（注3）119頁［鹿子木発言］。このほか、当初の報酬額から未施工部分を完成させるのに要する費用を控除することにより工事出来高を算定する方式もある。かかる方式は、請負人の責めが大きいケース等、注文者に超過費用を負担させるのが公平でない場合等に用いられる（横浜弁護士会編『建築請負・建築瑕疵の法律実務——建築紛争解決の手引』〔ぎょうせい、2004〕93頁）。工事出来高報酬と超過費用分の損害賠償請求との相殺を否定する見解［→3］に拠ったとしても、かかる出来高査定の方式を用いれば、相殺を認めたのとほぼ等しい結果が導かれよう。

（注14）　東京地判平成24・3・23金法1969号122頁、札幌地判平成25・3・27金法1972号104頁。

（注15）　中西ほか・前掲（注3）121頁［本多俊雄発言］。

4 工事前払金の信託の成否

　建築請負契約においては、工事の完成引渡前であっても注文者から請負人に対して請負代金の一部前払がなされるのが通例であるところ、工事の必要経費以外に支出してはならないこと等が約定された上で前払金が交付され、当該前払金が専用預金口座に預け入れられるなどして、請負人の一般財産から分別管理され特定性をもって保管されているときには、信託契約が成立したと解する余地がある(注16)。信託契約の成立が認定される場合、当該預金は信託財産として取戻権の対象となり、これを破産財団に組み入れる等したときには、善管注意義務違反を問われる可能性があるので、換価上、注意を要する。

5 民法改正の影響

　改正民法634条は、請負契約が仕事の完成前に解除された場合等において、可分な部分の給付によって注文者が利益を受けるときは、その利益の割合に応じた請負人の報酬を認める。同条は、「可分性」と「有益性」の要件のもと一部解除を原則的扱いとする建築工事請負契約に係る判例法理(注17)を踏まえた規定であるとされる(注18)。

　このような改正趣旨からは、破産管財人が破産法53条1項に基づき建築工事請負契約を解除した場合にも改正民法634条が適用され、その場合の注文者との間の請負契約関係は、基本的には改正前と変わらず、一部解除を原則的扱いとした前記1(3)の規律が妥当するものと解される(注19)。

　なお、「注文者が受ける利益」(有益性)の判断のあり方は、出来高査定の

(注16)　最判平成14・1・17民集56巻1号20頁。同最高裁判決は、「公共工事の前払金保証事業に関する法律」所定の制度に基づく公共工事の前払金について判示したものであるから、このような制度を前提としない民間工事の前払金について直ちに射程が及ぶものではないが、同最高裁判決も、法令等に基づく制度の存在を信託契約の成立に必須の要素とは位置付けておらず、事案によっては民間工事の前払金について信託契約の成立が認められる余地もあると解される。信託契約の成否の認定に関する今後の裁判例の動向が注目される。
(注17)　前掲(注7)参照。
(注18)　一問一答民法336頁・338頁。

方式［→2］にも影響を及ぼすものと目されるが、この点は事案を踏まえた解釈に委ねられているものと解される。

II　下請業者との間の請負契約関係の処理

1　基本的フレームワーク

(1)　民法642条の適用

下請業者との間の請負契約関係は、講学上の「注文者破産」のフレームワークに則って処理される。注文者破産に関しては民法642条に特則があり、同条の規律に従って契約関係の処理がなされることとなる[注20]。この場合、破産管財人だけでなく下請業者も請負契約を解除するか履行するかの選択権を有し、これに対応して、破産管財人にも催告権（破53条3項）が認められている。

(2)　履行時の取扱い

契約の履行が選択された場合、下請業者は破産管財人に対し財団債権として請負代金を請求することができる（破産法148条1項7号の適用または類推適用）。この場合、破産手続開始前の仕事部分に係る請負報酬について財団債権性が認められるか争いがあるが、請負報酬の可分清算を前提とする民法642条1項後段の趣旨を踏まえ、破産債権と解するのが多数説である[注21]。

(3)　解除時の取扱い

契約が解除された場合、すでにされた仕事の結果は破産財団に帰属し、当

(注19)　建築請負の目的物に重大な瑕疵があるために建て替えざるを得ない場合には、建築費用相当額の損害賠償請求を認めるのが判例（最判平成14・9・24判時1801号77頁）であり、既施工部分によっては契約の目的を達することができない場合に請負契約の全部解除を認めた裁判例もある（最判昭和52・12・23判時879号73頁。判例法理の「有益性」を否定したものと理解される）。改正民法では、建物その他の土地の工作物の瑕疵による解除を制限する635条ただし書も削除されている。これらを踏まえれば、仕事完成前解除の場合、解除の範囲（請負報酬の額）は「注文者が受ける利益」（有益性）のいかんによって定まるとするのが基本的考え方となろう。
(注20)　条解破産法417頁。
(注21)　大コンメ218頁［松下］、条解破産法419頁注29、破産管財実践マニュアル119頁。なお、実務上は、工事出来形の注文者への円滑な引継ぎを企図して、財団債権性を一部認めることによる和解的解決をすることも少なくない。

該仕事の結果に係る請負報酬等は破産債権として権利行使できるとするのが判例である(注22)。これに対し、破産手続開始時に工事自体は完成していたが引渡しが完了していなかった場合について、破産管財人による解除権の行使を認めず、請負報酬を財団債権として請求できるとする裁判例もある(注23)。

契約解除に伴う損害賠償請求（履行利益を含む）は、破産管財人が解除した場合に限り認められる（民642条2項）。

2　商事留置権の成否と対応

元請業者の破産事案の場合、下請業者が請負報酬を保全する目的で仕掛工事現場を占拠し、商事留置権の主張をするケースが少なくない(注24)。

しかし、商事留置権は債務者（元請業者）の所有物上にのみ成立する権利であることから（商521条）、工事出来形の所有権が注文者に帰属する場合には、商事留置権が成立する余地はない。前記のとおり、工事出来形の所有権は特約等により注文者に帰属しているのが通例であることから(注25)、実際上、下請業者に商事留置権が発生するケースは限定的である。また、建物の一部の施工を請け負ったにすぎない部分下請業者については、建物（建前）の独立した占有を認めることは困難であるから、商事留置権の成立は認められないと解される。結局、下請業者に商事留置権の成立が認められる可能性があるのは、工事出来形の所有権が元請業者に帰属し、かつ、下請業者が建物の全部ないし主要部分の施工を請け負っている一括下請のケースに限られる。

さらに、たとえ工事出来形について商事留置権が認められる場合であって

(注22)　最判昭和53・6・23金法875号29頁。前記Ⅰ1(3)の判例法理との関係では、既施工部分の「有益性」の有無を問わず、解除の効果を既施工部分に及ぼさない点において、特則性を見出すことができる。
(注23)　東京地判平成12・2・24判例1092号22頁。なお、実務上の具体的処理のあり方について、中西ほか・前掲（注3）127頁以下参照。民法改正の影響について、後記4(1)参照。
(注24)　なお、民事留置権は、破産手続上失効するものとされることから（破66条3項）、下請業者は、民事留置権を根拠としては、破産管財人からの目的物引渡請求を拒むことはできない。
(注25)　最判平成5・10・19民集47巻8号5061頁は、注文者と元請業者との間に工事出来形の所有権が注文者に帰属する旨の約定がある場合、下請業者は、当該約定に拘束されるとする。

も、商事留置権者による建物(建前)の占有は土地に対する占有を含むものではなく、留置権者は土地に対する占有権原を主張することができないから、少なくとも建物が未完成の場合にあっては、敷地に対する商事留置権の成立を否定に解するのが通説的見解であり、現行の執行実務の運用である[注26]。したがって、究極的には、建物完成前に敷地所有権に基づく明渡請求を受けた場合、下請業者としては明渡しに応じざるを得ず、商事留置権の実効性には大きな限界がある。

他方で、元請業者の破産管財人は、工事出来形の注文者への引継ぎや仕掛工事の出来高査定等の処理を行わなければならないところ、下請業者の協力が得られなければ、これらの破産管財事務処理を円滑に遂行することは困難である。このため、元請業者の破産管財人としては、下請業者との協議交渉に当たり、前記の商事留置権の要件と法的制約を踏まえつつ、必要に応じて和解的解決を試みる等[注27]、硬軟織り交ぜた対応が求められる。この場合、工事出来形が最終的には注文者に引き継がれることを考慮すれば、注文者との間の請負契約の処理と平仄を合わせつつ、基本的には破産財団の注文者に対する工事出来高報酬精算金を限度として、下請業者との和解処理を行うべきであろう[注28]。

3 下請業者と注文者との間での工事出来高の帰属

元請業者の破産事案では、下請業者と注文者との間で工事出来形の帰属が争いとなることも多い。この点、注文者と元請業者との間に工事出来形の所有権が注文者に帰属する旨の約定がある場合には、たとえ一括下請業者が自ら材料を提供して出来形を築造したとしても、特段の事情のない限り、工事出来形の所有権は注文者に帰属し、一括下請業者は民法248条に基づく償金請求もできないとするのが判例である[注29]。

(注26) 破産・民事再生の実務〔破産編〕366頁、東京地方裁判所民事執行センター実務研究会編『民事執行の実務〔第3版〕不動産執行編(上)』373頁。
(注27) 破産管財実践マニュアル120頁、破産実務Q&A200問256頁[野澤健]、小林・前掲(注6)357頁。
(注28) 破産管財実践マニュアル120頁。

先にみたとおり、元請業者の破産管財人は、仕掛工事の出来高査定や工事出来形の注文者への引継ぎ等の職務を負っていることから、これらの職務執行の一環として利害関係人間の協議と調整を主宰し、係争事項の円満な解決を目指すべきである。

4　民法改正の影響

(1)　仕事完成後の請負人の解除権の制限

　現行法では、注文者破産の場合、破産管財人だけでなく請負人にも解除権が認められているが（民642条1項）、改正民法では、仕事完成後の請負人による解除権が否定されている（改正民642条1項ただし書）。仕事完成後は、請負人の新たな役務提供はなく、請負人の損害回避のために解除権を付与する必要はないことが理由とされる[注30]。

　なお、現行法下で議論のあった、破産管財人による工事完成後の解除の可否については[注31]、改正民法642条1項は、仕事完成後の破産管財人による解除を制限していない。したがって、改正民法下では、同条の解釈を根拠としては、工事完成後の破産管財人の解除を否定することは困難であろう[注32]。

(2)　注文者破産における改正民法634条の適用の有無

　前記Ⅰ5のとおり、改正民法634条は、仕事完成前の解除について「注文者の利益」（有益性）の割合に応じた請負人の報酬を認めるところ、注文者破産における同条の適用の有無は必ずしも明らかではなく問題となる。

　この点、民法642条が注文者破産の特則規定であり、改正民法642条2項に

(注29)　前掲・最判平成5・10・19。大橋・前掲（注10）895頁以下。元請業者の破産事案では、往々にして元請業者の破産による損失を注文者と下請業者のいずれに負担させるかが問題となる。この点、同最高裁判決も理由中に判示するとおり、下請契約は元請契約の存在と内容を前提とするものであること、注文者との関係では下請業者は元請業者の履行補助者的立場に立つとみられること等の理由から、裁判例上は、注文者の保護を優先する傾向がみられる。なお、下請業者の代金債権を確保する手段は難問であり（本文のとおり商事留置権の実効性には大きな限界がある）、今後の課題である。
(注30)　一問一答民法336頁。
(注31)　前記1(3)参照。
(注32)　山本和彦編著『倒産法演習ノート――倒産法を楽しむ22問〔第3版〕』（弘文堂、2016）181頁〔沖野眞已〕は、破産管財人の解除権行使に係る判例の一般原則（最判平成12・2・29民集54巻2号553頁）による、個別事案に応じた解決の可能性を示唆する。

おいても、特段の限定なく、既施工部分に係る請負人の報酬請求が認められていることに鑑みれば、注文者破産の場合には、改正民法634条の適用は排除されていると解するのが自然である[注33]。そもそも注文者破産の場合、解除の主原因は注文者側に存することから、注文者（破産管財人）にとっての「有益性」（破産手続開始後は、多くの場合、工事出来形に換価価値を見出せないであろう）を基準として請負人の報酬請求の可否および範囲を画するのは、実質的にも当事者間の公平に悖るといえよう。また、このように解したとしても、報酬請求権は破産債権にすぎず、破産管財人にとって過大な負担になることもない。このような観点から、注文者破産の場合、改正民法634条の適用はなく、改正民法642条2項に基づき、既施工部分に係る請負人の報酬および費用の請求が認められると解する。

（籠池信宏）

(注33) 石塚重臣・門口正人「破産手続上の請負契約」伊藤眞ほか編集代表『倒産法の実践』（有斐閣、2016）415頁。

第2節 メーカー

はじめに

　メーカーの特徴的な資産は、当該メーカーが製造している製品および製品に関する資産（原材料、在庫など）、機械設備および工場である。それらの資産を有効に換価する方法として、事業譲渡によって事業ごと第三者に承継させる方法もある。以下では、現場保全・初動、個別資産の換価、従業員との関係について説明し、最後に事業譲渡について説明する。

I　破産したメーカーの現場保全および初動

　破産手続開始前後の混乱を回避し、破産管財事件を円滑に進めるためには、多数の従業員の協力を取り付ける必要がある。そのためには、開始後直ちに本社に赴き、従業員に十分な説明を行う必要があるが、メーカーにおいては、工場に対する対応も重要となる。

　メーカーは、本社から離れた場所に工場を有していることが多く、工場に、製品・原材料等の多くの資産が保管され、従業員の多くが勤務している。また、工場が仕入先との窓口になっていたり、工場で取引先から金型等を預かっていることも多い。そのため、現状確認、金型の取戻し、納品した原材料の返品要請等の目的で、本社よりも工場のほうに多くの債権者が訪れる例が多い[注1]。

　このような特徴を踏まえると、破産手続開始申立後、破産管財人が就任するまでの間、申立代理人が工場の現場保全を行った上で、開始決定と同時あるいは遅くとも数日以内に、破産管財人または破産管財人代理がすべての工場を訪問して、従業員や労働組合の協力を取り付けて、工場の従業員が管財人団の指揮命令下で破産管財業務に従事する指揮命令体制が構築されるのが理想的である[注2]。

(注1)　トラック等の盗難にも要注意である。この対策については、破産実務Q&A 200問37頁［柚原肇］参照。
(注2)　申立代理人との協働については、**第1部第1章第5節I参照**。

これに対して、従業員を解雇し、工場を閉鎖してから時間が経ってから申立てをしたような場合、従業員の協力を取り付けるのに苦労することになる。しかし、このような場合であっても、破産管財人としては、少なくとも幹部従業員には工場に集まるよう呼びかけた上で、速やかに工場を訪問して、可能な限り工場の管理体制を再構築する必要がある。

なお、工場が遠隔地にあるなど、破産管財人または破産管財人代理が工場に常駐することが難しい場合、少なくとも本社には、可能な限り常駐するようにした上で、本社の破産管財人団からの工場に対する指揮命令が十分に機能するようにすべきである。

II　メーカーの換価の実務

1　製品の換価

(1)　換価の準備

破産したメーカーの製造していた製品を換価する前提として、破産管財人は、従業員の協力を得て、破産手続開始後速やかに、在庫製品の性質・品目・数量、所在場所等を確認し、担保設定の有無等の権利関係の確認も行い、換価の方法やスケジュールを検討して、補助者として使用する従業員に的確な指示を出す必要がある。

在庫製品が食品・飲料等のように消費期限・賞味期限があるもの、化学製品のように使用期限・有効期限があるもの、アパレル製品等のように一定の時期までに売却しないと価値が大幅に劣化するものなどである場合には、期限や時期を踏まえて策定したスケジュールに従い、早急に売却活動を行う必要がある。また、品目や数量を正確に把握するために、可能な限り早期に実地棚卸しを実施するとともに、既存の在庫管理システムを利用するか、別途エクセルファイル等で管理表を作成するなどして、適切な在庫管理体制を整える必要がある。

さらに、在庫製品は破産したメーカーの工場・倉庫以外に保管されていることも多いため、その所在場所についても早急に確認する必要がある。倉庫業者や運送業者の倉庫が典型例であるが、製品についていわゆる消化仕入取

引を行っている場合の百貨店等の店舗、納品先の工場や倉庫などに点在している場合もある。いかなる場合でも、その場所に所在している前提となっている権利関係と所有権の帰属を精査する必要がある。賃借中の倉庫等に在庫製品が保管されている場合には、今後財団が負担する賃料と倉庫内の在庫製品の換価価値を比較検討の上、安くても早期に売却するか、時間をかけてより高い値段での売却を目指すかについての判断が必要とされる。在庫製品を占有している倉庫業者や運送業者から商事留置権を主張された場合も、同様に倉庫業者等が有する債権額と占有されている在庫製品の価値を比較検討の上、どのような解決が財団増殖に資するかを判断し、適切に対処する必要がある[注3]。例えば、販売先に納品するために運送中の製品に関しては、運送料全額を受戻代金として支払ってでも早期に納品させたほうが売掛金の回収につながり財団増殖に資することが多い。他方、多額の倉庫代を滞納していたような場合、倉庫代を全額支払って倉庫内の在庫製品すべてを受け戻すのではなく、倉庫業者と交渉の上、倉庫内の在庫製品を売却した代金の一部を倉庫代金に充当し、残りの代金は破産財団に組み入れる合意をする努力が必要とされよう。

なお、在庫製品については、集合物譲渡担保権や所有権留保などの担保権の存在が問題となる場合も多い。この点については、**第4章第1節Ⅲ**を参照されたい。

(2) **製品の販売**

販売先としては、従前の販売先が主な候補先となる。破産手続開始前に、破産したメーカーの製品を購入していた以上、破産手続開始後も需要がある可能性が高く、製品の品質等に疑いをもたず、代金についても従前の単価を基準に検討することが多いため、高額での買取りを期待できるからである。この場合、従前の販売先が他からの調達ルートを確立してしまうと破産メーカーから調達する必要がなくなるため、破産管財人としては、開始直後速やかにコンタクトの上、早期に売却を実行すべく努力する必要がある。

従前の販売先に対する販売条件については、代替性の乏しい製品であり、

(注3) 商事留置権については、**第4章第1節Ⅵ参照**。

販売先にとって在庫確保の必要性が高い場合、従前の取引単価を基準とするなど有利な条件で売却できる可能性が高い。このような場合、瑕疵担保責任免除・現金払等の一般的な条件の承諾を求めるほか、製品の一括買上げや既存の売掛金等の繰上弁済を求めることも考えられよう。

　従前の販売先への破産手続開始前の取引の延長という形での売却が難しい場合、第三者に売却することになる。しかしながら、最終製品はともかく、最終製品に用いられる部品等については、従前取引のなかったメーカーに売却しようとしても、最終製品に適合するかどうかの検査の手間や瑕疵があった場合の対応の問題がある一方で、将来の安定供給の可能性が乏しいため、容易には売却できない。また、いわゆるバッタ屋に買取りを依頼してもスクラップ価格での買取りとなりがちである。このようにこの種の製品の売却は困難を極めるが、広く買受希望者を募るなど、なるべく高額での売却ができるよう粘り強く努力する必要がある(注4)。なお、売却先の選定は、例えば在庫製品全部の売却ができず、残りの在庫製品について廃棄費用がかかるような場合には、単に売却代金、とくに単価の多寡のみを選定基準にするのではなく、売却できる数量、残った在庫製品の廃棄費用等を総合的に判断して行うべきである。

　そのほか、とくに消費者向けの完成品（最終製品）を製造していた場合、製造物責任への配慮も必要となる。瑕疵がある製品については売却せずに廃棄したり、破産会社が生産物賠償責任保険（PL保険）に入っていた場合はそれを継続することなども検討が必要になろう（なお、責任保険に関しては、保険法22条に基づき、被保険者に対して当該責任保険契約の保険事故に係る損害賠償請求権を有する者が、保険給付を請求する権利について先取特権を有するものとされていることには留意が必要となる）。

2　原材料等の換価

　原材料・仕入先から購入した部品等については、仕入先に買い戻させることが早期かつ高額での換価につながることが多い。仕入先と交渉する際に

(注4)　一般的な留意点は、破産・民事再生の実務〔破産編〕215頁参照。

は、仕入先が破産債権を有していることが多いため、相殺できないことを納得させ、現金引換え等によって確実に代金を回収できるようにする必要がある。また、動産売買の先取特権や所有権留保を主張されるおそれもあるため、そのような主張がされる可能性や主張された際の反論も検討した上で対応することが望ましい(注5)。

　原材料に劇薬などの危険物が存在する場合には、それらの保管につき、とくに注意が必要となる(注6)。工場には、危険物倉庫が設置され、危険物が保存されていることが多く、危険物の中には冷蔵保管等保管に留意が必要なものもある。そのため、破産手続開始決定後早急に危険物倉庫やその内部の危険物を確認し、電気が止まっている等保管状態に問題がある場合は、早急に処分する必要がある。処分に際しても、特別管理産業廃棄物に該当する場合、特別管理産業廃棄物の許可業者に運搬・処分を委託するなど特別の対応が必要になることに留意すべきである（廃棄物の処理及び清掃に関する法律2条5項・12条の2参照）。

　また、PCBがあった場合、処理に時間がかかることも多いことについても留意が必要である(注7)。

3　仕掛品の換価

　仕掛品については、従前の取引先、第三者ともに、そのまま買い取る可能性は極めて乏しく、スクラップとして売るか、廃棄処分せざるを得ない場合が多い。そのため、事業を継続して、仕掛品を完成品にした上で換価することも、検討対象となる(注8)。

　その際には、完成品にするために必要な作業工程・期間、その間の従業員や製造設備の確保の可否、必要な原材料の在庫の有無ないし調達の可否、給与・原材料費・水道光熱費等を含めた完成に要する費用、ならびに、完成品

(注5)　なお、動産売買先取特権については、**第4章第1節**および**第3部6**参照。また、所有権留保については、**第4章第2節**および**第3部7**参照。
(注6)　破産管財の手引166頁、破産実務Q&A 200問116頁［長島良成］。
(注7)　詳細については、破産管財の手引169頁、破産実務Q&A 200問113頁［進士肇］。
(注8)　破産管財の手引221頁。

の換価可能性および回収見込額を検討し、事業を継続することで逆に破産財団を毀損することにならないか、十分な検討が必要となる。

　後述する事業譲渡が実行できる可能性がある場合、事業譲渡時点の仕掛品も簿価に近い額で処分できる可能性が高いため、事業を継続して従業員の雇用を維持するほうが望ましいが、そうでない場合は、事業を継続するとしても、一定の範囲の仕掛品を完成品にするためだけに短期間に限ったほうが破産財団の増殖に寄与することが多いと思われる。

　なお、改正民法施行後は、以上の対応に加えて、従前の取引先に報酬の一部を請求するという選択肢も検討が必要となる。

　改正民法634条は、注文者の責めに帰することができない事由によって仕事を完成することができなくなった場合や、請負が仕事の完成前に解除された場合であっても、請負人がすでにした仕事の結果のうち可分な部分の給付によって注文者が利益を受けるときは、その部分を仕事の完成とみなすものとし、請負人は、注文者が受ける利益の割合に応じて報酬を請求することができるものした。

　このような請求ができるのは、請負契約や請負契約に近い性質の製作物供給契約に基づいて仕掛品を製造中だった場合に限られるが、請負人が破産して仕事の完成が不能になった場合等請負人の責めに帰すべき事由による場合もこの報酬請求権は認められるため[注9]、破産管財人が、仕掛品を引き渡して報酬の一部を請求することも考えられ、仕掛品を完成させたほうがよいか、報酬の一部請求を行ったほうがよいか、慎重な検討が必要になろう。

4　製造設備の換価

　機械装置等の製造設備を第三者に個別に売却して換価する場合、破産会社が所有権を有しているか、リース契約の対象となっていないか、譲渡担保権・動産売買の先取特権等の担保権の対象となっていないか、工場抵当法に基づく抵当権の効力が及んでいないか等を確認した上で、中古機械の販売業者等から複数の見積もりをとって最高価格申出人に売却するのが原則となる。

（注9）　一問一答民法338頁。

機械装置等が工場財団を組成している場合および工場抵当法3条に基づく目録に記載されている場合は、工場に設定された抵当権の効力が及んでおり、対抗要件も具備していることになるため、抵当権者の同意なしに売却することはできない。他方、単に工場抵当法2条により抵当権の効力が及んでいるにすぎない場合については、対抗要件が具備されておらず、担保権者は破産管財人に抵当権の効力を対抗できないため（最判平成6・7・14民集48巻5号1126頁）、処分の支障にはならない[注10]。

なお、機械装置等の製造設備を個別に売却する場合には、運送費用、買受人による設置費用等のコストが発生し、結果的に廉価となる場合があることから、可能であれば、工場と一体として売却するほうが高額での売却が実現する可能性が高い。この点は、事業譲渡に関連して後述する。

5　売掛金の回収

メーカーにおける売掛金の回収は、従前の取引条件に留意して行う必要がある。とくに、製造装置等については、単に引き渡したのみでは代金を請求できず、調整を行った上で検収を受けることが必要とされる場合があり、検収未了を理由に売掛金の支払を拒絶されることがある。また、製品に瑕疵がある、将来の瑕疵に備える必要がある、今後のメンテナンスが期待できない等と主張して、支払を拒む売掛先も多い。このような場合、従業員の協力を得て売掛先の主張が正当なものか否かを判断し、正当なものであれば検収に向けた作業等を行ったり、代替製品を提供するなどして対応した上で売掛金を支払わせ、不当なものであれば訴訟提起も視野に入れた毅然とした態度で回収活動を行う必要がある。訴訟提起には、必要な証拠資料の収集と従業員の協力が必要不可欠であることから、資料の散逸を防止し、必要な従業員の協力を確保するための措置を講じておく必要があろう。売掛金の回収については、**第3章第4節**も参照されたい。

なお、改正民法施行前も基本的には同じであるが、特に施行後は、売掛金

（注10）　工場抵当に関する詳細については、「倒産と担保・保証」実務研究会編『倒産と担保・保証』（商事法務、2014）298頁［上野保］。また、競売手続中の工場建物内の機械の処分については、破産実務Q&A 200問141頁［山宮慎一郎］。

の回収に際して追加の作業や代替品の提供を行う場合、売買契約を双方未履行双務契約として履行選択した旨後日主張されないよう留意が必要となる。

なぜなら、破産管財人が、既存の売買契約を履行選択すると、売買契約上の義務を財団債権として負担することになるところ、売買契約に関する改正民法562条ないし564条に、特定物か不特定物かを区別することなく、①修補や代替物引渡しなどの履行の追完の請求、②損害賠償請求、③契約の解除、④代金減額請求ができることが明記されたことから(注11)、破産管財人は履行選択に伴い、これらの義務を負担することになるからである。

6 工場の売却

(1) 工場の売却先の探索

メーカーの工場の売却は、居住用マンション等の通常の不動産売却とは比較にならないほど難易度が高い。

まず、工場として売却しようとしても、地域によってはまったく需要がない場合もある。また、土壌汚染が問題となる場合も多く(注12)、設備の老朽化が進み多額の追加投資が必要な場合もある。

そもそも、新たに工場を設置することを検討する企業には、国内か海外か、国内としてもどの地域か、更地を買って新たに建設するか・既存の工場を買い取るか、買い取るとしても工場を閉鎖した他の企業から買うか・破産管財人から買うか・競売で落札するか等さまざまな選択肢がある。また、購入後も機械の購入・設置等相当額の投資が必要になるため、瑕疵担保責任を追及できない等リスクが高い破産管財人からの購入を決断する可能性は高くない。

そのため、メーカーの工場を売却するに際しては、実績がある不動産仲介業者等の協力を得て、立地・規模・設備の状況等を踏まえ、住宅地、資材置場、倉庫、駐車場等としての売却などさまざまな可能性を視野に入れ、工場

(注11) 一問一答民法275頁。
(注12) 土壌汚染に関しては、破産実務Q&A 200問116頁[長島]。

の所在地の地方公共団体も含めて広く買受人を探す必要がある。

(2) 工場売却時に生じる問題点

　工場が工場団地内にある場合、工場団地の企業が、中小企業等協同組合法に基づく事業協同組合を設立し、その定款または規約の中で、組合員が団地内において所有する土地、建物または構築物を譲渡しまたは貸し付けようとするときは組合の承諾を得なければならない旨定めていることがある。このような定款ないし規約の規定に破産管財人が拘束されるかどうかについては議論の余地があるが(注13)、いずれにせよ工場の売却先が組合に加入する場合には組合の同意が必要とされているなど（同法15条および17条）、組合の同意なしに売却を進めることは事実上難しく、また逆に、組合も売却先の紹介に協力してくれる場合もあるため、早期に組合と協議を開始することが望まれる。

　また、組合が商工組合中央金庫等から融資を受けて、破産したメーカーに転貸している場合もある。この場合、交渉が難航することもあるため、早期の権利関係の確認と調整が必要になる(注14)。

　加えて、工場を設置するに際して補助金を受けていた場合、補助金の返還の要否、その破産手続上の取扱いについて留意が必要となる。例えば、地方

(注13)　中小企業等協同組合法19条1項2号によれば、組合員の解散が組合からの法定脱退事由とされており、この解散には、破産による解散も含まれると解されている（全国中小企業団体中央会編『〔第2次改訂版〕中小企業等協同組合法逐条解説』〔第一法規、2016〕122頁）。そうだとすれば、定款ないし規約により、組合の資産譲渡に組合の承諾が必要とされていても、破産によりすでに組合員でなくなっている以上、破産管財人に当該規定の効力は及ばないと考えることができる。脱退後も効力が及ぶという規定がある場合であっても、個別執行手続である強制競売の場合に当該規定の効力が及ばないとすれば、包括執行手続である破産手続においても当該規定の効力は破産管財人に及ばないと解することも、論理的に不可能でないものと考えられる。

(注14)　組合の転貸先が破綻した場合、組合としては、転貸先からの債権回収が困難となる一方で、商工組合中央金庫には全額の返済義務を負うので、財務内容が毀損することになる。中小企業等協同組合法に基づく事業協同組合の組合員の責任は、出資額を限度としており（同法10条5項）、他の組合員が組合の商工組合中央金庫に対する債務を直接負担することにまではならないが、組合の財務内容悪化への対応、転貸に関する責任問題等を巡って議論が紛糾し、組合における意思決定が難航することもある。加えて、商工組合中央金庫が組合に融資するに際して、転貸先の会社のみならず、組合の理事等の連帯保証を受けていることもあり、この場合、さらに問題が深刻化することになる。

自治体から補助金交付要項に基づいて補助金を受けており、当該要項の中で、①財産処分の制限に関する定めに違反して譲渡を行った場合、②工場等を事業のために使用せず、他の用途に供した場合、③工場等の事業を休止しまたは廃止した場合等について、すでに交付した補助金の全部または一部を返還させることができる旨の定めが設けられているといったケースがある。このような場合、補助金の返還を求められるおそれがあるが、必ず返還を求められるわけでもない。例えば、補助金の目的が雇用確保である場合、工場の土地建物の譲渡先が、従業員を確保して工場としての利用を続けるのであれば、補助金の目的は阻害されていないため、返還を求められないこともある。破産管財人としては、どのような根拠に基づいて補助金の交付を受けており、財産処分の制限や補助金の返還に関してどのような制約があるかを確認した上で、補助金を交付した地方自治体と協議するのが望ましい。

仮に、補助金の返還を求められた場合、この返還請求権が、破産手続上、どのような取扱いになるかが問題となる。この点、補助金等に係る予算の執行の適正化に関する法律の適用がある国の交付する補助金については、同法21条に「各省各庁の長が返還を命じた補助金等又はこれに係る加算金若しくは延滞金は、国税滞納処分の例により、徴収することができる」旨の定め（1項）および「前項の補助金等又は加算金若しくは延滞金の先取特権の順位は、国税及び地方税に次ぐものとする」旨の定め（2項）が設けられているため、租税等の請求権（破97条4号）に該当し、財団債権に該当する可能性もある[注15]。一方で、地方自治体の補助金については、このような定めはないため、破産債権となるのが原則と考えられる。

逆に、買受人が工場の購入について地方自治体から補助金を受けられる場合もある。工場の売却にとって極めて有利な事情であることから、破産管財

（注15） 財団債権とした裁判例として、工場に関するものではないが、名古屋高判平成5・2・23判タ859号260頁参照。これは、補助金の交付を受けて園舎を改築し、本来必要な承認を受けずに、これに担保権を設定した後、破産した事案について、交付決定の取消しおよび補助金等の返還命令が破産宣告後であっても、その債権発生の基本となる法律関係が破産宣告前に生じていればよく、補助金等返還請求権は財団債権となるものとしたものである。補助金返還請求権の基本となる法律関係の生じた時期も問題となるため、具体的事案に応じた慎重な判断が必要となろう。

人としてはこの点についても調査を行うことが望ましい。

さらに、最終的に売却ができない場合、破産財団から放棄をせざるを得ない場合もあるが、土壌汚染の可能性があるような場合、その対応をした上で放棄をすべき場合もある点にも留意が必要である[注16]。

7 海外子会社・海外工場の処理

昨今のメーカーにおいては、海外に子会社を設けて工場を操業させたり、海外における販売を担当させていることが多く、海外資産の処分や海外子会社の処理が問題となることが多い。このような場合、現地にいる従業員から事情を聴取し、必要に応じて現地も視察した上で、現地のアドバイザーも利用しつつ、売却・清算等の処理を進めていく必要がある。海外資産の処理については、**第6章**も参照されたい。

Ⅲ 従業員との関係

1 従業員の協力の必要性

一定規模以上のメーカーの破産管財業務を行うに当たっては、仕掛品を完成させるなど生産を維持する場合はもちろん、そうでない場合も、①製品・原材料等の把握（棚卸し）・管理・販売・出荷、②売掛先からの反論の適否の判断、必要に応じた対応、③工場等の管理、④（多数の従業員を雇用する場合）社会保険・人事関連の対応、⑤税務申告のための経理処理等さまざまな作業が必要となる。これらすべてを破産管財人団を構成する弁護士が行うことは現実的ではないし、そもそも在庫製品の管理等従業員の協力がなければ対応が難しい作業もある。

そのため、破産したメーカーの元従業員を補助者として雇用する必要性は高い。

(注16) 破産管財の手引166頁。

2 従業員の労働環境の整備

従業員を補助者として雇用する場合、執務場所の確保、電気・ガス・水道等の確保、ITシステム・経理システム・在庫管理システム等の継続利用の確保等が必要となる。

また、多数の従業員の雇用を相当期間継続する場合、健康保険、厚生年金、雇用保険等の適用において、補助者としての雇用に応じることで不利益が生じないように関係各行政機関と調整する必要もある。

加えて、給料等の資金も必要になるため、資金繰りの精査も必要となる。

さらに、労働組合がある場合は労働組合の協力を得る必要もあるし、従業員の士気を維持するため、管財人団が事業所・工場に常駐したり、頻繁に訪れることも必要となってくる。

3 従業員の十分な協力を確保するための留意点

破産したメーカーの元従業員からすれば、破産管財人から求められて、補助者としての雇用に応じたとしても、永久にそれが続くものではなく、不安定な地位に置かれることになる。そこで、再就職の可能性が乏しい者を除けば、転職先を探すことになり、転職先が見つかれば、辞めていくことになる。逆に、再就職の可能性が乏しい者にとっては、破産手続が長期化したほうが望ましい場合もあり、早期に破産管財業務を終わらせるインセンティブが失われて、破産手続の長期化につながることもある。

そのため、従業員の雇用を継続する際には、売掛金の回収、在庫製品の売却等の項目ごとに破産管財業務遂行に要する期間や必要な従業員数等を検討し、従業員に対しても補助者としての雇用期間や作業の目標の目処を計画として示していくことが必要となる。

Ⅳ 事業譲渡による換価

以上のとおり、主に個別資産を処分していくことを前提に、メーカーの破産管財業務について説明をしたが、工場、製造設備、仕掛品、原材料、海外子会社等を一括して、第三者に売却することができれば、機械の撤去費用・

運送費用等に伴う減価や仕掛品の処理等換価上の多くの問題を避けることができ、工場の売却も容易になる。また、譲渡先が従業員を再雇用する可能性もあるため、従業員の協力も得やすい。

仮に、全体を一括して引き受ける譲渡先がいなくても、事業部門ごと、工場ごと、あるいはメンテナンス業務のみといった一部分のみであっても、一括売却することによるメリットが得られることは多い。

そのため、メーカーの破産管財人としては、可能性があるのであれば、事業譲渡ないし（事業継続をしていない場合）資産の一括売却による資産換価を目標に処理を検討すべきと考えられる(注17)。なお、事業を継続した上で事業譲渡を行うにしても、破産手続の中では信用面等一定の限界もあるため、事業譲渡の可能性が高いような場合、再生手続へ移行することも1つの方策になろう(注18)。

おわりに

メーカーといっても、規模、業種、製造している製品の種類・性質、主な販売先・仕入先、事業継続中か事業停止後長期間が経過しているか等によって、適切な換価方法は変わってくる。そこで、メーカーの破産管財人に就任することになった場合、これらの状況を速やかに確認し、これらの状況を踏まえて、早期に方針を決定する必要がある。

そして、事業を継続したり、事業譲渡を行う場合はもちろん、通常の資産売却を行う場合であっても、多数の従業員の協力を得て行う必要があるため、破産管財人が、破産管財業務の処理計画を立てて従業員への指揮命令を行い、資金繰りを精査し、労務関係の処理を行い、従業員の士気を維持して破産管財業務を遂行させるなど、企業の経営者に近い役割を求められることになる。

（南賢一・金山伸宏）

(注17) このような破産手続の中での事業譲渡については、**第7章**参照。
(注18) 内藤修「『破産後民事再生』の事例検証──プラスチックメーカー和田工業の事例を中心に」NBL 1027号（2014）7頁参照。

第3節 流通業

I 総論

　流通業者とは、商品の流通に関わっている者のうち生産者を除く業者であり、卸売業者や小売業者などの流通経路における取引主体を指す。広義では、運送や包装など商品そのものの移転に関与する業者を含め、狭義ではこのうち小売業者（百貨店、スーパー、ホームセンターなど）のみを指す。ここでは、狭義の流通業者である小売業者が破産手続開始決定を受けた場合の換価業務について取り上げる。

　小売業者が破産した場合の特徴は、店頭およびバックヤード、倉庫に販売用の商品在庫が多数残存しているところであり、破産管財人としては、これらの商品在庫の換価を進めることとなる。

　破産管財人が商品在庫の換価を行う目的は、①破産財団の売却による破産財団の確保（＝配当財源の確保）と、②破産会社の事業の清算の側面としての商品在庫の処分である[注1]。

　なお、商品在庫の換価の過程で、取戻権・別除権を主張する者との間で、商品在庫の処分権限・方法等をめぐり協議の必要性が生じたり、場合によっては対立が発生することも多いことも流通業の換価業務の特徴である。

II 主として法的観点から破産管財人が留意すべき事項

1 売却の適法性に関する事項（破産管財人の処分権限）

(1) 所有権が破産者にあること

　破産管財人が商品在庫を換価・処分する場合、当該物品が破産財団（破34条1項）に属していることが大前提となる。

(注1)　破産者が賃借中の物件で商品在庫を保管している場合、早期に換価・処分しないと保管費用が増加し、破産財団を減少させてしまう。

ところが、破産者の占有下にある商品在庫の所有者の確定には困難が生じることも多い。商品在庫の劣化を防ぎ、売却のタイミングを逃したくない破産管財人としては、可能な限り速やかに売却対象物品の所有権の帰属を把握・確認する必要がある。

書籍・衣料品などは、委託販売契約あるいは消化仕入契約に基づき小売店の店頭に在庫が揃えられていることが多い。これらの契約では、店頭で顧客に販売された時点で、初めて、卸売業者との仕入契約が成立する旨の取引となっているのが通常である。この場合、そもそも店頭に置かれている時点では、商品在庫の所有権はいまだ小売店に移転していないから、小売店につき破産手続が開始しても、これらの商品在庫は破産財団を構成しない。そこで、破産管財人としては、速やかに元経営者や従業員・取引の相手方からの聴き取りや契約書の精査により、商品在庫が破産財団を構成するか否かの調査をすべきである。

(2) 担保権者との関係

在庫商品に担保権が設定されている場合、破産管財人は担保権の受戻しを受けてからでないと、当該在庫商品を売却することはできない。

在庫商品を対象とする主な担保設定は、所有権留保と譲渡担保である。

所有権留保は、売主が代金債権の担保のため、代金完済を停止条件に買主に目的物の所有権を移転するものである。買主につき破産手続が開始されたときの留保売主の権利として、留保所有権を理由として取戻権（破62条）を認める考えもあるが、近時の学説は、買主が条件付所有権という物的支配権を目的物について取得している以上、留保所有権は本来の意味での所有権ではないことを理由として代金債権を担保する目的の担保権の一種であるという理解で一致している。この理解によれば、留保所有権は別除権とみなされる（破2条9項類推）(注2)。判例上も、札幌高決昭和61・3・26（判タ601号74頁）、大阪地判昭和54・10・30（判時957号103頁。ただし会社更生）がこの法理によっているほか、最判平成22・6・4（民集64巻4号1107頁）および東京地判平成22・9・8（判タ1350号246頁）は、いずれも民事再生の事案であるが、留

(注2) 伊藤・破産法民事再生法484頁。

保所有権について再生手続上別除権であることを前提に、同手続上の権利行使には対抗要件の具備が必要であることを判示している。また、倒産の事案ではないが最判平成21・3・10（民集63巻3号385頁）も留保所有権の権利は担保権であるとの法理を示している。したがって、判例上も、留保所有権については、取戻権ではなく別除権であるとの理解が確立されているところである。もっとも、売主は、担保権実行として、約定に従い売買契約を解除し、あるいは解除せずに、破産管財人に対し、対象商品につき引渡しを求めることができ、破産管財人はこれに服さざるを得ない。ただし、留保所有権者に対し、破産管財人が目的物の受戻し（破78条2項14号）をしたり、留保所有権者に対し処分すべき期間の指定を求め得る（破185条）など、目的物の換価への介入をなし得るほか、担保権消滅許可（破186条以下）も認め得るので、取戻権との相違は小さくない。

　このように、留保所有権につき別除権と理解した場合、その行使に当たっては対抗要件の具備が必要であると解される（前掲・最判平成22・6・4）。そして、動産の場合、対抗要件は引渡し（民178条）であるところ、通説・判例によれば引渡しは占有改定でも足りるとされている。そこで、買主が留保所有権者のために占有する意思表示をすると、その時点で占有改定が成立し、留保所有権者が対抗要件を具備することとなる。しかし、それでは公示が不十分であるとして、留保所有権者が別除権を破産管財人に行使するためには公示機能をもつ対抗要件として明認方法を要求する説も有力である[注3]。また、顧客への販売を前提として仕入れた商品につき、たとえ売主との契約上、占有改定により占有を買主に移転する旨の定めがあったとしても、その定めを根拠に自動的に占有改定による引渡しが認定されるわけではない[注4]。

（注3）　伊藤・破産法民事再生法496頁は集合動産譲渡担保につき、別除権の主張には対抗要件の具備を必要とする旨述べるが、それは同じく別除権である所有権留保にも当てはまると考えられる。

（注4）　前掲・東京地判平成22・9・8は、対抗要件は占有改定で足りるとの法理は維持しつつ、売主は占有改定を受けていないとして、対抗要件の具備を認めなかった判例である。同裁判例の上級審たる東京高判平成23・6・7公刊物未登載についての分析として「倒産と担保・保証」実務研究会編『倒産と担保・保証』（商事法務、2014）578頁［遠藤元一］。

なお、破産手続開始決定に接し、所有権留保の特約があったとか、業界の商慣習上所有権が留保されているなどと言って、破産管財人に自分が納めた商品の売却の停止や返品を求める商品卸売債権者が稀にいるが、これを安易に認めると、破産財団を毀損し、他の債権者の犠牲において商品卸売債権者の利益を守ることになりかねない。債権者平等の観点からも厳正に対応したい。

商品在庫については、買主が包括的に集合動産譲渡担保の設定をしていることもある。

在庫商品のごとくその構成部分が随時変動する集合物も、種類・所在場所および量的範囲を特定するなどの方法により特定がされれば譲渡担保権設定契約として有効に成立する（最判昭和54・2・15民集33巻1号51頁）。譲渡担保権者が破産手続において譲渡担保権を主張するためには対抗要件の具備が求められる。ここでも占有改定で足りるのが通説であるが、公示機能をもつ明認方法を要求する見解もある。もっとも、近時は動産及び債権の譲渡の対抗要件に関する民法の特例等に関する法律による動産譲渡担保が利用されることが多いので、対抗要件の具備が問題となる事案は所有権留保と比べると少ないと思われる。ところで、実務上、集合動産譲渡担保は、動産売買先取特権と衝突する場面が多い。同一動産につき、当該商品の売主と、担保設定を受けた金融機関の双方が担保権を主張する場合が代表例である。この点最判昭和62・11・10（民集41巻8号1559頁）は、動産売買先取特権は、目的物である動産が第三者に引渡しをされた場合はもはや行使し得ないところ（民333条）、買主がその債権者との間で集合動産譲渡担保権設定契約を締結し、占有改定により当該動産の占有を債権に移転したことによって動産売買先取特権は消滅することを理由に、譲渡担保権者のみが担保権者となるとする。複数の担保権者の利害が衝突する場面だけに、かかる場面に直面した破産管財人としては、慎重に各担保権者の担保の有効性、対抗力具備の有無・優劣を精査することが必要である。

担保の設定が確認された場合は当然のことながら、担保の設定がうかがわれる場合であっても、破産管財人は担保につき合理的な確認をせずに、漫然と商品在庫の売却をすることはできない。不動産の担保設定と異なり、商品

在庫に対する担保設定については、破産者にその認識が薄い場合もあるので、債権者に対する問合せも不可避である。破産者との間で締結した契約書面があれば、それを提出させた上、担保権設定条項の有無および内容（特定性など）を確認することが考えられる。その有効性が認められないのであれば、毅然として権利主張者に対応すべきである。担保権設定の有効性を認め得る場合、破産管財人としては、担保権者に対し速やかに、担保の実行をなすか、破産管財人との協働による任意売却を実施するかを求めることとなる。商品在庫の内容・質にもよるが、既存の店舗設備を利用して商品を売却することが有利な場合、破産管財人と担保権者で経費の負担割合、売上金の取得割合を取り決めた上、閉店セールを実施することも可能である。メーカーが担保権者である場合は、ブランドの価値低下を嫌い、閉店セールに積極的となることはまずないが、担保権者が問屋の場合、一旦出荷した商品を回収し、他に出荷することは現実には困難であるとして、破産管財人と協働して売却を目指すことも多い。

(3) 動産売買の先取特権者との関係

小売業者が抱える商品の多くは、動産売買の先取特権(民311条5号・321条)の対象となる。動産売買の先取特権は特別の先取特権であるから、破産手続では別除権として扱われる（破2条9項）。

動産売買先取特権は、目的動産が買主から第三者に引き渡されたときは、追及効が及ばなくなるが（民333条）、破産管財人は、その第三取得者に該当しないと解するのが通説である[注5]。

動産売買先取特権の行使に当たっては、平成15年民事執行法の改正前は債務者による目的動産の執行官への提出、または、動産の占有者が差押えを承諾したことを証明する文書を提出する必要があった（平成15改正前民執90条）が、改正後は動産売買先取特権者が担保権証明文書を提出することにより、執行裁判所が動産競売開始許可決定をし、これに基づき執行官が動産競売をすることができることとなった（民執190条1項3号・2項）。このため、破産手続開始後も、動産売買先取特権者により、破産管財人を相手とする動産競

(注5) 条解破産法506頁、伊藤・破産法民事再生法480頁。

売の申立てが比較的容易となった。

　もっとも、動産売買先取特権の目的動産についても、実際に権利の行使がされるまでは、破産財団に完全な所有権が帰属しているので、破産管財人が自由に売却できる。この点、大阪地判昭和61・5・16（判時1210号97頁）は、動産売買の買主が破産した事案であるが、売買の目的物（動産売買先取特権の目的動産）を破産管財人が売却し、売主が有していた動産売買先取特権を消滅させた行為につき、動産売買の先取特権者は、当該売買契約の買主に対して目的物の引渡しを求めたり、買主に対してその任意処分を禁止したりする権利はないとし、さらに、破産管財人は、前記主張の段階で、当該商品に対する差押えを承諾すべき義務もないとして、破産管財人の売却処分を通常の業務執行の範囲内の適法行為と認めて不法行為の成立を否定した。

　平成15年民事執行法の改正後は、動産売買先取特権者が破産管財人に差押えの承諾を求めることはなくなったと思われるが、動産競売の申立てを想定して、または、そこまでは想定せずとも、動産の売主から動産売買先取特権の対象物品につき処分をしないよう求める旨の通知がなされることがある。しかし、上記民事執行法の改正後も、破産財団に属する動産の換価が破産管財人の職務である点や動産売買先取特権者が目的動産についての処分を制限または禁止する権限をもっているものでない点は不変であるので、破産管財人が動産売買先取特権者の要請に従って動産の売却を中止する義務があるとは解されない。民事執行法の改正により動産売買先取特権の行使が容易になったとはいえ、担保権の証明や目的動産の特定など実際の差押え実現までには困難も多く、動産売買先取特権者への配慮を重視しすぎると商品の迅速な換価が損なわれるおそれがあること、差押えがされるまでは動産の処分権限を破産管財人が有することが理由である[注6]。ただし、動産売買先取特権者が、執行裁判所において動産競売開始許可決定を得た場合には、たとえその送達が未了であり、差押えの効力が生じていない段階でも、破産管財人が先取特権の実行をすることは避けるべきとの見解[注7]や、執行官が差押え

（注6）　平成15年民事執行法改正前の事案で、破産管財人の不法行為責任を否定した裁判例として東京地判平成3・2・13判時1407号83頁。
（注7）　条解破産法665頁。

に着手することとなった場合に破産管財人が意図的にその執行を妨害すべく目的動産を移動させるような場合は不法行為が成立するという見解がある[注8]。後者のような執行妨害を図ったと評価されるような場合は、不法行為責任の発生は避けられないように思われるが、これは動産売買先取特権固有の問題ではなく、破産財団に対する利害関係人の正当な権利をことさらに妨害した場合の破産管財人の責任の一端とも考えられる。

なお、目的動産を第三者に売却する場合、その代金債権につき、動産売買先取特権による差押えがされる可能性もあるので、破産管財人としては商品の引渡しと同時に代金を受領するなどして、差押えがなされる余地を消滅させておくことが破産財団の増殖という観点からは必要である。また、動産売買先取特権の行使が確実と見込まれる場合は、当該動産売買先取特権者との間であらかじめ合意（和解）の成立を目指し、当該動産の売却を破産管財人がなす代わりにその対価を破産財団と動産売買先取特権者で分配する取決めをし、両者の利益を一致させた上で、売却を進める方法が有効である。また、かかる取決めをした場合に見込まれる破産財団の分配をもって買戻代金と定め、売主たる動産売買先取特権者との間で目的動産の買戻契約をするという方法もあり得る。

2 売却に当たり法令上の制約がある場合

酒は小売りに当たり、免許が必要である（酒税9条）。流通業者が酒の販売のために有している免許は、一般酒類販売免許であるのが通常である。この免許により店舗における消費者への小売りおよび料飲店営業者または菓子等製造業者に対して酒類を継続的な販売（小売り）をすることができる[注9]。破産者が小売販売の免許により酒の販売をしていたときで、その免許が取り消されていなければ、当該破産者が法人の場合、破産管財人はその免許によ

（注8）　小林信明「動産売買と買主の倒産手続」ジュリ1443号（2012）61頁。
（注9）　酒類小売業免許には、他に通信販売酒類小売業免許と特殊酒類小売業免許がある。また、酒類販売業者または酒類製造者に対して酒類を継続的に販売（卸売）するためには、酒類小売業酒免許ではなく酒類卸売業免許が必要となる（平成11年6月25日国税庁通達「酒税法及び酒類行政関係法令等解釈通達の制定について（法令解釈通達）」）。

り酒の小売りをすることは可能である。ただし、免許は販売場ごとなので販売行為をする場所に注意を要するほか、卸売販売には別の免許が必要となるので、在庫商品たる酒を他の小売業者に転売することはできない。破産管財人としては、消費者への小売りまたは料飲店営業者等への販売、もしくは納入した卸売業者への引取依頼が選択肢となる。なお、破産者が個人の事業者である場合は、破産管財人がその破産者の酒類販売免許によって酒の販売をすることはできない。

たばこは、販売に当たり財務大臣の許可が必要である（たばこ事22条）。ここでも破産管財人が在庫処分として非継続的に在庫商品としてのたばこを販売することは禁止されていないと解されるが、たばこは小売価格が公定されているので（たばこ事36条）、破産管財人でも廉価販売はなし得ない[注10]。

これに対し、薬剤・薬品などは、資格を有する管理者の設置を要するので、当該管理者の継続的関与なく、破産管財人が一般に小売りすることはできないというべきである（薬事法による薬剤師・登録販売業者の各資格）。取扱商品につき、法令上の許可や届出が必要とされる場合や資格を有する者の関与を必要とする場合は、状況に応じて所轄の役所に相談し、指導を受けるのを厭わないよう努めるべきである。

3 商標権等に係る契約による制約

破産者が商品につき商標権を有する権利者からライセンス契約により販売の許諾を受けて商品を販売している場合、破産手続開始決定により、販売や営業の根拠となる契約が終了することとなる場合が多い。ライセンス契約の終了により、在庫商品があっても、破産者には販売（頒布）の権利が消滅しているので、破産管財人はその商品の販売をすることはできない。権利者の了解を得ずに小売りや転売をすると、商標権侵害行為となる可能性があることに注意しなければならない。かかる場合は、破産管財人としては権利者に対し、その商品の買取交渉をすることとなる。

(注10) 酒類・たばこの販売時の注意点については、破産実務 Q&A 200問139頁［竹下育男］。

4　裁判所の許可取得の工夫

　動産の売却は、破産裁判所の許可を得て行う（破78条2項4号または7号）。ただし、在庫品一掃セールなどの場合、個別の売却に許可をとることは現実的でないので、あらかじめ裁判所から包括的な許可を得ておくとよい。

　なお、商品の小売りをする場合、売却対象物品ごとの価額が100万円以下の場合、許可は不要であるが（破78条3項1号、破規25条）、在庫一掃セールは、商品の一括売却にも似た側面があるので、包括的な許可を得ることが望ましいであろう。この場合、破産管財人としては、裁判所への早めの相談を心がけ、許可申請や添付資料のドラフトをあらかじめ提出し、裁判所に検討の余裕を与えることが望ましい。

Ⅲ　売却業務に伴い留意すべき諸事項

1　買戻依頼・返品要求

　在庫商品を一括して仕入元に引取（買戻）依頼をする場合は、一般的な破産管財人の資産処分と異ならない。もし、仕入元が、原価で買戻しをしてくれれば、破産管財人としては上出来ということが多いであろう。仕入元から返品要求を受ける場合も多いが、実は納品の取消し（代金との相殺）を求めることが多いので、確認が必要である。値段については交渉の余地があるが、返品により既発生の売掛債権を消滅させるのは、破産法が禁止している代物弁済にほかならない。

2　買取業者への売却

　商品を買取業者に売却する場合もあるが、得てして極めて低廉な価格となることが多いので、最後の手段と考えたい。もっともこの方法だと、多数の在庫を短期かつ一括して処分することができるので、個別の売却では換価完了の見込みが立たないとき、処分に費用を要することが見込まれるときなどは検討の余地がある。

3 処分セール

　流通業者が従前有していた店舗設備を利用して、破産管財人主催による処分セールを実施することも、在庫商品の換価として有効である。
　従前の破産者の営業を破産者に代わって破産管財人が実施するのとは異なるため、営業の継続には当たらず、その旨の裁判所の許可取得は不要である。ただし、裁判所に対しては、売却に係る許可を得るほか、あらかじめなす関係者との合意、要する費用の見積りなどにつき裁判所に説明をしておくことが望ましい。

4 金券・割引券・クーポン券

　破産者が、各種サービス券を発行していた場合[注11]や、買い物実績に応じてポイント付与をしているケース[注12]も多い。これらの制度における顧客の権利については、約款および利用実態に鑑み、利用者が発行会社（破産者）に対し、換金性またはそれに準じる経済的価値を有するサービスの具体的提供を求め得ると把握できる場合は、利用者に法的な権利性の保有を認め得る余地が大きい[注13]。仮に権利性を認め得る場合でも、倒産手続開始決定前に発生した権利[注14]については倒産債権となるが、これが事業の継続を前提とする再建型倒産手続の場合であると、顧客の信用維持、ひいては事業

（注11）　○％引きといった割引券や○○円券という現金の支払に代えて商品の購入代金に充てることができる券がある。なお、無料で交付されたもののほか、プリペイドカードが発行されている場合もある。
（注12）　買い物の額に応じてポイントが積み立てられ、そのポイントが一定の額に達すると、景品と交換できたり、あるいは単位ポイント当たり一定の額の買い物の支払に充てられるという仕組みのものもある。
（注13）　金澤秀樹「会員契約（役務提供型契約・ポイント契約）をめぐる現状と課題」「現代型契約と倒産法」実務研究会編『現代型契約と倒産法』（商事法務、2015）49頁以下が主として再生手続における扱いに詳しく、かつ、実例を紹介している。
（注14）　破産者が商品券を発行していた場合、その商品券保有者は破産債権者となるが、破産者が資金決済法の規定に従った発行保証金の法務局への供託を履践していれば、商品券保有者は破産手続への参加とは別に、資金決済法上の発行保証金への還付手続を利用して払戻しを受け得る可能性がある。同手続の具体的内容、破産手続との関係、破産管財人の役割等実務上の諸問題については、早川学「食品スーパーの破産における商品券の処理、財産処分等」事業再生と債権管理157号（2017）30頁の報告が貴重である。

価値の維持という観点もあり、従前同様の使用を実現する法的構成の検討が必要となることも多い[注15]。これに対し、破産手続の場合、事業を継続することはむしろ例外であるし、事業を継続して商品の販売をする場合でも、破産者の事業価値の維持が重要であるのではなく、在庫商品の換価や破産財団の確保が主な目的である。そこで、破産債権たる金券・ポイント保持者等の権利に配慮する必要はないし、むしろそこで金券・ポイント等の使用を認めると、破産債権の弁済をなすことと同一の効果を生じさせるので妥当でない。

また、処分セール実施に当たっては、すでにポイントを積み立てている利用者からポイント等の利用による決済を求められることもあると思われるが、処分セールの主体は破産者ではなく破産管財人であることの告知を徹底するなどして、トラブルを防ぐべきである。

Ⅳ　その他の留意事項

1　(元)従業員の協力確保

在庫処分セールを実施する場合、(元)従業員を雇用できると、作業の効率化を図ることができる。もっとも、パート従業員、アルバイト従業員などは早々に新たな職場を確保していることも多く、破産手続開始から時間が経過すると、在庫処分セールへの労働力の提供という形での協力は期待しにくい。

また、すでに破産者が解雇し、失業保険を受給している元従業員を雇用する場合、勤務時間が週20時間を超えるとその受給資格を失うことや、1日4時間を超える労働をすると当該就労日は失業保険の支給対象日でなくなることに注意する必要がある。なお、失業保険の受給を巡るトラブルの防止のため、当該労働者には破産管財人の補助として稼働していることやその内容・時間につきハローワークに申告することを指導する必要がある。

(注15)　再生手続においては、民事再生法85条5項後段の少額債権の弁済の許可により、ポイント等の利用の継続を図る方法が検討される（前掲（注13）記載の論文）。

2 財団債権の発生

セール実施に当たり、各種設備を使用することとなるが、それに伴い破産者が取り交わしていた各種双務契約につき破産管財人が履行を選択したものとみなされ、巨額の財団債権が発生する余地があることに注意が必要である。

3 破産者が有する顧客情報の利用

在庫処分セールを実施する場合、破産者が有する顧客情報を利用し、広く告知することが検討される場合がある。しかし、破産者が顧客から提供を受けた個人情報を、破産管財人が破産者から引き継いだ上、利用することには問題がある。

破産管財人は、そもそも個人情報の保護に関する法律2条3項所定の個人情報取扱事業者に該当しないとの理解もあるが、仮に破産管財人自身が同事業者に該当しないとしても、破産管財人が引き継いだ破産者の保有に係る個人情報は、破産者が事業の用に供していたものであるから、個人情報の有用性に配慮しつつ個人の権利利益を保護するという同法の趣旨（個人情報保護1条）に鑑み、破産管財人も破産者同様の慎重な取扱いをするのが原則と考えられる。個人情報提供者が破産者に対し、利用目的を販売活動一般というように広範囲に設定していたとしても、提供した個人情報がそのまま破産管財人に引き継がれ、破産管財人が在庫商品の換価業務に利用することまでは許諾していないという場合もあり得よう。

もっとも、破産債権者に対し、破産管財人が通知を送付することは許容されるので、破産者が運営する会員サービスに関し、破産管財人が会員に破産手続開始によるサービスの終了の通知をし、その際、合わせて在庫処分セールの実施等を告知することは許されよう。

（安部祐志）

第4節 IT系

I　IT企業の特色等

1　IT企業とは

　IT企業とは、IT（＝ Information Technology）あるいはICT（＝ Information and Communication Technology）と略称される、コンピュータを核とする情報通信技術に関連した事業を行う企業を広く指し、ITの急速かつ高度な発展と普及に伴い多種多様なビジネスが展開されているところである。その多種多様性ゆえ、これらを一括りで言い表すことは困難であるが、代表的なものとしては、通販サイトや情報サイトなど各種Webサイトの構築・運営から、ソーシャル・ネットワーキング・サービス（SNS）やクラウド・コンピューティング・サービスなどに至るまで、インターネットを活用してユーザーにさまざまな情報やサービスを提供するいわゆるネット系の企業や、ITの活用に必要なパソコンやサーバーなどのハードウェア、アプリケーション等のソフトウェアの製造・販売、ネットワークシステムの設計・導入など、いわばITそのものを商品またはサービスとして提供するメーカー系の企業などを挙げることができる[注1]。

　なお、市場が急拡大しているスマートフォン向けのゲームやアニメなどといったデジタルコンテンツを制作して配信する会社は、そうしたデジタルコンテンツ（その土台となるソフトウェア）の制作を行うという点でメーカー系の側面を有しつつも、主たる事業目的は、デジタルコンテンツをインターネット経由で一般ユーザーに配信して娯楽サービスを提供するという点にあ

(注1)　主な参考文献として、TMI総合法律事務所編『ITの法律相談』（青林書院、2004）、㈳電子情報技術産業協会ソリューションサービス事業委員会『ソフトウェア開発モデル契約の解説』（商事法務、2008）、寺本振透編集代表・西村あさひ法律事務所著『クラウド時代の法律実務』（商事法務、2011）、岡村久道編『クラウドコンピューティングの法律』（民事法研究会、2012）、TMI総合法律事務所編『ソフトウェア取引の法律相談』（青林書院、2013）、鈴木学ほか編『業界別事業再生事典』（金融財政事情研究会、2015）820頁以下など。

ることから、ネット系に属するといえる。

2 財産換価上の特色等

(1) 全体的な視点

　この点、IT企業のなかでも、後者のようなメーカー系の企業は製造・請負業等を営む一般の事業会社に類似する面も少なくないと思われるが、前者のようなネット系の企業では、IT企業としての特色がより顕著に現れる。すなわち、このようなネット系企業は、従来型の「モノ」を製造・販売するような一般の事業会社と異なり、工場や店舗などといった物的インフラを基本的にはもたず、いわゆる知的労働集約型産業で、インターネット上に展開されるITと一体化したビジネスモデルにさまざまな情報やコンテンツなどを付加したいわば実体のないもの（専門的知識と技術をもった人的資源を含む）によって企業価値の大半が構成されている。それゆえ、破産手続における財産換価の場面においても、個々の有形資産としてよりも、第1次的には、このようなITとビジネスモデル等が一体化した事業の総体を換価するという視点が重要になるものと解される（もちろん、一般の事業会社においても、解体的価値より事業としての一体的価値のほうが大きいことが通常といえるが、ネット系企業の場合、とくにその乖離が大きいということである）。なお、かかる視点はもう1つのメーカー系企業でも同様で、IT分野における技術革新の速さとそれに伴う継続的な開発およびメンテナンスの必要性等を考えると、技術開発を含めた事業の継続を見込めないメーカー系企業のIT関連製品やサービス等にはほとんど換価価値を見込めないといっても過言ではなく、その意味ではネット系企業と同様の側面があるといえよう。

　このように、IT企業の価値の根源は絶えず更新され得る技術とビジネスモデルにこそあるといえることから、破産手続における財産換価の場面でも、解体後の個々の財産よりも、まずは当該IT企業の技術等とそれらと一体化した事業の価値およびその換価可能性の有無を見極めることが重要となる（もちろん、経営に行き詰まったIT企業は、偶発的な原因による場合などを除き、すでにその技術やビジネスモデルが陳腐化しあるいはコモディティ化するなどして市業価値を失っていることが多いことも確かであり、このような場合は事業と

しての一体的換価は困難ということにならざるを得ないであろう）。

　また、IT企業では、個人や事業者を含め多数のユーザーを抱えているケースが多く、サービスや製品供給の突然の停止によりユーザーの社会生活や事業活動等に大きな支障が生じるおそれもある。したがって、事業価値の有無という観点とは別にそうした社会的な観点から、事業の急激な停止・解体等を回避すべき場合もあろうし、事業全体としての価値は認めがたくとも、特定の技術が込められたハードウェアやソフトウェア、あるいは多数のユーザーを得ている SNS やゲームなどのネット上サービス（個々のコンテンツやキャラクターなども含む）等については、何らかのかたちで事業を継続しつつ換価の対象としたほうがより有利な換価が可能になる場合もあろう。

　したがって、いずれにしても、IT企業の破産手続においては、まずは技術等を含む事業自体の価値や事業の業態・状況等に着目する姿勢が必要になると解される。

(2) **個別的視点**

　かたや、IT企業の事業を構成する個別財産に着目した場合、ハードウェア製品やゲームなどといった成果物自体のほか、当該企業が保有する技術やビジネスモデルについても特許権をはじめとする知的財産権が設定されていることが多い点[注2]や、事業に関連してユーザーの個人情報や営業秘密等を取得・保有していることが多い点などにも特色があり、破産手続における個別財産の換価においては、これらの取扱いに注意を要しよう。

　また、ソフトウェアの開発などとくにメーカー系企業の場合に当てはまるが、ユーザーからの請負代金等の回収においては、契約関係の法的判断に関わる問題（請負か準委任かなどといった契約類型の解釈[注3]、出来高に対する報酬請求の可否[注4]など）や、双方未履行双務契約の特則（破53条1項）に関連する問題（適用の可否、履行か解除かの判断など）も起こり得る[注5]。

（注2）　IT企業はいわば知的財産の集積といっても過言ではないと解されるが、IT企業が保有する知的財産もやはり事業と一体化してこそ価値を認め得るというケースが多いといえる。なお、例えば、ゲームは、音楽や動画、キャラクター等、いわば著作物の集合体であり、そうしたゲーム自体も「映画の著作物」（著作10条1項7号）として著作権が認められている。これら知的財産権の換価上の留意点等については、**→第5章第1節**。

以上の点を踏まえ、以下では、IT 企業の破産手続における換価上の問題として、とくに事業としての換価という視点と個人情報等の取扱いに係る問題の2点を取り上げて検討する。

II 換価上の問題点

1 事業としての一体的換価

(1) 破産手続における事業の換価

事業を換価する典型的な方法としては事業譲渡があり[注6]、破産手続においても、破産管財人は裁判所の許可を得て（破78条2項3号）、事業譲渡を行うことができる[注7]。

なお、破産管財人が事業譲渡を行う前提として、事業価値の維持という観点等から事業が継続されていることが望ましいことはいうまでもない。この点、破産者の財産等の清算を目的とする破産手続においても、事業の性質等から直ちに事業を廃止することが社会的に相当でないと認められる場合や多額の損害賠償義務が発生する場合、あるいは資産を含む事業を一体として換価しまたは事業を継続しながら在庫商品等を売却するほうがコストやリスクを考えても破産財団の増殖に資すると考えられる場合などには、破産管財人は裁判所の許可を得て（破36条）、事業を継続し得る[注8]。もっとも、事業の

(注3) 例えば、ソフトウェア開発契約では、それが請負か準委任かで報酬請求権の発生条件等が異なり得るのであり、破産管財人としては契約書の題名など形式面だけでなく、契約の内容および締結経緯、従前の支払経過などから実質的に判断することになる（田中俊次ほか「ソフトウェア開発関連訴訟の審理」判タ1340号〔2011〕8頁、司法研修所編『民事訴訟における事実認定——契約分野別研究（製作及び開発に関する契約）』〔法曹会、2014〕等参照）。
(注4) 出来高請求に関連する問題については、→**第3章第4節**。
(注5) もっとも、これらの点は、IT 企業特有の問題というわけではなく、一般の事業会社においても生じ得る問題であるといえる。
(注6) 破産手続における事業譲渡等の一般的な問題点については、→**第7章**。
(注7) 破産手続開始前に保全管理命令（破91条1項）が発令されている場合、保全管理人が裁判所の許可を得て事業譲渡を行うことができる（破93条1項・3項・78条3項3号）。
(注8) 破産・民事再生の実務〔破産編〕191頁以下。

継続には人件費等のコストがかかることから、あくまで事業のソフトランディング的な廃止・解体、他の事業体への承継など一定の目的達成までの暫定的なものであるべきであり、破産管財人としては、善管注意義務（破85条1項）に基づき速やかな判断と行動が求められる。

(2) IT企業の場合

前述したとおり、IT企業については、その価値および換価可能性等が認められる限り、技術とビジネスモデル等が一体化した事業自体を換価の対象とすることが望ましいし、事業譲渡の可能性がなくとも、社会的な要請等から事業を一定期間継続する必要がある場合も認められる。この点、とくにネット系企業においては、一般の事業会社と異なり、もともと多数ないし大規模な物的インフラや人員を抱えていることが少ないことから、破産手続開始後は、オペレーションに必要な最低限の人員だけを残すことで事業継続に要するコストを抑えられる可能性があり、また、メーカー系企業においても、事業の核となる技術開発やメンテナンス等に必要な人員だけを残して事業を維持するということも考えられる。もっとも、IT企業は知的労働集約型産業であり、事業価値の維持という点では、開発等を担う優秀な人材の確保が必須であり、いかにしてこのような人材に短期間だけでも残ってもらえるかも重要な課題といえる。

なお、IT企業の性質上、事業が停止されてもその核となるべき技術およびビジネスモデル等が直ちに解体されるわけではないともいえることから、事業停止からさほど時間が経過していない場合等には、部分的ではあっても事業としての譲渡を検討し得るであろう。

2　情報の取扱い

(1) IT企業が保有する情報

ITはまさに情報通信に関わる技術であり、これをビジネスとするIT企業、とくにネット系企業のビジネスモデルにおいては、多数のユーザーを獲得することが収益拡大の前提となっている。その分、ビジネスモデルの態様に応じて、多数の個人に関わる情報（氏名や生年月日等の基本情報だけでなく、位置情報、閲覧履歴、通信内容・履歴、アプリケーションの利用履歴なども含まれる）

や画像・動画等のコンテンツ、あるいは事業者に関わる営業秘密など、多数かつ多様な情報（以下、本項において「保有情報」と総称する）が取得され保有されることになる。このような状況でIT企業が破産した場合、破産手続における換価の一環として、破産管財人がパソコンやサーバー等を個別資産として換価するにしても、事業の継続・承継を行うにしても、そこに含まれるこれらの保有情報の取扱いが問題となる。

(2) 個別資産として換価する場合

保有情報が残るパソコンやサーバー等を個別資産として売却する場合、破産管財人には、これらの保有情報が売却先に渡らないよう、パソコン等に残っている保有情報を取り除くなどの措置が要請される。

この点、個人情報の保護に関する法律の適用を受ける「個人情報取扱事業者」とは、「個人情報データベース等を事業[注9]の用に供している者をいう」（同法2条3項）ことから、破産手続における清算業務の遂行を任務とする破産管財人は、少なくとも資産の個別換価の場面においては、この「個人情報取扱事業者」には当たらないものと解されるが、個人のプライバシーに属する情報や事業者の営業秘密等を不用意に流出させてしまう行為は、破産管財人が負う善管注意義務（破85条1項）に照らし不法行為（民709条）を構成するおそれがある[注10]。したがって、破産管財人としては、パソコン等の換価に際しては、これらの情報が流出することのないよう最善の措置をとることが要請され、仮にそれが技術的にできない場合には換価自体を断念することも検討すべきであろう。もっとも、換価せずに廃棄等する場合でも、情報流出を回避する措置が求められることに変わりはない。

また、このような個人のプライバシーや営業秘密の保護の観点からの措置のほか、対象となる情報の権利関係等に配慮した措置（権利者への返還など）も必要になる場合があり、破産管財人としては、事前に利用規約等において保有情報の取扱い（権利の帰属や使用許諾等を含む）がどのように規定されて

（注9）　ここでいう「事業」とは、「一定の目的をもって反復継続して遂行される同種の行為であって、かつ一般社会通念上事業と認められるもの」をいうとされる（経済産業省「個人情報の保護に関する法律についての経済産業分野を対象とするガイドライン」）。
（注10）　破産実務Q&A 200問146頁［蓑毛良和］。

いるかを確認の上、慎重に対応しなければならない。

(3) 事業として換価する場合

　破産管財人が裁判所の許可を得て事業を継続し、第三者へ事業を承継する場合においては、別の観点からの注意が必要である。すなわち、この場合、ケースによっては、破産管財人が事業の管理運営主体として個人情報の保護に関する法律上の「個人情報取扱事業者」に該当し得ると解され、そうした場合には、個人情報（個人情報2条1項）の取扱いにつき、同法に定められた義務（個人情報15条以下）にも注意しなければならない。

　また、個人情報データの第三者への提供については、それが事業の承継に伴う場合については本人の承諾は不要とされているが（個人情報23条4項2号）、その他の情報や営業秘密、画像等のコンテンツなどについては、従前の契約や利用規約等で事前承諾がなされているような場合などを除き、少なくとも個別承継による場合には権利者の承諾が必要となると考えられ、注意を要する。

（中森　亘）

第5節　出版社

はじめに

　1990年代末頃から、「出版不況」という言葉が使われ始め、実際にも、雑誌の発行部数は1997年をピークに減少を続けており、現在はピーク時の6割弱程度であるといわれている。また、出版社の収入の柱の1つである雑誌の広告収入も減少を続けており、出版社の経営を圧迫している。このようなことから、経営破綻をする出版社が増加しており、破産手続開始の申立てを行う出版社も増えている。
　破産管財事件において、破産管財人が換価すべき出版社の財産として特徴的なものは、取次に対する売掛金、広告売掛金、在庫の書籍といえる。

I　取次に対する売掛金の回収

1　取次との取引の特殊性

　日本の出版産業の特徴は、主に、出版社と小売書店の中間にあって書籍、雑誌などの出版物の卸売を営む販売会社である取次が、委託販売制度と再販制をもとに、特殊な流通機構を形成していることにある。
　委託販売制度の下、小売書店は出版物をいつでも取次に返品することが可能であり、取次はそれをそのまま出版社に返品することとなっている。このことが、売掛金の回収の際に、他の業種とは異なる特殊な考慮を必要としている。

2　取次とは

　日本には、出版社数が約3600社、書店数が約1万4000社（2013年現在）[注1]と多数存在しており、全国に出版物を流通させるためには、出版社と書店が個別に取引を行うのは不可能に近い。

（注1）　日販営業推進室書店経営支援チーム編『出版物販売額の実態2014』（日本出版販売、2014）。

そのために、取引件数を減らし、書籍の円滑な流通を行うために、取次（出版取次ともいう）を介する取引が行われている。

取次の役割は、出版物の集荷分散という物流機能、返品処理、商品管理、代金回収、実質的な金融機能（出版社に対する委託販売代金の見込払等）、需給調整、コンサルティング、情報サービス等多岐にわたる。

ある意味で、現在の日本の出版物の流通は、取次が主導する体制となっているといえよう。

3　委託販売制度

前述のとおり、日本の出版物の流通の特徴として、委託販売制度がある。もっとも、出版業における委託販売制度は、一般に言われる委託販売制度とは厳密には異なり、法律形式としては、返品条件付売買または買戻条件付売買といえる。税法上も、委託販売（法人税基本通達2－1－3）とは異なり、売上げの計上は、取次等に出荷した時をもって売上げを計上し、返品を検品し受け入れた時に返品された額を総売上高から控除することになる。

出版物の委託販売制度では、次のような流れで取引が行われる[注2]。

① 出版社から、取次に対し、出版物が売却される。返品条件等については、取次と出版社との間の取引約定書およびその細則を定めた事務処理基準に定められた条件に従う。

　　会計上は、出版社が出版物を取次に引き渡した時点で、出版社はそのすべてを売上げに計上することができる。その上で、出版社は、返品に備えて返品調整引当金を必要経費として計上することができる（法税53条）。また、雑誌のうち定期刊行物については返品債権特別勘定を計上することができる（法人税基本通達9－6－4）。

② 取次から、書店に対し、出版物が売却される。この際、取次と書店との間では取引契約に基づいて商品の返品条件を取り決められている。売買であるため、出版物の所有権は、書店に移転し、書店は代金を支払うことになる。

（注2）　日本書籍出版協会出版経理委員会編著『出版税務会計の要点2014年』（日本書籍出版協会、2014）。

③ 書店は、受け取った出版物を、消費者に販売する。
④ 一定期間が過ぎても出版物が販売できなかった場合、書店は取引契約に定められた返品条件に従って出版物を取次に返品する。
⑤ 取次が、出版社に、取次と出版社との間の取引約定書および事務処理基準に定められた返品条件に基づき、出版物を返品する。

そして、一般的に、取次と出版社との間の取引約定書には、取次からの出版物の返品について無期限に受け入れること、返品を受け入れた結果、取次側に過払が生じた場合は、取次からの請求により返済すべきこと、出版社が破産手続開始等の申立てをした場合、取引の解約あるいは一時停止をすることができ、この場合、取次は、仕入代金の支払を一時停止して、解約時から一定期間（2年間ないし3年間であることが多い）支払を停止することができる旨を定めている。そのため、出版社が破産した場合には、取次は破産管財人からの請求に対して特約を理由に上記期間は売掛金の支払を拒むことが通常である。

しかし、出版社が破綻した後は、確かに、書店からの出版物の返品は激増するが、ある程度時間が経てば、返品の量は減り始め、書店にある破産者の出版物も次第になくなっていく。その結果、取次は、書店からの返品を受けることがほとんどなくなっていく。にもかかわらず、特約の存在を理由に、一定期間、売掛金の支払を一切拒むことができるというのは不合理であるといえる。

実務上は、破産手続開始後の一定期間の返品実績を基に、将来の返品量を合理的に算出した上で話合いにより解決することが多い[注3][注4][注5]。

確かに、破産管財業務においては、迅速な財産の換価が求められているが、取次に対する売掛債権の回収については、一定程度の長期的な時間軸の中で、回収を図らざるを得ず、拙速に解決を図ろうとすることは適当とはいえない。

過去の事例では、売掛債権の9割相当額の回収に成功した例もある。この

(注3)　破産・民事再生の実務（上）〔新版〕239頁。
(注4)　破産管財の手引186頁。
(注5)　破産・民事再生の実務〔破産編〕219頁。

掛け目については、将来の返品量をどのように見るかによって異なる。

　出版社の出版物が雑誌なのか、書籍なのかによっても異なる。雑誌については、週刊誌、月刊誌、季刊誌によって異なるが、返品期間を半年とすることが多く、実際、おおむね事業を停止してから半年程度で、返品が落ち着いてくる。書籍や、雑誌と書籍の中間に位置するムックについては、返品期間の定めがないため、だらだらと返品されることが多く、なかなか返品量が落ち着くということはない。ただ、シリーズものの書籍（複数刊のコミックや、上下巻の小説等）については、続刊が発行されない場合、あるいは中途の巻が品切れになった場合には、書店は、そのシリーズものを棚から撤去することが多いため、返品量が増えることがある。

　多くの取次は、一定期間ごとに、返品の数量・額と売掛金の残高を記載した計算書を送ってくる。この計算書を見て、時間の経過とともに、返品量が少なくなってくる時期を見計らって、取次と交渉を始めるのが効率的である。

　また、複数の取次との間で取引があった場合には、大手取次との間で処理方針について合意ができれば、他の取次もそれに倣うことが多い。そのため、大手取次との間の解決をまず目指すことが考えられる。

　ただし、売掛債権の額が小さく、他方で返品を受付けることによって破産管財業務が長期化する場合、在庫処理の清算費用（倉庫費用等含む）のほうが高くつくことが明らかな場合もあり得る。このような場合には、取次からの返品の受付けを拒絶した上で、売掛債権を放棄する内容で、取次との「ゼロ和解」を目指すという場合もあり得ると考えられる。

　もっとも、破産管財人が、取次からの返品を受け付けない場合、取次が破産管財人に対して、債務不履行に基づく損害賠償請求をするおそれがある。これは、破産管財人が、破産者と取次との間の返品の合意に拘束されるか否か、また、破産管財人がかかる合意に拘束される場合に、これに違反した場合の債務不履行に基づく損害賠償請求権が、破産債権なのか、あるいは、破産財団の管理・換価に関する費用、または、破産財団に関し破産管財人がした行為によって生じた請求権として財団債権となるのか（破148条1項2号・4号）という問題があることに留意が必要である。

4 債権譲渡担保が設定されている場合

　経営の厳しい出版社は、印刷会社に対する買掛金の支払が遅延しがちである。そのため、印刷会社から、取次に対する売掛金を譲渡担保に供するよう要求され、これに応じ、債権譲渡担保を設定し、債権譲渡登記をしているケースも多い。
　債権譲渡担保契約では、債務者である出版社が破産した場合には、出版社に付与されていた取立権は剥奪され、譲渡担保権者である印刷会社が、取次に対して、売掛金の請求を行うことになる。
　しかしながら、印刷会社は、返品の状況について十分な情報をもっているわけではないため、取次との交渉において、不利な和解を強いられることもあるといわれている。
　そのため、譲渡担保の対象となっている取次に対する売掛金の額が、被担保債務である印刷会社に対する買掛債務を上回っている場合には、印刷会社と協力しながら、取次と交渉を行うほうが、財団の形成に資することが多いと思われる。

II　事業譲渡

　出版社が、破産申立直前まで事業を継続していた場合、その事業を第三者に売却することが考えられる。しかしながら、書籍や雑誌の編集・制作のノウハウについては、編集者の個人的なノウハウに属するものが多く、編集者が退職し、他社に再就職してしまうと、そのノウハウは失われることになる。
　また、書籍の著作者との出版契約を事業譲受会社に承継させるには、著作権者の同意が必要であり、人気作家については、他の出版社と新たに出版契約を結ぶことを望む者も多く、著作権者が契約の承継に同意しないことも多い。
　取次との取引契約についても、必ずしも承継が認められるわけではなく、事業譲受人は新たに取次と取引契約を締結する必要がある。
　そのため、一体の事業として、出版社の事業を譲渡することは困難である。実際、譲受人も、雑誌の商標のみをほしがるケースが多いため、事業譲渡で

はなく、商標の譲渡のみが行われることもある。

　ただし、出版社が、雑誌の定期購読をしている場合、譲受人が、定期購読者の氏名・住所の情報の購入を希望することがある。しかし、この場合、個人情報保護法の観点から、かかる個人情報を売買の対象とすることはできない。一方で、定期購読者がいる場合には、一定程度安定的な売上げが期待できることから、それに対応する事業譲渡の対価が観念し得る。そのため、このような場合には、単なる商標権の譲渡ではなく、事業譲渡を行い、その際に、定期購読者の個人情報を承継させることになる（個人情報保護23条4項2号参照）。

Ⅲ　在庫の出版物の処分

　書店から返品された出版物は、出版社の倉庫（出版社自身が倉庫を所有していることは少なく、倉庫業者に委託していることが通常である）に返品される。この在庫の出版物をどのように処分するかは、頭の痛い問題である。

　雑誌については、発行時の時事に即した記事が掲載されていることが多いこと等から、発行時から時間が経ってしまうと、購入する者はほとんどいなくなる。そのため、返品された雑誌について、再度販売することは不可能に近く、本としての価値はない。そのため、古紙として売却するほかはない。

　しかし、倉庫は無料で使えるわけではなく、破産手続開始後の倉庫代、搬入・搬出代等については、財団債権として倉庫業者に支払う必要がある。そのため、在庫品の雑誌については、早期にその量を把握し、古紙価格を調べ、倉庫代等を支払っても黒字になるかを検討する必要がある。仮に赤字になるようであれば、倉庫業者と交渉し、在庫品の所有権を放棄することも検討する必要がある。

　書籍については、古書業界が存在することからわかるように、雑誌とは異なり、返品された書籍にも一定の価値はあると考えられる。そこで、在庫となっている書籍を古書店に売却することが考えられるが、これを行うことはなかなか困難である。

　出版社は、書籍の著作権者と出版契約を締結しており、著作権者は出版社に対して著作物の出版権を設定し、出版社は著作者から書籍を販売（頒布）す

る権利を付与される（著作79条参照）。出版契約においては、その対価として、出版社は著作権者に対して書籍の発行部数または実売部数に応じて著作権使用料（印税）を支払うことになっている。なお、その額は、一般的には書籍の定価の5パーセントから10パーセント程度とされている。また、出版権が消滅した場合でも、著作権使用料を支払う限り、出版社は当該書籍の在庫を販売することができるとされていることもある。

　出版社が破産した場合には、破産管財人が、在庫の書籍を販売するためには、著作権者に対して、実売数に応じて著作権使用料を支払う契約の場合は実売部数に応じた著作権使用料を支払う必要がある。ただし、著作権使用料を発行部数に応じて支払う契約の場合、破産手続開始前にすでに著作権使用料を払っていることもあるので、注意が必要である。

　返品在庫の古書としての販売価格が、著作権者に対する著作権使用料と、倉庫業者に対する倉庫料等の合計額を上回る場合には、これを売却することにより財団を形成することが可能ではあろうが、実際には、大量に存在する返品在庫について、満足のいくような古書価格がつくことはほとんどないものと思われる。

　その場合、雑誌の場合と同様に、倉庫業者と交渉の上、在庫の所有権を放棄することも検討すべきである。

Ⅳ　電子出版

　近年、出版業界では、紙媒体の出版物だけではなく、文字や画像情報をデジタルデータに編集加工し、CD-ROM、DVD-ROMなどの電子媒体で配布するパッケージ型電子出版物や、インターネットを通じて配布する配信型電子出版物が、販売されている。

　配信型電子出版物の配布の仕方は、さまざまであるが、出版社が自前で配信のためのプラットフォームを作って配信するか、配信事業者との間で配信契約を締結して配信事業者を通じて配信をするか、に大きく分かれる。

　出版社の破産管財事件で問題となり得るのは、配信事業者を通じた電子出版物の配布が多いため、本稿ではこの点に絞って論述する。

　電子出版の場合、出版社は、①著作権者との間で、電子配信に関する出版

契約を締結し、著作物を、電子出版物として複製し、インターネット等を利用して公衆に送信する（データのダウンロード配信、ストリーミング配信等）ことを出版権の内容と定め、出版権の設定を受けた上で、②配信事業者との間で、配信契約を締結し、電子出版物の配信を許諾する。配信契約の中で、電子書籍を閲覧するデバイスの確認、配信方法、再ダウンロードの可否、配信許諾の対価の計算方法等を定める。なお、電子出版は、紙媒体の出版物と異なり、独占禁止法の著作物再販適用除外制度の対象となっておらず、配信事業者が販売価格を自由に設定できるため、配信契約の対価の計算は、出版社の希望利用価格を基準に行われることが多い。

出版社が破産した場合、著作権者から、出版契約を解除されることになろうから、それ以後、出版社の破産管財人は、電子出版物の配信を行うことはできなくなる。

そのため、破産管財人は、出版社と配信事業者との配信契約を、解除または解約し、終了させる必要がある。配信契約終了後は、配信事業者は、電子出版物の配信を中止することになる。

そして、紙媒体の出版物と異なり、性質上、電子出版物が返品されることはないため、配信事業者から配信許諾の対価を回収する際には、取次からの売掛金の回収のときのような問題は生じない。

財産換価とは直接関係ないが、電子出版においては、電子出版物を購入した者が、当該電子出版物を再ダウンロードすることを、配信契約で認めていることが多いため、著作権者との出版契約の内容も踏まえて、出版契約および配信契約終了後の取扱いについて、協議をする必要があろう。

V オンライン書店

紙媒体の出版物は、現実に店舗を構える書店（リアル書店）だけでなく、アマゾンに代表されるオンライン書店でも販売されている。

これまで、出版社は、取次を通じて、オンライン書店に、出版物を販売していたため、商流や契約関係の点では、リアル書店と異なることはなかった。そのため、破産管財人による財産換価としては、取次に対する売掛金の回収の一環として行われていた。

第 2 部　実務家からみた破産管財人による財産換価を巡る諸問題(各論)

　しかし、近時、アマゾンジャパンは、一部の出版物について、取次を通さずに、出版社との直接取引を進めてきている。アマゾンジャパンでの出版物の返品率は 1 割以下とみられるため[注6]、出版社が破産した場合、取次と比べて出版物の返品が速やかに行われる可能性が高い。このことは、売掛金の回収率や回収時期に影響を与えることになると思われる。

(関端広輝)

(注 6)　2018 年 3 月 9 日付け日本経済新聞参照。

第6節　生き物を扱う業種

はじめに

　破産財団の管理および換価は破産管財人の最も重要な職責であり、配当率を決定する大きな要因となる。破産手続の主たる目的は、破産債権者に対し、迅速かつ適正に配当を実施することである。そのためには、配当対象となる破産債権を確定させると同時に、破産財団を構成する資産を速やかに換価処分することが必要となる[注1]。

　破産管財人は、破産財団に属する財産を可能な限り有利に換価しなければならない。

　破産債権者に善管注意義務（破85条1項）を負っていることの帰結である。

　言い換えれば、破産管財人は、破産財団の損失を最小限にとどめなければならない義務を負うことになる。

　また、近時は、破産管財人の社会的責任論が提唱されており[注2]、破産管財業務を遂行するには、破産管財人の公的地位から生じる社会的責任に十分に留意する必要があり、周辺環境への影響等を十分勘案した対応が求められることとなる[注3]。

　以上が、換価回収に当たる破産管財人の注意義務および責任に関する基本的規範であるが、現実には、これを踏まえたとしても、常に最善の選択を行うことは容易ではない。破産管財人は、資産価値の劣化を防ぐため、換価回収方針を瞬時に判断しなければならない場合もあり、時に、進退両難に陥ることもある。

　「生き物」を扱う業種は、まさにこの典型であり、破産管財業務における難問の1つといってよい。

(注1)　伊藤・破産法民事再生法205頁以下。
(注2)　伊藤眞「破産管財人の職責再考」判タ1183号（2005）35頁、伊藤眞「破産管財人等の職務と地位」事業再生と債権管理119号（2008）4頁、佐村浩之ほか「パネルディスカッション破産管財人の地位の再検討」事業再生と債権管理128号（2010）141頁。
(注3)　小畑英一「破産財団の管理(2)」破産法大系(1)299頁以下。

本稿では、「生き物」のうち動物を扱う業種を対象とし、「生き物」の特色と業態を踏まえ、破産管財人として留意しなければならない事項を検討する。

また、「生き物」を扱う業種を一般論として検討しても臨場感に欠け、具体的問題点が把握しにくいことから、執筆者自身が経験した事案の紹介も入れつつ検討を進めることとする。そのため、破産管財業務における体験談の色彩が強くなることをあらかじめご了承いただきたい。

I 「生き物」を扱う業態・特徴

「生き物」を扱う業態は、次のとおり大きく2つに区分することができる。
① 「生き物」が商品となっている場合
② 「生き物」が生産手段となっている場合

1 「生き物」が商品となっている業態

食肉（牛、豚および鶏等）の生産ファーム、魚介類を対象とする養殖業、ペットショップ等が典型例である(注4)。

(1) 破産管財業務の方針

この業態では、「生き物」が商品（在庫）であり、破産管財業務においては、商品たる「生き物」の換価が中心となる。通常の動産換価（在庫販売）と異なるのは、商品価値を維持するために大きなコストがかかるという点である。すなわち、「生き物」である以上、飼料の継続的供給と水準を維持した衛生管理が求められることから、商品価値を維持するため、「生き物」を管理する人員が必要となる。

これは、「生き物」の換価が終了するまで、恒常的に固定費の支払が継続することを意味する。破産財団の毀損を防ぎ、換価価値を維持するためには、商品の換価を進めることによって、固定費を賄う資金を確保することが重要

(注4) 破産手続におけるペットを対象とする業態の実例として、三村藤明「ペットのテーマパークの事例紹介」東京弁護士会弁護士研修センター運営委員会編『倒産法の実務』（ぎょうせい、2009）234頁以下。本論稿では事業再生ツールとしての破産手続の優位性および破産管財人の社会的責任について大変有用な指摘がなされている。

となる。

そのため、「生き物」の換価の目途がつくまで一定期間、事業継続を行うことが通例である（破36条）。

この業態の場合には、従前の販売ルートが存在しており、また、同業者や愛好者に一定の需要が見込めることから、換価自体が困難となることは少ない。買受先によっては、事業体を維持したまま、事業譲渡による一括換価が実現できる場合もある。

破産管財人としては、事業継続が可能か最後まで諦めずに検討すべきであり、破産手続開始時の手元現預金だけでなく、販売を継続することによって資金繰りの目途が立つと合理的に判断できるのであれば、事業継続を躊躇すべきではない。

(2) 担保権者との共働

近時は、商品としての「生き物」を集合物譲渡担保（ABL）に供することにより、破産手続開始前に資金調達を行う事例も多くみられる。

このような場合、当該在庫の資産価値の維持は、破産管財人および担保権者共通の利益となる[注5]。決して対立する当事者ではない。

そのため、従前の担保設定契約を踏まえ、早期に担保権者と協定を締結することが重要となる。事業継続を前提に、在庫の資産価値を維持する資金手当て、販売価格や販売ルート、財団組入れの金額その他商品販売に関する重要事項等について合意し、連携して換価に当たることが資産価値（担保価値）の維持と最大回収につながることとなる。

まさに担保権者（債権者）との共働が求められる場面である[注6]。

2 「生き物」が生産手段となっており、生き物が生み出す天然果実が商品となる業態

鶏卵・乳牛の生産ファームがその典型である。

本業態については後記【実例】を適宜参照しながら検討を行う。

（注5）　植竹勝「ABLにおける担保価値維持義務」金法1967号（2013）16頁。
（注6）　小畑英一「事業再生における情報開示と債権者の手続参加」金判1439号（2014）1頁。

【実例】

1　破産者の概要

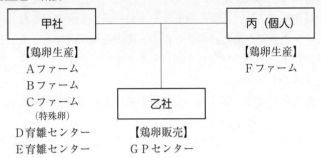

- 各ファームおよびGPセンター（鶏卵の選別包装施設）福島県に所在
- 甲社および丙（代表者親族）が生産した鶏卵を、乙社が買取り・販売を行うという事業体
- 甲社は、雛の育成販売を行っており、丙へも雛を販売
- 甲社グループとして各事業は有機的に関連をしており、実質的には単一の事業体
- 破産手続開始時の鶏の数：成鶏・約50万羽、雛・約10万羽

2　破綻原因
① 多額の設備投資と金利負担
② 卵価の暴落
③ 養鶏業界の逆風（鳥インフルエンザ問題）
④ 約束手形の不渡りの発生と飼料供給の停止

3　破産手続開始時の状況
① 全国数か所における鳥インフルエンザの発生と連日の報道
② 卵価の低迷
③ 飼料供給の停止
④ 一部債権者による法的回収手続への着手

(1) 破産管財業務の方針

この業態では、「生き物」それ自体が換価対象となるわけではない。

「生き物」が生み出す卵や牛乳等の『天然果実』(民88条1項)が換価対象(商品)であり、「生き物」は商品を生み出すための生産手段に当たる。製造業に当てはめるならば、工場建物が鶏舎、製造機械装置が鶏、収益対象となる商品が卵と考えればわかりやすい。

この業態の特色は、「生き物」の数が莫大となる点にある。

生産手段であることの帰結であるが、「生き物」を個別に換価していくことは物理的にも経済的にも困難である。

他方、万が一、「生き物」を維持できなければ、産業廃棄物としての管理処分を行わなければならず[注7]、廃墟となった鶏舎等が周辺環境に大きな悪影響を与えることとなる。事業を継続すべきか、それとも廃止すべきか、正に進退両難の選択を迫られることとなる。

【実例】においては、破産手続開始直後に事業継続を決断した。しかし、破産手続開始直後の段階において事業譲渡の具体的見込みがあったわけではない。

鶏卵ファームでは、1鶏舎当たり数万羽の鶏が、間断なく卵の生産を行っている。この光景を前に「この鶏と卵を維持する方策を考えなければ、何のために破産管財人に選任されたのか、倒産処理案件においてはこのような決断を行わなければならない時があるのではないか、もはや進むしかない。」という心境であった(大量の卵の生産を続けている鶏たちの風景は、思考が停止するほどの圧倒的なものであり、茫然自失となったことを覚えている)。

仮に、資金繰りの目途が立たないからといって、事業を廃止し、飼料の供給をやめた場合には、大量の鶏を死に至らしめることとなり、産業廃棄物処理の問題が現実化する。【実例】では、成鶏50万羽、雛10万羽がその対象であり、とても死なせることのできる数値ではない。

鶏舎内に大量の死骸が存する状況となった場合、短期間でこれを改善する

(注7) 畜産農業から排出される牛、馬、豚、鶏等の死体は産業廃棄物に該当する(廃棄物令2条11号)。

ことは困難であり、鶏舎の処理（借地上の建物であれば原状回復）の問題も発生する。

これを放置した場合には、悪臭や水質汚濁等による周辺環境への影響は甚大なものとなる[注8]。

このような状況において、破産財団から放棄することは容易ではない[注9]。正に破産管財人の社会的責任の問題である。

それゆえ、現実には、事業継続によって事業譲渡を実現するか、最悪でもいきなりの事業廃止ではなく、ラン・オフの状態で現存する成鶏を徐々に整理をしていく以外に選択肢はないものと思われる[注10]。

(2) 事業継続と「生き物」

製造業において、生産施設を維持したまま換価を行うためには、工場を含む事業そのものの譲渡を行う以外に方法はない。機械装置等を個別に売却したとしても、換価価値はわずかなものとなるのが通例である。

したがって、「生き物」が生産手段の場合に、「生き物」に換価価値を見出すためには、事業体としてのファームを維持したまま事業譲渡を行う以外に換価方法はないこととなる。

しかし、ここに「生き物」であることの最大の問題が生じることとなる。

製造業の場合には、資金繰りがタイトであれば生産設備の稼働を抑えながらコスト調整を行うことができ、人員の整理も可能である。しかし、鶏の稼働を抑えコスト調整を行うことは物理的にできず、まして鶏を整理すれば事業継続は困難となる。鶏が収益を生み出す生産手段そのものであるし、廃棄問題が生じるからである。

そのため、事業継続を行うためには、飼料の確保とそれを支える人員の維

(注8) 畜産に関しては、以下のとおり、種々の環境規制がなされている。
環境基本法（環境保全の基本事項）、水質汚濁防止法（排出水と地下浸透水の規制）、廃棄物処理法（廃棄物の保管、運搬、処分等を規制）、悪臭防止法（悪臭物質の排出の抑制）、家畜排せつ物の管理の適正化及び利用の促進に関する法律（環境保全と循環型農業の確立、家畜ふん尿の適正な管理と利用の促進）等。
(注9) 小畑・前掲（注3）309頁以下。
(注10) ただし、残された鶏舎の売却はさらに難問となる場合が多い。とくに担保権が設定されている場合には、その評価をめぐり厳しい対立が生じる場合もある。

持が必要となる。

【実例】においても、鶏の維持費用（大部分が飼料代である）、生産施設の維持費用および再雇用した従業員の人件費等の諸費用の支払を行いながら、卵の出荷を続けた。

ぎりぎりの資金繰りで緊張の連続であったが、一部縮小しながらも飼料会社等の取引先や卵の販売先等の協力を得て、事業体を維持することができた（飼料の供給継続のため取引先に頭を下げるのも、出荷のための地元対応を行うのも、すべて鶏の維持のためであった。毎日一心不乱に大量の飼料を食している鶏たちを見て、本当に涙が出そうになった）。

破産手続ではあったが、事業譲渡を前提に一定期間事業を継続するためには、再建型手続を進めるのと同じ意識が必要であることを実感した。

(3) **事業譲渡**

破産手続において事業譲渡を実現するためには、申立代理人があらかじめ譲渡先を確保し、破産管財人候補者と事前に協議を行った上で、破産手続開始直後に事業譲渡を実行するのが一般である。

「生き物」を取り扱う業種の場合は、これまでの検討から明らかなとおり、破産手続開始後の事業継続にさまざまな困難が伴うことから、本来であれば事前に十分な準備を行った上で、破産手続開始申立てを行うことが望ましい。資金手当てと事業譲渡先候補の目途がついていれば、短期間で事業譲渡を実行することが可能となり、換価価値の劣化を最小限に食い止めることができる。

「生き物」を取り扱う業種において、このような事前準備がまったくないまま破産手続が申し立てられた場合、どのようにして事業譲渡を行うのか。

もちろん、明快な答えがあるわけではない。資金的にも現実的にもフィナンシャルアドバイザー（FA）を選任してスポンサー選定を行うことは困難であり、また、情報を聞きつけ問合せをしてくる候補者を期待することもできない。破産管財人自らが、あらゆる手段を用い、候補者の選定を行わなければならない。

【実例】においても、飼料会社、地元組合、自治体等から情報を得、時に情報発信をお願いし、事業譲渡先を探した。幸いにも近隣県の畜産ファーム２

社から事業承継の申出があったことから、約2か月の事業継続を経ての事業譲渡を実現することができた。

おわりに

「生き物」を取り扱う業種の破綻処理においては、前述のとおり事前準備がその後の処理を決めるといって過言ではない。その意味で、破産管財人とともにあるいはそれ以上に重要な役割を担っているのは申立代理人である。

これは、破産手続の事前準備にとどまるものではなく、再建型手続を含む倒産処理の手続選択問題に及ぶものである。

申立代理人には、その責務を十分に認識し、「生き物」と正面から対峙し、事業価値を維持する最善の選択と準備が求められる。

(小畑英一)

第7節　病院・歯科医院・薬局・介護施設

I　病院等の破産管財事件の特殊性

　病院、歯科医院、薬局および介護施設（以下、「病院等」という）は、地域の医療・福祉を担う極めて重要な存在であり、患者や利用者等多くの者が強い利害関係を有している。

　そのため、これらが経営破綻に瀕した場合でも、医療・福祉サービスの提供が断絶してしまうことを防ぐべく、まずは救済的事業承継、私的整理または民事再生等の再建策が可能かどうかを検討するべきで、それができない場合でも破産申立てまでに転院等他の施設への患者・利用者の引継ぎを終わらせるか、ソフトランディングとしての清算型の民事再生申立てを検討すべきであることが多い。

　これらを行うことが困難な事情があり、やむを得ず十分な事前対応ができないまま破産にいたった場合には、破産管財人には、破産による混乱や関係者への不利益を最小限に抑えることが最優先で要請される。

　破産手続においては、財団の増殖・配当の極大化のために迅速な換価が要請されていることはあらためていうまでもないことであるが、病院等の破産事件においては、その要請も一歩後退する場面があり得る[注1]。

II　換価に優先し得る破産管財業務

　病院等の破産事件において、通常の換価業務に優先し得る破産管財業務としては、以下のようなものがある。

（注1）　破産管財の手引167頁は、破産財団の中に危険物が含まれている場合について、（破産管財人には、）「裁判所と事前に協議をした上で、破産管財人報酬見込額を除く全ての換価回収金を投入してでも危険物の除去に努めることが求められます」としている。病院等の破産事件における混乱回避のための事後処理も、これと同じような要請が働く局面の1つである。

第2部　実務家からみた破産管財人による財産換価を巡る諸問題(各論)

1　入院患者の転院手続

　破産手続の開始により、医療スタッフの確保が困難になったり^(注2)、医薬品や給食その他の供給が不安定になったりすることから、入院患者については、やむを得ず破産にいたる場合でも、その転院手続は破産申立前に完了させておくことが望ましい。事情が許さず、それさえもできずに入院患者を抱えたまま破産手続に突入した場合には、入院患者の生命や健康が不安定な状態にさらされた状況を可及的速やかに解消すべく、入院患者の転院手続を最優先で行う必要がある。

　転院手続上の留意点としては、①多数の空きベッドを抱えているような病院は稀なので、複数の病院に少人数ずつ受け入れてもらう必要があることが多いことから、転院手続の斡旋・調整はかなり重い作業となること、②受入病院側から経済合理性の観点からの受入患者の選り好みが生じ得ること、③患者やその家族はできるだけ近距離で設備の整った病院への転院を希望することから、いくら緊急避難だと説明しても、斡旋先の病院への転院手続に応じてくれないこともあり得ること(破産管財人が特定の病院への転院を強制することはできないこと)、④入院費を滞納しているような患者についてはそのままでは受入先を見つけることはまず期待できないことから、転院に先立ち、年金の受給状況を調査したり、場合によっては生活保護の申請をしたりするなどして、患者の経済的問題を解決しなければならないケースがあること、⑤救急車・介護タクシー等の搬送手段についても慎重な調整が必要であること、⑥病院においては破産という事態の有無にかかわらず入院患者の死亡という事象が不可避的に発生するが、破産手続下において入院患者が死亡した場合、遺族としては最善を尽くせなかったのではないかとの悔恨が残りがちであり、破産管財業務と死亡との間に何らかの因果関係があるのではないかと疑念をもつこともあり得るので、破産手続開始直後から患者および親族への説明を丁寧に行うべきことなどが挙げられる。

(注2)　破産により医療スタッフを解雇せざるを得ないことに加え、他院からの引抜きや、有給休暇の消化等、さまざまなリスクがある。

また、転院手続が完了するまでの医療サービスの提供に遺漏なきよう、医療スタッフ[注3]や、必要な医薬品・食材・オムツ・リネン関係その他の仕入れを確保しなければならないことは当然である。

2　通院患者への対応

通院患者については、破産という事態となった以上、外来の受付を中止するのが通常の対応であると考えられる。ただし、患者にとって必要な薬を切らさないために処方箋の発行が必要だったり、今後の新たな通院先への引継ぎのために診療情報提供書の交付が必要だったりすることもあるので、来院した患者に対しては、医師と相談の上柔軟に対応することが望ましい。

院内薬局については、ケースバイケースであるが、院外処方箋を渡して院内薬局は閉鎖するという選択肢もあり得る。

3　介護施設からの転所

介護施設が破産した場合には、入所者を他の介護施設に転所させる必要があり、病院における入院患者の転院と類似の問題が生じる。

4　カルテ等の整理・保管

医師法24条2項は、診療録について、5年間の保存義務を定めているが、この他にも、病院等で作成または管理されるさまざまな資料等について一定期間の保存義務が課せられている[注4]。病院が破産した場合に、破産管財人が直接これらの法令上の保存義務を負うか否かについては、議論のあり得るところである。しかし、診療録や検査記録等は、患者にとって転院先や新しい通院先でも必要になり得る重要な情報であるし、保険金の請求等にも必要

(注3)　解雇予告をした場合のスタッフの未消化有給休暇の行使については時季指定権が認められないが、このような場合には買取りによる処理が認められると解される（厚生労働省労働基準局編『〔平成22年版〕労働基準法（上）』〔労務行政、2011〕585頁、東京大学労働法研究会編『注釈労働基準法（下）』〔有斐閣、2003〕730頁）。
(注4)　例えば、血液製剤等の特定生物由来製品の患者使用記録についての20年の保存義務等（医薬品医療機器等の品質、有効性及び安全性の確保等に関する法律68条の22第3項・4項・8項、同施行規則240条2項）。

とされる。また、例えば感染症拡大防止等の社会的要請に基づいて保存が義務付けられているものもある。これらのことに鑑みれば、法令上の義務の有無にかかわらず、破産管財人としては、倉庫業者と契約するなどして、診療録等の適切な保存に務めるべきであり、保存期間等については、法令の規定を尊重すべきである。

　自賠責や任意保険等の関係で、破産後も患者から開示請求がしばしばあるので[注5]、倉庫業者への保管の委託に当たっては、患者名から段ボール箱を特定して速やかに取り出せるよう、事前に整理して箱詰めを行うとともに、段ボール箱の番号と内容物との対照表を作成しておくことが必要である。相当の作業量となる場合も多いことから、専門家である医療スタッフが多数残っているうちに速やかに作業を進めることが重要である。

5　結果的に破産財団の維持にもつながること

　以上1ないし4の業務を行うに当たっては、スタッフの人件費をはじめさまざまな経費が発生し、その額も往々にして多額に上ることがあることから、財団の増殖・配当の極大化を目的とする破産管財人の職責とは一見すると相容れないように思われるかもしれない。しかし、これらの業務を疎かにした場合、患者や利用者等の生命・健康・財産が大きく侵害される場合があり、破産者から承継した診療契約[注6]に伴う安全配慮義務に違反したものとして、ケースによっては破産財団において財団債権としてその損害を賠償しなければならないことにもなりかねない[注7]。このように、これらの業務は財団の維持（減少の予防）のために必要な業務であり、破産管財人の職責に沿うものであるから、破産管財人は、事前に裁判所と協議をした上で、破産

（注5）　ただし、自賠責や任意保険の時効の関係で、2年を過ぎると開示請求はかなり少なくなる。

（注6）　破産管財人が破産法53条に基づき（双方未履行双務契約）患者との診療契約を解除することも理屈の上では考えられないではないが、転院その他の適切な引継ぎが完了していないなど患者にとって不利な状況で診療契約を解除することは、破産管財人の社会的責任に照らし相当でない場合が多いと考えられる。

（注7）　したがって、入院患者の転院等が完了し、診療行為を行わなくなるまで、賠償責任保険等の維持は不可欠である。

管財人報酬見込額を除いたその時点でのすべての現有財団を投入してでもこれらの業務を最優先で行うことが求められる。そして、たとえその結果一旦形成された現有財団の減少が生じたとしても、原則として善管注意義務違反の問題は生じないものと考えられる。

Ⅲ　病院等に特有の特殊な換価業務

1　事業そのもののM&A（病床数の承継）

医療法は、都道府県ごとに「医療計画」を策定し、無秩序に病院病床が増加しないようにコントロールを行うことによって、地域医療のシステム化の推進を目指している（医療30条の4第2項10号ないし12号参照）。

病院等の開設を行う者は、地域の基準病床数の枠内で、都道府県知事に事前協議の申出を行うことによって病床数の承認を得る必要があるのが原則であるが、すでに地域の基準病床数の枠が一杯だったり、地域内に増床希望医療機関が多い場合などには、思うような増床が実現できないこともままあるから、病床過剰地域においては医療事業の拡大がかなり制約されているのが実態である。具体的には、都道府県ごとに病院の開設等に関する指導要綱が定められており、病院の開設や増床を行う際には知事に事前協議の申出を行わなければならないのが通常であるところ、病床過剰地域では、審査の結果、計画の変更・中止等の指導が行われるのが通例である。都道府県の勧告（医療30条の11）に従わない場合、保険医療機関としての指定が受けられないことになるから（健保65条4項2号）、事実上病院の開設や増床を断念せざるを得ないことになる。また、そもそも、事前協議には手続的にかなりの時間を要するので、承継ではなく新規に開設許可を取得するとなると病院経営に空白の期間が生じてしまうことになる。

しかるに、M&Aにより破綻した病院の事業が承継できれば、同地域における医療事業への新規参入や医療事業の拡大が可能となる。病床数は、病院にとっての売上げの源泉であることから、病床数のスムーズな承継を目的として、病院の事業そのもののM&Aが行われることがある[注8][注9]。

もっとも、病床数の承継が認められるかどうかについて、行政の対応は事

前の予測が困難な面があるところ、破産手続が開始しているという事実は病床数の承継を認めるか否かに対してかなりネガティブに働く要素といえる(注10)。さらに、M&A（当然、入院患者が多くいる状態で引き継ぐことが望ましい）と、それが奏功しなかった場合に備えた入院患者の転院手続という相矛盾する方向での作業を同時並行で行うことは極めて困難である。したがって、事業そのもののM&A（病床数の承継）を目指す場合には、現実的には、その成否の見極めがつくまでは、破産手続開始の申立てを保留する形とならざるを得ないであろう。

2　医療機器・医薬品

　医療機器および医薬品の換価については、薬事法に基づくさまざまな規制（無許可販売の禁止〔医薬品、医療機器等の品質、有効性及び安全性の確保等に関する法律12条1項・84条〕、高度管理医療機器等についての中古品の販売等に係る通知等〔同施行規則170条等〕）があることから、メーカーや仕入元に連絡をした上で、その引取りを要請したり、転売先のあっせんや転売にあたって必要な手続について相談したりすることが望ましい。

　また、病院等においては、高額な医療機器をリースによって調達しているケースが多いが、このような場合、リース会社は、医療機器の価値が陳腐化する前に早期に引き揚げて転売することを希望するので、当該機器が必要でなくなり次第、引揚げに協力することが求められる。

（注8）　参考文献としては、阿部賢則ほか『病院再生――戦略と法務――医療事業再構築のマネジメント』（日経メディカル開発、2005）、鈴木克己『Q&A医療機関M&Aの実務と税務――迫り来る医療再編時代への戦略対応〔第2版〕』（財経詳報社、2011）等がある。

（注9）　M&Aの具体的方法としては、合併、資産譲渡および出資持分の譲渡と社員の交替等の方法が考えられる。

（注10）　筆者の経験した破産事件では、入院患者の転院手続を完了した後に、病院事業そのものについてM&Aを行って病床数を承継することが可能か所轄の地方自治体の担当官に相談したところ、例え廃院届を提出する前であっても、すでに患者も医療従事者もいなくなった実体の乏しい病院について、病床数の承継は認められないとのことであった。

3　毒劇物等

　病院は、業務上取扱者（毒物22条）に当たり、盗難・紛失防止、流出・漏洩事故防止、事故時の関係機関への通報等の義務が課せられているから、同法に基づき毒劇物を適正に管理・処分することが求められる。向精神薬・麻薬・覚せい剤原料についても同様である。

（縣　俊介）

第3部
研究者からみた破産管財人の
財産換価を巡る理論上の諸問題

1 破産管財人の法的地位と第三者性
——管理機構人格説の揺らぎ？

東京大学名誉教授　伊藤　眞

はじめに

　破産管財人の法的地位を巡る議論の歴史は古い。母法であるドイツ法にまで遡るまでもなく、加藤正治博士が唱えられた公吏説に始まり、兼子一博士による破産財団代表説を経て、比較的多数の学説が採用する管理機構人格説にいたるまで[注1]、無用論さえ存在し、帰一をみない。愚見は、山木戸克己博士に倣って管理機構人格説をとっているが、私法上の職務説や受託者説も有力であり、近い将来にこの対立が解消するとは思われない。

　そのことは、この議論がもっぱら講学上または破産法理論体系の枠組みにかかわり、具体的な解釈や実務運用に影響を及ぼすものではないことを暗示しているのかもしれない。

　他方、破産手続内外の法律関係の中で破産管財人の法的地位をどのように位置付けるかという問題があり、Ⅸで述べるように、それについては、相当数の判例が存在する。それらの判例の基礎となっている考え方を明らかにし、それが破産管財人の法的地位を巡る議論と関連性を有するかどうかを検討し、さらに今後の問題の解決についての指針を提示しようとするのが、本稿の目的である。

Ⅰ　破産管財人の法的地位が問題となる局面の多様化

　愚見は、破産管財人の法的地位を巡る議論の局面を３つに分ける立場を

（注１）　条解破産法574頁、加々美博久「破産管財人の地位と職務」破産法大系(1)223頁、河崎祐子「『破産管財人論』再考」伊藤古稀804頁に詳しい。

とっている^(注2)。第1は、破産法律関係における破産管財人の地位であり、破産財団所属財産の管理処分権の帰属主体たる破産管財人（破82条）、裁判所の監督権行使に服する破産管財人（破75条1項）、利害関係人に対する善管注意義務を負う破産管財人（破85条）、否認権の行使主体たる破産管財人（破173条1項）、財団債権の弁済の責任を負う破産管財人（破151条）、双方未履行双務契約の解除か履行かの選択権を行使する破産管財人（破53条1項）などが中核的なものであるが、破産管財人の職務内容についてみれば、より多様な権限が含まれる^(注3)。これらの地位や権限をいかに統一的に説明し、第2および第3の局面につなげることができるかが第1の局面である。

第2は、破産管財人の職務遂行に当たっての指導理念をどこに求めるかという局面であり、破産債権者の利益実現と破産者の経済的再生（破1条参照）、そして事案によっては、社会正義の具現にも配慮しなければならない破産管財人の職務遂行の基礎となるべき指導理念をどのように構成するかに関わる。

第3は、破産手続外の第三者との実体法律関係において破産管財人の地位をどのように構成するかという局面であり、民法94条2項、改正民法95条4項、民法96条3項、177条、467条、545条1項ただし書などについて、破産管財人を「第三者」とみることができるか、それはいかなる根拠によるものかに関わる。

第1ないし第3の局面の相互関係をみれば、第1の局面において、破産財団の管理機構としての破産管財人に各権能や権限の帰属主体としての法主体性または法人格を付与し、第2の局面において、破産法の目的に沿うように、管理機構たる破産管財人の職務遂行の指導理念を構成し、第3の局面において、管理機構としての破産管財人と破産財団所属財産の帰属主体としての破産者とを、実体的法律関係において区別するというのが、管理機構法主体説の基本的発想ということができる。

しかし、近時は、Ⅳでみるように、破産管財人の職務遂行を巡る判例が頻

(注2) 伊藤・破産法民事再生法215頁。
(注3) 加々美・前掲（注1）224頁、伊藤・破産法民事再生法205頁など参照。

出したことを背景に、上記の3段階構成が妥当するかどうかに疑問を呈し、さらに、破産管財人の法的地位に関する管理機構人格説の妥当性そのものを否定する見解が増えている。本論文は、そのような疑問や批判に対峙し、管理機構人格説がなお妥当性を失っていないこと、また、それは抽象的な講学上の概念にとどまらず、さまざまな実際上の問題を解決する際の基礎に据えられるべきものであることを論証しようとする。

II 管理機構人格説の提唱と承継

破産管財人の法的地位に関する管理機構人格説は、山木戸克己博士の提唱に始まる[注4]。博士によれば、破産者の総財産を対象として多数債権者の債権の公平な満足を図ることを目的とする破産手続の清算的性格を基礎として、破産手続における諸問題を統一的に理解し、破産関係に対する認識を体系的に構成すべき根本理論を破産理論と呼び、破産財団の法的性質、破産債権者相互の関係、否認権の主体、財団債権の性質などの問題に関する議論の中心になるのは、破産管財人の法的地位であり、これが破産理論の中核であるとする。そして、先行する諸学説を検討の上、私法上の職務説と破産財団主体説（破産財団代表説）とを積極的に評価し、私法上の職務の帰属主体であり、破産財団の管理主体である破産管財人について、管理機構としての法主体性を認めることが合理的であるとする[注5]。そして、破産管財人の法主体性の根拠となる規定としては、管理処分権の帰属、破産財団に関する訴えについての当事者適格、否認権の行使などに関する条文の文言を挙げる。

もっとも、破産管財人の法的地位を中核とする破産理論は、「破産関係を統一的ないし体系的に把握するについての理論構成の問題であって、破産関係の個別的事項に関する解釈において結論の差異を導くものはほとんどない」というのが、山木戸博士の認識である[注6]。

(注4) 以下は、山木戸克己『破産法』（青林書院新社、1974）76頁以下による。
(注5) 山木戸・前掲（注4）81頁の表現によれば、「私法上の職務説も破産財団主体説も、結局、管理機構としての管財人に法主体性を認めるものとして、ここに提唱した管理機構人格説に帰一する」という。
(注6) 山木戸・前掲（注4）83頁。

このような考え方は、その後も継承され、拙著もこれを採用している(注7)。もっとも、愚見においては、破産手続上の法律関係においても、また外部の第三者との法律関係においても、破産管財人が破産者や破産債権者とは独立の法主体とみなされることを、管理機構人格説の帰結として引き出しているので、山木戸博士の上記認識とは違いがある。

III 管理機構人格説の揺らぎ

しかし、近年になって、管理機構人格説に対する批判が強まっている(注8)。批判を大別すれば、管理機構人格説の妥当性と有用性に関するものに分けられるが、その内容は、以下のとおりである。

妥当性については、①破産管財人に就任する弁護士または弁護士法人に法人格が認められることはいうまでもないが、それとは別に、管理機構たる破産管財人に法人格を認めるべき法律上の根拠が欠けるとする。これを法律上の根拠の欠如と呼ぶ(注9)。②破産財団所属財産の帰属主体は破産者であり、破産管財人への移転はないことから、破産管財人に法人格を認めるべき必要性はないとする。これを必要性の欠如と呼ぶ。③破産管財人の善管注意義務

(注7) 1970年代から80年代における代表的体系書である、谷口安平『倒産処理法〔第2版〕』(筑摩書房、1980)60頁においては、利害関係人から独立した管理機構として破産管財人を位置付け、それに法主体性を認める一方、それ自身が対象たる財産の帰属主体たるわけではないとする。「管理の機構そのものを直視してこれに主体性を認めるのがその独立的性格に最も忠実な理解であり、また破産管財人と更生管財人の性格を統一的に理解するうえでも、有意義であると考える。結局、この考え方は従来のいわゆる職務説に近いアプローチである」(61頁)との記述がこれに相当する。ただし、「いずれの見解によっても、具体的な結論が変わるわけではなく、いかにしてすべての関係を矛盾なく説明しきれるかという問題」であるとしている(60頁)。
さらに、1990年代に入って、霜島甲一『倒産法体系』(頸草書房、1990)54頁は、破産管財人に管理機構としての法主体性を認めることを前提として、破産者を委託者、破産債権者を受益者とする受託者の地位を破産管財人に認める。伊藤・破産法民事再生法218頁も、破産手続に関する各種法律関係の基礎概念として管理機構人格説を支持する。
(注8) ここでは、代表的なものとして、籠池信宏「破産管財人の法的地位——通説に対する批判的考察」倒産法の最新論点ソリューション226頁を中心とし、以下、「籠池論文」と呼ぶ。
(注9) 松本博之=上野泰男『民事訴訟法〔第8版〕』(弘文堂、2012)265頁も、「管理機構に法人格を付与する法規定がないのに、財産ではなく財産の管理処分権を基礎にするに過ぎない管理機構に法人格を認めることができるかという疑問がある。」とする。

違反は破産管財人たる者の私人責任を生じさせる可能性があり、破産管財人の私人たる性質を否定することはできないとする。これを私人たる破産管財人の責任の発生可能性と呼ぶ。④否認権などの倒産実体法上の権能は、私人としての破産管財人に帰属し、その者が職務としてこれを行使すると解すれば足りるという[注10]。これを破産管財人たる私人への権能の帰属と呼ぶ。

他方、有用性に関しては、すでに山木戸博士や谷口博士が認めているとおり、管理機構人格説を含む破産管財人の法的地位に関する諸説は、具体的な問題の結論を左右したり、理論構成に影響を与えるものではないとされ、それを突き詰めて、無用論も有力となっている[注11]。

このように、管理機構人格説に対する批判は、その内容、根拠および理論構成に関するものと、他の説も含め、議論すること自体に対する疑問とを含んでいるので、まず、後者、すなわち議論の意義について、伝統的な論点である財団債権の債務者との関係を意識しながら検討してみたい。

Ⅳ 破産管財人の法的地位を巡る議論の意義

管理機構人格説の提唱者たる山木戸博士自身が自認されており、その後、管理機構人格説を支持する側でも、またそれを批判する側でも、現実に生起する問題を解決するための基準として、この議論が有効な手段となり得ないことは、ほぼ共通の認識になっている。その背景には、原理原則から出発して、個別問題解決のあるべき姿を探るという思考が共感を呼ばず、むしろ個別的問題に即して、利益考量などの発想によって解決すべきであるとの考え方が有力になっていることがあるかもしれない。

もっとも、財団債権の債務者をどのように考えるかの問題については、破産管財人が債務者となるとの帰結に対し、その結論が不当であるとの批判がなされているので、このことは、逆に、この問題に限ってみれば、管理機構

(注10) 籠池論文235頁は、成年後見人の取消権（民9条本文・120条1項）との対比で、破産管財人には、「独立の『法主体性』を認めれば足り、『法人格性』まで認める必要性はない」とする。
(注11) 山本克己「財団債権・共益債権の債務者——管理機構人格説の検討を兼ねて」田原古稀（下）65頁・82頁。以下、「山本克己論文」と呼ぶ。

第3部　研究者からみた破産管財人の財産換価を巡る理論上の諸問題

人格説を採用するか否かが、具体的結論に影響を持ち得ることを裏付けているとみることもできよう。この問題については、Ⅴで扱う。

しかし、その他の問題については、否認権や双方未履行双務契約の解除権の行使主体を管理機構としての破産管財人とするか、それとも私人としての破産管財人とするかで、特段の差異は生ぜず、それに対して、管理機構としての破産管財人に法主体性または法人格を認める明文の規定がない以上、あえて管理機構人格説をとるべき理由はないというのが、近時の議論の大勢である(注12)。

1　最判平成26・10・28（民集68巻8号1325頁）の意義

このような議論は、基礎概念と個別的問題を検討する視点との関係の考察について疑問がある。例えば、最判平成26・10・28は、無限連鎖講を営んだ破産会社の破産管財人が、講による配当を受けた者に対する不当利得返還請求権を行使した事案において、相手方が民法708条の不法原因給付の法理を理由として返還を拒むことは、信義則上許されないとしたものであるが、不当利得返還請求権は破産会社に帰属するものの、不当利得として返還を求める破産管財人は、破産債権者の利益と反社会的事業の被害救済のために配当金の返還を求めるものであることを理由としている。

これに関して、判決に付された木内道祥裁判官の補足意見中、「会員を含む破産債権者への配当が実施されれば、その配当額については破産者の債務が減額されることにはなるが、破産者にとっての破産債務の消滅ないし自然債務化は、破産配当の有無を問わず、法人であれば破産終結に伴う法人格の消滅により、個人であれば免責許可によってなされるのが破産制度の基本的な仕組みであり、破産管財人に対する給付の返還が直ちに破産者の債務の消滅に結び付くものではない。破産管財人の不当利得返還請求を認めることをもって、反倫理的な事業を行った破産者に法律上の保護を与えることになるということはできない。」との部分が注目される。

(注12)　ただし、山崎栄一郎「一裁判官の視点」倒産法の最新論点ソリューション263頁は、破産管財人に実体法上の地位を認めないことが、実体法上の問題の適切な解決に困難を来すのではないかと指摘する。

1　破産管財人の法的地位と第三者性

　ここでは、返還を受けた配当金を破産配当として破産債権者に分配すれば、それに対応して破産債権の額、すなわち破産者の債務が減額されることになることを指摘しつつ、不当利得返還請求権についての破産管財人の管理処分権は、そのような結果とは独立のものであり、不当利得返還請求権の帰属主体である破産者が、債務の減額という利益を受けることは、同請求権の管理処分主体である破産管財人が破産債権者などの利益のためにそれを行使することの障害にならないとされている。これは、破産管財人の管理処分権が、財産の帰属主体である破産者から切り離され、破産手続の目的を実現するための独立の存在であることを意味している。

　さらに、この管理処分権が私人としての破産管財人か、管理機構としての破産管財人に帰属するものかが次の問題となるが、例えば、破産管財人が辞任し（破規23条5項）、または解任され（破75条2項）、新たな破産管財人が選任されることによって、私人としての破産管財人が交代したときであっても、破産管財人の管理処分権行使またはその効果については、何らの影響も生じないことを考えれば、管理処分権の帰属主体は、破産管財人に選任された私人ではなく、管理機構としての破産管財人そのものであると構成すべきである。そして、このように構成することが、権利帰属主体である破産者の利益から独立した破産管財人の管理処分権の意義を反映するものと考えられる。

　本判決の第1審である東京地判平成24・1・27（判時2143号101頁）は、「破産開始決定時に破産者が有していた財産権の管理及び処分する権利は破産管財人に専属している（破産法78条）ところ、本件で、原告は、本件契約が無効であることを前提に、破産会社が破産開始決定時に有していた被告に対する不当利得返還請求権を、破産者に代わって上記管理処分権に基づき行使していると認められる。そうすると、不法原因給付によって返還請求権が否定される第三債務者に対する債権について、債務者ではなく債権者が債務者に代わって当該債務を管理するために債権者代位権に基づいてこれを代位行使した場合にも、不法原因給付に基づき返還請求権が否定されるべきであること（大審院大正5年11月21日判決・民録22輯2250頁参照）と同様に、総債権者のために破産財団に属する財産を管理する破産管財人が破産財団に属する

第3部　研究者からみた破産管財人の財産換価を巡る理論上の諸問題

債権を行使する場合であっても、破産者が破産開始決定前に当該債権を取得した時から不法原因給付により返還請求権が否定される場合には、破産管財人による不当利得返還請求は、民法708条により許されないと解するのが相当である。」と判示し、控訴審である東京高判平成24・6・6（金法1981号106頁）がそれを受けて、「破産管財人は、破産会社が破産手続開始決定時に有していた不当利得返還請求権を、破産者に代わって行使するものであることは、上記引用に係る原判決が『事実及び理由』欄の『第3　争点に対する判断』の2（原判決7頁23行目から同9頁24行目まで）において判示するとおりである。……破産管財人が不当利得返還請求権を行使する場合には民法708条の適用がなく、上位会員に対する不当利得返還請求権の行使により下位会員に生じた損害を補てんすることができるとすれば、本件事業を主導した破産会社ないしその代表者等の負担する債務を減額させることになるなど、結局において、破産会社の公序良俗に反する本件事業について法律上の保護を与えることとなり、民法708条の趣旨に反し相当ではない。」と判示していることと比較すると、最高裁判決の意義がより鮮明になる。

　すなわち、原審が、不当利得返還請求権に関する破産管財人の管理処分権について、債権者代位権と同様に、破産者に属する権利を破産管財人が自らの名において代わって行使するとの考え方を基礎にしているのに対し(注13)、最高裁判決は、当該権利が破産者に帰属することとは独立に、破産手続目的実現のための管理処分権が破産管財人に与えられていることを重視しており、独立の法主体性を認める管理機構人格説に親和的なものと理解できる(注14)。

(注13)　籠池論文238頁が、職務説の内容として、破産管財人の地位を「法定授権」とするのも、このような考え方に近いものと理解される。
(注14)　もっとも、本判決がその点についての立場を明らかにしているわけではなく、「不当利得と無限連鎖講の被害者の破産債権との間に密接不可分の関係がある」ことから、破産管財人による不当利得返還請求を認めたにすぎないという理解（大澤彩「判批」平成26年度重判〔2015〕80頁）や、破産管財人の法的地位に関する特定の考え方に与することを避け、信義則による解決を図ったという評価（加藤雅信「判批」私法判例リマークス51号〔2015〕9頁）が正しいともいえるが、原審のような考え方を前提とすれば、およそ不当利得返還請求が認められる余地がないという点で、管理機構人格説に親和的なものと考えられる。

2 成年後見人の取消権および遺言執行者の法的地位との比較

　管理機構人格説に対する疑義の１つとして、成年後見人や遺言執行者との対比が挙げられる。成年後見人についていえば、成年被後見人の行為について法定代理人としての取消権が与えられている点で（民９条本文・120条１項）、否認権の行使主体たる破産管財人と類似性があり、また、遺言執行者についていえば、相続財産の管理などの権能が与えられている点で（民1012条１項）、破産管財人と同質性がある。それにもかかわらず、成年後見人や遺言執行者について法主体性や法人格を認めるべきであるとする議論が存在しないことをもって、破産管財人に法人格を認めるべき理由がないことの傍証とする(注15)。

　しかし、成年後見人や遺言執行者の法律上の地位と破産管財人のそれとの間には、単なる権限の広狭を超えて、質的な差異がある。成年後見人の地位は、基本的には、被後見人の法定代理人であり(注16)、その延長としての取消権が与えられているものの（民９条本文・120条１項）、成年被後見人の財産についての独立の管理処分権が付与されているわけではない。また、遺言執行者は、相続財産の管理その他遺言の執行に必要な一切の行為をする権利義務を有するが（民1012条１項）、その法的地位は、相続人の代理人とみなされており（民1015条。ただし、「民法及び家事事件手続法の一部を改正する法律（平成30年法律第72号）」1015条では、「代理人とみなす」旨の文言は改められているが、法定代理人としての実質を変えるものではない。堂園幹一郎ほか「改正相続法の要点(3)」金法2103号〔2018〕34頁・36頁参照）、管理処分権のみならず、否認権、双方未履行双務契約の解除権などの実体法上の権能、さらに各種の手続的権限を付与されている破産管財人とは、法律上の位置付けおよび権能について、質的な差異がある。

　破産管財人については、その管理処分権（破78条１項）を基礎として、さまざまな実体法および手続法上の権能の帰属主体となっており、結節点として

(注15)　籠池論文235頁、山本克己論文69頁。
(注16)　『我妻・有泉コンメンタール民法　総則・物権・債権〔第５版〕』（日本評論社、2018）214頁。

の地位に合理的な説明を与えることが求められ、かつ、それが実体法律関係において、権利の帰属者たる破産者と区別して、破産管財人にどのような地位を与えるかの前提となる。Ⅸに述べる外部の第三者との法律関係をどのように再構成するかも、破産管財人が破産者とは独立した法主体であり、管理処分権の帰属主体であることが前提となる。

3 法律上の根拠の欠如

管理機構人格説を批判する論者が一致して指摘するのは、破産管財人に法人格を認める明文の根拠に欠けるというものである。その指摘自体は失当とはいえず、兼子一博士や山木戸博士の学説も、その点を意識したからこそ、「破産財団の管理機構すなわち管財人の法主体性については、これを明認する規定はないが、これを<u>認めうる論拠</u>としては、破産財団主体説によって説かれているところを援用しうると考える。すなわち、破産関係がこの<u>法主体性を想定することによってはじめて合理的に理解されうる場合には、これを承認すべきである</u>」[注17]（下線は、筆者による）と記述されている。

すなわち、明文の規定がないことは前提とされているのであり、それにもかかわらず、管理処分権を基礎として破産財団の維持増殖のために法が認めている各種の権能や権限を有機的に連関させ、その合理的限界を画するためには、破産管財人とされる私人とは別個に、管理機構としての破産管財人に法主体性を措定すべきであるという管理機構人格説の正当性は、現在でも変わっていない。

4 破産管財人の職務の多様性

管理機構人格説を批判する近時の有力説は、破産管財人の地位について、「倒産実体法が定めるプライオリティルールに基づいて衡平分配を実施する公的手続機関（執行機関）」としたり[注18]、「破産財団財産上に破産債権者全体のために差押債権者の地位が成立していることを前提として、破産財団を

(注17) 山木戸・前掲（注4）82頁。
(注18) 籠池論文231頁。

管理・処分」をする(注19)などの説明をすることが多い。確かに、破産管財人の中心的職務は、破産債権者全体の利益実現であり、各種の実体法および手続法上の権能、権限あるいは義務は、その目的のために行使し、また履践される(注20)。

しかし、破産管財人の職務は、それに尽きるものではなく、廃棄物の処理や土壌汚染の除去にみられるように、ときには、破産債権者への利益配分を制限する結果となるとしても、問題となる財産を破産財団から放棄することをせず、社会的正義に沿った行動をすることが求められる(注21)。破産管財人は、破産債権者の利益実現を第一義としつつも、破産者が負っている社会的義務を承継したり、また、破産財団所属財産についての公法上の義務を果たさなければならない。このような破産管財人の職務の多様性を考えれば、その地位を執行機関に擬したりすることは適切ではなく、管理機構としての独立性を前提として、その職務の内容と合理的範囲を考えるべきであろう。

V 財団債権の債務者

破産管財人の法的地位に関する問題の1つとして、財団債権の債務者がある。愚見は、管理機構人格説の帰結として、管理機構としての破産管財人が財団債権の債務者であり、破産財団が責任財産となるとしている(注22)。もっとも、この点に関しても、管理機構人格説に対する批判の一環として、近時は、有力な反対説があり(注23)、以下、その要旨を紹介した上で、管理機構人

(注19)　中西正「破産管財人の実体法上の地位」田原古稀（下）404頁（以下、「中西論文」と呼ぶ）。
(注20)　手続法上の義務の1つである破産管財人の情報提供努力義務（破86条）については、岡伸浩『倒産法実務の理論研究』（慶應義塾大学出版会、2015）59頁以下があり、そこでは、一般原則としては、破産管財人が破産者の権利義務を包括的に承継するとの立場に立ちつつ、破産管財人が使用者とはいいがたいところから、破産者（使用者）の情報開示義務を承継するのではなく、独自の義務として、情報提供努力義務を負うのであり、要件や効果についても、それを前提とすべきであることを明らかにする。
(注21)　佐村浩之ほか「パネルディスカッション・破産管財人の地位の再検討」事業再生と債権管理128号（2010）141頁における吉田肇発言（145頁）、佐村浩之発言（146頁）、小久保孝雄発言（146頁）参照。
(注22)　伊藤・破産法民事再生法335頁。
(注23)　籠池論文235頁以下、山本克己論文66頁・70頁・74頁・78頁などによる。

格説の立場からの反論を展開する。

1 財団債権の債務者を破産管財人とすべき理由がないことの論拠

　第1に、破産手続終了後に破産者が財団債権についての責任を負わないとする結論を是認するとしても、それは管理機構人格説のみの帰結ではなく、財団債権の債務者を破産者として、破産者が破産財団に限定した責任を負うという構成からも正当化できるという。

　第2に、破産債権の債務者を破産者としながら、財団債権の債務者を破産管財人とすることは、財団債権にはさまざまな性質の債権が存在することを考えれば、いたずらに法律関係を錯綜させるという。ここでいうさまざまな性質とは、破産手続遂行の費用とみなされるもの（破148条1項1号・2号）、破産管財人の行為に起因するもの（同項4号～8号）、政策的判断によって破産債権から財団債権に格上げされたもの（同項3号・149条1項・2項）を意味すると思われる。

　第3に、本来的性質が破産債権である財団債権（労働債権等）についても、その債務者を破産管財人と解するのであれば、破産手続開始の前後で債務者の交代が生じるとみなければならないが、それは不合理であり、かつ、法的根拠にも欠けるという。

　第4に、倒産手続相互間の移行の局面で、再生手続や更生手続上の共益債権が財団債権とされる可能性を考えると、共益債権の債務者である更生会社や再生債務者から財団債権の債務者が破産管財人に交代することは、円滑な移行を妨げる要因になるという。

　第5に、租税債権についてみても、その債務者を破産手続開始の前後で破産者から破産管財人に交代させることは、租税法規の解釈上、困難であり、かつ合理性を欠くという[注24]。

　第6に、破産者が財団債権について破産手続終了後に責任を負うかどうか

（注24）　籠池論文236頁注13では、この点を敷衍し、税務処理上でも、破産管財人による消費税の申告納付などに当たって、破産者を納税義務者、すなわち財団債権たる租税債権の帰属主体として扱っていることを論拠とする。

は、管理機構人格説を採用することの帰結としては決せられず、各種の財団債権が破産債権と異なった取扱いをされる根拠を考慮して結論を導くべきであるとする。

2　それぞれの論拠についての検討

第1の論拠は、財団債権について破産者が実質的な責任を負わないとするためには、管理機構人格説だけではなく、破産者を債務者としても、破産財団を限度とする物的有限責任の考え方で導けるというものであるから、財団債権の債務者を破産管財人とすべき積極的理由がないことを指摘するものであるが、この点は、財団債権の債務者を破産管財人とすることに対する批判の補助的論拠にとどまると考えられる。

第2の論拠は、ある債権が財団債権とされる根拠にさまざまなものがあるにもかかわらず、管理機構人格説を根拠に、破産管財人を債務者として、一律に破産者の負担を否定することを不合理と指摘するものである。本来的財団債権の場合には、その債務者を破産管財人とするか、または破産者としつつ、破産財団を限度とする物的有限責任を適用して、破産者の責任を免れさせることに合理性が認められるが、財団債権とされる租税債権や労働債権は、本来的には、破産手続開始前の原因に基づく優先的地位を持つ破産債権（破2条5項・98条1項）であり、また、租税債権や労働債権は、破産債権であっても、非免責債権とされる（破253条1項1号・5号）にもかかわらず、財団債権とされることによって、破産者がその責任を免れることが不当であるという。

しかし、租税債権や労働債権の一部を財団債権とする取扱いの合理性は別としても、一旦財団債権となり、優先的破産債権も含む他の破産債権に先立って、破産手続によらない弁済を受ける地位を与えながら、なお破産者を債務者とし、破産者の自由財産に対する権利行使を認めるのであれば、破産債権部分も非免責債権とされることを考え合わせると、個人破産者の経済生活の再生（破1条）にとって過大な桎梏となろう。もっとも、この点は、租税債権の徴収確保などを重視するか、個人破産者の再生の機会を確保しようとするか、価値判断の問題ということもできる。

第3の論拠については、破産手続開始決定の効果として破産管財人に管理処分権が付与されるとともに、それに伴って、その前に成立している租税債権や労働債権の債務者の地位が破産者から破産管財人に移転すると解すべきである。破産手続開始後の原因に基づく財団債権については、当該債権の発生とともに破産管財人を債務者とする財団債権が成立するが、破産手続開始前に発生している債権については、財団債権の地位の成立は、破産手続開始時であり、その効果として、債務者の地位が交代する。

第4の論拠については、再生手続における共益債権の債務者が再生債務者であり、更生手続における共益債権の債務者が管財人であるとの前提に立つときには(注25)、破産手続開始決定（民再250条1項・2項）の効果として、共益債権の債務者たる再生債務者の地位が財団債権の債務者たる破産管財人の地位に交代する。更生手続における共益債権の債務者たる管財人の地位が財団債権の債務者たる破産管財人の地位に交代するのも、同様の理由による（会更252条1項・2項参照）。その他、手続間の移行形態としては、破産手続から再生手続または更生手続へのなどがあり、それに伴って財団債権の共益債権化（再生手続・更生手続）、共益債権（再生手続）の共益債権化（更生手続）、共益債権（更生手続）の共益債権化（再生手続）の効果が生じるが(注26)、これらについても同様に考えるべきである。

第5の論拠は、租税法と破産法の交錯にかかる。租税法の視点からは、破産手続開始前の原因に基づく租税債権（破148条1項3号）はもちろん、破産手続開始後の原因に基づく租税債権（同項2号）であっても、その債務者は破産者であるとされるかもしれない。しかし、そのことは、当然に破産手続上で租税債権の債務者を破産者と決すべきものではない。ある租税債権を破産債権として扱うか、財団債権の地位を与えるかは、破産手続の目的に照らして破産法が決すべき問題である。

諸外国の法制と比較したとき、わが国の破産者および破産債権者にとって、租税債権の負担は重い。破産手続開始前の原因に基づく租税債権を財団

(注25) 伊藤・破産法民事再生法931頁、伊藤・会社更生法247頁。
(注26) 伊藤・破産法民事再生法1217頁、伊藤・会社更生法727頁。

債権として、破産手続遂行の費用と同質のものとして扱うことが異例であるし(注27)、租税債権を特別の限定なく非免責債権とすることも他に例をみない(注28)。

　法人破産者の場合には、破産手続の終了によって法人格が消滅することに伴って（破35条，一般法人148条6号・202条1項5号など）、租税債権も消滅するが、個人破産者の場合には、破産債権たる租税債権からも解放されることはなく、加えて、財団債権たる租税債権についても、破産手続において完済されない限り、その負担を続けなければならない。財団債権たる労働債権についても、同様である。破産手続廃止の可能性などを前提とすると、財団債権の完済が常に保障されているわけではないが、一方で、破産債権者全体に対する優先権を保障している以上、他方では、破産手続終了後の破産者に対する追及を遮断すべきであるというのが、管理機構人格説の帰結であり、たとえ税務申告上などでは財団債権たる租税債権の債務者を破産者と表示しなければならないときであっても、破産手続上では、その実質が管理機構たる破産管財人を意味するものと解すべきである。

　第6の論拠については、確かに、管理機構人格説のみに基づいて結論を出すことは性急であり、各種の財団債権について破産者の責任を認めるべきかどうかの実質的検討が必要であるが、手続遂行の費用および破産管財人の行為に起因して発生する財団債権はもちろん、破産手続開始の原因に基づく租税債権または労働債権で破産手続開始の効果として財団債権とされたものについても、それについて破産者の責任を存続させるべき合理的理由がなく、かつ、理論的にも、財団債権性の付与とともに破産者から破産管財人への債務者の地位の交代を認め得るのであれば、破産者の債務や責任を復活させるべき理由に乏しい。

（注27）　母法であるドイツ法では、旧破産法典においても財団債権ではなく、優先的破産債権とされていたが、現行倒産法典では、優先的破産債権としての取扱いも廃止している。竹下守夫監修『破産法比較条文の研究』（信山社、2014）438頁参照。
（注28）　アメリカ法およびドイツ法について、竹下監修・前掲（注27）619頁・634頁参照。

Ⅵ　財団債権と破産財団所属債権との相殺

　財団債権と破産財団所属債権との相殺、とくに破産管財人側から破産財団所属債権を自働債権とする相殺を認めるべきことについては、異論がみられない。しかし、管理機構人格説に対する批判の１つとして、財団債権の債務者を管理機構としての破産管財人とする以上、破産者に帰属する破産財団所属の債権との間に債権債務の対立がみられず、相殺の要件を満たさないのではないかとの疑問が提起されている(注29)。

　確かに、債権債務の形式に着目すれば、両者の間に対立が存在しないが、財団債権の債務者たる破産管財人は、破産財団を責任財産とする法主体であり、その点からすれば、同じく責任財産を内容とする破産財団を構成する債権で財団債権者を相手方とするものと、債権債務の対立がある状態と同視することができよう。相殺の効果という視点からみても、破産財団を責任財産とする財団債権と責任財産に属する相手方に対する債権とが対当額で消滅することから、財団債権の債務者を管理機構たる破産管財人とする前提に立っても、相殺適状を肯定すべきである。

Ⅶ　善管注意義務違反の効果

　破産管財人は、その職務の執行について善管注意義務を負い、その懈怠があれば、利害関係人に対して損害賠償義務を負う（破85条）。この損害賠償義務の主体は、破産管財人の地位にあり、またはあった私人であると解されているので、それが管理機構人格説をとることの障害にならないかどうかが問題とされる。この点については、すでに愚見を明らかにしているが(注30)、破産管財人の善管注意義務は、破産債権者に代表される破産手続内の利害関係人（破産債権者、財団債権者、破産者）を相手方とするものであり、管理機構人格説の立場に立っても、管理対象である破産財団の維持管理等に要求され

(注29)　山本克己論文71頁。
(注30)　伊藤眞ほか「破産管財人の善管注意義務──『利害関係人』概念のパラダイム・シフト」金法1930号（2011）64頁。これについて一定の評価を与えるものとして、藤本利一「破産管財人の善管注意義務」事業再生と債権管理139号（2013）116頁がある。

る注意義務を怠った場合に、破産管財人に就任している私人が破産手続内の利害関係人に対して損害賠償義務を負う。これは、破産管財人の任にある私人と利害関係人との間の破産手続内における法律関係に関する規律といえよう。

これに対して、破産管財人の管理機構としての行為に基づく外部の利害関係人との関係は、第1次的には、財団債権（破148条1項4号など）を生じさせる原因となり、場合によっては、財団債権の発生と同時に破産管財人に就任している私人が共同不法行為として不真正連帯債務を負ったり、あるいは不要な財団債権を生じさせたことを理由として、破産債権者などに対する善管注意義務違反を問われる可能性はある[注31]。

いずれにしても、破産手続内の利害関係人に対する善管注意義務違反を問われるのは、破産管財人に就任している私人であり、管理機構としての破産管財人の行為に起因する外部の利害関係人に対する関係は、財団債権として管理機構たる破産管財人が破産財団を責任財産として債務を負うか、場合によっては、管理機構としての破産管財人と私人とが共同で債務を負うにとどまる。このように、善管注意義務の相手方およびその根拠を明確にすれば、管理機構人格説をとることが私人としての善管注意義務の負担と矛盾することはあり得ない。

善管注意義務にかかる最判平成18・12・21（民集60巻10号3964頁）は、一方で、破産管財人が破産者から承継する担保価値維持義務に違反したときには、旧破産法47条7号または8号（現行破産法148条1項7号または8号相当）による財団債権が成立し、他方で、別除権者に対する善管注意義務も問題となり得るが、その当時の議論の状況や裁判所の許可を得ていることなどから、善管注意義務違反は肯定できないとしている。このような判断枠組みのうち、別除権者が善管注意義務の相手方となり得るとの点は、愚見と異なっているが、担保価値維持義務は、管理機構としての破産管財人が負担する義務であり、その違反を根拠として破産財団を責任財産とする財団債権が成立し、善管注意義務は、破産管財人に就任している私人が負担する義務であり、

（注31）　佐長功「破産管財人の善管注意義務と個人責任」自正64巻7号（2013）51頁参照。

その違反を根拠として私人の損害賠償義務が成立するという点は、本稿が前提としている管理機構人格説と親和的である(注32)。

Ⅷ 破産管財人の源泉徴収義務と管理機構人格説

破産管財人が、①自らに対する報酬を支払う際に、源泉徴収義務を負うか、② 破産手続開始前の原因に基づく給料等の請求権に対し、財団債権としての支払（破149条）または優先的破産債権（破98条1項）としての配当を行う際に、事業主である破産者と同様に、所得税法の源泉徴収義務を負うかどうかについては、かねてから議論が対立していたところ(注33)、最判平成23・1・14（民集65巻1号1頁）による判断基準が示されたが、ここでは、管理機構人格説との関係において判例の意義をどのように理解すべきかを検討する。

まず、①については、「破産管財人の報酬は、旧破産法47条3号にいう『破産財団ノ管理、換価及配当ニ関スル費用』に含まれ……破産財団を責任財産として、破産管財人が、自ら行った管財業務の対価として、自らその支払をしてこれを受けるのであるから、<u>弁護士である破産管財人は、</u>その報酬につき、所得税法204条1項にいう『支払をする者』に当たり、同項2号の規定に基づき、自らの報酬の支払の際にその報酬について所得税を徴収し、これを<u>国に納付する義務を負う</u>と解するのが相当である。」（下線は、筆者による）とした上で、それが財団債権に当たる旨を判示している。

ここでの法律関係として想定されているのは、破産管財人に就任し、管財業務を行い、その対価として報酬を受ける私人たる弁護士と、その支払をする破産管財人であり、管理機構人格説の枠組みで理解すれば、管理機構としての破産管財人が、破産財団を責任財産として、私人としての弁護士に対して報酬の支払を行い、その際に、源泉徴収所得税を財団債権として国に納付する義務を負うことになる(注34)。

このような判断枠組みは、②についての判決理由の一部、すなわち「破産

(注32) 破産管財人の行為に基づく不当利得返還請求権としての財団債権の成立を肯定する一方で、破産管財人が悪意の受益者に当たらないとした、最判平成18・12・21判時1961号62頁も、同様の判断枠組みを前提としている。
(注33) 詳細は、伊藤・破産法民事再生法349頁参照。

管財人は、破産財団の管理処分権を破産者から承継するが（旧破産法7条）、破産宣告前の雇用関係に基づく退職手当等の支払に関し、その支払の際に所得税の<u>源泉徴収をすべき者としての地位を破産者から当然に承継する</u>と解すべき法令上の根拠は存しない。そうすると、破産管財人は、上記退職手当等につき、所得税法199条にいう<u>『支払をする者』</u>に含まれず、破産債権である上記退職手当等の債権に対する配当の際にその退職手当等について所得税を徴収し、これを<u>国に納付する義務を負うものではない</u>と解するのが相当である。」（下線は、筆者による）との説示と共通する。

すなわち、この場合にも、破産管財人に納付義務が認めることは、源泉徴収制度の趣旨に合致しないというのであるから、仮に破産管財人に源泉徴収に係る所得税の納付義務を認めるとすれば、破産管財人がその主体になることが前提とされている。①の判示とあわせて考えれば、ここでいう破産管財人は、その職についている私人ではなく、管理機構としての破産管財人を意味するものと理解できる(注35)。

もっとも、このような判旨の前提に対しては、有力な批判があり(注36)、源泉徴収に係る所得税について納付義務を負うかどうかは、あくまで破産者を

(注34) 古田孝夫「判解」最判解民事篇平成23年度16-17頁によれば、本件の第1審および原判決は、破産管財人を国の執行機関とみて、源泉徴収義務（納付義務）の主体を破産者と考えているのに対し、最高裁判決は、租税実体法上の源泉徴収義務の帰属主体としての法主体性（法人格）を破産管財人に認める見解に立ったものであることは明らかであるとする。

(注35) 松下淳一「判解」水野忠恒ほか編『租税判例百選〔第5版〕』（有斐閣、2011）213頁は、判示は管理機構人格説に親和的であるとする。古田・前掲（注34）24頁は、破産配当を行う場面においても、破産管財人は、法主体性（法人格）を否定されるものではないことを前提としつつ、配当を受領する破産債権者と破産管財人との間に「特に密接な関係」があるとはいえないことから、「支払をする者」であることを否定する見解をとったとする。

また、木村真也「源泉徴収義務の破産管財人に対する適用方法と適用範囲」倒産法の最新論点ソリューション275頁は、破産管財人に予納申告の義務を認めた最判平成4・10・20判時1439号120頁との関係でも、破産管財人を租税法上の義務の主体と認めるのが判例法理であり、その上で、破産配当の実施などについては、破産管財人が「支払をする者」に当たらないとの理解に立って判旨を読むことに「無理があるわけではない」とする。

(注36) 永島正春「破産管財人の租税法上の地位」園尾隆司＝多比羅誠編『倒産法の判例・実務・改正提言』（弘文堂、2014）586頁以下、籠池論文255頁。

軸にして検討すべきであり、破産管財人がその義務を負うことは、あり得ないとする。批判の中心は、第1に、管理機構たる破産管財人に法人格を認める根拠がないというものであり、第2に、所得税法12条などに明らかにされている実質所得者課税の原則からいえば、破産管財人たる私人の提供した役務の実質的享受者は、破産者であり、また、給与等の請求権を財団債権として支払い、またはそれに対する配当を実施する場合にも、債務の消滅という実質的利益が帰属するのは、破産者であるから[注37]、破産管財人を所得税などの債務者として想定するのは、租税法の基本原則と調和しないとする。

このうち、管理機構としての破産管財人に法主体性または法人格を認める明文の根拠が存在しないとする点については、すでにⅣ3において愚見を述べたので、ここでは、第2の点についてのみふれることとする。

租税法の実質所得者課税の原則との関係では、破産財団の維持増殖にかかる破産管財人の活動や破産配当による実質的利益が破産者に帰属するというのが有力説の趣旨と理解され、ここでいう破産者の利益とは、破産財団の維持増殖を通じて、財団債権に対する弁済や破産配当が実施されることによって、債務の全部または一部が消滅することを意味する。

しかし、先に最判平成26・10・28（民集68巻8号1325頁）における木内道祥裁判官の補足意見に示されているように、弁済や配当によって破産者が得る利益は、あくまで付随的なものにとどまり、免責の付与を別とすれば、破産手続の目的（破1条）に示されているように、本質的利益は、破産財団、すなわち破産手続開始時の破産者の総財産の分配であり、その利益が帰属するのは、破産債権者であり、これに財団債権者が加わるにすぎない。

したがって、実質所得者課税の原則との関係を重視するのであれば、むしろ破産債権者の利益実現を目的として活動する管理機構としての破産管財人を租税債権の債務者とするのが妥当である。また、最高裁判例の基礎、すなわち破産管財人に就任した私人に対する報酬の支払の主体である破産管財人は、源泉徴収義務を負うこと、逆に、給与等の請求権についての破産管財人の財団債権の弁済や破産配当については、雇用主たる破産者とは区別され、

(注37)　永島・前掲（注36）588頁以下参照。

「破産管財人と上記労働者との間に，使用者と労働者との関係に準ずるような特に密接な関係があるということはできない」から、源泉徴収義務を負わないとの判示の基礎には、法主体性の明示こそないものの、破産管財人が破産債権者などの利害関係人の利益実現を目的として活動し、破産者とは独立の管理機構であるとの考え方を読み取るべきである。

IX 外部法律関係における破産管財人の法的地位

管理機構人格説を前提すれば、破産手続開始決定の効果として、破産財団を構成する財産の管理処分権が破産者から剥奪され、管理機構としての破産管財人に帰属し、破産管財人は、その管理処分権の発現として、倒産実体法および手続法の権能や権限を行使する。もっとも、実体法上の地位や権能に関しては、破産法典中の実体規定がそのすべてを尽くしているわけではなく、一般実体法の規定の解釈としてその地位を定める必要が生じる[注38]。

愚見は、これを3つに分け、第1は、破産者またはその一般承継人と同視される破産管財人、第2は、破産手続開始決定の効果として破産財団所属財産についての差押債権者と同様の法律上の地位を認められる破産管財人、第3は、倒産実体法上で否認権や双方未履行双務契約の解除権などの特別の法的地位を認められる破産管財人としている[注39]。もっとも、第3の法的地位は、倒産実体法の規定そのものに基づくものであるから、ここでは、第1および第2のみについて述べる。

1 破産者の一般承継人と同視される破産管財人および差押債権者と同視される破産管財人

第1の破産者またはその一般承継人と同視される破産管財人とは、破産者から破産管財人への管理処分権の移転こそあれ、法律関係の相手方からすれ

(注38) 岡・前掲（注20）268頁・272頁は、破産管財人と対置される再生債務者について、それが再生手続の機関であるという位置付けから、当然に第三者性が認められるものではなく、民法177条や94条2項の解釈によって決せられるべきものであり、その判断に際しては、再生債務者の公平誠実義務（民再38条2項）が重視されるべきであるとする。
(注39) 伊藤・破産法民事再生法352頁。

第3部　研究者からみた破産管財人の財産換価を巡る理論上の諸問題

ば、そのことをもって法的地位の変更を受忍すべき理由がないことを意味する。近時の判例において、「破産管財人は，質権設定者が質権者に対して負う上記義務を承継する」（最判平成18・12・21民集60巻10号3964頁）とか、「破産管財人は，破産財団の管理処分権を破産者から承継する」（最判平成23・1・14民集65巻1号1頁）などの表現が用いられるのは、このような趣旨を表現したものと理解すべきである。破産管財人の管理処分権は、破産手続開始決定の効果に由来するものであり、実体法上で破産者の管理処分権を承継するものとはいえないが、前記のような趣旨から、承継したものとみなされるべきである(注40)。

　第2に、破産管財人に差押債権者と同様の地位が認められることは、破産管財人に対して破産財団の管理処分権を付与する主たる目的が清算、すなわち破産手続開始時の破産者の財産を換価し、その金銭価値を破産債権者に分配することにあり、したがって、管理機構としての破産管財人の地位を、総破産債権者に代わって、破産財団所属財産を差し押えた者と同視し、一般実体法の規律の解釈として、当該財産の譲受人や担保権者との関係で、差押債権者の地位を保護するときには、破産管財人に対しても同様の地位を与えようとするものである。これは、もっぱら破産手続開始決定の効果に由来するものであるため、現実の差押えやその登記を要するものではない(注41)。

（注40）　破産法78条1項に対応するドイツ倒産法典80条1項は、「倒産手続の開始により、倒産財団に属する財産を管理しまたは処分する債務者の権利は、倒産管財人に移転する」と規定する。竹下監修・前掲（注27）287頁。これは、外部の第三者からみれば、破産者の権利の一部である管理処分権が、破産管財人に移転するという実質を表現したものである。
　　もちろん、破産者の地位を破産管財人が承継したとみなされる場合であっても、職務の内容と特質を考慮して、修正または変更が加えられるべき場合がある。使用者としての地位を承継する更生手続の管財人が行う整理解雇や不当労働行為の成否の判断基準について、伊藤眞「事業再生と雇用関係の調整――事業再生法理と労働法理の調和を求めて」松嶋古稀105頁参照。整理解雇については、東京地判平成24・3・30判時2193号107頁、東京高判平成26・6・3労働経済判例速報2221号3頁がある。ただし、より根本的には、破産管財人や更生手続の管財人が、使用者たる破産者の地位を承継するのかどうかという問題がある。池田悠「再建型倒産手続における解雇の特殊性と整理解雇法理の適用可能性」「倒産と労働」実務研究会編『詳説倒産と労働』（商事法務、2013）162頁参照。
（注41）　詳細については、伊藤・破産法民事再生法354頁以下参照。

ただし、破産管財人の一般実体法上の地位は、差押債権者を超えて、債務者財産の譲受人の地位までを含むものではない。この点は、破産管財人の地位を受託者（trustee）とし、破産者の財産の信託受託者として構成する法制と異なる[注42]。最判昭和46・2・23（金判256号2頁）は、「本件3通の約束手形は、いずれも破産会社代表者富岡市郎の依頼を受けて、被上告人が破産会社の運転資金を融通する目的で振り出したものであり、なんら被上告人と破産会社との間に対価関係があって振り出されたものではなく、被上告人は、このことをもって、破産宣告後破産会社から右約束手形を受け取り所持している破産管財人である上告人に対しても対抗することができるものと解すべきである旨の原審の認定判断は、原判決（その引用する第一審判決を含む。以下同じ。）挙示の証拠関係に照らして首肯できる」と判示するが、それは、約束手形の振出人が受取人に対して有する融通手形の抗弁は、手形の譲受人に対しては主張できないことを前提としながら、受取人の破産管財人は、手形の所持人ではあるが、譲受人には該当しないことを判示している趣旨と理解すべきである。

2　近時の批判──破産者の承継人たる破産管財人

このような考え方に対し、近時、有力な批判が展開されている[注43]。まず、破産者またはその一般承継人と同視される破産管財人の地位については、破産管財人が破産者の地位を承継するのではなく、ある破産手続の利害関係人の権利や法律上の地位が破産手続上で尊重されるべきであることを意味し、

（注42）　アメリカ連邦倒産法544条(a)は、ストロング・アーム条項（剛腕条項）を定め、①債務者の財産のすべてに対して先取特権を有する債権者、②強制執行したが債権の満足を受けることができなかった債権者、および③善意で不動産を購入し対抗要件を備えた譲受人と同様の地位を有し、手続開始時点においてこれらの者に対抗できない権利の設定移転などを否認することができると規定する。福岡真之介『アメリカ連邦倒産法概説』（商事法務、2008）152頁、高木新二郎『アメリカ連邦倒産法』（商事法務研究会、1996）173頁、阿部信一郎編著『わかりやすいアメリカ連邦倒産法』（商事法務、2014）129頁参照。譲受人の地位は、仮想のものである。trusteeの起源と沿革については、工藤敏隆「イギリス倒産法における管財機関の生成と信託理論」法学研究（慶應義塾大学）84巻12号（2011）505頁参照。
（注43）　籠池論文229頁および中西論文387頁。

第3部　研究者からみた破産管財人の財産換価を巡る理論上の諸問題

尊重されるべきかどうかは、倒産実体法の規定やその趣旨によって決せられるべきであるとする。そして、尊重されるべき場合には、破産管財人は、当該利害関係人に対して善管注意義務を負うとする(注44)。

しかし、愚見の説くところは、破産財団所属財産について自らの権利を主張する者など、破産手続の利害関係人とはいえず、破産手続外の第三者と破産管財人との関係、いいかえれば、第三者が破産管財人に対してどのような法律上の地位を主張できるかどうかは、否認権の行使など倒産実体法に特別の規律が設けられている場合以外は、契約法などの一般の実体法の規律によるというものである。

その際の原則としては、管理処分権が破産者から破産管財人へ移転したことのみをもって相手方の地位が変更されるべき理由はない。これが愚見や判例法理の中で説かれる破産管財人による破産者の地位の承継の内容である。そして担保価値維持義務の問題にみられるように、承継した破産者の義務を破産管財人が履行しない場合の法律効果は、少なくとも第1次的には、相手方の財団債権の発生であり、善管注意義務の問題ではない。

また、他の批判として、破産清算は、破産者の責任財産の衡平分配の実現を目的としているにもかかわらず、破産管財人を破産者と同視し、その地位を承継するというのは、この目的に合致しないとか(注45)、破産管財人が破産者から独立して破産法上の各種の権能を行使するという管理機構人格説との調和を欠くなどの議論もなされている(注46)。

しかし、前者については、破産清算は外部の第三者の利益を犠牲にしたり、不合理な負担を受忍させて進められるべきものではないといえよう。破産財団に属し、また属すべき財産の公平な分配が破産手続の目的であることはいうまでもないが、破産財団に属すべき財産の範囲や破産財団に属する財産についての第三者の権利の取扱いは、先に述べた理由から、一般実体法の規範によって定まる。これが承継の意味であり、経済社会の基礎として破産手続が機能するための前提条件でもある。

(注44)　中西論文397頁・398頁。
(注45)　籠池論文229頁・231頁。
(注46)　籠池論文245頁。

後者については、管理機構人格説は、破産財団の管理処分権をはじめとする各種の権能の帰属主体として破産管財人の法主体性を想定するのであり、法主体としての破産管財人が外部の第三者とどのような法的地位に立つかを決めるのは、一般実体法および倒産実体法の規律である。承継とは、その基本として、管理機構たる破産管財人が従来の法律関係の主体である破産者と同一の地位に立つものとして取り扱うべきことを意味するのであり、管理機構として破産者からの独立性を前提とするからこそ、承継の意義が認められる。

3　近時の批判──差押債権者たる破産管財人

　近時の有力説は、「倒産実体法は、破産債権者全体に、①すべての破産財団財産上の差押債権者の地位……と、②その差押債権者の地位に平時実体法が結び付けた法的効力を、付与していると、解すべきである」と説き[注47]、それに基づいて、「破産債権者全体が１つの社団を形成し、差押債権者の地位はこれに帰属する……破産管財人は個々の破産財団財産上に破産債権者全体のために差押債権者の地位が成立していることを前提として、破産財団を管理・処分し、破産者と各利害関係人間の法律関係を整理する」との議論を展開する。

　差押債権者の地位の根拠としていわれる倒産実体法が、破産手続開始決定の効力を意味し、一般実体法が差押債権者の地位に対して一定の保護を与えていると解されるときに、破産債権者をそれと同視し、破産管財人がその利益を実現するために管理処分権を行使するという趣旨に解すれば、愚見が説くところと実質的な差異はないと思われる。しかし、破産債権者全体が１つの社団を構成し、差押債権者の地位がそこに帰属するとの法律構成には、２つの問題があろう。

　第１は、破産債権者全体が社団を構成するとの点である。実定法上の根拠については、管理機構人格説と同様であろうが、社団である以上、代表者の選任を含めて、意思決定とその執行のための組織を備えている必要があり、

(注47)　中西論文403頁。

現行法がそれを予定しているかどうかには、疑いがある(注48)。

第2は、差押債権者の地位の帰属である。愚見も、管理機構たる破産管財人に差押債権者の地位を認めるが、それは、あくまで仮想的なものであり、破産管財人の管理処分権を基礎としたものである。破産債権者は、破産管財人の管理処分権の行使によって利益を受ける破産手続の利害関係人であり、破産管財人は、管理機構として破産債権者の利益実現を目的として管理処分権を行使する。この点でも、破産債権者全体に差押債権者の地位が帰属するとの考え方には、無理があるといわざるを得ない。

おわりに

本論文においては、破産管財人の法律上に地位について、管理機構としての法主体性（法人格）を措定することが、基礎概念としての意義を失っておらず、かつ、財団債権の債務者や源泉徴収義務の有無などを判断する際の基準として有用性を認められ、加えて、破産者が主体となっていた破産手続開始前の実体法律関係を破産管財人に承継させるべきか、また、破産管財人に第三者（差押債権者）としての地位を認めるべきかなどの判断においても、管理機構すなわち破産財団所属財産の管理処分権の帰属主体として破産管財人に独立の地位を認めることが前提となることを主張した。本論文の表題に即していえば、管理機構人格説に揺らぎはないとの結論になるが、さらに批判を賜りたい。

(注48) 債権者自治型と呼ばれるような制度の場合には、そのような組織が備わっているとみることもできよう。高田賢治『破産管財人制度論』（有斐閣、2012）3頁・43頁は、裁判所の選任・監督権（破74条1項・75条1項）などを根拠として、日本の法制を裁判所管理型とし、イギリスの債権者自治型と対置する。

破産管財人の善管注意義務と担保価値維持義務

早稲田大学大学院法務研究科教授 山本 研

はじめに

1 本稿における検討対象

　破産管財人の財産換価等の職務遂行に当たり、破産財団を適切に維持・増殖するという職務上の義務（以下、「財団維持増殖義務」と呼ぶ）と、別除権者や契約の相手方等の利害関係人の実体法上の権利を侵害してはならないという義務が衝突し、その調整をいかに図るべきかがしばしば問題となる。また理論的には、その調整に当たり、破産管財人の善管注意義務（破85条1項）との関係をどのように理解すべきかも問題となる。

　別除権者との関係では、破産者が負担していた担保価値維持義務と破産管財人の財団維持増殖義務との適切な調整という形で、破産財団の管理処分に関するさまざまな局面で問題となるが(注1)、とくに、敷金返還請求権に質権を設定した賃借人に破産手続が開始された場合において、破産管財人が破産財団からの賃料の支払を免れるため、手続開始後の賃料に敷金を充当する旨

（注1）　具体的には、①破産管財人による動産売買の先取特権の目的動産の処分等による先取特権の消滅（徳田和幸「破産手続における動産売買先取特権の処遇」田邊光政編集代表『今中利昭先生古稀記念・最新倒産法・会社法をめぐる実務上の諸問題』〔民事法研究会、2005〕150頁以下参照）、②不動産に抵当権が設定されている場合における、担保価値維持のための破産管財人による保守修繕義務、③破産財団に帰属する借地上の建物に抵当権が設定されている場合において、担保余剰価値がないときの地代不払、④将来債権譲渡担保が設定されている場合における、破産管財人による営業の停止等の債権の発生を阻害する行為等の問題が挙げられる。

第3部　研究者からみた破産管財人の財産換価を巡る理論上の諸問題

の合意を賃貸人とすることが、担保価値維持義務および善管注意義務との関係で許容されるかについて判示した、平成18年の最高裁判決（最判平成18・12・21〔平成17年(受)第276号事件〕民集60巻10号3964頁。以下、「平成18年判決」と呼ぶ）を契機として、破産管財人の善管注意義務と担保価値維持義務との関係について、多くの論文や評釈が公表され、さまざまな議論がなされるにいたっている(注2)。そこで、本稿においても、平成18年判決およびそれについての評釈等を手がかりとして、破産管財人の善管注意義務と担保価値維持義務の関係を中心に、主に理論的観点から検討を試みることとする。なお、平成18年判決の事案においては、質権の対象債権が敷金返還請求権という停止条件付請求権(注3)であったという特殊性があり、そのため、原状回復費用や未払賃料につき、どの範囲で敷金充当が認められるかという点が具体的な事案解決との関係で問題となり、またそのために議論が複雑化している面もあるが、本稿においてはこの問題については立ち入らず、上記のとおり、主に善管注意義務と担保価値維持義務について、義務の内容と対象、義務違反の効果と責任財産、そして、相互の関係といった理論的側面を中心に検討を進めることとする。

　以下においては、まず平成18年判決の事案と判旨について、上記の検討を進めるに必要な範囲で概観した上で、Ⅰにおいて、破産者が負担していた担保価値維持義務の帰趨と破産管財人による担保価値維持義務違反の効果について、Ⅱにおいて、破産管財人の善管注意義務の内容、責任対象、義務違反の効果、および破産管財人の個人責任と破産財団としての責任の関係等について、平成18年判決とそれに関する評釈・論考等を手がかりとして分析し、Ⅲにおいて、善管注意義務と担保価値維持義務の理論的関係について、検討を試みることとする。

（注2）　本判決についての評釈等は多数にわたるが、さしあたり、谷口安史「判解」最判解民事篇平成18年度（下）1387頁注29に掲げる文献を参照。
（注3）　敷金返還請求権の法的性質については、一般に停止条件付請求権と解されている（最判昭和48・2・2民集27巻1号80頁参照）。

② 破産管財人の善管注意義務と担保価値維持義務

2　平成18年判決の概要

　本件においては、敷金返還請求権に質権を設定していた賃借人に破産手続が開始された後に、破産管財人が賃貸借契約を合意解除するに当たり、破産財団には賃料等を支払うに十分な銀行預金が存在していたにもかかわらず、現実にこれを支払わず、敷金をもって手続開始後の賃料および原状回復費用に充当する旨の合意を賃貸人との間でしたことにより、破産財団が手続開始後の賃料等の支払を免れる一方、質権の設定された敷金返還請求権の発生が阻害されることとなった。そこで、質権者から債権回収の委託を受けた債権管理回収会社が原告となって、前記充当合意は、破産管財人の善管注意義務に違反するものであり、これによって質権が無価値となってその優先弁済権が害されたとして、破産管財人に対し損害賠償請求または不当利得の返還請求をしたものである。なお、以上の請求は、破産管財人個人に対する請求ではなく、財団債権の行使としての請求であり、職務上の当事者として破産管財人が被告とされたものである[注4]。

　平成18年判決は、まず、担保価値維持義務について、①質権設定者は、質権者に対し担保価値維持義務を負っており、②質権設定者が破産した場合には、破産管財人が担保価値維持義務を承継するとした上で、③破産管財人による本件敷金充当行為は、担保価値維持義務に反する行為であるとする。次いで、破産管財人の善管注意義務の内容について述べた上で、④破産管財人による本件行為が担保価値維持義務に違反するものであっても、同義務と破産管財人の財団維持増殖義務との関係について論ずる学説や判例も乏しかったことや、敷金充当合意に当たり破産裁判所の許可を得ていたことを考慮して、善管注意義務違反には当たらないとして、損害賠償請求を否定し、結論的には、⑤破産財団は、質権者の損失において破産宣告後（現行法においては、破産手続開始決定後）の賃料等に相当する金額を法律上の原因なく利得したとして、不当利得の成立を原状回復費用を除く範囲で認めている[注5]。

（注4）　判タ1235号（2007）149頁コメント参照。

第3部　研究者からみた破産管財人の財産換価を巡る理論上の諸問題

I　破産管財人の担保価値維持義務

1　担保権設定者の担保価値維持義務——質権設定者の担保価値維持義務を素材として

　まず、破産管財人の担保価値維持義務について検討する前提として、平時における担保価値維持義務について、判例法理からみたその位置付けを概観するとともに、質権を検討の素材として、担保価値維持義務の内容、根拠、義務違反の判断基準と効果について確認しておくこととする。

(1)　判例法理からみた担保価値維持義務の実体法的位置付け

　平成18年判決は、最高裁において、担保価値維持義務という概念を法廷意見として初めて正面から取り上げ論じた点で、実体法的にも重要な意義を有するとの評価がされており(注6)、担保価値維持請求権を被保全権利として、抵当権者は所有者の不法占有者に対する妨害排除請求権を代位行使することができることを判示した、最大判平成11・11・24（民集53巻8号1899頁。以下、「平成11年判決」と呼ぶ）と対比しつつ、担保価値維持請求権（維持義務）の実体法的位置付けについての検討が試みられている。これによれば、「担保物権（物的担保関係）に基づく物権的請求権（物的義務）として、設定者に対する『担保価値維持請求権』、設定者の『担保価値維持義務』を根拠付ける方向性が示されつつ」(注7)あり、実体法的には、担保価値維持請求権と担保価値維持義務を表裏一体の関係にある物権的請求権として位置付ける方向で議論がなされているとのことである。

(注5)　本件と同一事案における、別の質権者からの同種の請求（善管注意義務違反に基づく損害賠償請求または不当利得返還請求）についても、同日付で最高裁の判決がなされている（最判平成18・12・21〔平成17年(オ)第184号、(受)第210号〕判時1961号62頁。以下、「別件訴訟判決」という）。両事件は原告が異なるだけで、事実関係や請求内容はほぼ同一であり、損害賠償請求を否定し、不当利得返還請求を認めるに当たっても、本件平成18年判決と同様の判示をしており、その上で、破産管財人は悪意の受益者に該当しない旨の判断を付け加えている点のみ異なる。
(注6)　片山直也『詐害行為の基礎理論』（慶應義塾大学出版会、2011）621頁、同「判批」ジュリ1354号（2008）70頁。
(注7)　片山・前掲（注6）ジュリ71頁。

② 破産管財人の善管注意義務と担保価値維持義務

(2) 平時における質権設定者の担保価値維持義務

平成18年判決は、平時における債権質権設定者の担保価値維持義務について、「質権設定者は、質権者に対し、当該債権の担保価値を維持すべき義務を負い、債権の放棄、免除、相殺、更改等当該債権を消滅、変更させる一切の行為その他当該債権の担保価値を害するような行為を行うことは、同義務に違反するものとして許されないと解すべきである」として、債権質権の設定者には、質権の対象債権の担保価値を維持する義務（担保価値維持義務）があることを一般的に説示する形で明らかにしている。

学説においても、債権が質権の目的とされた場合、質権設定者は、当該債権の担保価値を維持すべき義務を負い、設定者による債権の放棄、免除、相殺、更改等当該債権を消滅、変更させる一切の行為その他当該債権の担保価値を害するような行為を行うことは許されず、それらの行為を行っても質権者には対抗できないと一般に解されている(注8)(注9)。ただし、債権質権以外の約定担保権、さらには先取特権等の法定担保権についても、平成18年判決の担保価値維持義務に関する判示の射程が及ぶかについては、見解の分かれるところである(注10)。

(3) 担保価値維持義務違反の判断基準と効果

平成18年判決は、「質権設定者である賃借人が、正当な理由に基づくことな

(注8) 道垣内弘人『担保物権法（現代民法Ⅲ）〔第4版〕』（有斐閣、2017）116頁、近江幸治『民法講義Ⅲ担保物権〔第2版補訂〕』（成文堂、2007）334頁等。これに対し、敷金返還請求権に質権を設定した債務者に担保価値維持義務を課すことにつき、「債務者の財産管理を制約しかねない」として疑問を呈する見解として、高田淳「判批」法セミ628号（2007）115頁がある。

(注9) 質権設定者が質権者に負う担保価値維持義務の根拠規定としては、民法481条の類推（近江・前掲（注8）334頁）、民事執行法145条1項の類推（道垣内・前掲（注8）116頁）などが挙げられる。また、担保価値維持義務の発生原因については、質権設定契約の締結にその基礎を求める見解が有力であるが（三森仁「判批」NBL 851号〔2007〕56頁）、契約を待つまでもなく信義則上明らかであるとする見解もある（服部敬「判批」NBL 851号〔2007〕51頁）。

(注10) 片山・前掲（注6）ジュリ71頁。担保価値維持義務を信義則の支配する担保関係に基づき設定者に当然に課される義務として、担保関係一般につき肯定する見解として、近江・前掲（注8）7頁（同書174－177頁・334頁も参照）が、少なくとも法定担保権に射程を及ぼすことには否定的な見解として、三森・前掲（注9）56頁がある。

く賃貸人に対し未払債務を生じさせて敷金返還請求権の発生を阻害することは、質権者に対する上記義務に違反する」として、敷金返還請求権の発生を阻害することが「正当な理由」に基づくものか否かが、担保価値維持義務違反の実質的な判断基準となるとしている(注11)。正当な理由があるかについては、「質権者がそのような未払債務が発生して敷金から控除されることを予定して担保価値を把握しているといえるかどうかという見地から」(注12)、敷金契約締結の際の賃貸人および賃借人の認識、質権設定契約の際の設定者と質権者の認識、賃借人(設定者)が発生させた未払債務の内容、額、発生経緯、意図等を考慮して、個別具体的に判断されることになる(注13)。したがって、質権設定者によるすべての債務負担が担保価値維持義務違反となるわけではなく、正当な理由に基づかない未払債務の負担のみを義務違反行為と解すべきである(注14)。

平成18年判決は、破産管財人による担保価値維持義務違反の効果として、破産財団に対する不当利得返還請求権の行使を認めたが、正当な理由なく敷金返還請求権の発生を阻害する行為は、担保価値維持義務に反する行為であるとともに、質権者の担保価値維持請求権を侵害する行為として、質権設定者に故意過失が認められる限り、質権者に対する不法行為にも該当し、質権設定者は当該行為によって回収ができなくなった債権額について損害賠償義務を負うと解される(注15)。また、不当利得返還請求、不法行為に基づく損害賠償請求のほか、債務不履行による損害賠償請求も可能とする見解もある(注16)。

(注11) ただし、これは破産法レベルにおける破産管財人の立場についての判断であり、民法レベルで、質権設定者によってなされた敷金充当が担保価値維持義務違反に当たるかについては、本判決は何ら具体的な判断を示していないとの指摘につき、片山・前掲(注6)詐害行為の基礎理論625頁参照。
(注12) 谷口・前掲(注2)1368頁。
(注13) 多比羅誠「判批」NBL 851号(2007)40頁参照。
(注14) 山本和彦「判批」金法1812号(2007)53頁。
(注15) 谷口・前掲(注2)1368頁。なお、担保価値維持義務に違反すればただちに損害賠償義務が発生するわけではなく、不法行為の成立のためには、別途、故意過失の要件が必要とされる。
(注16) 那須克巳「判批」NBL 851号(2007)49頁。なお、私見としては後述するように、損害賠償請求については、債務不履行構成ではなく、担保価値維持請求権の侵害に基づく不法行為構成によるべきと考える。

ただし、平成18年判決は、あくまでも担保価値維持義務違反の破産法上の効果の1つについて判示しているにすぎず、民法上の効果については今後における議論の整理が必要との指摘もなされている[注17]。

2 担保権設定者に破産手続が開始された場合の担保価値維持義務の帰趨

(1) 平成18年判決──破産管財人による担保価値維持義務の承継

質権設定者に破産手続が開始された場合、破産管財人は、破産者が負担していた担保価値維持義務を承継するか否かについて、高裁レベルにおいては判断が分かれていたが[注18]、平成18年判決は、破産管財人は、質権設定者が質権者に対して負う担保価値維持義務を承継する旨を判示し、最高裁として破産者の義務承継説（以下、「承継説」とする）に立つことを明らかにした[注19]。本判決は、承継構成をとる理由として、質権は別除権として扱われ、破産手続によってその効力に影響を受けないこと、および、他に質権設定者と質権者との間の法律関係が破産管財人に承継されないと解すべき法律上の根拠もないことを挙げるが、これは本件質権が破産管財人との関係でも別除権としてその効力を主張できるものであり、他の規定により破産管財人の第三者性が問題となる局面ではないことを指摘したにとどまり、承継の実質的根拠は、破産者の一般承継人としての地位に求められると解される[注20]。

(2) 担保価値維持義務の帰趨を巡る学説──承継説と独自義務説

上述したように、平成18年判決により、判例の立場としては、破産管財人による担保価値維持義務の承継構成をとることが明らかにされたが、学説においては、承継構成に批判的な見解も有力に主張されており、承継説と破産

(注17) 片山・前掲（注6）詐害行為の基礎理論626頁。
(注18) 東京高判平成16・10・27判時1882号39頁（平成18年判決の原審〔承継否定〕）、東京高判平成16・10・19判時1882号33頁（別件訴訟判決の原審〔承継肯定〕）。
(注19) 承継説に立つ平成18年判決の射程は、判例の事例のような約定担保権以外の法定担保権にも及ぶかという問題については、野中英匡「破産管財人の担保価値維持義務」「倒産と担保・保証」実務研究会編『倒産と担保・保証』（商事法務、2014）25頁以下参照。
(注20) 中井康之「破産管財人の善管注意義務」金法1811号（2007）37頁参照。

管財人独自義務説（以下、「独自義務説」とする）に見解は大きく二分されている。

(ⅰ) 承継説

承継説は、破産管財人は、手続開始前に破産者が負っていた担保価値維持義務を基本的に承継するという見解であり[注21]、①破産管財人は、破産財団に属する財産の管理処分権を有するとしても、破産財団に属する財産が変動するものではない以上、基本的には、破産者の一般承継人として、破産者が負っていた実体法上の義務を承継すると解されること、②質権は別除権として、その効力につき破産手続の影響を受けない以上、手続開始前に質権者が有していた地位は、破産手続の開始により変更を受けることはなく、破産管財人が質権者に対する義務を免れる根拠は認められないことなどを論拠とする。

しかし、これら承継説に対しては、破産者の締結した担保権設定契約において債務者に不利なコベナンツ条項が定められている場合、破産管財人が担保価値維持義務の一環としてそれらの義務も当然に承継することとなると、破産管財人が破産財団の管理・換価を行うに当たり大きな障害となるとともに、破産者が契約に基づく守秘義務を負っていた場合には、財団に関する調査結果の開示が制限される等、破産者が負担していた義務が一律に破産管財人に承継されると解することには弊害が多く妥当ではないとの批判がなされている[注22]。そこで、これらの批判を踏まえ、別除権としての取扱いに着目した平成18年判決の理由付けに鑑み、破産管財人に承継される担保価値維持義務は、担保権と不可分一体の関係にある義務に限られ、担保権と不可分一体の関係にあるとはいえないコベナンツ条項に基づく担保権設定者の義務は、当然には破産管財人に承継されないとして、承継説を前提としつつも、承継される義務を適切な範囲に限定しようとする見解も主張されている[注23]。

[注21] 多比羅・前掲（注13）39頁、相澤光江「判批」NBL 851号（2007）15頁、加々美博久「破産管財人の地位と職務」破産法大系(1)236頁、村田典子「判批」法学研究（慶應義塾大学）81巻2号（2008）83頁など。
[注22] 上野保「判批」NBL 851号（2007）23頁、竹越健二「判批」NBL 851号（2007）37頁、土岐敦司「判批」NBL 851号（2007）42頁。
[注23] 三森・前掲（注9）57頁、山本・前掲（注14）54頁。

(ⅱ) 独自義務説

　独自義務説は、破産者が負っていた実体法上の義務とは別個の、破産管財人独自の義務として担保価値維持義務を位置付ける見解であり[注24]、破産管財人が破産法上の要請から別除権者たる担保権者に認められる優先権（プライオリティ）を尊重すべき地位にあることに由来するものであるとする。また、破産管財人の独立した法的地位（第三者的地位）との関係で、破産管財人に破産者の財産の管理処分権が専属するとはいえ、あくまでも破産財団所属財産は破産者に帰属し、破産管財人は独立した第三者として職務を遂行することに照らすと、破産管財人が破産者の質権者に対する義務を当然に承継すると構成することは妥当ではなく、倒産実体法が定める各権利者のプライオリティを尊重してその職務を遂行する破産管財人固有の義務の現れとして担保価値維持義務を位置付けるという説明もなされている[注25]。

　以上の独自義務説においても、担保価値維持義務の基本的内容は破産者が質権者に対して負う義務と同様であるが、破産法上の要請に反しない合理的理由があれば、消滅・変更が許されると解する余地があり、破産債権者のために破産財団を適切に維持・増殖すべき義務との必要な調整が可能となる点がメリットとして挙げられている[注26]。これに対し、調査官解説は、平成18年判決も、破産管財人が負う担保価値維持義務の内容は、破産者が負っていた義務の内容とまったく同一としているわけではなく、「正当な理由」の判断に当たり破産手続が開始されていることを当然に考慮しているので、実際上の差異は大きくないとする[注27]。

(ⅲ) 検討

　破産管財人の担保価値維持義務とは、「破産財団所属財産についての別除

(注24)　上野・前掲（注22）22頁、服部・前掲（注9）51頁、深山雅也「判批」NBL 851号（2007）61頁、林道晴「判批」金判1268号（2007）11頁、中西正「判批」倒産百選5版41頁など。また、破産管財人が負担する不法行為法上の注意義務と位置付ける見解として、岡正晶「判批」NBL 851号（2007）24頁がある。なお、独自義務説の先駆的な見解として、田頭章一「判批」判時1897号〔判評559号〕（2005）185頁以下も参照。
(注25)　林・前掲（注24）11頁、中西・前掲（注24）41頁。
(注26)　林・前掲（注24）11頁。
(注27)　谷口・前掲（注2）1372頁。

権者の利益が正当な理由なしに損なわれないように配慮すること」[注28]を中心とする義務であることについては、いずれの見解においてもほぼ一致して肯定される。問題は、破産管財人がかかる義務を負担することをどのように構成するかにあるが、私見としては、破産者が負担している担保価値維持義務について、破産手続の目的および破産管財人の職責との関係で一定の変容を受けつつ、破産管財人がその履行の責任を負うと構成すべきと考える[注29]。破産手続における別除権者は、従前の担保権者が破産手続との関係で別除権者としての地位を与えられるのであり（破2条9項・10項）、手続開始前における担保権設定者（破産者）と担保権者との関係が、破産手続の開始により、破産管財人と別除権者との関係として、一定の変容を受けながら破産管財人に引き継がれることになる。ただし、破産財団所属財産の帰属主体は破産者であり、破産管財人は独立した第三者として職務を遂行すること、および、破産管財人の担保価値維持義務も従前の担保関係に起因にするものであることに照らすと、破産者に帰属していた義務の履行責任を破産管財人が担当すると構成することが、こうした関係を適切に反映し得るものと考える。これに対し、独自義務説に立つと、破産者が負担していた担保価値維持義務と、破産管財人が別除権者に対して負う担保価値維持義務との関係が不明瞭になるのではないだろうか。破産管財人の担保価値維持義務も、従前の担保関係に起因するものであり、そこに何らかの関連性・連続性を認めるのであれば、破産者が負担している担保価値維持義務について、破産的制約に基づく一定の変容を受けつつ破産管財人がその履行の責任を負うという理解が妥当であると考える。平成18年判決についても、担保価値維持義務を「承継する」との文言が用いられてはいるものの、破産者が負っていた義務と同一の義務を破産管財人が承継すると解する必要はなく、集団的債務処理手続としての破産手続が開始されていることを前提に、衡平の観点に照らし、正当な理由があると認められる場合には、その限りにおいて義務が承継されないという

(注28)　伊藤・破産法民事再生法208頁注19。
(注29)　全国倒産処理弁護士ネットワーク第6回全国大会シンポジウム報告「破産管財人等の職責と注意義務をめぐって――地位と職責、善管注意義務等」事業再生と債権管理119号（2008）35頁［伊藤眞発言］参照。

形で、担保価値維持義務という実体法上の義務を承継過程で修正する余地が内在的に認められていると理解すべきであろう[注30]。また、このように解するのであれば、破産者の義務の「履行責任を負う」と構成したほうが、破産管財人の第三者的地位との関係についても整合的な説明が可能になると考えるところである。

(3) 破産管財人の担保価値維持義務——義務違反の判断基準

平時における担保価値維持義務と同様に［→Ⅰ1(3)］、破産管財人の担保価値維持義務についても、担保価値を毀損したらただちに担保価値維持義務違反となるわけではなく、当該担保価値の毀損が「正当な理由」に基づくものか否かが、担保価値維持義務違反の実質的な判断基準となる[注31]。したがって、正当な理由なく他の利益（破産債権者の利益等）を優先するなどして、担保価値を毀損した場合に初めて担保価値維持義務違反となる。

問題は、いかなる場合に正当な理由が認められるかについてである。これについては、個々の局面における担保権者の地位や破産管財実務に即した類型化など、今後議論を深化させていく必要性が指摘されているところである[注32]。担保権設定者たる破産者が負担していた担保価値維持義務と、破産

(注30) 谷口・前掲（注2）1372頁、中井・前掲（注20）38頁、全国倒産処理弁護士ネットワーク第6回全国大会シンポジウム報告・前掲（注29）32頁［林圭介発言］参照。
(注31) 破産管財人は別除権者に対し、一般的に担保価値維持義務を負担していることに異論はないが、担保価値を毀損しても、それが正当な理由に基づく場合には、担保価値維持義務違反とは評価されないことをどのように理解すべきかが問題となろう。これについては、担保価値を毀損する行為は担保価値維持義務に反するが、それが正当な理由に基づく場合には、義務違反に基づく法的効果は生じないとする構成もあり得ないわけではないが、義務違反が生じているにもかかわらず、法的効果が発生しないとの構成には違和感がある。むしろ、担保価値の毀損を正当とする理由が認められる局面においては、その限りにおいて具体的担保価値維持義務が存在せず、破産管財人による担保価値の毀損があっても担保価値維持義務が存在しない以上、義務違反とはならず、それに基づく法的効果も生じない（担保価値維持義務違反がない以上、不法行為責任や債務不履行責任も認められない。さらには、法律上の原因の欠缺を構成する権利侵害の不当性も認められないため、不当利得も成立しない）と解するほうが、整合的な説明が可能であろう。したがって、破産管財人の担保価値維持義務については、一般的・抽象的レベルにおける義務（別除権者に対して一般的に負担する）と、個別具体的な局面において、正当な理由の存否によりその範囲を画される具体的担保価値維持義務という2段階の概念として把握すべきである。

管財人が負担する担保価値維持義務の範囲（すなわち、正当な理由の有無についての判断基準）は自ずと異なると解されており、破産管財人の担保価値維持義務違反の判断に当たっては、平時における判断要素に倒産法的な考慮に基づく変容が加えられることを前提に、倒産法におけるプライオリティルールを考慮要素として加味しつつ、破産手続の趣旨・目的および衡平の観点に照らして、個別具体的に判断することになろう。

(4) 破産管財人による担保価値維持義務違反の効果

破産者が負担する担保価値維持義務の履行をすべき責任を負う破産管財人が、その履行責任を果たさなかった場合の法律効果と構成については、①破産管財人個人に対する責任追及と、②破産財団に対する責任追及に分けて考えることができる。このうち、①の破産管財人個人に対する責任追及については、破産管財人の善管注意義務との関係も踏まえて検討する必要があるため、Ⅱにおいて検討することとし、ここでは②の破産財団に対する財団債権としての責任追及について検討することとする。

まず、破産財団の機関としての破産管財人の行為に故意過失または帰責性が認められるのであれば、不法行為または債務不履行に基づく損害賠償という形での破産財団に対する責任追及（破148条1項4号）をすることが考えられる。いずれの法律構成によるかは、破産管財人が担保権者に対して負う担保価値維持義務の法的性格をどのように把握するかとも関連する。すなわち、破産者の地位の承継または担保権設定契約上の義務の承継とする捉え方は債務不履行構成に親和的であり、他方、担保価値維持義務とは、担保権者にとっての担保価値維持請求権を破産管財人も尊重すべきことを意味するという捉え方は、権利侵害行為に基づく不法行為責任に結びつくことになる[注33]。私見としては、破産者の地位の承継ないし債務自体を承継するとい

(注32) 上田裕康「判批」NBL 851号（2007）21頁、中井康之「判批」同44頁。なお、本稿においては立ち入らないが、平成18年判決を巡っては、敷金充当に当たりどの部分について「正当な理由」が認められるかについて（原状回復費用と未払賃料という区分のみならず、未払賃料の中でも、適時に賃貸借契約を解約した場合における相当期間の賃料部分についての敷金充当の正当性など）、個別具体的な議論が展開されている。
(注33) 全国倒産処理弁護士ネットワーク第6回全国大会シンポジウム報告・前掲(注29) 31頁［西謙二発言］参照。

② 破産管財人の善管注意義務と担保価値維持義務

う見解には疑問があり、担保価値維持義務の不履行が同時に担保権者に対する権利侵害に当たり、そのことが担保権に対する侵害として不法行為責任として構成されるという法律構成[注34]が、平成11年判決と平成18年判決を対比しつつ、担保価値維持請求権と担保価値維持義務を表裏一体のものとして根拠付ける実体法的位置付けとも整合的であり、妥当であると考える。

　次に、破産財団の維持増殖のため、正当な理由なく担保価値を減損したこと、すなわち担保価値維持義務違反が、法律上の原因の欠缺と評価され、担保権者の損失と破産財団の利得の間に因果関係が認められる場合には、不当利得返還請求として破産財団に責任追及（破148条1項5号）をすることが考えられる。別件訴訟判決（注5参照）においては、「（破産財団）の利得が法律上の原因を欠くことになるのは、本件行為によって破産財団の減少を防ぐことに正当な理由があるとは認められず、本件行為が質権者に対する義務に違反するからである」として不当利得の成立が認められており、担保価値維持義務違反は、不当利得との関係では「法律上の原因」の欠缺の判断要素とされている。学説においても、不当利得の成立を認めた平成18年判決および別件訴訟判決について、質権者が把握する担保価値を質権者に対する配分に充てず、破産債権者への配当原資とする行為は、担保価値維持義務違反に当たるとともに、実質的には正当な理由のない財貨の移動であり、それを是正するために不当利得を認めることは妥当であるとして、その結論につき肯定的に評価する見解が多数である[注35]。これに対し、不当利得の成立に否定的な見解として、不当利得の法理による解決は、一般債権者の引当てとなる財団と別除権の対象となる財団という2つの財団を法主体として観念することになるのではないか[注36]、「法律上の原因の有無に直結する義務違反の成否が、

（注34）　全国倒産処理弁護士ネットワーク第6回全国大会シンポジウム報告・前掲（注29）35頁［伊藤発言］、岡・前掲（注24）24頁参照。また、伊藤教授は、債務不履行構成に対し、担保価値維持義務が、担保権と区別された、独立に債務不履行責任を生じさせるような性質のものであるかという点についても疑問を呈されている。
（注35）　村田・前掲（注21）89頁、中西・前掲（注24）41頁、滝澤孝臣「判批」平成19年度主要民事判例解説（判タ別冊22号）235頁、同「破産管財人の職務と破産裁判所の監督」金判1263号（2007）3頁、加々美博久「判批」NBL 851号（2007）26頁など。
（注36）　服部・前掲（注9）51頁。

破産管財人の行為における『正当な理由』の有無という諸般の事情の総合判断に委ねられることになり、法律上の原因の有無になじまないのではないか」(注37)との指摘がなされている。しかし、前者については、本来別除権者に配分されるべき部分が、正当な理由（法律上の原因）なく、破産財団に取り込まれているという状況であり、破産財団について、法定財団と現有財団の両者を観念し得るのと同様の状況にすぎないとみれば問題はなく、また、後者の指摘については、衡平の観点から財貨の不当な移転の是正を図るとの不当利得の制度趣旨に照らせば、諸事情を取り込んだ総合的な判断を介在させることも許容されると考える。したがって、私見としても、破産管財人による正当な理由のない担保価値毀損行為（担保価値維持義務違反行為）によって、別除権者に損失が生じ、それによって破産財団に利得が生じている関係が認められる場合には、不当利得の成立を肯定すべきと考える。これに当たり、担保価値維持義務違反ということは、担保価値を毀損して財団の維持増殖を図ることに正当な理由がないことを意味し、これが不当利得の要件との関係では「法律上の原因を欠く」ことに該当すると位置付けることになる(注38)。

II　破産管財人の善管注意義務

1　善管注意義務の内容と義務違反についての判断

(1)　善管注意義務の内容

　破産管財人の職務遂行に当たっては、善良な管理者としての注意義務が課されている（破85条１項）。この善管注意義務は、民法644条が定める委任契約における受任者の注意義務と同じ性質のものであり、破産者や破産債権者等の利害関係人のために破産手続の目的（破１条）を実現すべき責務を担う破

（注37）　林・前掲（注24）12頁。
（注38）　上野・前掲（注22）23頁は、「破産財団全体の利益を図るための合理性を有する行為であれば、……質権者に対する関係でも破産管財人には義務違反はない（破産財団の不当利得は成立し得る）」として、担保価値維持義務違反がない場合であっても不当利得は成立し得るとするが、私見としては、その場合には破産法秩序において当該行為が正当化される以上（「正当な理由」があるからこそ、担保価値維持義務に反しない）、法律上の原因を欠くことにはならず、不当利得は成立しないと考える。

② 破産管財人の善管注意義務と担保価値維持義務

産管財人が、その職務を遂行する際に負うべき注意義務を意味する[注39]。

　平成18年判決が、「破産管財人は、……善良な管理者の注意をもって、破産財団をめぐる利害関係を調整しながら適切に配当の基礎となる破産財団を形成すべき義務を負う」と判示するように、総債権者の公平な満足を実現するため、破産財団を巡る利害関係を調整しながら「適切に」破産財団を形成すべき義務が、破産管財人の善管注意義務の内容となる[注40]。財団維持増殖義務や担保価値維持義務それ自体は善管注意義務ではなく[注41]、これら相反する義務が衝突する際に、その調整・調和を図りつつ適切な処理を行うことが善管注意義務の内容であり、その意味では善管注意義務は調整概念として機能することになる。もちろん、他の義務との調整が必要でない場面では、正当な理由なく財団維持増殖義務を怠った場合には、善管注意義務に反することになるが、これは、財団維持増殖義務自体が善管注意義務を構成することを意味するものではなく、その適切な遂行に当たり善管注意義務が課されていることによるものである。

　善管注意義務の基準については、破産管財人としての地位、知識等において一般的に要求される平均人の注意義務を基準として決められ[注42]、具体的場面において特定の職務行為がこのレベルの注意義務に反しているかについては、その具体的事情、事案の規模や特殊性、早期処理の要請の程度等に照らし、個別具体的に判断される[注43]。また、破産実務においては、破産管財人に選任されるのが弁護士であることが一般的であり、法律専門家としての弁護士が職務として破産管財業務を遂行していることを前提に、「破産管財人としての平均人の注意義務の基準」も判断されることになる[注44]。

（注39）　伊藤・破産法民事再生法207頁。
（注40）　木内道祥「判批」NBL 851号（2007）28頁参照。
（注41）　財団維持増殖義務は破産管財人の一般的な職務上の義務であり、それ自体が善管注意義務を構成するものではない（木内・前掲（注40）28頁参照）。
（注42）　斎藤秀夫ほか編『注解破産法（下）〔第3版〕』（青林書院、1999）314頁［安藤一郎］、大コンメ359頁［菅家忠行］。このような見地から、平成18年判決も、「善管注意義務違反に係る責任は、破産管財人としての地位において一般的に要求される平均的な注意義務に違反した場合に生ずると解するのが相当である」とする。
（注43）　条解破産法663頁。

(2) 善管注意義務違反についての判断[注45]

　従来より、破産管財人の善管注意義務違反の判断に当たっては、破産管財人の裁量的な判断権限を尊重し、注意義務を厳格にみることは妥当ではないとする見解[注46]が有力であるが、これに対し裁判官から、裁判所の監督責任とともに破産管財人の責任についても厳格にみる見解[注47]も主張されている。

　破産管財人の裁量的な判断権限を尊重する見解は、複雑な利害関係を同時並行的に処理しながら業務を遂行せざるを得ない破産管財業務の性質に照らし、一定の相当な範囲において破産管財人に裁量的な判断権限が与えられていると解すべきであるとし、とくにその処理について判例や学説が十分に固まっていない分野については、破産管財人の注意義務を重くみることは妥当ではなく、結果的にその処理を誤ったとしてもやむを得ないものとして責任を免れるとする。調査官解説においても、その処理につき学説・判例が固まっていない分野についての破産管財人の措置が、結果的に違法な職務行為であると判断されたとしても、ただちに善管注意義務に違反するものと評価することはできないとの見解が示されている[注48]。

　これに対し、破産管財人の責任を重くみる立場からは、前例がないからといって、破産管財人の職務の遂行がその全面的な裁量に委ねられているわけではなく、破産管財人としては、その職務の本質を踏まえた職務遂行が当然に求められており、前例がないことをもって破産管財人に過失なしとするこ

(注44)　伊藤・破産法民事再生法207頁、山本・前掲（注14）55頁、加々美・前掲（注21）233頁。これに対し、弁護士が破産管財人であることが考慮されるのは、過失の有無の判断においてであり、行為規範たる善管注意義務の内容は、すべての破産管財人において同一であり、弁護士が破産管財人の場合に法的責任が加重されるものではないことを指摘するものとして、土岐・前掲（注22）43頁、林・前掲（注24）13頁がある。

(注45)　破産管財人の善管注意義務違反の具体例については、斎藤ほか編・前掲（注42）315頁以下［安藤］、裁判例については、加々美・前掲（注21）233頁以下参照。特に破産管財人の財産換価との関係で善管注意義務違反が問題となる場面について、本書47頁以下［岡伸浩］参照。

(注46)　斎藤ほか編・前掲（注42）314頁［安藤］、多比羅・前掲（注13）39頁、三村藤明「判批」NBL 851号（2007）59頁、深山・前掲（注24）62頁など。

(注47)　滝澤・前掲（注35）金判2頁以下。

(注48)　谷口・前掲（注2）1377頁。

とは、破産管財人の判断ミスに目を瞑ることになるおそれがあるとの指摘がなされている。また、平成18年判決は、破産管財人の善管注意義務違反に基づく責任を否定するに当たり、破産管財人が敷金充当の合意をするに際し破産裁判所の許可を得ていたことも考慮要素としているが[注49]、破産管財人の主体的で迅速な管財業務を重視する近時の事件処理の実務に照らすと、善管注意義務違反の判断に当たり、裁判所の許可は重視すべき事情とはいえず[注50]、また、裁判所の許可が正当であったかにつき検証することなく、単に裁判所の許可があれば破産管財人の過失がないとすることは、破産管財人のみならず、裁判所の判断ミスにも目を瞑る結果となるとの批判がある[注51]。

2 善管注意義務違反による損害賠償責任

(1) 破産管財人と破産財団の損害賠償責任

破産管財人が善管注意義務に違反した場合には、破産管財人個人として利害関係人に対する損害賠償責任を負う(破85条2項)。この賠償責任は、破産管財人が個人として負担する責任であり、自らの財産をもって支払をすべきものである。また、この損害賠償請求権が破産管財業務に関して生じたものである場合には、破産法148条1項4号の「破産財団に関し破産管財人がした行為によって生じた請求権」に該当し、財団債権として破産財団も賠償責任を負う。破産管財人個人に対する損害賠償請求権と破産財団に対する損害賠償請求権は、不真正連帯債務の関係となると解されている[注52]。

(注49) アメリカ法では、十分な情報開示のもとに裁判所の許可を得て、その権限に基づく業務を行った破産管財人に対しては、裁判官に与えられる免責の法理(judicial immunity)を準用する判例法理が存在するとのことである。アメリカ法における破産管財人の免責法理の詳細については、藤本利一「破産管財人の個人責任」倒産法改正研究会編『続・提言倒産法改正』(金融財政事情研究会、2013) 205頁以下参照。
(注50) 林・前掲(注24) 13頁。
(注51) 滝澤・前掲(注35) 金判4頁。同様に、裁判所の判断の正当性ないし、それに依拠することの正当性がもっと議論されるべきではないかとの疑問を呈する見解として、三上徹「判批」NBL 851号(2007) 55頁がある。これに対し、平成18年判決において、裁判所の許可が善管注意義務違反を否定する考慮要素として挙げられている点を重視するものとして、森恵一「判批」NBL 851号(2007) 64頁がある。
(注52) 大コンメ361頁〔菅家〕、条解破産法669頁など。

(2) 破産法85条2項に基づく損害賠償請求権の法的性質と位置付け
(i) 不法行為に基づく損害賠償請求権との関係

　従来より、破産法85条2項（旧破産法における164条2項）に基づく破産管財人に対する損害賠償請求権は、不法行為による損害賠償請求権（民709条）とは峻別され、破産管財人が破産財団に関してした行為が、同法85条2項に基づく請求権とは別に不法行為を構成することがあり、その場合の破産管財人個人に対する損害賠償請求権は、同時に同法148条1項4号による財団債権となり、両請求権は不真正連帯債務の関係になると解されてきた[注53]。同法85条2項に基づく請求権と不法行為による請求権の相違点として、①不法行為による請求権の方が、責任原因としてより一般的で、相手方において限定がないとの説明[注54]や②立証責任の相違[注55]、③消滅時効の期間の相違[注56]が指摘されているが、①については、同項に基づく請求権と不法行為による請求権を別個の請求権として観念すべき理由とはいえず、②・③の相違も両請求権の峻別を前提とする帰結にすぎないものであり、なぜ、両者を別個の請求権として観念しなければならないかについては、必ずしも明らかではない。

　立証責任の分配につき、破産法85条2項に基づく損害賠償請求については、債務不履行の場合に準ずるとしていることに照らすと[注57]、債務不履行責任と不法行為責任として両者を峻別しているとも推測される。しかし、破産管財人と同項の「利害関係人」は契約関係にあるわけではなく、また、仮

(注53)　斎藤ほか編・前掲（注42）319頁［安藤］、大コンメ361頁［菅家］など。
(注54)　高木実「破産管財人に対する任務違反を理由とする損害賠償請求」判タ210号（1967）95頁。
(注55)　善管注意義務違反に基づく損害賠償請求権についての立証責任は、債務不履行責任（民415条）に準じ、具体的管財実務の存在および損害の発生については原告たる利害関係人に、善管注意義務の履行等については破産管財人にあるとされる（高木・前掲（注54）95頁、斎藤ほか編・前掲（注42）320頁［安藤］）。
(注56)　善管注意義務違反に基づく損害賠償請求権の消滅時効については、不法行為に基づくものではないので、民法724条ではなく同法167条（改正民166条1項）が適用され、時効期間は10年となるとの説明が一般的になされている（大コンメ361頁［菅家］、条解破産法670頁、斎藤ほか編・前掲（注42）320頁［安藤］）。
(注57)　高木・前掲（注54）95頁。

に破産者が有していた契約上の地位を引き継ぐと構成したとしても、破産管財人は破産手続の機関としてその責務を履行するにとどまり、不履行があった場合の責任追及は破産財団になされると解すべきであって、債務不履行責任として破産管財人の個人責任が追及されると解することは困難と思われる。また、多数説の理解によれば、破産管財人の行為により、破産法85条2項に基づく請求権と不法行為に基づく請求権が別個に発生することがあり、その場合には、さらにそれぞれの請求権について同法148条1項4号による破産財団に対する請求権（財団債権）も生じるとすれば、4つの請求権を観念することになる。そもそも、このような4つもの請求権を個別に観念する必要性があるか疑問であるとともに、理論的には、とくに破産財団に対する2つの請求権（財団債権）相互の関係をどのように理解すべきかという問題が生じると思われる。

　むしろ、破産法85条2項に基づく請求権は、破産管財人がその職務の遂行に当たり、故意過失により、利害関係人の権利を侵害し、損害を与えたことに基づく請求権として、その実質は、不法行為に基づく損害賠償請求権と同質のものとみるべきであり、同条1項の善管注意義務は、損害賠償請求との関係では、過失判断に当たっての注意義務の基準として機能すると解すべきである。このように考えると、同条2項による損害賠償請求権と、不法行為に基づく損害賠償請求権を別個の請求権として観念する必要はなく、同項は、破産法上の特別の請求権の発生について定めたものとしてではなく、実体法上の不法行為に基づく損害賠償請求権が、破産管財人個人に対しても行使できることを確認する趣旨の規定と理解するべきと解される。

　(ii)　**破産管財人の個人責任と破産財団としての責任**

　次に、善管注意義務違反に基づく、破産管財人の個人責任（破85条2項）と破産財団としての責任（破148条1項4号）の関係についてみておくこととする。両者の関係については、これを破産管財人の重畳的義務という観点から説明する見解がある[注58]。それによれば、破産管財人の負担する義務には、①破産財団の管理処分権者として負担する実体法上の義務（破産財団を引当財

（注58）　深山・前掲（注24）62頁以下。

産とする）と、②破産管財人としての職務を遂行するに当たり負担する善管注意義務（破85条1項）の2種類の義務があるとする。後者の職務遂行上の注意義務を怠った場合には、利害関係人に対し損害賠償義務を負担し（同条2項）、この破産法上の損害賠償義務は、破産管財人自身の職務上の責任に基づくものであり、引当てとなる財産は破産管財人の固有財産となる。他方、破産管財人が破産財団の管理処分の過程で、故意過失により第三者に損害を与えた場合には、債務不履行ないし不法行為に基づく損害賠償責任を負い、この損害賠償請求権は破産法148条1項4号に該当し、財団債権となる。そして、この場合、善管注意義務違反に基づく損害賠償債務と財団債権たる損害賠償請求権にかかる債務とを重畳的に負担することになり、両者は不真正連帯債務の関係に立つとするものである。

　破産管財人の個人責任と破産財団としての責任の関係を、破産管財人の重畳的義務という観点から解明しようとする点で示唆的な見解であるが、私見とはいくつかの点で異なる。すなわち、私見においては、破産法85条2項は破産管財人がその職務上行った行為についても、破産管財人個人に対する不法行為責任の追及ができることを確認する趣旨の規定であり、その際の過失の有無の判断基準となる注意義務のレベルについて規定しているのが同条1項であると解している。他方、同法148条1項4号は、破産管財人が破産手続の機関として行った行為により、不法行為ないし債務不履行に基づく損害賠償請求権が発生する場合には、破産財団を引当てとする財団債権として行使することができることを定めるものと理解する。すなわち、同規定については、新たに請求権を発生させる規定ではなく、破産管財人個人に対する請求権を財団債権として破産財団に対して行使できる旨を定める規定と解することになる（債務不履行責任については、破産管財人個人に対する責任追及は認められず、破産財団に対する責任追及のみが認められると解する）。したがって、破産管財人による破産財団の管理処分に当たり、不法行為に基づく損害賠償請求権の成立が認められる場合には、引当財産の異なる重畳的な請求権（破産管財人個人に対する請求権＋破産財団に対する財団債権）の行使が認められ、両者は不真正連帯債務の関係にあると位置づけるものである。前記見解においては、同法85条2項の損害賠償請求権を破産法上の特別の請求権として、実体

法上の債務不履行または不法行為に基づく請求権と区別するが、私見においては、同項について、実体法上の不法行為に基づく請求権が破産管財人個人に対しても追及できることを確認する趣旨の規定と考え、破産管財人個人に対する請求権（破85条2項）と破産財団に対する請求権（破148条1項4号）の本質はいずれも不法行為に基づく損害賠償請求権であり、両者の関係については、発生根拠を共通にする引当財産の異なる重畳的請求権と理解するところである。

(3) 破産管財人の個人責任補充性論

　破産管財人が、担保目的物の価値を破産債権者のために利用し、結果的にその判断に正当な理由がないとして、担保価値維持義務違反に基づく損害賠償請求権が生じる場合の処理に関し、①とくに担保権者の損害が結果的に破産財団の利益になっているような場合には、破産財団の責任のみを観念すれば足り、破産管財人の個人責任は生じないとすべきとの見解や、②破産管財人に対する請求権と破産財団に対する請求権（財団債権）が併存するときには、まず財団に対する責任追及を優先すべきであり、その場合には、衡平の観点から破産財団は破産管財人に求償することができないと解するべきとの見解[注59]、さらには、③平成18年判決の事案のように、破産財団と担保権者との利益配分をめぐる問題が生じ、担保権者の損失により財団の利得が発生している場合には、担保権者と破産財団との間における是正処置（不当利得による解決）によるべきであり、この場合には、破産管財人の個人責任の問題とすべきでないとの見解がある[注60]。また、同様の見地から、解釈論としても、破産管財人軽過失の場合には、破産管財人の第三者に対する義務は補充的なものにとどまり、財団債権が弁済できない場合に初めて破産管財人の個人責任を追及できると解すべきとの見解も提唱されている[注61]。

　破産財団の利益のために破産管財人が行った行為が、事後的に正当な理由

(注59)　全国倒産処理弁護士ネットワーク第6回全国大会シンポジウム報告・前掲(注29) 37頁［小林信明発言］。同36頁以下［伊藤発言］も参照。
(注60)　小林信明「判批」NBL 851号（2007）33頁。
(注61)　山本・前掲（注14）55頁。その他、アメリカ法における判例法理（破産管財人の免責法理）を参照しつつ、破産管財人の第三者に対する個人責任を限定する枠組みについて検討するものとして、藤本・前掲（注49）194頁以下がある。

のない行為として担保価値維持義務違反と評価され、その判断について善管注意義務違反が問題となるようなケースにおいては、衡平の観点から、まず破産財団に対する責任追及を優先し、破産管財人の責任は補充的なものとして位置付けるとの価値判断ないし方向性については妥当であると考える。しかしながら、かかる場合であっても、そもそも破産管財人の個人責任が生じないと解することは、破産法85条2項が存在する以上、困難であるし、破産財団が不足しているような場合には、破産管財人に対する責任追及を肯定せざるを得ないと思われる。また、破産管財人軽過失の場合にはその責任を補充的なものとするとの考え方については、立法論としては十分あり得ると思われるが、解釈論のレベルでかかる見解を取り得るかについてはなお検討が必要と考える。したがって、現行法を前提とする議論としては、破産財団が支払った場合には、衡平の見地から、破産管財人に対して求償できないとの解釈論の可能性をまずは探求すべきと考える。

3 善管注意義務の対象概念のパラダイム・シフト論

　破産管財人の善管注意義務を巡る問題については、平成18年判決を契機として、理論的にも実務的にも関心が高まり活発な議論が展開されるにいたっているが、そうした流れの中で、破産管財人の善管注意義務の相手方たる利害関係人概念に関するパラダイム・シフト（知の枠組みの転換）を試みることを通じて、破産財団が負担すべき責任と、破産管財人個人が負担すべき責任との関係を整序しようとする新たな見解[注62]が提唱されるにいたっている（本稿においては、この見解を「パラダイム・シフト論」と呼ぶこととする）。この見解は、破産管財人の善管注意義務に関し、責任の主体、義務の相手方、損害賠償の範囲等を正しく理解するためには、これらの義務の発生根拠を整理しておく必要があるとの問題意識に基づき、破産管財人の善管注意義務に関する新たな法的枠組みを提示しようとするものとされる。その概要は以下の

(注62)　伊藤眞ほか「破産管財人の善管注意義務──『利害関係人』概念のパラダイム・シフト」金法1930号（2011）64頁。山本和彦「破産管財人の負う義務の内容と調整──『第3の義務』はあるのか」本書684頁、688頁以下もこの見解を支持するとされる（なお、山本・前掲（注14）53頁も参照）。

とおりである。

　破産手続の目的実現との関係で破産管財人の職務遂行について利害関係を有する破産債権者、財団債権者および破産者（破産手続内の利害関係人）と、破産管財人による目的財産の管理や換価などの個別的行為の結果としてその利益に影響が生じる別除権者、取戻権者および破産手続外の第三者（破産手続外の利害関係人）との間には、利益関係について本質的な差がある。そして、破産法85条が定める善管注意義務および義務違反に基づく損害賠償責任は、破産手続内の利害関係人のみを対象とするものであり、破産管財人は破産財団の管理処分に関してこれらの者に対して善管注意義務を負い、これに反した場合、個人として損害賠償責任を負う。他方、破産手続によらない権利の実行が保障されている破産手続外の利害関係人に対する破産管財人の責任は、担保価値維持義務や不法行為責任という実体法上の根拠に求められる。したがって、破産管財人の管理下にある別除権や取戻権の目的物の価値が毀損された場合の相手方の請求権は、破産管財人の行為によって生じた請求権として財団債権（破148条1項4号）となるが、それは同法85条2項の請求権ではない。また、破産手続外の利害関係人に対する権利侵害行為が、同時に破産管財人の不法行為として評価されるときには、破産管財人は、相手方に対して私人として損害賠償義務を負担し、この場合の財団債権との関係は、共同不法行為（民719条）に基づく不真正連帯債務となる。なお、破産管財人の行為により破産財団の減少を招いたことにより、破産債権者に対する配当や財団債権者に対する弁済を減少させたときには、破産手続内の利害関係人に対する善管注意義務違反に基づく損害賠償責任を負うことになる、とするものである。

　以上のように、パラダイムシフト論は、「破産管財人の善管注意義務（破産法85条1項）の相手方は破産債権者、財団債権者および破産者に限定され、その違反を理由として破産管財人が個人責任を負う相手方たる『利害関係人』（破産法85条2項）も、これらの者に限られる」[注63]ことを前提に、破産管

（注63）　伊藤ほか・前掲（注62）69頁。佐長功「破産管財人の善管注意義務と個人責任」自正64巻7号（2013）56頁も同旨。

第3部 研究者からみた破産管財人の財産換価を巡る理論上の諸問題

財人の個人責任については、誰に対する責任かという観点から、破産手続外の利害関係人に対して負う実体法上の責任と、破産手続内の利害関係人に対して負う破産法上の責任に区分し、責任対象別に２種の個人責任を観念する。また、破産管財人の手続機関としての責任は、破産手続内外いずれの利害関係人との関係でも、破産法148条１項４号により財団債権となり、破産管財人個人に対する請求権とは不真正連帯債務の関係に立つとする。

　これに対し、旧破産法下より現在にいたるまで、善管注意義務に違反した場合に破産管財人が損害賠償責任を負う「利害関係人」（破85条２項〔旧破164条２項〕）、すなわち、破産管財人の善管注意義務の相手方については、破産者、破産債権者、財団債権者に限定されず、別除権者や取戻権者等も含まれると一般に解されてきた[注64]。これら伝統的多数説の立場からは、善管注意義務の対象に別除権者を含めない見解に対し、次のような批判がある。すなわち、破産管財人は、別除権者も含む利害関係人に対して破産財団を適切に管理処分する権限と義務を有しており、その権限の行使に当たっては、これらすべての利害関係人に対して善管注意義務を負っているとの批判[注65]や、破産財団には別除権の目的物等も含まれ、破産財団の管理処分権を付与された破産管財人には、別除権等が不当に侵害されないような配慮が要請され、また、破産法改正により担保権消滅許可制度（破186条）が新設されたことをみても、別除権の行使が破産手続にまったく制約されないとはいえないことから、別除権者にとっても、その権利の実現が破産管財人の適正な判断と行動に依存しているという意味では、破産管財人との間に信任関係に近い関係を観念することができ、それが別除権者等に対する善管注意義務の根拠となるという批判[注66]である。

(注64) 代表的な破産法のコンメンタールにおいても、破産管財人が善管注意義務違反に基づく損害賠償責任を負う「利害関係人」には、別除権者や取戻権者等も含まれるとの解説がなされている。斎藤ほか編・前掲（注42）319頁［安藤］、大コンメ360頁［菅家］、条解破産法668頁など。
(注65) 中井・前掲（注20）41頁以下。
(注66) 伊藤眞「破産管財人等の職務と地位」事業再生と債権管理119号（2008）5頁以下。

Ⅲ 破産管財人の善管注意義務と担保価値維持義務の関係——善管注意義務違反についての判断枠組み

1 平成18年判決——法廷意見と才口補足意見

　破産管財人の善管注意義務と担保価値維持義務の関係について検討するに当たり、まず、平成18年判決の法廷意見と才口千晴裁判官の補足意見（以下、「才口補足意見」と呼ぶ）においては、それぞれ両者の関係をどのように位置付けているかにつき、学説による評価を参照しつつ、確認しておくこととする。

(1) 法廷意見

　平成18年判決は、破産管財人による未払賃料等の敷金充当行為は、質権者に対する担保価値維持義務に違反するものであるが、破産管財人としての善管注意義務に違反するものではないとする。法廷意見は、かかる結論を導くに当たり、「本件行為が質権者に対する義務に違反することになるのは、本件行為によって破産財団の減少を防ぐことに正当な理由があるとは認められない」ことによるが、破産管財人はこの点（正当な理由があるか）についての判断を誤り、「質権者に対する義務に違反するものではないと考えて本件行為を行った」結果、担保価値維持義務違反を犯すにいたったとする。その上で、本件行為に関する破産管財人の判断が誤っていたとしても、①かかる行為に正当な理由が認められるかについては、解釈によって結論の異なり得る問題であり、この点について論ずる学説や判例も乏しかったこと、および、②本件充当行為につき破産裁判所の許可を得ていたことを考慮要素として、破産管財人に要求される平均的な注意義務に反するとはいえず、善管注意義務違反の責任を問うことはできないとの結論を導く。

　調査官解説は、担保価値維持義務について、承継説に立てば、担保価値維持義務と善管注意義務は別個の義務として考えることになり、独自義務説に立てば、担保価値維持義務と善管注意義務とは基本的に同一のもの（担保価値維持義務は善管注意義務の一部）とみることになるとした上で、承継説をとる本判決（法廷意見）は、担保価値維持義務と善管注意義務は別個の義務であ

り、それぞれの帰責性も別個に検討すべきことを前提としているとする(注67)。

学説においては、本判決からは、担保価値維持義務と善管注意義務の関係をどのように理論的に整理したのかは必ずしも明らかではないとの指摘もあるが(注68)、本判決における両義務の関係については、①両者を一体として捉え、担保価値維持義務違反の帰責性の根拠として善管注意義務を位置付けているとみる理解と、②両義務を別個のものとして捉え、担保価値維持義務違反については実体法的観点から、善管注意義務違反については倒産法秩序に照らし、それぞれ別個に検討すべき義務と構成しているとの理解があり得るところである(注69)。

前者(①)は、担保価値維持義務と善管注意義務を一体のものとして捉え、担保価値維持義務との関係で客観的義務違反(違法性)について、善管注意義務との関係で破産管財人の過失または帰責性について検討し、不法行為構成における違法な権利侵害と過失、あるいは、債務不履行構成における義務違反と帰責性について、それぞれの義務との関係で検討することにより、全体として不法行為ないし債務不履行責任の成否について判断をしているとの理解である。しかし、このような理解については、担保価値維持義務違反がただちに善管注意義務違反にならないからといって、善管注意義務を破産管財人の主観的事情のみの問題と考える点で妥当ではないとの批判がある(注70)。

後者(②)は、担保価値維持義務と善管注意義務を別々のものと位置付け、担保価値維持義務との関係では、破産者から承継した質権者に対する実体法上の義務違反について検討し、他方、善管注意義務との関係では、倒産法全体の秩序に照らして破産管財人の行為を正当化し得るかという観点から義務違反について検討するものと構成する理解である(注71)。このような理解を前

(注67) 谷口・前掲(注2)1378頁以下。
(注68) 深山・前掲(注24)62頁。
(注69) 以上の分類につき、中井・前掲(注20)41頁、高田賢治「判批」ジュリ1354号(2008)153頁、酒井博行「判批」北海学園大学法学研究44巻2号(2008)178頁参照。
(注70) 中井・前掲(注20)41頁。木内・前掲(注40)28頁も、本判決につき、「あたかも[違法であるが故意過失がない]といっているかのようであるが、そうではないと思われる」と、①のような捉え方に反対する。
(注71) 岡・前掲(注24)23頁、村田・前掲(注21)86頁、高田・前掲(注69)152頁などがこうした考え方に近い捉え方をしていると解される。

提に、中井弁護士は、平成18年判決の構成（担保価値維持義務違反についての判断と善管注意義務違反について判断の２段階構成）について、第１段階の担保価値維持義務との関係では、質権者が把握している担保価値の範囲を「正当な理由」を基準に画することにより、破産管財人の敷金充当行為が質権者との関係で担保価値を害する（＝担保価値維持義務違反）と判断した上で、次に第２段階の善管注意義務との関係で、破産手続の利害関係人相互の利益を適切に調整するという破産管財人の職責を踏まえ、当該行為が破産管財人の裁量権を逸脱するかにつき検討し、結論として善管注意義務に違反しないと判断したと分析し[注72]、かかる論理構成について、「破産者が破産財団について形成した法律関係に基づく実体法上の権利義務内容を確認し、それを前提に破産財団を適切に管理処分すべき破産管財人の義務を定立すべきであることからすれば、その思考過程に沿った構成である」[注73]と肯定的に評価する。

　私見としても、平成18年判決（法廷意見）における、担保価値維持義務と善管注意義務の位置付けについては、担保価値維持義務違反（担保価値の毀損に正当な理由がないこと）を前提に、別途、破産管財人が担保価値維持義務に違反するものではないと判断して当該敷金充当行為を行ったことが、破産管財人に要求される平均的な注意義務に違反するかという観点から検討を行っていることに照らすと、調査官解説および前記②の考え方と同様に、担保価値維持義務と善管注意義務を別個の義務として捉えていると理解する。ただし、調査官解説が指摘するように、担保価値維持義務について、承継説に立つか独自義務説に立つかにより、論理必然的に、担保価値維持義務と善管注意義務の関係が導かれるかについては、疑問がある。また、担保価値維持義務との関係では、質権設定者（破産者）と質権者との間の担保権設定契約ないし担保関係という実体的関係に起因する義務違反について検討することは指摘のとおりであるが、義務違反の判断基準となる「正当な理由」については、先に検討したように［→Ⅰ2(3)］、平時における判断要素に加え、倒産法

（注72）　中井・前掲（注20）42頁。
（注73）　中井・前掲（注20）41頁。

におけるプライオリティルールを1つの基準としつつ、破産手続の趣旨・目的および衡平の観点に照らして判断されるため、そこでなされる判断は、純然たる実体法的判断ではなく、いわば倒産実体法的な判断となると考える。

　なお、本件における損害賠償請求は、破産管財人個人に対する責任追及としてではなく、財団債権の行使としての損害賠償請求であったことから、財団に対する責任追及との関係では、担保価値維持義務違反のみを問題とし、その帰責事由の有無を直接検討すれば足り、破産管財人の善管注意義務違反を問題とする余地はなかったのではとの指摘がある[注74]。本判決は、破産管財人の善管注意義務と担保価値維持義務の関係について検討するに当たり、多くの示唆を含む絶好の素材ではあるが、指摘のとおり、本件事案の解決との関係では、担保価値維持義務違反に基づく不法行為責任または不当利得の成否について判断すれば足り、善管注意義務違反についての判示は、結論との関係では傍論的な部分ということになろう。

(2) 才口補足意見

　才口補足意見においては、「破産債権者のために破産財団の減少を防ぐという職務上の義務（＝財団維持増殖義務）」と「破産者である質権設定者の義務を承継する者として質権者に対して負う義務（＝担保価値維持義務）」が衝突する局面において、それを適切に調整し、いずれを優先させるべきか判断することをもって、破産管財人の善管注意義務の内容とした上で、本件敷金充当行為が善管注意義務に違反するかについては、法廷意見と同様の事情を考慮し、善管注意義務に違反する行為であるとまでは評価できないとする。

　結論としては法廷意見と同一であるが、その論理構成には差異がみられることから、とくに善管注意義務と担保価値維持義務との関係について、法廷意見と才口補足意見の間に捉え方の相違があるかが問題となる。しかしながら、切り口こそ異なるものの、法廷意見と才口補足意見における両義務の関係（位置付け）の捉え方は基本的には共通しており、法廷意見の考え方を才口補足意見はより一般的に述べたものと理解できる。

　まず、法廷意見においては、本件事案との関係で、担保価値が毀損される

(注74)　山本・前掲（注14）55頁。

ことに「正当な理由」がないこと（＝担保価値維持義務違反が認められること）を前提に、次の段階において、かかる行為をなすにいたった破産管財人の判断が善管注意義務に違反するかについて判断している。これに対し、才口補足意見においては、担保価値維持義務と財団維持増殖義務という互いに衝突する義務が存在する状況において、担保価値維持義務と財団維持増殖義務を対比し、いずれを優先すべきか判断するに当たり善管注意義務が課されているとしており、担保価値維持義務と善管注意義務の関係について、法廷意見における捉え方をより一般的に示したものと理解できる。すなわち、法廷意見は事案に即して、担保価値が毀損されることに「正当な理由」がない場合（＝担保価値維持義務違反がある場合）を前提とする書きぶりとなっているのに対し、才口補足意見は、担保価値維持義務に違反しない場合（＝担保目的物の価値を毀損することについて「正当な理由」が認められる場合）には、担保価値を毀損したとしても善管注意義務違反が問題となる余地はないことを含め、両義務の関係をより一般的に判示したものとみることができる。したがって、担保価値維持義務と善管注意義務を別個の義務として捉え、善管注意義務については、破産管財人が負う各義務（財団維持増殖義務、担保価値維持義務等）が対立する状況において、その調整を適切に図るに当たり課される注意義務と位置付ける点で、両者は基本的に共通していると解される。

2　善管注意義務と担保価値維持義務の関係

(1)　善管注意義務と担保価値維持義務の関係に関する学説

　善管注意義務と担保価値維持義務の関係について正面から論ずる学説はさほど多くないが、おおむね次の3つの考え方に分類することができよう。

　　(ⅰ)　**善管注意義務は担保価値維持義務を包摂する義務であるとする見解**[注75]

　善管注意義務は破産債権者の利益を中心とするものではあるが、場合によっては、破産財団所属財産についての別除権者の利益が正当な理由なしに損なわれないように配慮すること（担保価値維持義務）も含まれるとする考え方である。したがって、この見解によれば、担保価値維持義務も、破産管財

（注75）　伊藤・破産法民事再生法208頁注19参照。

人の善管注意義務の一部として位置付けられることになる。また、この見解に比較的近い見解として、善管注意義務と担保価値維持義務を一体的なものとして捉え、破産管財人は担保価値維持義務を善管注意義務の範囲内において承継する（したがって、破産管財人の担保価値維持義務は常に善管注意義務の範囲内に収まり、両義務が衝突することはない）とする見解もある[注76]。

(ii) **善管注意義務を担保価値維持義務とは別個の調整概念として位置付ける見解**

善管注意義務を担保価値維持義務と財団維持増殖義務との適切な調整に当たり課される注意義務と位置付ける見解であり、平成18年判決と同様の立場である。破産管財人が破産者（質権設定者）の義務を承継するからといって、ただちに質権者が全面的に保護されるわけではなく、破産管財人は担保価値維持義務を承継するが、そのうちの保護に値する範囲において弁済すれば足り、その範囲・程度の判断について善管注意義務が課されるとする[注77]。また、破産管財人は破産手続の開始時点における権利者のプライオリティを尊重する義務を負い、対立する各利害関係人の権利のプライオリティ関係の判断に当たり、善管注意義務が課されるとする見解[注78]も、担保価値維持義務をプライオリティルールを定める基準の1つとみれば、この見解の一類型として分類することができよう。

(iii) **パラダイム・シフト論からの位置付け**

前述したように、パラダイム・シフト論は、破産管財人の善管注意義務の相手方は、破産手続内の利害関係人に限定され、その違反を理由として破産管財人が個人責任を負う相手方もこれらの者に限られることを前提に、破産管財人の個人責任と破産財団の責任の関係を、誰に対するいかなる根拠に基づく責任かという観点から整序しようとするものである。したがって、パラダイム・シフト論においては、善管注意義務と担保価値維持義務の関係につ

(注76) 破産管財人が破産者の契約上の義務を承継するのは、破産管財人の善管注意義務の範囲に限られるものであり、質権設定者としての担保価値維持義務が破産管財人の善管注意義務と相容れないものとは考えられないとする（土岐・前掲（注22）43頁）。
(注77) 木内・前掲（注40）29頁。
(注78) 服部・前掲（注9）52頁。

② 破産管財人の善管注意義務と担保価値維持義務

いても、責任対象および責任財産との相関関係の中で位置付けられることになる。具体的には、善管注意義務違反については、もっぱら破産手続内の利害関係人に対する、破産管財人の個人責任との関係で、責任発生の基礎となる。これに対し、担保価値維持義務違反については、まず、担保価値維持義務違反行為によって、別除権者に損失が生じ、それにより破産財団に利得が生じている場合には、破産財団に対する不当利得返還請求権の基礎となる（破148条1項5号）。また、破産財団の機関としての破産管財人の行為に帰責性が認められるのであれば、債務不履行に基づく損害賠償という形での破産財団に対する責任追及の基礎ともなる（同項4号）[注79]。他方、破産管財人の行為が不法行為の要件を充足する場合には、破産管財人個人に対して損害賠償を請求することもできるため、破産管財人個人に対する責任追及の基礎ともなる。なお、この場合の損害賠償請求権は、破産法85条2項ではなく、実体法の規定（民709条）に基づくものである。

したがって、パラダイム・シフト論においては、善管注意義務は破産手続内の利害関係人に対する破産管財人の個人責任との関係においてのみ問題となるのに対し、担保価値維持義務は、別除権者に対する破産財団および破産管財人の個人責任の双方との関係で問題となるという形で、その機能する領域が区別されることになる[注80][注81]。

(注79) 私見としては、担保価値維持義務違反に基づく損害賠償責任については不法行為責任として構成すべきと考えるが[→Ⅰ2⑷]、パラダイム・シフト論においては、担保価値維持義務は、破産者の契約上の義務を承継した破産法上の機関として負う義務であり、その義務の不履行により生ずる責任は、契約上の債務不履行責任であると構成する（伊藤ほか・前掲（注62）73頁）。

(注80) なお、担保価値維持義務違反に基づき生じた財団債権を弁済したことにより、破産債権者に対する配当や財団債権者に対する弁済が減少したときには、破産手続内の利害関係人に対する、善管注意義務違反に基づく損害賠償責任が生ずることがあり（破85条2項）、この場合には、間接的にではあるが、担保価値維持義務違反が破産手続内の利害関係人との関係でも責任発生の基礎となる。

(注81) パラダイムシフト論に親和的な立場から、破産管財人の対内的義務である善管注意義務と、対外的義務である破産者から承継した義務（担保価値維持義務等）を区別し、両者が矛盾対立する場合には、対外的義務が優先し、対外的義務の履行によって破産財団の減少を生じたとしても、善管注意義務違反にはならないとするものとして、山本・前掲（注62）701頁以下参照。

(2) 検討——善管注意義務と担保価値維持義務の理論的関係

　平成18年判決における法廷意見と才口補足意見を総合すると、判例においては、担保価値維持義務と善管注意義務を別個の義務として捉え、善管注意義務については、破産管財人が負う担保価値維持義務等の各義務が対立する状況において、その調整を適切に図るに当たり課される注意義務と位置付けられていることが明らかになった。しかしながら、なぜこのような判断構造・判断枠組みがとられるのかについては、判決からは必ずしも明らかではなく、破産管財人の善管注意義務と担保価値維持義務との理論的関係については、なお検討すべき点が残されているといえる。

(i) パラダイム・シフト論

　このような観点からは、破産財団が負担する責任と破産管財人個人が負担する責任を、義務の相手方ごとに、責任の根拠を問うこと通じて分析・検討しようとするパラダイム・シフト論のアプローチは示唆に富むものということができ、とくに、義務違反の効果の違いから、善管注意義務と担保価値維持義務の内容および機能の相違を浮かび上がらせる分析手法は注目に値する。しかしながら、パラダイム・シフト論が、破産管財人の善管注意義務の相手方は、破産手続内の利害関係人に限定され、その違反を理由として破産管財人が個人責任を負う相手方もこれらの者に限定されることを前提としている点については、疑問がある。

　パラダイム・シフト論は、破産管財人による破産財団の管理処分に利害関係を有し、その権利行使を破産管財人に委ねざるを得ない者のみが、善管注意義務の相手方となり義務違反に基づく責任追及ができるとし、その範囲を破産手続内の利害関係人に限定するが、別除権については破産手続外での権利行使が認められているものの（破65条1項）、一定の範囲で破産手続による制約が課される余地もあり（破154条・184条2項・185条・186条等）、また、別除権の目的財産であっても破産管財人の管理下にある限りは、破産管財人は破産財団の一部としてこれを適切に管理処分する権限と責任を有しており、こうした点に鑑みると、別除権者についても、その権利の実現が破産管財人の適切な判断と行動に依存しているということができる。したがって、破産管財人は、破産財団の管理処分に当たり、別除権者との関係でも善管注意義

務を負い、義務違反により損害を与えた場合には、破産法85条２項に基づく損害賠償責任を負うことになると解すべきである。

　また、パラダイム・シフト論によると、担保価値維持義務違反の効果については、担保権設定者の担保価値維持義務を破産管財人が承継することを前提に、担保目的物の価値が正当な理由なく毀損されたときには、破産財団に対する損害賠償請求（債務不履行責任と構成される）、または破産財団が支出を免れたことによって得た不当利得の返還請求が問題となるとし、破産財団が僅少で、別除権者の求める損害賠償ないし利得の返還ができないときには、破産法85条２項ではなく、破産管財人個人の故意過失に基づく不法行為責任（民709条）として、個人に対する損害賠償請求をすることとなるとする[注82]。しかしながら、担保価値維持義務違反があった場合に、破産管財人個人に対する不法行為に基づく損害賠償請求を認めるのであれば、当該請求権は同法148条１項４号により財団債権としても行使できることになると考えられ、そうすると、担保価値維持義務違反に基づく破産財団に対する損害賠償請求について債務不履行として構成するとの立場と矛盾が生ずるようにも思われる。

　さらに、破産管財人個人に対する責任追及につき、破産手続内の利害関係人との関係では破産法85条２項、破産手続外の利害関係人との関係では民法709条に基づくとして、両者を峻別するが、両請求権の実質および成否の判断過程は同質のものということができ、先に検討したように、破産法85条２項は、破産管財人個人に対しても、不法行為に基づく損害賠償請求をなし得ることを確認する趣旨の規定と解すべきである。そうすると、パラダイム・シフト論における両者の峻別は、善管注意義務および義務違反に基づく損害賠償の相手方が破産手続内の利害関係人に限定されることが正当化されてはじめて意味をもつことになるが、前述したように、破産管財人は別除権者を含む利害関係人全体に対して善管注意義務を負っていると解されることから、破産管財人個人に対する責任追及は破産法85条２項に基づく損害賠償による（ただし、その実質は不法行為による損害賠償請求）と統一的に理解すべきと考える。

（注82）　伊藤ほか・前掲（注62）75頁注25。

(ii) 私見——善管注意義務と担保価値維持義務の関係

　以上のとおり、パラダイム・シフト論については、私見とは相容れない部分もあるが、義務違反の効果の違いから、善管注意義務と担保価値維持義務の機能の相違を浮かび上がらせる分析手法は、両義務の関係を解き明かすに当たっても有益であると思われる。そこで、あらためて、義務違反の判断基準および効果という観点から、善管注意義務と担保価値維持義務の関係についての整理を試みることとする。

　まず、義務違反の判断基準についてであるが、担保価値維持義務違反については、担保価値を毀損したらただちに担保価値維持義務違反となるものではなく、当該担保価値の毀損が「正当な理由」に基づくものかが判断基準となる。なお、ここにいう「正当な理由」の有無の判断は、破産手続が開始されている状況にあることを踏まえてなされることになる。これに対し、善管注意義務違反については、破産管財人の職務遂行につき、結果的に違法な職務行為であったとされる場合（典型的には、担保価値維持義務と財団維持増殖義務の調整についての判断を誤り、担保価値維持義務違反であると評価される場合など）において、それが破産管財人として要求される平均的な注意義務に違反するものと評価されるかが判断基準となる。そうすると、善管注意義務は、損害賠償請求との関係では、破産管財人の職務遂行に当たり何らかの義務違反があることを前提に、かかる義務違反について破産管財人個人の責任を追及することの是非についての評価規範として機能しているということができる。これに対し、担保価値維持義務については、破産管財人が負う個別的な義務の1つとして位置付けられることになる。その意味では、財団維持増殖義務と同系列の位置付けということができ、だからこそ担保価値維持義務と財団維持増殖義務が衝突する局面も生じ得ることになる。しかし、個別的な義務としての担保価値維持義務と、評価規範として機能する善管注意義務は、そもそもその性質ないし位置付けを異にする義務であるため、両者が衝突するということはあり得ず、平成18年判決における2段階構成の判断構造にみられるように、それぞれの義務違反についての判断の段階も自ずと異なることになる。

　次に、義務違反の効果についてである。担保価値維持義務違反の効果とし

ては、①破産財団に対する責任追及と、②破産管財人個人に対する責任追及
があり得る。①破産財団との関係では、破産財団の機関としての破産管財人
の行為に故意過失が認められるのであれば、不法行為に基づく損害賠償請求
（民709条、破148条1項4号）が、また、担保権者の損失と破産財団の利得の間
に因果関係が認められる場合には、不当利得返還請求（民703条、破148条1項
5号）が可能である。他方、②破産管財人が担保価値維持義務に違反して別
除権者の利益を侵害したことが、善管注意義務に反すると評価される場合に
は、破産管財人個人に対して損害賠償請求（破85条2項）をすることができ
る。また、この場合には、①の不法行為に基づく損害賠償請求権が併存して
発生することになり、両者は不真正連帯債務の関係に立つ。この場合の両請
求権については、根拠条文は異なるが、実質は不法行為に基づく損害賠償請
求権が、引当財産の異なる重畳的請求権として、破産財団との関係では財団
債権として、破産管財人個人との関係では善管注意義務違反に基づく損害賠
償請求権として顕れているとみることができる。したがって、両請求権にお
ける善管注意義務違反の判断と過失の有無の判断は一致する（実質的に共通す
る）ことになる。

　これに対し、善管注意義務違反の効果は、破産管財人個人に対する責任追
及のみである（破85条2項）。ただし、破産管財人に対する損害賠償請求権が
発生する場合には、前述したように、破産財団に対する請求権（財団債権）が
併存して発生することになる（破148条1項4号）。なお、善管注意義務違反の
態様としては、単純に破産管財人の負う個別的な義務の履行を怠ったこと
が、善管注意義務に違反する場合（財団維持増殖義務違反等）と、複数の義務
が対立する状況においてその利害調整の判断を誤ったことが善管注意義務に
違反すると評価される場合のほか、破産管財人の行為により財団が責任追及
を受けた結果、破産財団が本来あるべき姿よりも減少した場合において、そ
のような状況を生じさせたことが破産債権者等に対する善管注意義務に反す
ると評価される場合がある。

　(ⅲ)　分析結果のまとめ
　分析の対象がやや拡散してしまったため、あらためて破産管財人の善管注
意義務と担保価値維持義務との関係に立ち戻り、分析結果をまとめておくこ

ととする。

　前述したように、担保価値維持義務については、破産管財人が負う個別的な義務の1つとして位置付けられるのに対し、善管注意義務は、それら個々の義務を適切に調整しつつ遂行するに当たり課される注意義務（行為規範）であるとともに、個々の義務違反（担保価値維持義務違反等）があった場合に、破産管財人個人の責任を追及することの是非についての判断するための評価規範としても機能すると位置付けることができる。中井弁護士は、両義務の関係につき、破産手続との関係におけるプライオリティを基礎付ける実体法に由来する規律（担保価値維持義務）と、それに基づくプライオリティルールをいかに守るべきかという問題（善管注意義務）として両義務の関係を整理し、平成18年判決の2段階構成について、「担保価値維持義務は、質権者に対する実体法上のプライオリティルールに基づくもので、まず、そのルールに違反しているかを判断するけれども、違反しているからといって、直ちに破産管財人の善管注意義務違反になるわけではない」[注83]ことによるものであると分析する。前記の私見も、この考え方と軌を一にするものであるが、「担保価値維持義務は、質権者に対する実体法上のプライオリティルールに基づくもので、まず、そのルールに違反しているかを判断する」という部分について、中井弁護士の見解を忖度し付言すれば、担保価値維持義務に違反しているかについての判断は、純然たる実体法上のプライオリティルールを基準とする判断ではなく、倒産手続の局面におけるプライオリティルールを前提とした、倒産実体法的な判断であるということになろう。

おわりに

　本稿においては、破産管財人の善管注意義務と担保価値維持義務について、平成18年判決およびそれについての評釈等を手がかりとしながら、それぞれの義務の内容と対象、義務違反の効果と責任主体（責任財産）等の問題について個別的に分析をするとともに、両義務相互の理論的関係について検討

（注83）　全国倒産処理弁護士ネットワーク第6回全国大会シンポジウム報告・前掲（注29）36頁〔中井康之発言〕。

を試みてきた。平成18年判決を素材としつつも、主に理論的観点からの検討を企図したため、やや抽象的なレベルでの議論にとどまり、本稿における検討結果が具体的事案との関係でどのように敷衍されるかという点については、立ち入ることができず、他方では、担保価値維持義務に関しては、主に平成18年判決の事案において問題となった質権を念頭に検討を進めたため、他の類型の担保権についても本稿における検討結果が妥当するのかについては検討を及ぼすことができなかった。この点については、少なくとも先取特権等の法定担保権については、約定担保権である質権についての検討結果をそのまま及ぼすことはできず、また、約定担保権についても、本稿における検討結果をどの範囲で敷衍することができるかにつき、個々の担保物権ごとにその内容や性質、質権との異同等を踏まえ、個別的に検討する必要があろう。

　以上のように、破産管財人の善管注意義務と担保価値維持義務を巡る問題については、まだ検討すべき点が多々残されているが、ひとまず稿を閉じることとする。平成18年判決を契機として、すでに多くの優れた評釈や論考が公表されている状況の下、本稿が屋上屋を架すにとどまることなく、善管注意義務と担保価値維持義務の理論的関係の究明に多少なりとも資するものとなれば、幸いである。

3 破産管財人の負う義務の内容と調整
——「第3の義務」はあるのか

一橋大学大学院法学研究科教授 山本和彦

I 問題設定

破産管財人は、破産財団の管理・換価・放棄等の局面で、破産債権者の利益とそれ以外の者との利益の調整に困難を生じる場面がある。原則として、破産管財人は破産債権者の利益の最大化を図ること、すなわち破産財団の増殖を図ることをその基本的な任務とする点に異論はない。しかし、一定の場面では、財団増殖を図ることが結果として第三者の利益を害することになる場合や第三者の利益を図ることで財団が減少することになる場合があり、このような場面で破産管財人はどのように行為すべきかが問題となる。

そのような場面については、従来からいくつかの具体例を題材として議論がされてきている。例えば以下のようなものである。

【設例1】 人身損害等に基づく損害賠償義務の取扱い

人身損害等に基づく損害賠償請求権については、その実質的保護の必要の強さに鑑み、他の一般債権の配当が減少しても優先的取扱いを可能にすべきではないかという議論がある。例えば、伊藤眞教授は、「破産管財人の職務に求められる社会的相当性を実現するための手段」として、「たとえば、破産財団の相当部分について被害者のための信託財産を設定する目的で破産管財人が財産を処分したり、管理処分権を放棄すること」が考えられると論じられる(注1)。これは破産債権者間の利害調整の問題であるが、人身損害等の被害

(注1) 伊藤眞「破産管財人の職務再考——破産清算による社会正義の実現を求めて」判タ1183号(2005) 43頁以下参照。

者には実質的に外部の第三者と同等の扱いを認め、破産財団の減少を容認するものといえる。

【設例2】担保目的である敷金返還請求権の価値を減損する場合

　破産財団に属する賃借権に係る敷金返還請求権に対して質権が設定されている場合に、破産管財人が賃料を支払わず目的物の利用を継続して敷金返還請求権の価値を減損させることの相当性が問題になった判例がある[注2]。これは、破産財団の増殖という観点からは破産管財人の行為は相当なものともいえる。ただ、それによって担保権者の利益を害したことをどのように考えるかであるが、判例は、破産管財人の負う善管注意義務の目的を「総債権者の公平な満足を実現する」ことにあるとして、質権者に対する義務も善管注意義務の範囲に含めて、破産管財人の行為を制限した。

【設例3】担保目的物について修繕義務を履行する場合

　同様の例として、破産者が担保目的物の価値を維持する義務を負っている場合に、破産管財人がその修繕義務を履行することをどのように考えるかという問題もある[注3]。破産管財人による修繕義務の履行は破産財団に費用の負担をもたらし、修繕後も担保割れの場合には担保権者のみがその利益を得るものである。このような場合に、【設例2】と同様に考えられるかどうかが問題となる[注4]。

【設例4】産業廃棄物の埋設した不動産の財団放棄の場合

　破産した産業廃棄物処理業者等が有している産業廃棄物の処理場は廃棄物により汚染が進み、売却手続をとってみても買い手がつく見込みがなく、当該処理場をそのまま破産財団に帰属させておくと、周辺住民等に損害を生

(注2)　最判平成18・12・21民集60巻10号3964頁参照。以下「平成18年最判」という。
(注3)　三木浩一＝山本和彦編『ロースクール倒産法〔第3版〕』（有斐閣、2014）、Unit 7の設例である。
(注4)　再建型手続においては、近時議論されている将来債権等に係る譲渡担保の問題、例えば売掛債権等が譲渡担保に供されている場合に再生債務者や更生管財人が費用を投下して商品の製造を続けることができるかといった問題も同様の性質のものであろう。

じ、損害賠償義務を発生させ、新たな財団債権が継続的に生じるおそれがあるような場合である。この場合、処理場を破産財団から放棄することが破産債権者一般の利益となるが、それが財団から放棄されると、処理場の管理者が事実上いなくなり、周辺住民が損害を被るおそれが大きい。このような場合、破産管財人は財団放棄できるか、あるいはすべきか、という問題である[注5]。近時、議論が盛んな問題であり、財団増殖の観点から放棄が望ましいが、それにより周辺住民等の利益が害されることをどのように考えるかが問題となる。

【設例5】労働者や取引先の利益を考慮した赤字事業継続の場合

破産管財人が破産会社の事業を廃止してしまうと、労働者はその職を失い、取引先は販路を失い、損害を被ることになる場合、その損害を軽減するため、新たな勤め先や販売先が見つかるまで、赤字であっても破産会社が事業を続けることが考えられる。他方、破産財団は赤字経営によって減損し、破産債権者等に対する配当は減少することになる。この場合、破産管財人は労働者・取引先等の利益を優先することは可能か、あるいは優先すべきか、という問題がある。

【設例6】不動産放棄によって周辺住民に危険が発生する場合

担保割れしている不動産について買い手が容易に見つからず、固定資産税や管理費等の負担が発生するが、それを財団から放棄して管理者がいなくなると、若者のたまり場になるなどして火災が発生したり治安が悪化したりして、周辺住民に危険が生じるおそれがある場合に、破産管財人はどうすべきか、という問題である[注6]。破産管財人が管理を継続すれば、財団がその費

(注5) 山本和彦「倒産手続における弁護士の役割と倫理」村岡啓一編『一橋大学法科大学院法曹倫理科目横断的アプローチ』(一橋大学、2008) において取り上げた事例である。
(注6) 新破産法の基本構造と実務228頁〔田原睦夫発言〕は、「抵当権者が実行してくれないので幽霊屋敷になりそうで、財団放棄するのもますます幽霊屋敷のまま放置することになりかねない。そうすると若い人が出入りして、場合によっては失火が起こるかもしれない」という不動産を例に、無剰余の場合も競売を認める現行規定(破184条3項)の正当性を説かれる。

③ 破産管財人の負う義務の内容と調整

用分減少し、破産債権者等の配当が減少することになるが、財団の利益と周辺住民の利益の衡量が問題となろう。

以上のような事例は、財団増殖・最大配当の利益とそれ以外の利益とが抵触しており、破産者に関係する広義の利害関係人の間の利害調整の問題である点で共通する(注7)。その意味で、これらの例もそれらの側面の一部を切り出したものにすぎないが、それでも性質の異なるものを含んでいる。そこで、問題の整理を試みると、一応以下のような分類が可能と思われる。すなわち、①債権者間の利害調整の問題：優先権秩序の修正【設例1】、②担保権者と一般債権者との利益調整の問題【設例2・3】、③債権者以外の利害関係人と債権者の利益調整の問題【設例4～6】である。

このような問題については、それぞれの事案でさまざまな解決策が想定されるところ、本稿の目的は、個別の問題の解決というよりは、それらを鳥瞰して、そもそも破産管財人の負う義務はどのようなものか、その義務の範囲や各義務の間の調整はどのようにあるべきか、という基本的な考え方を提示する点にある。破産管財人の負う義務の種類としては、①善管注意義務、②破産者から承継した義務があることについて異論は少ない。ただ、③それ以外の義務として破産管財人の「社会的責任」等と呼ばれることがあるもの（以下、「第3の義務」という）が存在するかは1つの問題である。その点を考えるについては、それぞれの義務の内容・範囲・相手方等を詰める必要があり、またその間の関係（調整）が問題となる。以下では、このような問題について検討するが、議論の対象としては、原則として破産管財人による換価の局面を中心とする（ただ、換価ができない場合の財団放棄の場面や換価の前提となる財産管理の場面も対象に含む）(注8)。

(注7) 佐藤鉄男「倒産手続の目的論と利害関係人」田原古稀（下）52頁は、「倒産手続に利害関係を有するのは債務者と債権者に限られるものではない。すなわち、……担保権者、従業員、株主も意味合いは異なるが利害関係を有している。また、……得意先であるとか、周辺で商売をしたり住居を構えたりしている人々も、影響を免れないであろう。そしてまた、これら利害関係を有する者は、具体的にさまざまな属性を有し、利害の絡み方も決して一様ではない」と正当に指摘される。
(注8) また、論旨の明確化のため、必要に応じて、それ以外の場面にも議論が及ぶ可能性がある（【設例1】など）。

第3部　研究者からみた破産管財人の財産換価を巡る理論上の諸問題

II　破産管財人の善管注意義務の内容

　前記のようなさまざまな問題は、破産管財人の善管注意義務の範囲や相手方を広く捉えれば、その範囲内で一応整理可能になる。つまり、担保権者やその他の利害関係人（周辺住民等も含めて）に対して破産管財人が負う善管注意義務の一環として問題を説明できる可能性がある。したがって、前記のような問題を考えるについては、まず善管注意義務の内容を固めておく必要があることになる。

1　義務の相手方

　破産法85条2項の善管注意義務の相手方に対する議論の状況としては、従来の一般的な理解である広義説と近時の有力な見解である狭義説が分かれているようにみえる[注9]。まず、広義説として、例えば、菅家忠行判事は、「利害関係人には破産手続又は破産管財人の職務と法律上の利害関係を有すると解される破産者、破産債権者、財団債権者、取戻権者、別除権者等が広く含まれうる」とする[注10]。また、条解破産法も、破産債権者、財団債権者を対象とすることについては異論がないとした上で、「破産財団と利害が対立する別除権者、取戻権者も、それらの者の利害を『適切に調整』することが本法の定める破産管財人の職務と解されるので、本条〔筆者注・85条〕2項の利害関係人に含まれると解する」と明言する[注11]。

　これに対し、狭義説として、伊藤眞教授や伊藤尚弁護士などによる近時の共同研究の成果では、破産債権者や財団債権者は対象に含まれるが、「別除権者が別除権目的物から回収し得る範囲については別除権者は破産法85条2項の『利害関係人』に当たらず、その部分に関しては善管注意義務違反の問題は生じない」とし、「取戻権者は、破産管財人に対して取戻権対象物を破産財

(注9)　以下では、破産に限定して論じる。民事再生ではおおむね同旨が妥当するが、会社更生では株主や担保権者など多様な利害関係人が手続の受益者となるので、問題状況を異にする。ただ、手続の受益者のみが善管注意義務の対象かそれ以外の者を対象として含むかという問題設定は、同様の性質のものとして考えることは可能である。
(注10)　大コンメ360頁［菅家忠行］参照。
(注11)　条解破産法668頁参照。

団に属しないものとして取り戻す権利を有するのであるから、破産法85条2項にいう『利害関係人』には当たらない」とする(注12)。筆者自身も、かつて同様の見解を示唆していた(注13)。すなわち、平成18年最判が「別除権者に対して管財人が善管注意義務を負うとする点には疑問を感じる。第三者との関係では原則として破産財団が義務の主体であり、管財人の善管注意義務は破産債権者など破産手続の受益者との間でのみ観念すべきもののように思われる」としていた。

以上のようにみると、まず従来の通説的見解であっても、周辺住民などについてまで善管注意義務の対象と解する見解はあまりないようである(注14)。その意味で、上記【設例4～6】はいずれにしても善管注意義務の射程に関する問題ではないことになる。それに対し、破産者に対して何らかの法的請求権を有する権利者（別除権者、取戻権者等）が対象に含まれるかについては見解の対立がある（したがって【設例2・3】については議論の余地がある）といえる。

私見は前述のとおりであるが、より敷衍すると以下のようになる。すなわち、破産管財人の善管注意義務は、委任契約における受任者の義務がその背景にある。破産管財人は破産手続のために職務を遂行する者であるので、破産手続の受益者（破産債権者および財団債権者）に対して義務を負うと理解するのが素直であろう(注15)。確かに『条解破産法』の指摘するように、破産財団と利害が対立する権利者（別除権者や取戻権者等）との利害調整も破産管財人の任務ではある。しかし、善管注意義務はあくまでも一般に対内関係の義務の問題であり、破産財団の対外関係については、それとは別の独立した義務として整理すべきものであろう。このような義務の構造は基本的に株式会

(注12) 伊藤眞ほか「破産管財人の善管注意義務——『利害関係人』概念のパラダイム・シフト」金法1930号（2011）71頁以下参照。同旨として、佐長功「破産管財人の善管注意義務と個人責任」自正64巻7号（2013）56頁も参照。
(注13) 山本和彦「判批」金法1812号（2007）55頁参照。
(注14) 労働者や取引先についても、その債権者としての側面（破産管財人の労働債権者に対する情報提供努力義務〔破86条〕など）は別として、同様に善管注意義務の対象ではないとされていたものと解される。
(注15) 伊藤ほか・前掲（注12）は、これを論文の副題で「『利害関係人』概念のパラダイム・シフト」と呼ばれるが、本稿はそのようなパラダイム・シフトを支持するものである。

社における取締役の負う義務に類似していると思われる。株式会社において、取締役は会社（その背後にある株主等内部者）に対して善管注意義務を負うが、会社自体は対外的に独立した義務を負い、両者は義務の次元を異にする。すなわち、会社の負う義務を取締役が履行するかどうかは、原則として善管注意義務の問題にはならない。破産手続においては、破産財団自体は法人格をもたないため、破産財団に対する善管注意義務は認められないが、義務の実質は同等であり[注16]、破産手続における受益者が実質的には義務の対象となるものと解されよう[注17]。

2 義務の範囲

善管注意義務の範囲は、基本的には破産手続の受益者の利益を最大化する点にある。ただ、第三者の利益との関係で、常にその原則が妥当するわけではない。第1に、破産財団が負っている義務があるとすれば、破産管財人はその履行を優先させなければならない。仮にその義務を履行する結果として破産財団が減少することになっても、それを履行する必要があり、それは善管注意義務違反にはならない[注18]。

(注16) 破産手続の法律関係を信託と類比すると、破産管財人は信託受託者に、破産債権者・財団債権者は受益者に相当し、その間に善管注意義務が発生することになる。別除権者等は受益者として観念することはできず、善管注意義務の対象とはなり得ず、信託（受託者）が対外的に負っている義務と理解するのが素直であろう。

(注17) これは、破産財団につき「暗星的法人」として法主体性を認める見解（兼子一『民事法研究I』〔酒井書店、1971〕468頁以下参照）に近い説明になろうか（その場合、財団管理者としての破産管財人の善管注意義務の相手方は財団、つまりその受益者である破産債権者等であることが明快に説明できる）。筆者の理解としては、管理機構人格説もその実質を変えるものではないと思われるが、破産管財人に「管理機構」という独立した人格を前提としたため、破産手続の受益者を超えて多様な利害関係人を並列に論じてしまう傾向を招いたようにも思われる。なお、近時有力になっているように、信託そのものではないにしても、信託に類似した法律関係として破産管財人の地位を説明する見解も魅力的である（兼子説は、信託財産と目的財産の峻別により信託説を排除するが〔兼子・前掲465頁参照〕、現代の信託理論で乗り越えられない課題ではないようにも思われる）。いずれにしろ、この点については現段階で議論する用意はなく、別稿でより詳細に検討する機会をもちたい。

(注18) 平成18年最判はこの点でやや議論の明確性を欠いている。その結果、善管注意義務の過剰な広がりをもたらし、両者の義務の位置付けの不明確を招来しているように思われる。この点については、山本・前掲（注13）55頁参照。

第2に、そのような義務がない場合であっても、破産管財人は破産財団の増殖以外の利益を考慮することが一切禁じられるわけではない。換言すれば、一定の利益を考慮した結果として財団の最大限の増殖に資する行為を選択しない場合であっても、善管注意義務違反にはならないことがある。その際にはさまざまな考慮要素があり得るが、①（義務ではないにしても）本来破産者に期待されている行為であったかどうか、②破産債権者の引き受ける負担の範囲として合理的なものかどうか等の要素を総合考慮して、善管注意義務に反しない場合はあり得よう。実際にはその範囲については微妙な判断が求められ、破産管財人の一定の裁量が前提となり、一定の合理性が説明できれば善管注意義務違反を免れるものと判断されよう。この点も、会社の取締役等と類似した側面がある(注19)が、株式会社との類比は完全には妥当しないことも確かである(注20)。

3　設例との関係

　以上から、破産手続における受益者、すなわち破産債権者と財団債権者に善管注意義務の対象は限定されるとする考え方（近時の有力説）が相当と解される。したがって、前記設例のうち、【設例4～6】はもちろん、【設例2】や【設例3】も（第三者の利益のために）財団財産を減少させるものであり、第三者に対する義務を善管注意義務によって説明することは困難である。ただ、前記設例のうち、破産手続の受益者の間の利益調整が問題とされているものとして、【設例1】がある。これは、受益者（破産債権者）間の利益調整

(注19)　会社の取締役も、会社以外の利益を考慮して、純粋経済的には会社の利益にはならないような行為も、善管注意義務違反にはならない場合があり得るとされる。例えば、「取締役等による『企業の社会的責任』への配慮が、原則として経営判断の問題であり、善管注意義務・忠実義務違反を生じないことは、一般的に認められている」とされ、寄付についても、「会社に社会通念上期待・要請される寄附をすることは……会社の規模・経営実績・相手方など諸般の事情を考慮し応分の金額のものである限り、取締役等に善管注意義務・忠実義務違反を生ずることはない」とされる（江頭憲治郎編『会社法コンメンタール(1)』〔商事法務、2008〕88頁〔江頭憲治郎〕参照）。
(注20)　例えば、会社の場合は、その継続性を前提に会社の長期的な利益を図ることが短期的な株主利益に反する可能性もある点が1つの重要な考慮要素になり得るが、破産管財人の場合にはそのような長期的利益の考慮は通常あり得ないであろう。

の問題であり、結局プライオリティ・ルールの問題である。すなわち、破産管財人は実体法（倒産実体法を含む）上のルールをどこまで回避・変容できるかという問題であり、実質的平等が妥当する再建型手続であればともかく(注21)、形式的平等が妥当する破産手続においては（他のすべての債権者の同意がない限り）困難である。伊藤説が提案されるような工夫は、その実質において共感できるところが大きいが、やはり解釈論・運用論の域を超えているように思われる。「社会的相当性」という曖昧な価値判断を根拠に優先順位のルールを変更することには疑問があり、当面、問題が生じた場合の個別立法等による対応しかないであろう(注22)。より一般的な立法論としては、人身損害（破253条1項3号参照(注23)）に対する実体法上の優先権の付与が論じられるべきであり、それを前提とする財団債権化等の議論が喫緊の課題であろう(注24)。

III　破産者から破産管財人が承継する義務

1　契約上の義務の承継の原則

以上のように、善管注意義務の対象には破産債権者・財団債権者以外の者は含まれないとすれば、他の利害関係人との関係における破産管財人の責任はどのように考えられることになろうか。

(注21)　そこでは結局、事業の再建によって得られる追加的利益（いわゆる going concern bonus）の多数決による分配の可能性（他方で清算価値の保障）がその根拠となっている。

(注22)　例えば、東京電力について、一般優先権のある電力債の債権者を福島第1原子力発電所事故に基づく損害賠償債権者に優先せざるを得ないため、法的倒産手続が回避され、原子力損害賠償・廃炉等支援機構による現在のスキームがとられている。しかし、本来的には、東京電力を会社更生によって処理しながら、何らかの方法で損害賠償債権の優先的処理を図ることが望ましかったといえよう。この点については、山本和彦「原子力発電所事故を起こした電力会社の会社更生手続試論」齊藤誠＝野田博編『非常時対応の社会科学』（有斐閣、2016）283頁以下参照。

(注23)　ただし、この場合は故意重過失に限定する必要はないであろう。

(注24)　包括担保との関係であるが、このような実体法における位置付け、それを踏まえた倒産法での対応を示唆するものとして、山野目章夫ほか「担保法制の展望」金法2000号（2014）228頁［山本和彦発言］参照。また、小粥太郎「原子力事業者の倒産における原発事故被害者の保護」齊藤＝野田編・前掲（注22）310頁以下も参照。

③ 破産管財人の負う義務の内容と調整

まず、破産管財人の義務は、契約上の義務とそれ以外の義務（注25）（主として不法行為法上の義務〔注意義務〕）に収斂する（注26）。そのうち、契約上の義務については、破産管財人が自ら締結した契約に基づき負った義務は当然その履行が必要になるが（注27）、問題は、破産者が第三者との関係で一定の契約上の義務を負っていた場合である。このような場合、基本的に破産手続の開始によって契約は終了ないし変更せず、契約上の管理処分権のみが破産管財人に移転するものと解される。したがって、原則として、破産管財人は当該契約上の義務を承継するとの理解が一般的であろう。平成18年最判も、「質権設定者が破産した場合において、質権は、別除権として取り扱われ……、破産手続によってその効力に影響を受けないものとされており……、<u>他に質権設定者と質権者との間の法律関係が破産管財人に承継されないと解すべき法律上の根拠もない</u>」（下線は筆者）として同旨を論じている。

これに対する批判的見解として、中西正教授は、「破産管財人は破産者の地位を承継するというルールは、要するに、ある破産手続の利害関係人の権利（法律関係）が破産手続で尊重されるべき場面の、比喩的な表現にすぎない」と論じられる（注28）。その指摘は正当な面を含むが（注29）、破産者に対して一定

(注25) なお、公法上の義務の承継についても議論がある。最判平成23・1・14民集65巻1号1頁は、破産管財人の源泉徴収義務について、「所得税の源泉徴収をすべき者としての地位を破産者から当然に承継すると解すべき法令上の根拠は存しない」とする。これは義務の承継に法令上の根拠を要するとの前提をとるものであるが、「源泉徴収義務は、国と徴収義務者との間に成立する公法関係に基づくものであり、徴収義務者自身の固有の義務である……。そのような義務については、契約上の義務とは異なり、当然に破産管財人が承継するものとは解されず、そのような承継を認めるには法律上の特別の根拠を必要とする」との立場（山本和彦「破産管財人の源泉徴収義務──最高裁判決への所感」金法1916号〔2011〕59頁）に立てば、相当なものと解される。
(注26) ほかに、物権的請求権や差止請求権に対応する義務等も観念できるが、これは管財人が独自に負う義務として、考え方としては不法行為法上の義務と同旨のものとして整理が可能であろうか。
(注27) それが破産財団に損害をもたらす場合は、そのような契約上の義務を負ったこと自体が善管注意義務違反の問題となろう。
(注28) 中西正「破産管財人の実体法上の地位」田原古稀（下）397頁以下参照。
(注29) 平成18年最判のような場合は、筆者も、担保価値維持義務が物権法上の義務とすれば、承継の問題でないとの理解も十分あり得ると解している（山本・前掲（注13）54頁参照）。

の権利を有していた者は、原則として（破産法による変容がない限り）破産管財人に対してもその権利を請求できると考えるのが素直であり、その結果として破産管財人が破産者と同一内容の義務を負うとすれば、それは承継概念で説明することが可能かつ適切であろう。結局、これはどちらを原則として捉えるかの問題であり、判例もデフォルト・ルールは契約上の義務の承継という理解をしているものとみられる。

　ただし、もちろんその例外は認められる。破産債権者に対する義務は当然例外となり、破産手続における制約を受けるし、財団債権者についても一定の範囲で同様である。また、双方未履行契約で契約解除が認められる場合や否認権によって契約の取消しが認められる場合も例外となる。その意味で、例外の範囲は広汎に及ぶが、それでも原則はやはり義務の承継と考えられよう。山本克己教授も、「倒産前の契約については、否認できる場合と双方未履行契約として解除できる場合を除いては基本的に管財人等は承継するのだという一般的な考え方」を指摘される(注30)。したがって、破産手続においてその権利内容が変容されない別除権者や取戻権者との関係では、原則としてその契約上の義務が承継されることになる(注31)。

2　設例との関係

　前記の設例のうち、【設例2】および【設例3】は、以上のような義務の承継によって説明できるのではないかと思われる。

　まず、【設例2】については、破産者が負っていた担保価値維持義務を破産管財人が承継するかという問題として理解できる。ただ、判例も指摘しているように、「正当な理由に基づくことなく」敷金返還請求権の発生を阻害することが担保価値維持義務違反となるところ、「正当な理由」の内容が倒産の局面で平時と異なることはあり得よう。平成18年最判も、「本件行為によって破産財団の減少を防ぐことに正当な理由があるとは認められない」として、破

(注30)　山本克己ほか「倒産法制の展望」金法2000号（2014）260頁［山本克己発言］参照。
(注31)　ただし、承継される義務の範囲については議論がある。担保権者とのコベナンツなども、全面的に承継されるのではなく、別除権の行使と不可分一体の内容のみが承継されるものと理解されよう。山本・前掲（注13）54頁参照。

産の場面での破産管財人の行為態様を検討しており、承継される義務の内容がまったく同一であることまでを意味するものではない。そして、破産管財人がそのような義務を対外的に負っているとすれば、その履行は対内的な義務である善管注意義務に優先し、承継した義務の履行によって仮に破産財団の減少を生じたとしても、善管注意義務違反にはならないものといえる。

　また、【設例3】についても、やはり担保権者の利益との調整の問題であり、担保価値維持義務の範囲の問題として理解できよう。破産者が補修義務を負っているとすれば、それは別除権の行使と不可分のものと解され、破産管財人がその義務を承継し、義務の履行によって一般債権者は当該費用分の配当を失うとしても、善管注意義務違反とはならないと解される。ただ、破産管財人の負う義務の範囲については、倒産法的公序等による修正の可能性がある。すなわち、「倒産法的公序はまさに倒産手続の目的を達成するために認められるものであるが、その目的は債権者への弁済の最大化・平等化や債務者の経済生活の再生に資すること」にあるのであり、その結果、「平時においては公序違反とならないような合意であっても、それが倒産法の秩序を害することにより、倒産手続の下では公序違反とされることはありうる」と解される(注32)。担保権者との合意の遵守が修繕義務の内容や程度に鑑み倒産法の目的を害するような場合には、当該義務に係る請求権は倒産法的公序に反して破産管財人に対しては請求できない(破産管財人は修繕義務を負わない)と解する余地があろう(注33)。より一般的には、将来債権譲渡担保の効力を論じる前提として、ドイツ法の考え方を参考に、和田准教授によって、「倒産債権者共同の引当財産である倒産財団を特定の権利者の利益のために費消してはならない」という命題を倒産法上の原則と捉える考え方が提唱されてい

（注32）　山本和彦「倒産手続における法律行為の効果の変容——『倒産法的再構成』の再構成を目指して」伊藤古稀1190頁以下参照。
（注33）　他の法律構成の可能性として、担保権者に対する不当利得返還を認めること（担保目的物の増価分が修繕費用を上回る場合には、費用額について不当利得を認める解釈）や、民法391条の類推適用の可能性等がある。後者は、抵当不動産の第三取得者が必要費・有益費を支出した場合に抵当権者等に対して優先するという規律から、破産管財人の支出した費用についても同様に解する余地はないかと考えるものである。立法論として、このような方向を示唆するものとして、山本和彦「倒産法改正の論点」東京弁護士会倒産法部編『倒産法改正展望』（商事法務、2012）25頁参照。

る^(注34)。極めて注目すべき議論であり、示唆に富むが、そこまで一般的な命題を定立することができるか、なお個別問題に即して精細な検討が必要であろう。

Ⅳ　破産管財人が負うその他の義務──「第3の義務」の可能性

以上のような義務（善管注意義務および破産者から承継した義務）以外に、破産管財人は別途の義務を負うことが考えられるのかが残された問題である。近時、破産管財人の「社会的責任」が議論される中、そのような義務が議論の俎上に上がっている。前述のように［→Ⅱ］、善管注意義務の対象を限定したとき、破産者からの義務の承継［→Ⅲ］では説明がつかないが、なお破産管財人が何らかの義務を負うとすれば、そのような義務はどのように位置付けられるかがここでの問題である^(注35)。

1　法令上の義務の賦課

まず考えられるのは、破産管財人が一定の立場において直接法令上の義務の対象とされる場合である。この場合、破産管財人が自らに課された法令上の義務を履行することは当然であり、それによって破産財団の減少をもたらしたとしても善管注意義務違反に問われることはないはずである。

このような義務として、【設例4】の設例における土壌汚染対策法上の義務があると解される^(注36)。すなわち、土壌汚染対策法は、現在の土地の所有者、

(注34)　和田勝行『将来債権譲渡担保と倒産手続』（有斐閣、2014）19頁以下参照。
(注35)　ここでは法的義務に限定して議論する。破産管財人の倫理（道義的責任）の問題はいずれにしても別途存在する。この点で、伊藤・前掲（注1）36頁は、破産管財人の資格を実際上弁護士に独占させている実務運用の根拠を「弁護士の職務遂行に期待される公益性」に求め、弁護士倫理に係る規律を援用される。これに対し、永石一郎「破産管財人とCSR」一橋法学4巻2号（2005）23頁は、産業廃棄物事案に関して、「弁護士倫理上、弁護士は放棄できないとしても、弁護士だけが破産管財人になるのではないから、他のさむらい業または法人が破産管財人の場合と均衡を欠くことになり、これを根拠とする見解は妥当でない」とされる。法律論としては、やはり永石説が正論と思われ、倫理の問題は（その重要性は認識しつつ）義務論に限定する本稿の射程外とするゆえんである。

③ 破産管財人の負う義務の内容と調整

管理者または占有者であって、有害物質使用特定施設を設置していたものまたは都道府県知事から通知を受けたものについて、土地の汚染状況についての調査報告義務があるとする（同法3条1項）。破産管財人はそのような義務を負うものと解される。けだし、破産管財人はその土地の管理者であるし、同法3条1項の施設設置者に該当するか、あるいはその使用の廃止を知事に知らせて、知事の通知（同条2項）を受けるか、いずれにせよ調査報告義務の対象者になるものと解される(注37)。そして、職務上の義務の履行費用として、調査等に要する費用は財団債権となる。次に、当該土地が要措置区域（同法6条1項）として指定されれば、管理者等に対して汚染の除去等の措置の指示（同法7条1項本文）ないし命令（同条4項）がされることになる(注38)。措置の指示等がされれば(注39)、それに応じる公法上の義務が生じ、その費用は当然財団債権になる。破産管財人としては、財団に帰属する土地の土壌汚染を把握した段階で、この枠組みに乗せる必要がある(注40)。それが破産債権者等の不利益になるとしても、知事の通知に向けて知らせることは破産管財人の公法上の義務と解され、それが善管注意義務に優先することになろう(注41)。

(注36) この問題についてはとくに、杉山悦子「倒産手続における環境浄化費用の負担者」一橋法学8巻3号（2009）210頁以下参照。同論文では、この問題に関するアメリカ法の議論も詳細に紹介されている。
(注37) 「施設を設置していたもの」は、やはり破産者自身と解するのが素直であるとすれば、法3条2項による通知を受けた調査義務と考えるのが解釈論としては素直であろうか（なお、本法の調査報告義務は公法上の義務であり、その承継は原則として観念できないことにつき、（注25）参照）。
(注38) 当該土地の所有者等以外の者の行為によって汚染が生じた場合には、その行為をした者が名宛人になり得る（土壌汚染7条1項ただし書）ところ、その行為者は破産者であるが、その指示・命令を履行する財政的基礎がないので、通常、「汚染の除去等の措置を講じさせることが相当であると認められ」ないと解され、ただし書は発動されないことになろう。
(注39) 行政の側で措置をとらないのであれば、（汚染除去の必要性が小さいものとして）当該土地の財団放棄は可能と解されよう。
(注40) 汚染の存在を認識しながら前記のような通知等をせずに財団放棄をすることは、管財人には許されないと解される。仮に放棄がされたとしても、それは土壌汚染対策法上の義務を免れるためにされたものとして、効力を生じず、少なくとも同法との関係ではなお破産管財人は管理者としての義務を負い続けるものと解されよう。

2 不法行為法上の注意義務

　以上のような法令上の義務が課されていない場合、例えば【設例5】や【設例6】の設例は、既存の義務の枠組みでは説明できない可能性がある。前述のように、これらは善管注意義務の範囲についていずれの見解をとったとしてもその対象とは考えられてこなかった類型と思われ、破産者の義務を承継するものとも考えにくい。

　そこで、このような義務を認める可能性を論じる立場からは、一種の「社会的責任」論が根拠とされる余地がある。しかし、このような義務が仮に認められるとしても、それを破産管財人の公的資格に基づくもの、すなわち破産管財人に独自の公的な義務と考えるべきではなかろう。破産管財人は、確かに裁判所によって選任されたものとして、公的な性格を有する。しかし、そこから法的な義務が直接導かれるものではない。例えば、伊藤教授は、職務執行に関する警察上の援助（破84条）や破産管財人の職務妨害罪（破272条）を破産管財人の職務の公益性の根拠とされる[注42]。そのこと自体は正しいが、これらの権限等はいずれも執行官の職務について認められているものと同旨のものである（民執6条および公務執行妨害罪等参照）。包括執行機関として（個別執行機関である執行官を排除するため）、破産管財人には公務員である執行官と同等の地位が認められ、その限りで公的な地位が付与されるが、第3の義務として論じられているような義務は執行官に認められる義務とは異質なものであり、これらの規定から直接にそのような義務が基礎付けられるものでないことは明らかであろう[注43]。

(注41)　なお、当該不動産に抵当権が付いている場合には、財団の負担による汚染浄化の結果、交換価値が増大して、抵当権者の配当が増加するという問題がある。これは基本的に、前述の【設例3】と同じ問題であり、不当利得等による解決の余地が別途考えられるべきであろう。
(注42)　伊藤・前掲（注1）37頁参照。
(注43)　なお、永石・前掲（注35）32頁以下は、「破産管財人の善管注意義務の中に、環境に対する社会的責任遂行義務が含まれている」とされる。興味深い見解であるが、本稿は、前述のように、善管注意義務の名宛人についてそのような前提をとらない（永石説は、この点について従来の多数説よりもさらに名宛人の範囲を広げるものといえようか）。ただ、永石説も、社会的責任を独立した義務（第3の義務）を基礎付けるものとまでは理解されていない点は注目されてよい。

3 破産管財人の負う義務の内容と調整

　このような義務は結局、破産者と第三者との間に契約上の関係が存在しない場合の破産管財人の義務の問題であり、それは不法行為法上の注意義務の問題と理解すれば足りるものと思われる[注44]。つまり、不法行為法上の注意義務の内容・範囲の問題であり、例えば、破産管財人が財団放棄をした結果、周辺住民等に損害が生じた場合には不法行為責任の追及を受けるかどうか（破産財団から当該財産を放棄しない注意義務があったか）という問題となり、事業を廃止した結果、労働者や取引先に損害が生じた場合には不法行為責任の追及を受けるかどうか（事業を廃止しない注意義務があったか）という問題となろう。

　そして、そのような注意義務を考える視点、すなわち不法行為法上の注意義務として当該結果発生を回避すべき行為義務が認められるかという視点においては、破産管財人の公的性格というよりはむしろ、破産管財人が破産者の地位を承継する側面と破産債権者の利益を代表する側面の双方をもっているため、両者の側面から注意義務の内容を検討する必要があろう。まず一方では、破産者の負う注意義務がやはり基準となる。平時においてもそのような義務を負うものかどうかという視点である。ただ、破産手続では、破産者と破産財団を分離させるという技術的処理がされる結果、破産管財人の財団放棄によって義務が実質的に回避可能となることをどのように考えるかという問題がある。注意義務の相手方からみれば、たまたま義務者が破産したことで、その積極財産が分離されて債権者の配当財源になり、破産者が資産を失い、義務を事実上履行できない状態になってしまうことは正当とはいえないという点を考慮に入れる必要はあろう[注45]。他方では、破産債権者の受ける損失をどのように考えるかが問題となる。そのような注意義務を履行する

(注44)　伊藤ほか・前掲（注12）75頁は、破産管財人の義務について、善管注意義務と破産者から承継する義務のほかは、不法行為法上の注意義務（過失）の問題として整理されているが（とくに同74頁の別表参照）、相当と思われる。
(注45)　伊藤・前掲（注1）41頁で指摘されている、法人格消滅における責任の問題、すなわち「法人の社会経済的活動の結果として生じた負の遺産についても、破産手続の中で処理を完了することが求められる」ため、「法人格を消滅させるために必要な費用として、破産債権者も無価値資産の管理処分費用の負担を受忍すべき」といった議論も、基本的に本文と同様の趣旨であろうか。

第3部　研究者からみた破産管財人の財産換価を巡る理論上の諸問題

結果、財団が減少して配当減少による損害を受ける経済的主体は破産債権者であるから、その視点は不可欠である。その際には、そのような事態が平時においても生じ得るものか、債務者の責任財産の差押えによって債権者にとって回避可能な損害かどうかといった点が考慮の対象になろう。平時において生じないものであるとすれば、債務者が破産したからといって、破産債権者に新たな負担を課すことは基本的に理由がないといえるからである。

　以上のような観点から、まず【設例5】については、破産者は一般的な事業継続の義務を負うものではないし（事業を廃止したとしても、労働者や取引先から不法行為責任等を追及されるものではない）、平時は、債権者は債務者の事業財産の差押えによって業務を強制的に止めさせることができる（赤字による損害の拡大を防止可能である）ので、破産管財人も事業継続の注意義務を負うものではないと解される(注46)。

　また、【設例6】については、財産管理の責任は明確な破産者の義務として形成されておらず、その承継も観念できない。しかし、平時において所有者には一定の財産管理責任があり、もしそれが果たされないと、不法行為責任の可能性（民717条など）がある。破産手続は財団を分離して、負の財産に係る責任を破産者に負わせて（実質的に責任を回避して）正の財産のみの利益を享受することは正当かが問われる。他方、債権者の立場に立っても、平時において差押えによってその損失を回避できない場合がある。仮に債務者の他のすべての責任財産を差し押えたとしても、租税債権や財産管理に係る共益債権は一般的な優先性をもち得る(注47)。そうだとすれば、破産管財人は必要最小限の管理の範囲で一定の注意義務を負うものとしても、不当ではないとも見られる。そうだとすれば、一定の場合には破産管財人は財団放棄をすべきではないという注意義務を観念することも不可能ではない。その場合は、

(注46)　破産管財人がこれらの利益を考慮して事業を継続することができないかどうかは、別個の問題である。それは、前述した善管注意義務の範囲の問題となり［→Ⅱ2］、本来破産者に期待されている行為であったかどうか、破産債権者の引き受ける負担の範囲として合理的なものかどうか等の要素を総合考慮して、破産管財人の裁量的な判断に委ねられることになる。
(注47)　ただし、管理が長期にわたれば、すべての財産が売却され、それ以上の負担は回避される余地があろう。

財団放棄をした結果として周辺住民等に損害を生じた場合は、破産管財人（破産財団）は不法行為責任を負う可能性があろう。

3 第3の義務のあり方

なお、制度上、大きな視点によれば、これは破産手続に伴うさまざまな社会的費用等を誰に負担させるのが公平かという問題設定となる。例えば、汚染土壌の回復費用については、抵当権者が負担すべきか、一般債権者が負担すべきか、税金（一般公衆）が負担すべきかといった問題であり、本来、その費用の負担のあり方は実体法において規律されるべきものである。そして、債務者の負担とされる部分（義務内容）を破産管財人が引き継ぐか、あるいは前述の土壌汚染防止法のように、法令上その点を明確化することが望ましい。ただ、そのような権利義務関係の整序が十分ではない場合に、「社会的責任」というやや曖昧な内容の負担原理が議論されることになるのであろう。本稿は、そのような議論の方法は原則として相当でなく、不法行為法上の注意義務の問題として論じるべきものと解するが、依然として、その範囲は曖昧であることは否定できず、それは緊急避難的なものとして一定の範囲で認めざるを得ないとしても、最終的にはより明確な実体的権利関係に反映されるべきものと解される。

V 破産管財人が負う義務の相互関係と調整

以上みてきたように、破産管財人が負う複数の義務相互の間に矛盾対立が生じる局面があり、そのような場合に破産管財人がどのように行為すべきかが問題となり得る[注48]。すでに述べたところと重複する点もあるが、重要なことは対内的義務と対外的義務の区別である。

破産管財人の対内的義務である善管注意義務と対外的義務である破産者か

（注48）　なお、このような問題とは別に、破産管財人が第三者に対して義務までは負っていないものの、第三者の利益を考慮した結果、破産財団の増殖がされなかったりその費用の負担が生じたりした場合に善管注意義務違反が阻却される場合があるか、という点が問題になるが、これは善管注意義務の範囲の問題として整理される［→Ⅱ2］。（注46）も参照。

第3部　研究者からみた破産管財人の財産換価を巡る理論上の諸問題

ら承継した義務、法令上課された義務および不法行為上の注意義務が矛盾対立する場合には、前述のように、対外的義務である承継義務等が優先する。例えば、破産者から承継した担保価値維持義務が課されている場合には、その義務の履行によって破産財団が減少する場合であっても、当該維持義務を果たさなければならない。また、善管注意義務からはある財産の財団放棄が相当であっても、それが仮に不法行為法上の注意義務に反するものであれば、その結果、第三者に損害をもたらした場合は損害賠償義務を免れず、当該注意義務の履行によって財団放棄しなくても善管注意義務違反をもたらすことはない。

　また、この対内的義務と対外的義務は、義務の対象を異にすることに加えて、義務の主体も厳密には同一でない点に注意を要する。すなわち、対内的義務である善管注意義務は、破産債権者および財団債権者に対する義務であるが、委任契約の受任者などと基本的に同列の義務であり、義務の主体はまずもって破産管財人個人である[注49]。すなわち、当該義務の責任財産は原則として破産管財人の個人資産である。この場合、さらに財団の責任との関係では、義務違反の相手方が、一部の受益者であるのか、全部の受益者であるのかが問題となる。一般的な財団増殖義務に反する場合は全受益者が相手方となるので、その違反に基づく請求権を財団債権とする意味はなく、純粋に個人資産のみが引当てとなる。他方、一部受益者のみが義務違反の対象となるときは、義務違反に基づく損害賠償請求権は財団債権となり得るが（破148条1項4号）、これは実質的に債権者間の優先秩序を変動させる可能性があり、その該当性については慎重な検討を要しよう。

　以上に対し、対外的義務である破産者から承継した義務、法令上課された義務および不法行為上の注意義務の主体は確かに破産管財人であるが、それはあくまでも破産財団を代表する資格としての破産管財人の負う義務である。したがって、当該義務の責任財産は破産財団に限定され、原則として破産管財人の個人資産は含まれない。ただ、当該義務違反が破産管財人の職務上の義務（善管注意義務）にも反したものであった場合には、財団の責任負担

（注49）　このような立場を明確にするものとして、伊藤ほか・前掲（注12）70頁参照。

によって破産手続の受益者に損害を及ぼしたことについて、破産管財人が個人責任を負担することになるにとどまる(注50)。

　以上のように、破産管財人の個人責任の負担については、承継義務違反とは別に、善管注意義務違反が別途必要である。そして、両者の義務内容は必ずしも一致しない。ここでは義務の相手方が異なること、すなわち破産管財人は破産債権者・財団債権者以外には原則として個人責任を負わないこと(注51)を前提に、承継義務違反が認められた（その結果財団が責任を負った）としても、善管注意義務違反が否定され、財団の負担分について破産管財人が責任を負わない場合はなおあり得るのではないか。例えば、破産管財人が破産債権者等のために力を尽くしたが、結果として担保権者等に違法に損害を加えたような場合には、破産財団の担保権者等に対する責任は当然認められることになるが、善管注意義務違反による破産管財人の個人責任は否定される場合があってもよいであろう(注52)。

(注50)　かつて筆者は破産管財人の個人責任との関係で、補充性について論じた。すなわち、「管財人軽過失の場合には管財人の第三者に対する義務は補充的なものにとどまり、財団債権が弁済できない場合に初めて管財人の個人責任を追及できると解すべきであろう」（山本・前掲（注13）55頁）という議論である〔これを方向性として支持するものとして、佐長・前掲（注12）57頁参照〕）。しかし、伊藤教授らが指摘されるように（伊藤ほか・前掲（注12）71頁注18は「このような考え方は、十分評価に値するものであるが、破産管財人の軽過失がなぜ補充性という法律効果を導き出すのかなどについて、より立ち入った検討を要すると思われる」とする）、義務違反の責任を重過失の場合に限定することの解釈論上の展開が困難であることは否定できない。現在ではむしろ以下の本文に述べたような議論の方向性が相当ではないかと考えている。
(注51)　なお、会社の取締役は一定の場合には第三者に直接の義務を負う（会社429条）。ただ、これは善管注意義務とは区別された特別の法定責任であり、破産管財人に関しては同旨の規律は存在せず、そのような義務を認めることは困難であろう。
(注52)　これに対し、不法行為責任については、原則として破産管財人自身の注意義務違反が問題となる以上、通常は同時に破産管財人個人の不法行為責任も成立し、個人責任は免れがたいであろう（財団の責任と破産管財人の責任は不真正連帯債務の関係に立つ）。ただ、この場合も財団が賠償したときは、破産手続の受益者（破産債権者等）に対する破産管財人の善管注意義務に基づく責任が成立し得る点に注意を要する。また、法令上課された義務について、その法令の解釈が問題となろう。

第3部　研究者からみた破産管財人の財産換価を巡る理論上の諸問題

おわりに

　本稿の結論を要約すると、以下のようになる。①破産管財人の善管注意義務の対象は、破産手続の受益者（破産債権者・財団債権者）に限定される。②善管注意義務の範囲として、破産財団の増殖以外の価値をも考慮できないわけではないが、その場合も破産債権者の負担が合理的なものかどうか等の要素を十分に比較考慮する必要がある。③破産管財人は、破産者が負っていた契約上の義務を原則として承継するが、それは破産財団の負担となり、その義務を履行したときは善管注意義務違反は問題とならないし、義務違反があった場合にも、善管注意義務違反が認められる場合に限って財団に対して個人責任を負う。④破産管財人は、その公的な立場を理由に法的義務を負担することはなく、法令により課された義務のほか、不法行為法上の注意義務を負うが、その義務の範囲は破産者の負っていた責任や破産債権者の手続開始前の地位等を考慮して定まることになり、注意義務を履行した場合には善管注意義務違反は問題とならない。本稿が破産管財人の負う義務の内容を巡る議論をさらに混乱させてしまうことを恐れるが、今後の議論の展開に何がしかの手がかりを与えることができれば幸いである。

　また、本稿は、破産管財人の「社会的責任」といわれるものについて、消極的な姿勢をとったようにみられるかもしれない。しかし、それはもちろん、破産管財人が現に果たしている社会的な役割を否定するものではない。「社会的責任」とか「公益的職務」とかの抽象的な表現で、その法的義務の内容を左右する議論の方向性に違和感を呈する趣旨であり、むしろその実質を正面から捉えた立法等の対応が必要不可欠と考えるものである。土壌汚染対策法等に表れているように、その義務の内容および範囲の明確化が将来図られていくことが期待される。本稿がそのような方向に向けた一助となり得れば幸いである。

4 倒産解除特約の破産手続上の効力

東京大学大学院法学政治学研究科教授　**垣内秀介**

はじめに

　本稿は、いわゆる倒産解除特約の破産手続上の効力を検討するものである。これらの問題は、倒産債務者が倒産手続開始前にした合意の内容が、倒産手続上どの程度尊重されるか、逆に、どの程度の制約を受けるか、という問題の一局面として位置付けることができる。こうした各種の契約条項の倒産手続上の処遇は、倒産実体法の基本的な理解に関わるものとして、現在、倒産法学上、高い注目を集めている問題であるとともに、実務的にも、判例上なお決着をみない点が多く含まれ、重要な意義をもつ問題といえる(注1)。

　以下では、まず、検討の前提となる基本的視角について論じた上で［→Ⅰ］、倒産解除特約の効力［→Ⅱ］についての検討を行う。

Ⅰ　合意による実体法律関係の規整とその倒産手続上の取扱い

　本稿は、取り扱う条項の種類および問題となる倒産処理手続の種類の両面において、限定された検討対象を扱うものである。そして、後にみるように、この点に限っても、すでに多くの裁判例と学説の蓄積が存在する。とはいえ、「はじめに」でも示唆したように、この問題は、倒産債務者が倒産手続開始前

（注1）　学界における議論状況の一端を示すものとして、加藤哲夫ほか「シンポジウム・倒産法と契約」民事訴訟雑誌56号（2010）132頁以下参照。また、これらの問題は立法論としても議論される。加々美博久「中途解約違約金条項、倒産解除特約」全国倒産処理弁護士ネットワーク編『倒産法改正150の検討課題』（金融財政事情研究会、2014）254頁参照。

にした合意の効力を倒産手続上どの程度尊重するか、という倒産実体法の基本問題の一局面をなす。したがって、十分に説得力のある解決を提示するためには、局面ごとに個別の利害得失を検討しただけでは必ずしも十分ではなく、その基礎となる総論的な理論枠組みについても、一定の見通しを得ておく必要があるものと考えられる。実際、近年の学説においては、そうした総論的な問題に関していくつかの注目すべき展開がみられるところであり、本稿においても、各論的な検討に入るのに先立って、そうした学説の到達点を確認しておくことが有益であろう。そこで、以下では、まず、関連する代表的な見解を一瞥した上で[注2]、Ⅱにおける各論的な検討のための基本的な視角を確認することとしたい。

1 倒産法による一般実体法の可及的尊重

倒産手続において関係者の実体法上の地位が尊重されるべきである点については、少なくとも原則論としてみる限り、大きな異論のないところと思われるが[注3]、そうした考え方の理論的な基礎を提示したものとして注目されるのが、水元宏典教授が主張する相対的価値保障原理の議論である[注4]。すなわち、水元教授は、アメリカにおいてジャクソンによって主張された財産価値最大化理論を基礎としつつ、倒産法は、一般実体法における権利の相対的価値を保障しなければならない、とする相対的価値保障原理を提唱する[注5]。水元教授によれば、この原理は、「倒産時の個別的権利行使の禁止

(注2) もちろん、この問題は倒産実体法の根本問題の1つであり、それ自体の本格的な検討は、他の機会に委ねざるを得ない。したがって、本稿における学説への言及は、文字どおり一瞥を超えるものではない。なお、この点に関する考え方を「拘束説」、「非拘束説」、「原則承継説」の3つに整理するものとして、岡伸浩ほか「パネルディスカッション・現代型契約と倒産法」NBL 1055号（2015）51頁がある。
(注3) 伊藤・破産法民事再生法21頁は、倒産処理の指導理念に関する説明の中で、実体法上性質を同じくする債権者に対しては手続上においても平等な取扱いをし、性質を異にする債権者に対してはその差異に応じた取扱いをするのが、原則として公平に合致する、とする。
(注4) 水元宏典『倒産法における一般実体法の規制原理』（有斐閣、2002）。
(注5) 水元・前掲（注4）52頁・144頁参照。ジャクソンによるその理由付けについては、同書52-55頁参照。

を除いて、一般実体法の秩序を変更することは許されない」と定式化することができるものであり(注6)、したがって、倒産法による一般実体法の可及的な尊重を要請するものである。もっとも、水元教授の見解においては、この原理は、倒産法上の個別の問題について、それのみで確定的な結論を導くものではなく、あくまでも問題発見のための作業仮説(スキーマ)にとどまるものとされ、一般実体法を可及的に尊重した場合の帰結と異なる帰結が許容されるかどうかについては、さらなる検討の必要性が留保される(注7)。このことは、倒産法による一般実体法の尊重の要請は、いかなる例外をも許容しないというものではなく、一定の場合には、一般実体法から導かれる帰結を倒産法によって変容させることが正当化され得る、ということを意味する(注8)。

　こうした水元教授の見解については、問題発見としてのスキーマと具体的帰結の当・不当の評価基準との関係をどのように理解するか、といった点や(注9)、その個別的な問題への具体的な適用結果については、なお検討の余地が残されているものの、一般実体法の原則的な尊重とその変容の例外としての位置付けという限度では、高い説得力を有する理論枠組みの提示と評価することができるものと思われる(注10)。こうした視角からすれば、倒産手続

(注6)　水元・前掲(注4)144頁。
(注7)　水元・前掲(注4)148頁。
(注8)　もっとも、倒産解除権や相殺権に関する検討結果が示すように、水元教授においては、そうした例外は相当に厳格な条件の下でのみ正当化されるものと推測される。水元・前掲(注4)197-199頁・245-249頁参照。
(注9)　松下淳一教授は、「不良品を発見する物差と不良品であることを確認する物差しとを違えることがありうるのか」という問題点を指摘しつつ、水元説においても、最終的には相対的価値保障原理が問題解決のためにも用いられることになる、と指摘する。松下淳一「契約関係の処理」福永有利ほか『倒産実体法──改正のあり方を探る(別冊NBL 69号)』(2002)54頁注13参照。その趣旨を敷衍すれば、「例外」を許容する以上、もはや相対的価値保障原理だけで問題がすべて解決することはもちろんあり得ないが、同原理は少なくとも比較衡量の一方の極としては作用することになる。その上で、そうした比較衡量の基準そのものはオープンであるものの、例外の正当化根拠についてはそれを主張する側に論証責任が課される、という形で、同原理は問題解決のレベルにおいてもなお強力な機能を付与されるはずである、ということであろう。
(注10)　もっとも、こうした議論において参照される「実体法」の意義そのものをいわば相対化し、平時実体法と倒産法との関係をより柔軟なものとして捉える可能性も指摘されていることには留意を要する。森田修『債権回収法講義〔第2版〕』(有斐閣、2011)5-9頁参照。

第3部　研究者からみた破産管財人の財産換価を巡る理論上の諸問題

開始前に債務者がした合意についても、それが実体法上有効である以上は、その効果は原則として倒産手続上も尊重されるべきものであり、その効果を制限ないし否定するためには、相応の正当化根拠が必要だということになろう(注11)。

2 倒産法による一般実体法の変容——倒産法的再構成および倒産法的公序

このように考えると、倒産法による一般実体法の例外的な変容がいったいどのような場合に正当化されるのか、ということが次の問題となる。倒産債務者のした合意の効力という文脈に引き寄せて考えれば、倒産法による合意の効力への例外的な介入がどのような場合に許されるか、という問題である。この問題に関しては、伊藤眞教授がいわゆる「倒産法的再構成」を提唱したことが画期となって近年議論が進展しつつあり、伊藤教授以後の学説としては、倒産法的再構成が問題となる場面の一部を「倒産法的公序」の問題として分析しようとする山本和彦教授の見解がとくに注目されるところである。

(1)　「倒産法的再構成」の議論

「倒産法的再構成」(注12)の提唱者である伊藤教授によれば、当事者が設定する権利義務の内容は、私的自治および契約自由の原則の下では当事者の意思に委ねられるのが原則であるが、場合によっては、法律上、権利義務の内容が当事者の意図したのと異なるものとして再構成される場合がある(注13)。こうした再構成(「法律的再構成」と呼ばれる)には、実体法上の理由から行わ

(注11)　このような基本的な立場を明示した上で倒産解除特約の効力について検討する論文として、森倫洋「民事再生手続における各種契約条項の拘束力の有無」事業再生研究機構編『民事再生の実務と理論』(商事法務、2010) 69頁以下、とくに84頁以下がある。
(注12)　この議論は、伊藤眞「証券化と倒産法理(上)(下)——破産隔離と倒産法的再構成の意義と限界」金法1657号(2002) 6頁以下、1658号82頁以下において提唱されたものである。その要約および学説史上の意義については、山本和彦「倒産手続における法律行為の効果の変容——『倒産法的再構成』の再構成を目指して」伊藤古稀1184-1186頁も参照。
(注13)　伊藤・前掲(注12)(上) 9頁。

れる場合(「実体法上の再構成」)と、倒産手続上の理由から行われる場合とがあるが、後者が「倒産法的再構成」と呼ばれる(注14)。したがって、「倒産法的再構成」とは、倒産処理手続上、「資産価値を最大限のものとしてそれを利害関係人に配分しようとする制度の目的を実現し、また破産債権者その他の利害関係人間の公平を回復するために」、「利害関係人の権利義務がその本来のものと異なった内容のものとして扱われること」を指し、その正当化根拠は、「手続の目的を実現し、利害関係人間の公平を回復すること」にあるものとされる(注15)。もちろん、こうした再構成が許されるのは、それによって不利益を受ける利害関係人について、再構成を受忍すべき正当な理由が存在する場合に限られる、とされ(注16)、その具体例として、ファイナンス・リース契約の取扱いや倒産解除条項の取扱いが挙げられる(注17)。

このような議論枠組みに従えば、債務者が手続開始前にした合意に関しても、倒産手続の目的や公平の観点から、相手方の不利益を正当化できると評価できる場合には、倒産手続上、その効力を制限または否定することが許されることになろう。

(2) 「倒産法的公序」としての再構成

こうした議論に対して、山本和彦教授は、その基本的な方向性には賛同しつつ、その適用局面の分析を通じて、再構成の射程および根拠を巡る理論の深化を試みている(注18)。

すなわち、山本教授によれば、伊藤教授が倒産法的再構成として把握する問題のうち、当事者の意思表示の法的性質決定の問題については、できる限り実体法的再構成によって対応すべきであり、平時実体法と倒産実体法との

(注14) 伊藤・前掲(注12)(上)10頁。
(注15) 伊藤・前掲(注12)(上)10頁。
(注16) 伊藤・前掲(注12)(上)11頁。
(注17) 伊藤・前掲(注12)(下)82頁以下。さらに、同論文においては証券化による倒産隔離の問題が検討されているが、これについては、結論として再構成が否定されている。
(注18) 山本・前掲(注12)1183頁以下参照。なお、山本和彦教授は、同論文に先立ち、すでに同「倒産法の強行法規性の意義と限界――契約の『倒産法的再構成』に関する考察とともに」同『倒産法制の現代的課題』(有斐閣、2014)(初出・2010)28頁以下において、伊藤教授の見解に対する検討を試みており、これも興味深い内容を含むが、以下においては、同教授の最新の論稿である前者に依拠してその見解を紹介する。

ずれを最小限にすべきであるとする[注19]。その一方で、そうした試みに限界がある場合には、倒産法上の強行規定の問題として、当該法律行為の効力を問題にすべきであるとする。これが倒産法的公序の問題であり、これに反する合意の全部または一部無効という形での問題解決が図られることになる[注20]。すなわち、倒産手続が債権者への弁済の最大化・平等化や債務者の経済生活の再生を目的としていることからすると、そこでの規律は、第三者に対する影響や当事者保護の趣旨に鑑みて当事者によるその利益の放棄には限界があり、したがって倒産実体法の規律の多くは強行規定である、とされる[注21]。とりわけ倒産手続開始前にされた合意については、原則として倒産手続開始後の債権者全体の利益を債務者が事前に処分することは許されず、「当該法律行為が倒産法秩序の観点からみて倒産債権者の利益に看過し難い不利益を生じる場合であって、かつ、そのことを契約当事者が合理的に予測できたとき」は、倒産法的公序に反するものとされる[注22]。

こうした枠組みに従えば、債務者が手続開始前にした合意に関しては、もっぱら倒産法的公序の問題として、倒産債権者に看過しがたい不利益を与えるかどうか、また、そのことにつき予見可能性があったか、といった点を考慮して、その有効性が判断されることとなる。

(3) 若干の評価

以上でみたように、山本教授の議論は、伊藤教授の基本的な問題関心を受け継ぎつつ、一方では、倒産法独自の操作に対して一定の歯止めをかけることを志向するとともに、他方では、倒産法独自の介入を、倒産法的公序という観点から整理し直し[注23]、その適用範囲についての分析を進めたものと評

(注19) 山本・前掲（注12）1186-1190頁。その際、そうした考え方の背景として、前述した水元教授の相対的価値保障原理に関する主張が参照され、支持されている。同1190頁。
(注20) 山本・前掲（注12）1190-1192頁。
(注21) 山本・前掲（注12）1191頁。
(注22) 山本・前掲（注12）1191頁。
(注23) もちろん、「倒産法的公序」という観点そのものは、必ずしも山本教授の創唱にかかるものではなく、倒産法を巡る近年の議論において、さまざまな論者によって言及されてきたものである。例えば、中西正「再生手続開始の効力」園尾隆司ほか編『最新実務解説一問一答民事再生法』（青林書院、2011）259頁、稲田正毅「契約自由の原則と倒産法における限界」争点倒産実務の諸問題327-329頁参照。

価することができる。確かに、伊藤教授が倒産法的再構成として取り上げている諸問題には、相互にその性質を異にするものが含まれており、こうした試みは貴重なものといえよう。また、例えば事前の合意の倒産手続上の効力についての基準の具体化の試みは、興味深いものと思われる。

　とはいえ、山本教授の議論の意義に関しては、現段階では次のような留保を付しておくことも必要であろう。すなわち、まず、合意の効力の問題に関していえば、山本教授の析出する債権者の看過しがたい不利益や、予見可能性の点は、いずれも検討に際して考慮すべき点であると考えられるが、その内容はなお抽象的なものにとどまっており、その点では、伊藤教授のいう利害関係人間の公平や不利益を受忍させることの正当性といった考慮要素とそれほど径庭はないように思われる。もっとも、問題となる合意の内容や公序は局面によってさまざまであるから、一般的な理論枠組みとしては、これはやむを得ない面があろう。また、山本教授は、公序違反の効果としてもっぱら合意の全部または一部の無効を想定しており、これは民法90条との関係では素直な理解でもあり、また簡明でもあるが、倒産法による一般実体法への介入が許されるという場合に、その効果を合意の全部または一部無効のみに限定することが必然かどうかについては、なお検討の余地が残されているようにも思われる。伊藤教授の見解においては、むしろより多様な規律のあり方があり得ることを前提とした上で、それらを包括する概念として倒産法的再構成が位置付けられていると解され、そのほうが、一般的には、より柔軟でそれぞれの問題に即した規律をもたらし得るとも考えられる[注24]。いずれの方向がより望ましいものであるかについては、今後なお議論を要するところであろう。

　このように、両見解の意義およびその相互関係については、なお検討の余地が残されているものと思われるが、本稿で問題とする倒産解除条項の問題に関する限り、いずれの立場に立とうとも、議論の方向性に大きな差は生じ

(注24)　例えば、後にふれるように、水元教授は、倒産解除条項に関して、条項の効力を直ちに否定するのではなく、解除権が実際に行使された時点における合意解約と性質決定する、との議論を展開するが、こうした規律も伊藤教授の理論枠組みの中ではあり得る選択肢ということになろう。

ないものと考えられる。すなわち、問題は、こうした条項の効力を全面的に認めるか、それとも債権者に対して生じる不利益などに照らして、その効力を制限または否定することが要請され、また許容されるか、という点に帰着することになろう。したがって、Ⅱにおいては、こうした観点から、これらの条項の効力が検討されることになる。

3 倒産管財人または債務者の地位との関係

　以上でみた議論は、倒産法による実体法の変容という角度から問題を分析するものであるが、手続開始前に債務者がした合意の倒産手続上の効力という問題は、倒産管財人または倒産債務者の地位、破産手続の場合に即していえば、破産管財人の地位との関連で論じられる場合もある。すなわち、一般に、破産管財人は、一方で破産者またはその一般承継人と原則的に同視されるとともに、他方で破産債権者の利益を代表する者として、財団所属財産の差押債権者と同様の地位が認められる、といわれ[注25]、とくに後者の側面をもって対抗問題等における第三者性を有すると論じられる[注26]。そこで、手続開始前にした合意の効力に関しては、前者の一般承継人的な面を当てはめれば、破産管財人にもその効力が及ぶといえるし、後者の第三者的な面を強調すれば、破産管財人にはその効力が及ばないとの立論が導かれることになる。また、DIP型手続である民事再生との関係でも、再生債務者の地位の理解[注27]によっては、同様の立論が可能である。

　こうした文脈において近年注目される問題提起として、田頭章一教授の見解が挙げられる。すなわち、田頭教授は、いわゆるコベナンツ等の倒産手続上の取扱いを検討する文脈において、そもそも債務者のした契約の効力が破産管財人等に及ぶかどうか、という問題を設定した上で、①破産管財人等は

(注25)　伊藤・破産法民事再生法326-329頁参照。
(注26)　従来の議論の概観として、垣内秀介「破産管財人の地位と権限」新破産法の理論と実務140頁、第三者性の根拠に関する理論的検討して、中西正「破産管財人の実体法上の地位」田原古稀（下）403頁参照。
(注27)　再生債務者の地位の手続機関的な性格については、例えば、山本克己ほか編『新基本法コンメンタール民事再生法』（日本評論社、2015）85頁［垣内秀介］、伊藤・破産法民事再生法926頁参照。

破産法78条1項などの規定によって必要な範囲で財産管理処分権を授与される存在であるから、契約の当事者になるわけではなく、契約当事者は依然として、破産者など倒産債務者であり、②破産管財人等には倒産債権者の代表者としての地位があることを念頭に置くと、少なくとも当然には契約の効力が破産管財人等に及ぶことはないはずだ、と論じる[注28]。この議論は、債務者のした合意の効力は破産管財人等には及ばないのが原則であり、及ぶのはむしろ例外である、との見方を示唆する[注29]点で、興味深いものといえる。

しかし、このような見方に賛同することは困難であると考えられる。すなわち、この見解は、破産管財人等が契約当事者ではない、ということから、契約の効力が破産管財人には当然には及ばない、という帰結を導き出そうとするものと考えられるが、契約当事者が誰であるかという問題と、破産管財人がどのような権利義務関係を前提として管理処分権を行使しなければならないかの問題とは、別の問題であり、契約当事者が倒産債務者のままであると解したとしても、破産管財人がその効果を無視できるということになるわけではない。むしろ、破産管財人は、債務者を主体とする権利義務関係について管理処分権を取得するにすぎないのであるから、その管理処分権の行使に当たっては、原則として債務者の実体法上の地位を前提とせざるを得ない、と考えられる[注30]。したがって、正確には、破産管財人の地位を債務者の地位の「承継」の有無によって論じるのは、比喩的な表現にすぎず、利害関係人の権利が手続上尊重される場合には、あたかも「承継」したのと同様に扱われるし、尊重されない場合には、「承継」がないのと同様に扱われる、ということであろう[注31]。そして、利害関係人の実体法上の地位が倒産手続上どの程度尊重されるかは、2でみた諸見解が論じるような形で検討されるべき問題であり、「承継」の有無に着目して議論をすることは、順序が逆であ

(注28) 田頭章一「倒産債務者の締結した契約の管財人等に対する拘束力──『契約の拘束力』構成の批判的検討」民事訴訟雑誌56号(2010)137頁参照。
(注29) この見解をそのような問題提起として位置付ける理解として、例えば、森・前掲(注11)84頁参照。
(注30) 田頭教授の問題提起に対する松下淳一教授の疑問は、このことを指摘するものである。加藤ほか・前掲(注1)167頁[松下淳一発言]参照。
(注31) この点を明確に指摘するものとして、中西・前掲(注26)397頁参照。

ると考えられる。

4 小括

以上でみたように、債務者が手続開始前にした合意の効力は、それが実体法上有効なものである限り、原則として倒産手続上も尊重されるべきものであり、その効果を制限ないし否定するためには、相応の正当化根拠が必要となる。そして、そうした正当化根拠としては、倒産法的公序の考え方が有力に主張されているが、その内実については、現段階では、利害関係人間の公平の理念のほか、他の債権者の被る不利益が看過しがたいかどうか、そのことにつき予見可能性があったか、といった一般的な観点が指摘されるにとどまっており、その適用のあり方は、具体的な局面における検討に大きく委ねられているといえる。

そこで以下では、こうした理論状況を踏まえて、倒産解除特約の効力について、検討を試みる。

II 倒産解除特約の効力

1 問題の所在

倒産解除特約とは、契約の一方当事者について倒産手続の開始や手続開始に至る過程で定型的に生じる事実である開始申立てや支払停止などが生じた場合に、相手方当事者が契約を解除できる旨の特約をいう。相手方の資力悪化のリスクに対応するものとしてさまざまな契約において広く用いられるが、その機能からみれば、所有権留保付売買契約やファイナンス・リース契約のような非典型担保に関して、すでに供与された信用についての回収を確保するための手段として用いられる場合と、継続的売買契約、賃貸借契約などの継続的契約関係において、以後の契約関係を解消することにより、対価の確保に不安がある状態での契約上の義務の履行を回避するための手段として用いられる場合とに大別される。しかし、他の債権者との関係では、契約の解除が不利益をもたらすことが少なくないことから、その効力が古くから議論されてきたものである[注32]。

2　裁判例の状況

(1)　最高裁判例

　倒産解除特約を巡る裁判例としては、周知のとおり、その効力を否定した最高裁判例が 2 件存在する。第 1 は、最判昭和57・3・30（民集36巻3号484頁。以下では、「昭和57年最判」と呼ぶ）であり、第 2 は、最判平成20・12・16（民集62巻10号2561頁。以下では、「平成20年最判」と呼ぶ）である。

　このうち、昭和57年最判は、所有権留保付売買契約における倒産解除特約の効力が、更生手続との関係で問題となった事案である。すなわち、この事案では、事業用の機械の所有権留保付売買契約において、買主に会社更生の申立ての原因事実が発生した場合には、買主は期限の利益を喪失し、売主は契約を解除することができるものとする特約があったところ、買主につき更生手続開始申立てがあり、手続が開始されたため、売主側が契約解除を主張し、取戻権の行使として所有権に基づく当該機械の引渡請求をした。しかし、最高裁は、上記特約の効力を否定し、売主側の請求を認めなかった。最高裁は、その理由として、「買主たる株式会社に更生手続開始の申立の原因となるべき事実が生じたことを売買契約解除の事由とする旨の特約は、債権者、株主その他の利害関係人の利害を調整しつつ窮境にある株式会社の事業の維持更生を図ろうとする会社更生手続の趣旨、目的（会社更生法 1 条参照）を害する」と述べる。

　また、平成20年最判は、フルペイアウト方式のファイナンス・リース契約における倒産解除特約の効力が、再生手続との関係で問題となった事案である。この事案では、同契約中に、ユーザーについて再生手続開始の申立てがあった場合には、リース業者は契約を解除できる旨の特約があったところ、ユーザーについて再生手続の開始申立てがあり、手続が開始されたため、

（注32）　現行破産法の制定過程においても、後述の最高裁判例を踏まえた立法の当否が議論されたが、最終的には、判例の理由付けや射程についての理解が一致していないなどの理由から、引き続き解釈に委ねるべきものとされた。『破産法等の見直しに関する中間試案と解説』（別冊 NBL 74号）124頁・126頁参照。また、立法に際しての課題の分析として、松下・前掲（注 9 ）52頁参照。

第3部　研究者からみた破産管財人の財産換価を巡る理論上の諸問題

　リース業者が、契約解除を主張し、リース物件の返還およびリース料相当の損害金の支払を求めた。しかし、最高裁は、やはり特約の効力を否定し、請求を認めなかった。その理由としては、ファイナンス・リース契約におけるリース物件は未払リース料や規定損害金の担保としての意義を有するが、こうした特約による解除を認めると、「このような担保としての意義を有するにとどまるリース物件を、一債権者と債務者との間の事前の合意により、民事再生手続開始前に債務者の責任財産から逸出させ、民事再生手続の中で債務者の事業等におけるリース物件の必要性に応じた対応をする機会を失わせることを認めることにほかならないから、民事再生手続の趣旨、目的に反する」、とされる。

　昭和57年最判については、従来、その射程が、①関係する倒産処理手続の種類、②倒産解除特約の付された契約の類型の2つの面で問題とされてきた(注33)。同最判は特約が無効とされる理由として更生手続の趣旨、目的が害されることを挙げるが、そこで害される趣旨、目的の実質をどのように理解するかによって、その射程は異なることになるからである。具体的には、①については、更生手続に限られるか(注34)、再生手続を含む再建型手続に限られるか、破産手続を含む清算型手続にも及ぶかが論じられ(注35)、②については、所有権留保付売買以外の契約類型にもその射程が及ぶかが論じられた(注36)。平成20年最判の出現により、①については、昭和57年最判と同様の考え方が再生手続にも及ぶことが明らかとなり、また、②については、非典

(注33)　昭和57年最判前後の議論状況の概観として、松下祐記「倒産手続における倒産解除条項の効力」法教390号（2013）4頁以下がある。
(注34)　実際、平成20年最判以前の下級審裁判例は、ファイナンス・リース契約に伴う倒産解除特約が再生手続との関係で無効とされるかどうかにつき、立場が分かれていた。特約を有効とした例として、名古屋地判平成2・2・28金判840号30頁（ただし、和議の事案）、東京地判平成15・12・22判タ1141号279頁、東京地判平成16・6・10判タ1185号315頁、無効とした例として、東京高判平成19・3・14判タ1246号337頁参照。なお、後2者は、それぞれ平成20年最判の事案における第1審および控訴審判決である。
(注35)　概観として、大コンメ216頁［松下淳一］参照。
(注36)　例えば、三木浩一「判解」倒産百選5版153頁は、双方未履行双務契約に関しては、本判決の射程や考え方から外れる、とする。これに対して、松下・前掲（注33）7頁は、本判決の射程は、他の契約類型まで広く及ぶものと目された、とする。

型担保に関する限り、やはり同様の考え方が及ぶことが明らかになったといえる。もっとも、同判決の挙げる再生手続の趣旨、目的もまた、その実質についてはさまざまな理解が可能であることから、同様の条項が清算型手続との関係でも無効とされるかどうか、また、継続的契約の場合にも無効とされるかどうかについては、なお今後の判例の展開に委ねられている[注37]。

(2) **下級審裁判例の動向**

(1)でみたように、倒産解除特約に関する最高裁判例は、再建型手続との関係における非典型担保の取扱いに関しては、ほぼ固まったものといえるが、破産手続や他の継続的契約の場合に関しては、なお考え方が確立しているとはいえない。そうした中、他の継続的契約、具体的には賃貸借契約および売買契約に関して、特約の有効性について判断した下級審裁判例がみられる。

まず、建物賃貸借契約における賃借人の破産または再生手続開始申立てを解除原因とする特約については、秋田地判平成14・2・7（公刊物未登載）が再生手続との関係で、東京地判平成21・1・16（金法1892号55頁）が破産手続との関係で、それぞれ効力を否定している[注38]。

これらのうち、前者の秋田地判平成14・2・7は、その理由として、かかる特約を有効とすると、賃貸人は再生債務者に対して常に解除権を行使できることになるが、それでは再生の物的基盤を危うくすることになり、民事再生法の目的を没却することになる、と述べる。これは、再建型手続の場合にのみ当てはまる論拠であるから、これが主たる理由であれば、その趣旨は会社更生には及ぶものの[注39]、破産の場合には及ばないことになろう。これに対

[注37] 一般には、②の他の契約類型との関係はまったくオープンであるが、①の破産手続との関係については、これらの判例の射程が直接及ぶものではないにしても、同様の考え方が及ぶ余地は相当にあるとする評価が有力であるように見受けられる。松下・前掲（注33）12頁のほか、森冨義明「判解」最判解民平成20年度597頁参照。

[注38] なお、破産申立解除特約の効力を借家法6条との関係で問題とし、無効とした裁判例として、最判昭和43・11・21民集22巻12号2726頁がある。このように、特約がそもそも実体法上無効だということになれば、その倒産法による変容という問題は生じないから、理論上は、本稿で取り扱う問題とは区別される平時実体法の解釈問題（契約自由の原則の限界）ということになる。

[注39] 森倫洋「倒産解除特約」小林信明＝山本和彦編『実務に効く事業再生判例精選』（有斐閣、2014）173頁参照。

して、後者の東京地判平成21・1・16は、現行破産法制定に伴い民法621条が削除された趣旨および破産法53条1項により破産管財人に双方未履行双務契約の履行または解除の選択権が与えられている趣旨を理由としており、より広い射程をもつ考え方を採用するものである。

次に、売買契約との関係では、やはり、東京地決昭和55・12・25（判時1003号123頁）が会社更生との関係で、東京地判平成10・12・8（判タ1011号284頁）が破産との関係で、解除特約の効力を否定しているが[注40]、問題となった事案の性質は、互いに相当に異なっている。

すなわち、前者の東京地決昭和55・12・25は、電子部品の継続的売買契約の買主に更生手続が開始されたところ、売主が、同契約には、買主が自ら更生手続開始の申立てをしたときは、売主は売買契約を解除し、納入済商品を取り戻すことができる旨の特約に基づいて契約を解除し、売買目的物の物品の執行官保管、処分ならびに占有移転禁止の仮処分申請をしたという事案である。これに対して東京地裁は、一方で、更生管財人は民法545条1項ただし書にいう第三者に当たるから、売主は解除によって目的物の所有権が復帰したことを主張できない、としつつ、他方で、本件特約は、買主の更生手続開始を予想し、本来更生債権となるべき代金債権を更生手続外で一方的に回収することを目的とし、公示の手段も講じられていないものであって、その効力を認めると、他の更生債権者等との権衡を著しく失する上、会社の事業の維持更生に必要な財産を会社外に流出させることとなり、更生会社の更生債権者、株主その他の利害関係人の利害を調整しつつ、その事業の維持更生を図る、という更生手続の目的を害する、として、特約の効力を否定している。

これに対して、後者の東京地判平成10・12・8は、自動車用品の継続的売買契約の売主に破産手続が開始され、その破産管財人が買主に対して未払売買代金の支払を請求したところ、買主側が、同契約には売主倒産の場合に買主

(注40) なお、これらの裁判例のほか、売主の民事再生の事案において、不動産の売買契約の解除の可否が争われた興味深い事案として、東京地判平成17・8・29判時1916号51頁があるが、この事案は、倒産解除特約が問題となったものではない。同判決の評価については、森・前掲（注39）164頁以下および松下淳一『民事再生法入門〔第2版〕』（有斐閣、2014）121頁注17を参照。

が解除できる旨の特約があり、これに基づいて契約を解除した旨を主張して、代金支払義務を争ったという事案である。これに対して東京地裁は、特約の効力を否定し、破産管財人による代金請求を認容した。その理由として同判決は、まず、本件特約は、メーカー倒産に伴う商品の値崩れによって生じる損失を売主に転嫁することを目的としており、その実質は、買主の損害賠償請求権と売主の代金債権とを相殺することにより、代金債権を引当てとして損害賠償請求権を担保しようとしたものだ、とした上で、商品の値崩れを理由とする損害賠償請求権の成立が認められるかどうか自体が疑わしい上、仮に認められるとしてもその金額は多様な条件に依存する不確定なものであるにもかかわらず、解除によって一律に未払代金債務を免れさせることに合理性があるかは疑問であること、破産手続開始を責任原因とする損害賠償請求権は、劣後的破産債権に該当すると解すべきものであるから、前記のような相殺は本来破産法上許されず、本件特約は、そうした破産法上許されない相殺を当事者間の合意によって達成しようとするものであり、破産手続における債権者平等に反する旨を述べる。

　このように、両裁判例は、いずれも継続的売買契約の解除が問題となった点は共通するものの、爾後の債権債務関係の解消が主たる問題となったものではなく、むしろ既履行部分の覆滅を主眼として解除がされている点に特色がある[注41]。言い換えれば、いずれも、破産法53条等が主たる対象とするのとは異なる局面において解除特約の効力が争われたものといえる[注42]。その上で、前者は買主側倒産の場合に売主が売買目的物を取り戻そうとした事案であるのに対して、後者は売主側倒産の場合に買主が未払代金債務を免れよ

(注41)　その意味では、これらの裁判例は、継続的契約に特有の問題を扱っているわけではなく、本質的には、単発の売買契約の場合にも問題となり得る事項を扱ったものということもできる。ただ、単発の契約の場合には、契約締結時に相手方の信用力等が考慮されるであろうから、あえて解除特約などを設ける実益に乏しいのに対して、継続的契約の場合には、将来における相手方の資力悪化などの事態に特約によって対応することへのニーズが相対的に大きい、という違いはあろう。
(注42)　ただし、後者の東京地判平成10・12・8は、本文で紹介した諸点に加えて、本件解除特約が双方未履行段階で適用される場合には、破産管財人の選択権と抵触し、これを無意味にするものであることも指摘している。しかし、この点は、仮定的な判示にとどまり、同判決の事案においては必ずしも決定的なものではないと考えられる。

うとした事案^(注43)であり、双方における利害状況は相当に異なっている。したがって、これらについて検討する際には、そうした利害状況の差異に留意する必要があろう。

(3) 小括

以上でみたように、裁判例上倒産解除特約の効力が争われた事例には、さまざまな類型が含まれている。これらは、契約の内容および解除が果たす機能という点から分類すれば、①所有権留保付売買、ファイナンス・リースのような非典型担保の実行手段として解除が機能する場合、②賃貸借契約のような継続的契約において、以後の債権債務の発生を免れる手段として解除が機能する場合、③売買契約などにおいて、既履行の債権債務関係を覆滅させて、目的物を取り戻したり、未払代金債務を免れるための手段として解除が機能する場合に大別することができよう。そして、①については、少なくとも再建型手続との関係においては効力を否定する最高裁判例が確立しているのに対して、②および③の類型については、下級審裁判例において効力否定例が散見されるものの、なお最高裁判例は出現していない、というのが現状といえる。

3 学説の状況

倒産解除特約の効力論は、理論が実務を牽引してきた分野であるといわれるが^(注44)、学説が当初問題としたのは、2(3)で述べた事案類型のうち、①に該当する所有権留保付売買契約における倒産解除特約であった。その後の学説は、①の類型のほか、主として②の類型を念頭においた議論を展開してきたといえるが、近年においては、Ⅰでみたような理論的展開を背景として、倒産解除特約全般を対象とする一般的な判断枠組みの構築が試みられるほ

(注43) なお、判決文からは必ずしも明らかではないが、本件事案における解除特約は、既払の代金を買主が取り戻すことをも含意したもののようにもみえる。もっとも、こうした既払代金の返還請求権が手続開始後の解除によって初めて発生するものだとすれば、それは破産債権にすらならないことになるし、逆に開始前の原因に基づくものと評価される場合には、破産債権にとどまることになるから、いずれにせよ大きな意味をもつとは考えられない。

(注44) 水元宏典「契約の自由と倒産解除特約の効力」熊本法学117号（2009）3頁参照。

か、立法論に属する提言も改めてされるに至っている。

　学説の中には、事案類型の差異を意識した議論もあるが、必ずしもそうでないものもあり、後者の場合その射程としてどこまでが意図されているのかが明らかでない場合もあるため、その整理は必ずしも容易ではないが、以下では、まず、特約の効力について一定の結論を述べる学説について、前述の事案類型に即した形で整理を試みた上で、判断枠組みを巡るメタレベルの議論を紹介することとしたい。

(1) 非典型担保（事案類型①）を巡る議論

　倒産解除特約を巡る学説上の議論は、所有権留保付売買における倒産解除特約を無効とする竹下守夫教授の見解[注45]に端を発するといってよい。すなわち、竹下教授によれば、こうした特約は、破産手続との関係でも、更生手続との関係でも無効とされ、その理由としては、所有権留保付売買においては、買主に既払代金に対応する条件付所有権が帰属するものと解され、これは本来破産財団に帰属して総債権者のための引当てになるべきものであるにもかかわらず、①特約に基づく解除を認めると、「債務者の一般財産に属しかつ法律上差押えが禁止されていない財産……を、それにもかかわらず、1人の債権者と債務者との合意によって、破産財団から逸出させることを許す結果になる」こと[注46]、②解除により目的物の占有が破産財団から失われると、目的物が破産者の事業の不可欠の一部を構成するような場合、別除権の受戻しなどの手段を講じる機会を失わせること[注47]、③会社更生との関係では、解除を認めると、再建の物的基礎をなす財産を少額の金銭と差し換える自由を与える結果になること[注48]が指摘される。

　その後、前述の昭和57年最判が会社更生について同様の結論を採用したこともあって、この場面における倒産解除特約の効力を否定する見解は多くの論者の支持するところとなった[注49]。また、ファイナンス・リース契約に関

(注45)　竹下守夫「所有権留保と破産・会社更生」同『担保権と民事執行・倒産手続』（有斐閣、1990）（初出・1973）267頁以下。
(注46)　竹下・前掲（注45）312頁。
(注47)　竹下・前掲（注45）312-313頁。
(注48)　竹下・前掲（注45）332頁。

しても、その法的性質につき種々の見解が主張される中、解除特約の効力を否定する見解が有力に主張され(注50)、その後、平成20年最判が民事再生について特約無効説を採用するに至ったことは、前述のとおりである(注51)。

もっとも、こうした判例および特約無効説の展開にもかかわらず、学説上は、なお、次のような諸見解が有力に主張されていることに注意を要する。

第1は、所有権留保やファイナンス・リースを担保権と構成した上で、そこでの解除は担保権の実行方法にすぎないから、解除特約そのものを無効とする必要はないとし、むしろ、解除によって直ちに担保権実行が終了するわけではないとする解釈論を前提としつつ、実行に伴って生じる問題点については、担保権実行の中止命令など、担保権実行を巡る倒産法上の規制によって対応すれば足りる、とする見解である（以下では、「特約有効説」と呼ぶ）。こうした見解は、昭和57年最判以前から主張されてきたものであるが(注52)、その後も今日まで有力な支持が存在する(注53)。

第2は、2(1)で判例の射程について述べたところに対応するが、倒産解除特約の効力を、再建型手続との関係でのみ否定し、清算型手続との関係では肯定する見解である（以下では、「再建型限定無効説」と呼ぶ）(注54)。この見解

(注49) 例えば、伊藤眞「会社更生申立てを原因とする契約解除特約の再検討」平出慶道ほか編『北澤正啓先生還暦記念・現代株式会社法の課題』（有斐閣、1986）59頁、本間靖規「各種約款の倒産解除特約の効力——消費者関連約款も含めて」河野正憲＝中島弘雅編『倒産法大系——倒産法と市民保護の法理』（弘文堂、2001）564頁（ただし、例外的な取扱いの余地を留保する）、工藤敏隆「倒産解除条項の倒産手続における効力」慶應義塾大学法学政治学論究81号（2009）24-25頁、破産・民事再生の実務〔破産編〕349頁参照。また、一般的な形で倒産解除特約の効力を否定する見解として、兼子一監修『条解会社更生法（中）』（弘文堂、1973）308頁（ただし、効力を否定すべき「場合もあろう」とする）、谷口安平『倒産処理法〔第2版〕』（筑摩書房、1984）183頁、中野貞一郎＝道下徹編『基本法コンメンタール破産法〔第2版〕』（日本評論社、1997）86頁〔宮川知法〕、伊藤・破産法民事再生法388頁（条解破産法413頁も同旨）、山本・前掲（注12）1198-1199頁など参照。

(注50) 初期の代表的な見解として、伊藤眞「ファイナンス・リースと破産・会社更生——契約関係処理における公平の理念」同『債務者更生手続の研究』（西神田編集室、1984〔初出・1982〕）469頁、同「更生手続申立と契約の解除」金判719号（1985）78頁参照（ただし、ファイナンス・リースに双方未履行双務契約法理の適用があるとする立場を前提とする）。

(注51) 同最判以前の特約有効説、無効説の文献については、森富・前掲（注37）601-602頁注13〜15を参照。

は、倒産解除特約の効力を否定する根拠を、再建型手続の目的である再建(注55)を阻害するという点に求めるものであり、その考え方は、基本的には、非典型担保の事案のみならず、他の事案類型にも及ぶものである。

第3は、(4)で後述する一般的な判断枠組みにも関係するが、手続の種類や契約の類型を超えて、より個別的な事情をも勘案して効力の有無を判断しようとする見解である（以下では、「個別衡量説」と呼ぶ）。その際の考慮要素としては種々のものが考えられるが(注56)、代表的な見解として、当該物件が事業の継続に必要なものかどうかに着目し、事業に必要な財産を逸出させる解除特約については効力を否定するが、不要な財産については効力が認められる、とするものがある(注57)。

これらのうち、最も先鋭に対立するのは特約無効説と特約有効説であるが、両説が目指している方向そのものが正反対だというわけではなく(注58)、後説は、特約そのものは有効とすることによって、他の担保権との均衡のとれたより過不足のない規律を志向するものだと位置付けることができる。理論的には、後者のような方向も魅力的であるが(注59)、前述のような判例の展開や、非典型担保に関する実行中止命令等の制度の適用のあり方、実行手続

(注52) 米倉明「買主の会社更生と所有権留保——更生申立解除特約の効力を中心として」同『所有権留保の実証的研究』（商事法務研究会、1977）303-304頁・308-309頁・315頁、道垣内弘人「買主の倒産における動産売主の保護——所有権留保の効力を中心にして（6完）」法学協会雑誌104巻6号（1987）958頁（なお、この論文の主要部分は、その後同『買主の倒産における動産売主の保護』〔有斐閣、1997〕に収録されたが、前記引用部分は割愛されている）など参照。
(注53) 道垣内弘人『担保物権法〔第4版〕』（有斐閣、2017）374頁、水元・前掲（注44）15-16頁参照。
(注54) 岡伸浩「賃借人破産における原状回復請求権の法的性質」同『倒産法実務の理論研究』（慶應義塾大学出版会、2015〔初出・2010〕）25-26頁参照。
(注55) 民事再生法1条にいう「当該債務者の事業又は経済生活の再生」および会社更生法1条にいう「当該株式会社の事業の維持更生」に対応するものと解される。
(注56) 考慮要素の例として、稲田・前掲（注23）328-329頁参照。
(注57) 森・前掲（注11）90-91頁参照。
(注58) 特約有効説を支持する米倉教授も、「両説の実際上の差異は大きなものではない」とする。米倉・前掲（注52）309頁参照。
(注59) 実際、特約無効説を支持する伊藤教授も、特約有効説のほうが「理論的には妥当であろう」と指摘しており（伊藤・（注49）58-59頁）、同説に傾斜した時期もあった（伊藤・前掲（注50）金判719号78頁）。

の終期といった点に関する議論がなお固まっていない現状を考慮すると、有効説をとるのは実践的には穏当でない、とするのが特約無効説の判断であろう(注60)。

また、再建型限定無効説は、合意の効力を可及的に尊重しようとする立場から、効力否定説の射程を限定するものであるが、これに対して効力否定説の立場からは、破産手続でも目的物を当面利用する必要がある場合は存在するから、特約を有効としてそうした必要性に応じた対応をする機会を失わせることには問題がある、との反論がある(注61)。再建という目的にどの程度独自の意義を見出すかという問題であり(注62)、理論的には、解除特約の場面で問題となる倒産法の「公序」性の実質をどの点に見出すかに関する対立ということになろう(注63)。

これに対して、特約無効説と個別衡量説との相違は、規律としての明快さを重視するか、個別事案の特性に応じた過不足ない規律を志向するか、という規律アプローチの違いに帰する面が大きい。もっとも、特約無効説も、重要性の乏しい物件について解除に破産管財人・債務者側として何ら異議のないような場合(注64)にまで例外の余地を一切認めないとまでするものではな

(注60) 伊藤・前掲（注49）58-59頁、本間・前掲（注49）564頁参照。
(注61) 所有権留保との関係でこの点を指摘するものとして、破産・民事再生の実務〔破産編〕349頁がある。
(注62) この点に関して森・前掲（注11）87頁は、この観点を強調すると、再建に支障を与えるほどではないが、なお必要性の認められる資産の取扱いについて問題が生じ得る、とする。

なお、水元教授は、ドイツにおける議論を参照しつつ、倒産解除特約が企業の再建を阻害するかどうかに関して、「倒産解除特約が無効であるならば、危機に陥った企業に対して信用供与型の契約や継続取引型の契約を締結しようとする者は現れず、かえって危機時期における再建が困難になるという理解も成立しうる」し、特約の効力を否定することが再建に資するかどうかは経験的に検証されていない、と指摘する（水元・前掲（注44）3-4頁参照）。もっとも、この指摘のうち、検証の有無に関する後半部分はそのとおりであるとしても、前半部分については問題がある。この指摘が依拠するドイツの議論は、倒産解除特約をもっぱら手続開始の解除原因とする特約と定義した上で、これを無効としても、開始申立等を原因とする解除特約がされるだけであるから、かえって再建可能性を奪うことになる、とするものであり（水元宏典「倒産解除特約の効力論序説――ドイツ法の素描」青山古稀896頁参照）、もともと開始申立等を解除原因とする特約の効力を問題としてきた日本の議論とは、その前提を異にするからである。
(注63) 山本・前掲（注12）1198-1199頁参照。

いとも考えられ[注65]、そうだとすれば、両説の差異は相対的なものだということになろう。

(2) 継続的契約における将来の債権債務関係の解消（事案類型②）を巡る議論

賃貸借契約のような継続的契約における解除特約の効力（事案類型②）に関しても、学説は、基本的には非典型担保の場合と類似の分岐を示している。

まず、この局面においても、多数説は、特約無効説を支持する[注66]。ここでの多数説の主要な論拠は、破産法53条など、双方未履行双務契約について破産管財人等に契約の解除か履行かの選択権を認める規定の趣旨に求められる。すなわち、申立等を原因とする解除が認められれば、こうした選択権が事実上意味を失ってしまう、というのである[注67]。破産法53条等の規定を一種の強行規定ないし「公序」として捉えるものといえる[注68]。

また、再建型限定無効説[注69]や個別衡量説[注70]が主張されることも、非典型担保の場合と同様である。

これに対して、この局面における特約有効説としては、解除の効力が将来に向けてのみ生じ、遡及しない場合には、特約の効力を認める余地がある、

(注64) 継続的契約事例に関する記述であるが、森・前掲（注11）88頁は、解除条項を一律無効とすると、再生債務者として解除でよいと思っているものまですべて改めて解除の意思表示を要することとなり、実務上煩瑣となることを指摘する。
(注65) この点につき、例えば本間・前掲（注49）564頁参照。
(注66) 伊藤・前掲（注49）59-60頁、小林信明「賃借人の破産・会社更生・民事再生」論点解説新破産法（上）107頁、大コンメ235頁［三木浩一］、山宮慎一郎「賃貸借契約（及びライセンス契約）」園尾隆司ほか編『最新実務解説一問一答民事再生法』（青林書院、2011）288頁・291頁、加々美博久「解除権・取戻権」園尾隆司＝多比羅誠編『倒産法の判例・実務・改正提言』（弘文堂、2014）403頁、同・前掲（注1）255頁、伊藤・破産法民事再生法357-358頁・362頁注82、岡伸浩ほか「パネルディスカッション・従来型契約と倒産法」NBL 1054号（2015）6頁［加々美博久発言］・13頁［杉山悦子発言］など。また、(1)で言及した解除特約の効力を一般的に否定する諸見解も、原則としてこの局面にも妥当するものであろう。
(注67) 代表的な文献として、伊藤・破産法民事再生法388頁・393頁注82参照。
(注68) 山本・前掲（注12）1199頁、岡・前掲（注54）25頁注9参照。
(注69) 富永浩明「各種の契約の整理(2)──賃貸借契約(2)」新裁判実務大系(28)210頁（ただし、解除が信義則違反ないし権利濫用とされる場合があるとする。同211頁）、岡・前掲（注54）25-26頁参照。
(注70) 森・前掲（注11）91-92頁、稲田・前掲（注23）327-329頁参照。

とする見解がみられる^(注71)。非典型担保の場合とは異なり、その帰結は特約無効説と大きく異なることになる。

　また、この局面の取扱いに関してとくに注目される見解として、水元宏典教授の見解がある。すなわち、水元教授は、特約無効説の論拠について、まず、倒産解除特約は私的に差押禁止財産を作出するというよりも、むしろ端的に債務者の財産を逸出させるものであり、その点を正面から問題とすべきこと^(注72)、伝統的通説によれば、破産法53条等の趣旨は、契約相手方が自己の契約上の権利については倒産債権者として割合弁済に甘んじながら自己の給付は完全に履行しなければならない、という不公平の除去にあるところ、倒産解除特約はまさにそのような不公平を除去するものであるから、同条等の趣旨とむしろ調和的であること^(注73)を指摘し、同調できないとした上で、倒産解除特約の問題点は、それが「財産拘束」、すなわち「倒産手続の開始によって、債務者は財産管理処分権を制約され、債権者は個別的な権利行使を禁止される」、という強行法規的な規律を潜脱するところにある、とする^(注74)。そして、具体的な規律としては、一律当然の無効は過剰な規制であるとして、解除権行使の時点で相手方と債務者本人がする合意解除と同視し、その時点で妥当する財産拘束の規律、具体的には、手続開始前であれば否認権の行使^(注75)、開始後であれば債務者の管理処分権の制限に服する、とする^(注76)。結果として、解除権が手続開始後に行使される場合についていえば、破産手続および更生手続においては、債務者の管理処分権が剥奪されているので、解除は無効であるが、DIP型である再生手続においては、原則と

(注71)　深山雅也「破産申立解除特約の効力」新破産法の理論と実務240-241頁参照。
(注72)　水元・前掲（注44）3頁参照。
(注73)　水元・前掲（注44）5頁参照。
(注74)　水元・前掲（注44）6-9頁参照。
(注75)　ここで水元教授が想定するのは、財産減少行為の危機否認である。水元・前掲（注44）13頁参照。これは、財産減少行為の危機否認をも、財産拘束という手続開始の効果のリレーション・バックとして把握することを含意するが（水元・同7-8頁参照）、そのことのはらむ問題性については、加藤ほか・前掲（注1）174-175頁［山本克己発言］、垣内秀介「否認要件をめぐる若干の考察――有害性の基礎となる財産状態とその判断基準時を中心として」田原古稀（下）231-232頁注28参照。
(注76)　水元・前掲（注44）8-9頁・11頁参照。

して有効であり、要同意事項の指定がある場合や、公平誠実義務違反の行為を無効とする解釈論を採る場合には、それらに反する限度で解除の効力が否定されるにとどまることになる(注77)。

これらのうち、とりわけ最後の見解は理論的に興味深いものであるが、その評価については、4で後述することとしたい。

(3) 売買契約等における既履行の債権債務関係の覆滅（事案類型③）を巡る議論

以上に対して、売買契約等における既履行の債権債務関係の覆滅が問題となる場合（事案類型③）に関しては、従来必ずしも賃貸借契約等（事案類型②）と十分に区別した形で論じられてきたわけではない(注78)。

実際、前掲・東京地決昭和55・12・25に関してすでに指摘されているように(注79)、買主側の倒産において売主が売買目的物を取り戻そうとする事案においては、破産管財人等が民法545条1項ただし書にいう第三者に該当するという通説的な立場(注80)に従えば、当該目的物の帰属に関する限り、解除特約の効力を問題とするまでもないことになる(注81)。また、仮にそうでないとしても、この場面における利害状況は所有権留保付売買の場合と類似したものであること、しかも、所有権留保の場合とは異なり、目的物の所有権が一旦は買主に完全に帰属していることを考えれば、特約の効力は一層認めにくい、ということになろう。

(注77) 水元・前掲（注44）11-12頁参照。
　なお、森・前掲（注11）87-88頁は、この見解に対して、再建には大して必要でもない資産に関する条項まで無効と解することとなり、実務上の処理に支障が生じ得る、とするが、再生手続に関する限り、水元説においては、解除が公平誠実義務に反するかどうかなどに依拠してその有効性が判断されることになるから、この指摘は必ずしも当てはまらないように思われる。
(注78) このことを指摘しつつ、片務契約および一方既履行双務契約に焦点をあてた検討を試みる最近の文献として、伊藤眞「片務契約および一方履行済みの双務契約と倒産手続──倒産解除条項との関係を含めて」NBL 1057号（2015）30頁以下がある。
(注79) 伊藤・前掲（注49）50-51頁参照。もっとも、そうした取扱いについて疑問の余地があること、とりわけ約定に基づく解除事由が手続開始後に発生した場合について問題があることを指摘する文献として、福永有利「倒産手続と契約解除権」同『倒産法研究』（信山社、2004〔初出・2002〕）166-167頁参照。
(注80) 伊藤・破産法民事再生法364頁など参照。

他方で、売主側の倒産において買主が未払代金債務を免れようとする事例においては、前掲・東京地判平成10・12・8も指摘しているように、問題となっているのは売買目的物の減価に起因する不利益の転嫁であり、実質的には、倒産時の減価分の補償を受ける権利を買主に付与した上で、未払代金債権をその担保に供する取引といえる。したがって、これも、基本的には非典型担保の場合に準じて考察すべきものであるが、そもそも差押債権者に対して対抗できないような担保であるとすれば、解除特約の効力を認める余地はないことになろう。

 このように、この局面に関しては、解除特約の効力は、非典型担保の場合に準じるか、あるいは一層厳しい評価の対象となるものと考えられる。言い換えれば、詳細な議論がされてきたわけではないものの、非典型担保の場合における特約有効説からも、継続的契約の場合における特約有効説[注82]からも、効力が否定される可能性がある類型ということになろう。そのため、以下の検討においては、非典型担保および継続的契約の場合に焦点を当てることとしたい。

(4) **一般的な判断枠組みを巡る議論**

 以上は、特約の効力について一定の具体的結論を示す見解を概観したが、近年では、いわばメタレベルにおける判断枠組みのあり方に焦点を当てた議論もみられる。2で言及した諸理論は、いずれもそうした含意を有するもの

(注81) なお、解除特約の効力とは別に、そもそもこのような場合に債務不履行等に基づく解除権の行使そのものが認められるかについても、近年議論が活発化している。すなわち、従来の通説は、解除権が手続開始前に発生している限り、その行使そのものは認めるが(福永・前掲(注79)153-154頁参照)、一方で、この場合でも手続開始後は解除権の行使が認められないとする見解(中西・前掲(注26)411頁参照)が主張されるとともに、他方で、この場合はもちろん、手続開始後の不履行に基づいても解除権が発生し、その行使が認められる、とする見解(岡正晶「倒産手続開始後の相手方契約当事者の契約解除権と相殺権」伊藤古稀779頁以下)も、主張されるに至っている。平成29年改正民法が解除の要件として債務者の帰責事由を要求しないものとしたことは、最後の見解に親和的な面があるが、催告要件の意義などをめぐって、なお議論の余地があろう。この点については、加毛明「新しい契約解除法制と倒産手続——倒産手続開始後における契約相手方の法定解除権取得の可否」事業再生研究機構編『新しい契約解除法制と倒産・再生手続』(商事法務、近刊予定)参照。

(注82) 実際、深山・前掲(注71)240-241頁が有効とする余地を論じるのは、解除の効果が遡及しない場合である。

でもあるが、倒産解除特約の効力に焦点を当ててより具体的な判断枠組みを考察したものとして、以下のような諸見解が挙げられる。

まず、森倫洋弁護士は、倒産手続前に債務者の締結した契約の拘束力は、原則として破産管財人や再生債務者に及ぶ、との考え方を出発点としつつ[注83]、破産管財人や再生債務者は差押債権者と同様の扱いを受けると考えられることから、①差押債権者に対抗できない約定は再生債務者を拘束しない[注84]、②民事再生の場合、再生債務者が手続機関として負う義務(公平誠実義務)と相反する行為を求める約定は再生債務者を拘束しない[注85]、とした上で、②の公平誠実義務違反に関しては、契約上の義務の履行が、ⅰ債権者間の公平の確保に反する場合には、「いわば配分するパイの分配秩序の維持に反する契約上の約定」として[注86]、また、ⅱ総債権者の利益を犠牲にして再生債務者または第三者の利益を図ることになる場合には、「いわば配分すべきパイの維持・確保に反する契約上の約定」として[注87]、拘束力が否定される、とする。さらに、前記Ⅰの観点との関係では、担保権者との利害調整を考える必要があるとし、民事再生法31条1項・148条1項を参照しつつ、㋐再生債務者の事業の継続や再生債権者一般の利益の保護の観点から必要がある場合に、㋑担保権者に不当な損害を与えない限度でのみ、担保権実行に関する契約上の拘束力を否定し、あるいは制限的に解釈することが許される、という[注88]。

この見解は、債権者間の公平および総債権者の利益の確保という観点を基軸としつつ、特約の効力についてより具体的な判断基準を模索するものとい

(注83) 森・前掲(注11)84-85頁参照。
(注84) 森・前掲(注11)85-86頁参照。例として、債権譲渡の対抗要件が具備されていない場合の対抗要件具備に関する約定が挙げられる。
(注85) 森・前掲(注11)86-87頁参照。
(注86) 森・前掲(注11)87頁。例として、再生手続開始前の原因による損害賠償請求権について発生時点を遅らせるなどして共益債権化を企図する約定、実損を伴わない過度な違約金・損害賠償額の予定の条項が挙げられる。
(注87) 森・前掲(注11)87頁。例として、手続開始前の原因に基づく債権について再生手続開始後に担保権を設定する旨の約定、事業の再建に必要な担保物権を再生手続申立て・開始をもって即時に代物弁済に充てるとするような約定が挙げられる。
(注88) 森・前掲(注11)89頁。

えよう。

　また、稲田正毅弁護士は、債務者が自己の倒産局面に関して合意を形成する場合、そうした局面で最も直接的な影響を蒙る倒産債権者の利益を適切に考慮するインセンティヴに欠けており、そうした合意の効力を当然に維持すべきとはいえない、として、契約の拘束力についてより懐疑的な出発点に立ちつつ(注89)、「倒産法における公序原理」の観点から、契約条項の効力について個別具体的に検討すべきである、とする(注90)。そうした検討に当たっては、①契約締結時におけるリスク分配の倒産債権者との関係での適切性、②契約条項の目的・種類・性質・内容、③条項によって害される倒産手続上の制度の趣旨・目的、④条項によって得られる利益の内容・程度、⑤条項によって害される総債権者の利益の内容・程度を衡量した上で、倒産法におけるプライオリティルールを覆したり、倒産法上の諸制度を無意味化させる条項のほか、倒産債権者の利益を著しく害する条項については、倒産法における公序を害するものとして、効力を制限・否定すべきである、とする(注91)。

　この見解は、森弁護士の見解とは、出発点にニュアンスの差があり、また倒産法上の諸規定の公序性を重視する点で、解除特約の効力に対してより厳しい姿勢をとるものといえるが、具体的な衡量要素には、それほど大きな相違はないようにも見受けられる。

4　検討

　以上の議論状況を踏まえて、以下では、若干の試論を試みる。3における叙述とは順序が異なるが、はじめにこの問題に関する筆者の基本的な見通しを示した上で、具体的な規律に関する検討に移ることとしたい。

(1)　基本的視角

　すでにⅠ4で確認したように、債務者が手続開始前にした合意の効力は、

(注89)　稲田・前掲（注23）319-320頁参照。同様の視角は、山本・前掲（注18）34-35頁のほか、森田修教授のいう「決定権移動」理論にもみられる。森田修「滌除」ジュリ1223号（2002）36-37頁、同前掲（注10）71-72頁参照。また、同様の考え方は、アメリカにおいても、Jackson 以来主張されているものである。水元・前掲（注44）21頁注18参照。
(注90)　稲田・前掲（注23）327-328頁参照。
(注91)　稲田・前掲（注23）328-329頁参照。

それが実体法上有効なものである限り、原則として倒産手続上も尊重されるべきものであるが、それが倒産法上の強行規定に反するような場合であれば、その効力が否定されてもやむを得ないといえる。そして、このこと自体については、強行規定というものの定義上、とくに異論があるとは考えられない。それにもかかわらず、倒産解除特約に関する議論が錯綜するのは、一方で、例えば破産法53条の規定が強行法規といえるかどうか、といった点について理解が一致していないという事情による部分があることはもちろんであるが、他方で、それに加えて、あるいはそれ以上に、仮に同規定が強行規定であるとしても、倒産解除特約がそれに反するといえるのかどうかは、実は自明でない、という事情による面があるように思われる。すなわち、例えば、債務者が手続開始前に、ある契約について、「この契約については、破産法53条1項の規定にかかわらず、破産管財人が解除することはできない」とか、「この契約に基づく解除については、民再法31条に定める中止命令を命ずることはできない」とかいった約定をしても、それが破産管財人等を拘束するものではないことについては、特段の異論のないところなのではないかと思われる。とすれば、少なくともその限度で、これらの規定は強行法規性を有するものといえよう[注92]。それにもかかわらず議論が混迷するのは、倒産解除特約は、これらの例とは異なり、倒産法上の特定の規定の内容に正面から反するような約定というわけではなく、少なくとも形式的には、あくまで、倒産手続開始時における相手方の実体法上の地位を規律するものにすぎないからであると考えられる。もちろん、こうした特約は、強行規定に正面からは反しないにしても、その趣旨を潜脱するものである、との評価は論理的には可能であるが、それは、問題となる規定が強行規定であることから当然に導かれる評価ではない。むしろ、それに加えて、特約がどのような意味で当該規定を潜脱しているといえるのかが問題となるところであり、まさにその点について、学説の評価は分かれているものといえる。

この点を検討するに当たっては、当該特約によって招来される関係者等の

(注92) 山本和彦教授は、「一般的にいえば倒産実体法に関する規定の多くは強行規定といえるのではないか」とするが(山本・前掲(注12)1191頁)、それはこの趣旨に理解することが可能と思われる。

第3部　研究者からみた破産管財人の財産換価を巡る理論上の諸問題

不利益、とりわけ他の倒産債権者の不利益が問題となることはもちろんであるが、元来、実体法上ある者がより有利な地位を得ることによって他の債権者が不利益を被ること自体は、とくに異とするに足りないことであるとすれば、なぜこの場合に限ってそれが潜脱と評価されることになるのかを問う必要があろう。そして、結論から述べれば、倒産解除特約に対して潜脱的との評価が論じられるのは、それが倒産手続の開始ないし開始に至る過程で定型的に生じる事由を原因として相手方の実体法上の地位を操作するものだからだと考えられる。すなわち、ある実体法上の地位が、倒産手続の開始とは無関係な事情に依拠して設定されるのであれば、それが実体法上有効とされる限り、そうした倒産手続外における実体法上の地位を尊重すべきことは当然であるが、それに対して、倒産手続の開始ないし開始に至る過程で定型的に生じる事由を原因として実体法上の地位を操作する場合、こうした操作は、実体法上の地位の設定という形式をとるものの、その実質は、純然たる実体法上の地位を設定するものではなく、むしろ、もっぱら本来倒産法上予定されている処遇を変更し、操作するものであると考えられる。例えば、倒産手続の開始申立てがあった場合には、債務者は残債務の20倍の金額を支払う義務を負う、というような約定を考えれば、このことは明らかであろう。そして、仮にこうした操作を許容するならば、合理的な債権者は、他の債権者との競争上際限なくこうした措置を講じていかなければならないこととなるであろうが、それが倒産手続の適正な運用を損なうこともまた、明らかであろう。

このように考えると、ある合意が倒産手続外における実体法上の地位の設定としての合理的な基礎を欠き、その内容上、もっぱら倒産手続上の取扱いの操作を目的とするものと評価されるものであって、かつそれが結果として他の債権者等を害するような場合[注93]には、そうした合意は、本来倒産実体法が想定する広い意味でのプライオリティ・ルールやリスクの分配を潜脱するものとして[注94]、その効力が制限されてもやむを得ないものと考えられる。倒産解除特約の効力もまた、こうした文脈の中で検討されるべきものであろう[注95]。

(2) 規律の方向

　以上のような観点からみると、倒産解除特約は、倒産手続の開始ないし開始に至る過程で定型的に生じる事由を原因として相手方の実体法上の地位を操作し、その結果として担保権に関する規律や双方未履行双務契約に関する規律を自動的に免れるものであって、その内容上、もっぱら倒産手続上の取扱いの操作を目的とするものと評価されてもやむを得ない面がある。そうだとすれば、それにより他の債権者等が害される場合には、その効力が制限されてもやむを得ないということになろう。そして、以上のことは、基本的には、再建型手続であるか清算型手続であるかを問わず、また、非典型担保であるか継続的契約であるかを問わず、当てはまるように思われる(注96)。

　もっとも、非典型担保の場合と継続的契約の場合とでは、特約によって生じる不利益の内容と可能な対応方法が異なるために、特約を無効とまでする必要があるかどうかについては、さらなる検討を要する。

　まず、非典型担保の場合には、すでに3(1)で述べたように、担保権実行中止命令等の対応手段の実効性を確保するような別の解釈論を講じることも、理論上はあり得る選択肢である。しかし、この点に関する前述の効力否定説の判断が示唆するように、中止命令等では十分に不利益を回避できないとの

(注93)　山本教授は、かつて、「合意が客観的にみて倒産手続における法律関係を主に対象としており、かつ、倒産法秩序の観点からみて倒産債権者の利益に看過し難い不利益を生じる場合」には、その合意に対する倒産法の介入が許され、倒産手続外の効果を対象としている条項でも、「契約当事者が倒産時を主に念頭においていたことが立証されれば」規制の対象となり得る、としていた。山本・前掲（注18）35頁参照。本文で述べた考え方は、これと同じ系列に属するものといえる。もっとも、山本教授自身は、後に、契約当事者の意図よりも予測可能性を重視する方向でこの考え方を再構成している。山本・前掲（注12）1194頁注25参照。

(注94)　このような観点からは、稲田弁護士が「倒産法におけるプライオリティルール」を判断の1つの指標としていることは示唆に富む。ただし、同弁護士が、ある条項が倒産債権者の利益を「著しく害する」場合に、直ちにその効力を否定する余地を認めるように見える点については、留保が必要であろう。稲田・前掲（注23）329頁参照。

(注95)　ちなみに、近時議論されることの多い中途解約違約金条項の破産管財人等に対する拘束力についても、基本的には同様の視角から論じることが可能であるように思われるが、その検討は、他日に委ねざるを得ない。

(注96)　なお、売買契約等における既履行の債権債務関係の覆滅が問題になる場合（事案類型③）に関しては、3(3)末尾の記述を参照。

評価はなおあり得るし、倒産手続開始申立等によって自動的に担保権実行への着手を可能にするという特約が倒産手続外の実体法上の地位の設定として真に合理的な基礎を有するといってよいかどうかも疑わしいように思われることからすると、特約無効説を出発点とすることも許されるように思われる。

また、継続的契約の場合については、特約無効説がかねてから主張しているように、契約の履行か解除かの選択の機会、より実質的には履行選択の機会が当然に失われることにより、他の債権者に不利益が生じ得ることが問題となる。そして、この点は、解除の効果が遡及しない場合(注97)でも、変わるところはないであろう。

もっとも、この局面との関係では、有力な異説である水元教授の見解について検討する必要があると思われる。そして、この見解は、理論的に極めて興味深い問題提起と考えられるが、なお次のような問題点を指摘することもできよう。すなわち、まず、継続的契約に関する特約無効説に対するこの見解の主要な批判は、伝統的通説によれば、破産法53条等の趣旨は、契約相手方が自己の契約上の権利については倒産債権者として割合弁済に甘んじながら自己の給付は完全に履行しなければならない、という不公平の除去にあるところ、倒産解除特約はまさにそのような不公平を除去するものであるから、同条等の趣旨とむしろ調和的である、という点に存する(注98)。しかし、このような理解が現在でも広く共有されているかどうかについては、疑問の余地がある。むしろ、履行と解除のいずれに主眼があるかについては見解が分かれるとしても、破産管財人等の選択権は倒産財団の側の利益のために行使されるべきものである点については、おおむね共通理解が成立しているものと解され(注99)、そうだとすれば、そうした選択権行使の機会を失わせる点

(注97) この場合には特約を有効とする余地を認める見解については、前述3(2)参照。
(注98) 前述3(2)参照。
(注99) この点については、大コンメ206頁［松下］が示唆に富む。また、最判昭和62・11・26民集41巻8号1585頁も参照。なお、最判平成12・2・29民集54巻2号553頁は、むしろ契約当事者間の公平に重心をおくようにもみえるが、当該説示は破産管財人の選択権そのものよりもむしろ解除の趣旨を述べたものであり、しかもその解除が著しく不公平であるとして否定された事案におけるものであったことに留意を要する。

で、解除特約には問題があることになろう。また、この見解は、倒産解除特約は強行法規としての財産拘束を潜脱するものだと評価するが、破産法53条等の規定を考慮することなしに、財産拘束の観点だけから、こうした特約を潜脱とまでいえるのかどうかについては、疑問がある。例えば、仮に、双方未履行双務契約について解除の選択肢しか認めないような倒産法制があった場合、倒産解除特約は単にその結果を先取りしているにすぎないから、それでもなお財産拘束の「潜脱」とまでいえるかどうかは疑わしいのではなかろうか。そうだとすれば、こうした特約が損なっているのはあくまで破産管財人等の履行選択権なのであり、これを財産拘束の潜脱として取り扱うことが事柄の実質に即しているのかどうかは、疑問であろう。さらに、この見解が具体的な規律として主張する解除権行使時における合意解除の擬制という処理についても、手続開始後の解除権行使の場合、破産および更生手続と再生手続とで取扱いに大きな差異が生じるという問題がある。とりわけ再生手続の場合、要同意事項の指定の有無・内容や管理命令の有無によって解除の有効性が変わってくることになるが、特約に基づく解除の効力を考える上で、そうした区別に合理性があるかどうかは、疑問であろう[注100]。

　このように考えると、この見解には必ずしも賛同することができず、この局面でも、特約無効説を出発点とすることでよいように思われる。

(3) 規律の内容

　以上の検討からすれば、倒産解除特約の効力は、基本的に否定する方向で考えることとなるが、3で紹介した個別衡量説も指摘するように、解除に

(注100) もっとも、水元教授は、DIP型の再生手続においても、理論上は、手続開始によって従来の債務者は財産管理処分権を剥奪されるから、財産拘束は生じている、との立場をとる。水元・前掲（注44）6－7頁参照。この立場からすれば、手続開始後の再生債務者の管理処分権の行使は、破産や更生手続における破産管財人による管理処分権の行使と本来同質のものと理解されるはずであるから、手続開始後の解除権行使を、破産や更生手続の場合には管理処分権を剥奪された本人のした合意解約と同視する一方で、再生手続の場合には手続機関としての再生債務者のした合意解約と同視する、というのは、理論的に一貫しないようにも思われる。むしろ、破産等の場合でも破産管財人による合意解除と同視するか、再生の場合には手続機関としてではなく、管理処分権を剥奪された個人としての債務者を仮設的に観念した上で、その合意解除と同視することになるのではなかろうか。

第3部　研究者からみた破産管財人の財産換価を巡る理論上の諸問題

よって生じる不利益の有無・程度は、契約の具体的な内容によって千差万別であるため、その点を規律上どのような形で考慮するかがさらに問題となる。この点については、個別衡量説のように衡量の要素を指摘した上で個別事案における衡量に委ねるという方向も考えられるところであるが、そうした衡量をもっぱら裁判所に委ねることが適当かどうかについては、一考の余地があり、むしろ筆者としては、試論ではあるが、次のように考えている。

　すなわち、倒産手続における倒産債権者の利益の代弁と、各種利害の適切な調整は、第1次的には破産管財人ないし再生債務者に委ねられているところであり、倒産解除特約を無効として取り扱うべきかどうかに関しても、第1次的には破産管財人ないし再生債務者に委ねることが適切と考えられる。したがって、破産管財人等が何ら問題がないと考える場合にまで、特約を一律当然に無効とすることは、規律として過剰であろう[注101]。そうだとすれば、そうした破産管財人等の判断や行動を何らかの形で反映することのできる規律が望ましいものと考えられる。そして、個別衡量説を別とすれば、そうした規律としては、例えば、①倒産解除特約もまた原則としては有効としておき、ただ、これを不利益と考える破産管財人等は、特約に基づく解除に対して異議を主張することができ、その場合には解除の効力が否定される、というもの（異議権アプローチ）や、②倒産解除特約は原則として無効であるが、破産管財人等は、解除がとくに不利益でないと考える場合には、その効果を追認ないし承認することができる、というもの（無効・追認アプローチ）が考えられる。その上で、①の異議権アプローチについては、解除について知り、または知り得べきであったのに遅滞なく異議を述べなかった場合には、異議権を喪失する、といった規律をさらに構想することが可能であり[注102]、②の無効・追認アプローチについても、一定の場合には、黙示の追認といった形で、無効主張が制限される場合を想定することが可能であろ

（注101）　個別衡量説の論者のほか、水元教授も、一律当然の無効は過剰な規制となり得るとしており（水元・前掲（注44）8頁参照）、この点は賛同できる。また、岡ほか・前掲（注66）13頁［杉山発言］、伊藤・前掲（注78）36頁も参照。
（注102）　局面はまったく異なるが、訴訟代理人の訴訟行為が弁護士法25条に違反する場合に関する判例上の取扱いが参考になる。最判昭和38・10・30民集17巻9号1266頁参照。

う。

　この種のアプローチは、倒産解除特約であれば異議権の行使ないし無効主張が可能であるという理解を出発点としつつ、実際の処理は善管注意義務に従った破産管財人等の判断に委ねるものであるが、前記のような異議権の失権や黙示の追認のほか、特約に基づく解除が他の債権者を害しないことが明らかであるような場合には、異議権の行使や無効主張が濫用に当たるとして、例外的な制約を課す余地もあるように思われる。その意味では、こうした考え方は、個別衡量説との対比において、原則・例外アプローチとでも呼ぶことができよう。

　仮にそうした規律アプローチがあり得るとして、異議権アプローチと無効・追認アプローチのいずれがより適切かは、難しい問題である。機能的には、前者のほうが過不足の少ない処理を可能にするようにも思われるが、実際上それほど大きな差異が生じるとは考えられないこと、また、前者については、解釈論としての手がかりには乏しい面があることを考えると、現行法の解釈論としては、後者のほうが穏当といえよう。実際、現行法の諸規律の理解[注103]や倒産解除特約に関する従来の判例に照らしても、そうした解釈をすることは、決して不可能ではないように思われる。

　以上の検討結果をまとめれば、倒産解除特約は原則として無効であり、破産管財人等としては、それに基づく解除の効果を否定できるが、解除にとくに問題がないと考える場合には、その効果を承認することができ、また、一定の場合には、黙示の追認や権利濫用法理によって無効主張が制限される場合がある、ということになる。

おわりに

　本稿では、倒産解除特約の効力を巡る従来の裁判例および学説の吟味を通じて、筆者なりの方向を示すことを試みた。その内容は、基本的に従来の多数説に沿いつつ、そこに何がしかのものを付け加えるよう努めたものである

(注103)　手続との関係で原則として無効とされる行為であっても、それが有利だと考えれば破産管財人等の側から承認できる、という規律は、現行法の解釈として他にも例が見られる。たとえば、破産法47条につき、伊藤・破産法民事再生法365頁など参照。

が、なお荒削りな試論にすぎないし、実務に暗いことや筆者の不注意から、思わぬ過誤を犯していることをおそれている。また、中途解約違約金条項や期限の利益喪失特約の効力など、今後の課題として残された問題も多い。大方のご批判を仰ぎ、さらに検討を続けていくことができれば幸いである。

［追記］　本稿の内容については、初版の校正の段階で、東京大学民事訴訟法研究会における報告の機会に恵まれた。その際に得た多くの有益な示唆については、今後の検討に当たっての課題とさせていただきたい。

5 原状回復請求権の法的性質

一橋大学大学院法学研究科教授　**杉山悦子**

はじめに

1　問題の所在

　賃貸借契約の期間満了前に賃借人が倒産した場合であっても、賃貸借契約は当然には終了することはなく、また、賃貸人による解除は認められていない（旧々民621条参照）。他方で、賃借人の破産管財人には、賃貸借契約を継続するか、あるいは解除するかを選択する権限が与えられている（破53条）。法人が破産する場合を念頭に置くと、最終的には清算がされることになるため、事業譲渡の可能性があるなど賃貸借契約を継続させておくべき特別の事情が想定されない限りは、破産管財人は契約を解除することになろう。これに対して、個人が破産した場合にも破産債権者の利益を考慮して履行あるいは解除の選択をすることになるが、破産者の居住の利益を保護する必要がある場合には、賃借権を財団から放棄をすることもあり得る。

　ところで、破産管財人が賃貸借契約を解除した場合には、破産法54条の規律に従うと、相手方である賃貸人が有する損害賠償請求権は破産債権として扱われるのに対して（破54条1項）、賃貸人が破産者に対して行った反対給付については、それが財団に現存する場合には取り戻すことができ、現存しない場合にはその価額につき財団債権者として請求することができる（同条2項）。加えて、賃貸借契約を解除する場合に生ずる特有の問題として、例えば、賃貸借契約中に違約金条項がある場合にそれが破産手続上効力を有するのか、また、賃借人の有する敷金返還請求権から控除される債権の種類や順

739

位がどうなるかといった問題に加えて、本稿で扱う、原状回復請求権ないしは原状回復費用請求権の性質を考慮する必要が生ずる。

2　原状回復請求権の法的性質論が論じられる背景

　賃借人は賃貸借契約終了時において、賃貸目的物に付属させた物を収去し、これを原状に復して返還する義務（原状回復義務）を負う（民599条・622条・621条）。ところで、賃貸借契約が終了した後賃借人がかかる義務を履行しないままに手続が開始した場合には、すでに発生している原状回復請求権ないしは原状回復費用請求権は、破産債権となるものと解されている（破2条5項）[注1]。したがって、賃貸人はかかる請求権を破産債権として届出をし、手続内で権利行使をすることになる。他方で、賃借人につき破産手続が開始した後に、賃貸借契約が期間満了で終了したり、破産管財人の解除により終了した場合において、原状回復請求権や原状回復費用が破産債権として扱われるのか、あるいは財団債権として扱われるのかを巡っては、見解の対立が見られる。これは、請求権がいずれに分類されるかによって、破産手続における扱いが大きく異なるからである。

　まず、破産債権と解する立場に立つと、原状回復請求権は金銭評価され（破103条2項1号イ）、他の破産債権者と同等の立場で配当を受けることになる。ただし、賃借人から賃貸人に対して敷金が差し入れられている場合には、原状回復費用が控除される結果、賃貸人が他の破産債権者に先立って債権を回収する余地は残されている。また、原状回復請求権が破産債権であると解すると、破産債権は手続開始後は手続外での権利行使が禁止されるため（破101条1項）、貸主は破産管財人に対して原状回復を請求することができない。すなわち、破産管財人は原状回復義務を履行することが禁止されるために、賃貸人に対して目的物を現状のままで貸主に返還すれば足りることになる。

　これに対して、原状回復請求権を財団債権と解する場合には、破産債権に先立って手続外で弁済を受けることができる（破2条7項）。そのため、賃貸

（注1）　例えば岡伸浩「賃借人破産における原状回復請求権の法的性質」筑波ロー・ジャーナル7号（2010）85-86頁（同『倒産法実務の理論研究』〔慶應義塾大学出版会、2015〕21頁以下所収）。

人は破産管財人に対して原状回復義務の履行を請求することもできるし、賃貸人が破産管財人に代わって義務を履行した場合には原状回復費用の支払を求めることもできる。破産管財人も、賃貸目的物を現状のまま賃貸人に返還するのでは足りず、原状回復をした上で目的物を明け渡さなければならない。原状回復費用が敷金から控除されるか否かは必ずしも明らかではないが(注2)、他の被担保債権を控除してもなお原状回復費用請求権を有する場合には、賃貸人は敷金によって当然に充当される債権以外にも、原状回復費用についても、他の債権者に優先して債権回収をすることが可能になり、債権者間の公平を害する結果になりかねない。

3　本稿の検討対象

このように、原状回復請求権が破産債権になるのか、財団債権になるのかという問題は、賃貸人が弁済を受ける額の多寡にとどまらず、破産管財人の負担、破産財団の負担、他の破産債権者との平等に影響を及ぼし、さらには賃貸借契約締結時に敷金の額にも大きな影響を与えることになる。そのため、最近では、破産管財人の負担や破産財団の負担を軽減するべく、財団債権説ではなく、破産債権説に対する支持が増加しているようである。そこで本稿では、平時における原状回復請求権の位置付けを整理した上で［→Ⅰ］、東京や大阪地方裁判所における倒産時の原状回復請求権の取扱いの実務［→Ⅱ］、破産債権説と財団債権説の根拠論［→Ⅲ］を整理することを通じて、この問題を再考することにしたい。なお、とくに断りがない以上、原状回復費用請求権ではなく、原状回復請求権を念頭に置いて検討することにする。

（注2）　敷金によって担保される債権の範囲が賃貸借契約に基づいて生じた金銭債権であるとし、原状回復請求権が財団債権となる根拠が、破産管財人の行為に起因して発生する権利であるものと理解する場合には、原状回復費用は、賃貸借契約に基づいて発生したものではないとして敷金からの当然控除の対象とはならない可能性もある。

I　平時における原状回復請求権の性質

1　原状回復請求権と原状回復義務の関係

　賃借人が倒産した場合の法律関係を考察する前提として、まずは、賃借人が倒産する前の平時、すなわち民法において、原状回復請求権がどのように扱われているのかを整理してみたい。

　まず、賃貸借契約が終了した場合、賃借人は目的物を賃貸人に返還する義務を負うが（民601条）、賃借人には賃借物を返還するに際して、使用した目的物を原状に復し、付属物、すなわち通常の使用収益を妨げるものや独立物を収去する義務を負う（民622条・599条1項・621条）。これらは、旧民法で賃借人の権利であると定められていた（旧民616条・598条）が、賃借人の義務でもあることが当然の前提とされていると解されており、改正民法で明文化した(注3)。

2　原状回復請求権の具体的内容

　原状回復義務は、賃貸目的物への付属物の収去義務と、目的物の毀損箇所の修繕請求義務に分けられる。

(1)　目的物の収去義務

　まず、賃借人が賃貸目的物に付属させた物については、賃借人は明渡時にこれを収去する権限、および収去する義務を負う（民622条・599条1項・2項）。ただし、実際に収去義務を負うか否かは、また、どのような収去義務を負うかは、目的物への附合の度合いによって異なる(注4)。

　まず、付属させたものが独立物であったり、賃貸目的物から物理的、あるいは経済的に分離が容易なものについては、賃借人はこれを収去する権限を有するとともに、義務も負う（民622条・599条1項前段・2項）(注5)(注6)。

(注3)　一問一答民法325頁。改正前の議論につき、潮見佳男『債権各論Ⅰ〔第2版〕』（新世社、2009）126頁、幾代通＝広中俊雄編『新版注釈民法(15)』（有斐閣、1993）125頁［山中康雄］・302頁［石外克喜］、内田貴『民法Ⅱ〔第3版〕』（東京大学出版会、2011）213頁。
(注4)　改正前の収去の具体的対応につき、破産実務Q&A 200問105–106頁［志甫治宣］。

これに対して、収去が物理的にあるいは経済的に不可能な場合には、賃借人は付属物の収去義務を負わず（民622条・599条１項ただし書）、賃貸人に対して費用償還請求権を有するのみである(注7)。

(2) **修繕・修補義務**

また、賃借人が賃貸目的物を毀損した場合には、賃借人は原状回復義務の一環として、修繕、修補義務を負う（民621条本文）。ただし、通常の使用および収益によって生じた賃借物の損耗ならびに賃借物の経年変化を除く（民621条括弧書）(注8)。

3　原状回復請求権と原状回復「費用」請求権

破産手続における原状回復請求権の扱いの問題は、原状回復「費用」請求権の扱いとともに論じられることがある。原状回復請求権は作為請求権であるが、これが金銭債権である費用請求権として捉えられるのは、次のような文脈においてである。

第１に、作為請求権であっても破産手続開始前に原因があるものは破産債権として扱われる（破２条５項）が、破産手続上これを行使する場合には金銭評価される（破103条２項１号イ）。この金銭評価に際しては、代替執行をした

(注５)　改正前の学説として、我妻栄『民法講義債権各論中巻Ⅰ』（岩波書店、1957）466頁、星野英一『借地・借家法』（有斐閣、1969）200-201頁、内田・前掲（注３）214頁、幾代＝広中編・前掲（注３）126頁［山中］・303頁［石外］、附合物については収去請求できず、独立物については収去請求できるとしつつも、原状回復請求権を債権的構成とする場合には、分離が不能である場合には収去義務を免れると説明するものとして、山本敬三『民法講義Ⅳ-２』（有斐閣、2012）438頁以下。
(注６)　この義務は賃貸人が請求したときにはじめて生ずるという見解もみられた。この見解によると収去は可能であるものの、賃貸人から収去の主張がされない場合には、賃借人は収去の義務を負わず、賃貸人に対して費用償還請求権を行使することが認められる（民608条）。潮見・前掲（注３）139-140頁。
(注７)　我妻・前掲（注５）466-467頁、星野・前掲（注５）201頁、内田・前掲（注３）216頁、潮見・前掲（注３）127頁。中間の場合には収去権と費用償還請求権を選択行使することになる。この場合にも借主は収去権限を有するが、借用物を損傷することはできず、収去権を行使することはできないが、費用償還請求（民595条・583条）をすることができるとするのは松尾弘「賃貸借・使用貸借(3)――契約の成立・終了」潮見佳男ほか編『詳解改正民法』（商事法務、2018）490頁。
(注８)　最判平成17・12・16判時1921号61頁の法理を明文化したものである。

場合にかかる費用が想定されるようである(注9)。

第2に、賃貸人自身が原状回復工事を行った結果、賃貸人が工事に要した費用を賃借人に請求する場合である。賃貸借契約条項中に、契約終了後に賃貸人が原状回復を行う旨規定がされていることがあり、このような場合には賃貸人が選定した業者に原状回復工事を行わせ、賃借人に対してその費用の返還を求めるか、あるいは敷金が差し入れられている場合には費用を敷金から控除して返還することとなる。この場合には、原状回復費用請求権を金銭債権として行使することになる(注10)。

4 目的物明渡請求権との関係

賃借人は賃貸借契約終了時に目的物の明渡義務を負うが(民601条)、賃貸人の有する原状回復請求権は目的物明渡請求権とどのような関係にあるのか、すなわち、これらは別個の権利なのか、あるいは原状回復請求権が目的物明渡請求権に包含される関係に立つのかという視点からの議論もみられる(注11)。後者のように包含関係にあると解する場合には、倒産場面においては原状回復請求権の性質を明渡請求権と同じものとして扱うことができるからである。この問題は、平時においては、これらの権利を訴求する場合に訴訟物が同じであるのか、別であるのかという形で議論がされてきた。別の権利であると考え方は2個説、包含されるという考え方は1個説と呼ばれている。

(1) 1個説

1個説は、原状回復請求権は明渡請求権に包含される、すなわち実質的には1つの請求権とみる立場である。この見解によれば、倒産手続においても、原状回復請求権の性質は、目的物の明渡請求権の性質によって決せられることになる。

これらの2つの権利が別のものであるのか、あるいは包摂関係にあるの

(注9) 条解破産法33頁、堀政哉「敷金の充当関係と充当後残債務の処理について」争点倒産実務の諸問題358頁参照。
(注10) 一般には、このような契約条項が倒産手続上効力を有するか、破産管財人を拘束するかは問題となろう。
(注11) 山本・前掲(注5) 443頁。

か、民法上とりわけ議論がされた形跡はみられないが、例えば、「目的物の通常の使用収益を妨げるものが附着しているときには、返還義務の内容として、これを収去して原状に回復しなければならない」(注12)というような説明は、原状回復義務は明渡義務に含まれることを前提としているものともいえる(注13)。他方で、訴訟物論として2つの権利の関係が説かれることがあり、実務上は、収去義務は返還義務に包摂されるので訴訟物としては1個であると解するのが通説のようである(注14)。

(2) 2個説

これに対して、2個説とは、目的物の明渡請求権と原状回復請求権は別個の権利であり、別個の訴訟物を構成するという見解である。すなわち、目的物の明渡しは賃借人らの占有を解き、賃貸人に残置動産撤去も含めて目的物の占有を回復させることを指し、それを超えて、附合物を撤去したり、物件の補修や内装工事をするなどの原状回復は明渡しとは別であるとする(注15)。訴訟物論としても、2個説の考え方が成り立ち得るという指摘はみられる(注16)。とくに土地明渡しの確定判決があるだけでは、土地上の動産の収去はできるものの(民執168条5項・6項)、建物の収去までは当然に求めることができないので、建物収去の請求を別にしなければならないとして、執行上の必要性から収去請求を別に扱う可能性が示唆されている(注17)。

(注12) 我妻・前掲（注5）466頁。
(注13) 大判明治44・3・3民録17輯79頁においても、土地明渡義務に原状回復義務が包摂されるとしている。
(注14) 司法研修所編『民事訴訟における要件事実第2巻』（法曹会、1992）122頁、司法研修所編『改訂紛争類型別の要件事実』（法曹会、2006）91頁。もっとも前者においては、付属物収去を別個に求めることも、一部請求として許容されるとする。
(注15) 堀・前掲（注9）357-358頁も参照。ここでは、特定物の引渡しは、「その引渡しをすべき時の現状」でその物を引き渡すものと定められていること（民483条）と照らしても妥当であるとするが、賃貸借契約終了場面においても当然に同じように解することができるかは疑問である。
(注16) 司法研修所編・前掲（注14）要件事実123頁、同・前掲（注14）紛争類型別91頁。大江忠『要件事実民法(4)〔第3版〕』（第一法規、2005）344頁は2個説のようにも読める。
(注17) 司法研修所編・前掲（注14）要件事実123頁、大江・前掲（注16）344頁。とくに建物収去土地明渡請求訴訟の訴訟物を巡って考え方の対立があることにつき、司法研修所編・前掲（注14）58頁。

(3) 訴訟物論と倒産法上の取扱いとの関係

　破産法上の原状回復請求権の性質を論ずる際に、訴訟物論での1個説と2個説の対立が引合いに出された背景には、1個説の立場であれば原状回復請求権を財団債権として位置付け、2個説の立場であれば破産債権であるという帰結が導き出しやすいと考えられていたからである。もっとも、民法上は、また訴訟物論としても1個説が当然の前提とされていたようである。

　これに対して、原状回復請求権を破産債権として位置付ける論者らは、実体法上1個説の立場を採用したとしても、破産の場面においては、目的物の引渡請求権と原状回復請求権を切り離して位置付けることも可能である、むしろ、破産債権として位置付ける以上、包摂関係は解消されるべきと説明されている[注18]。もっとも、とくに後者のような説明に対しては、破産財団の負担を軽減するためには、原状回復請求権を破産債権として扱うのが適当であるという発想が先にあり、そのために2個説を採用したものと読むこともでき、結論の先取りであると批判することもできる[注19]。

　2個説は、建物収去土地明渡請求の執行の場面における必要性から主張されてきた面もあるが、破産の場面においては、このように、原状回復請求権を破産債権とする考え方を導き出すために、引合いに出されたものともいえる。

II 裁判所での扱い

　実務においては、破産債権説と財団債権説のどちらが採用されているのであろうか。この点については、東京地裁と大阪地裁では大きな違いが見られた。

1 東京地裁

東京地裁では、以下のように、原状回復請求権を財団債権として処理する

[注18]　後述［→II 2］の大阪地裁の立場（はい6民です147頁）、三森仁「原状回復請求権の法的性質に関する考察」倒産法の最新論点ソリューション12-13頁。

[注19]　水元宏典「賃借人破産と破産法53条1項に基づく破産管財人の解除選択——賃貸人の原状回復請求権・原状回復費用請求権を中心に」倒産法の最新論点ソリューション24頁注24。

裁判例がいくつかみられた。

(1) **東京地判平成20・8・18**（判時2024号37頁）

これは、破産管財人が、破産者が賃借していた建物の賃貸借契約を破産法53条に基づき解除し、未払賃料や原状回復費用を控除した保証金の返還を請求した事例である。これに対して賃貸人の承継人が、破産手続開始決定日以降の未払賃料および原状回復費用は財団債権であって、保証金返還請求権から控除されないとして支払を求めた事例である。

裁判所は次のように判示した。「破産法148条1項4号及び8号は、破産管財人が破産手続の遂行過程でした行為によって発生した債権を財団債権としているが、これは、破産手続上、発生することが避けられず、債権者全体の利益となる債権、又は破産管財人が債権者全体のためにした行為から生じた債権であるから、これを財団債権として優遇することにあると解される。」

もっともこのケースでは、「賃借人は、……原状回復義務を履行しないまま本件建物を明け渡したのであるから、このような場合、原告は、本件建物を明け渡した時点で、原状回復義務の履行に代えて、賃貸人に対し原状回復費用債務を負担したものと解するのが相当である。その結果、賃貸人である被告が原告に対して取得した原状回復費用請求権は、原告が破産管財人として、破産手続の遂行過程で、破産財団の利益を考慮した上で行った行為の結果生じた債権といえるから、破産法148条1項4号及び8号の適用又は類推適用により、財団債権と認められる」。

(2) **東京高判平成21・6・25**（判タ1391号358頁）

これは賃借人が再生手続中に賃貸借契約を中途解約した後、再生手続が廃止されて破産手続が開始されたところ、賃貸人が、破産管財人に対して、同契約上の中途解約違約金、明渡しまでの賃料相当損害金および原状回復工事代金の立替費用が破産手続上の財団債権に当たるとして、破産手続によらずして弁済を求めた事案である。

原審（東京地判平成20・11・10金法1864号36頁）は、牽連破産後も明渡しが実現しなかったことから、明渡断行の仮処分を申し立てたこと、その後、賃貸人と破産管財人の間で明渡しと原状回復に関する和解が成立し、破産管財人が自ら原状回復義務を履行する代わりに賃貸人がその費用を立て替えて原状

回復工事を実施する旨の合意が成立したことから、「被告は、原告に対し本件各店舗の原状回復工事の費用の立替えを委託したのであるから、破産法148条1項4号により、同委託行為によって原告に生じた同工事代金の立替費用は財団債権となるものというべきである。」とした。

控訴審において、破産管財人は、「賃貸借契約終了に基づく原状回復義務は賃貸借契約の目的物の原状が変更された時点で観念的に発生しており、……民事再生手続開始決定前あるいは破産手続開始決定前に原状変更があった場合の原状回復請求権は……再生債権あるいは破産債権となる」旨の主張をしていた。しかしながら、控訴審は「賃貸借契約の目的物の原状回復義務は、賃貸借契約が終了した時点において具体的な請求権として確定的に発生するのであり、これについて一審被告が一審原告にその工事費用の立替えを委託する旨の合意が成立したと解されることは既に説示したとおりであるから、これは破産法148条1項4号の規定に基づいて財団債権となるというべき」と判示した。

(3) **最近の実務**

このように、東京地裁は原状回復請求権を財団債権とする立場であることを示していたが、最近では、破産債権説と財団債権説の対立を前提として、柔軟な取扱いを認めるようになっているようである[注20]。

すなわち、破産債権説の立場であっても、破産管財人が破産手続開始後も一定期間事業継続のために原状変更部分を使用するなど、破産財団が原状変更の利益を享受している場合には、財団債権となり得るために、個々の事案ごとに、原状回復費用の金額、破産財団の状況、早期解決の必要性等も総合考慮し、破産債権として扱うか財団債権として扱うかを検討しているようである。また、実務上の処理としては、敷金・保証金と清算するなど原状回復に現実の費用支出を伴わない方法で和解する例も多いようである。

2 大阪地裁

他方で、大阪地裁では、公刊された裁判例はないようであるが、破産債権

(注20) 破産管財の手引193頁、破産・民事再生の実務〔破産編〕237頁。

とする実務指針が示されている(注21)。

破産債権として扱う根拠は、原状回復請求権が共益的性格を有するものではないこと、原状回復請求権は、破産手続開始前である毀損行為や設備設置行為などに起因するものであり、破産管財人の行為に起因するものではないこと、破産財団、破産債権者の負担を増大する結果になることである。

そのため、賃貸借契約条項中、「原状に回復した上で明け渡す」という文言があったとしても、原状回復請求権の部分は破産債権となり、破産手続外では権利行使をすることが認められない。そして、破産債権である原状回復部分以外の明渡しが実行されれば、財団債権としての明渡請求権が実現されたことになると解している。

3 実務の評価

以上のように、実務では財団債権説と破産債権説が分かれており、かつ、財団債権説の立場をとりつつも、破産債権説に対する理解もみられるようになっている。

ここで、財団債権とする根拠に目を向けてみると、財団債権とする裁判例である前掲・東京高判平成21・6・25は、破産手続開始後に、賃貸人が原状回復を行う旨の和解が破産管財人との間で成立したので、破産法148条1項4号の定める「破産管財人による行為」によって発生した権利であることを理由として挙げる。これに対して、前掲・東京地判平成20・8・18において、財団債権となる根拠として同項4号や8号が挙げられた根拠は必ずしも明らではない。原状回復費用請求権が、破産管財人として、破産手続の追行過程で、破産財団の利益を考慮した上で行った行為の結果生じた債権であることを根拠としているが、そうであれば、4号を根拠に挙げることは理解ができるものの、8号を根拠として挙げた点に疑問が残らざるを得ない。

財団債権説を採用していた東京地裁が、破産債権とする扱いも許容するようになった経緯は明らかではない。破産管財人との間で和解的な処理を示唆していることから、原状回復費用が高額化することが問題となっている事情

(注21) はい6民です272-274頁。

がうかがわれるが、和解のプロセスや内容につき正当性が担保されているかは明らかではない。

これに対して、大阪地裁では原状回復請求権を破産債権として扱い、その根拠として、共益的性格を有しない請求権を破産財団の負担とすることが正当化できないこと、他の破産債権者との間で均衡を欠くことなどを挙げる。このような扱いは「倒産法理の含意するところ」と説明されているものの、これが果たして何を意味するのか、破産債権としての扱いを認める十分な根拠となっているのか、さらには、明渡請求権が当然に財団債権として扱われる根拠が何であるか、実体法上の１個説との整合性がとれているかなど、再検討すべき点も見受けられる。

Ⅲ　学説

1　財団債権説

学説に目を向けると、原状回復請求権を財団債権説として位置付ける見解も有力に主張されているようである。その根拠を整理すると以下のようになる。

まず、原状回復請求権は、破産管財人の行為に起因する債権であるので、破産債権者が共同で負担することを受忍しなければならず、財団債権（破148条１項４号または８号）になるという見解である(注22)。

東京地裁の裁判官なども、その理由は明らかではないものの、破産法148条１項４号ないし８号を類推適用するという考え方を示していた(注23)。最近でも、賃借物件に破産者の所有物が残置されている場合に原状回復義務と別個に負う収去義務は、破産管財人の不法占拠によるものであるので４号で財団債権となるという説明がされている(注24)。

（注22）　伊藤・破産法民事再生法393－394頁注83、伊藤眞『会社更生法』（有斐閣、2012）281頁注78も、会社更生法127条２号・５号・７号に該当すると指摘する。破産債権説に対しては、賃貸人の取戻権または財団債権となる目的物返還請求権と賃借人の原状回復義務との関係が問題であると批判する。
（注23）　園尾隆司＝深沢茂之編『破産・民事再生の実務（上）』（金融財政事情研究会、2001）183頁［野原利幸］、破産・民事再生の実務（上）〔新版〕261頁［山﨑栄一郎］。

破産法148条1項4号を根拠とする場合に、破産管財人の行為が具体的に何を意味するかについては、若干のニュアンスの差がみられるが、破産管財人による同法53条の解除を原因とするからという説明(注25)や、よりきめ細かな検討を施し、手続開始後に管財人と賃貸人との間で賃貸借契約が合意解除された場合には同法148条1項4号によって、破産管財人による履行選択がなされた後に契約が終了した場合には7号で、破産管財人による解除、あるいは旧々民法621条で賃貸人による解除がなされた場合には8号によって財団債権となるという説明も見られる(注26)。

　さらに、賃貸目的物の明渡請求権は、破産法54条2項ではなく、同法62条の通常の取戻権であることとしつつ、原状回復請求権については財団債権とする立場もある(注27)。論者は、原状回復請求権を付属物収去請求権と損傷修補請求権に分けた上で、前者の付属物収去請求権について、付属物が独立物である場合には原状回復請求権は取戻権となり、附合物である場合には、同法148条1項4号によって、あるいは開始決定後破産管財人の行為により附合や損傷が生じた場合には8号も競合して財団債権となるとする。同様に、後者の損傷修補請求権も同項4号か8号によって財団債権となる。そして、原状回復費用請求権は、収去義務や修繕義務の不履行に基づくものであるとして、同項4号によって財団債権になると説明する。

2　破産債権説

　最近有力に主張されるようになっているのは、原状回復請求権、費用請求権ともに破産債権とする見解である(注28)。

　この見解が唱えられた背景には次のような事情がある。第1に、前述のよ

（注24）　破産・民事再生の実務〔破産編〕236頁。
（注25）　瀬戸英雄「賃貸借契約」櫻井孝一ほか編『倒産処理法制の理論と実務』(2006) 288頁。この考え方によると、期間満了の場合には、破産管財人の行為は介在しないために、4号による財団債権化の説明がつきにくい。
（注26）　富永浩明「各種の契約の整理(2)賃貸借契約(2)」新裁判実務大系㉘215頁、澤野芳夫「賃借人破産における諸問題」松嶋英機ほか編『門口正人判事退官記念・新しい時代の民事司法』(商事法務、2011) 144頁。
（注27）　水元・前掲（注19）27頁。

うに、破産手続開始前に賃貸借契約が終了した場合には、原状回復請求権等は破産債権となるのに対して、開始後に終了した場合には財団債権となるのであれば、破産者による原状を変更したという事実は手続開始前にある点で同一であるにもかかわらず、契約終了が破産手続開始決定前か後かによって結論を異にするのは均衡を欠く。

第2に、原状回復請求権等を財団債権とすると、その費用は総破産債権者が負担することになるが、そのような負担を課すことができるのは当該費用が共益的な性格を有する場合に限られるところ、原状回復費用にそのような共益的性質を有するとは考えにくい。

第3に、賃貸人は敷金返還請求権を担保としているにもかかわらず、財団債権説の立場をとると、敷金の範囲を超えた部分がさらに財団債権として他の破産債権者に先立ち弁済を受けることが可能となる。しかしながら、賃貸人をそこまで保護する必要性は考えがたく、また、他の債権者との間でバランスを欠く結果になる。とくに、通常の担保権の場合、破産手続上は別除権として扱われるものの、不足額の部分が破産債権として扱われることとのバランスを考えると、原状回復請求権を破産債権として扱うのが望ましい。

第4に、財団債権であると解すると、破産管財人は原状回復義務を履行しなければならないが、そのような重い負担から破産管財人を解放する必要がある。

さらに、破産債権とする理論的な根拠としては、次のような説明がなされる。すなわち、原状回復義務の発生原因は、破産管財人の行為ではなく、破産手続開始前の損傷行為や改修工事等にあるので、破産法148条1項4号によって財団債権となるのではなく、破産債権の要件（破2条5項）を満たすというものである。

（注28）　富永・前掲（注26）216頁注8、岡・前掲（注1）79頁・90頁以下、三森・前掲（注18）3頁以下、堀・前掲（注9）358頁以下、破産実務Q&A 200問108頁［小林信明］、加々美博久「解除権・取戻権」園尾隆司＝多比羅誠編『倒産法の判例・実務・改正提言』（弘文堂、2014）400頁、沖野眞已ほか「パネルディスカッション・破産事件における管理・換価困難案件の処理をめぐる諸問題――とくに法人破産事件について考える」事業再生と債権管理151号（2016）36頁［沖野眞已］・50頁［山本和彦］・52頁［中西正］。

Ⅳ どのように考えるか

1 原状回復請求権等の実体法上の位置付けと債権の性質論の関係

　原状回復請求権等を倒産手続上どのように扱うのかを考える前提として、実体法上の明渡請求権との関係を考慮することは有益である。もっとも、1個説、2個説の対立は、主として訴訟物論との関係で、あるいは、限られた場面における執行上の必要性から解かれてきたものであり、倒産手続上の債権の扱いを念頭にした議論ではないが、他方で、大阪地裁のように実体法上1個説を採用するとしつつも、それが倒産法上維持できないとする根拠もないので、さしあたり1個説を念頭に置いて考慮する。

　もっとも、1個説と2個説の対立は、主として独立物を念頭に置いた考え方であり、附合物や修復義務については念頭に置いていなかったという指摘もみられる[注29]。附合物として賃貸人の所有物になった付属物についての収去請求権は、目的物の明渡請求権を所有権に基づく請求権として構成する場合には成立せず、債権的請求権として構成する場合にのみ認められるからである[注30]。もっとも、附合物が分離不能で賃貸人の所有に属することになった場合には、そうでないことを請求原因事実として主張するか、抗弁事実として主張するかの違いはあるにせよ、結局請求は認められないことに変わりはない。収去義務が発生するかどうかという問題と、これが明渡義務に包含されるものであるのか、あるいは、別個のものであるのか、また倒産手続上どのような性質の債権になるのかという問題は、必ずしもリンクするものではないように思われる[注31]。そこで、付属物が独立物であるのか、附合物であるのか、また補修義務を負うのかという問題は区別せずに考えるものとするが、使用収益義務違反に基づく損害賠償請求については、原状回復義務とは異なる権利と解することはできよう[注32]。

（注29）　水元・前掲（注19）25頁。
（注30）　山本・前掲（注5）438頁。
（注31）　山崎栄一郎「裁判官の視点」倒産法の最新論点ソリューション15頁。

2 目的物明渡請求権の位置付け

原状回復義務が明渡義務に包摂されるものと考えるとして、この明渡請求権の性質が問題となる。この点、破産法54条2項は、破産管財人が賃貸借契約を解除した場合、破産者の受けた反対給付が破産財団中に現存するときにはその返還を求めることができ（取戻権）、目的物が残らない場合には、財団債権として権利を行使することが認められている。この規定に基づいて明渡請求権がそのもの財団債権となるという説明もある(注33)。他方で、同項の趣旨については、当事者間の同時履行の関係を保護するというよりはむしろ(注34)、破産管財人に解除権という特別の検討を付与したことのバランスから定められたものであり、かつ、民法545条が定める解除の場合の原状回復、すなわち、遡及解除における不当利得的清算の局面であることに配慮したものであるところ、賃貸借契約の解除による終了の場面における明渡請求権は、解除の巻戻しをするものではないので同項で規律されるのではなく、通常の62条の取戻権であると位置付けられるという説明があり(注35)、こちらが説得的であると思われる。そのため、明渡請求が破産法54条2項に基づいて財団債権となることから、原状回復請求権も当然に財団債権であると説明付けることはできない(注36)。

(注32)　富永・前掲（注26）212頁、水元・前掲（注19）26頁注31。
(注33)　三森・前掲（注18）12頁等。
(注34)　加々美・前掲（注28）408-409頁は、双方が原状回復義務を負う場合のみ財団債権となり、同時履行の関係がない場合には信用供与となり財団債権性を有しないとする。
(注35)　水元・前掲（注19）22頁、条解破産法475頁でも、破産手続開始前の原因に基づいて生じた財産上の請求権は原則として破産債権となり、手続外での行使が禁止されるが、法定財団に属しない財産で現有財団となっている財産の給付を内容とする債権的請求権は取戻権となり、賃貸借契約、転貸借契約、使用貸借契約などの終了に基づく目的物の返還請求権などは取戻権になるとする。伊藤・破産法民事再生法456頁注6も同旨。
(注36)　明渡請求権について破産法54条2項に依拠しつつ、原状回復請求権を財団債権とする見解については、付属や損傷がある場合は、目的物が現存しないものとして、価額が財団債権となる可能性があるという批判がされている（水元・前掲（注19）22頁注15参照）。

3　破産債権説の根拠論

　他方で、破産債権説の根拠に目を向けてみても、原状回復請求権を破産債権とする決定的な理由があるとはいいがたい。まず、原状を変更したという発生原因事実が破産手続開始前にあることをもって、原状回復回復請求権を破産債権とする見解から見てみよう。この見解は、手続開始前に破産債権について主たる発生原因が備わっていれば足りるという一部具備説に依拠する。しかしながら一部具備説は、発生原因が一部でも具備されていれば、破産債権として扱われるものとして、清算の対象を広く捉えて、破産債権として配当を受けることができる債権の範囲を拡張するためのロジックであり(注37)、破産債権としての要件を具備するものについて財団債権性を否定する直接の根拠とはならない（破148条1項3号・7号）。

　また、共益的な性格を有しないがために財団債権ではなく破産債権であるという論拠もあるが、財団債権の中には必ずしも共益的な性格を有しないものの、他の政策的な理由に基づいて財団債権となっているものもあり（破149条）、立法論としての是非は問われるべきではあるが、財団債権性を否定する論拠とはなりがたい。

　さらに、財団債権説を採用した場合の破産管財人の負担の大きさが指摘されるが、賃貸人が原状回復を行う旨の条項がある場合には、破産管財人は現状のまま明け渡せば賃料相当損害金を発生させないとする方法で対処することも考え得る(注38)。

　むしろ、原状回復請求権等を破産債権とすることにより、原状回復がされないままに明渡しがなされることになり、賃貸人に不当なリスクを負わせる結果にならないか配慮する必要はあろう(注39)。

4　財団債権説の根拠

　他方で、財団債権説の根拠もあらためて検討する必要があろう。財団債権

(注37)　条解破産法34頁。
(注38)　堀・前掲（注9）361頁、澤野・前掲（注26）143頁。
(注39)　山崎・前掲（注31）15頁。

とする根拠として、破産法148条1項4号ないしは8号を適用、ないしは類推適用するものが多くみられる。もっとも、同項4号によって財団債権となる理由として、解除という「破産管財人の行為」に基づくという説明にもまったく問題がないわけではない。というのも、通常の期間満了等による終了とのバランスが図れないことに加えて、破産管財人の解除に起因して発生する請求権は、同法54条1項によって損害賠償請求権として評価されるものは除いて、ほとんどが財団債権となり得るからである。そもそも、同法148条1項4号で、破産管財人の行為に起因する請求権を財団債権とした趣旨は、破産債権者の利益の実現を職務とする破産管財人の行為によって生じた請求権であるので、破産債権者全体に負担させるのが公平であるからである(注40)。破産管財人による解除権も破産財団の利益を考えて行使されるものであるものではあるが、他方で、解除行為に起因する請求権をすべて財団債権とすることは、解除によって生ずる損害賠償請求権を破産債権とした同法54条1項の趣旨を没却する可能性がある。この規定は、損害賠償請求権を財団債権とすると、破産管財人に解除権を付与させた同法53条の趣旨を無意味にするという理由で置かれたという説明も成り立つからである(注41)。近時、破産管財人による履行・解除の選択権も倒産法的公序の1つと位置付ける考え方もみられるが(注42)、このような考え方に依拠しても、破産管財人の選択権を著しく制約しないようにすることが望まれよう。そのため、仮に財団債権説を採用するのであれば、原状回復を賃貸人が指定する業者以外の者に依頼するなど、原状回復費用を低額にするための工夫が不可欠となる。

　また、破産法148条1項8号の趣旨は、解約があっても一定期間は契約関係が存続し、その期間は財団が相手方から給付を受けるので、公平の見地から財団債権とした点にあり(注43)、原状回復請求権を相手方の給付とのバランス上、財団債権に格上げする根拠として挙げるのは難しく、直接の根拠として

(注40)　伊藤・破産法民事再生法328頁。
(注41)　伊藤・破産法民事再生法381頁。
(注42)　山本和彦「倒産手続における法律行為の効果の変容――『倒産法的再構成』の再構成を目指して」伊藤古稀1181頁以下。
(注43)　伊藤・破産法民事再生法330頁。

は同項4号のほうが適するように思われる^(注44)。

5 取戻権に包含される義務と解する場合

　明渡請求を取戻権として構成し、かつ、原状回復請求権はそれに付随するものと構成する場合には、破産管財人が取戻権者に対する義務を履行しなかった結果発生した費用として、原状回復費用請求権は破産法148条1項4号で財団債権となると解し得る。手続開始前に原状回復をせずに明け渡した場合も、まだ取戻権者に対する義務を完全に履行していないものとして、破産管財人に対して原状回復の請求を手続外で行使できることになる^(注45)。

　破産手続の開始前にすでに明渡請求権、原状回復請求権が発生している場合の問題と関連して、破産管財人が取戻権者に対する義務を放棄することができるのかという問題がある。この点につき、大阪高判昭和53・12・21（下民集29巻9－12号382頁）に着目できよう。これは、土地を賃借りしていたものの、家屋収去土地明渡請求に敗訴した会社が、後に破産して破産管財人が選任されたケースである。そして、この明渡請求権は破産債権ではなく、債権的取戻権ないしは物権的取戻権であり、破産管財人に対しても請求できるところ、破産管財人が土地を不法占拠し続ける限り、賃料相当損害金を支払う義務を負い続けるが、財団にとって無用無益の財産（このケースでは、敷地占有権と地上家屋所有権および同家屋賃借権）の管理処分権を放棄し、破産者に一任することで、不法占拠を廃止し、義務を免除されるとしたものである。

　この裁判例に関連して、原状回復請求権である収去請求権は財団債権であるので、当然に放棄できるとして支持する見解^(注46)と、放棄できないとして批判する見解^(注47)とがみられる。また、とくに放棄によって、土壌汚染

(注44)　もっとも、破産手続開始後も原状変更による利益を享受し続けていることを、破産法148条1項8号を準用する根拠とすることもできようか。
(注45)　加々美博久ほか「第1部パネルディスカッション・従来型契約と倒産法」NBL1054号（2015）15－16頁［杉山悦子］。ただし、賃貸人が原状回復工事を行い、賃借人に対して具体的に費用を請求できる状態になっている場合には破産債権として扱うことになろうか。
(注46)　富永・前掲（注26）214頁。
(注47)　大コンメ338頁［田原睦夫］。

等の公益上の観点から問題を引き起こす場合が問題であるので、原則として放棄ができるとしても、破産者に収去の負担を負わせるのが望ましくない場合には、収去義務について和解をすべきであるとの指摘もみられる[注48]。

もっとも、原状回復義務を取戻権者に対する明渡義務に付随する義務であると構成する場合には、破産管財人は取戻権者に対して原状回復義務を負い、これを放棄することはできないことになろう[注49]。

おわりに

賃貸目的物の明渡請求権が取戻権であることを前提としつつ、原状回復義務はそれに付随する義務であり、破産管財人は取戻権者に対する義務を手続外でも履行すべきであるとすると、結論として財団債権説が支持される。改正民法では、原状回復義務は契約上の義務として明文化されたが、明渡義務に包摂されるという構成は削除されるものではなく、また破産管財人が承継すると考えることも可能であろう。

もっとも、原状回復義務を取戻権者に対する破産管財人の義務の1つとして位置付けたとしても、その義務の履行を破産財団、すなわち破産債権者の負担によって履行するのが本来的に望ましいか、という問題は依然として残る。これは、原状回復請求権を財団債権として捉えた場合に顕著に生ずる。破産債権として捉える場合、取戻権者である賃貸人に一定程度コストを負わせることになるが、破産財団の負担の多寡に差はあるのみで、同様の問題は生ずる。そのため、立法論としては、実体法の場面で原状回復義務の負担のあり方を見直すことに加えて、倒産法の場面では、取戻権者の権利実現に必要な費用を取戻権者に負担させる方法を考える必要はあろうが、改正民法では賃借人の義務として位置づけられており、原状回復請求権の破産法上の取扱いは今後も問題として残されている[注50]。

［追記］　本研究は、科研費（課題番号26380107）の助成を受けたものである。

(注48)　澤野・前掲（注26）143頁、破産・民事再生の実務〔破産編〕236頁。
(注49)　破産管財人が取戻権者に対しても善管注意義務を負うと説明するか、債務者の負っている義務を承継するという説明によることになろう。
(注50)　中西正「賃貸借契約と破産手続」争点倒産実務の諸問題366頁。

破産管財人による動産売買先取特権の目的物処分の可否
——動産売買先取特権の優先弁済権保障の必要性

日本大学准教授　杉本純子

I　問題の所在

　民法は、動産の売買代金債権を保護するため、売却した動産について先取特権の成立を認める（民311条5号・321条）。そして、動産売買の買主に破産手続が開始された場合、動産売買先取特権を有する動産の売主は、別除権者として破産手続によらずに自らの権利を行使することができる（破2条9項・65条1項）。破産手続によらずに動産売買先取特権を行使するためには、民事執行法が定める実行手続に基づいて権利を行使しなければならない。ところが従来、動産売買先取特権の実行手続を定める平成15年改正前民事執行法190条1項は、売主たる債権者が動産を執行官に提出するか、動産の占有者たる買主が差押承諾書面を提出する場合に限り競売を開始すると定めており、本条には強制的に競売を開始する手続が設けられていなかった。そのため、実質的に買主の協力がなければ動産競売を開始することが適わなかったため、売主が動産競売を開始することは事実上不可能だとされ、民法上先取特権を付与して動産売主の保護を図ろうとする趣旨が達成されていないと批判され、動産売買先取特権の強制履行を認めるべきだと主張するさまざまな見解が唱えられていた(注1)。このような主張を受け、平成15年に民事執行法が改正され(注2)、動産競売開始許可の裁判が新たに創設され（民執190条2項）、債権者が担保権の存在を証する文書を提出すれば、動産売買先取特権の実行

（注1）　動産売買先取特権の実行をめぐると裁判実務と学説の詳細については、園尾隆司「動産売買先取特権と動産競売開始許可の裁判（上）（下）」判タ1323号（2010）5頁、1324号5頁。

第3部　研究者からみた破産管財人の財産換価を巡る理論上の諸問題

手続は動産競売開始許可の裁判を用いて強制的に開始することが可能となった。この改正により、債務者の協力がない限り動産競売を開始することが事実上不可能であった点が改善され、動産売買先取特権者による動産競売の申立てが債務者の任意の協力が得られなくとも行えることになり、動産売買先取特権の行使は従前より容易になったとされている。しかし、改正後も、動産売買先取特権者による動産競売開始の申立件数は増加しているとはいえず、東京地裁における動産競売開始許可事件の申立件数は、平成25年にわずか2件、平成26年も5件であり、平成15年の動産競売開始許可の裁判創設以降10年間の累計新受件数は38件にとどまっている旨報告されている[注3]。

このような中、動産の買主に破産手続が開始された後、破産管財人は動産売買先取特権の目的動産が差し押えられる前に当該動産を売却することができるか、という問題が従前より議論されている。この問題についてはすでに研究者や実務家による多くの論稿が公表されているが[注4]、これらの多くは、動産売買先取特権者による差押えがなされるまでは、破産管財人は通常の管財業務として目的動産等の売却等を進めるべきであると解し、その根拠として動産売買先取特権の担保権としての性質や破産財団増殖の必要性を挙

(注2)　民事執行法改正前、動産売買先取特権の実行を倒産法制において立法的に保護しようと、1997年に法務省民事局参事官室から公表された「倒産法改正に関する検討事項」の中で、「債務者が占有する動産に対する動産売買先取特権について、その行使方法に関する規定を整備する」との考えが示されていた（園尾・前掲（注1）（上）6頁）。

(注3)　酒井良介「東京地裁民事執行センターにおける平成25年の事件概況等」金法1990号（2014）81頁、同「東京地裁民事執行センターにおける平成26年の事件概況等」金法2014号（2015）69頁。

(注4)　主なものとして、田原睦夫「動産の先取特権の効力に関する一試論――動産売買先取特権を中心にして」奥田昌道ほか編『林良平先生還暦記念論文集・現代私法学の課題と展望（上）』（有斐閣、1981）69頁、井上治典＝宮川聡「倒産法と先取特権――動産売買先取特権を中心にして」米倉明ほか編『金融担保法講座(4)質権・留置権・先取特権・保証』（筑摩書房、1986）281頁、伊藤眞「動産売買先取特権と破産管財人（上）（下）」金法1239号（1989）6頁、1240号12頁、園尾・前掲（注1）（下）14頁、松下満俊「破産手続における動産売買先取特権に関する考察」倒産法の最新論点ソリューション29頁、園尾隆司＝谷口安史「動産売買先取特権」園尾隆司＝多比羅誠編『倒産法の判例・実務・改正提言』（弘文堂、2014）362頁、平井信二「破産管財人が動産売買先取特権の目的動産を売却する際の規律」倒産法改正研究会編『続・提言倒産法改正』（金融財政事情研究会、2013）254頁、小林信明「動産売買先取特権の倒産手続における取扱い――優先弁済権の保障のあり方を中心として」田原古稀（下）174頁など。

げる。大阪地判昭和61・5・16（判時1210号97頁）においても、動産売買先取特権の効力について「その客体に対する支配力は極めて弱い」として、破産管財人による動産売買先取特権の目的動産の任意売却および換価代金全額の破産財団への組入れに対する不法行為ないし善管注意義務の成立を否定する。

一方で、民法303条や破産法65条が定める動産売買先取特権の優先弁済権を保障する必要性や、最判平成18・12・21（民集60巻10号3964頁）で言及された破産管財人の担保価値維持義務ないし善管注意義務の観点から、差押前でも動産売買先取特権を考慮し、動産売主を保護する必要性があるのではないか、と主張するものもある。

本稿では、これらの先行研究を踏まえて、動産売買先取特権の担保権としての性質を確認した上で、動産売買先取特権の優先弁済権の保障に焦点を当てながら、破産管財人による動産売買先取特権の目的物処分の可否について検討する。さらに、動産売買先取特権の優先弁済権を保障する場合、破産手続において具体的にどのような方法が可能であるのか試論する。

Ⅱ　動産売買先取特権の性質と保護の必要性

1　動産売買先取特権の担保権としての性質

動産の売主は、動産の代価およびその利息に関し、その目的物である動産について動産売買の先取特権を有する（民311条5号・321条）。動産売買先取特権は、売買契約の当事者間の約定によらずに発生する法定担保物権であり、買主の信用状態をあらかじめ確認できないことが通常である売主に保護を与えて動産の売買を容易にするために、法が公平の観点から認めた制度であるといわれている[注5]。ただし、動産売買先取特権は、債務者がその目的である動産をその第三取得者に引き渡した後は、もはやその動産について行使することができず（同法333条）、第三者追及効がない。第三者追及効が認められないのは、動産売買先取特権者は自ら目的物を占有せず、動産売買先取

(注5)　我妻榮『新訂担保物権法（民法講義Ⅲ）』（岩波書店、1968）50頁。

特権には公示性がないため、取引の安全の要請からだと解するのが一般的である(注6)。したがって、動産の買主は売買契約によって動産の完全な所有権を取得し、買い受けた動産は自由に処分または費消することができる。売主は、民事執行法による差押等をしない限り、仮に売買代金の支払を受けていない場合であっても、売却した動産を買主が処分または費消するのを妨げることはできない(注7)。このように動産売買先取特権は第三者追及効も公示性もない弱い担保権であるため、債務者(買主)が動産を第三者に譲渡して引き渡した場合には、先取特権自体はもはや行使することができず、その時点において動産売買先取特権の優先弁済権は保障されないことになる。

　もっとも、動産売買先取特権の目的物の売却・賃貸・滅失または損失によって、債務者が金銭その他の物を受けることになった場合には、債権者は当該請求権に対して物上代位権として先取特権を行使することができる(民304条)。ただし、物上代位権を行使するためには、先取特権者は、その払渡しまたは引渡しの前に差押えをしなければならない(同条ただし書)。差押えの趣旨についてはさまざまな見解があるが(注8)、最判昭和59・2・2(民集38巻3号431頁)は、動産売買先取特権の物上代位における差押えの趣旨について、「物上代位の対象である債権の特定性が保持され、これにより物上代位権の効力を保全せしめるとともに、他面第三者が不測の損害を被ることを防止しようとすることにある」として、破産手続開始決定後の動産売買先取特権者による物上代位を肯定する。しかし、目的債権が第三者に譲渡されて対抗要件が具備された場合には(差押後に転付命令の効力が生じた場合も同様である)、動産売買先取特権者は、もはや差押えによって物上代位権を行使することはできない。また、物上代位権を行使する場合も、債権者が物上代位権に基づいて差押えをしない限りは、動産売買先取特権を行使する場合と同様に、目的債権の処分権限が制限されることはなく、債務者は弁済を受領した

(注6)　小林・前掲(注4)178頁。
(注7)　道垣内弘人『担保物権法〔第3版〕』(有斐閣、2008)67頁。
(注8)　従来の見解としては、①物上代位は担保物権の本質から当然に認められ、差押えは特定性維持のためのものであるとする特定性維持説、②物上代位は法がとくに認めた特権的効力であり、差押えは物上代位権者が保護を受けるための要件であり、自らが差押えをしなければならないとする優先権保護説があった(小林・前掲(注4)179頁)。

り第三者へ譲渡したりすることができる。債務者が弁済受領や第三者への譲渡を行ったとしても、基本的に、動産売買先取特権者が当該債務者に対して、不当利得による返還請求権や不法行為に基づく損害賠償請求権を有することはない。

　このように、動産売買先取特権には優先弁済権が付与されているものの、その効力には法律上制約があり、実体法上の性質として、平時においても弱い担保権であることは否定できない。したがって、破産手続との関係では、優先弁済権を有するものの法律上の制約も有する動産売買先取特権のこれらの性質をどのように考慮するべきかが問題となってくる。すなわち、動産売買先取特権の公示性がない点や第三者追及効がない点を重視して「弱い」担保権として扱い、動産売主に優先弁済権を保障する必要性は低いと考えるべきか、動産売買先取特権の優先弁済権を重視してそれを動産売主に広く保障すべきだと考えるべきか、である。

2　動産売買先取特権保護の必要性

　動産売買先取特権は、既述のとおり買主の信用状態をあらかじめ確認できない動産売主を保護するために、法が公平の観点から定めた制度であるといわれている。この制度趣旨に対しては、「売主は、売買の目的物を買主に引き渡さない間は、この先取特権のほかに同時履行の抗弁権・留置権を有するから、この先取特権が実益を示すのは、これらの権利が実行されず目的物が引き渡された場合」であると指摘して動産売買先取特権が機能するのは、日用品供給等の限られた範囲にすぎないと解する見解がある[注9]。また、動産売買先取特権が機能する場合でも、「売主が代金債権を確保するためには、動産の売買においては、所有権の留保または委託販売などの制度に訴えるのが常であり、……民法の先取特権はどれほどの作用を営むか、疑問である」とする見解もある[注10]。

　しかし、現在の日本における動産取引の実情をみると、継続的に製品・商

(注9)　林良平編『注釈民法(8)』（有斐閣、1965）152頁［甲斐道太郎］。
(注10)　我妻・前掲（注5）68頁。

品を納入する際には、代金支払と目的物の引渡しが同時に行われることは稀であり、一般的には、売主が月単位で集計して代金を請求し、一定の期間後に現金支払や手形交付が行われるため、売主としては、代金支払までの間買主に対して売買代金債権を有しているのが通常である(注11)。しかも、これらの取引において現金支払が行われることも稀であり、業種によって異なるものの、支払期日が90日から200日も先の手形によって決済されるのが普通だとされている(注12)。それゆえ、動産の買主に倒産手続が開始すると、売主は未決済の手形金額相当の売掛債金に加えて、手形未受領分の売掛金を回収することができなくなってしまう。

ただし、多くの業種では、通常1～2か月分の仕入れ額に相当する商品を在庫として保有していることが多く、その場合、在庫商品の代金も通常未決済のままであるので、売主が動産売買先取特権を行使することができれば、在庫商品の分だけは売掛金を優先的に回収することができるのである(注13)。支払期日によっては、その額は数千万円に達することもある。したがって、売主にとって動産売買先取特権の行使が認められるか否かは、自らの事業に大きな影響を与える。

一方、動産売買先取特権は担保権としては弱いのであるから、自らの売掛金の回収を確実にしたいのであれば、約定担保である譲渡担保や所有権留保を設定すればよいのではないかと指摘されることがある。しかし、継続的な商品取引における売買代金債権に対して所有権留保や譲渡担保等を設定し得るのは、売主が総合商社で買主が中小企業の場合や、特許商品のように売主・買主間の力関係が隔絶している場合に限られるとされ、両者の力関係が対等ないし買主の方が強い場合には、所有権留保や譲渡担保を設定するのは事実上不可能であるとされている(注14)。

したがって、売主の動産売買先取特権が保護されるべき場面は、民法上想定されているよりもはるかに広いといえる。とくに買主に対して譲渡担保や所有権留保の設定を要求するだけの力のない売主にとって動産売買先取特権

(注11)　小林・前掲（注4）175頁。
(注12)　田原・前掲（注4）73頁。
(注13)　田原・前掲（注4）73頁。

は唯一の担保であり、とくに買主に倒産手続が開始された場合に、物的担保や人的担保を有している金融機関や商社、倒産法上優先権を付与されている労働債権等が優先的に扱われる中で、このような売主が最も大きな被害を被る立場にあることを考慮する必要がある。動産売買先取特権が公平の観点から定められたのであれば、「このような売主に対して動産売買先取特権を適正に行使し得る途を開くことが、公平の原則の実現の点からも是非とも必要なこと(注15)」だといえよう。

III 破産手続における優先弁済権保障の根拠

動産売買先取特権が唯一の担保となるような売主を保護するためには、買主に破産手続が開始された場合に、その優先弁済権を適切に保障する必要がある。債務者に破産手続が開始された場合、動産売買先取特権は別除権となり（破2条9項・65条1項）、債権者は破産手続によらずに動産売買先取特権を行使することができる。ただ、冒頭述べたとおり、実際には動産売買先取特権の実行手続はいまだ容易になったとはいえず、現状では動産競売手続を使用して売主が売買代金債権を優先回収するのは困難であるといわざるを得ない。それゆえ、動産売買先取特権者が目的動産を差し押える前に、破産管財人によって目的動産が売却されてしまうことが実務上一般的に行われている。このような中で、公平の観点から動産売買先取特権を適正に行使し得る途を開くためには、破産手続において動産売買先取特権の優先弁済権を保障する根拠が明確でなければならない。

動産売買先取特権は、買主の信用状態を確認できない動産売主を保護する

(注14) 田原・前掲（注4）73頁。田原睦夫元最高裁判事は、本論文において、当時研究が著しく発達していた集合動産の譲渡担保化について、手形取引による信用が拡大する時代に広い範囲で集合動産の譲渡担保を認めることは、動産売買先取特権者や一般債権者の犠牲のうえに、譲渡担保権者（金融機関や大手商社等）に債務者の資産の独り占めを許すことになり、著しく衡平を害する結果をもたらしかねないと言及されている。さらに、譲渡担保の効力については、譲渡担保の設定を債務者に要求し得ない一般債権者の立場に対する配慮が必要であり、集合動産の譲渡担保を認めることによって生ずる他の債権者の不利益との調和の視点を含めて検討されるべきものであると指摘される（田原・前掲（注4）75頁）。現在のABLに関する議論においても重要な視点だと思われる。
(注15) 田原・前掲（注4）74頁。

ために公平の観点から定められた制度であるが、倒産手続との関係において
は、動産売主と買主間の公平だけでなく、動産売主とその他の一般債権者と
の衡平を考慮しなければならない(注16)。動産売買先取特権の優先弁済権は、
他の一般債権者の利益を犠牲にしてもなお保障する許容性を有しているとい
えるのか。

1 債権者平等原則との関係

　倒産手続においては、債権者平等原則が尊重される。しかし、倒産手続に
おいても、債権者平等原則は別段すべての債権の平等を実現しているわけで
はなく、あくまで優先的地位を与えられていない債権同士における平等を意
味しているにすぎない(注17)。したがって、倒産手続における債権者平等原則
で重要なのは、むしろ、いかなる条件があれば債権者平等原則の例外が認め
られるのかを確定していくことである(注18)。

　債権者平等原則が「優先的地位を与えられていない債権同士における平等」
を意味するのであるならば、その例外としてまず考えられるのは、「優先的地
位を与えられている債権」を倒産手続において優先的に取り扱う場合であ
る。倒産手続においては、実体法上付与されている優先権が倒産法において
も尊重されており、倒産手続上も優先弁済が認められている。そして、民法
において債権者平等原則が担保物権の優先性から説明されることがあるよう
に(注19)、「優先的地位を与えられている債権について優先的取扱いがなされ
る場合」としての債権者平等原則の例外としてまず述べられるのは、担保物
権を有する債権の取扱いである。破産手続においては、別除権（破2条9項・

(注16)　林田学「動産売主の先取特権による優先的回収の実現(1)」NBL 361号（1986）10
頁。
(注17)　鈴木禄弥「『債権者平等の原則』論序説」曹時30巻8号（1978）12頁。鈴木教授
は、「『債権者平等の原則』なるものは、実質的には、いわば残りカス同士の平等にすぎ
ない」と言及されている。
(注18)　鈴木・前掲（注17）19頁。債権者平等原則の例外が許容される場面について検討
を試みたものとして、杉本純子「倒産手続における債権者平等原則」松嶋英機ほか編『専
門訴訟講座(8)倒産・再生訴訟』（民事法研究会、2014）394頁。
(注19)　中田裕康「債権者平等原則の意義——債権者の平等と債権の平等性」曹時54巻
5号（2002）10頁。

65条1項）として手続によらないで権利を行使し、優先的に弁済を受けることが認められる。動産売買先取特権は法定担保物権ではあるが、その優先弁済性から別除権として扱われている。したがって、動産売買先取特権を有する売主の売買代金債権は、まさに「優先的地位を与えられている債権について優先的取扱いがなされる場合」に該当するのであるから、優先的地位を与えられていない一般債権との関係においては、債権者平等原則の例外として優先弁済を保障されるべき債権である。したがって、債権者平等原則との関係において、実体法上、動産売買先取特権の優先弁済権は破産手続において保障されるべき許容性を有しているといえる。

2 一般債権者の利益との関係

実体法上の性質として、動産売買先取特権の優先弁済権は別除権として保障されている。にもかかわらず一般的な破産実務として、破産管財人は動産売買先取特権が行使される前に目的動産を売却することが多い。破産管財人による目的動産の処分を認める根拠として挙げられるのは、動産売買先取特権自体が第三者追及効や公示性をもたない法定担保物権であるため、他の担保権と同様に優先的に保護する必要はないということ[注20]、そして、そのような弱い担保権である動産売買先取特権の優先弁済権を破産手続において厚く保障することによって、破産財団の配当原資が減少し、結果的に一般の破産債権者の利益を害することになる、という点である[注21]。動産売買先取特権に公示性がないために一般の破産債権者に不当な不利益を与えるおそれがあるという点は、一般債権者が自らの配当原資として期待していた債務者財産が動産売買先取特権者に対して優先弁済されることによって、破産財団が

(注20) 前掲・大阪地判昭和61・5・16では、「動産売買の先取特権は動産の売買によつて当然に発生する法定担保権であり、その効力としては目的物を競売してその競落代金から優先弁済を受けることができるだけであり、買主に対して目的物の引渡しを求めたり、買主に対してその任意処分を禁止したりする権利はなく、これが一度、第三者に処分された場合は、公示の方法がないため目的物に対する追及力もなく、ただ物上代位によつて若干保護されているものにすぎず、その客体に対する支配力は極めて弱い権利であるから、これを抵当権の場合と同一に論ずることはできない」と述べる。
(注21) 林田学「動産売主の先取特権による優先的回収の実現（3・完）」NBL 383号（1987）42頁。

減少することと同趣旨であるといえる。したがって、動産売買先取特権の優先弁済権を保障するには、動産売買先取特権者と一般の破産債権者の利益をいかに考慮するかが重要となる。

　そもそも、動産売買先取特権に公示性がないことは、現代の商取引において一般の破産債権者に不当な不利益を与えることになるのであろうか。債務者が占有する動産のなかに所有権留保や譲渡担保、さらにはリース物件が含まれているのが常態化しているなかで、一般の破産債権者が債務者の占有する動産すべてが自らの配当原資になると信頼しているかは疑わしく、動産先取特権が公示性を有しないことは、破産手続において動産先取特権の効力を否定できるほど決定的な要因になり得ないとの見解もある[注22]。破産法が第三者追及効も公示性も有しない動産売買先取特権を別除権として規定している以上、動産売買先取特権のプライオリティは一般の破産債権よりも優先しているのであるから、動産売買先取特権者の優先弁済権を保障することは、一般の破産債権者に不当な不利益を与えるとはいえず、一般の破産債権者は動産売買先取特権者の優先的取扱いを甘受しなければならないのではないだろうか。

　もっとも、破産管財人の職務として財団増殖が求められることも否めない。しかし、財団増殖の必要性によって、動産売買先取特権者の優先弁済権が制限されるべきではない。動産売買先取特権の実行手続が民事執行法改正後もいまだ容易ではないことは、動産売買先取特権の目的動産を迅速に売却して財団増殖を図る正当化根拠にはならないのではないだろうか。

　すでに述べたとおり、現在の商取引は代金支払と目的物の引渡しが同時に行われることはほとんどなく、動産売主は債務者である買主に対して、長期の信用を供与している。換言すれば、債務者は動産売主から長期の信用供与を受けて消費者に当該動産を売却し、事業を継続しているのである。無担保の一般債権者であれば、自ら無担保で債務者に対して債権を取得した以上、債務者の無資力リスクは甘受しなければならないかもしれない。しかし、動産売買先取特権者は無担保債権者ではない。実体法上、優先弁済権を有する

(注22)　林田・前掲（注21）41頁。

担保権者である。にもかかわらず、債務者に破産手続が開始した際に、動産売買先取特権者による主導的な優先回収が適わないのは合理的でないのではないか。むしろ、動産売買先取特権者に不当な不利益を与えているのではないだろうか。日本はアメリカ等の諸外国と比較して、商取引においてより長期の信用を供与する傾向にある[注23]。だとすれば、動産売買先取特権者の優先弁済権を保障する必要性はより高いと考えるべきではないだろうか。動産売買先取特権者となる動産売主が、商取引の力関係において買主と同等あるいは買主よりも弱い立場にある取引業者が多いのであれば、なおさらその優先弁済権は適切に保障されなければならない。

3 担保価値維持義務との関係

不動産賃貸借契約の賃借人が、賃貸人に対して有する敷金返還請求権の上に、当該賃借人の債権者のために質権を設定した状態で当該賃借人に破産宣告がなされた事案である最判平成18・12・21(民集60巻10号3964頁)において、最高裁は破産者たる質権設定者が負う担保価値維持義務を破産管財人が承継する旨判示した[注24]。さらに、同判決は、破産管財人の善管注意義務について、「破産管財人は、職務を執行するに当たり、総債権者の公平な満足を実現するため、善良な管理者の注意をもって、破産財団をめぐる利害関係を調整しながら適切に配当の基礎となる破産財団を形成すべき義務を負う」と判示している[注25]。

担保価値維持義務と破産管財人の善管注意義務の関係をいかに考えるかについては議論があるところであるが[注26]、最高裁が示すように、破産管財人は総債権者の公平な満足を実現するために利害関係を調整するという破産管

(注23) アメリカにおける信用供与は通常15～30日程度である。
(注24) 破産管財人に担保価値維持義務を認めた上で、破産管財人が破産宣告後の賃料および共益費を現実に支払わずに敷金をもって充当した行為に正当な理由があるとはいえず、同義務に違反するとした。なお、原状回復費用の充当については正当な理由があるとした。
(注25) なお、本件では破産管財人の担保価値維持義務違反は認めたが、善管注意義務違反の責任については否定した。
(注26) 破産管財人の善管注意義務について検討するものとして、中井康之「破産管財人の善管注意義務」金法1811号(2007)41頁。

第3部　研究者からみた破産管財人の財産換価を巡る理論上の諸問題

財人固有の義務を負っている以上、その利害関係の調整として、破産管財人は倒産法が定める債権のプライオリティを遵守する、すなわち、別除権者たる担保権者の有する優先権を尊重しなければならない。破産管財人は、そのような意味での固有の「担保価値維持義務」を負うと考えるべきであるとの見解がある(注27)。

　破産管財人が善管注意義務の一環として破産管財人固有の「担保価値維持義務」を負うと考えた場合、当該「担保価値維持義務」の内容はいかに考えるべきであろうか。破産管財人が「総債権者の公平な満足を実現するために利害関係を調整する義務」すなわち、善管注意義務を負っているのであれば、破産管財人は当然に一般の破産債権者の満足も実現しなければならないのであり、それは上記で述べた破産管財人による財団増殖の必要性とつながる。そうすると、破産管財人固有の「担保価値維持義務」は財団増殖の必要性と対立することになってしまう。では、「担保価値維持義務」と財団増殖の必要性を考慮した上で、「担保価値維持義務」の内容はいかに考えるべきか。「担保価値維持義務」も総債権者の公平な満足を実現するために利害関係を調整する破産管財人の善管注意義務に基づいているのであるから、当該義務の範囲も「総債権者の公平な満足」と「適切な利害関係の調整」を考慮して決せられなければならない(注28)。

　そうだとすれば、破産管財人は総債権者の公平な満足を考慮して適切な利害関係の調整をした結果、担保権者の担保価値の維持よりも一般債権者の満足を尊重するべき場面では、担保権者たる別除権者の優先弁済権を制限せざるを得ない。しかし逆に、別除権者の優先弁済権に配慮することなく、財団増殖を優先することは破産管財人の善管注意義務違反になり得る。破産管財人は、個別の事案に応じて「総債権者の公平な満足の実現」と「適切な利害関係の調整」に配慮しながら、別除権者の優先弁済権をいかに保障するかを考慮しなければならない義務を有する。これは動産売買先取特権者に対しても同様である。

（注27）　松下・前掲（注4）37頁。
（注28）　松下・前掲（注4）37-38頁。松下弁護士は、これを「善管注意義務に基づく「担保価値『維持』義務」というより、「担保価値『配慮』義務」というべきである」と述べる。

Ⅳ 破産管財人による動産売買先取特権の目的物処分の可否

　これまで、動産売買先取特権の優先弁済権を保障する必要性と許容性を検討してきた。以下では、これらを踏まえて、破産管財人による動産売買先取特権の目的物処分の可否について検討する。はじめに、破産管財人による動産売買先取特権の目的物処分の可否に関する従来の見解と、動産売買先取特権行使時における現状の困難性を確認する。さらに、実際に破産手続において動産売買先取特権の優先弁済権を適切に保障するにはいかなる方策が考えられるか試論する。

1　破産管財人による目的物処分の可否に関する見解

　破産管財人による動産売買先取特権の目的物処分の可否については、平成15年の民事執行法改正以前より活発に議論がなされてきたが、同法190条の改正によって動産競売開始許可の裁判が創設されたことを受けて（民執190条1項3号・2項）、現在では以下のような見解が主張されている[注29]。すなわち、①目的動産の差押えがなされるまでは破産管財人として任意売却することができ、むしろ破産管財人は早期に任意売却する職責を負っているとする見解、②同条2項の裁判所の許可決定が破産管財人に送達された時以降は、破産管財人は任意売却ができないとする見解、③担保権者から目的物が特定され、具体的に動産売買先取特権が主張立証された時以降は、破産管財人は任意売却することができないとする見解である。

2　動産売買先取特権行使の手続上の困難

　動産売買先取特権の実行手続は、債務者の協力なしでは事実上不可能であったことを受けて、平成15年に民事執行法190条が改正され、条文上は動産売買先取特権の実行手続は従前よりもその要件が緩和された。しかしすでに述べているとおり、民事執行法改正後においても、動産売買先取特権の実行

（注29）　条解破産法642頁。

による差押えはいまだ極端に少ない。その理由として、以下の点が挙げられている。

(1) 担保権証明文書提出の困難

平成15年の民事執行法改正では、動産競売開始許可の裁判の制度が創設され、動産競売開始許可の申立てを行う債権者は、「担保権の存在を証する文書」を提出して、動産売買先取特権の存在（売買契約締結の事実、その売買契約の目的物と差押対象たる動産とが同一であること）を立証する必要がある[注30]。担保権証明文書として認められるためにどの程度の文書の提出が求められるのかについては、判決、公正証書ほか債務名義に準じる程度の高度の蓋然性をもって担保権の存在を証明できる独立の文書が要求されるとする立場（準債務名義説）と、どのような文書が担保権の存在を証する文書に当たるかは具体的事案における裁判官の自由心証に委ねられており、提出された文書を総合して担保権の存在が証明できればよいとする立場（書証説）が対立しているが、後者が通説・実務である[注31]。したがって、売買契約書、発注書、納品書、受領書、請求書等を提出しても担保権証明文書となり得るが、動産売買先取特権の存在については高度の証明が要求されるため、実際には先取特権者が立証に足る書面を提出できない場合がある[注32]。

(2) 目的物存在確認の困難

動産売買先取特権の目的物は、債務者の占有下になければならないが、その所在の確認が容易ではない。執行官は、債務者の住居その他の債務者の占有する場所に立ち入り、その場所において、債務者の占有する金庫その他の容易について目的物を捜索することができ（民執192条・123条2項）、目的物を発見することができれば執行官はその動産を差し押えることができる（同条1項）。しかし、目的物を発見することができなければ、執行はできない。

(注30) 小林・前掲（注4）181頁。
(注31) 前澤功「動産売買先取特権」山崎恒ほか編『新・裁判実務大系(12)民事執行法』（青林書院、2001）327頁、香川保一監修『注釈民事執行法(8)』（金融財政事情研究会、1995）248頁〔三村量一＝大澤晃〕、中野貞一郎『民事執行法〔増補新訂6版〕』（青林書院、2010）342頁、東京地方裁判所民事執行センター実務研究会編著『民事執行の実務〔第3版〕債権執行編（上）』（金融財政事情研究会、2012）231頁等。
(注32) 小林・前掲（注4）181頁。

(3) 目的物特定の困難

　この点が、実務上動産先取特権の実行を最も困難にする問題点だとされる[注33]。目的物が製造番号で特定できる機械などの場合は特定が容易であるが、継続的取引関係に基づく種類物売買の場合などは、どの動産が当該売買契約の対象物なのかを特定することが極めて困難な場合が多く[注34]、特定できない場合には執行はできない[注35]。

(4) 物上代位権行使時の困難

　動産売買先取特権の対象となる動産が転売された場合には、動産売主たる債権者は転売先に対する売掛金を差し押えることにより、物上代位権を行使することができる（民304条1項）。物上代位権の行使に際しても、担保権証明文書の提出と差し押えるべき債権の特定が必要となる（民執193条1項、民執規179条・133条2項）。したがって、物上代位権の行使においても、動産売買先取特権行使と同様の困難性が生じる。

3　優先弁済権保障の具体的方法

　以上の困難性ゆえに、動産競売開始許可の裁判が創設されても、動産競売手続が利用されることは極端に少ないのが現状である。さらに、平時において動産売買先取特権者は、債務者に対して目的動産や代位目的債権の処分を禁止または制限する権限を有していない。しかし、実体法上優先弁済権が付与されているにもかかわらず、動産先取特権者が自ら主導的に優先弁済権を実現できないのであれば、担保権としての意味をなさないのではないだろうか[注36]。動産売買先取特権者が主導的に自らの担保権を実現するために、動産売買先取特権の優先弁済権を保障するためには具体的にどのような方法が考えられるだろうか。

(注33)　小林・前掲（注4）182頁。
(注34)　売買の目的動産については、代金がすでに支払われているものと、まだ支払われていないものとがあり得るが、差押えの対象物として、代金がまだ支払われていないものだとの特定が必要となる（小林・前掲（注4）182頁）。
(注35)　道垣内弘人ほか『新しい担保・執行制度〔補訂版〕』（有斐閣、2004）137頁。
(注36)　林田・前掲（注21）38頁。

(1) 動産売買先取特権者の保全処分

　これまで、動産売買先取特権やその物上代位権の権利行使を容易にするために、債務者や破産管財人に対して保全処分を行い、その後動産売買先取特権等の存在確認訴訟を提起するなどの手法が提唱されてきた。とくに平成15年民事執行法改正前は、同法190条に基づく動産売買先取特権の権利行使が事実上不可能であったため、その代替手段として保全処分の可能性が論じられてきた(注37)。平成15年改正後も、担保権証明文書が提出できないような場合など上記で述べたような困難性によって動産売買先取特権等が行使できない場合に、保全処分をすることが可能なのか検討されている。

　具体的には、動産売買先取特権については、動産売買先取特権を被保全権利とする動産仮差押え、競売のための引渡請求権を被保全権利とする引渡断行仮処分、動産競売承諾請求を認める判決に基づく動産競売を本案とする動産競売承諾の仮処分が検討されてきた。また、物上代位権については、物上代位権行使のための債権仮差押えや処分禁止の仮処分などがある(注38)。

　もっとも、実務的にはこのような保全処分は一貫して否定されており、学説的にも否定するのが通説である(注39)。先に述べたとおり、実体法上の解釈として、第三者追及効を有しない動産売買先取特権者に、債務者やその一般承継人としての地位を有する破産管財人に対して目的動産や目的債権についての処分や弁済受領を禁止する権限を認めることはできないためである。さらに、民事執行法が動産売買先取特権の行使に担保権証明文書を求めるのは、担保権証明文書が提出できた場合に限って優先弁済権を実現するという趣旨なのであり、担保権証明文書が提出できないのであれば優先弁済権を保障する必要はなく、保全処分を認めてまで動産売買先取特権の行使を保護するべきではない、とされる(注40)。また、これらの保全処分は、民事執行法190条改正前に、事実上動産売買先取特権の履行強制手段がないために動産売買先取特権者の権利を保全することを目的として考案されたものであるため、

(注37)　伊藤・前掲（注4）（下）12頁以下、田原・前掲（注4）82頁。
(注38)　中野・前掲（注31）344頁、井上＝宮川・前掲（注4）281頁以下参照。
(注39)　小林・前掲（注4）191頁。
(注40)　小林・前掲（注4）191頁。

平成15年民事執行法改正によって動産競売開始許可の裁判が創設された以上、いずれの保全処分も認めるべきではないとの見解がある^(注41)。

確かに、動産競売開始許可の裁判が創設されたことにより、債務者の協力なく動産売買先取特権の実行が可能になっているが、上記のように動産売買先取特権の行使手続上の困難ゆえに、事実上いまだ動産売買先取特権者の権利が保護されているとはいえない以上、これらの保全処分を認める余地はあるのではないだろうか。

(2) 破産手続における弁済請求

従来の議論において、破産管財人が破産法184条2項に基づいて動産売買先取特権の目的動産の換価を行った場合、動産売買先取特権者は民事執行法133条によって配当要求ができるのであるから、破産管財人が当該目的動産を任意処分したときにも、これらの規定の趣旨を類推して、動産売買先取特権者がその権利を証明したときには、破産管財人は動産売買先取特権者への優先弁済の責任を負うと主張されてきた[注42]。破産管財人がこの責任を果たさないときは善管注意義務違反として破産法85条2項に基づいて損害賠償の問題が発生するとされる[注43]。動産売買先取特権者が担保権証明文書を提出し、破産管財人が証明された動産売買先特権を争わない場合は、当該担保権証明文書の提出をもって、別除権の行使がなされたものと解され、動産売買先取特権者は優先弁済を受けることができる。

このような優先弁済が実務的にも認められるのであれば、動産売買先取特権の優先弁済権は破産手続において保障されているといえるのであるが、現在実務的に、このような優先弁済の請求は否定されている[注44]。ただし、下記に示すように、目的動産の売却代金の一部または相当部分を財団債権とし

(注41) 園尾・前掲（注1）（下）11頁。
(注42) 伊藤・前掲（注4）（下）15頁。
(注43) 伊藤・前掲（注4）（下）15頁。
(注44) 東京高判平成元・4・17判時1316号93頁において、破産管財人に対する差押承諾請求権を認めるという形で動産売買先取特権者を保護したのは、優先弁済の請求に対する破産実務の対抗を考慮したものとされる（伊藤・前掲（注4）（下）16頁）。もっとも、伊藤教授は、破産管財人に対する差押承諾請求権を肯定することは、実定法の解釈論として困難といわざるを得ないとされる。

て動産売買先取特権者に弁済することを約した上で、破産管財人が任意売却するという和解的処理は実務的にも許容されている。破産管財人が任意売却した後に、動産売買先取特権者が担保権証明文書を提出した場合にも、このような優先弁済が認められることが望ましいと考える。

仮に動産売買先取特権者が担保権証明文書を提出して破産管財人に優先弁済を請求したにもかかわらず破産管財人がこれを認めなかった場合、動産売買先取特権者は不当利得を主張できるとの見解があるが、通説・判例はこれを否定している[注45]。不当利得の成立を否定する前掲・大阪地判昭和61・5・16は、別除権者はその権利を実行してはじめて満足を受けるのであり、当初から別除権の目的物の担保価値が破産財団から控除されているわけではないのであるから、別除権の行使が認められないままに、その価値が一般の破産債権者に配当されたからといって、破産財団あるいは破産債権者が不当に担保価値を利得したとはいえない、と述べる。しかし、この考え方は、別除権の目的物をもってする代物弁済は否認の対象とならないとする最判昭和41・4・14（民集20巻4号611頁）が、目的物の交換価値は別除権の行使と関わりなく別除権者に帰属していることと調和しない。当該最高裁の見解を前提とすれば、目的物の交換価値は別除権の行使前でも動産売買先取特権者に帰属しているものとして、不当利得の成立が認められると解することができよう[注46]。

(3) 和解的処理

動産売買先取特権者への弁済として実務的に最も妥当性を有する方法とされているのは、和解的処理である。例えば、目的物の売却代金の一部または相当部分を財団債権として動産先取特権者に弁済することを約した上で任意

(注45) 大阪地判昭和61・5・16判時1210号97頁、名古屋地判昭和61・11・17判時1233号110頁、東京地判昭和63・6・29判時1304号98頁等。永石一郎「破産財団の換価」判タ830号（1994）138頁、野口恵三「破産管財人が動産売買先取特権の目的物を任意処分することは不法行為に当たるか」NBL 369号（1987）44頁。

(注46) 伊藤・前掲（注4）（下）16頁。もっとも、実務的には、所有権留保特約があるか動産競売開始許可の裁判に基づいて、目的動産が差し押えられない限り、破産管財人はこれを処分または費消することができるのであるから、これによって不当利得や不法行為が成立することはないと否定する（園尾・前掲（注1）（下）14頁）。

売却するなどの処理を行う(注47)。動産売買先取特権の行使が実質的に困難である中で、このような和解的処理は動産先取特権者にとって有益であり、迅速に在庫動産等を売却できる点において破産管財人にとっても望ましい。ただし、破産管財人が和解的処理に応じるのは、動産先取特権者が破産管財人に対して、自らの動産売買先取特権の行使が法律上も事実上も容易であることについて証明した場合に限られるといわれる(注48)。それが証明できない場合は、動産売買先取特権の実行可能性がなく優先弁済権は現実的に保障されないため、破産管財人も和解的処理に応じる必要はないとの見解である。

動産売買先取特権の優先弁済権が保障され、かつ破産手続の迅速な進行が可能となる点において、この和解的処理は動産売買先取特権者および破産管財人にとって好ましい方法である。しかし、和解的処理に際して、動産売買先取特権の行使が法律上も事実上も容易であることの証明を動産売買先取特権者に要するのであれば、結局はその証明に際して動産売買先取特権の行使上の困難が生じることとなってしまう。和解的処理であることを考慮して、動産売買先取特権者に課す証明の程度を緩和させ、動産売買先取特権の優先弁済権を保障してもよいのではないか。

おわりに

本稿では、動産売買先取動産特権の優先弁済権保障に焦点を当て、破産手続における動産売買先取特権の保護と破産管財人の目的物処分の可否について検討した。民事執行法改正により、動産競売開始許可の裁判が創設され、動産売買先取特権者は主導的に動産売買先取特権を行使できるようになった以上、その行使がなされないのであれば、破産管財人の目的物処分は自由に認められると解するのが現在の多数説である。しかし、実際にはいまだ動産売買先取特権の行使手続は主導的になったとは言い切れず、動産売買先取特権者が自ら行使手続に着手するには困難が生じている。事実、民事執行法改正後も動産競売の申立件数は非常に少ない。このような状況下において、動

(注47) 小林・前掲（注4）197頁。
(注48) 小林・前掲（注4）197頁。

第3部　研究者からみた破産管財人の財産換価を巡る理論上の諸問題

産買主は一方的に破産に陥ったにもかかわらず、実行手続の困難性を動産売買先取特権者に負わせ、動産売買先取特権者には実体法上有する優先弁済権が保障されないという現状には違和感を覚える。動産売買先取特権の優先弁済権は実体法上付与されているにすぎず、その実行は手続上の問題であると解するのであれば、動産売買先取特権者がもっと積極的に実行手続に着手できるよう、民事執行法上の立法的手当てないし運用的手当てがなされるべきではないだろうか。継続的商取引における動産売買先取特権者の処遇、日本における信用取引の実態等を考慮しながら、破産手続における動産売買先取特権の保護について、立法的解決も踏まえながらさらなる検討が必要であると考える。

7 破産管財人による所有権留保付動産の換価
——前提となる法的問題の検討

法政大学法学部教授　杉本和士

はじめに——問題状況

本稿は、破産管財人が破産財団に含まれる所有権留保付動産を換価しようとする際に直面するであろう、前提となる法的問題の検討を目的とする。検討に先駆けて、まず、破産手続における非典型担保一般の処遇、さらに所有権留保の処遇についての客観的な問題状況を概観する。

1 破産手続における非典型担保の処遇

(1) 破産管財人による破産財団に属する財産の換価と担保権(注1)

破産管財人は、裁判所によって選任されて就職をした後、直ちに破産財団に属する財産の管理に着手しなければならず（破79条）、最終的には管理処分権に基づいてその財産全体について可及的速やかに換価を行うことをその職務とする。このように破産財団に属する財産の換価は、破産管財人の担う基

（注1） 法的倒産手続全般における担保権処遇に関する問題を総合的に扱う文献として、「倒産と担保・保証」実務研究会編『倒産と担保・保証』（商事法務、2014）を参照。また、非典型担保の倒産手続上の処遇に関する全体像については、米倉明「非典型担保における倒産法上の問題点」同『担保法の研究（民法研究第2巻）』（新青出版、1997）105頁（初出・NBL 173-175号〔1978〕）、竹下守夫「非典型担保の倒産手続上の取扱い」同『担保権と民事執行・倒産手続』（有斐閣、1990）217頁（初出・鈴木忠一＝三ヶ月章監修『新・実務民事訴訟講座(13)倒産手続』〔日本評論社、1981〕）、田原睦夫「倒産手続と非典型担保権の処遇——譲渡担保権を中心に」福永有利ほか『倒産実体法——改正のあり方を探る（別冊NBL 69号）』（2002）63頁、清水恵介「各倒産手続と非典型担保」櫻井孝一ほか編『倒産処理法制の理論と実務（別冊金判）』（2006）204頁等がある。さらに、破産手続における非典型担保の処遇については、山野目章夫「非典型担保」破産法体系(2) 170頁等がある。

第3部 研究者からみた破産管財人の財産換価を巡る理論上の諸問題

本的な管財業務の1つであることはいうまでもない。

　破産財団に属する財産に対して各種の担保権が事前に設定されている場合には、原則として、その担保権は別除権として破産手続によらない権利行使が許容されている（破65条1項）。ただし、これに対しては、破産法上、以下のように破産管財人の側にも対抗する権限が認められている。

　まず、別除権の目的物も破産財団に属する財産である以上、破産管財人は別除権目的物を民事執行法の定める手続により換価することができ（破産管財人の換価権。換価の前提として、破産管財人は別除権目的財産の提示を求め、これを評価することができる〔破154条〕）、別除権者はこれを拒絶できない（破184条2項）。

　また、破産管財人は別除権目的物を任意売却の方法（破78条2項1号ないし4号・7号・8号参照）によって換価することも許されるが（なお、登記のされた担保権目的不動産の任意売却に関して破産規則56条前段参照）、残存する担保権を消滅させるために、被担保債権全額（極度額全額）を弁済するか、または別除権者との合意によって被担保債権額から減額した金額を弁済して別除権目的物の受戻し（破78条2項14号参照）をすることも、原則として裁判所の許可を得ることで認められる。そして、弁済額の減額について別除権者の同意を得られない場合には、さらなる対抗手段として、破産管財人は、一定の要件のもと、裁判所の許可により別除権目的財産を任意に売却して当該財産につき存するすべての担保権を消滅させ、その売却代金（売得金）の一部（組入金）を破産財団に組み入れることができる（破186条1項柱書本文・同項1号。破産手続における担保権消滅許可制度）。

　さらに、本稿の検討対象である所有権留保や譲渡担保のように（ここでは、その法的性質をいずれも別除権であると捉えることを前提とする）、別除権者が法律に定められた方法によらないで別除権目的財産の処分をする権利（私的実行の権利）を有するときには、破産管財人の申立てにより、裁判所は、別除権者がその処分をすべき期間を定めることができる（破185条1項）。そして、この期間内に別除権者が処分を完了しないときは、その処分する権利を失い（同条2項）、破産管財人が目的物の換価をすることができる。

　以上のように、別除権に対する破産管財人の対抗策として、典型担保およ

び非典型担保の双方に関して各種制度が破産法において一定程度整備されている。しかし、とくに譲渡担保や所有権留保等の非典型担保に関しては、確かに典型担保に準ずる扱い、すなわち後述するように別除権としての処遇が学説および裁判例において認められつつあるものの、個別の非典型担保の処遇についてみると、破産手続における処遇のあり方はいまだに明確なものとはいいきれず、解釈上の難題を産み出している。一般的に、およそ非典型担保には、裁判所の関与を要しない私的実行という便宜的な債権回収手段が好まれるという理由によるだけでなく、典型担保に対する法的倒産手続上の制約が強化されるに伴い、その制約を嫌うがゆえに利用されているという一面があるのは否めない。それゆえに問題状況の収束は容易ではない。

(2) **法的倒産手続における非典型担保の処遇に関する視座のあり方**

では、法的倒産手続における非典型担保の処遇について、どのような視座において考察すべきであろうか。

非典型担保は、多くの場合、その法形式（所有権の形式的把握）と実質（担保目的・機能）との間に齟齬がみられるが、この齟齬をどのように調整すべきか、という問題は、まずは各種の非典型担保の実体法上の法的性質論として論じられてきた。その上で、実体法上の法的性質論から演繹的に法的倒産手続におけるその処遇（取戻権としての処遇か、別除権としての処遇か等）が論じられる傾向がある。

しかし、法的倒産手続における非典型担保に関する諸問題、具体的には、手続上の法性決定（別除権か取戻権か、更生債権か更生担保権か）、双方未履行双務契約該当性、私的実行のための要件、私的実行の終了時期、倒産解除特約の効力等に関しては、むしろ直截に倒産法上の問題として捉えて、手続開始前における実体法上の法律関係を前提としつつも、そこでは倒産法固有の合目的的な観点において考察を行うべきであると私は考えている。ここでいう倒産法固有の合目的的な観点とは、主には法的倒産手続に共通する目的である債権者間の平等、公正・衡平の観点であり、より詳細には、平時実体法に基づき事前に設定された担保について、一般債権者との間の衡平の見地から、法的倒産手続においてその優先性をどこまで許容すべきか、という観点である[注2]。もちろん、典型担保については、平時実体法においてその優先

性秩序(プライオリティー・ルール)が定められており、法的倒産手続においてもその優先性秩序に沿って価値が実現されることになる。しかし、平時実体法においてさえ十分に定型的な規律に服しているとはいいがたい非典型担保については、その優先性を一般債権者との相対的な関係において法的倒産手続でどこまで尊重すべきか、言い換えれば、各種倒産手続において非典型担保に期待される実質的な担保機能をどこまで承認すべきかは個別の解釈問題とせざるを得ないため、これについては倒産法固有の観点から個別に判断しなければならない(注3)。

なお、実際に各種の非典型担保の法的性質が問題となるのは、多くの場合、担保設定者の倒産局面であることを考えれば、以上のような倒産法固有の合目的的な考察が、結果的には平時実体法の議論にも影響を及ぼすことになろう。

2 破産手続における所有権留保の処遇

(1) 所有権留保の意義

次に、本稿の主題である所有権留保に焦点を合わせて問題状況を概観する。本稿では、所有権留保とは、「売主の代金債権を担保するため、買主が代金を弁済するまで売買目的物の所有権を留保し、実行にあたり売主が、その留保されていた所有権に基づき同目的物の返還を請求することを通じ実質的に代金債権の弁済を得ようとする担保手段」(注4)であるとの定義をさしあたりの前提とする(もっとも、どのような事例がこの「所有権留保」に該当するのかは、個別具体的に問題となり得よう)。実務上、所有権留保は主に動産の信用売買において用いられており、本稿でも動産売買を想定して論じる。

(注2) 水元宏典『倒産法における一般実体法の規制原理』(有斐閣、2002)、とくに49頁以下、142頁以下で示される「相対的価値保障原理」に相当する。
(注3) 道垣内弘人『買主の倒産における動産売主の保護』(有斐閣、1997)(初出・法協103巻8号・10号・12号、104巻3号・4号・6号〔1986-1987〕)は、買主倒産時における所有権留保の効力について、売主の処遇に対する影響・結果という観点からの政策決定問題として、比較法に基づき考慮され得る諸々のファクターを分析することで検討を行う。
(注4) 山野目・前掲(注1)191頁。

所有権留保は、買主が代金を完済した時に初めて、かつ当然に、売買目的物の所有権が買主に移転する旨の契約当事者間の特約（所有権留保特約）が売買契約に付されることで成立する。このような所有権留保特約付売買契約は、仮にその法形式のみに着目すれば、契約締結時においては目的物所有権が売主に留保され、買主はその代金完済という停止条件が成就すれば所有権を取得できるとする売買契約である。そうすると、代金完済前に買主が破産した場合には、当然、売買目的物の所有権は売主の下にあり、売主は取戻権（破62条）の行使としてこの目的物を破産財団から取り戻すことができそうである。この際、そもそも所有権移転という物権変動がない以上、売主は取戻権行使に当たって対抗要件（民177条・178条、道路運送車両法5条1項等）を備える必要もない、という帰結になりそうである。

　しかし、このような売買契約における所有権留保特約の実質的な目的は、前述の定義で示すように、動産売買代金につき信用を供与する際、その代金債権を担保するという点にある。つまり、代金完済まで売主に所有権を留保するのは、代金債権担保という目的のための手段にすぎない（この点で動産売買先取特権〔民311条5号・321条〕と共通する）。そのため、今日の学説および裁判例において、上記のように理解するのではなく、所有権留保の実質である担保としての側面が強調されるに至っている。ただし、後述するように、その法的構成の理解の仕方は一様ではない。

　なお、所有権留保は、売主・買主という二者間の動産割賦販売を念頭に議論されてきた形態（以下、「売主所有権留保」という）と第三者与信型信用取引で利用される形態（以下、「第三者所有権留保」という）に区別することができる[注5]。そして、割賦購入あっせんで利用される後者の第三者所有権留保は、次の3点において、前者の売主所有権留保にはみられない特色がある。すなわち、「①クレジット会社は顧客から支払委託を受けて販売業者の代金債務を弁済しており、所有権留保で担保される債権には、売買代金残金分（委任

（注5）　千葉恵美子「複合取引と所有権留保」内田貴＝大村敦志編『民法の争点』（有斐閣、2007）153頁。今日では、第三者所有権留保の取引形態のほうがむしろ多くなっているという（柚木馨＝高木多喜男編『新版注釈民法(9)物権(4)〔改訂版〕』〔有斐閣、2015〕739頁〔安永正昭〕参照）。

事務費用）および販売業者に弁済した日以降の法定利息（民650条1項、商513条2項）のほか、報酬（商512条）およびこれらの債務の支払を繰り延べる手数料が含まれている」点、「②売買代金債務が完済されていることから、所有権留保を実行するために、代金支払債務の不履行を原因として売買契約を解除することはできない」点、さらに、「③クレジット会社が販売業者に売買代金残金相当額を交付することによって、物件の所有権は販売業者からクレジット会社に直接移転しており、債権回収業務を行っているクレジット会社に物件の所有権が留保されている」点である(注6)。本稿との関係においては、被担保債権の範囲に関する①の点がとりわけ重要な相違点であるといえよう。

(2) 破産手続における所有権留保の処遇に関する問題点(注7)

さて、このような所有権留保特約付売買契約において、いまだに代金完済がなされていない場合に、破産管財人がその売買目的動産（以下、「所有権留保付動産」という）を換価しようとするときには、前提として、次のような諸点が破産手続上問題となり、これらを本稿における検討の対象とする。

第1に、所有権留保に関する実体法上の法的性質論とも関わる問題として議論されているが、留保所有権者である売主には、破産手続上、法形式に従い所有権者として取戻権（破62条）が認められるのか、それとも実質的に担保権を有するのと異ならないとして別除権（破2条9項・65条1項）が認められるにすぎないのか、という破産法上の法性決定が問題となる。確かに、破産法上、いずれの立場においても留保所有権者は破産手続によらずに権利行使（所有権留保付動産の取戻し）をすることが認められ、かつ、いずれにせよ留保所有権者には清算義務が課されていることを前提とすれば、両者の間に

(注6) 千葉・前掲（注5）153頁。
(注7) 倒産手続一般における所有権留保の処遇に関して、矢吹徹雄「所有権留保と倒産手続」判タ514号（1984）115頁、道垣内・前掲（注3）、印藤弘二「所有権留保と倒産手続」金法1951号（2012）62頁、同「所有権留保と倒産手続」金融法研究29号（2013）5頁、岩崎通也＝権田修一「所有権留保（概説および倒産法上の論点）」「倒産と担保・保証」実務研究会編・前掲（注1）562頁、破産手続における所有権留保の処遇に関しては、ドイツ法との比較法研究を含めて、三上威彦「基本的所有権留保と破産手続（上）（下）」判タ529号（1984）25頁、536号（1984）50頁等がある。

は実務上ほとんど差異がないとも評し得る(注8)。もっとも、別除権であるとすれば、破産手続開始前までに私的実行が完了していない限り、前記1(1)で述べたとおりの破産管財人による対抗策を受けることとなる点で、法性決定を論じる実益が認められる。

　第2に、所有権留保特約付売買契約がいわゆる双方未履行双務契約に該当し、破産法53条の規律に服するのかが問題となる。そこでは所有権留保特約付売買契約において、双務契約上の対価関係にある債務とは何か、その上で履行が完了していると評価されるか否かが問題とされる(注9)。ここでも、当該双務契約について破産法上の双方未履行双務契約に関する規律（破53条）を適用すべきだと評価し得るか否かは、倒産法固有の観点から実質的に検討することが必要であろう。

　そして第3に、目的物につき登録等を対抗要件として必要とする場合、破産手続において留保所有権者たる売主が取戻権または別除権として所有権留保の私的実行を行うに際して、登録等の具備を要するか否かが問題となる。

　軽自動車以外の自動車販売のように登録を対抗要件とする（道路運送車両法5条1項）動産売買の場合、売主所有権留保の形態においては留保所有権者たる売主に登録名義もそのまま残っているのが通常であろう。しかし、自動車販売に際し、信販会社、販売会社、顧客の三者間で、顧客が販売会社から自動車を買い受けるとともに、信販会社が顧客からの委託により購入代金を販売会社に立替払をし、顧客が立替金および手数料を信販会社に対して完済するまで信販会社が自動車の所有権を留保するという第三者所有権留保の形態においては、留保所有権者である信販会社が自己名義の登録なくして破産手続において権利行使をすることができるか、という形で問題となる。売主所有権留保においては、売主の所有名義で自動車登録がなされていれば、そのまま担保としての留保所有権を公示しているといえるが、第三者所有権留保においては、たとえ販売会社名義の登録がなされていても、信販会社の留保所有権が公示されているとは評価しがたいからである（そもそも前述のよう

（注8）　条解破産法521頁。
（注9）　双務契約一般について、倒産法概説211頁以下［沖野眞已］を参照。

に被担保債権の範囲も異なり得る)。最判平成22・6・4（民集64巻4号1107頁。以下、「最判平成22・6・4」という）は、再生手続においてまさにこの点が問題となった事案に関する最高裁判例であり、結論として、信販会社は、原則として、再生手続開始時において自己所有名義の自動車登録を有していなければ、立替金および手数料を被担保債権とする別除権を行使することができない旨を判示した。

さらに、転売が予定された、引渡し（民178条）を対抗要件とする動産の売主所有権留保（いわゆる「流通過程における所有権留保」の一種）に関しても、再生手続において同様の問題が争われた下級審裁判例（第1審判決：東京地判平成22・9・8判タ1350号246頁、控訴審判決：東京高判平成23・6・7判例集未登載(注10)）が現れている。

その他に、留保所有権者による私的実行に関して、買主に関する破産手続開始申立て等の事実を契約解除原因とする、いわゆる倒産解除特約の有効性も議論の対象とされてきたが、本稿ではこの点をとくに採り上げることはしない。更生手続においては、同手続の趣旨、目的（会更1条）を害するとして、このような特約の効力を否定するのが最高裁判例（最判昭和57・3・30民集36巻3号484頁）の立場であるが、破産手続においては、ただ売買契約を解除するだけでは別除権行使としての私的実行がいまだ完了していないと解釈する限り、解除特約自体は所有権留保の処遇自体にとくに影響を及ぼすものではないと思われる(注11)。

(注10) 事案および判旨については、遠藤元一「所有権留保はどこまで活用できるのか――東京高判平成23・6・7判例誌未登載の紹介と分析」NBL 998号（2013）40頁、同「所有権留保に関する最新論点」「倒産と担保・保証」実務研究会編・前掲（注1）578頁を参照。なお、平成24年2月2日、最高裁が上告棄却・上告不受理決定をし、確定しているとのことである。

(注11) 山野目・前掲（注1）195頁参照。伊藤・破産法民事再生法487頁注68は、別除権説を前提に、「解除特約にもとづく取戻しも別除権行使の方法であるとすれば、担保権消滅許可や受戻可能性が否定されるものではなく、特約自体の効力を否定する必要はない」という。この問題の詳細については、垣内秀介「倒産解除特約の破産手続上の効力」本書705頁参照。

I 所有権留保の法性決定と双方未履行双務契約に関する規律適用の可否

1 破産手続における所有権留保の法性決定

(1) 破産手続における留保売主の法的地位——取戻権か別除権か？

破産手続における所有権留保の処遇を考えるに際して、まず、留保所有権者たる売主には、破産手続上、法形式に従い所有者として取戻権（破62条）が認められるのか、それとも実質的には担保権を有するのと異ならないとして別除権（破2条9項・65条1項）が認められるにすぎないのか、という破産法上の法性決定の点が問題となる。

この点に関して、かつては取戻権説が通説の地位を占めていた[注12]が、今日では、倒産法学説における通説は別除権説である[注13]。また、再生手続に関してではあるが、第三者所有権留保の事例において最判平成22・6・4が留保所有権者による別除権としての権利行使の可否について判示しているほか、実務上も別除権として扱う運用が定着している[注14]。

この点は、後述する所有権留保特約付売買契約の双方未履行双務契約該当性の有無とも関わる問題であると考えられるが、別除権説を支持すべきである。言い換えれば、破産手続における所有権留保の処遇においては、端的にその担保としての実質を重視すべきだからである。別除権として原則として

(注12) 我妻榮『債権各論中巻一（民法講義V₂）』（岩波書店、1957）318頁、中田淳一『破産法・和議法』（有斐閣、1959）116頁、幾代通「割賦売買——所有権留保売買」契約法大系慣行委員会編『契約法大系Ⅱ（贈与・売買）』（有斐閣、1962）296頁等。今日、なお取戻権を主張する有力説として、三上・前掲（注7）（下）62頁、道垣内弘人『担保物権法〔第4版〕』（有斐閣、2017）373頁がある。

(注13) 竹下守夫「所有権留保と破産・会社更生」同『担保権と民事執行・倒産手続』（有斐閣、1990）267頁〔初出・曹時25巻2号、3号〔1973〕〕、とくに292頁以下において、別除権説の嚆矢となった見解が示されたといえよう。

(注14) 別除権説を採る下級審裁判例として、札幌高決昭和61・3・26判タ601号74頁（破産）、東京地判平成18・3・28判タ1230号342頁（民事再生）等。実務運用については、破産・民事再生の実務〔破産編〕347頁、破産管財の手引217頁（いずれも最判平成22・6・4を根拠とする）等を参照。

破産手続によらない権利行使（破65条1項）を認めつつも、所有権留保付動産に対して破産管財人による一定のコントロール［→はじめに1(1)］を及ぼすべきである。

(2) 実体法上の法的構成に関する議論との関係

なお、所有権留保の実体法上の法的構成については、周知のとおり議論のあるところである。売主に留保された所有権（留保所有権）について、これを文字通り従前の所有権が売主の下に留保されたものであると捉えれば、この留保所有権に関して買主から売主への物権変動は存在しないことになる。ただし、今日、所有権留保の実質が代金債権担保にある点を捉えて、一方で、売主に留保された所有権（留保所有権）は完全なものではなく、あくまで担保目的に制限された内容のものであり、他方で、買主にも一定の物権的な権利（物権的期待権。代金完済によって目的物の所有権を取得できるという条件付権利〔期待権。民128条・129条〕であるが、物権的な地位が認められたもの）が帰属するという見解が有力である(注15)。これに対して、売主は買主に一旦所有権を移転させ、その上で所有権留保特約により買主が売主に留保所有権＝担保権を設定したという法的構成を説く見解もある(注16)。また、「留保所有権が担保権の性質を有する」ことを傍論ながら説示する最高裁判例も現れている（最判平成21・3・10民集63巻3号385頁）。

このように実体法上の議論においては、売主の有する留保所有権の法的性質が基本的に所有権なのか、それとも担保権なのかという点について、いまだに議論が収束していないようである。もっとも、ここでは破産手続上の留保所有権者の地位に関する議論が、必ずしもこの実体法上の議論から単純に演繹的に導かれるものではないことを指摘しておきたい。確かに、留保所有権＝所有権とすれば取戻権説が、留保所有権＝担保権とすれば別除権説が演繹的に導かれることになりそうである。しかし、このようなドグマーティクな形式論理に拘泥すべきではなく、あくまで所有権留保を破産手続において

(注15) 竹下・前掲（注13）277頁以下、道垣内・前掲（注12）367-368頁、高橋眞『担保物権法〔第2版〕』（成文堂、2010）316頁、安永正昭『講義物権・担保物権法〔第2版〕』（有斐閣、2014）431頁等。
(注16) 高木多喜男『担保物権法〔第4版〕』（有斐閣、2005）380頁。

どのように処遇すべきなのかという合目的的な観点から判断すべきであることは、すでに述べたとおりである(注17)。したがって、逆に、破産手続において別除権として処遇されることによって、直ちに実体法上も留保所有権が担保権であるとの法性決定が形式的に導かれるというわけではない点に留意しなければならない。

2　双方未履行双務契約に関する規律適用の可否

(1)　所有権留保特約付売買契約の双方未履行双務契約該当性

次に、所有権留保特約付売買契約がいわゆる双方未履行双務契約に該当し、破産法53条の規律に服するのかという点について検討する。

今日、所有権留保特約付売買契約について双方未履行双務契約該当性を否定し、破産法53条の適用を認めない見解が通説的な地位を占めている(注18)（ただし、後述するとおり登録等を対抗要件とする目的物に関してはこの限りではない）。しかし、売主所有権留保において売主および買主双方の債務の履行が完了しているか否かについて、買主の側では代金債務を履行しておらず、また売主の側でも自らの留保する所有権を買主に移転する義務を完了していないとみれば、双方未履行関係にあるといえそうである。他方で、前述のように、売主は買主に一旦所有権を移転させており、その上で所有権留保特約によって買主が売主に留保所有権＝担保権を設定したという見解によれば

(注17)　山野目・前掲（注1）196頁は、「法的構成といっても、過度に演繹的に考えることは適当でなく、法的解決を要請する事項ごとに相対的な解決を考えることは、論理としても十分に成立可能である」と述べる。

　なお、破産手続とは異なるが、最判昭和49・7・18民集28巻5号743頁は、所有権留保付の動産割賦売買契約において、代金完済にいたるまでの間に買主の一般債権者が目的物に対して強制執行に及んだとしても、売主または売主から目的物を買い受けた第三者が所有権に基づく第三者異議の訴え（民執38条1項）を提起し、その執行の排除を求めることができる旨を判示するが、この判断について、売主にある留保所有権につき「担保かどうか、留保されているのは完全な所有権かどうかが決定的なのではな」く、「解決の規準は、……留保売主が買主の債権者の強制執行による侵害を受忍すべき理由があるか否かであ」る（中野貞一郎『民事執行法〔増補新訂6版〕』〔青林書院、2010〕316頁）と指摘されるのも、私見と同趣旨であるといえよう。

(注18)　下級審裁判例として、大阪高判昭和59・9・27判タ542号214頁（会社更生。登録等を対抗要件としない目的物に関する事案）。

第3部　研究者からみた破産管財人の財産換価を巡る理論上の諸問題

(注19)、もはや双方未履行関係は認められない。つまり、所有権留保特約付売買契約の法的構成や債務内容の把握の仕方次第でいかようにも解釈することが可能となるため、形式的な双方未履行性の有無の判断に依拠するのは避けるべきであろう。

　そこで、双方未履行双務契約該当性の有無は、結局、破産法上の双方未履行双務契約に関する規律（破53条）の制度趣旨に鑑みて、対象となる契約に対し同規律を適用すべきだと評価し得るだけの根拠があるかどうかに立ち返って判断する必要がある(注20)。ここでは売主所有権留保を念頭に、双方未履行双務契約に関する破産法53条の規律を所有権留保特約付売買契約に適用することで妥当な結論が得られるか、といった観点から検討を試みるのが有益である。

　買主の破産管財人が履行を選択すると、代金債権は財団債権として扱われることとなる（破148条1項7号）。所有権留保が実質的に信用売買における担保手段であることを考えれば、そして破産手続において別除権として処遇されることを前提とすると、その被担保債権に当たる代金債権は本来ならば破産債権にすぎないはずである。それにもかかわらずこの代金債権が財団債権として処遇される帰結自体には疑義もあり得るものの、破産管財人の選択権行使によるものとして一応は正当化されるとみてよいだろう。

　他方で、買主の破産管財人が解除を選択した場合を考えると、相手方である売主は破産財団中の目的物に対して取戻権（破54条2項前段）を行使することができる（さらに、損害賠償請求権について破産債権として行使できる〔同条1項〕）。逆に、破産者である買主がすでに代金債権の一部を支払済みであれば、破産管財人が原状回復請求権の行使（民545条1項本文）により支払済みの代金を売主に求めることになる。しかし、以上の帰結は、売主は受領した代金を額面額において破産管財人に返還する義務を負う一方で、時間の経過によりもはや中古品として価値の劣化した目的物を押し付けられることを意味し、売主の利益は不当に害されてしまう(注21)。売主は、代金債権確保とい

（注19）　髙木・前掲（注16）380頁。
（注20）　竹下・前掲（注13）290-291頁参照。
（注21）　三上・前掲（注7）（下）59頁、加毛明「判解」倒産百選5版118-119頁。

う担保目的で所有権留保特約を付しているにもかかわらず、買主側の破産管財人による一方的な解除選択によってこのような不利益を負わされるのは、売主の保護に欠けるといわざるを得ない。そればかりか、この帰結は、契約当事者間の公平、債権債務の対価関係を破産手続においても維持しようとする破産法53条・54条の趣旨に沿うものではない。この点で、フルペイアウト方式の「ファイナンス・リース契約は、……その実質はユーザーに対して金融上の便宜を付与するものであるから、右リース契約においては、……各月のリース物件の使用と各月のリース料の支払とは対価関係に立つものではない」として、〔旧〕会社更生法103条1項（現会更61条1項）の適用を否定した最判平成7・4・14（民集49巻4号1063頁）が参考となる。

したがって、所有権留保の担保目的という実質を尊重し、売主側による権利行使のイニシアティヴを確保するには、所有権留保特約付売買契約の双方未履行双務契約該当性を否定し、端的に別除権を認めるのが適切であるといえよう。

(2) 双方未履行双務契約該当性と別除権説との関係

以上のように、所有権留保特約付売買契約の双方未履行双務契約該当性を否定し、別除権としての権利行使を認める見解が今日では通説であるといえる。ところが、登録等を対抗要件とする目的物の売買契約（典型例は、自動車〔軽自動車を除く〕売買契約。道路運送車両法5条1項）については、売主はなお登録等を買主に移転する義務を負っているとして、双方未履行双務契約該当性を肯定する見解が依然として多数説であろう[注22]。

しかし、上記(1)で述べた論拠は、登録等を対抗要件とする目的物に関する売買契約の場合であっても当然異なることはない。また、そもそも留保所有権の処遇について別除権説を採用する場合、別除権行使につき原則として手続開始時における登記・登録等を要求する最判平成22・6・4の判断を前提とすれば、所有権留保特約付売買契約において破産手続時の別除権行使に備えて登録等を買主に移転せずに売主の下に留めておくことは、代金債権担保を

（注22） 下級審裁判例として、東京高判昭和52・7・19高民集30巻2号159頁（会社更生）。破産・民事再生の実務〔破産編〕347頁は、この場合について「破産法53条の適用が認められる余地もあろう」と指摘している。

目的とするこの種の契約内容として当然に予定されていることとなろう。そうすると、所有権留保の法性決定につき別除権説を採用した場合、そもそも留保所有権の別除権としての処遇と双方未履行双務契約の規律適用は両立し得ない関係にあると考えられるのではないだろうか[注23]。

以上から、対抗要件としての登録等を要する場合であっても、およそ所有権留保特約付売買契約については双方未履行双務契約に関する破産法53条は適用されないと考えるべきである[注24]。

II 動産買主の破産手続における所有権留保の処遇

1 留保所有権者による私的実行のための破産手続上の要件

(1) 第三者所有権留保に関する最判平成22・6・4の意義

破産手続において売主が取戻権または別除権として留保所有権の私的実行を行うに際して、自己名義の登録等の具備を要するか否かが問題となる。この点に関して、前述のとおり、再生手続における自動車販売に関する第三者所有権留保の処遇について、最判平成22・6・4は、別除権の行使が認められるためには、原則として再生手続開始の時点で当該特定の担保権につき登

(注23) ドイツ法において、買主倒産の場合に単純所有権留保付売買（einfacher Eigentumsvorbehaltkauf；BGB 455条、InsO 107条参照）について双方未履行双務契約の規律（InsO 103条）の適用を認めるとともに、倒産管財人が履行を選択しない場合には留保所有権につき取戻権（InsO 47条）を認めるのが旧法以来の通説・判例の立場であるが、この立場は一貫していると考えられる。他方で、日本法における所有権留保に関する論議においては、担保目的のための手段という側面のモーメントが大きいといえる。

(注24) 下級審裁判例として、東京地判平成18・3・28判タ1230号342頁参照。米倉・前掲（注1）139頁、道垣内・前掲（注12）373頁、矢吹・前掲（注7）124頁、印藤・前掲（注7）金法1951号70頁、同・前掲（注7）金融法研究29号17頁（同文献は、登録名義はあくまで担保の公示手段にすぎない旨を指摘し、私見と同趣旨であると思われる）。また、伊藤・破産法民事再生法496頁は、「代金完済時においてはじめて登記や登録を買主に移転する旨の契約内容の場合であっても、登記や登録が担保目的の留保所有権の表章にとどまるとみられるときには、双方未履行双務契約性を否定すべきである」として、旧版での見解（「同じく所有権留保であっても、代金完済時においてはじめて売主が登記や登録を買主に移転する旨の契約内容の場合には、売主の積極的履行義務が残っているので、法53条が適用されてもやむをえない」（伊藤・破産法民事再生法〔第2版〕〔2009〕347頁）をあらためている。

記、登録等を具備している必要がある（民再45条参照）として、顧客に対する再生手続開始の時点で信販会社を所有者とする登録がなされていない限り、販売会社を所有者とする登録がされていても、立替払を行った信販会社は、立替金債権および手数料債権を被担保債権とする留保所有権を別除権として行使することが許されない旨を判示した[注25]。

同判決が別除権行使に際して再生手続開始の時点で要求する留保所有権者名義の自動車登録とは、いかなる趣旨によるものなのかについては議論がある。私は、同判決の事案および「個別の権利行使が禁止される一般債権者と再生手続によらないで別除権を行使することができる債権者との衡平を図るなどの趣旨」という説示を前提とする限り、同判決は、倒産手続における合目的的な観点から要求される、他の一般債権者との関係で担保による優先性を公示するための要件としての登記・登録等の具備を要すると判示したものと理解している[注26]。その根拠は、以下のとおりである。

ここでは単純化するために、売主所有権留保を前提に、破産手続に即して説明しよう。この場合に、売買契約により目的物の所有権は一旦売主から買主に移転し、その上で、所有権留保特約（これを留保所有権の設定契約と捉える）によって、一種の担保物権である留保所有権を売主が買主から取得するという法的構成［→Ⅰ1(2)］[注27]を前提とすれば、留保所有権の移転という買主から売主への物権変動が生じる。それゆえ、買主破産時において、留保所有権者たる売主と買主の破産管財人との間で対抗関係を観念することは可能である[注28]。したがって、この場合に売主に要求される登録等は実体法上の対抗要件（民178条、道路運送車両法5条1項等）であると理解することができる。

(注25) 同判決についての検討および同判決に関する判例評釈類や学説については、杉本和士「判批」法学研究（慶應義塾大学）86巻10号（2013）90頁を参照。以下の記述は、同評釈ですでに述べた内容と重複する部分が多い。
(注26) 杉本・前掲（注25）100頁以下参照（なお、【追記】も参照）。一般的に別除権行使に際して破産手続・再生手続開始時において権利保護要件としての登記・登録等の具備を必要とする見解として、今中利昭ほか『実務倒産法講義〔第3版〕』（民事法研究会、2009）267頁［今泉純一］、甲斐哲彦「対抗要件を具備していない担保権の破産・民事再生手続上の地位」司法研修所論集116号（2006）132頁を参照。
(注27) 高木・前掲（注16）380頁。

これに対し、売主と買主との間で留保所有権に関して何ら物権変動が生じていないという解釈を前提にすれば［→Ⅰ1(2)］、買主が破産した場合、その破産管財人と売主との間において対抗関係を問題とすることができない。よって、留保所有権者である売主による対抗要件の具備は必要とされず、破産手続上別除権として扱われる売主の留保所有権について公示機能が果たされることはなく、また不要であるかのようにも見える。しかし、このような実体法解釈のもとにおいても、所有権留保がもっぱら担保目的で利用されている実態を踏まえると、破産手続との関係において、このように公示されることのない非典型担保を無条件に別除権として行使することを許容すべきではない。なぜならば、破産手続において、破産財団に属する財産は、破産手

(注28)　なお、最判平成22・6・4の調査官解説である山田真紀「判解」最判解民事篇平成22年度（上）386頁は、第三者所有権留保に関する同判決について、「本判決の判示自体は、信販会社による留保所有権の取得の法的構成がどのようなものであるかを明確に示すものではない。」と指摘し、「信販会社の有する留保所有権について、立替払した代金の額のみならず手数料額を含む金額に係る債権を担保するために留保された所有権であると説示する部分において、信販会社の取得する留保所有権の被担保債権が売主の有していた留保所有権の被担保債権とは異なることが理由として示されて」いることから、「信販会社は新たな留保所有権を取得する、すなわち、新たな留保所有権を設定したのと同視し得る構成を採用したとの理解も否定されないように思われる。」（圏点は引用者による）と説く。そしてこの理解を前提とすれば、「民事再生法45条の解釈について一般に解されているように対抗要件を要する旨定めたものとの立場とも整合するものといえる。」（同389-390頁）という。しかし、仮にこの記述が「新たな留保所有権」を買主（顧客）が信販会社のために設定した、という趣旨のものであれば、「X（信販会社）が販売会社から移転を受けて留保する所有権が、本件立替金等債権を担保するためのものであることは明らかである。」（圏点は引用者による）という同判決の説示と整合しないのではないか。
(注29)　ここで、別除権概念の母法であるドイツ法において、かつて1877年ライヒ破産法が、普通法時代に見られた「公示されない担保権」の優先性を否定し、現実に認識可能な形で公示される担保権にのみ別除権としての地位を与えて信用制度の保護を図るものの、その後、再び「公示されない担保権」である所有権留保や譲渡担保が実体法上承認されるに至り、やがて「破産の破産（Der Konkurs des Konkurses）」とも称される破産制度の機能不全を生じさせた（そこで1994年倒産法制定時に公示手段が議論されるも、断念された）、という歴史的経緯を想起しておく必要がある。以上については、中西正「ドイツ破産法における財産分配の基準(1)(2完)」法と政治（関学）43巻2号（1992）21頁、43巻3号（1992）85頁、同「ドイツ倒産手続における担保権の処遇」民商120巻4＝5号（1999）563頁を参照。

続開始前にあらかじめ設定・公示された担保権の目的となる特定財産を除き、原則として破産債権者に対する配当原資として期待されているはずだからである(注29)。それにもかかわらず、当事者間の合意によって定められた範囲の被担保債権に対する優先権を事前に付与する担保権が、公示されないまま破産手続上も別除権として手続拘束を受けずに行使できる状況を仮に放置すれば、破産財団は一般債権者たる破産債権者の予想を裏切る形で食い破られることとなり、破産債権者と別除権者との間の衡平に反することになる。したがって、仮に実体法上のいわゆる「食うか食われるか」という対抗関係を観念できないため、いわゆる物権変動公示のための対抗要件は不要であるとしても、破産手続上、別除権として権利行使を認めるには、破産手続開始時において登記・登録等は優先性公示のための要件として要求されるべきだと考える(【追記】参照)。

(2) 留保所有権者が登録等を欠く場合の事後処理

第三者所有権留保の場合において、買主（顧客）の破産手続開始時に信販会社が自己名義の登録等を欠くために留保所有権を別除権として行使できないとすると、その事後処理をどうすべきか、という難問が残されている。具体的には、買主（顧客）の破産管財人は自らの占有する所有権留保付動産（自動車）につき、販売会社に対して登録名義の変更（移転登録）を求めた上で、破産者である買主（顧客）名義の登録を経て、破産財団に属する財産としてこの自動車を換価することができるか、という問題である。登録名義を有する販売会社が登録名義の変更に協力しなければ、破産管財人が未登録のまま自動車を換価することは事実上不可能となり、膠着状態に陥る。ここで、最終的な自動車の所有権はどこに帰属するのか、という問題が顕在化するわけである。

現在の実務上の運用としては、例えば、破産管財人はこのような所有権留保付動産（自動車）を破産財団に属する財産として換価することができることを前提に、「販売会社に売却代金の5％程度の少額の解決金を支払って登録名義の移転を受けて破産管財人が売却した例」、「販売会社ないし信販会社に売却を委ね、売却代金から10％〜20％程度の解決金を差し引いた残額を破産財団に組み入れた例」等がある、と指摘されている(注30)。

さて、このような「実務の妙」とも評し得る和解的解決がなされているものの、理論的問題としてこれに対する何らかの解決を模索しなければならないであろう。結論を先に述べると、別除権説を前提とする場合、破産手続上、留保所有権者である信販会社に別除権行使が認められなければ、売買目的物の所有権帰属は買主（顧客）側に認められると考えるべきである^(注31)。その法的構成は、次のように考えられる。

まず、実体法上の第三者所有権留保の法的構成について、売主（販売会社）が買主（顧客）に一旦所有権を移転させており、その上で所有権留保特約（担保権設定契約）によって買主（顧客）が売主（販売会社）または信販会社に留保所有権＝担保権を設定したという見解［→Ⅰ1(2)］に拠るならば、所有権自体は一旦買主（顧客）に帰属しており、留保所有権＝担保権の設定後も実質的に所有権は買主（顧客）の下で維持されていたとみることができ、上記帰結の説明は難しくはない。

他方で、目的物の所有権について売主（販売会社）から買主（顧客）へ何らの物権変動も生じていないという見解［→Ⅰ1(2)］によると、確かに買主（顧客）には一度も所有権は帰属していないことになる。しかし、買主（顧客）の破産手続において留保所有権者である信販会社による別除権の行使が認められないとなると、所有権帰属が宙に浮いた状態に陥ってしまう。そもそもこの見解によれば、買主（顧客）は停止条件付権利である物権的期待権を有している一方で、信販会社には担保目的に制限された留保所有権が帰属するにすぎない。そうすると、買主（顧客）の破産手続開始時において信販会社が自己所有名義の登録を欠くため、この留保所有権を別除権として行使できな

（注30）　破産管財の手引220-221頁。
（注31）　中井康之「担保付債権の代位弁済と対抗要件」伊藤眞ほか編『担保・執行・倒産の現在――事例への実務対応』（有斐閣、2014）94頁（初出・ジュリ1444号〔2012〕）は、第三者所有権留保を前提に、「販売会社は、被担保債権のない空の担保枠を有しているのみであるから、その担保枠の公示を抹消する義務、すなわち、登録名義を破産管財人等に移転する義務がある」と指摘する。この義務の実体的根拠は明らかではないが、物権的請求権が根拠であるとすると、所有権が破産者（買主）に帰属することを前提としていると思われる（もっとも、三者間の契約〔三者契約〕に基づく債権的請求権として考える余地もあろう。この点は、第二東京弁護士会倒産法研究会（平成27年10月例会：2017年10月15日開催）における深山雅也弁護士からの御指摘による）。

ければ、信販会社は被担保債権であった立替金債権および手数料債権について無担保債権者と同様の地位に置かれるため、個別的権利行使が禁じられ（破100条1項）、もはや破産債権者としての集団的な破産手続参加（破103条1項）以外に満足を得る途は断たれてしまう。したがって、被担保債権および手数料債権の完済という実体法上の停止条件についても、倒産法上の変容または再構成を認めてもよいように思われる。そこで、破産手続開始時に被担保債権全額について破産債権が成立することをもって停止条件成就があったものとみなせば、この時点で買主（顧客）が完全な所有権を取得するに至る、と考えることもできるのではないだろうか(注32)。

(3) 法定代位構成の是非

なお、自動車販売に関する第三者所有権留保の事例において、買主（顧客）の破産手続開始時に留保所有権者である信販会社が自己名義の登録を具備していない場合、信販会社による別除権行使の余地は残されていないのであろうか。具体的には、信販会社は、登録を有する販売会社に代金債権を弁済（立替払）したことで、自己名義の登録なくして販売会社に代位する形で別除権を行使できないか。

法定代位の場合には「当然に……代位する」（民500条）、すなわち対抗要件を備えることは不要だとされる(注33)。したがって、被担保債権が、手数料等を含まない原債権＝残代金債権（立替金債権）の範囲であるとする法定代位構成を主張すれば、信販会社は買主（顧客）の破産手続開始時において自己名義の自動車登録を具備することを要せずに、その破産手続において別除権を行使することが可能であると考えられる(注34)。

なお、最判平成22・6・4は、このような法定代位構成につき、「本件三者契約は、販売会社において留保していた所有権が代位によりX（信販会社）に移転することを確認したものではな」いとして、法定代位構成を同判決の事案における三者契約の解釈として明示的に排斥している。しかし、これは、当該三者契約が手数料を含む立替金「等」債権を一括して担保するために販売

(注32) 福田修久「破産手続・民事再生手続における否認権等の法律問題(1)所有権留保に基づく自動車引上げがされた場合の否認等について」曹時64巻6号（2012）10頁参照。
(注33) 我妻榮『新訂債権総論（民法講義Ⅳ）』（岩波書店、1964）254頁等。

会社から信販会社に留保所有権を移転させるのを目的としていると同判決が解釈した結果にすぎない。すなわち、仮にこの三者契約について法定代位構成を適用すると、所有権留保の被担保債権は求償権でなく原債権＝残代金債権となる（最判昭和59・5・29民集38巻7号885頁参照）から、原債権に含まれない手数料債権はもはや担保されなくなってしまう。そのため、被担保債権に手数料債権も含むという当事者間の三者契約における合意内容を信販会社が重視する以上、それにもかかわらず法定代位構成を採用すれば、「本件三者契約における当事者の合理的意思に反するものといわざるを得ない」。そこで、同判決は、この合意によって法定代位構成を排除したと解釈するほかないと判断したと理解すべきであろう。したがって、同判決は、一般論として法定代位構成を排除する趣旨ではないと考えられる（なお、最判平成29・12・7民集71巻10号1925頁、【追記】参照）。

2　いわゆる「流通過程における所有権留保」の処遇

(1)　「流通過程における所有権留保」

所有権留保特約付売買は、自動車の割賦販売のように、短期的な信用供与手段として利用されている（「消費過程における所有権留保」）。しかし、それ以外にも、中長期的・継続的な商品取引（例えば、小売業や製造業）の場面において営業過程における転売を予定する在庫商品や加工を目的とする原材料に対する所有権を留保する旨の特約を付した売買契約（「流通過程における所有

（注34）　これに対して、小山泰史「判批」金法1929号（2011）59頁は、法定代位構成の下においても、行使できる債権額は小さくなる（原債権＝〔残〕代金債権の範囲に限られる）ものの、対抗要件なくして別除権行使が認められてしまうという信販会社に有利な解釈となってしまうため、信販会社には常に対抗要件具備が要求されると説く。しかし、法定代位構成によるならば、信販会社が販売会社の有していた担保権に代位し、当該担保権を別除権として行使するとしても、他の一般債権者を不当に害することはないため、この場合にまで登録等を要求すべきではない。なぜならば、破産手続開始以前においてすでに当該担保権は販売会社名義の登録等により公示されていたため、原債権を被担保債権とする限りにおいて担保目的物（所有権留保付動産である自動車）は一般債権者に対する引当財産から除外されていたとみることができ、また、この場合の信販会社による別除権行使は、登録名義人である販売会社が残代金債権＝原債権を被担保債権として担保権を行使するのと実質的に同一であると考えられるからである（杉本・前掲（注25）111頁注44）。中井・前掲（注31）93頁も、同趣旨を説く。

権留保売買」）もみられる(注35)。とりわけとくに近時の実務において、動産の価値評価や換価方法が洗練化しつつあることも考慮すれば、今後もこのような特約の利用の増加が予想される。

(2) 下級審裁判例における「引渡し」（民178条）の評価を巡る争い

実際に、この種の所有権留保特約付売買契約に関して、再生手続において売主が別除権として留保所有権を行使するに際して要求される「引渡し」（民178条）に占有改定が含まれるか否かが問題となった下級審裁判例がある。事案を簡略に説明すると、基本契約に基づき、所有権留保特約付きで継続的に動産（家庭用雑貨等の商品）の販売を行っていた売主が、買主およびその転得者につきそれぞれ再生手続が開始された後、開始前の一定期間に販売した商品につき、所有権留保の実行として、買主およびその転得者に対してその引渡しを求めたという事案である。

第1審判決（前掲・東京地判平成22・9・8）は、売主が留保所有権を別除権として再生債務者である買主および転得者に主張するには、対抗要件を具備している必要があるとし、売主は商品をすでに買主に引き渡しており、また、占有改定の方法による対抗要件具備も認められないとして、請求を棄却した（その後、その控訴審である東京高判平成23・6・7も控訴棄却とし、最判平成24・2・2が上告棄却・上告不受理決定をして確定している）。

ここでも仮に実体法上は売主から買主に物権変動が生じていないため「第三者」である再生債務者と売主との間に対抗関係はなく、対抗要件が不要であるとしても(注36)、このような「公示されない非典型担保」の効力を無条件

(注35) 消費者が目的物の最終使用者である「消費過程における所有権留保」に対して、転売目的の商品や加工のための原材料等が目的物とされる「流通過程における所有権留保」については、ドイツ法における「延長された所有権留保（verlängerter Eigentumsvorbehalt）」との比較法研究を中心に、米倉明「流通過程における所有権留保」同『所有権留保の研究（民法研究第1巻）』（新青出版、1997）1頁（初出・法協81巻5号、82巻1号、82巻2号〔1965-1966〕）が詳細である。また、実務における要請や問題点に関しては、稲田和也「継続的な動産売買取引における所有権留保」法時80巻6号（2008）93頁を参照。

(注36) ただし、第1審判決は、「本件における所有権留保は、商品についての所有権をY（買主）に移転した上で、X（売主）が、Y（買主）から担保権を取得したものと解するのが相当であって、Y（買主）によるX（売主）のための担保権の設定という物権変動を観念し得る」という法的構成を前提としており、この場合は対抗関係が認められる。

第3部　研究者からみた破産管財人の財産換価を巡る理論上の諸問題

に倒産手続において黙認することができないのは、前述のとおりである。とくに、このような継続的売買契約における在庫商品に対する売主所有権留保の場合は、在庫商品が包括的に担保に供されるため、買主の倒産手続において所有権留保が倒産財団を食い破り、一般債権者との衡平を害する危険性が大きい。のみならず、上記の事案のような小売業を営む再生債務者の再生手続においては、本来流通が予定されて取引のなされている商品につき、留保所有権に基づく引揚げを売主側に無条件に認めてしまうと、事業の維持・継続を困難にしてしまうという事情も考慮されよう。そこで、実体法上の対抗関係の有無にかかわらず、最判平成22・6・4で示されたのと同じように、買主が留保所有権を別除権として行使するには、担保権を別除権として行使するための要件として引渡し（民178条）が要求されると考えるべきである。

そして、「引渡し」（民178条）が占有改定（民183条）の方法による場合、どのような場合であれば占有改定の事実が認定されるか否かも問題となる。前記事案では、第1審判決および控訴審判決はともに対抗要件としての「引渡し」（民178条）につき、占有改定（民183条）の認定を厳密に行い、結論としてこれを認めなかった[注37]。一般論として述べると、上記事案のような場合の「引渡し」は現状では占有改定の方法によらざるを得ないものの、占有改定の方法が現実に認識可能な公示として不十分であることを考慮すれば、「引渡し」があったと認められるためには、委託販売契約におけるのと同様、

(注37)　第1審判決および控訴審判決の説く理由の詳細な分析については、遠藤・前掲（注10）NBL 998号43頁以下、同・前掲（注10）「所有権留保に関する最新論点」590頁以下を参照。

(注38)　権田修一「債権管理・回収に関わる判例考察」事業再生と債権管理140号（2013）99頁は、在庫商品の分別管理について、「取引先に対し、当社から仕入れた商品と他の仕入先から仕入れた商品とを分別して保管させ、他の仕入先から仕入れた商品と判別することができるようにしておくことが必要であ」るとして、「継続的なモニタリングが必要になる」と指摘する。ただし、買主の下で加工の対象とされる原材料等が目的物となる場合には厳密な分別管理は現実的ではなく、その性質に応じた分別管理の方法とモニタリングを要求すれば足りると考えられる。その他の実務対応については、遠藤・前掲（注10）NBL 998号47頁以下、同・前掲（注10）「所有権留保に関する最新論点」593頁以下も参照。

なお、流通や消費を予定せず、登録等を対抗要件としない動産（例えば、備品等）については、占有改定ではなく、例えば簡易なネーム・プレート等による公示を行うのが望ましいと考えられる。

個別具体的な事案に応じて、買主の下で目的物を特定して分別管理を行う措置が講じられるよう、売主の側が継続的にモニタリングを行う必要があると考えられる(注38)。

結びに代えて

冒頭で述べたように、破産管財人は破産財団に属する財産の換価を行わなければならない。しかし、買主破産時において破産財団に所有権留保付動産が含まれている場合、破産手続における所有権留保の処遇がいまだに明確でないがゆえに、破産管財人はその対応に躊躇することも多いのではないか、と推測される。利害関係人の1人である留保所有権者に対して、手続開始前の法律関係を前提に、破産管財人は善管注意義務（破85条）を負うことになるが(注39)、破産手続における留保所有権者の法的地位が明確でなければ、破産管財人が管財業務において果たすべき善管注意義務の内容も不明瞭なままとなりかねない。

本稿では、破産管財人が所有権留保付動産を換価するに際し、前提として直面し得る法的問題につき、現在の問題状況を提示した上で、判例・学説における今日の議論状況を踏まえ、できる限り解決の指針を模索したつもりである。しかし、なお十分に煮詰めることのできなかった点も多く、今後の課題とせざるを得ない。その際、今後の最高裁判例や下級審裁判例により倒産手続全般における所有権留保の処遇のあり方がより明らかとなるのを待つとともに、動産の公示方法に関する制度的な手当の進展にも注視する必要があると思われる（【追記】参照）。

（注39）　なお、破産管財人には、手続開始前の破産者に関する実体的法律関係を前提として管理処分権が専属するが（破78条1項）、破産管財人は破産者の従前の地位や義務そのものを承継するものではない。利害関係人に対する破産管財人の法的地位については、中西正「破産管財人の実体法上の地位」田原古稀（下）387頁、伊藤眞「破産管財人の法的地位と第三者性――管理機構人格説の揺らぎ？」本書621頁、杉本和士「破産管財人の法的地位――破産法律関係と実体法律関係の結節点」佐藤鉄男＝中西正編著『倒産処理プレーヤーの役割――担い手の理論化とグローバル化への試み』（民事法研究会、2017）148頁を参照。また、破産管財人の善管注意義務に関しては、山本研「破産管財人の善管注意義務と担保価値維持義務」本書647頁を参照。

第3部　研究者からみた破産管財人の財産換価を巡る理論上の諸問題

【追記】

　本稿を本書に掲載するに当たり、本書初版に掲載された元の論稿（以下、「初版論稿」という）につき、大幅な文章表現や誤記の修正を行うとともに、引用文献を最新版に改めた。もっとも、内容に関しては、以下に述べる点を除いて、実質的に追加変更した点はない。そのため、全体を通じて初版刊行後に現れた裁判例とそれに関する議論を踏まえた論述とはなっていないが、本稿に関連する内容について、以下の点を追記しておきたい（なお、以下の内容は、杉本和士「倒産手続における集合動産譲渡担保と所有権留保の競合問題に関する覚書」近江幸治先生古稀祝賀『社会の発展と民法学（上）』〔成文堂、2019〕643頁、特に651－659頁で示したものである）。

　第1に、初版発刊後に現れた最判平成29・12・7（民集71巻10号1925頁。以下、「平成29年最判」という）についてである。同判決は、前掲・最判平成22・6・4（以下、「平成22年最判」という）と同様にオートローン契約における信販会社による留保所有権の別除権行使の事案につき、自動車売買で所有権留保の合意がされ、代金債務の保証人たる信販会社が販売会社に代金残額を支払った後、購入者の破産手続が開始した場合、その開始の時点で自動車につき販売会社名義の登録がされているときには、保証人たる信販会社が、自己名義登録がなくても留保所有権を別除権として行使することができる旨を判示したものである。この平成29年最判は、平成22年最判が否定した法定代位構成を採用した判例であるものの、平成22年最判で示された法理をさらに明確にしたものとして位置付けることができる。すなわち、同判決は、販売会社、信販会社および購入者の三者間において、立替金のみならず手数料をも担保するために信販会社に所有権を留保する旨の三者間合意に関する判断であった平成22年最判の事案とは異なり、破産手続または再生手続の開始時において優先性が公示された留保所有権とその被担保債権の同一性が維持される限りでは、留保所有権者たる信販会社による販売会社に対する法定代位が認められる旨を判示したものである。要するに、手続開始時の登録等が、いわば留保所有権者の優先権の及ぶ被担保債権の「枠」の事前公示の要件として要求される旨を示したものと理解される。

第2に、初版論稿では、平成22年最判が、再生手続開始時に担保権につき登記、登録等を具備していることを別除権行使の要件とする趣旨について、実体法上の対抗要件ではなく、「権利保護資格要件」を要求したものであると述べていた（本書〔初版〕719頁等）。本稿では、これを「優先性を公示するための要件」という用語に改めている。この要件は、法的倒産手続において、他の一般債権者との関係で、担保による優先性を手続開始の時点であらかじめ公示しておくために求められるというのが私見による理解であり、「権利保護資格要件」の用語ではこの意図を示すことができていなかった。そこで、この点を明確にする目的で用語の変更を行った。さらに、実体法上の対抗関係の意義について、厳密な権利移転（物権変動）が必ず前提とされなければならないとは限らないため、ここで対抗要件か権利保護資格要件かという問いの立て方が失当であると考え改めた次第である。

◆執筆者一覧◆

相羽　利昭（あいば　としあき）
【所属】三宅・今井・池田法律事務所・東京弁護士会
【執筆担当】第2部第2章第2節

縣　　俊介（あがた　しゅんすけ）
【所属】みなと協和法律事務所・東京弁護士会
【執筆担当】第2部第10章第7節

上石　奈緒（あげいし　なお）
【所属】巻之内・上石法律事務所・東京弁護士会
【執筆担当】第2部第2章第4節〜第6節

安部　祐志（あべ　ゆうじ）
【所属】山﨑総合法律事務所・第一東京弁護士会
【執筆担当】第2部第10章第3節

飯尾　　拓（いいお　たく）
【所属】近藤丸人法律事務所・第二東京弁護士会
【執筆担当】第2部第1章第2節

池上　哲朗（いけがみ　てつろう）
【所属】京都総合法律事務所・京都弁護士会
【執筆担当】第2部第3章第2節

石井　芳明（いしい　よしあき）
【所属】最高裁判所総務局参事官
【執筆担当】第2部第3章第12節

伊藤　　眞（いとう　まこと）
【所属】東京大学名誉教授
【執筆担当】第3部①

上田　　慎（うえだ　しん）
【所属】梶谷綜合法律事務所・第一東京弁護士会
【執筆担当】第2部第3章第7節・第8節

上野　　保（うえの　たもつ）
【所属】元木・上野法律会計事務所・第二東京弁護士会
【執筆担当】第2部第3章第1節

大澤加奈子（おおさわ　かなこ）
【所属】梶谷綜合法律事務所・第一東京弁護士会
【執筆担当】第2部第3章第4節

＊岡　　伸浩（おか　のぶひろ）
【所属】岡綜合法律事務所・第一東京弁護士会
【執筆担当】第1部第1章第5節・第6節

＊小畑　英一（おばた　えいいち）
【所属】ＬＭ法律事務所・第一東京弁護士会
【執筆担当】第2部第10章第6節

垣内　秀介（かきうち　しゅうすけ）
【所属】東京大学大学院法学政治学研究科教授
【執筆担当】第3部④

執筆者一覧

籠池　信宏（かごいけ　のぶひろ）
【所属】籠池法律事務所・香川県弁護士会
【執筆担当】第2部第10章第1節

片山　健（かたやま　たけし）
【所属】名古屋地方裁判所判事
【執筆担当】第2部第6章第3節・第7章第4節

金山　伸宏（かなやま　のぶひろ）
【所属】かなやま法律事務所・東京弁護士会
【執筆担当】第2部第10章第2節

神原　千郷（かんばら　ちさと）
【所属】光和総合法律事務所・第一東京弁護士会
【執筆担当】第2部第3章第6節

北村　治樹（きたむら　はるき）
【所属】法務省民事局参事官
【執筆担当】第2部第2章第12節

木村　真也（きむら　しんや）
【所属】木村総合法律事務所・大阪弁護士会
【執筆担当】第2部第2章第7節・第8節

木村　匡彦（きむら　まさひこ）
【所属】東京地方裁判所判事
【執筆担当】第2部第5章第6節

河野慎一郎（こうの　しんいちろう）
【所属】河野法律事務所・第二東京弁護士会
【執筆担当】第2部第3章第9節・第11節

三枝　知央（さいぐさ　ともお）
【所属】さきくさ総合法律事務所・東京弁護士会
【執筆担当】第2部第2章第1節・第8章第1節

佐藤　三郎（さとう　さぶろう）
【所属】佐藤三郎法律事務所・第一東京弁護士会
【執筆担当】第2部第4章第6節・第7節

柴田　祐之（しばた　ひろゆき）
【所属】ＬＭ法律事務所・第一東京弁護士会
【執筆担当】第2部第3章第3節

柴田　義人（しばた　よしひと）
【所属】アンダーソン・毛利・友常法律事務所・第二東京弁護士会
【執筆担当】第2部第5章第1節～第5節

志甫　治宣（しほ　はるのぶ）
【所属】三宅・今井・池田法律事務所・東京弁護士会
【執筆担当】第2部第4章第1節・第8章第2節

＊**島岡　大雄**（しまおか　ひろお）
【所属】奈良地方裁判所部総括判事
【執筆担当】第1部第2章第1節～第3節・第2部第1章第3節・第8章第3節・第9章第2節

執筆者一覧

島田　敏雄（しまだ　としお）
【所属】ＬＭ法律事務所・第一東京弁護士会
【執筆担当】第2部第1章第1節・第4章第4節

清水　祐介（しみず　ゆうすけ）
【所属】ひいらぎ総合法律事務所・東京弁護士会
【執筆担当】第2部第2章第1節

＊進士　肇（しんじ　はじめ）
【所属】篠崎・進士法律事務所・東京弁護士会
【執筆担当】第1部第1章第1節・第4節

杉山　悦子（すぎやま　えつこ）
【所属】一橋大学大学院法学研究科教授
【執筆担当】第3部⑤

杉本　和士（すぎもと　かずし）
【所属】法政大学法学部教授
【執筆担当】第3部⑦

杉本　純子（すぎもと　じゅんこ）
【所属】日本大学法学部准教授
【執筆担当】第3部⑥

鈴木　学（すずき　がく）
【所属】西村あさひ法律事務所・第二東京弁護士会
【執筆担当】第2部第6章第1節・第2節

関端　広輝（せきばた　ひろき）
【所属】アンダーソン・毛利・友常法律事務所・東京弁護士会
【執筆担当】第2部第10章第5節

髙井　章光（たかい　あきみつ）
【所属】髙井総合法律事務所・第二東京弁護士会
【執筆担当】第2部第7章第1節〜第3節

高橋　弘子（たかはし　ひろこ）
【所属】たかはし総合法律事務所・東京弁護士会
【執筆担当】第2部第2章第9節・第10節

田川　淳一（たがわ　じゅんいち）
【所属】功記総合法律事務所・東京弁護士会
【執筆担当】第2部第2章第11節

玉城　光博（たまき　みつひろ）
【所属】東京駅前法律事務所・東京弁護士会
【執筆担当】第2部第5章第1節〜第5節

都野　道紀（つの　みちのり）
【所属】札幌地方裁判所判事
【執筆担当】第2部第4章第8節

内藤　滋（ないとう　しげる）
【所属】内藤滋法律事務所・第二東京弁護士会
【執筆担当】第2部第4章第5節

中森　亘（なかもり　わたる）
【所属】北浜法律事務所・外国法共同事業・大阪弁護士会
【執筆担当】第2部第10章第4節

執筆者一覧

野田　聖子（のだ　せいこ）
【所属】永沢総合法律事務所・第一東京弁護士会
【執筆担当】第2部第3章第5節

野村　剛司（のむら　つよし）
【所属】なのはな法律事務所・大阪弁護士会
【執筆担当】第2部第2章第3節

平山　隆幸（ひらやま　たかゆき）
【所属】平山法律事務所・第一東京弁護士会
【執筆担当】第2部第3章第10節

福岡真之介（ふくおか　しんのすけ）
【所属】西村あさひ法律事務所・第二東京弁護士会
【執筆担当】第2部第6章第1節・第2節

福田　修久（ふくだ　のぶひさ）
【所属】大坂地方裁判所部総括判事
【執筆担当】第1部第2章第4節

＊三森　仁（みつもり　さとる）
【所属】あさひ法律事務所・第二東京弁護士会
【執筆担当】第1部第1章第2節・第3節・第7節

南　賢一（みなみ　けんいち）
【所属】西村あさひ法律事務所・東京弁護士会
【執筆担当】第2部第10章第2節

蓑毛　良和（みのも　よしかず）
【所属】三宅・今井・池田法律事務所・東京弁護士会
【執筆担当】第2部第4章第1節

本山　正人（もとやま　まさと）
【所属】LM法律事務所・第一東京弁護士会
【執筆担当】第2部第4章第2節・第3節

谷津　朋美（やつ　ともみ）
【所属】TMI総合法律事務所・東京弁護士会
【執筆担当】第2部第9章第1節

山本　和彦（やまもと　かずひこ）
【所属】一橋大学大学院法学研究科教授
【執筆担当】第3部③

山本　研（やまもと　けん）
【所属】早稲田大学大学院法務研究科教授
【執筆担当】第3部②

※2019年1月31日現在。50音順。＊は編者を指す。

◆事項索引◆

──────── 欧　文 ────────

Chapter11 ························· 475
Chapter15 ············ 460, 462, 475
Engineering Report ············· 125
IT 企業 ··························· 587〜
M&A ························· 615, 616
OEM 生産品 ························ 439
PCB ············ 142, 193, 194, 397, 566
UNCITRAL ···················· 460, 475
UNCITRAL モデル倒産法 ········· 460

──────── あ　行 ────────

アフターサービス対応 ······· 280, 288
生き物 ···························· 603〜
遺産分割 ····························· 169
遺産分割協議 ················· 190, 522
遺産分割請求権 ······················ 27
医師法 ······························· 613
慰謝料 ······························· 325
慰謝料請求権 ················· 26, 238
意匠権 ················· 426, 429, 441
委託者の破産 ························ 23
委託販売 ······················ 282, 357
委託販売制度 ················ 594, 595
一括支払システム ······· 237, 242, 255
一括売却 ······················ 363, 374
一括有期事業 ······················ 337
1 個説 ······························· 744
一般酒類販売免許 ·················· 581
一般承継人 ·························· 641
違約金 ······························· 287
違約金条項 ··············· 185, 287, 294
医薬品 ························· 367, 616
遺留分減殺請求権 ············ 27, 170

医療機器 ···························· 616
インカムアプローチ ················ 428
印紙税 ························· 147, 543
印税 ································· 600
インターネット ···················· 588
インターネットバンキング ········ 465
請負契約 ···························· 283
請負人破産 ············ 284, 551, 552
売掛金 ······························· 279
　──の区分 ························ 291
売出価格 ···························· 129
売主所有権留保 ···················· 783
運行供用者責任 ···················· 391
映画製作委員会 ············ 443, 444
映画の著作物 ······················ 443
営業保証金 ························· 236
営業保証金制度 ···················· 331
エスクロー ························· 463
閲覧禁止の申立て ·················· 250
閲覧謄写請求権の行使 ·············· 14
延滞金 ························· 535, 544
延滞税 ························· 535, 544
オーバーローン ········ 117, 120, 524
汚職行為の禁止 ······················ 58
オンライン書店 ···················· 601

──────── か　行 ────────

海外資産 ······················ 456, 472
　──の換価 ························ 474
外貨管理制度 ······················ 458
外国為替及び外国貿易法 ········· 459
外国倒産処理手続の承認援助に関する
　法律 ······························· 460
介護施設 ···························· 611
介護費用 ···························· 327

解雇予告……………………………235
解散事業年度……………………536
概算保険料の還付請求…………337
会社分割……………480, 485, 489, 494
　　──株主総会決議………………485
　　──裁判所の許可………………485
　　──破産手続…………………480, 481
　　──保全管理手続……………480, 481
解撤権……………………………405
介入権者…………………………314
買戻契約…………………………581
買戻条件付売買…………………595
解約返戻金………………………313
過誤納金………………533, 534, 537
　　──の還付……………………540
　　仮装経理に基づく──………540
瑕疵修補に代わる損害賠償請求…283
貸倒処理…………………………333
瑕疵担保対応……………………288
瑕疵担保免責条項………137, 178, 252,
　　　　　　　　　　　　363, 375
貸付金……………………………321
課税証明書………………………309
課税処分に対する不服申立て…535
課税処分の取消し………………538
仮装経理………………332, 334, 534
　　──に基づく過誤納金………540
仮装譲受人……………………166, 168
仮想通貨…………………………106
過大申告…………………………334
金型………………………………562
過納金……………………………332
過払金返還請求権………………236
株式………………………………318
株式譲渡制限……………………318
仮登記……………………………150
カルテ……………………………613
簡易生命保険……………………302
　　──の還付請求権……………26

還付金……………………533, 534, 537
管理型信託………………………436
管理機構…………………………627
管理機構人格説…………621～, 637～
管理機構法主体説………………622
危険物……………………………193
既施工部分…………………553, 554
季節物商品………………………364
偽装離婚…………………………521
帰属清算型……………………353, 377
既払金→前払金
供託金還付請求権………………329
供託金等…………………………329
供託書正本………………………331
供託通知書………………………330
供託物払渡請求書…………330, 331
共有物分割………………………209
共有不動産………………………208
漁業権……………………………447
漁船………………………………403
許認可
　　──医薬品……………………367
　　──酒類………………………367
　　──たばこ……………………367
　　──手続の承継………………487
金券………………………………584
クーポン券………………………584
区分所有建物（マンション）
　　──管理費………………158, 176
　　──修繕積立金………………158
　　──の売却……………………175
クラウド・コンピューティング・サー
　　ビス……………………………587
繰戻還付……………………332, 333
　　──請求………………………539
クロスライセンス契約…………428
経営者保証ガイドライン…28, 173, 199
警察上の援助……………………29
軽自動車…………………………393

事項索引

継続的契約における解除特約の効力 ……725
継続的商取引……778
契約上の義務の承継……692
鶏卵・乳牛の生産ファーム……605
鶏卵ファーム……607
欠損金および純損失の繰戻還付……539
原材料……364
原状回復義務……184, 295
原状回復請求権……296, 740, 743, 744, 746
　──財団債権・741, 748, 749, 754, 758
　──取戻権……751, 752, 757, 758
　──破産債権……741, 748, 752, 753
原子力規制委員会……401
建設会社……551
建設機械（建機・重機）……364, 406
　──抵当……406
建設協力金……292, 298
権利金……298
権利保護資格要件……785, 792, 793, 795
後遺障害逸失利益……326
鉱業権……446
公共工事の前受金……237
公共施設等運営権……447
公示書……35
公示性……767, 768
工事出来高……555, 558
工事前払金……556
工場……191
工場抵当……151, 195, 408
工場抵当法……567
控除不足額等の還付金……538
更生債権……781
公正誠実義務……37
更生担保権……781
公正取引委員会への届出……488
更正の請求……334, 537, 540
更正の請求書……332

公租公課……535
交通事故被害……323
合弁会社……465
小型船舶……403
顧客情報……383
国際破産……23
国際連合国際商取引委員会
　→ UNCITRAL
告示書……36
個人……25
個人事業主……291
個人情報……383, 425
個人情報データベース……592
個人情報取扱事業者……586, 592, 593
コストアプローチ……428, 429
固定化……354, 355
固定資産税……148, 156, 543
　──の扱い……139
誤納税金還付請求……538
個別売却……363, 374
コベナンツ条項……355
ゴルフ会員権……338
ゴルフ場運営会社等……338
コンテンツ……593

──────── さ　行 ────────

サービサー……250, 280, 476
サーベヤー……463
債権質……263
債権者委員会……79
債権者破産申立て……266
債権者平等原則……766
債権譲渡担保契約……598
債権譲渡登記……256, 598
債権の換価・回収……341
債権の譲渡禁止特約……251
債権の放棄……345
在庫商品……370
　──季節性商品……371

事項索引

　　――食品……………………………371
　　――占有管理…………………………370
　　――の分別管理 ………………………800
財産価値最大化理論………………………706
財産調査
　　――個人………………………………99
　　――の限界……………………………115
　　――の方法……………………………94
　　――法人………………………………89
財産分与……………………………………521
財産分与請求権……………………………27
財団維持増殖義務…………………………647
財団組入れ……122, 132, 155, 226, 564
財団債権の債務者…………………………631
財団放棄………121, 142, 173, 183, 190,
　　　　212, 228, 252, 402, 420
　　――危険防止措置が必要な場合…221
　　――建築途上の建物………………220
　　――借地権付建物…………………219
　　――賃貸不動産……………………217
　　――の効果…………………………214
　　――の時期…………………………222
　　――の手続…………………………213
裁判所における許否の審査… 343, 418,
　　　　　　　　　　446, 476
裁判所の監督………………… 71, 73, 545
裁判所の許可………………………………77
詐害行為否認……………………… 502, 517
先物取引……………………………………327
酒類…………………………………………367
差押禁止財産……………… 26, 291, 301
差押債権者…………………………………641
差押えの解除申請…………………………162
雑誌…………………………………………597
産業廃棄物………………… 193, 395, 607
　　　　――処理……………………607
三者間相殺（三角相殺）…………………274
残置物の収去義務…………………………295
山林原野の換価……………………………206

歯科医院……………………………………611
仕掛品………………………………………364
仕掛工事……………………………………552
時価純資産方式……………………………318
地金…………………………………………411
敷金……………………………… 186, 292
事業継続…………………… 290, 367, 483,
　　　　486, 494, 500, 574
　　――裁判所の許可…………… 483, 486
　　――差押禁止動産…………………483
　　――包括的禁止命令………………486
　　――の許否…………………………495
事業譲渡…479, 489, 494, 574, 590, 609
　　――株主総会決議…………… 485, 496
　　――許認可…………………………479
　　――個人事業者……………………499
　　――裁判所の許可…………… 485, 498
　　――取引債務の承継………………498
　　――破産者による事業継続………500
　　――破産者への譲渡………………484
　　――包括的禁止命令………………496
　　――保全管理手続…………… 479, 480
　　――保全管理命令…………………495
　　――手続の透明性…………… 494, 497
　　――の許可…………………………482
　　――の対価の適正…………… 494, 497
　　――労働組合等の意見聴取 482, 498
事業譲渡・会社分割………………………489
　　――解雇予告………………………490
　　――事業評価………………………489
　　――従業員に関する債務…………491
　　――取引継続………………………492
　　――取引債務の承継………………489
　　――破産手続開始の申立前………499
事業所の廃止届……………………………544
事業内不動産………………………………192
事業年度……………………………………536
資金調達型信託……………………………436
時効管理……………………………………240

811

時効の中断（完成猶予・更新）…… 241
自己信託………………………… 22
資産の廉価売却………………… 502
下請代金………………………… 281
失業等給付受給権……………… 26
執行取消しの上申……………… 239
実際工事原価…………………… 554
実質所得者課税の原則……… 639, 640
実用新案権……………… 426, 429, 441
自動確定方式……………… 537, 538
──源泉所得税の過誤納金…… 541
自動車…………………………… 422
自動車税………………………… 543
自動車損害賠償責任…………… 389
自動車損害賠償責任保険……… 305
支払停止………… 271, 510, 518, 528
支払不能………… 269, 511, 517, 528
私法上の職務説……………… 621, 623
社会的責任（第3の義務）…… 684, 687,
696, 698, 701, 704
──産業廃棄物の埋設した不動産の
財団放棄…………………… 685
──周辺住民の危険……………… 686
──人身損害等に基づく損害賠償義
務……………………………… 684
──担保目的である敷金返還請求権
の価値の減損………………… 685
──担保目的物の修繕義務……… 685
──労働者・取引先の利益……… 686
死亡保険金……………………… 307
借地権付建物の換価…………… 180
借地人破産……………………… 180
収益還元方式…………………… 318
什器備品…………………… 364, 383
収去権…………………………… 742
収去請求権……………………… 742
集合債権譲渡担保…………… 242, 256
集合動産譲渡担保…………… 353, 376
集合物譲渡担保（ABL）……… 605

自由財産………………… 25, 172, 302
自由財産の範囲の拡張……… 25, 172, 267, 308
──を認める裁判……………… 308
修繕・修補請求権……………… 743
修繕積立金……………………… 177
銃砲・刀剣類…………………… 408
重要財産開示義務………… 29, 266
受益権…………………………… 320
受益者の悪意…………………… 512
受託者説………………………… 621
受託者の破産…………………… 20
受託の制限……………………… 55
出捐者……………………… 311, 313
出資金……………………… 236, 317
出版契約………………………… 598
出版社…………………………… 594
守秘義務………………………… 54
種類物売買……………………… 773
準債務名義説…………………… 772
消化仕入契約…………………… 576
小規模企業共済………………… 301
承継説……………………… 653, 654
証券化…………………………… 445
上場株式………………………… 318
商事留置権…… 254, 359, 558, 559, 564
──消滅請求…………… 289, 360
譲渡禁止特約付売掛債権の担保化… 22
譲渡承認請求…………………… 319
譲渡担保……… 598, 764, 768, 780, 794
承認援助法……………………… 460
承認手続………………………… 456
消費者契約法…………………… 136
消費税……………………… 143, 543
商標権………… 426, 429, 439, 582, 599
商標の譲渡……………………… 599
商品卸売債権者………………… 578
商品在庫…………………… 575, 578
情報の配当…………… 91, 99, 115

食品類 ………………………… 363
書証説 ………………………… 772
書籍を販売（頒布）する権利 …… 599
処分清算型 ………………… 353, 377
処分セール …………………… 584
所有権留保 ………… 356, 378, 391, 764,
　　　　　　　　　　 768, 780, 794
　──信販会社の別除権行使 …… 392
　──付動産 ………………… 779, 784
所有権留保特約 …………… 783, 793
　──付売買契約 …………… 791, 792
信義誠実義務 ………………… 57
申告納税方式 ………………… 537
真正譲渡 ……………………… 445
真正商品 ……………………… 439
信託契約 ……………………… 556
信託財産
　──特定・分別管理の要件 …… 22
　──の破産 ………………… 19
新得財産 ……………………… 25
信用金庫 ……………………… 317
信用取引 ……………………… 778
診療録 ………………………… 613
スクラップ価格 ……………… 565
生活保護受給権 ……………… 26
税金還付 ……………………… 335
税金等の還付金請求権 ……… 236
清算確定事業年度 …………… 536
清算義務 …………………… 354, 391, 784
清算事業年度 ………………… 536
生産設備の稼働 ……………… 608
生産物賠償責任保険（PL 保険）… 565
製造装置 ……………………… 568
生命保険契約 ………………… 302
生命保険料控除 ……………… 313
　──額 ……………………… 310
説明義務 …………………… 29, 266
ゼロ和解 ……………………… 597
善管注意義務 …… 73, 93, 309, 591, 592,
　　　　　　　 603, 637, 647, 688, 761, 769
　──と担保価値維持義務 …… 675
　──の相手方 ……………… 688
　──の意義 ………………… 47
　──の対象 ………………… 703
　──の内容 ………………… 660
　──の範囲 ……………… 690, 703
善管注意義務違反 ………… 636, 660
　──についての判断 ………… 662
　──による損害賠償責任 …… 663
　──の効果 ……………… 50, 243
　──の態様 ………………… 47
全国倒産処理弁護士ネットワーク
　………………………………… 427, 454
船舶 …………………………… 403
船舶先取特権 ………………… 404
専門家報酬 …………………… 474
占有改定 ……… 354, 356, 376, 378,
　　　　　　　 393, 578, 799, 800
倉庫業者 ……………………… 599
相殺 …………………………… 268
　──に対する合理的期待 …… 320
　──の抗弁 ……………… 244, 283, 286
相続 …………………………… 522
相続財産の破産 ……………… 18
相続人の破産 ………………… 19
相続放棄 ……………………… 170
相対的価値保障原理 ………… 706
相当な対価での資産売却 …… 503
双方未履行双務契約 …… 552, 589, 781,
　　　　　　　 785, 787, 789, 791
ソーシャル・ネットワーキング・サー
　ビス ………………………… 587
即時解雇 ……………………… 235
属地主義 ……………………… 472
ソフトウェア ………………… 589
　──開発契約 ……………… 590
損害賠償義務 ………………… 50
損害賠償請求権 ……………… 323

損害保険契約……………………302

――――た 行――――

第3の義務（社会的責任）……684, 687, 696, 698, 701, 704
　――周辺住民の危険…………686
　――人身損害等に基づく損害賠償義務……………………………684
　――担保目的である敷金返還請求権の価値の減損………………685
　――担保目的物の修繕義務……685
　――労働者・取引先の利益……686
対抗要件………150, 165, 256, 352, 376, 378, 785, 791, 792, 793, 799
対抗要件具備……………………504
　――否認…………………………329
第三者所有権留保………………783
第三者追及効………761, 768, 774
第三者の所有名義…………167, 171
第三者の利益……………………684
タイトル保険……………………462
滞納処分……………133, 161, 242
代物弁済…………………………504
宅地建物取引業者………………332
建物収去土地明渡義務…………184
たばこ…………………367, 375, 582
単純所有権留保付売買…………792
担保価値維持義務……49, 183, 242, 243, 261, 355, 637, 647, 694, 695, 769, 770
担保価値維持義務違反…………297
　――の効果………………………651
　――の判断基準…………………651
担保供与…………………………504
担保権者に対する情報提供・協力義務……………………………………261
担保権証明文書………………579, 772～
担保権消滅許可……………159, 577
　――の申立て……………………121
畜産ファーム……………………609

知的財産権………………………426
　――の換価……………………446
　――の共有……………………434
　――の信託……………………436
　――の評価手法………………428
中小企業退職金共済……………301
中途解約違約金条項……………733
注文者破産………………………557
長期分割払の合意………………280
帳簿の閉鎖………………………30
著作権……………………………442
著作権使用料……………………600
著作者人格権……………………442
著作物の出版権…………………599
通常実施権……………432, 433, 435
ディスカウンティッド・キャッシュフロー方式……………………318, 428
ディスカバリー…………………458
適合性の原則……………………327
出来高……………………234, 553
出来高査定…………285, 554, 559
出来高算定………………………286
出来高請求………………………590
デジタルコンテンツ……………587
手続開始国法……………………459
テナントビルの換価……………186
でんさいネット……………315, 316
電子記録債権……………………237
電子記録債権法…………………315
電子出版…………………………600
電子メール………………………107
天然果実…………………………607
天引き……………………………522
転付命令……………………238, 762
動産及び債権の譲渡の対抗要件に関する民法の特例等に関する法律……256
倒産解除特約……243, 282, 705, 781, 786
　――の効力………………………714
動産競売…………………………759

――開始許可 ················· 777
――決定 ····················· 580
――の裁判 ················· 773
動産譲渡担保 ·············· 353, 376
動産譲渡担保権者 ············· 353
動産の換価 ····················· 415
動産の占有管理 ················· 351
動産の廃棄 ····················· 369
動産売買契約
――瑕疵担保免責条項 ······· 363, 375
――消費者契約法 ··········· 363, 375
動産売買先取特権 ······· 254, 357, 379, 579, 580, 581, 759
――第三者追及効 ··············· 767
――に基づく物上代位 ······· 279, 284
――優先弁済権 ··············· 761
倒産法の公序 ·············· 695, 709
倒産法の再構成 ················· 708
投資信託 ···················· 319, 320
投資信託解約金 ················· 319
投資被害 ······················· 327
当然対抗制度 ··················· 431
登録自動車 ····················· 390
登録免許税 ·············· 148, 543
毒劇物 ························· 617
独自義務説 ·············· 653, 655
特別管理産業廃棄物 ············· 566
都市計画税 ·············· 148, 156
土壌汚染 ······· 141, 193, 399, 569, 572
土壌汚染対策法 ················· 141
――上の義務 ················· 696
土地譲渡益重課税 ··············· 147
特許権 ············ 426, 429, 432, 441
特許情報プラットフォーム ········· 426
鳥インフルエンザ ··············· 606
取次 ··························· 594
取戻権 ··········· 576, 781, 783, 787, 790

―――― な 行 ――――

2個説 ························· 745
二次的著作物 ··················· 442
日本環境安全事業株式会社（JESCO）
······························· 398
日本貿易振興機構（JETRO）········ 457
入札 ················ 365, 374, 487, 496
任意売却 ················ 118, 449
ネット通販 ····················· 366
農地 ··························· 201
――の換価 ··················· 201
ノークレーム・ノーリターン ········ 9

―――― は 行 ――――

バーゲンセール ················· 365
ハードウェア ··················· 589
パート従業員 ··················· 585
廃棄物の処理及び清掃に関する法律
······························· 566
配当還元方式 ··················· 318
配当調整 ······················· 477
破産管財業務 ··················· 760
破産管財人 ····················· 696
――に対する説明義務 ··········· 235
――の育成 ····················· 69
――の公的地位 ················· 603
――の個人責任 ················· 665
――の個人責任補充性論 ········· 667
――の社会的責任 ·········· 396, 400
――の社会的責任論 ············· 603
――の職務上の権限 ············· 29
――の選任 ····················· 64
――の善管注意義務·47, 71, 231, 660
――の第三者性 ················· 165
破産管財人代理 ················· 46
破産管財人の義務
――契約上の義務の承継 ········· 704
――源泉徴収義務 ·········· 543, 638

――申告義務……………………*534*
――社会的責任（第3の義務）…*696*
――対外的義務……………*701, 702*
――対内的義務……………*701, 702*
――道義的責任…………………*696*
――不法行為法上の注意義務…*698, 699, 704*
――法令上の義務……………*696, 704*
破産管財人の担保価値維持義務……*650*
　――善管注意義務との関係………*671*
　――違反の効果……………*651, 658*
　――違反の判断基準…………*651, 657*
　――の承継……………………*653*
破産財団………………………………*25*
破産財団主体説（破産財団代表説）
　………………………………*621, 623*
破産財団放棄………………*368, 450*
破産手続参加…………………………*797*
バックヤード…………………………*575*
発行保証金……………………………*236*
バッタ売り……………………………*281*
バッタ屋………………………………*565*
パテントトロール……………………*428*
パラダイム・シフト論………………*668*
ハローワーク…………………………*585*
反社会的勢力に関する条項…………*137*
被供託者………………………………*329*
引渡し……………………………*799, 800*
引渡命令…………………………………*30*
ビジネスモデル………………………*591*
美術品・骨董品………………………*410*
非上場株式……………………………*318*
否認……………………………*257, 501*
否認（個人）…………………………*515*
否認権の行使………………*512, 526*
否認の訴え……………*329, 513, 526*
否認の請求……………*329, 513, 526*
病院……………………………………*611*
病床過剰地域…………………………*615*

ファクタリング→一括支払システム
不安の抗弁権…………………………*278*
フィナンシャルアドバイザー（FA）
　………………………………*487, 609*
封印………………………………………*30*
賦課課税方式…………………………*537*
普及主義………………………………*456*
附帯税…………………………………*535*
物権的期待権………………*788, 796*
仏具……………………………………*412*
物上代位……………*254, 762, 767*
　動産売買先取特権に基づく――
　………………………………*279, 284*
仏像……………………………………*412*
不動産仲介業者……………*127, 153*
不動産の換価………………*117, 224*
　――破産法人代表者が底地を所有し
　　ている場合…………………*199*
不動産の譲渡担保……………………*196*
不動産売買契約
　――瑕疵担保免責条項……………*178*
　――居住者の立退き………………*177*
　――固定資産税・都市計画税……*148*
　――動産撤去費用…………………*157*
　――引越費用等……………………*157*
　――の決済…………………………*138*
　――の締結…………………………*134*
普遍主義………………………………*472*
プライオリティー・ルール…………*781*
プライバシー…………………………*592*
ブランド………………………………*579*
振込指定………………………………*271*
プリペイドカード…………*236, 331*
分割禁止………………………………*209*
粉飾決算……………………*322, 334*
並行輸入品……………………………*440*
閉店セール……………………………*579*
別除権……………*765, 776, 780, 781*
別除権行使……………………………*392*

――の受戻し……… *131, 226, 780*
弁護士倫理……………………*54*
弁済………………………*158, 503*
弁済業務保証金制度…………*331*
弁済充当…………………*134, 263*
偏頗行為否認………*257, 502, 517*
返品……………………………*594*
　――債権特別勘定……………*595*
　――実績………………………*596*
　――条件付売買………………*595*
　――調整引当金………………*595*
　――の合意………………*280, 597*
ポイント………………………*585*
放射性物質……………………*401*
宝飾品…………………………*411*
法人住民税均等割部分………*544*
法人住民税法人税割部分……*543*
法人税…………………………*147*
法定代位………………………*392*
法定代位構成……………*797, 798*
法令等の調査義務………………*57*
簿価純資産方式………………*318*
保険医療機関…………………*615*
保険解約返戻金………………*304*
保険解約返戻金請求権………*300*
保険給付請求権…………*300, 306*
保険金受取人…………………*310*
保険契約………………………*300*
保険契約者……………………*312*
補修義務………………………*695*
保証金…………………………*293*
補助金返還請求権……………*571*
ホッチポット・ルール………*477*
翻案権…………………………*442*

―――― ま 行 ――――

マーケットアプローチ………*428*
前払金……………………*321, 553*
マニフェスト……………*395, 398*

回り手形………………………*315*
民事執行法……………………*759*
　――等による換価………*118, 120*
民事留置権……………………*359*
無益差押え……………………*161*
無償行為否認…………………*517*
ムック…………………………*597*
名義株…………………………*465*
明認方法………………………*578*
メーカー………………………*562*
メリット制……………………*337*
申立代理人からの引継ぎ………*38*
申立代理人の財産散逸防止義務……*41*
申立代理人の報酬………………*39*

―――― や 行 ――――

薬剤・薬品……………………*582*
薬事法…………………………*582*
薬局……………………………*611*
優越的地位の濫用……………*281*
融通手形の抗弁………………*316*
優先性秩序……………………*781*
優先的地位……………………*766*
優先弁済権………*762, 765, 768, 770,*
　　　　　　　　　　771, 773, 778
　――動産売買先取特権………*761*
郵便物……………………*97, 103*
養殖業…………………………*604*
預金拘束（預金凍結）………*277*
預金者の認定…………………*266*

―――― ら 行 ――――

ライセンサー……………*430, 431*
ライセンシー……………*430, 431*
ライセンス契約……*430, 431, 437, 582*
ライセンス商品………………*364*
ラン・オフの状態……………*608*
リース契約……………………*384*
　――再リース…………………*385*

817

事項索引

──ファイナンス・リース……………384
──メンテナンス・リース…………384
リース物件…………191, 384, 423, 768
　　──の継続使用………………387
　　──のデータの保存……………388
　　──の返却……………………388
利益相反………………………………55
利害関係人……………………13, 50
　破産手続内の──…………636, 637
離婚…………………………………521
利子税………………………………535
リゾート会員権……………………339
流通業者……………………………575
留保所有権……………………576, 577
留保所有権者………………………786
レインズ……………………129, 153

連携・協働……………………………43
　　──従業員……………………373,
　　──専門家…………………474, 549
　　──破産者………………361, 373
　　──申立代理人………………37
労働組合……………………80, 498
労働者災害補償保険………………335
労働者の補償請求権………………26
労働保険……………………………335

────── わ 行 ──────

和解許可……………………………246
和解的解決……………………559, 795
和解的処理…………259, 292, 359, 777
　動産売買先取特権者への──……776
割引券………………………………584

破産管財人の財産換価〔第2版〕

2015年11月30日　初　版第1刷発行
2019年 3 月30日　第 2 版第 1 刷発行

編著者　　岡　　　伸　浩　　小　畑　英　一
　　　　　島　岡　大　雄　　進　士　　　肇
　　　　　三　森　　　仁

発行者　　小　宮　慶　太

発行所　　株式会社　商　事　法　務
　　　　　〒103-0025 東京都中央区日本橋茅場町 3-9-10
　　　　　TEL 03-5614-5643・FAX 03-3664-8844〔営業部〕
　　　　　TEL 03-5614-5649〔書籍出版部〕
　　　　　https://www.shojihomu.co.jp/

落丁・乱丁本はお取り替えいたします。　　　印刷／㈲シンカイシャ
©2019　Nobuhiro Oka, Eiichi Obata　　　　Printed in Japan
　　　　Hiroo Shimaoka, Hajime Shinji, Satoru Mitsumori
　　　　　　　　　Shojihomu Co., Ltd.
　　　　　　ISBN978-4-7857-2709-3
　　　　　　＊定価はカバーに表示してあります。

JCOPY ＜出版者著作権管理機構 委託出版物＞
本書の無断複製は著作権法上での例外を除き禁じられています。
複製される場合は、そのつど事前に、出版者著作権管理機構
（電話 03-5244-5088、FAX 03-5244-5089、e-mail: info@jcopy.or.jp）
の許諾を得てください。